Das Recht

der

Forderung

nach

Gemeinem und nach Preußischem Re

mit Rücksicht auf neuere Gesetzgebunge

historisch-dogmatisch dargestellt

von

Dr. C. F. Koch.

Zweite neu bearbeitete Ausgabe.

Erster Band,

enthaltend die Lehren von der Natur und dem Inhalte der
(Arten der Obligationen, Geldobligationen, Zinsen, Sc
und Interesse, Casus, Dolus, Culpa, Mora, Besch
Objekts [Moratorium, cessio bonorum, beneficium co
Zeit und Ort, und vom Konkurse.

Berlin,
Verlag von J. Guttentag.
1858.

Vorrede zur ersten Ausgabe.

Die von der preußischen Gesetzgebung fixirten Rechtsnormen lassen sich nach ihrer Quelle in zwei Hauptklassen scheiden, je nachdem sie sich auf Erfahrung gründen, oder nicht. Die der letzten Art sind solche Sätze, bei welchen man absichtlich den historischen Boden hat verlassen, und etwas Vernunftgemäßeres oder anscheinend Besseres an die Stelle des Bisherigen hat setzen wollen. Sie gleichen Pfropfreisern, und sind theils verdorrt, theils mit ihrem Stamm verwachsen. Das Letztere ist mit allen solchen Sätzen der Fall, welche mit dem Wesen des Instituts im Allgemeinen harmoniren, und entweder eine glückliche Fortbildung, oder eine, dem praktischen Bedürfniß entsprechende, Umgestaltung desselben bewirkt haben. Diese gehen dadurch in das historische Rechtsgebiet über.

Die Bestimmungen der bei weitem überwiegenden zweiten Hauptklasse sind hauptsächlich aus der damaligen Praxis entnommen. Die Praxis gründete sich theils auf eigenthümliche Landesinstitute, theils und hauptsächlich auf das Gemeine Recht. Die Quelle dieses Rechts ist, weil es eine allgemeine Gesetzgebung nicht giebt, die Wissenschaft, und diese erscheint äußerlich in den Juristen, und vorzugsweise in deren wissenschaftlichen Leistungen, wozu auch die Partikulargesetzgebungen einzelner Länder, als Produkte der wissenschaftlichen Thätigkeit ihrer Redaktoren, zu rechnen sind, indem jedes Produkt als ein Ausfluß dieser Quelle zu betrachten ist*). Daraus folgt, daß die Kenntniß der Literär- und der Dogmengeschichte des Gemeinen Rechts eine Bedingung zur gründlichen Behandlung des Preußischen Rechts ist. Diese Kenntniß genügt jedoch noch nicht: es gehört dazu auch eine nähere Kenntniß der Bildungsgeschichte und der eigenthümlichen Rechtsansichten der einzelnen Mitarbeiter an der Redaktion der Gesetzbücher, da selbst diese Ansichten, sowie die bei dieser Arbeit gebrauchten Schriften, als Quelle der Gesetzgebung angesehen werden können**). Die beste Bearbeitung des Preußischen Rechts würde hiernach der liefern, welcher die Literär- und Dogmengeschichte völlig in seiner Gewalt hat, die Biographien und Meinungen der Redaktoren der Gesetzbücher, besonders der des Allgemeinen

) Vergl. Georg Friedr. Puchta: Ueber eine Recension von Savigny's Geschichte des Römischen Rechts im Mittelalter, in den Berliner Jahrbüchern für wissenschaftliche Kritik, Nr. 41—44). Im Rheinischen Museum I. Jahrg., IV. Heft, S. 334.

**) In den Motiven der Gesetz-Revision, Pensum XIII, S. 117 heißt es: „— Das Allgemeine Landrecht, welches wir doch, bis auf einzelne Ausnahmen, für nichts anderes, als ein niedergeschriebenes, damals geltendes Recht, ansehen können —". Dieß wird von den Praktikern viel zu wenig erkannt.

Landrechts, genau kennt, und die von ihnen gebrauchten Hülfswerke vor sich hat. Wie mühsam das Studium dieser Quellen ist, zeigt sich von selbst. Aber nicht bloß mühsam, sondern auch schwierig und theilweise unmöglich ist dasselbe wegen des Mangels der dazu erforderlichen literarischen Mittel. Der Druck der Materialien der Gesetzgebung, der vollständig schwer auszuführen sein möchte, würde demselben zwar immer nur zum Theil abhelfen, aber doch eine große Lücke ausfüllen, und den Apparat bedeutend vermehren. Die bloße Einsicht der Materialien von Einzelnen ist ein ungenügendes und unzuverlässiges Surrogat der Veröffentlichung derselben. Eine vielleicht sehr mühsame, aber für die wissenschaftliche Behandlung des Preußischen Rechts außerordentlich fruchtbare Arbeit würde die Zurichtung der Materialien zum Druck durch einen Sachverständigen sein, welcher mit sicherer Hand das nur scheinbar Unwichtige von dem wirklich Unwichtigen schiede.

Eine vollständige quellenmäßige Bearbeitung des Preußischen Rechts in der angegebenen Art gewährt noch einen praktischen Vortheil: sie stellt die abgeschnittene Verbindung des Preußischen Rechts von der gemeinrechtlichen Literatur wieder her; sie hebt die Trennung eines Zweiges von seinem Stamme auf, bei welcher der Zweig unmöglich gedeihen kann, sondern trotz aller künstlichen Mittel abwelken muß, wenn er nicht in einen, seiner Natur entsprechenden Boden gepflanzt und gepflegt wird; kurz, sie schließt dem Praktiker den Schatz tausendjähriger, durch den geübtesten Scharfsinn erprobter, und durch vielfachen

Gebrauch bewährter Erfahrungen auf, welche man jetzt wie abgenutztes, für den heutigen Rechtszustand unbrauchbar gewordenes, altes Geräth anzusehen gewohnt ist. Nach dieser Voraussetzung ergiebt sich von selbst, daß die Nachweisung des Zusammenhangs des heutigen Rechts mit der früheren Praxis eine Hauptaufgabe der von dem Verfasser unternommenen Arbeit ist. Es versteht sich, daß zu diesem Zweck das Römische und Gemeine Recht nicht Gegenstand einer Untersuchung ist, sondern nur referirt wird; und daß die Richtigkeit oder Unrichtigkeit einzelner Meinungen Nebensache ist. Auch unrichtige Meinungen sind, insofern sie auf die preußische Praxis und Gesetzgebung Einfluß gehabt haben, als Rechtsquelle anzusehen, und die Aufgabe bei diesen besteht nicht darin, die Unrichtigkeit zu dem Zweck zu zeigen, um zu beweisen, daß die gesetzliche Bestimmung in den preußischen Rechtsbüchern aus einem Mißverständniß hervorgegangen, und daß sie deshalb abgestellt werden müsse; sondern sie besteht vielmehr darin, die Gründe dieser wenngleich unrichtigen Meinung zu untersuchen und anzugeben, um dieselben bei der weitern Ausbildung der dadurch gewonnenen Ansicht, und zur Erklärung der daraus entstandenen gesetzlichen Norm zu benutzen. Hiernach ist die Kritik der Gesetzgebung planmäßig ausgeschlossen; die Aufgabe dieser Schrift ist bloß: das wirklich Vorhandene zum Verstehen und Begreifen zu verarbeiten. Dazu scheint dem Verfasser allein die gewählte historische Methode geeignet, weil ein nachfolgender Zustand nicht richtig erkannt werden kann, wenn der vorhergehende nicht bekannt ist, und da der vorlandrechtliche Rechtszustand als die Hauptquelle des jetzigen Rechts anzusehen ist, so rechtfertigt sich die etwas spezielle Behandlung des Gemeinen Rechts, die aus einem andern Gesichtspunkte Manchem vielleicht zu ausführlich scheinen könnte, von selbst. Die Arbeit muß als der Anfang einer Brücke angesehen werden, welche nothwendig zwischen der alten gemeinrechtlichen und der neuen preußischen Literatur aufzubauen ist. Die Absicht des Verfassers ist erreicht, wenn diese mühsame Arbeit nur der Methode Anhänger verschafft; denn alsdann ist nicht zu zweifeln, daß der eröffnete Weg weiter betreten werden wird.

Das ganze Obligationenrecht soll in drei Oktavbänden dargestellt werden. Der erste Band, welcher die beiden ersten Kapitel des allgemeinen Theils enthält, wird dem juristischen Publiko jetzt übergeben. Der zweite, welcher den allgemeinen Theil beschließt, soll, sobald es die amtlichen Berufsarbeiten des Verfassers nur irgend gestatten, nachfolgen.

Geschrieben zu Ende Juni 1835.

Vorwort zur zweiten Ausgabe.

Die nöthig gewordene neue Ausgabe dieser Schrift hat mich veranlaßt, einerseits den Rechtstheil, über welchen das Werk sich verhält, von Neuem zu durchforschen und die dem Ergebnisse entsprechenden Aenderungen zu machen, andererseits aber auch den Inhalt mit dem seit der ersten Ausgabe in vielen Abschnitten durch die selbstthätige Rechtsbildung und durch die Gesetzgebung sehr veränderten Rechtszustand in Uebereinstimmung zu bringen. Die innere Einrichtung und Umfang sind zwar wesentlich unverändert geblieben; indeß sind einzelne Abschnitte theilweise, manche, wie z. B. im ersten Bande die Lehre vom Konkurse, gänzlich umgearbeitet worden.

Blumenthal, im April 1858.

Der Verfasser.

Inhaltsverzeichniß.

§. 1.

Einleitung.

Diese Schrift soll einen wichtigen Theil des Civilrechts, nämlich das Obligationenrecht, darstellen. Der Grundgedanke dieses Rechtstheils ist Herrschaft über die Person eines Anderen, aber nicht über die Person in ihrer Totalität, sondern nur hinsichtlich einzelner bestimmter Handlungen derselben, und zwar auch nur solcher Handlungen, welche einen Vermögensvortheil des Herrschenden bezwecken. Das Obligationenrecht ist der Inbegriff aller derjenigen Rechtsformen, in welchen jene Herrschaft ihre Begründung und Durchführung erhält.

Daß der Begriff des Obligationenrechts, welchen ein französischer Rechtslehrer der neuern Zeit [1]) für ein Machwerk der Rechtsgelehrten hält, in dem Römischen Recht völlig bestimmt vorausgesetzt wird, ist bereits von Andern [2]) so überzeugend bewiesen, daß es überflüssig wäre, diesen Beweis hier wiederholen zu wollen. Bis zum letz-

1) F. de Lassaulx, introduction à l'étude in Code Napoleon, Paris 1812, p. 121.

2) Hugo, civil. Magaz., Bd. IV, No. I u. IX. — Desselben Encyklopädie 6. Aufl. §. 8. — Unterholzner, jurist. Abhandl., No. III. — §. 12 Inst. de jure naturali; §. 1 D. de statu hom.; Gajus I, §. 8.

ten Jahrzehend des vorigen Jahrhunderts rechnete man jedoch fast allgemein bei der Klassifikation des Privatrechts die Obligationen, welche man jura ad rem [3]) nannte, zu dem zweiten Theile (jus rerum), wogegen man den Prozeß zum dritten Theile machte, indem man das Wort „actiones", womit die römischen Juristen (vergl. Note 2) den dritten Theil des Privatrechts bezeichneten, auf das Verfahren bezog. Der Grund, warum die römischen Juristen von den Actionen immer in Verbindung mit den Obligationen handeln, war ein prozessualischer, nämlich der, daß eine Actio im eigentlichen Sinne nur aus einer Obligation entstand [4]). Seit jener Zeit trennte man bei der systematischen Behandlung des Rechts das Obligationenrecht von dem Sachenrechte [5]). Die Zeit der Entstehung unseres Allgemeinen Landrechts läßt hiernach schon vermuthen, welches System bei der Redaktion desselben werde zum Grunde gelegt worden sein. Dennoch war es anfänglich die Absicht, zwar nicht das Recht der Forderungen überhaupt, aber doch die Lehre von Kontrakten und Testamenten in einem besondern dritten Theile vorzutragen. Indessen wurde der Plan, nach der Ansicht des Großkanzlers v. Carmer, abgeändert, und die Lehre von den Kontrakten mit dem Sachenrechte vermischt, weil der Gegenstand eines jeden Kontrakts und die Absicht, warum ein solcher geschlossen werde, die Erwerbung, Uebertragung oder Aufhebung irgend eines juris realis sei [6]), und es wurde das ganze Gesetzbuch in zwei

3) Die römischen Rechtsquellen kennen diesen Ausdruck nicht. Bonifacius VIII. gebraucht ihn C. 8 de concess. praebend. 6. (III, 7).

4) Hugo civil. Mag., Bd. IV, No. I, S. 24 f. — v. Savigny, Besitz, §. 6, S. 29.

5) Hugo a. a. O. S. 1—4.

6) Simon, Bericht über die scientivische Redaktion der Mate-

Theile zusammengetragen, wovon der eine für das Personenrecht, der andere für das Sachenrecht bestimmt ist [7]). Wir lassen das, was sich für oder wider diese Anordnung der Materien sagen läßt, auf sich beruhen; unsere Aufgabe ist: das Gegebene zu begreifen und zu verarbeiten. Die der systematischen Anordnung der Materien in dem Allgemeinen Landrechte zum Grunde liegende Ansicht ist diese: Jedes Recht erfordert ein Subjekt und ein Objekt. Das Subjekt ist der Mensch; das Objekt aber immer eine Sache im engern Sinne, im Gegensatz von Handlung. Die Rechtssätze des gesammten Rechtsgebiets beziehen sich daher immer auf Eins von diesen beiden. Das Rechtssystem zerfällt folglich nur in zwei Theile: in das Personenrecht, und in das Sachenrecht. In das Sachenrecht gehört daher, außer denjenigen Bestimmungen, welche sich auf die Sachen unmittelbar beziehen (jura in re), auch die Lehre von den Verbindlichkeiten, sowohl aus Willenserklärungen überhaupt, also auch aus Testamenten, Erbesantretungen u. s. w., als aus unerlaubten Handlungen; denn sie beziehen sich endlich immer auf Erwerbung, Erhaltung, Uebertragung oder Verlust einer Sache [8]). In das Personenrecht dagegen gehört, außer

---

rialien der Gesetzgebung. — Mathis, jurist. Monatsschr., Bd. XI, S. 205—207.

7) Eine ähnliche Ansicht hat auch die Redaktoren des Code Napoleon geleitet. Rapport du tribun Goupil-Prefeln sur le titre II. du liv. II. du Code. Vergl. de Lassaulx l. c. p. 34. no. 2. In den beiden ersten Entwürfen eines Code civil war das dritte und letzte Buch ebenfalls den Obligationen gewidmet; indessen ging man nachher bei der Zusammenstellung der Gesetze davon, ohne weitere Discussion, wieder ab, und befolgte den Plan der vier Redaktoren. de Maleville, Analyse raisonnée de la discussion du code civil au conseil d'état 4. Vol. in 8. Paris 1805. T. I, p. 2—3.

8) Vergl. das in dem, Note 6 allegirten, Berichte a. a. O. mitgetheilte Schreiben des Großkanzlers v. Carmer an den Präsidenten v. Tevenar.

demjenigen, was die physischen und juristischen Personen betrifft, und die Familien, so wie die Verschiedenheiten der Personen nach Geburt, Stand und Gewerbe und das, was sich auf dieses alles bezieht, angeht, auch alles das, was die Bildung und Erziehung (Kirchen, Schulen, Universitäten), und den Schutz und die Erhaltung der Menschen (Vormundschafts=, Armenwesen und Strafrecht) berührt.

Das Allgemeine Landrecht zeichnet also die Klasse von Rechten, welche wir hier abhandeln wollen, in seinem System nicht als einen eigenen Theil des ganzen Privatrechts aus. Dieselben treten aber von selbst durch ihren besondern Charakter als eine eigene Familie von Rechten hervor. Alle zu dem Vermögensrechte, welches das Allgemeine Landrecht in Einen Theil zusammenfaßt, gehörigen einzelnen Rechtsverhältnisse sind nämlich entweder solche, welche dadurch, daß ihnen ein Genüge geschieht, gänzlich aufhören, oder solche, bei welchen dieses nicht der Fall ist, welchen vielmehr wiederholentlich, sehr oft und sogar fortwährend, und zwar von der ganzen Welt, genügt werden kann, und doch fortdauern [9]). Dieses charakteristische Unterscheidungszeichen scheidet die zum Vermögensrechte gehörigen einzelnen Rechte von selbst in zwei große Klassen, deren eine die bleibenden (dinglichen), und die andere die vorübergehenden (persönlichen) Rechtsverhältnisse umfaßt. Diese letzere Klasse von Rechtsverhältnissen nun bildet das Obligationenrecht oder das Recht der Forderungen.

Der Entwurf zum Allgemeinen Gesetzbuche theilte im §. 128 — 130 der Einleitung das Recht in drei Theile: in Personenrecht, Sachenrecht, und persönliche Rechte

9) Hugo a. a. O. S. 21 — 24.

(Obligationenrecht); aber der Entwurf nahm auf diese Eintheilung weiter keine Rücksicht, sondern handelte im ersten Theile das Personenrecht, im zweiten das Sachenrecht ab, ohne einen dritten Theil für die persönlichen Rechte zu haben. Daher blieben die müßigen §§. 128—130 in dem Gesetzbuche fort. Die Definition von den persönlichen Rechten hat das Allgemeine Landrecht aber aus dem Entwurfe Th. II. Einleitung §. 47 beibehalten, indem es im Th. I. Tit. 2, wie dort, mit einiger Wortveränderung heißt:

§. 122. „Persönliche Rechte und Verbindlichkeiten heißen diejenigen, wozu nur gewisse Personen, ohne Rücksicht auf den Besitz einer Sache, befugt oder verpflichtet sind."

§. 123. „Ein persönliches Recht enthält die Befugniß, von dem Verpflichteten zu fordern, daß er etwas geben, leisten, verstatten, oder unterlassen solle (dare, facere, praestare)."

Das Allg. Landrecht erkennt also die persönlichen Rechte als eine besondere Klasse von Rechten, mithin den Inbegriff derselben, das Recht der Forderungen oder das Obligationenrecht, auch ausdrücklich an. Hierbei wollen wir gleich eines Unterschiedes gedenken, welchen das Allg. Landrecht bei diesen persönlichen Rechten macht, der aber ohne alle praktische Wichtigkeit ist, und in den Quellen des Römischen Rechts, aus welchen er fließen soll, nicht vorkommt.

Die obligatorischen Rechte werden nämlich im Gegensatze der dinglichen Rechte (jura in re) von den neuern Juristen „jura ad rem", auch „in personam" genannt [10]). Alle Obligationen gehen entweder auf ein Geben, oder auf ein Thun, oder auf ein Unterlassen.

10) Höpfner, Commentar, §. 280.

Hiernach unterscheiden Einige, z. B. Darjes[11]), ein jus personale in specie (ein persönliches Recht) überhaupt, von einem jus ad rem insbesondere. Letzteres soll ein solches persönliches Recht sein, welches auf das Geben einer Sache geht. Das Allgemeine Landrecht hat nicht bloß diesen Unterschied aufgenommen, sondern es geht noch einen Schritt weiter, und nennt das persönliche Recht auf das Geben einer bestimmten Sache ein jus ad rem (Recht zur Sache). Es heißt nämlich:

> §. 124. „Insofern dergleichen persönliches Recht das Geben oder die Gewährung einer bestimmten Sache zum Gegenstande hat, wird es ein Recht zur Sache genannt."

Indessen kann unter dieser bestimmten Sache schwerlich eine species gemeint sein, weil alsdann der Satz:

> §. 133. „Die Erwerbung eines Rechtes auf fremde Sachen setzt bei dem Erwerbenden ein vorhergehendes Recht zur Sache voraus,"

noch um einen Grad fehlerhafter sein würde[12]), insofern alsdann in solchen Fällen, wo der Berechtigte nur ein genus fordern könnte, an der übergebenen Sache kein dingliches Recht würde erworben werden. So wahrscheinlich es daher auch ist, daß die Verfasser bei der „bestimmten" Sache an eine species, wie etwa an den Kauf einer vorgezeigten Sache gedacht haben, so ist man doch genöthigt, das Wort „bestimmte" für bedeutungslos zu halten und hinwegzudenken.

---

11) Institut. jurisprud. univers. §. 805. „— Quidquid alteri praestare possumus, aut sunt facta aut res. Ergo et duo juris personalis concipere possumus genera. Quorum alterum est jus postulandi, ut alter factum aliquod nobis praestet, et vocatur jus personale in specie, et alterum jus postulandi, ut alter rem quandam nobis praestet, et vocatur jus ad rem."

12) Hugo, civ. Mag. a. a. O. S. 37, Note †.

Bei den Obligationen kommen eine größere Anzahl allgemeiner Grundsätze vor als bei dem Sachenrechte. Diese sollen in dem ersten Theile dieser Abhandlung vorgetragen werden, worauf die einzelnen Obligationen in dem zweiten Theile folgen sollen. Der erste Theil wird daher handeln:

1) von der Natur der Obligationen,
2) von dem Inhalte,
3) von den Subjekten,
4) von den Entstehungsgründen und
5) von der Aufhebung derselben.

Allgemeiner Theil.

Von den Obligationen überhaupt.

A. L.R. Th. I, Titt. 4 u. 5.

Erstes Kapitel.

Von der Natur der Obligationen überhaupt.

§. 2.

I. Begriff von Obligation.

Eine obligatio, Forderung, ist ein Verhältniß des **Vermögensrechts** (im Gegensatze vom **Personenrecht**) zwischen zwei bestimmten Individuen, worin eine bestimmte Handlung des Einen der Willkühr des Andern unterworfen ist [1]).

---

1) L. 3 pr. D. de obl. et act. (XLIV, 7): „Obligationum substantia non in eo consistit, ut aliquod corpus nostrum aut servitutem nostram faciat, sed ut alium nobis obstringat ad dandum aliquid, vel faciendum, vel praestandum."

Pr. Inst. de obl. (III, 14): „Obligatio est juris vinculum, quo necessitate adstringimur alicujus rei solvendae, secundum nostrae civitatis jura."

A. L.R. I, 2, §. 122: „Persönliche Rechte und Verbindlichkeiten heißen diejenigen, wozu nur gewisse Personen, ohne Rücksicht auf den Besitz einer Sache, befugt oder verpflichtet sind." §. 123: „Ein

1) Sie ist ein Verhältniß, d. h. sie bezieht sich auf beide Personen. Es wird nicht allein die Lage des Einen, sondern auch die des Andern, das gegenseitige Verhältniß der beiden gegen einander, welches auf der einen Seite den Namen creditum, auf der andern debitum führt[2]), damit bezeichnet. Beides, sowohl die Forderung des Gläubigers, das creditum, als die derselben entgegenstehende Verbindlichkeit, debitum, heißt obligatio. Das deutsche Wort „Verbindlichkeit", wiewohl eine genaue Uebersetzung des römischen, entspricht dessen Bedeutung nicht völlig, indem sich von der Verbindlichkeit nicht sagen läßt, daß sie ein bestimmtes Subjekt auf beiden Seiten voraussetze[3]). Das Wort „Forderung" ist die passendste deutsche Bezeichnung des Verhältnisses. Auch das Rechtsgeschäft oder die Begebenheit, wodurch eine Forderung erzeugt wird, heißt bei den Römern obligatio[4]). Daß man auch die ausgestellte Urkunde „obligatio" genannt habe, wie man behauptet habe[5]), ist unrichtig. Die angeführten Stellen L. 1 pr. D. de condictione sine causa (XII, 7) und L. 7 C. de non numerata pecunia (IV, 30) beweisen dieses nicht. In der erstern heißt es: „Qui autem promisit sine causa, condicere quantitatem non potest, quam non dedit; sed ipsam obligationem," d. h. der promissor kann das Rechtsver-

---

persönliches Recht enthält die Befugniß, von dem Verpflichteten zu fordern, daß er etwas geben, leisten, verstatten oder unterlassen solle."

Oest. G.B. §. 859: „Die persönlichen Sachenrechte, vermöge welcher eine Person der andern zu einer Leistung verbunden ist —."

2) L. 3 D. fam. ercisc. (X, 2); L. 1 D. de compens. (XVI, 2).

3) Hugo, civil. Mag., Bd. III, No. XX, S. 390 u. 399.

4) L. 19 D. de verb. sign. (L, 16): „— Contractum autem ultro citroque obligationem —." Daher verborum obligatio, literarum obligatio etc. Hugo a. a. O. S. 415.

5) Mackeldey §. 545. u. Bucher §. 1, Note 1.

hältniß (obligatio), welches durch die promissio sine causa entstanden ist, wieder aufrufen; er kann verlangen, daß ihn der Creditor liberire. Dieß drückt L. 3 D. eod. deutlicher so aus: „Qui sine causa obligantur, incerti condictione consequi possunt, ut liberentur.“ Die andere Stelle lautet: „Si quasi accepturi mutuam pecuniam adversario cavistis, quae numerata non est, per condictionem repetere potestis.“ Dieses heißt nicht mehr und nicht weniger als das, was die vorige Stelle sagt. Cavere heißt versichern, zusichern in einer juristisch verbindlichen Art, sei es durch Stipulation oder eine andere Form[6]). Godofred bemerkt dazu, daß die cautio dati chirographi condicirt werden könne. Daß der Schuldschein auch zurückgefordert werden kann, versteht sich von selbst, wenn die Obligation aufgehoben wird; dieses ist jedoch etwas Untergeordnetes. Dagegen wird heutzutage eine Schuldverschreibung, besonders über ein Darlehn, vorzugsweise „Obligation (obligatorium)“ genannt[6a]).

Im Mittelalter wurde der Begriff des Worts „obligatio“ auf der einen Seite sehr eingeschränkt und auf der andern wieder erweitert. Eingeschränkt wurde er, indem er die aktive Bedeutung, die Bedeutung des Obligirthabens, das Verhältniß des Gläubigers, verlor; erweitert wurde er, indem man alle Pflichten, auch die nicht durch eine besondere Verpflichtung entstandenen allgemeinen, obligatio, Verbindlichkeit, nannte, und sagte: jedem Rechte (jus) steht eine entsprechende obligatio, Verbindlichkeit, gegenüber, z. B. der Eigenthümer hat ein jus, jeder Andere hat eine obligatio, dasselbe nicht zu stören. Andere neuere Juristen, welche nicht

6) Brissonius v. cavere.

6a) Schon von gemeinrechtlichen Praktikern. Wernher, Observat., P. II, obs. 416.

ganz so weit gingen, behaupteten doch solches wenigstens vom jus ad rem, indem sie sagten: „Das jus ad rem und die Obligation sind einander entgegengesetzt, Correlate, wie die Philosophen sprechen. Wenn ich ein jus ad rem gegen den Andern habe, so hat dieser eine Obligation gegen mich, und umgekehrt“ [7]). Nachdem der Begriff von obligatio in dieser Art schon verändert worden war, kam die von Silbe zu Silbe genaue Uebersetzung „Verbindlichkeit“ in Gebrauch, welche daher die römische Bedeutung nie gehabt hat [8]). Erst seitdem Hugo die ursprüngliche römische Bedeutung, welche 100 Jahre früher schon Ulrich Huber gegen Feltmann, als den Wortführer fast aller übrigen Civilisten, ohne Erfolg verfochten hatte [9]), zuerst in seinen Institutionen, von 1789, §. 31 als eine bestimmte Antithesis aufgestellt und später siegreich durchgeführt, und das offen zu Tage Liegende sichtbar gemacht hat [10]), bezweifelt Niemand mehr die vorher angegebene Bedeutung des Worts „obligatio.“

7) Höpfner, Commentar, §. 284, 7te Aufl. S. 297, welcher als der Repräsentant der damaligen Lehrvorträge anzusehen ist. Hugo a. a. O. S. 405.

8) Hugo a. a. O. S. 408.

9) Huber, Digressio de jure in re et jure ad rem; in illius Digressionum Iustineanearum editione tertia. Franeq. 1696. 4. Derselbe wollte jedoch nicht die Begebenheit, wodurch eine Obligation entsteht, obligatio nennen, welche Bedeutung später Ernesti mit einem Seitenhieb, wie es Höpfner nennt, auf die damaligen Juristen und Philosophen, in seinem Index latinitatis in opera Ciceronis, voce: „obligatio,“ behauptete. Ueber die hierüber zwischen Huber und Feltmann gewechselten Schriften sowie über die, diese Frage berührende, Literatur vergl. Höpfner §. 284, Note 4.

10) Hugo civ. Mag., Bd. I, No. IX. u. Bd. III, No. XX. Ein Unbefangener wundert sich beim Lesen der letztern Abhandlung: „Geschichte des lateinischen Worts obligatio und des deutschen Verbindlichkeit,“ daß man für die Wahrheit so lange blind und taub gewesen ist, und diejenigen, welche sie gesagt haben, so verketzert hat.

Bei der Abfassung des Allgemeinen Landrechts war der irrthümliche Begriff von obligatio und Verbindlichkeit noch allgemein herrschend und ist auch in das Landrecht übergegangen. Nach diesem Standpunkte nimmt dasselbe denn auch ganz allgemein an, daß jedem Rechte des Einen die Pflicht eines Andern entspreche.

Einleit. §. 92. „Aus dem Rechte des Einen folgt die Pflicht des Andern, zur Leistung oder Duldung dessen, was die Ausübung des Rechtes erfordert."

So deutlich war dieser Lehrsatz der damaligen Schule in dem Entwurfe nicht ausgedrückt, wo es etwas dunkel also hieß:

Einl. §. 99. „Wenn die Gesetze Jemand ein Recht ertheilen, so verpflichten sie seine Mitbürger, die Ausübung desselben geschehen zu lassen."

Nach der Fassung des §. 92 in der Einleitung zum Allgemeinen Landrechte ist wohl unzweifelhaft gemeint, daß jedem Rechte die Verbindlichkeit des Andern (bei einem Realrechte also die Obligation aller Menschen) als Correlat gegenüberstehe, wie denn auch der anonyme Commentator der fünf ersten Titel des Allgemeinen Landrechts bemerkt, daß hierher auch der Rechtssatz: Juri in uno respondet obligatio in altero, gehöre [11]). Daher stellt das Allg. Landrecht auch immer Rechte und Pflichten, Rechte und Verbindlichkeiten neben einander, wenn es das ganze Verhältniß einer Forderung bezeichnen will, z. B.

---

11) (Stenger) Commentar zum Allg. Landrecht für die preuß. Staaten, oder Erläuterung des Allg. Landrechts und Vergleichung desselben mit dem Gemeinen, besonders Römischen, Rechte, nebst einem, dem schlesischen Provinzialgesetze gewidmeten, Anhange. Erster Band. Erste Abth. Breslau, Hamberger, gr. 8. 1804. S. 85. Von diesem Werk ist nur des I. Theils I. u. II. Abth., Breslau 1805, erschienen, welche bis zum 5. Titel des A. L.R. geht.

Einl. §. 85. „Rechte und Pflichten, welche aus Handlungen oder Begebenheiten entspringen —"

§. 92 ebend. „Aus dem Rechte des Einen folgt die Pflicht des Andern —"

§. 122, Tit. 2, Th. I. „Persönliche Rechte und Verbindlichkeiten —".

Ein eigener Ausdruck, womit das ganze Verhältniß bezeichnet würde, kommt nicht vor. Das Wort „Obligation" wird nicht gebraucht; nur in dem Anhange zur Allg. Gerichtsordnung von 1815, §. 388, kommt es in der Bedeutung von Urkunde vor. Das Wort „Forderung", welches das Verhältniß am besten bezeichnet, wird sehr häufig, und vorzugsweise bei Geldschulden, aber auch einige Male von solchen obligatorischen Verhältnissen gebraucht, wo von ndern Gegenständen die Rede ist [12]).

In der vorliegenden Abhandlung soll mit diesem Worte immer die Bedeutung des römischen Worts „obligatio" verbunden werden, in so weit damit das wechselseitige Verhältniß des Creditors und Debitors, nicht die Begebenheit, aus welcher sie entsteht, bezeichnet wird.

Die Obligation ist

2) ein Verhältniß zwischen bestimmten Personen, welche auf der einen Seite „Creditor, Gläubiger," und auf der andern „Debitor, Schuldner" heißen [13]), gleichviel aus welcher Begebenheit die Forderung entstanden ist [14]). Daher ist die Pflicht, welche alle Menschen haben, das dingliche Recht einer Person anzuerkennen und ungestört zu lassen, keine Obligation, weil dabei nicht von einem Verhältnisse bestimmter Personen zu einander die Rede ist [15]).

12) A. L.R. I, 16, §§. 346 u. 427.

13) L. 10, 11 D. de verb. sign. (L, 16).

14) L. 12 D. eod.

15) L. 7 D. de annuis leg. (XXXIII, 7).

3) Sie ist ferner ein Verhältniß zwischen bestimmten Personen, worin eine bestimmte Handlung des Einen der Willkühr des Andern unterworfen wird. Auch generell kann die Handlung bestimmt werden, so daß sie aus mehreren einzelnen Handlungen zusammengesetzt ist, wie z. B. bei der Verwaltung und beim Dienstvertrage. Die Handlung darf aber nicht von der bloßen Willkühr der Verpflichteten abhängen, sondern muß nothwendig sein[16]), der Verpflichtete muß dazu verbunden, obligirt sein. Hierauf bezieht sich im Römischen Recht eine Reihe von symbolischen Handlungen, welche das allgemeine Bild des Bindens haben. Dahin gehören die Ausdrücke: obligare, nectere, nexum, contrahere, contractum, solvere, solutum[17]).

4) Die Obligation muß endlich ein Verhältniß des Vermögensrechts sein[18]). Daher sind die Verhältnisse des Personenrechts, z. B. die Ehe, keine Obligationen, von welchen sie sich auch noch dadurch charakteristisch unterscheiden, daß bei ihnen von keiner bestimmten Handlung die Rede ist, durch deren Leistung das Verhältniß aufgelöst (obligatio soluta) wird.

§. 3.
II. Arten der Obligationen.

Die Obligationen können eingetheilt werden:

I. nach ihrer Entstehung,

II. nach ihrem Gegenstande,

von welchen beiden Eintheilungen weiterhin die Rede sein wird;

III. nach ihrer Wirksamkeit oder mit Rücksicht auf

---

16) L. 108 D. de verb. sign. (L, 16); L. 83, §. 1 D. de verb. obl. (XLV, 1).

17) Hugo civil. Mag., Bd. III, S. 399 u. 400.

18) Pr. Inst. de obl. (III, 14).

die Rechtsquelle, woraus sie ihre Wirksamkeit erhalten. Darnach theilt man die Obligationen in civiles und naturales [1]).

A. Diese Eintheilung kann auf die Quelle oder auf die Wirkung der Obligationen bezogen werden. In der ersten Beziehung gehört hierher der römische Unterschied zwischen jus civile und jus gentium. Man nennt obligatio civilis diejenige, welche im jure civili wirklich anerkannt ist; und obligatio naturalis eine solche, welche ihre Gültigkeit aus dem jure gentium hat [2]). Die neuern Juristen haben aus dem jus gentium ein jus naturae gemacht, und nennen natürliche Verbindlichkeiten solche, welche ihren Grund in dem Naturrechte haben sollen. Damit ist man in das Gebiet der Moral gekommen, wobei es Willkühr und Inconsequenz ist, daß man nicht jede in der Moral gegründete Pflicht für eine natürliche Verbindlichkeit erklärt hat. Man hilft sich hier mit dem Satze: daß eine bloße Liebes- oder Gewissenspflicht keine obligatio naturalis sei [3]). Bei der Anwendung dieses Satzes fehlt es aber an unterscheidenden Merkmalen, und daher kommt es, daß man aus bloßen Liebespflichten eine juristische Verbindlichkeit herleitet. Dieß kann nicht vorkommen, wenn man den

1) Jo. Andr. Frommann, Diss. de oblig. naturali. Tubing. 1676. — Ant. Schulting, Diss. de naturali obligatione; in Commentar. acad. T. I, No. 1. — Nissen, Versuch über die natürliche Verbindlichkeit der Verträge. Hamburg 1782. 8. — Adolph Dietr. Weber, systematische Entwickelung der Lehre von der natürlichen Verbindlichkeit und deren gerichtlichen Wirkung. 4te Ausgabe. Schwerin und Wismar 1805. 8. — Jo. Conrad Dümmler, Diss. inquirens: praecepta juris naturae an vi sua auctoritatem legum affectumque civilem in judiciis nostris habere possint. Kielae 1808, §. 13 seq.

2) L. 84, §. 1 D. de reg. jur. (L, 17).

3) Weber a. a. O. §. 59.

Begriff von Obligation festhält, wonach irgend etwas Besonderes zwischen bestimmten Personen vorgehen muß, wodurch eine der andern obligirt, verbunden wird. Selbst bei Quasikontrakten genügt es nicht[4]), daß bloß von Einer Seite etwas geschehe, damit der Andere verpflichtet werde, wie z. B. bei der negotiorum gestio, daß der Gestor die Geschäfte des Andern besorge, damit dieser verpflichtet werde; es gehört dazu, daß dieser Andere es sich gefallen lasse, und sich die Vortheile daraus aneigne — daß er also wirklich quasi-kontrahire. Ohne diesen Quasiconsens kann der Eine thun was er will, der Andere wird ihm niemals verpflichtet werden. Danach ist denn eine natürliche Verbindlichkeit auch eine wirkliche Obligation, aber eine solche, welche nicht durch das Civilrecht, sondern nur aus natürlicher Billigkeit anerkannt wird[5]). Ist eine solche, von der natürlichen Billigkeit anerkannte, Forderung zugleich auch durch das Civilrecht geschützt, so ist sie zugleich eine obligatio civilis[6]). Neuere Juristen nennen diese Forderungen „obligationes mixtae," indem sie solche Obligationen, welche nicht in der Billigkeit oder dem jure gentium begründet sein, sondern bloß in dem Civilrecht ihren Grund haben sollen, „obligationes mere civiles" nennen. Dieser Unterschied ist nicht richtig, denn jede obligatio civilis ist zugleich immer naturalis, indem immer etwas Besonderes dazwischen gekommen sein muß, wodurch das Band, welches den Gläubiger und Schuldner verbindet, oder zusammenbringt, geknüpft worden ist. Bloß der Umstand, daß dieses Band von dem Civilrecht nicht für haltbar erachtet

---

4) Wie Göschel (Zerstreute Blätter aus den Hand- und Hülfsakten eines Juristen, Th. I, S. 462 f.) anzunehmen scheint.

5) Hugo, Rechtsgeschichte, 9te Ausg. S. 217. — Civil. Mag. Bd. III, S. 419.

6) L. 5, §. 1 D. de praescr. verb. (XIX, 5).

wird, macht aus dem Verhältnisse eine obligatio naturalis. Wenn das Civilrecht eine obligatio naturalis nicht nur nicht anerkennt, sondern ausdrücklich verwirft, so nennen dieß die Neueren eine „obligatio naturalis reprobata."

In der letzteren Beziehung ist obligatio civilis eine solche, welche alle Wirkungen vollständig hat. Die Hauptwirkung ist die Klage, und diese betrachtet man als die eigenthümliche Wirkung des Civilrechts. In dieser Rücksicht kann nun, nach Römischem Rechte, eine obligatio eine civilis im engern Sinne sein, weil ihre actio eine civilis actio ist, daher eine obligatio civilis auch actio heißt; oder sie kann eine honoraria sein, wenn die Klage im Prätorischen Rechte gegründet ist [7]). Daraus erklären sich die verschiedenen Anwendungen in Beziehung auf Sklaven, indem es einmal heißt: der Sklave habe keine actio, wie in der angeführten Stelle, und ein anderes Mal wieder: er habe eine actio, womit die Klage aus einer vom jus civile anerkannten, ursprünglich bloß im jure gentium begründeten naturalis obligatio gemeint ist [8]). Die naturalis obligatio dagegen hat keine Klage, die Hauptwirkung fehlt ihr also, sie äußert daher ihre Wirksamkeit nach Röm. Rechte nur in folgender Art:

1) Sie kann ausgeübt werden durch soluti retentio oder Ausschließung der condictio indebiti [9]). Dieses geschieht entweder durch Leugnen des Klagrechts [10]), oder

2) durch Entgegensetzung einer Exception, wenn die naturalis obligatio mit dem Klagrecht collidirt. Eine

7) L. 22 pr. D. de reg. jur. (L, 17).

8) Wie in L. 14 D. de obl. et act. (XLIV, 7).

9) L. 51, 13 pr. et 64 D. de cond. indeb. (XII, 6).

10) Ein Beispiel eines mangelnden Klagrechts in: L. 40 pr. D. eod.

allgemeine Exception aus der naturalis obligatio ist die exceptio doli, welche jedoch von verschiedener Anwendung ist; nur eine Anwendung ist wieder allgemein, nämlich die aus der Kompensation, indem eine naturalis obligatio zur Kompensation geschickt ist [11]). Sie äußert ferner ihre Wirksamkeit

3) bei accessorischen Verträgen. Sie ist daher tauglich a) zur Novation, b) zu einem constitutum, c) zur Bürgschaft, d) zur Bestellung eines Pfandrechts [12]).

Ausdrücklich versagt werden diese Wirkungen:

1) der Bürgschaft einer Frauensperson [13]),
2) den Spielschulden,
3) der Obligation eines Verschwenders,
4) der Verbindlichkeit eines Unmündigen,
5) dem außergerichtlichen Vergleiche über künftige Alimente.

Aber auch einer obligatio civilis kann aus einem positiven Grunde ihre civile Wirkung ganz oder zum Theil entzogen werden, in einigen Fällen so, daß davon nur die naturalis obligatio übrig bleibt. Sie kann ipso jure, d. h. so, daß sie nur scheinbar, in der Wirklichkeit gar nicht, vorhanden sei; oder per exceptionem, d. h. so, daß sie zwar wirklich vorhanden sei, aber unwirksam gemacht werden könne, ungültig sein, und zwar schon von Anfang an, oder erst durch ein späteres Ereigniß. Dieser Gegensatz betrifft also die verschiedenen Arten, wie eine Obligation als ungültig aufgehoben werden kann, und

11) L. 6 D. de compens. (XVI, 2).

12) L. 13 pr. D. de cond. ind. (XII, 6).

13) L. 9 C. ad S. C. Vellej.; L. 8, §. 3; L. 24, §. 2; L. 31 D. eod.; L. 40 D. de cond. ind. (XII, 6). Selbst noch in der Exekutionsinstanz konnte von der Exception des S. C. Vell. Gebrauch gemacht werden. L. 11 D. ad S. C. Macedon.; L. 9, §. 1 eod. — Brunnemann ad L. 8 eod. No. 8. — Mich. Gottl. Wernher, Lect. comm. ad D. L. 12, Tit. 6, §. 5.

ist so beschaffen, daß er als möglich in jedem positiven Falle zu denken wäre, obgleich ihn das Römische Recht nur in gewissen Fällen besonders behandelt. Die nähere Ausbildung dieses Gegensatzes hängt zusammen, theils mit manchem Positiven, namentlich mit dem Institut des Prätors und mit dessen Schutz gegen manches Harte im jus civile, indem solches per exceptionem ex jure Praetorio aufgehoben wurde, welches jedoch nicht in allen Fällen, wo eine Ungültigkeit per exceptionem stattfindet, so zu denken ist; theils mit dem Prozeß. Bei der Ungültigkeit per exceptionem war dem arbitrio des Prätors und Judex weit mehr überlassen als bei der Ungültigkeit ipso jure, welcher Unterschied im neuern Rechte aufgehört hat. Wenn eine Civilobligation ipso jure nichtig ist, so heißt das immer soviel: sie sei gar nicht vorhanden; bei der Ungültigkeit per exceptionem aber ist sie an sich vorhanden, jedoch der Debitor hat ein ähnliches Recht, welches mit der Obligation collidirt, und wobei es denkbar ist, daß das naturale in ihr bestehen oder nicht bestehen bleibt. Das letztere ist die Regel, von welcher fünf Ausnahmen gelten, nämlich:

1) bei der exceptio ex S. C. Macedoniano. Als Grund wird angegeben, daß dem Gläubiger nur zur Strafe die Klage genommen sein, der Schuldner dadurch nicht gewinnen soll[14]),
2) bei der Verjährung einer Klage[15]),
3) bei der exceptio rei judicatae[16]),

---

14) L. 9, §. 5 und L. 10 D. de S. C. Macedon. (XIV, 6); L. 19 pr., 40 pr. D. de condict. indeb. (XII, 6).

15) L. 2 C. de luit. pign. (VIII, 31); L. 5 C. de except. (VIII, 36); L. 5, §. 6 D. de doli et metus except. (XLIV, 4).

16) L. 28, 60 pr. D. de cond. ind. (XII, 6); L. 8, §. 1 D. ratam rem hab. (XLVI, 8); L. 14 D. de rebus creditis (XII, 1).

4) bei dem beneficio competentiae[17],

5) bei der exceptio: quod quisque juris in alterum statuit ut ipse eodem jure utatur[18].

Der Grund von diesen Ausnahmen liegt darin, daß die Institute rein positiv und nicht im jure gentium begründet sind[19]. Ist die exceptio nicht ab aequitate naturali abhorrens, d. h. ist sie auch im jure gentium begründet, so sind beiderlei Ungültigkeiten, nämlich: die Ungültigkeit ipso jure, und die per exceptionem, falls die Exception nicht wieder erlischt, von gleicher Wirkung[20]. Bei der naturalis obligatio findet sich der Unterschied zwischen „ipso jure" und „per exceptionem" nicht; dieselbe geht stets ipso jure unter[21].

Paulus scheint anderer Meinung in L. 27, §§. 2 et 3 D. de pactis (II, 14) zu sein, auch finden sich Fälle, wo von einer replicatio die Rede ist. Dieses darf aber nicht irre machen; denn wenn der Beklagte eine Exception aus einer ungültigen naturalis obligatio entgegensetzte, so war es die einfachste Art: zu repliciren und nicht bloß zu negiren. Das Bedürfniß des Unterschieds zwischen ipso jure und per exceptionem fehlt bei der naturalis obligatio.

Hiernach kommen folgende Fälle vor:

1) eine vollgültige obligatio civilis, welches der gewöhnlichste Fall ist;

2) eine ipso jure ungültige, d. i. eine obligatio nulla;

3) eine per exceptionem ungültige obligatio civilis, salva naturali;

---

17) L. 8 et 9 D. de cond. ind. (XII, 6).

18) L. 3, §. 7 D. quod quisque (II, 2).

19) L. 66 D. de reg. jur. (L, 17).

20) L. 112 D. eod.; L. 25 D. de verb. obl. (XLV, 1); L. 10 et 55 D. de verb. sign. (L, 16).

21) L. 95, §. 4 D. de solut. (XLVI, 3). (Pap.)

4) eine obligatio inanis oder inefficax, d. i. eine per exceptionem durchaus ungültige;

5) eine bloße naturalis obligatio.

B. In dem Preußischen Landrechte ist der Begriff von Civil- und Naturalobligation nicht ausgesprochen, aber es correspondirt ihm etwas Aehnliches. Der §. 86 der Einleitung unterscheidet zwischen vollkommenen und unvollkommenen Rechten. Die letztern sind solche, welche durch die Gesetze nicht unterstützt werden, und sie sollen weder eine gerichtliche Klage, noch eine Einrede begründen. Der §. 23, Tit. 3, Th. II spricht von einer natürlichen Pflicht der Verwandten, ihre unvermögenden Verwandten nicht hülflos zu lassen. Was damit gemeint ist, kann nicht angegeben werden; eine naturalis obligatio ist es gewiß nicht, wenn man nicht Pietät und Naturalobligation für identisch hält. Es finden sich aber außerdem folgende praktische, man kann sagen, Ueberreste der Wirkungen einer Naturalobligation:

1) Die soluti retentio soll eintreten, wo auch nur eine moralische Verbindlichkeit vorhanden wäre[22]). Dieß ist rein der römischen Naturalobligation nachgebildet; nur findet sich hier die sehr erhebliche Erweiterung, daß statt einer wirklichen Naturalobligation eine jede „moralische Verbindlichkeit" und „unvollkommene Pflicht" zur Zurückbehaltung des Gezahlten berechtigt, so daß also die „unvollkommene Pflicht" gleichwohl eine Einrede begründet, ungeachtet der §. 86 der Einleitung das Gegentheil bestimmt. Daraus entspringt eine Rechtsunsicherheit; um diese zu vermeiden, müssen die Ausdrücke auf eine wirklich eingegangene aber civilrechtlich unwirksame Verbindlichkeit, nicht auf eine Sittenpflicht, bezogen werden. Außer den moralischen Pflichten begründen

22) A. L.R. I, 16, §§. 178 u. 179. Vergl. Th. II, Tit. 2, §. 138.

aber auch folgende Naturalobligationen die soluti retentio:

a) Ein formloser Kontrakt, wenn er wegen Mangels der Form auch für nichtig erklärt worden wäre[23]).

b) Eine unkräftige Intercession (Bürgschaft oder Expromission) einer Frauensperson[24]). Nach Römischem Rechte, welches die Bürgschaft einer Frauensperson nicht gestattete, konnte die Bürgschaft als Civilobligation nicht vorkommen; und die Naturalobligation war ebenfalls ausdrücklich reprobirt.

c) Der Spielkontrakt[25]). Auch dieses ist eine dem Römischen Rechte entgegengesetzte Bestimmung.

Von den oben erwähnten, im R. R. ausdrücklich reprobirten fünf Naturalobligationen sind also zwei, nämlich:

die Bürgschaft einer Frauensperson, und die Spielschuld,

ausdrücklich als zur soluti retentio geschickt anerkannt. Dagegen sind die zwei folgenden, nämlich:

die Obligation eines Verschwenders, und die Verbindlichkeit eines Unmündigen,

ebenfalls reprobirt und zur Ausschließung der condictio indebiti nicht tauglich erklärt, vorausgesetzt, daß die Zahlung noch vor gehobener Unfähigkeit erfolgt ist[26]). Dieß

23) A. L.R. I, 16, §. 184. Es heißt hier: „Hat Jemand den Vertrag, die letztwillige Verordnung, oder das Urtel, aus welchem er eine Zahlung geleistet hatte, wegen eines Mangels an der durch positive Gesetze bestimmten Form selbst angefochten, und bloß aus diesem Grunde die Nichtigkeitserklärung bewirkt: so kann er dennoch die daraus einmal geleisteten Zahlungen nicht zurückfordern." Diese Bestimmung soll wohl allgemein gelten und das „selbst" ist wohl nur beispielsweise gebraucht; denn ein formloses Versprechen begründet doch immer eine natürliche Verbindlichkeit. Vergl. unten §. 259.

24) A. L.R. I, 14, §§. 243 u. 411.

25) A. L.R. I, 11, §. 578.

26) A. L.R. I, 16, §. 170.

ist nicht auf solche Personen zu beziehen, welche zu Rechtsgeschäften überhaupt fähig sind, und mit welchen nur gewisse Geschäfte nicht eingegangen werden sollen, wie z. B. bei den Darlehnsgeschäften rücksichtlich der Prinzen und Prinzessinnen des Königl. Hauses und der Königl. Schauspieler der Fall ist. Bezahlen diese das aufgenommene Darlehn, welches von ihnen nicht hätte zurückgefordert werden können, so ist die Zahlung gültig. Der Grund davon liegt nicht in der Unfähigkeit dieser Personen, sondern in der positiven Rechtsversagung gegen dieselben. Werden sie also ohne Rechtshülfe gerecht, so bleibt es dabei[27]). Davon wesentlich verschieden sind wieder solche an sich ebenfalls nicht unfähige Personen, mit welchen gewisse Schulden zu kontrahiren bei fiskalischer Strafe untersagt ist, wie z. B. mit den Subalternoffizieren und Studenten[28]).

Der fünften reprobirten Naturalobligation des außergerichtlichen Vergleichs über künftige Alimente, geschieht gar keine Erwähnung; und deshalb müßte ihm nach §. 86 der Einleitung jede Wirkung abgesprochen werden; indeß wird er doch, nach §. 178, I, 16, soluti retentio wirken.

2) Die zweite Wirkung der Naturalobligation nach Römischem Rechte, nämlich die Tauglichkeit zur Kompensation und zur Begründung einer Exception, ist ebenfalls abgesprochen[29]).

3) Was die Tauglichkeit zu accessorischen Verträgen betrifft, so finden sich davon folgende Anwendungen:

---

27) A. L.R. I, 11, §§. 676, 704.

28) Ebend. §. 684; II, 12, §§. 104 u. f.

29) A. L.R. I, 16, §. 377 und Einleit. §. 86. Ueber die Natur der Offizierschulden ist kein Einverständniß. Nach meiner Auffassung sind sie gültig, nur daß ipso jure der Fiskus an die Stelle des Gläubigers tritt, so daß also die Zahlung an den Darlehnsgeber dem Fiskus unnachtheilig ist.

a) **Bei Bürgschaften hebt die Verjährung der Hauptschuld auch die Verbindlichkeit des Bürgen auf.** Nur wenn der Bürge sich auch als Selbstschuldner verpflichtet hat, welches stillschweigend angenommen wird, wenn die Bürgschaft für eine, wegen der persönlichen Eigenschaft des Hauptschuldners ungültige Forderung geleistet ist, ohne daß auf den Einwand der Unwissenheit etwas ankommt [30], ändert die Verjährung der Hauptobligation an der Verbindlichkeit des Bürgen nichts [31]. Es ist also eine Naturalobligation zu einer reinen Bürgschaft nicht tauglich.

b) Nach Römischem Rechte ist ein Pfandrecht möglich für eine Naturalobligation. Das Allgem. Landrecht hat davon unr Eine sehr beschränkte Anwendung: wenn nämlich die Hauptobligation wegen vernachlässigter Form ungültig ist, so kann der Schuldner das gegebene Pfand nur gegen Erstattung des Empfangenen zurückfordern; ein Pfandrecht soll aber der Empfänger doch nicht erworben haben [32]. Er hat also nur ein Retentionsrecht. Eine so spezielle Bestimmung ist bei vorhandener Reprobation des Grundprinzips nicht auf andere ähnliche Fälle, oder vielmehr auf andere moralische Verbindlichkeiten anzuwenden; es muß immer eine wirkliche Obligation sein, welche bloß wegen Mangels in der Form nicht klagbar ist [33].

30) A. L.R. I, 14, §§. 254—256. Dieser Satz wird für einen Ausfluß der allgemeinen Bestimmung über Bürgschaften gehalten. Vergl. aber Gründler, Polemik, §. 38.

31) A. L.R. I, 14, §§. 391, 393. — Simon u. v. Strampff, Rechtssprüche, Bd. I, S. 178.

32) A. L.R. I, 20, §§. 97 u. 98.

33) Bornemann, von Rechtsgeschäften, S. 211 (1. Ausg.) meint, es gelte dieß für alle Fälle, in welchen für eine moralische Verbindlichkeit ein Pfand bestellt worden. Wenn also z. B. Jemand einem Bettler einen kostbaren Ring als Pfand für die Almosen giebt,

c) Nach Römischem Rechte ist eine Naturalobligation zur Novation tauglich. Nach dem Allgem. Landrecht ist sie es in allen den Fällen, in welchen die soluti retentio stattfinden, und die condictio indebiti ausgeschlossen sein würde [34]).

Es sind noch zu vergleichen übrig die fünf Fälle des Römischen Rechts, in welchen ausnahmsweise von der, per exceptionem ungültigen, Civilobligation die Naturalobligation stehen bieb. Dieß fand statt:

1) bei der exceptio S. C. Macedoniani. Nach dem Allgem. Landrechte stellt sich die Sache von Grund aus anders als nach Römischem Rechte. Nach dem erstern kann ein filius familias gar keine lästige Civilobligation kontrahiren [35]), es ist mithin von Anfang eine bloße Naturalobligation. Von dieser ist in dem Landrechte die soluti retentio, aber sonst keine andere Wirkung, anerkannt [36]).

2) Bei der exceptio oder praescriptio XXX annorum. Das Allg. Landrecht erwähnt dieses Falles nicht; man ist jedoch darüber in Streit gekommen: ob die exceptio erhalten bleibe oder ob die ganze Obligation durch den Einwand der Präscription untergehe. Grävell [37]) behauptet, daß das Allgem. Landrecht keineswegs den Unterschied zwischen der praescriptio actionum und der extinctio ipsius juris per praescriptionem aufgehoben habe; denn das Allgem. Landrecht habe bekanntlich eine ganze Menge Zeitbestimmungen für einzelne Klagen oder Ein-

---

welche er ihm künftig noch zu geben moralisch verpflichtet sei, so müßte der Bettler den Ring lebenslang retiniren können.

34) A. L.R. I, 16, §§. 467 u. 468.

35) A. L.R. II, 2, §. 125.

36) Ebend. §. 138. — Müller ad Struv., th. 34, lit. β ad tit. de cond. ind. — Vergl. L. 14 D. de reb. cred. (XII, 1).

37) Besitz und Verj. §. 9 in der Anmerk.

reden, ohne daß durch deren Verjährung das betreffende Recht selbst getilgt würde; es unterscheide vielmehr an mehrern Orten die Verjährung der Klage ganz ausdrücklich von der Verjährung des Rechts selbst. Allein die zum Beweise dieser Behauptung angeführten Stellen, I, 11, §§. 755 u. 756, und II, 8, §§. 604, 1079 u. 1080 enthalten davon entweder nichts oder gerade das Gegentheil. Denn die §§. 755 und 756, I, 11 sprechen von gar keiner Klageverjährung, sondern von der Verjährung eines bloßen Beweismittels, nämlich des Schuldscheins gegen die Erben des Ausstellers, und der §. 604, II, 8 handelt von der Verjährung der Beweiskraft der Handlungsbücher, beide Stellen also von etwas ganz Anderem, als wovon hier die Rede ist. Die §§. 1079 und 1080 l. c. handeln von der Verjährung des Wechselrechts, und nicht bloß von der der Klage; im Gegentheil: das Recht selbst geht gänzlich verloren. Denn daß auch noch ex alia causa, etwa ex mutuo, ein Anspruch zustehen kann, ist doch nicht Folge des Wechselrechts. Ferner meint Bielitz[38]): unsere Gesetze enthielten zwar den Grundsatz des Römischen Rechts, daß die Exception bei der Klageverjährung stehen bleibe, nicht ausdrücklich, aber dennoch scheine er anzunehmen zu sein. Der Beweis besteht darin, daß er Grävell's[39]) Meinung von der Verjährung des Eviktionsanspruchs zu widerlegen sucht, indem er glaubt, Grävell statuire die Fortdauer der Exception nach eingetretener Klageverjährung nicht, während derselbe solche vielmehr ganz ausdrücklich behauptet. Dagegen ist die Meinung Ludwig's[40]) vollkommen begründet, daß das Allg. Landrecht bei der Verjährung nicht

38) Comment. I, p. 714, No. 12.

39) Generaltheorie der Verträge, S. 274.

40) Ueber die Extinktiv-Verjährung jährlicher Gefälle in: von Kamptz's Jahrb., Bd. V, S. 80.

mehr die Rechte selbst von den daraus zustehenden Klagen unterscheide, und daß es keine bloße Klagenverjährung oder Verjährung des Rechts der Forderungen (praescriptio actionis), im Gegensatze der Verjährung des Rechts selbst (extinctio oder praescriptio juris ipsius) gebe; vielmehr letztere überall eintrete. Denn in dem Allg. Landrechte findet sich keine allgemeine Anerkennung der Naturalobligation, vielmehr ist in dem §. 86 der Einleitung einem unvollkommenen Rechte, wobei ohne Zweifel an die Naturalobligation gedacht worden ist, ganz allgemein jede Wirkung, ausdrücklich auch die einer Einrede abgesprochen, und aus den, sich hin und wieder findenden, schon vorher erwähnten, abgerissenen Bruchstücken läßt sich, nachdem auf solche Weise das gemeinschaftliche Fundament absichtlich fortgerissen worden, nichts Zusammenhängendes construiren: diese von ihrem Lebensprinzip abgerissenen Trümmer können niemals zu einem organischen Ganzen wieder zusammen wachsen. Die Ausbildung der Naturalobligation wäre in dem Allg. Landrechte sehr wichtig und nöthig gewesen, da dasselbe wieder Formen für wichtige Verträge vorgeschrieben hat. Das Bedürfniß ist jetzt noch nöthiger als im reinen Römischen Rechte, wo es viele Ausnahmen und Dispensationen von den Formen gab; wogegen im Allg. Landrecht es durchgreifend ist, daß alle Verträge über 50 Thlr. schriftlich sein sollen[41]).

41) Die Nothwendigkeit dieser Form, in Verbindung mit der gänzlichen Verwerfung der Naturalobligation in ihrem Prinzip, ist eine Quelle unsäglicher Prozesse, und zwar solcher, durch welche die Parteien an den Bettelstab kommen. Noch itzt (1836) schwebt eine, dem Verf. bekannte Sache schon 15 Jahre, ohne allen Vorwurf gegen die Gerichte oder gegen die Prozeßform. Es ist nämlich ein bedeutendes Grundstück mündlich verkauft und übergeben, und das Kaufgeld zum Theil bezahlt. Der Käufer hat das Geschäft aufgerufen. Dieser Prozeß ist durch drei Instanzen geführt und zu Gunsten des Klägers

3) Bei der exceptio rei judicatae. Auch hiervon kommt nirgend etwas vor; im Gegentheil findet sich die Bestimmung, daß Rechte durch richterliches Erkenntniß, worunter ein abweisendes zu verstehen ist, da ein obsiegliches nicht novirt, erlöschen[42]), so daß also an das Fortbestehen einer obligatio naturalis gar nicht zu denken ist.

4) Bei der Kompetenz. Die Forderung eines solchen Gläubigers, welcher dem Schuldner eine Kompetenz bewilligen muß, kann durch diesen Einwand zurückgewiesen, und also per exceptionem unwirksam gemacht werden. Nach dem Allg. Landrecht, ebenso wie nach Römischem Rechte, bleibt in diesem Falle die Naturalobliga-

---

entschieden worden. Nun sollte die Rückgabe geschehen. Im term. retrad. fand aber der Verkäufer das Grundstück ganz verändert, und meinte, daß, da er nach dem Erkenntnisse das Grundstück nur so, wie er es übergeben habe, zurückzunehmen schuldig sei, er dasselbe in dem jetzigen Zustande nicht anzunehmen brauche. Der Käufer dagegen hielt dafür, daß die gerügten Veränderungen unwesentlich seien, und wollte das Grundstück auch auf Gefahr des Verkäufers nicht länger behalten. Es wurde also ein Sequester eingesetzt, und die Sache von neuem darüber zum Prozeß eingeleitet: ob die Veränderungen von der Art seien, daß der Käufer das Grundstück behalten müsse? Darüber wurde abermals durch drei Instanzen verschieden erkannt, und endlich wieder zu Gunsten des Käufers entschieden. Nun kam die Reihe an die Rechnungslegung über die Nutzungen. Auch über die Verbindlichkeit, Rechnung zu legen, wurde durch alle Instanzen erkannt, und endlich, nachdem alle Exekutionsgrade durchgegangen waren, eine nothdürftige Rechnung eingebracht. Jetzt schwebt ein endloses Defectatorium; und wenn die Parteien nicht aus Erschöpfung die Sache aufgeben, so werden sie wohl darüber sterben. Von dieser Art sind alle Sachen mit mehr oder weniger Veränderungen, je nach der Wichtigkeit des Gegenstandes, welche eine Folge der Bestimmung des Allgem. Landrechts über die Ungültigkeit mündlicher Verträge sind, und nebenher werden die Grundstücke, welche durch ein solches Schicksal betroffen werden, deteriorirt.

42) A. L.R. I, 26, §. 7. Vergl. A.G.O. Einl. §. 66; Th. I, Tit. 16, §. 1 und A. L.R. I, 9, §. 557.

tion fortbestehen, und hat alle Wirkungen, welche eine solche überhaupt äußern kann, weil dieses Beneficium nur als ein vorübergehendes Verhältniß gedacht wird, nach dessen Aufhören die Civilobligation wieder in volle Wirkung tritt [43]). Es muß daher nicht allein die soluti retentio stattfinden, zumal die condictio indebiti ganz unzweifelhaft schon nach ihren sonstigen Voraussetzungen ausgeschlossen ist, sondern es muß auch Kompensation eintreten und die Obligation für accessorische Verträge tauglich bleiben. Für die Bürgschaft ist solches ausdrücklich, jedoch mit Modifikationen anerkannt [44]).

5) Die exceptio quod quisque juris in alterum statuerit etc. kennt das Allg. Landrecht nicht, weil nach dem heutigen Staatsrecht die richterlichen Magistratspersonen die Gewalt, neue Rechtssätze einzuführen, nicht haben [45]).

Zweites Kapitel.

Vom Inhalte der Obligationen.

§. 4.

A. Im Allgemeinen.

I. Der Gegenstand der Obligation ist im Allgemeinen allemal eine Handlung, und zwar entweder eine positive, oder eine negative, oder ein Thun, oder ein Unterlassen [1]). Das Thun wird eingetheilt in dare, facere

43) Allg. G.O. I, 49, §§. 22—24; Konkursordn. v. 8. Mai 1855, §. 437.

44) A. L.R. I, 14, §§. 281 u. 282. Unten §. 42, No. 6.

45) Ueber die parteiische Gerichtspflege mancher Prätoren, wodurch dieser Rechtsgrundsatz veranlaßt worden ist, s. m. Cicero's Reden in Verrem, und Joh. Gottl. Heineccii Opusc. postum. de historia edictorum, Lib. II, c. 1, §§. 5 seq.

1) L. 75, §. 7 D. de verb. obl. (XLV, 1).

und praestare [2]), welches nach R. R. nicht drei coordinirte Begriffe sind. Dare bezeichnet das Verschaffen des Eigenthums, bei Stipulationen das des quiritarischen Eigenthums [3]), oder des versprochenen Rechts selbst [4]), und bei Kondiktionen jedes andere Verschaffen [5]). Von dare wird das tradere unterschieden, denn hierunter wird nur Uebertragung des Besitzes verstanden [6]). Facere ist zuerst der Gegensatz von dare [7]), und dieß ist alles was nicht dare ist; alsdann aber bezeichnet es auch jedes spezielle Thun, und darin ist das dare mit enthalten [8]). Praestare bezeichnet jede Leistung, überhaupt alles, was Gegenstand einer Obligation sein kann [9]). Diese Terminologie des Römischen Rechts ist uralt.

Das Allgemeine Landrecht bezeichnet als Gegenstand einer Obligation (eines persönlichen Rechts in seiner Sprache) auch drei Arten des Thuns und Unterlassens, nämlich: etwas zu geben; zu leisten (ebenso der Gegensatz von Geben wie facere von dare); zu verstat-

---

2) L. 3 pr. D. de obl. et act. (XLIV, 7); L. 13, §. 6 D. de act. emt. (XIX, 1).

3) §. 14 Inst. de act. (IV, 6); L. 75, §. 10 D. de verbor. obl. (XLV, 1); L. 167 pr. D. de reg. jur. (L, 17). Im Brisson ist aus einem Druckfehler L, 128 allegirt.

4) L. 29, §. 1 D. de verb. obl. (XLV, 1); L. 19 D. de servitut. praedior. rust. (VIII, 3).

5) §. 15 Inst. de actionib. (IV, 6); §. 2 Inst. quib. mod. toll. obl. (III, 29 [30]).

6) L. 28 D. eodem.

7) §. 15 Inst. de act. (IV, 6).

8) L. 218 D. de verb. obl. (L, 16). — Verbum facere omnem omnino faciendi causam complectitur, dandi, solvendi, numerandi, judicandi, ambulandi. L. 175 u. 58 D. eod.; L. 60 D. de condit. et demonstrat. (XXXV, 1).

9) Brisson. voce: praestare. Nach Giphan. ad L. 3 pr. D. de obl. et act. p. 549 soll es eine Leistung außer dem Gegenstande der Obligation, z. B. des Interesses, bedeuten.

ten, welches dem praestare nicht entspricht, sondern ein negatives Thun, ein Dulden dessen, was sonst nicht geduldet zu werden brauchte, mithin ein Unterlassen d. i. des Widerstandes oder Hinderlichseins ist; und zu unterlassen (non facere)[10]. Das Bedürfniß dieser Aufzählung der verschiedenartigen Handlungen ist nicht mehr vorhanden, da das Versprechen, etwas zu geben, heutzutage keine andere Verpflichtung als jeder andere Ausdruck von ähnlicher Bedeutung auflegt, und kein juristischer Grund zur Eintheilung und Unterscheidung derselben mehr zu finden ist. Man kann daher sagen: das Allgemeine Landrecht kenne als Gegenstand einer Obligation nur eine Leistung in der allgemeinsten Bedeutung, welche ein Thun oder ein Unterlassen sein kann, ohne zwischen der einen oder der andern Leistung einen Unterschied von praktischen Folgen zu machen[11].

II. Das Römische Recht kennt in Beziehung auf das dare noch den Gegensatz von certum und incertum[12]. Certum ist das Versprechen einer speziell bestimmten Sache (species), oder eine bestimmte Quantität zu geben; alles Uebrige ist incertum. Dieser Gegensatz rührt her von den Formeln. Wenn in der intentio etwas Gewisses bezeichnet war, so hieß auch die obligatio certi; wo es aber in der intentio hieß: „quidquid ob eam rem Numerium Negidium Aulo Augerio dare facere oportet," so hieß auch die obligatio incerti[13]), und es wurde durch diese Formel jeder mögliche Anspruch aus

---

10) A. L.R. I, 2, §. 123. Dieser Satz ist eine bedeutungslose Nachbildung des R. R., wie es in den Lehrbüchern dargestellt ist.

11) Das Oesterreichische Gesetzbuch §. 859 nennt daher das persönliche Recht ganz richtig ein solches, vermöge welches einer dem andern zu einer Leistung verbunden ist.

12) L. 74 u. 75, §. 9 D. de verb. obl. (XLV, 1).

13) Gajus IV, §§. 54 u. 131.

der Obligation erschöpft, so daß keine actio mehr übrig blieb. Schon im Justinianeischen Rechte hat dieses keine Bedeutung mehr, und noch weniger ist davon in dem heutigen Gemeinen Rechte, oder in dem Landrechte eine Spur übrig.

§. 5.

B. Insbesondere.

I. Alternative oder disjunktive Obligationen.

Joh. Nic. Hert, de electione ex obligatione alternativa debitori debita. Giess. 1699; und in Comment. et Opusc. Vol. I, P. 3, p. 233 sq. — Thomasius, de obligatione ex promissione rei incertae; in Diss. T. IV, no. 112, §§. 45—61. — J. A. Kurrer, de obligatione alternat. Tub. 1686. — J. G. Chladenius, de jure debitoris circa electionem in causis alternativis. Viteb. 1725. — M. A. J. de Brassier, de causis alternativis. Heidelb. 1821. 4.

In einer andern Bedeutung giebt es aber noch jetzt Obligationen, deren Gegenstand ungewiß ist. Dieses ist der Fall bei den Obligationen generis dandi, und bei den alternativen oder disjunktiven. Eine Obligation nämlich, welche nicht auf Einen bestimmten Gegenstand (species) geht, und also keine einfache Obligation (obligatio simplex) ist, ist auf mehrere Objekte entweder kopulativ, d. h. so gerichtet, daß sie alle gegeben werden müssen, oder alternativ, d. h. so, daß der Schuldner durch die Leistung des Einen davon liberirt wird.

I. Bei der letztern kommt es darauf an: wem von beiden Theilen die Wahl zusteht. Regel ist: der Schuldner hat die Wahl [1]). Bei der Redaktion des Landrechts

1) L. 106, 112, 138, §. 1 D. de verb. obl. (XLV, 1); L. 25 pr.; L. 34, §. 6 D. de contrah. emt. (XVIII, 1); §. 33 Inst. de act. (IV, 6); L. 10, §. 6 D. de jure dotium (XXIII, 3). — L. 75, §. 4 D. de leg. I (XXX). — Mühlenbruch, Lehre von der Cession der Forderungen, §. 24, Note 43, 3. Ausg. Greifswald 1836, S. 265.

beabsichtigte man, nach dem Entwurf [2]), diese Regel dahin abzuändern, daß bei wohlthätigen Verträgen der Verpflichtete, bei lästigen der Berechtigte die Wahl haben sollte. Man monirte aber dagegen, daß dieß der bisherigen Theorie widerspreche, und die beabsichtigte Abweichung davon nicht rathsam sei, theils weil der Unterschied zwischen lästigen und wohlthätigen Verträgen mitunter schwierig, theils weil anzunehmen, daß der Debitor sich nur zu dem Geringsten habe verpflichten wollen [3]). Diesen Monenten trat man bei, und die Regel des Gemeinen Rechts wurde im Landrechte beibehalten [4]), jedoch mit zwei Ausnahmen:

1) beim Kaufen, wo dem Käufer die Wahl zustehen soll [5]), und
2) bei dem Dienstverhältnisse der Unterthanen, wo, wenn der Unterthan zu Naturaldiensten oder zu Dienstgeld verpflichtet, der Herrschaft die Wahl gelassen ist [6]).

Welchen Grund man zu der erstern Ausnahme hatte, weiß man nicht; im Entwurf fehlt diese Bestimmung, und in den Materialien soll darüber nichts zu finden, vielmehr von Suarez bei der revisio monitorum ausdrücklich bemerkt worden sein, daß nach der Analogie dem Verkäufer die Wahl zustehe [7]). Durch die zweite Be-

---

2) Th. II, Tit. 2, §§. 192, 193.

3) Bornemann, Civ.R. II, S. 546, Note *).

4) A. L.R. I, 5, §§. 156, 274 u. Tit. 12, §. 388; Tit. 16, §. 192.

5) A. L.R. I, 11, §. 38.

6) A. L.R. II, 7, §. 424.

7) Bornemann, Civ.R., II, S. 546, Note **). — Die Gesetzrevisoren in ihren Motiven zum Tit. 11, Th. I, S. 20 sagen, der Rechtsgrund zu dieser Ausnahme sei in der Eigenthümlichkeit des Kauffontrakts zu suchen; sie melden jedoch nicht, welchen Erfolg sie durch solches Suchen erzielt haben; das Suchen wird schwerlich durch Finden belohnt werden.

stimmung ist aber eine gemeinrechtliche Kontroverse entschieden; denn die Romanisten wollten, nach Analogie des Römischen Rechts, dem Unterthan als Schuldner die Wahl vindiciren [8]), wogegen die Germanisten, in Betracht der Entstehung der gutsherrlichen und bäuerlichen Verhältnisse, dem Herrn die Wahl zusprachen [9]).

Die Wahl ist nach Römischem Rechte nicht Bedingung der Obligation, sondern letztere ist pure [10]). Daraus folgt, daß die Obligation zur einfachen wird, wenn von den mehrern Gegenständen, unter welchen die Wahl geschehen sollte, nur noch Einer übrig ist, und deshalb keine Wahl stattfinden kann [11]).

Nach dem Landrechte ist dieß anders. Wird von mehrern Sachen, unter welchen die Wahl gelassen ist, sei es durch Zufall oder durch Zuthun des Gegentheils, eine oder die andere derselben vernichtet, verdorben oder sonst abhanden gebracht, so ist der Wahlberechtigte nicht mehr gebunden [12]). Die Obligation wird hier also wie eine bedingte behandelt. Zufolge dieser Bestimmung müßte, wenn ein Schafzüchter aus 500 bestimmten Schafen 50 ohne nähere Bezeichnung verkauft (welches wegen der bestimmten Bezeichnung der 500 keine obligatio generis dandi, sondern eine wirkliche obligatio alternativa ist), und vor der Uebergabe derselben Ein Schaf aus der Heerde stirbt, der Kontrakt aufgehoben werden können. Wa-

---

8) Leyser, Spec. 419, m. 3. — Danz, Handb. des d. Priv.R., §. 501 in f. — Hagemann, Landwirthschaftsrecht, §. 246, Note 4.

9) Buri, von Bauergütern, S. 68 u. 69.

10) L. 138 u. 76 pr. D. de verb. obl. (XLV, 1).

11) L. 72, §. 4 D. de solut. (XLVI, 3); L. 16 pr. D. de verb. obl. (XLV, 1); L. 34, §. 6 D. de contr. emt. (XVIII, 1); L. 2, §. 3 D. de eo quod certo loco (XIII, 4); L. 11, §. 1 D. de leg. II (XXXI).

12) A. L.R. I, 11, §§. 33, 37.

rum? Ein juristischer Grund dieser Abweichung ist nicht bekannt. Die Bestimmung des Landrechts kann überdieß auch nur in den Fällen Anwendung finden, wo eine Auflösung der Verbindlichkeit ohne Erfüllung überhaupt rechtlich möglich ist. Nun giebt es aber viele obligatorische Verhältnisse, wo davon, daß der Schuldner befreit sein soll, wenn die Wahl nicht mehr möglich ist, gar nicht die Rede sein kann. Dieß ist z. B. der Fall, wenn auf Grund eines ungültigen mündlichen Vertrags eine Sache übergeben worden ist, und der eine Theil zurücktritt. Hier soll der Empfänger die Wahl haben: ob er auch erfüllen, oder die Sache, falls sie sich noch in demselben Stande befindet, in welchem sie übergeben worden, zurückgeben wolle. Die Wahl kann aber nicht mehr stattfinden, wenn die Sache sich auch nur zufällig verschlimmert hat[12a]). Es fehlt hier also an einer Einheit im Prinzip.

Nach Römischem Rechte geht das Wahlrecht auch auf die Erben über[13]), welches nach dem Landrecht ebenfalls anzunehmen ist, wenngleich diese Obligation wie eine bedingte betrachtet wird; denn wenn es nicht gerade auf die Persönlichkeit ankommt, was in Beziehung auf das Wahlrecht nicht der Fall ist, so werden auch bedingte Rechte und Pflichten vererbt.

Dieses Wahlrecht kann der Schuldner, nach Römischem Rechte, bis zur wirklichen Leistung, oder bis zur Exekution ausüben: es geht also durch dessen Mora nicht verloren[14]); doch ist dieß nicht unbestritten[15]). Daß

12a) A. L.R. I, 5, §§. 156, 157.

13) L. 76 pr. D. de verb. obl. (XLV, 1).

14) L. 106 u. 138, §. 1 D. de verb. obl. (XLV, 1).

15) Wegen L. 2, §. 3 D. de eo quod certo loco (XIII, 4); L. 55 D. ad leg. Aquil. (IX, 2). — Glück IV, §. 330, S. 417 und Note 62. — Thibaut §. 103, Note 8. — Zimmern,

aber durch mora solvendi die Wahl nicht verloren geht, und vielmehr noch bis zur Exekution ausgeübt werden kann, folgt daraus, daß es eine pluspetitio ist, wenn nicht alternativ geklagt wird[16]). Wenn aber nur in dieser Art geklagt werden kann, so muß auch das Urtel so ausfallen.

Das Allg. Landrecht enthält hierüber keine Bestimmung, aber die Praxis hat sich dafür entschieden, daß der Kläger nur alternativ fordern könne. Jedoch ist dieselbe in dem Falle, wo ein von einer Seite bereits ganz oder theilweise erfüllter Vertrag von dem anderen Theile, dem die Wahl zwischen der Gegenleistung und der Rückgabe des Empfangenen freisteht, unerfüllt bleibt, schwankend. Viele Praktiker und Gerichte räumen dem Geber nur ein alternatives Klagerecht ein. Das Obertribunal hat aber den Satz ausgesprochen, daß der klagende Geber das Klagepetitum nicht nothwendig alternativ formuliren müsse, vielmehr dasselbe zwar auf Verurtheilung zur Erfüllung richten könne, doch sich den Einwand gefallen lassen müsse, daß die Sache zurückgegeben werde, das dem Empfänger zustehende Wahlrecht also erst dann in Wirksamkeit trete, wenn der Verkäufer durch Forderung der Gegenleistung Erfüllung fordere[16a]). Der

über das Erlöschen alternativer Forderungsrechte; im Archiv für civil. Praxis, Th. I, S. 326 f. — Brassier l. c. §. 8. — v. Wening-Ingenheim widerspricht sich sogar selbst. B. III, §. 105 sagt er: „Bei alternativen Ortsbestimmungen verliert der säumige Schuldner das Wahlrecht," (und Note c dazu): „Dieß darf aber nicht auch rücksichtlich der Wahl des Gegenstandes angenommen werden." §. 134, No. 4 dagegen sagt er: „Im Falle einer Mora des Schuldners geht das Wahlrecht (bei alternativen Verbindlichkeiten) auf den Creditor über." Vergl. jedoch unten §. 251, Note 62.

16) §. 33 Inst. de act. (IV, 6).

16a) Erk. vom 29. September 1843 (Jur. Wochenschr. 1844, S. 524), und Erk. vom 30. Januar 1846 (Schlef. Arch. Bd. VI, S. 268).

Schlußsatz, der wohl den Beweis des behaupteten Rechtssatzes geben soll, ist unrichtig oder doch ungenau und beweiset daher nicht. Denn die Wirksamkeit des Wahlrechts hängt durchaus nicht von der Forderung des Gebers, sondern lediglich von der Erklärung des Empfängers darüber: wie er es seinerseits halten wolle, ab, und diese Erklärung kann er verlautbaren, ehe noch der Geber eine Forderung gemacht hat. Die Meinung des Obertribunals ist aus prozessualischen Gründen unpraktisch, weil, wenn darnach verfahren wird, der Rechtsstreit in eine verwirrte Lage kommen kann, infolge der Veränderung des Gegenstandes, wenn der Kläger (Geber) nicht Schaden leiden soll. Die Sache ist nämlich die: Der Einwand, gehörig begründet und durchgeführt, hat die Entkräftung des Klagepetitums zur Folge, mithin muß entweder der Kläger abgewiesen, oder es muß ihm gestattet werden, das Petitum zu ändern. Das Letztere hat das Obertribunal selbst nach der neuern Prozeßgesetzgebung für zweifelhaft erklärt[16b]). Wenn es aber auch zweifellos ist, so nimmt nun der Prozeß eine andere Richtung und verlangt eine andere Grundlage. Dem Kläger steht nämlich gegen jenen Einwand die Replik: daß die Sache sich nicht mehr in dem übergebenen Zustande befinde, zu; er kann also sein Petitum, ohne sich vielleicht sehr zu schaden, nicht unbedingt ändern, vielmehr muß er dabei stehen bleiben und nur ein neues eventuelles Petitum hinzufügen. Ob das zulässig sei, ist noch zweifelhafter. Wenn es aber zulässig ist, so wird nun ein hauptsächliches und ein eventuelles Verfahren und Erkenntniß erforderlich, wodurch die Sache sehr verwickelt werden kann. Das ist unmöglich, wenn der Geber sein Petitum alternative formuliren muß. Alsdann nämlich

16b) Erk. vom 10. April 1856 (Entsch. Bd. XXXIV, S. 33).

hat der Hauptprozeß einen ganz einfachen Verlauf und die Abwickelung wird in die Exekutionsinstanz verlegt. Dort ist das Verfahren wieder einfach, indem nun das Wahlrecht auf den Gläubiger übergeht, falls der Schuldner nicht Genüge leistet (s. unten); denn hierin stimmt das Preußische Recht mit dem Römischen überein. Bietet aber der Schuldner ungezwungen Genügeleistung an und zwar durch Zurückgabe der Sache, so giebt die versuchte, von dem Sieger abgelehnte Retradition sogleich wieder eine einfache und sichere Grundlage zur Entscheidung der Frage: ob der Empfänger durch Zurückgabe der Sache in deren dermaliger Beschaffenheit zu befreien befugt sei. Diese prozessualischen Gründe beweisen zwar nicht den hier behaupteten Rechtssatz, aber er wird bewiesen durch die Beschaffenheit des in Rede stehenden Forderungsrechts als eines alternativen: dieses giebt dem Schuldner nicht etwa eine Exception in der Art, wie das Obertribunal hinstellt, sondern es schreibt die Erfordernisse der Klage vor, und darnach muß eine Petition, welche nicht alternativ formulirt ist, auf das faktische Vorbringen des Beklagten, daß das Petitum dem Klagerecht nicht entspreche, abgewiesen werden.

Der Gläubiger hingegen, wenn ihm die Wahl eingeräumt ist[17]), kann dieselbe nach Römischem Rechte nur bis zur Litiskontestation[18]) ausüben; nach altem Preußischen Prozeßrechte wurde ihm solches jedoch noch bis zum Schluß der Akten in erster Instanz gestattet, weil bis dahin das Klagepetitum noch geändert werden konnte[19]), vorausgesetzt, daß der Beklagte die in der Klage

17) L. 10, §. 6 D. de jure dotium (XXIII, 3); L. 76 pr.; L. 141 pr. D. de verb. obl. (XLV, 1).

18) L. 112 D. de verbor. oblig. (XLV, 1).

19) A. G.O. I, 5, §. 21, und Tit. 10, §. 5, a.

getroffene Wahl nicht angenommen hatte; nach der heutigen Prozeßgebung ist das zu bezweifeln[19a]).

Hat der Schuldner aus Irrthum sämmtliche Stücke gegeben, so kann er die zuviel gegebenen Stücke condiciren, wobei der Verklagte als Verpflichteter, nach dem Allg. Landrechte, die Wahl hat[20]). Dieß ist keine glückliche und auch keine consequente Anwendung der Regel: daß der Verpflichtete die Wahl hat. Glücklich ist sie nicht, weil der Beklagte nicht Schuldner einer obligatio alternativa, sondern vielmehr einer simplex ist; denn er muß die Stücke zurückgeben, welche er nicht erhalten haben würde, wenn der Kläger gewählt hätte, was nun nachträglich geschieht; da durch den Irrthum des frühern Schuldners und jetzigen Klägers der Beklagte nicht ein Recht erwerben kann, was ihm vorher nicht zustand. Daher entschieden auch Papinian und Salvius Julian gegen die Meinung des Ulpian, Celsus und Marcellus: daß der Kläger die Wahl habe, welche Meinung von Justinian bestätigt ist[21]). Consequent ist sie nicht, weil dabei der bei der Regel gemachte Unterschied zwischen Kaufverträgen und andern Geschäften unberücksichtigt gelassen ist.

Welches Mittel hat der Schuldner, sich von seiner Verbindlichkeit zu befreien, wenn der wahlberechtigte Gläubiger in mora accipiendi ist, da dieser dadurch die Wahl nicht verliert? Er muß dem Richter die Wahl anbieten und das gewähle Stück deponiren. Das liegt in der Ermächtigung des Richters, für den Gläubiger die Zahlung, die aus einem unerheblichen Grunde nicht angenommen wird, mit rechtlicher Wirkung zu empfan-

19a) S. oben die Anm. 16b.

20) A. L.R. I, 16, §. 192.

21) L. 10 C. de cond. ind. (IV, 6). Vergl. L. 26, §. 11 D. eod. (XII, 6).

gen; der Richter ist der gesetzliche Stellvertreter des Gläubigers in diesem Falle, folglich kann er auch wählen.

Die Aufhebung des Vertrags für den Fall, daß eins oder das andere von mehrern zur Wahl gestellten Stücken untergeht, hängt jedoch von dem Willen bald des einen bald des andern Kontrahenten ab. Es gelten dafür folgende Bestimmungen[22]:

1) Ist der Untergang durch Zufall oder durch das Zuthun des Nichtwahlberechtigten veranlaßt, so hängt es von dem Wahlberechtigten ab, wenn auch nur Eine von den mehreren Sachen noch übrig ist, bei dem Vertrage stehen zu bleiben; er kann jedoch alsdann kein Interesse fordern. Hat der Andere aber den Verlust vorsätzlich oder durch grobes Versehen veranlaßt, so muß er jenem auch noch das Interesse leisten[23].

2) Hat der Wahlberechtigte durch eigenes Zuthun den Verlust veranlaßt, so muß er bei dem Vertrage stehen bleiben, selbst wenn für ihn keine Wahl mehr übrig wäre.

Diese Bestimmungen weichen von dem Römischen Rechte natürlich gänzlich ab, da nach diesem von der Aufhebung des Kontrakts in keinem Falle die Rede ist.

Mit der obligatio alternativa hat die obligatio generis dandi Aehnlichkeit. Nach Römischem Rechte hat auch bei dieser der Verpflichtete freie Wahl, und der Gläubiger, welcher eine species fordert, begeht eine pluspetitio[24].

---

22) A. L.R. I, 11, §§. 33—37.

23) Bornemann spricht das Interesse gegen den klaren Inhalt der §§. 34 und 35 ab, wenn der Wahlberechtigte bei dem Vertrage stehen bleiben will. Civilr. II, S. 548, Nr. 3.

24) §. 33 Inst. de act. (IV, 6).

Das Allgemeine Landrecht hat zwar diese Regel beibehalten, jedoch mit zwei Abweichungen:

1) mit der allgemeinen Modifikation, daß eine Sache von mittlerer Art und Güte gegeben werden muß[25]);
2) mit der Ausnahme, daß bei dem Erbzinskontrakt, wenn der Zins in Naturalien gegeben werden muß, der Erbzinsherr die Wahl hat[26]).

II. Von der obligatio alternativa wesentlich verschieden ist diejenige, welche von Anfang auf Seiten des Gläubigers nur auf Einen Gegenstand geht, wobei jedoch dem Schuldner freigelassen ist, sich durch eine andere Leistung zu befreien. Eine solche Obligation ist eine simplex, auf welche die Grundsätze von den alternativen keine Anwendung finden[27]). Dieß ist z. B. der Fall bei den römischen Noxalklagen[28]); bei der Verletzung über die Hälfte, jedoch nur nach Römischem Rechte[29]); bei Assekuranzverträgen die Fälle, wo der Verpflichtete sich durch Abandonniren frei machen kann[30]); bei der Rhederei, wenn der Rheder den durch das Schiffsvolk verschuldeten Schaden vertreten soll, wo er sich gleichfalls durch Abandon befreien kann[30a]); und die Fälle, in welchen eine Wandelpön bestimmt ist[31]) u. s. w.

---

25) A. L.R. I, 5, §. 275 und II, 11, §. 920. Vergl. I, 21, §. 123. Der Erbe, welcher mit einem legatum generis belastet ist, braucht, wenn ihm die Wahl zusteht, nur eine für den Legatar brauchbare Sache zu geben. A. L.R. I, 12, §. 392.

26) Er kann also das Beste fordern. A. L.R. I, 18, §. 751.

27) Brassier l. c. §. 1. — Thibaut, System, §. 84. — v. Wening-Ingenheim, B. III, §. 4, Note 9.

28) L. 6, §. 1 D. de re jud. (XLII, 1); L. 1 pr. D. si quadrupes (IX, 1).

29) L. 2 C. de rescindenda vend. (IV, 44).

30) A. L.R. II, 8, §§. 2301 f.

30a) Ebend. §§. 1529 ff.

31) A. L.R. I, 5, §. 314.

Durch eine verbindlich getroffene Wahl wird die alternative Obligation in eine einfache umgewandelt[32]). Die Wahl kann re und verbis geschehen. Im erstern Falle ist weiter keine Form zur Rechtsbeständigkeit erforderlich[33]); geschieht die Wahl aber durch bloße Willenserklärung, so muß die Erklärung in der, zur Rechtsbeständigkeit, mit Rücksicht auf den Gegenstand erforderlichen, Form abgegeben werden[34]). Rechtsverbindlich geschieht die Wahl auch durch die Klage, wenn nämlich der wahlberechtigte Gläubiger das eine Recht in dem Libell unbedingt und ohne Vorbehalt geltend gemacht und der Beklagte sich darauf in der Klagebeantwortung, ohne Widerspruch gegen die getroffene Wahl eingelassen hat. Dadurch ist dem Kläger die Aenderung der Wahl in diesem Rechtsgange abgeschnitten[34a]). Welche Wirkung diese Wahl in dem Falle, wo der Kläger die Klage wieder zurücknimmt und später eine neue Klage mit einem veränderten Antrage anbringt, behält, kann in Frage kommen; ich halte dafür, daß die erste Wahl verbindlich bleibe. Bei, in gewissen Zeiträumen, wiederkehrenden Leistungen kann die Wahl für jede Leistung von neuem erfolgen[35]).

III. Bei einfachen Obligationen geht die Forderung des Creditors nur auf den versprochenen Gegenstand; und umgekehrt ist der Debitor das Zugesagte zu leisten schuldig und nicht befugt, dafür etwas anderes zu leisten[36]).

32) L. 20 D. de optione legat. (XXXIII, 5).

33) A. L.R. I, 5, §§. 215, 315 und I, 12, §. 400.

34) A. L.R. I, 5, §. 316 und I, 20, §§. 623, 597.

34a) Vergl. Erk. des Obertrib. vom 10. April 1856 (Entsch. Bd. XXXIV, S. 33).

35) A. L.R. II, 7, §§. 425, 426; L. 21, §. 6 D. de act. emti (XIX, 1).

36) L. 2, §. 1 D. de rebus creditis (XII, 1): „Aliud pro alio invito creditori solvi non potest.“ — L. 16 C. de solut.

Nur in dem Einen Falle, wo der Schuldner Geld zahlen sollte, und aus Mangel an Mobilien und Credit kein Geld anschaffen konnte, mußte es sich der Gläubiger, nach Justinianeischem Rechte, gefallen lassen, daß ihm der Schuldner eines von seinen bessern Immobilien in Zahlung gab[37]). Nach älterm Römischen Rechte aber kamen eine Reihe von Fällen vor, in welchen der Gläubiger immer nur die litis aestimatio zugesprochen erhielt, nämlich in allen solchen, wo derselbe mit einer Formel klagte, der die condemnatio hinzugefügt war[38]). Es ist zweifelhaft, ob nach Römischem Rechte überhaupt auch bei arbitrariae actiones (denn bei stricti juris judiciis kam gewiß kein auf die Sache selbst gerichtetes Urtel vor) auf den Gegenstand selbst erkannt werden, oder nur eine pecuniaria condemnatio stattfinden konnte; jedoch ist das erstere wahrscheinlich[39]). Seitdem die Klageformeln außer Gebrauch gekommen waren, fiel die pecuniaria condemnatio von selbst fort. Die Exekution eines auf die Sache selbst gerichteten Urtels ist jedoch auch nach neuerm Römischen Rechte nur in sofern möglich, als die Handlung ohne Willensbestimmung des Exequendus mechanisch

(VIII, 43). — A. L.R. I, 16, §. 11: „Eine andere Sache oder Handlung, als zu welcher der Verpflichtete eigentlich verbunden war, kann von Seiten des Berechtigten weder gefordert, noch demselben aufgedrängt werden." — Code civil, Art. 1243; Oestr. G.B. §. 1413.

37) Nov. 4, c. 3. — Auth. hoc nisi C. de solut. (VIII, 43).

38) Gajus IV, §. 48. Die L. 13, §. 1 D. de re jud. (XLII, 2) ist ein Ueberrest jenes Formelwesens, und wohl nur aus Versehen in die Justinianeische Sammlung gekommen. Aus der angeführten Stelle des Gajus wird sie erst klar.

39) Das Nähere über diesen Gegenstand s. m. bei: Ribbentrop, Commentatio ad L. 16, §. 5 D. de pignor. et L. 9, §. 1 D. de except. rei jud. Gott. 1824. 4. — Keller, über Litiskontestation und Urtheil, S. 218 u. f. — Zimmern, Geschichte des Röm. Privatrechts, 3. B., §. 138. — Ribbentrop, zur Lehre von Korrealobligationen. Gött. 1831, §. 21, Note 4.

geschehen, und also physisch erzwungen werden kann, wie z. B. die Herausgabe einer Sache, wenn sie im Gewahrsam des Exequendus ist; oder die Wiederherstellung eines frühern faktischen Zustandes[40]). Eine Handlung dagegen, welche die Willensbestimmung des Verurtheilten voraussetzt, und also einen compulsiven Zwang erfordern würde, wird für nicht erzwingbar erklärt, und darauf bezieht sich der Satz: nemo potest cogi praecise ad faciendum. Zufolge einer, gar nicht mehr in das Justinianeische Rechtssystem gehörigen, Pandektenstelle[41]) nahm man aber an, daß jede Verpflichtung zu einer Handlung, also z. B. auch die Herausgabe einer Sache, sich in die Verbindlichkeit, das Interesse zu leisten, auflöse. Das Französische Recht hat diesen Satz ausdrücklich bestätigt[42]). Nach Preußischem Rechte war bis auf die neueste Zeit ein direkter Zwang auf Leistung der Handlung zuläßig. Der Verurtheilte wurde zuerst durch Einlegung des Exekutors auf 3 bis 8 Tage, und wenn diese fruchtlos blieb, durch Geldstrafen, oder wenn diese unanwendbar waren, durch persönliche Haft bis auf höchstens 3 Mo-

40) L. 68 D. de rei vind. (VI, 1): „— si quidem habeat rem, manu militari, officio judicis ab eo possessio tansfertur —". Das Exekutionsverfahren des Römischen Rechts ist sehr dunkel. Grundsatz war, daß der magistratus, welcher den judex oder arbiter gegeben hatte, die Sentenz vollstreckte. L. 15 D. de re jud. (XLII, 1). Vergl. über die Vollstreckung der Urtheile: Mittermaier, der gemeine deutsche bürgerl. Prozeß. Dritter Beitrag, §. VI, S. 118 f.

41) Vergl. Note 14. — Stryck, usus modern., II, 14, §. 10 beweiset diesen Satz aus der L. 13, §. 1 D. de re jud. und meint: was von Stipulationen gegolten habe, müsse um so vielmehr von bloßen Pakten gelten.

42) Code civil, Art. 1142; „Toute obligation de faire ou de ne pas faire, se résout en dommages et intérêts en cas d'inexécution de la part du débiteur." Malleville bemerkt dazu: Die Ursache hiervon liege in dem Satze: nemo potest cogi proprie ad factum.

nate, zu der schuldigen Handlung genöthigt[43]). Durch die jüngere Verordnung über die Exekution in Civilsachen vom 4. März 1834 ist dieses abgeändert. Die Einlegung des Exekutors soll ferner nicht stattfinden; sondern der Verpflichtete soll zur Leistung, wenn dieselbe von dessen Willen abhängt, sogleich durch persönliche Haft von höchstens einjähriger Dauer angehalten werden, wenn der Berechtigte die Leistung durch den Verpflichteten selbst verlangt. Der bisherige Grundsatz des Preuß. Rechts: daß auch Handlungen erzwungen werden sollen, oder vielmehr, daß ein Versuch, sie zu erzwingen, gemacht werden solle, ist also aufrecht erhalten. Der Berechtigte hat jedoch, wenn der Verpflichtete es zur Exekution kommen, d. h. die in dem Urtel festgesetzte Frist umsonst ablaufen läßt, die Wahl, auf Leistung der Handlung durch den Verpflichteten zu bestehen, oder dieselbe auf dessen Kosten durch einen Dritten verrichten zu lassen, oder sein Interesse zu fordern. Er ist auch befugt, von der getroffenen Wahl wieder abzugehen und eine andere zu treffen. Die Obligation wird also durch die Mora des Verpflichteten eine alternative, wobei dem Berechtigten die Wahl zusteht. Daraus folgt, daß der Exequendus, nach getroffener Wahl des Extrahenten, sich gegen dessen Willen durch Leistung der Handlung nicht mehr liberiren kann. Wählt der Berechtigte die Leistung durch einen Dritten, so zieht der Richter den Betrag der dazu erforderlichen Kosten, welche er vorläufig arbitrirt, von dem Verpflichteten ein[44]). Dieser Exekutionsmodus ist jedoch nur bei mechanischen Verrichtungen, nicht auch auf Willenshand-

43) A. G.O. I, 24, §§. 48 f. Vergl. Klein, über die Gelindigkeit bei der Vollstreckung der richterlichen Hülfe. Annal. Bd. XXV, No. IX, S. 232 f.

44) Verordn. I. vom 4. März 1834, §. 9. (G.S. pro 1834, S. 33.) Vergl. Code civil, Artt. 1142 seq.

lungen anwendbar. Eine Stelle des Landrechts hat aber veranlaßt, daß man denselben auch zur Herstellung einer Willenserklärung und zur gerichtlichen Vollziehung eines Rechtsgeschäfts angewendet hat. Im Tit. 5, §§. 122, 123, Th. I ist vorgeschrieben, daß, wenn bei dem Vorhandensein einer verbindlichen Punktation zur Eintragung ꝛc. eine förmliche Ausfertigung des Vertrages nothwendig sei, diese nach dem Inhalte der Punktation von dem Richter verfügt, und die von einem Theile verweigerte Unterschrift von dem Richter ergänzt werden könne. Wie das geschehen solle, ist nicht vorgeschrieben. Nach der Praxis mancher Gerichte ist ein Dritter durch ein richterliches Dekret in Vollstreckung des auf Vollziehung des förmlichen Vertrages ausgefallenen Erkenntnisses beauftragt worden, den förmlichen Vertrag Namens des Verurtheilten abzuschließen und zu vollziehen. Es ist vorgekommen, daß man dieses Verfahren auch auf andere Rechtshandlungen, z. B. zur Herstellung einer gerichtlichen Quittung und Löschungseinwilligung, angewendet hat[44a]). Eine solche Praxis ist widersinnig. So wenig Jemand in die Seele eines Andern z. B. einen Kautionseid wider den Willen des Eidespflichtigen zu leisten vermag, ebensowenig kann er eine von dem Andern verweigerte Rechtserklärung für denselben aussprechen und vollziehen. Dazu ist auch kein Bedürfniß. Denn durch die Vollziehung, zu welcher das Erkenntniß verurtheilt, soll nicht erst ein Rechtsverhältniß neu begründet oder ein neuer Rechtszustand hergestellt werden; sondern dieselben sind schon vor dem Erkenntnisse vorhanden und das Erkenntniß thut weiter nichts, als daß es das Vorhandensein anerkennt und bekräftigt. Damit ist das fragliche Rechtsgeschäft auf das bündigste verlautbart und

44a) Schles. Arch. Bd. I, S. 46.

jede weitere Mitwirkung Seitens der unterliegenden Partei ist völlig überflüssig: das richterliche Erkenntniß in Verbindung mit der etwa vorhandenen Privaturkunde oder der nur von dem andern Theil unterzeichneten Schrift ist die beste Urkunde über das Rechtsgeschäft. Deshalb ist dem Verfahren der Auseinandersetzungsbehörden, welche, wenn ein Interessent den Rezeß zu unterzeichnen sich weigert, dem Rezesse statt des Vollziehungsprotokolls das auf Vollziehung ausgefallene Erkenntniß anhängen lassen, Beifall zu geben, und diese Praxis hat in neuerer Zeit auch bei den Gerichten Eingang gefunden, welche großentheils jetzt in den Fällen, wo es auf gerichtliche Anerkennung einer außergerichtlichen Willenserklärung, z. B. einer Punktation zur Beglaubigung bei dem Grundbuche, ankommt, das dazu verurtheilende Erkenntniß der Privaturkunde anhängen lassen. Auch bei den aufhebenden Rechtshandlungen ist die verweigerte Mitwirkung des gewesenen Gläubigers zur Sicherung der Folgen nicht nothwendig. Ist z. B. eine Hypothekenpost bezahlt worden und der gewesene Gläubiger verweigert die in beglaubter Form erforderliche Quittung zu ertheilen; so kann auf Grund des Erkenntnisses, welches die Post für getilgt oder für löschungsreif erklärt, oder den gewesenen Gläubiger zur Ertheilung einer löschungstüchtigen Quittung verurtheilt, ohne Weiteres die Löschung erfolgen. Auch hierin hatte sich die Gerichtspraxis an manchen Orten schon befestigt, als das Hypothekengesetz v. 24. Mai 1853[44b]) erschien und zufolge dieser vielleicht noch nicht überall angenommenen Praxis im §. 32 vorschrieb, daß, wenn ein Realgläubiger verurtheilt worden ist, eine für ihn eingetragene Post ganz oder theilweise zur Löschung zu bringen, oder über dieselbe eine löschungsfähige Quittung auszu-

---

44b) Gesetzsammlung 1853, S. 521.

stellen oder in die Löschung einzuwilligen, die Löschung im Hypothekenbuche auf Grund dieses Erkenntnisses und auf Requisition des Prozeßrichters ebenso erfolgen kann, als wenn eine solche Löschung durch das Erkenntniß selbst ausdrücklich angeordnet ist. Man scheint jedoch auch damit noch nicht überall und in allen Fällen auszukommen. Denn der Justizminister hat in einem Beschwerdefalle angenommen [44c]), daß dadurch die Erzwingung einer Erklärung des Gläubigers in beglaubter Form nicht verboten sei, sondern nach wie vor geschehen könne in Fällen, wo eine besondere Urkunde erforderlich sei. Ein Verbot ist zwar freilich im §. 32 nicht enthalten, aber ein Fall, wo eine solche Urkunde nothwendig wäre, kann nicht eintreten, da nichts im Wege ist, statt die Post zu löschen, dieselbe auf den Namen des Schuldners umschreiben zu lassen, welcher Fall bei jenem Bescheide vorlag. Unterlassungen werden durch Festsetzung und Vollstreckung der angedrohten Strafen erzwungen [45]). Die Handlung wird dem Exequendus, auf Anrufen des Siegers, durch ein mandatum sine clausula untersagt, und wenn er diesem zuwiderhandelt, wird die darin angedrohte Strafe vollstreckt. Von der Kontravention muß der Extrahent vor der Strafvollstreckung dem Richter Ueberzeugung verschaffen. Kann er dieses nicht, so muß die verpönte Handlung zuvor erörtert und durch Beweisaufnahme ins Licht gesetzt, und sodann auf Vollstreckung der Strafe erkannt werden. Gegen dieses Erkenntniß findet bloß der Rekurs statt [46]). Soll eine bewegliche Sache übergeben werden, so wird sie, wenn sie zu finden ist, durch den Exekutor fortgenommen und dem Exekutionssucher eingehändigt [47]).

44c) Just.Min.Bl. 1855, S. 196, Nr. 13.

45) A. G.O. I, 24, §. 54.

46) Verordn. I. v. 4. März 1834, §. 10 (G.S. 1834, S. 33).

47) A. G.O. I, 24, §. 55. Vergl. L. 68 D. de rei vind. (VI, 1).

§. 6.

II. Verwandlung in eine Geldobligation.

1. Von Geldschulden im Allgemeinen.

Ein Verzeichniß von älteren Schriftstellern über den Gegenstand, ohne Unterscheidung, giebt Glück, Commentar, Th. XII, S. 783. v. Savigny ordnet die Schriftsteller nach ihrer Stellung zu der Frage über den im Verkehr entscheidenden Werth des Geldes, je nachdem von ihnen der Nennwerth, der Metallwerth oder der Courswerth vertheidigt wird, oder ihre Meinung über diese Frage unklar oder unentschieden ist, im Obligationenrecht §. 45 (Bd. I, S. 477). Die Hauptschriftsteller, welche die von mir vertretene Meinung behaupten, sind:

v. Savigny, Obligationenrecht, Bd. I, S. 442 ff.

G. Hufeland, über die rechtliche Natur der Geldschulden, neu herausgegeben von A. Hufeland. Berlin 1851. Die erste Ausgabe ist unter dem Titel: Rechtliches Gutachten über die Entscheidung der durch die Herabsetzung der Bancozettel in Tirol entstandenen Rechtsstreitigkeiten, ohne Angabe des Druckorts, 1807 erschienen.

J. G. Dietze, Versuch einer münzwissenschaftlichen Beantwortung der Fragen: wie ist eine Geldschuld abzutragen? u. s. w. Frankfurt a. M. 1791. 8., §§. 32, 36—38, 54—57, 168—172, 239, 240.

W. C. Mees, de vi mutatae monetae in solutionem pecuniae debitae. Roterod. 1838. 8.

Betrachtungen über das Recht bei der Bezahlung in veränderten Münzen. Braunschweig u. Hildesheim 1764. 4., §§. 47, 66, 68.

Ueber den Begriff des Geldes im Allgemeinen sind hervorzuheben:

Hufeland, Staatswirthschaftskunst, Th. II. Gießen 1813.

J. G. Hoffmann, die Lehre vom Gelde. Berlin 1838.

J. Helferich, von den periodischen Schwankungen im Werthe der edlen Metalle. Nürnberg 1843. 8.

Chr. Noback und F. Noback, Taschenbuch der Münz-, Maß- und Gewichtsverhältnisse. Leipzig 1850. 8.

I. Wenn Zwangsmittel fruchtlos bleiben, oder nicht angewendet werden können, so giebt es ein Mittel, durch welches alle Vermögensgegenstände, mithin auch die verschiedenartigsten Obligationen auf etwas Gleichförmiges d. i. auf bloße Quantitäten reduzirt werden können, nämlich: das Geld. Geld ist der allgemeine Werthmesser und zugleich der Vertreter aller anderen Vermögensstücke*). Dadurch läßt sich jedes facere in ein dare verwandeln. Wegen dieser Allgemeinheit gehören die Grundsätze der Umwandlung nicht allein in die Lehre vom Darlehne oder von der Zahlung, sondern in den allgemeinen Theil[1]).

II. So lange die Münzen (geprägtes Geld) d. h. körperliche, nach Gelde (dem allgemeinen Werthmesser) zu einem bestimmten Werthe berechnete und bezeichnete, zum allgemeinen Tauschmittel dienende Gegenstände[2]), aus abgewägten, und mit dem Gewichte bezeichneten Stücken feinen Metalls bestanden, war die Ausgleichung einfach. Seitdem man aber die Münzen aus versetztem Metall geprägt hat, und selbst die Gewichtsnamen (Seckel, Talent, Aß, Pfund, Mark) durch Münznamen (Thaler, Gulden, Groschen, Kreuzer, Pfennige) verdrängt wor-

---

*) v. Savigny, Obligationenrecht, §. 40, S. 405.

1) A. L.R. I, 16, §§. 82, 83. — Ed. v. 29. März 1764, §. 10 (No. 13, N. C. C. T. III, S. 381): „Alles was in sämmtlich vorstehenden Nummern wegen der aus Kontrakten und Verbindungen abzutragenden Geldschulden verordnet, gehet auf alle Zahlungen, sie mögen aus einem Darlehn, Wechsel, Kauf-, Miethskontrakt, Buchschuld, Waarenlieferung, geleisteter Arbeit, Deservito oder Honorario, Vertrag, Vergleich, Urtel, Erbtheilung, Ehestiftung, Scheidung unter Lebendigen oder auf den Todesfall, Testament, Fideikommiß und überhaupt, es sei aus was für einem rechtlichen Grund es sei, herrühren und geleistet werden müssen."

2) C. Murhard, Theorie des Geldes und der Münze. Leipzig 1817. 8. — Adam Müller, Vers. einer neuen Theorie des Geldes. Leipzig 1816. — Büsch, Abhandlung über den Geldumlauf. 2te Aufl. Kiel u. Hamburg 1800. — Ueber die Geschichte der Münzen: Busch, Handbuch der Erfindungen, 4te Aufl., Bd. 9, S. 388—412, und S. 417—422.

den sind, ist bei dem geprägten Metallgelde dreierlei zu berücksichtigen:

1) Der innere Werth oder das Gewicht und der Feingehalt an edlem Metall (Schrot und Korn, Währung), welcher in jedem Münzstück vorhanden sein soll und durch den angenommenen Münzfuß (V.) bestimmt wird[3]);

2) Der äußere Werth, welcher doppelt ist, nämlich:
   a) der stempelgesetzliche d. h. der, zu welchem die Münze ausgeprägt ist (Nennwerth), und
   b) der Handels- oder Courswerth, d. i. der, nach welchem die Münze zur Zeit gewöhnlich gegeben und genommen zu werden pflegt.

Bei Münzen, welche aus einem andern Stoffe als Metall gemacht sind, z. B. beim Papiergelde, kann nur der äußere Werth zur Sprache kommen.

Das Wesen des gemünzten Geldes besteht darin, daß es als allgemeines Ausgleichungsmittel dienen soll. Das, wodurch es dazu fähig wird, ist die allgemeine Gleichförmigkeit der Meinung über den Geldwerth. Diese allgemeine Anerkennung des Geldwerths wird zwar durch die Staatsgewalt vermittelt, ist jedoch von dem auf den Münzstücken gestempelten gesetzlichen Preise unabhängig; es ist auch nicht der innere (Metall-) Werth an sich, wodurch sie bedingt wird; vielmehr ist es vorzüglich der, durch

3) Ein Provinzial-Gerichtshof hatte unter „Münzfuß" die „Einrichtung des innern Werths und Gehalts der Münze bei ihrer Ausprägung, und das Verhältniß des innern Werthes gegen den äußern" verstanden, und darauf eine Entscheidung gegründet. Dieß hatte eine Kab.O. vom 4. Aug. 1832 zur Folge, wonach der Gerichtshof belehrt werden sollte, daß darunter die gesetzliche Feststellung des Gewichts und Feingehalts (Schrot und Korns) der Münze zu verstehen, wobei von dem Verhältniß des innern Werths zum äußern gar nicht die Rede sei. Jahrb. Bd. XL, S. 162.

mancherlei Umstände bestimmte Handelswerth (Cours)[4]), welchen die öffentliche Meinung einer gewissen Geldart örtlich und zeitlich beilegt. Als Inhalt des wahren Werths einer gewissen Summe Geldes in bestimmten Münzsorten, zu einer gewissen Zeit, kann also nur der damalige Courswerth angesehen werden[5]); und nur nach diesem Grundsatz können verschiedene Münzsorten gleichartig behandelt werden. Dagegen könnte man sagen, daß der Richter sich lediglich an den gesetzlichen Werth halten müsse, weil dieser durch die gesetzgebende Gewalt ausgesprochen sei, und also von der allgemeinen Meinung unabhängig sein müsse. Allein das Gesetz hat keinen Einfluß auf die allgemeine Meinung, und es steht nicht in seiner Gewalt, seinen Willen durchzusetzen, außer in den wenigen Fällen, wo von der Rückzahlung einer ältern Schuld die Rede ist und der Gläubiger die Hülfe des Richters in Anspruch

4) Derselbe macht sich von selbst geltend und ist darum auch von der Gesetzgebung schon lange anerkannt. Rescr. vom 6. Januar 1757 (N. C. C. M. T. II. S. 218). Rescr. des Staatsraths v. 30. Juli 1764 (T. III, S. 457 a. a. O.). Auch Rabe, Sammlung, I, 3, S. 46. — Jo. G. Estor, de permisso et vetito colybo, quem Agio vocant, praesertim in antiquioribus debitis retribuendis jure civili haud concesso. Marb. 1754. — Friedr. Wilh. Pestel, de pretio permutationis nummorum, vulgo von dem Aufgelde. — Besonders: Theod. Olbers, de valore monetae mercatorum auctoritate mutato. Gott. 1776. — Fischer, Kammeral- und Polizeirecht, Th. III, §§. 733 u. 745. — Klüber, öffentliches Recht des deutschen Bundes, §. 340. — J. G. Büsch, über Geld- und Wechselcours, Münzen, Pari u. s. w. Hamburg 1801. 8. — Diede a. a. O. S. 20. — Betrachtungen über das Recht bei der Bezahlung in veränderten Münzen. Braunschweig 1764.

5) Es ist gleichviel, worin der Grund davon liegt, daß gegenwärtig eine gewisse Münzsorte weniger oder mehr gilt, es ist genug, daß der Preis verändert ist. Mühlenbruch, Pandekt., §. 651, No. 2. Der Zahler giebt aus seinem Vermögen, und der Nehmer empfängt in der That soviel, wie die Summe Münzen nach dem Tagespreise darstellt.

nimmt. Es kann aber nicht gerecht sein, in diesen einzelnen Fällen den Nachtheil eintreten zu lassen, gegen welchen man sich in allen andern Fällen durch freie Entschließung und Uebereinkunft im Verkehr selbst schützt.

III. Um diesen Grundsatz anzuwenden, wird jedoch, wie sich versteht, vorausgesetzt, daß eine Abweichung von dem Normalzustande stattfindet: denn ohnedieß ist ein Rechtsstreit nicht zu denken, und eine Verschiedenheit des Metallwerths und Courspreises im gewöhnlichen Verkehr fast nie oder doch sehr selten vorhanden. Die folgenden Regeln gelten überhaupt nur dann, wenn von einer Summe Geldes die Rede, welche wirklich als Geld, und nicht um ihrer selbst willen als Waare (species) betrachtet wird. In diesem Falle muß unter allen Umständen dieselbe species gegeben werden[6]). Existirt die species nicht mehr, so geht die Schuld in eine gewöhnliche Geldschuld über, wobei der Courswerth zur Zeit der Eingehung des Rechtsgeschäfts, oder wenn dieser wegen Länge der Zeit nicht mehr zu ermitteln ist, der Metallwerth, der vermuthlich nicht erheblich abgewichen sein wird, maßgebend ist[6a]).

Bei dieser kommt es, wenn keine Abweichung von dem natürlichen Zustande stattfindet, auf die Münzsorten nicht an, weil bei einer Geldsumme nur auf die Quantität, nicht auf die Stückzahl der Münze gesehen wird. Die Zahlung kann daher in jeder beliebigen Münzsorte geschehen, nur muß die Sorte von dem gerade gangbaren Sil-

---

6) A. L.R. I, 11, §. 783. Vergl. v. Savigny, Obligationenrecht, I, S. 466; Oestr. G.B. §. 987. Darüber ist unter den Schriftstellern kein Streit. Eine Ausnahme könnte nur eintreten, wenn die Species so selten geworden, daß sie nur mit unverhältnißmäßig großem Verluste aufgebracht werden könnte. Vergl. L. 71, §. 3 D. de leg. I (XXX); v. Savigny, Obligationenrecht, Bd. I, S. 468, Note d.

6a) v. Savigny a. a. O. S. 467.

der-Courant sein [7]), und deshalb braucht der Gläubiger, ausgenommen die fiskalischen Kassen [8]), die Zahlung nicht anzunehmen:

1) in Scheidemünze bei Summen, welche mit ganzen, drittel und sechstel Thalerstücken, also durch ein s. g. Courantstück gezahlt werden können [9]). Scheidemünze sind aber die Zweiundeinhalb-Silbergroschenstücke, die Silbergroschen und halben Silbergroschen aus Billon, und die Kupfermünze [10]).

---

7) A. L.R. I, 11, §. 779; L. 24, §. 1 D. de pignorat. act. (XIII, 7).

8) Ed. v. 13. Dezbr. 1811, §. 12 (G.S. S. 375). Bei der neuen Scheidemünze jedoch sind die öffentlichen Kassen den Privatpersonen gleichgestellt. Ges. v. 30. Septbr. 1821, §. 7.

9) A. L.R. a. a. O. §. 780 und Th. I, Tit. 16, §. 77; Ed. v. 13. Dezbr. 1811, §. 12 (G.S. S. 375); Ges. v. 30. Septbr. 1821, §. 7 (G.S. S. 160). Vergl. Reichs-Münzordn. von 1559, §. 11; R.Absch. von 1576, §. 76. Das Gesetz über das Münzwesen, v. 30. Septbr. 1821, §. 7, sowie dasjenige v. 4. Mai 1857 (G.S. S. 305), §. 7 bestimmt, daß Zahlungen, welche mit Einsechstel-Thalerstücken geleistet werden können, Niemand verpflichtet sei in Scheidemünze anzunehmen. Das ist nicht auf die alten Einzwölftel-Thalerstücke zu beziehen: diese sind Scheidemünze, wie die neuen 2½ Silbergroschenstücke. Man hat ihrer nicht besonders gedacht, weil sie allmählich eingezogen werden.

10) Ges. v. 30. Septbr. 1821, §§. 7 u. 11. Eigentlich müßte jede Münze aus Billon Scheidemünze sein, weil, wenn auch kein Unterschied im Feingehalt zwischen Münzen aus Silber und denen aus Billon vorhanden wäre, die letztere doch in der Rücksicht, daß die Scheidung oder Affination mehr kostet, mithin das in der Masse vorhandene Silber weniger Werth hat, geringer im Preise steht. Billon ist jede Metallmischung, worin mehr Zusatz als Silber ist. Die natürliche Farbe des Billon ist daher roth. Die aus 6löthigem Silber geprägten 2 GGr.Stücke sind daher eben so wie Silbergroschen aus Billon; gelten aber als Silber-Courantgeld, weil in 14 Thlrn. ebenfalls eine Mark Silber fein, neben einer bedeutenden Quantität Kupfer, das aber doch die Affinations- oder Scheidungskosten nicht decken würde,

Der Grund davon ist, daß Scheidemünze bloße Zeichen zur Ausgleichung, und keine wirklichen Zahlmittel d. h. Werthsvergütigungen [11]) sind. So lange aber Scheidemünze nicht gebraucht wird, um Summen zu bezahlen, und deshalb die Quantität derselben nicht das Bedürfniß der Ausgleichung übersteigt, ist der innere Werth der Scheidemünze gleichgültig, weil man im Verkehr danach nicht fragt: welchen innern Werth die überall anerkannten Ausgleichungszeichen haben. Sobald man aber diesen Credit dazu benutzt, die Scheidemünze zum wirklichen Zahlmittel einzuführen und zu diesem Zweck größere Quantitäten, als zur Ausgleichung gebraucht werden, zu emittiren, so muß eine Münzreduktion die nothwendige Folge sein, wenn auch das Münzedikt befehlen wollte, daß die Münze für voll, nach dem Nennwerth, im Verkehr gegeben und angenommen werden solle (Zwangscours). Auch die preußische Münzgeschichte liefert dazu einen Beweis. Friedrich II. ließ neue Scheidemünze in Groschen ($\frac{1}{24}$ Thaler) und Düttchen oder Böhmen oder Silbergroschen ($\frac{1}{30}$ Thaler) prägen. Davon gingen 18 Rthlr. auf die Mark fein. 1772 sollte der Gewinn noch größer werden. Man zog die alte Münze ein, und prägte

---

ist, während in Silbergroschen 16 Rthlr. auf die Mark gehen. Ges. v. 30. Septbr. 1821, §. 8.

11) Ed. v. 13. Dezbr. 1811, §. 11 (G.S. S. 375). Da an Silbergroschen, welche aus 3$\frac{5}{8}$ löthigem Silber ($\frac{2}{9}$ Silber und $\frac{7}{9}$ Kupfer) geprägt werden, 16 Rthlr. auf die Mark gehen, so ist 1 Rthlr. in Silbergroschen etwas über 26 Sgr. werth. Der Kupferpfennig ist etwa $\frac{1}{2}$ Pf. werth. Denn der Centner Kupfer kostet etwa 32 Rthlr., und die Prägekosten machen etwa 20 Rthlr.; man prägt aber den Centner zu 93 Rthlr. 26 Sgr. aus, so daß der Gewinn etwa 11 Rthlr. ist. Im Ganzen ist der Gewinn an der Kupfermünze doch gering, weil sie in zu geringer Menge gebraucht wird. — Nach dem Münzgesetz vom 4. Mai 1857, §. 9 sollen 100 Pfd. Kupfer höchstens zu 112 Thlr. ausgebracht werden; bisher wurden 100 Pfd. nur zu $92_{,5926}$ Thlr. ausgebracht.

eine noch schlechtere, zu 21 Rthlr. auf die Mark fein, in bedeutender Quantität; es wurde aber nicht zuviel in Umlauf gesetzt, denn der Schatz bestand in dieser Münzsorte für den Fall eines Krieges. Außerdem wurden 1772 und 1773 etwa 4 Mill. Thlr. in sogen. Sechsern (halben Groschen oder $\frac{1}{48}$ Thaler) und Dreiern ($\frac{1}{96}$ Thaler) als Billon geprägt, wovon 24 Rthlr. auf die feine Mark gingen. Unter der folgenden Regierung prägte man des Vortheils wegen mit den alten Stempeln immer mehr. Dieß war für den Verkehr lästig in zweierlei Beziehungen: einmal erschwerte sie den Transport, und sodann fand sich, wenn man später die zugewogenen Packete und Beutel nachzählte, oft Manco. Deshalb fing man an, Zahlungen zwischen Münze und Courant zu unterscheiden, und man nahm und gab $\frac{1}{2}$ Prozent Agio zur Münze. Unter der jetzigen[11a]) Regierung, und zwar während der Schulenburgschen Verwaltung, wurde das Ausprägen der Münze fortgesetzt, und dadurch eine so große Menge Münze emittirt, daß man schon 3 Prozent Agio gab[11b]). Dazu kam die unglückliche Katastrophe von 1807, nach welcher die neuen Herren der abgerissenen Provinzen die Münze verriefen, und in die alten Provinzen zusammendrängten. Die französischen Lieferanten und Gewalthaber aber suchten ihre Erpressungen dadurch sicher zu stellen, daß sie das Courant einwechselten und fortbrachten. Dadurch gestaltete es sich so, daß man bald kein anderes Geld als die Scheidemünze und Tresorscheine mehr hatte[12]). Nun mußte man (unterm 8. Mai 1808) eine Devalvation derselben auf $\frac{2}{3}$ des Nennwerths vornehmen. Aber auch da-

11a) Dieß ist im Jahre 1835 geschrieben.

11b) Es sollen zuletzt über 40 Millionen in Umlauf gesetzt gewesen sein. v. Savigny, Obligationenrecht, Bd. I, S. 416.

12) R. des J.M. vom 25. April 1807 (Mathis, Bd. IV, S. 185).

durch war der gesetzliche Preis mit dem innern Werth noch nicht ausgeglichen. Dadurch, daß eine bedeutende Quantität falscher Münzen aus England eingebracht worden war, wurde die Scheidemünze noch verhaßter. Die falsche Münze bestand aus purem Kupfer, weiß gesotten, soll jedoch nicht über 2 Prozent der gesammten Münze betragen haben. Die Furcht vergrößerte die Quantität.

Ursprünglich sollte die Masse 64 Grän Silber auf die rohe Mark enthalten, also $\frac{2}{9}$ Silber und $\frac{7}{9}$ Kupfer, sie hatte aber nur 59—60 Grän. Ferner sollten 112 Groschen eine Mark wiegen; es waren aber erst 116—117 Groschen eine Mark. Weil man wegen dieser schlechten Beschaffenheit die Kosten der Umprägung nicht tragen und sie auch im Verkehr nicht los werden konnte, mußte man sie 1811 auf $\frac{4}{7}$ des Nennwerths herabsetzen. Nun war es möglich, sie einzuschmelzen und abzutreiben. Es wurde dazu auch eine Anstalt errichtet, in welcher vom 15. Januar 1812 an, bis zur Schlacht von Bautzen 1813, wöchentlich 60,000 Thlr. eingeschmolzen wurden [13]). Seitdem ist sie nur allmählich in der Münze, statt Kupfer, zugesetzt. Da nach dem Kriege auch das Blei wohlfeiler geworden, so sind die Kosten der Affination gedeckt und ist sogar noch ein geringer Gewinn übrig. Man hat auch viel nach Hamburg und sonst ins Ausland geschickt [14]), sie dort affiniren zu lassen, und in den gewonnenen Silberbarren gezahlt. Jetzt ist sie bekanntlich längst ganz einberufen [15]). Das Falschmünzen der Scheidemünze war durch das schlechte Gepräge begünstigt worden. Die jetzige Scheidemünze hat ein künstliches Gepräge, daß der Nachahmer keinen so bedeutenden Gewinn machen könnte, um seine Rechnung beim Falschmünzen zu finden.

---

13) Ed. v. 13. Dezbr. 1811 (G.S. S. 373), §. 2.
14) Ed. v. 13. Dezbr. 1811, §. 10.
15) Gesetz vom 22. Juni 1823 (G.S. S. 128).

2) in Papiergelde. An Stelle der frühern Tresor- und Thalerscheine sind bekanntlich die Kassenanweisungen getreten, von welchen die über jene gegebenen Bestimmungen gelten [16]). Bei Creirung der Tresorscheine wurde gesetzlich befohlen, daß sie statt baaren Geldes, auch im Privatverkehr, für voll gegeben und genommen werden sollten (Zwangscours) [17]). Dieß ließ sich aber nicht durchsetzen, und der Zwangscours wurde aufgehoben [18]). Weil dadurch aber die Tresorscheine zu einer fast gänzlichen Unbrauchbarkeit herabsanken, wurde die Annahme, jedoch nur nach dem Course, wieder angeordnet [19]). Zuletzt wurde dieser Zwangscours gänzlich aufgehoben, und die Annahme in Jedermanns Willkühr gesetzt [20]); welches auch von den Kassenanweisungen gilt. Schuldner fiskalischer Kassen müssen jedoch die Hälfte der nach Kassenanweisungen theilbaren Summen in diesem Papiergelde, oder 2 Sgr. pro Thaler Strafagio zahlen [21]). Es bedarf dieses künstlichen Mittels jetzt jedoch nicht, daher dasselbe auch nicht streng angewendet wird [21a]).

IV. Vorausgesetzt wird hierbei, daß die Obligation in keiner andern Münzsorte als in der landesüblichen Silberwährung, also in gangbarem Silbercourant kontrahirt

16) Kab.Ordre v. 21. Dezbr. 1824, §§. I u. II (G.S. 1824, S. 238).

17) Verordn. v. 4. Febr. 1806, §. 6. Verordn. v. 4. Dezbr. 1809, §. 6.

18) Verordn. v. 1. Juni 1807 (Mathis, Bd. IV, S. 488, Abschn. I).

19) Verordn. v. 29. Oktbr. 1807, Prooem. u. §. 1 (Mathis, Bd. V, S. 181).

20) Ed. v. 7. Septbr. 1814, §. 6 (G.S. S. 87), und Verordn. v. 1. März 1815, §. 7 (G.S. S. 19).

21) Kab.Ordre vom 21. Dezbr. 1824, §§. VI u. VII (G.S. S. 239).

21a) Kab.Ordre vom 21. Juni 1826 (G.S. S. 52). Diese Zwangszahlung ist allmählich von selbst außer Gebrauch gekommen.

worden, und dieß wird angenommen, wenn keine andere Münzsorte nach der Natur des Kontrakts [22]), oder nach den Worten der Stipulation ausbedungen ist [23]). In diesen Fällen kann wider den Willen des Andern eine Münzsorte für die andere, also Gold für Silber und umgekehrt, nicht gegeben werden [24]). Neben der in Preußen, wie in ganz Deutschland mit Ausnahme der Stadt Bremen, als Grundlage des Geldsystems angenommenen Silberwährung giebt es noch eine einheimische Goldmünze unter dem Namen Friedrichsdor, ausgeprägt in ganzen, halben und Doppel-Friedrichsdoren, zum Nennwerth von fünf Thalern [25]); sie ist eine Handelsmünze; das

22) Ed. v. 29. März 1764, §. 10, No. 6, und Ed. v. 9. Mai 1765, No. XV. — A. L.R. I, 11, §. 779; Tit. 5, §§. 257 u. 258; Tit. 11, §. 56; Tit. 12, §§. 450, 451; Tit. 16, §. 76.

23) Münzed. vom 29. März 1764, §. 10, No. 1 und No. 9, Pos. 2; Hyp.- und Konk.Ordn. v. 4. Febr. 1722, §. 20; Mylii C. C. II, 2, §. 122. Vergl. L. 47 D. de legat. III (XXXII).

24) A. L.R. I, 11, §§. 778, 779 u. 781. Der Gegensatz im §. 778 ist Gold und Silber, nicht die verschiedenen Courant- oder Silbermünzen, wie die Vergleichung der §§. 778 u. 779 mit §. 781, und die Beschaffenheit der Courantmünzen ergiebt, daher auch niemals ein Unterschied zwischen ganzen und Theil-Thalerstücken gemacht wird. Vergl. L. 99 D. de sol. (XLVI, 3); L. 65, §. 1 D. de verb. obl. (XLV, 1). — Salmasius, Disquis. de mutuo, p. 112, 152 et 158. Dagegen: Bynkershoeck, Observ. jur. rom., L. I, c. IX. Die Münzsorten sind verschieden bloß nach dem Metall, aus dem sie geprägt sind, und in diesem Sinne ist in §. 772 von Münzsorten die Rede. Mathis, VII, S. 41. Nach dem Münzgesetz v. 5. Mai 1857, §. 14 ist Niemand verpflichtet, Goldmünzen in Stelle der Silberwährung anzunehmen.

25) A. L.R. I, 11, §. 781. Ges. v. 30. Septbr. 1821, §. 1. Sie wird dergestalt ausgeprägt, daß 35 Stück eine Mark wiegen, in welcher 260 Grän feines Gold enthalten sind. Bei der Rechnung in Golde wird der Friedrichsdor zu 5 Thlrn. angenommen. 193 1/13 Thlr. enthalten daher eine Mark feines Gold. §. 2 a. a. O. Im Handelsverkehr wird aber der Friedrichsdor jetzt gewöhnlich zu 5 2/3 Thlr. in Zahlung angenommen. In Staatskassen soll er jedoch nur zu 5 2/3 Thlr.

Silbergeld ist maßgebend. Ist Gold ausbedungen, ohne Bestimmung einer Sorte, so wird diese dem preußischen Staate eigenthümliche Goldmünze zum Nennwerth von 5 Thalern [25a]) verstanden; und sind Dukaten ohne nähere Bestimmung verschrieben, so werden vollwichtige preußische oder holländische Dukaten angenommen [26]).

V. Bis 1857 galt der Münzfuß von 1764, welcher der sogenannte Graumannsche, der 1750 in Preußen eingeführt und nach manchen Abweichungen durch das Münzedikt vom 29. März 1764 wieder hergestellt worden war. Man nennt ihn auch den Einundzwanzig-Gulden- oder Vierzehnthaler-Fuß. Die Grundlage desselben ist, wie bisher in ganz Deutschland, die kölnische Mark an reinem Silber oder Gold (Mark fein), es war also in 21 Gulden- oder 14 Thalerstücken eine Mark fein Silber enthalten. Nach dem Münzedikte vom 29. März 1764 wurden bis zum Münzgesetz vom 30. September 1821 in Silbermünzen ganze, halbe, drittel, viertel, sechstel und zwölftel Thalerstücke und Guldenstücke; in Goldmünzen ganze, halbe und Doppel-Friedrichsdore, auch Dukaten geprägt. Das Münzgesetz vom 30. September 1821

in Zahlung gegeben werden können (Kab.Ordre v. 21. Novbr. 1831, G.S. S. 254), wovon natürlich die Folge ist, daß dieses Zahlungsmittel dort selten gebraucht wird. Zur Zeit (1857) wird der Friedrichsdor auch im Verkehr ganz allgemein zu 5⅔ Thlr. Silbergeld gegeben und genommen.

25a) Ist die Verbindlichkeit erst nach dem 31. Dezember 1831 entstanden, so muß der Friedrichsdor zu 5 Thlr. 20 Sgr. angenommen werden. K.O. v. 21. Novbr. 1831; Münzgesetz v. 5. Mai 1857, §. 18 (G.S. S. 305).

26) A. L.R. I, 11, §. 782. Nach dem Münzedikt v. 30. Sept. 1821 werden keine Dukaten mehr geprägt; die früher geprägten sind fast gänzlich aus dem Verkehr verschwunden; und nach dem Münzgesetz vom 5. Mai 1857 werden auch Friedrichsdore nicht mehr geprägt. (No. V.)

schaffte die Prägung von Dukaten ab und ließ in Silbermünzen nur noch ganze und sechstel Thalerstücke prägen. Seitdem sind die Gulden-, die halben, viertel und zwölftel Thalerstücke fast ganz aus dem Verkehr verschwunden. Zu den genannten Silbermünzen sind in Gemäßheit der allgemeinen Münzkonvention vom 30. Juli 1838 [27]) Doppelthaler gekommen, welche nach demselben Münzfuße als Vereinsmünze für die Staaten des Zoll- und Handelsvereins ausgeprägt worden sind. Dieser Münzfuß ist durch das Gesetz über das Münzgewicht, vom 5. Mai 1857 [28]), abgeschafft, an die Stelle der kölnischen Mark ist das preußische Pfund als Münzgewicht gesetzt, welches zu diesem Zwecke in Tausendtheile, das Tausendtheil in decimaler Abstufung, dessen zehnter Theil „Aß" heißt, getheilt wird, und auf der Grundlage des Pfundes ist an die Stelle des Vierzehnthalerfußes der Dreißigthalerfuß eingeführt, wonach das Pfund feinen Silbers zu 30 Thalern, 15 Doppelthalern und 180 Einsechstel-Thalerstücken ausgebracht wird. Dieser neue Münzfuß ist dem auf die bisherige Mark gegründeten Vierzehnthalerfuße gesetzlich dergestalt gleichgestellt, daß bei allen Zahlungen und Verbindlichkeiten zwischen beiderlei Münzfüßen, beziehungsweise zwischen den gleichnamigen Münzstücken des bisherigen und des neuen Münzfußes ein Unterschied nicht gemacht werden darf [29]). Das Mischungsverhältniß der

---

27) G.S. für 1839, S. 18.

28) G.S. S. 325.

29) Münzgesetz v. 5. Mai 1857, §. 3 (G.S. S. 305). Wiewohl der neue Münzfuß wieder leichter ist als der bisherige, so ist der Unterschied zwischen den Münzstücken des Vierzehnthalerfußes und den Münzstücken des Dreißigthalerfußes doch so unbedeutend, daß er auf den gemeinen Verkehr keinen Einfluß haben kann; denn der Thaler des neuen Münzfußes ist gegen den Thaler des bisherigen Münzfußes nur um etwa $0,_{22}$ Prozent geringhaltiger. Hierauf gründet sich das Ver-

Thaler und Doppelthalter ist auf $\frac{900}{1000}$ Silber und $\frac{100}{1000}$ Kupfer; das der Einsechstel-Thalerstücke auf $\frac{520}{1000}$ Silber und $\frac{480}{1000}$ Kupfer festgestellt; so daß $13\frac{1}{2}$ Doppelthaler und 27 Thaler, ingleichen $93\frac{6}{10}$ Einsechstel-Thalerstücke je ein Pfund wiegen [30]). Die Legierung ist demnach nicht so stark wie nach dem bisherigen Münzfuße. Die Abweichung im Mehr oder Weniger (Remedium) soll bei dem einzelnen Doppelthaler im Gewicht nicht mehr als $\frac{3}{1000}$ seines Gewichts, im Feingehalte nicht mehr als $\frac{3}{1000}$; bei dem einzelnen Thaler im Gewicht nicht mehr als $\frac{4}{1000}$ seines Gewichts, im Feingehalte nicht mehr als $\frac{3}{1000}$; bei dem einzelnen Einsechstelthaler nicht mehr als $\frac{10}{1000}$ seines Gewichts, im Feingehalte nicht mehr als $\frac{5}{1000}$ betragen [31]).

Die Theilung des Thalers in 30 Silbergroschen und des Silbergroschens in 12 Pfennige ist beibehalten und es werden auch die bisher üblichen Scheidemünzstücke, also Zweiundeinhalb-Silbergroschenstücke, Silbergroschenstücke und Einhalb-Silbergroschenstücke in Billon, und Vier-, Drei-, Zwei- und Einpfennigstücke in Kupfer ausgeprägt. In der Silberscheidemünze soll das Pfund fein zu $34\frac{1}{2}$ Thalern ausgebracht werden und es sollen demnach 414 Zweiundeinhalb-Silbergroschenstücke, 1035 Silbergroschenstücke, 2070 Einhalb-Silbergroschenstücke je Ein Pfund fein enthalten. — In der Kupferscheidemünze sollen 100 Pfund höchstens zu 112 Thlrn. ausgebracht werden; soviel Stücke, als zusammengenommen Einen Silbergroschen ausmachen, sollen $\frac{36}{1000}$ Pfund wiegen [32]).

Neben der Silberwährung, welche die Bezeichnung

---

bot, einen Unterschied zwischen den ältern und den neuen Münzstücken zu machen.

30) Münzgesetz vom 5. Mai 1857, §. 5.

31) Ebend. §. 6.

32) Ebend. §§. 7—9.

„Thalerwährung" erhalten hat [33]), werden ferner Handelsmünzen in Gold, unter der neuen Benennung „Krone" und „Halbe Krone" ausgeprägt, mit dem Attribut von Vereinsmünzen, und zwar die Krone zu $\frac{1}{50}$ des Pfundes fein, die Halbe Krone zu $\frac{1}{100}$ des Pfundes fein, in einer Mischung von $\frac{900}{1000}$ Gold und $\frac{100}{1000}$ Kupfer, so daß 45 Kronen und 90 Halbe Kronen je Ein Pfund wiegen. Das Remedium darf bei dem einzelnen Stücke im Gewichte nicht mehr als zweiundeinhalb Tausendtheile seines Gewichts, und im Feingehalte nicht mehr als $\frac{2}{1000}$ betragen. Der Silberwerth der Goldmünzen soll sich lediglich durch das Verhältniß des Angebots zur Nachfrage (Cours) bestimmen; der Finanzminister hat darnach den Preis, zu welchem diese Goldmünzen statt Silbermünzen bei den Staatskassen angenommen werden sollen, von Zeit zu Zeit zu bestimmen; es ist aber Niemand verpflichtet, die Goldmünzen statt der landesgesetzlichen Silberwährung anzunehmen. Goldmünzen, welche das Normalgewicht mit der gestatteten Abweichung (Passirgewicht) nicht haben, dürfen von öffentlichen Kassen, wenn sie angenommen worden sind, nicht wieder ausgegeben werden [34]).

§. 7.

2. Bei Veränderungen im Werthe der Münze.

a) Ueberhaupt.

I. Der allein richtige Maßstab, wornach eine gerechte und gleichmäßige Ausgleichung stattfinden kann, ist, wie gesagt, der Handelspreis oder Courswerth, insofern sich ein solcher gebildet hat; im entgegengesetzten Fall aber der gesetzliche Preis, indem dieser alsdann für den Handelspreis im Verkehr angenommen ist. Die Abweichung des gesetzlichen Preises von dem Handelspreise muß jedoch

33) Ebend. §. 3.

34) Ebend. §§. 11 — 16.

von solcher Bedeutung sein, daß sie auf die Preise der Waaren im Verkehr Einfluß äußert[1]). Auf das im Wechselverkehr gewöhnliche[2]) Steigen und Fallen des Courses bei einer Münze wird keine Rücksicht genommen. Der §. 792, Tit. 11, Thl. I lautet zwar:

„Das im Handel und Wandel gewöhnliche Steigen und Fallen des Courses bei einer und eben derselben Münzsorte kommt, außer dem Falle des §. 785, 786 (wo fremde Münzsorten verschrieben worden) in keine Betrachtung.“

Diese Bestimmung muß jedoch bloß vom Geldwechsel verstanden werden, bei welchem die Münzsorten, je nachdem sie viel oder wenig gesucht oder angeboten werden, im Preise schwanken, ohne daß dieses auf die Preise der Waaren im übrigen Verkehr Einfluß hat.

Das Allgemeine Landrecht bestimmt nicht: zu welchem Preise eine nach Entstehung der Forderung verringerte Münzsorte bei der Zahlung angerechnet werden soll. Der §. 790 l. c. verordnet:

„Ist die Münzsorte, in welcher die Valuta gegeben worden, nicht außer Cours, sondern nur in ihrem äußern Werthe, ohne Veränderung des innern Gehalts, von dem Landesherrn heruntergesetzt worden, so muß dennoch die Rückzahlung in eben derselben Münzsorte geleistet und angenommen werden.“

D. h. es muß die devalvirte Münzsorte, oder eben dieselbe Geldmünze, das Silbergeld oder das Kupfergeld (Scheidemünze), worauf kontrahirt worden, und nicht

---

1) Deklaration v. 27. Septbr. 1808, §. 2 (Mathis, Bd. VII, S. 18). Hiernach sollte auf eine Differenz von weniger als 10 Prozent bei gerichtlichen Entscheidungen keine Rücksicht genommen werden.

2) Daß die durch das Schwanken der Handelsconjunkturen verursachten Coursveränderungen auf die Rechtsgeschäfte keinen Einfluß haben sollen, ist eine sehr wohlthätige Vorschrift.

die eine Sorte für die andere, in Zahlung gegeben und genommen werden; zu welchem Werthe aber die gemeinte Sorte dabei gerechnet werden soll, ist nicht bestimmt, und konnte auch nicht bestimmt werden, weil diese Stelle nur auf den Fall des vorhergehenden §. 783, wenn eine gewisse Anzahl von Stücken einer speziellen Gold- oder Silbermünze ausbedungen worden, sich bezieht, in welchem die Bestimmung der Natur der Sache ganz angemessen ist. (Vergl. §. 8, Nro. I). Aus diesem §. kann daher keine Entscheidungsnorm für den hier in Rede stehenden Fall hergenommen werden. Daß aber die Sorte ohne Rücksicht auf den verringerten Handelswerth gegeben werden könne und genommen werden müsse, widerspricht

1) der Natur der Münzen als allgemeinen Tauschmittels, und den Grundsätzen von der Zahlung, indem derjenige, welcher auf eine bestimmte Summe in einer vollgültigen Münzsorte, z. B. vor der Zeit von 1806 auf 10 Thlr. in Scheidemünze, den Thaler zu 24 Groschen, kontrahirt, seine Schuld erst zu $\frac{2}{3}$ abgetragen hat, wenn er im Jahre 1808, nach der Reduktion, 10 Thlr. in $\frac{1}{24}$, wo der Groschen nicht wie früher 12 Pf. sondern nur 8 Pf. galt, zahlte [3]);

2) dem §. 797, wornach der Gläubiger, wenn er die Zahlung in schlechteren Münzsorten oder nach einem niedrigern Verhältnisse einmal angenommen, und ohne Vorbehalt darüber quittirt hat, wegen des dabei erlittenen Verlustes den Schuldner nicht mehr in Anspruch nehmen kann;

es muß daher eine Ausgleichung wegen der Differenz rechtlich gefordert werden können [4]), und dieser Grundsatz ist

---

3) Mathis, Bd. VII, S. 28 u. 30.

4) Mathis, Bd. VII, S. 42. Dieser Grundsatz ist auch auf eine Anfrage des Justizamts Cottbus an die Oberamtsregierung zu Lübben nach der Abtrennung des Cottbusser Kreises von der sächsischen

auch von dem Gesetzgeber ausdrücklich anerkannt worden. Der Grundsatz ist nicht etwa neu, er folgt schon aus den vorher angeführten Gründen, daher ist auch dieserhalb kein neues Gesetz gegeben worden, sondern eine bloße Deklaration ergangen [5]).

II. Zur Ermittelung dieser Differenz ist

1) auf die Zeit der Entstehung der Forderung, und
2) auf die Zeit der Zahlung zu sehen [6]).

Die Differenz zwischen dem Preise der Münzsorte zu diesen beiden Zeitpunkten muß vergütigt werden, oder was gleichviel ist, der Schuldner muß soviel Stücke der schlechtern Münze, als nach ihrem Preise erforderlich sind, um die schuldige Geldsumme zusammen zu bringen, mehr geben, und der Gläubiger muß sich mit wenigern Stücken begnügen, wenn in denselben, nach ihrem Preise zur Zeit

---

Landesjustizbehörde für richtig angenommen worden. Grävell, Creditgesetze, Bd. I, S. 317, No. V.

5) Deklaration des Allg. L.R. Th. I, Tit. 11, §. 791 und Tit. 16, §. 77, in Rücksicht der aus der Reduktion der Scheidemünzen entstehenden Differenzen, v. 27. Septbr. 1808 (Mathis, Bd. VII, S. 18).

6) A. L.R. I, 16, §. 74. — Ed. v. 29. März 1764, §. 10, No. 14. — Hymmen, VI, S. 67—69. — Nach welchem Münzfuß muß der Schuldner eines vor der Münzreduktion in Münze geliehenen Kapitals solches nach der Reduktion der Scheidemünze wieder bezahlen? Mathis, Bd. VII, S. 24 ff. — Leyser, sp. 529, m. 15 et 18. — Seger, de mutato valore monetae in solutionibus aestimando (Lips. 1763 u. Opuscula No. IV), No. XI. — Hellfeld, jurisprudentia for., §. 783. — Glück, §. 783. — Mueller, promptuar. jur. voce moneta, No. 11, 12 et 13. — Pufendorf, obs. jur., Lib. IV, obs. 205. — Pütter, auserlesene Rechtsfälle, Bd. II, Dec. 394. — Strube, rechtl. Bedenken, Bd. II, No. 22. — Boehmer, dec. et cons., T. II, P. I, resp. V, No. 6. — Carpzov, jurisprudent. forens., Const. 28, P. II, n. 6. — J. G. Fr. Boehmer, de solutione debiti pecuniarii mutata nummorum bonitate intrinseca ex tempore natae obligationis aestimanda. Francof. 1762.

der Zahlung, die Summe, welche er zu fordern hat, enthalten ist[7]). Wenn z. B. Thaler geliehen worden, die zur Zeit des geschlossenen Kontrakts 6 Franks gelten und deren numerischer Werth nachher, zur Zeit der Rückzahlung, auf 12 Franks gebracht worden ist, so wird die Schuld durch Zahlung der Hälfte der Thalerstücke getilgt; umgekehrt aber, wenn der Thaler zur Zeit des Kontrakts 12 Franks galt, und zur Zeit der Rückzahlung auf 6 herabgesetzt ist, so müssen zweimal soviel Thaler zurückgegeben werden, als dargeliehen worden[8]). Dieser Preis

7) Ed. vom 13. Dezbr. 1811, §. 6, und Deklar. dieses §. vom 20. Febr. 1812 (G.S. S. 9); Dekl. vom 27. Septbr. 1808 (Mathis, Bd. VII, S. 18). Vergl. Praejud. in Hymmen VII, p. 318, n. 16; Scheplitz, consuetud. Brandenb., Lib. I, P. 4, §. 6, No. 7; Code civil, Art. 1895.

8) Edikt Heinrich's IV. vom 14. Septbr. 1602; Pandectes francaises, Lib. XIV, p. 74; Gönner, Archiv f. Gesetzg., Bd. III, H. 1, S. 4 ff.; Spangenberg, über den Code Napoleon, §. 1015 u. Anm. 1; Pufendorf, de jure nat. et gent., Lib. 5, c. 7, §§. 5 et 7; Pothier, du prêt de consomption, No. 36; Zachariä, Handbuch des franz. Civilrechts, §§. 254 u. 326. Derselbe Grundsatz galt aber schon früher in der reichskammergerichtlichen und gemeinrechtlichen Praxis, und man kann ihn als die opinio communis, welche schon Azo in suis brocardic. hatte, von Alters her ansehen. Gail, obs. pract., L. II, obs. 73, No. 3; Pfenningk, de rei nummariae mutatione et augmento, L. 2, c. 10, No. 40; Ludovicus, doctrina pandect., Lib. 46, tit. 3, §. 8; Mynsinger, singul. observ. imper. camerae, Cent. IV, Obs. 1, 82; Richter, consilia et responsa, Cons. 34, P. II; Cocceji, jus civile controv., Lib. 46, tit. 3, quaest. 5; Stryck, usus modernus, Lib. 46, tit. 3, §. 12; Voet, Commentar., Lib. 12, tit. I, No. 24; Wernher, T. III, P. 1, obs. 60 et 92; Hellfeld, §. 783; Covarruvias, de vet. numismat. potest., c. 7, §. 1, num. 3; Molin., tract. de mutat. monetae, quaest. 92, No. 3; Berlich, Part. 2, concl. 36, No. 5, wo die ältern consilia et responsa pro et contra in großer Anzahl nachgewiesen werden. — Nach sächsischer Praxis soll angeblich bloß auf den Werth zur Zeit des Kontrakts gesehen worden sein. Constit. 28 pr.; Carp-

sind eben die zu beiden Zeitpunkten üblichen Cours- oder Handelspreise [9]), es wäre denn, daß derselbe durch ein besonders erlassenes Gesetz fixirt worden wäre, in welchem Falle dieser gesetzliche Preis von dem Richter angenommen werden muß [10]).

III. Bei einigen Rechtsgeschäften kann die Zeit der Entstehung der Geldschuld zweifelhaft sein. Dahin gehören folgende Fälle:

1) wenn die Verbindlichkeit nicht von Anfang an auf eine Geldschuld gerichtet war, und wenn ein Schade zu ersetzen ist. Diese beiden Fälle sind der allgemeinen Regel unterzuordnen: es kommt auf die Zeit der Entstehung der Geldobligation an, d. i.

zov, jurisprud., P. II, constit. 28, qu. 4 et 5. Die beigebrachten Rechtssprüche, wonach der Gläubiger den Thaler nur zu 30 und resp. 36 Stüber, als soviel der Thaler zur Zeit des Kontrakts gegolten, und nicht zu 42, soviel zur Zeit der Zahlung auf den Thaler gerechnet worden, nehmen soll, beweisen die Anwendung des Rechtesatzes jedoch nicht, da es möglich ist, daß die 42 Stüber später mehr werth gewesen als früher 30. Die brandenburgische Gerichtspraxis war der gemeinrechtlichen conform. Scheplitz, consuetud. Brandenb. I, P. 4, tit. 2, §. 6 und II, tit. 113 in fine u. tit. 114, und später Hymmen, Bd. VII, S. 318, N. 16. Nach Emanirung des A. L.R. sind abweichende Erkenntnisse ergangen, wonach ein Gläubiger, welcher gutes Geld dargeliehen hatte, sich mit reduzirter Münze nach dem Nennwerth sollte befriedigen lassen, welches sich nach dem bestehenden Rechte nicht rechtfertigen läßt, und auch Widerlegung gefunden hat. Mathis, Bd. VII, S. 24.

9) Deklarat. v. 27. Septbr. 1808 (Mathis, Bd. VII, S. 18). Schmidt in seiner ausführlichen Abhandlung der streitigen Rechtsfrage: In was für Münzsorten ist eine Geldschuld abzutragen? hat §. 190 ebenfalls den Handelspreis (Cours) im Sinne, indem er meint, daß darauf gesehen werden müsse: ob mit der Reduktion der Preis der Waaren falle oder steige. Dadurch ist eben der Handelspreis der Münzen bedingt.

10) Das Edikt v. 13. Dezbr. 1811 (G.S. S. 373) fixirte den Cours der damaligen Scheidemünze.

derjenige Zeitpunkt, wo die Verbindlichkeit in eine Geldschuld umgewandelt wird. Das Römische Recht bestimmt nicht, welcher Zeitpunkt in der in Rede stehenden Beziehung dafür anzunehmen, sondern alles, was über den Zeitpunkt der Schätzung verordnet ist, bezieht sich auf die Ausmittelung des Quantum. Das Bedürfniß fordert auch keinen feststehenden Rechtssatz; denn es ist gleichgültig, welcher Zeitpunkt zur Bestimmung der Münzsorte angenommen wird: das Resultat wird, bei richtiger Schätzung und Rechnung, immer dasselbe sein, man nehme auf die Zeit der Entstehung der ursprünglichen Obligation, auf die Verfallzeit, auf die Zeit der Klage, oder auf die der rechtskräftigen Entscheidung Rücksicht; denn da das Geld der Werthmesser der Sachen ist, so muß die Quantität der Münzen, möge sie nach den verschiedenen Preisen oder Coursen der verschiedenen Zeiten größer oder geringer ausgemessen werden, immer denjenigen Werth repräsentiren, welchen der Gläubiger zur Zeit der Zahlung erhalten muß, um vollständig befriedigt zu werden. Ganz anders ist es mit der Schätzung des Interesse, wobei viel auf die Zeit, nach welcher das Quantum zu berechnen, ankommt. Hier soll eine gewisse Größe gefunden werden; bei verschiedenen Münzsorten sind aber bloß zwei verschiedene Größenmesser mit einander auszugleichen.

Das Allg. L.R. sieht auf die Zeit des geschlossenen Vertrags oder des publizirten Urtels[11]) beim Mangel näherer Bestimmungen. Das Letztere, die Zeit des publizirten Urtels, ist nicht richtig. Denn ein Urtel muß sich auf vorherige Ermittelung gründen. Zwischen dieser Ausmittelung und der Publikation des Urtels kann sich

11) Th. I, Tit. 16, §. 75. Die Bestimmung ist nicht neu, sondern aus dem Münzedikt vom 29. März 1764, §. 10, No. 14 entnommen.

aber der Werth der darin bestimmten Münzsorte, möglicher Weise, zum Schaden der einen oder der andern Partei sehr ändern. Die richtige Zeit ist die der geschehenen Ermittelung, auf welche sich der Ausspruch des Richters gründet, weil, wenn keine andere Absicht erklärt ist, der Sinn und die Meinung auf die zu damaliger Zeit gangbare Münze und deren Werth gerichtet gewesen sein muß, und diese Zeit müßte in dem Urtel ausgedrückt werden. Wäre seitdem eine abermalige Münzveränderung eingetreten, welches zuweilen mehrmals kurz auf einander geschieht, so müßte eine neue Ausgleichung stattfinden.

2) Bestimmungen durch letztwillige Verordnungen oder dergleichen einseitige Dispositionen. Bei diesen wird auf die Zeit der Abfassung Rücksicht genommen [12]); wenn keine andere Absicht des Testators erwiesen werden kann [13]).

3) Der Wiederkauf. Wenn die Wiederkaufssumme sogleich bestimmt ist, so wird auf die Zeit des Kaufkontrakts gesehen [14]). Dasselbe gilt auch, wenn nichts über den Wiederkaufspreis verabredet ist, weil dann der Kaufspreis angenommen wird [15]). Den Preis vorher zu verabreden, ist jedoch nicht rathsam, vielmehr ist es vorzuziehen, die Taxe zur Zeit des Wiederkaufs zu stipuliren. Alsdann kommt es auf den Werth der Münze

12) A. L.R. I, 12, §§. 450 u. 451. Auch diese Bestimmung ist aus dem Münzedikt von 1764 a. a. O. entnommen. Vgl. Carpzov, jurisprud. for., P. II, Const. 28, def. 8; Gail, L. II, obs. 73, no. 4; Hommel, rhapsod., obs. 147.

13) Hymmen, I, S. 65, No. 4. Vergl. L. 8 D. de supellect. leg. (XXX, 10); L. 39, §. 6 u. L. 50, §. ult. D. de leg. I (XXX).

14) A. L.R. I, 11, §. 309; Stryck, usus mod., L. 28, Tit. 1, §. 54.

15) A. L.R. a. a. O. §. 296.

zur Zeit des Kontrakts gar nicht an, weil bei der Taxe schon der Preis der Sache mit Rücksicht auf die Münzveränderung ermittelt wird.

4) Jährliche Leistungen. Der allgemeine Grundsatz, daß auf die Zeit der Entstehung zu sehen, gilt auch hier: es muß in derjenigen Münzsorte gezahlt werden, in welcher die Geldpräſtation constituirt worden, oder in derjenigen, welche in Ermangelung einer näheren Bestimmung zur Zeit der Constituirung gangbar gewesen ist[16]; und wenn diese nicht mehr vorhanden, in der neuen Münzsorte nach Maßgabe der alten[17]. Davon kann eine Abweichung stattfinden:

a) wenn wegen Länge der Zeit die Münzsorte ungewiß oder die Verabredung unklar ist. In diesem Falle sollte nach gemeinen Rechten der geringere currente Münzfuß angenommen werden[18]. Dieses ist in dem Allgemeinen Landrechte dahin näher bestimmt, daß die Zahlung in derjenigen Münzsorte geleistet und angenommen werden soll, in welcher die öffentlichen Abgaben zu entrichten sind[19].

b) wenn die Zahlung gleichförmig in einer schlechtern

16) c. 20 et 26 X. de cens. (III, 39). — Lauterbach, coll. th. pr. Tit. de reb. cred., §. 33, et Tit. de solut. §. 23. — Ludolf, in com. jur. camer., p. 135. — Kind, quaest. for., L. I, c. 109. — G. L. Böhmer, Rechtsfälle, Bd. I, No. 73. — Pütter's Rechtsfälle, Bd. IV, Thl. 2, resp. 383. — Carpzov, jurisprud. for., P. II, const. 28, def. 9. — Boehmer, Exercitat. ad Pand. T. II, Exercit. 40, §. 32. — Runde, deutsches Priv.R. §. 207.

17) A. L.R. II, 7, §. 483. — c. 26 X. de cens. (III, 39). — Leyser, jus georg., Lib. III, c. 27, No. 78. — Schepplitz, consuet. Brandenb., Lib. I, P. 4, Tit. II, §. 7. — Gail, II, obs. 73, n. 7 seq. — Mynsinger, def. 3, No. 6.

18) c. 18 X. l. c.; L. 9 et 34 D. de regulis jur. (L, 17). — Boehmer, jus eccles. prot., T. III, Tit. 39, §. 138.

19) A. L.R. II, 7, §. 482.

Münzsorte geleistet und angenommen worden ist. In diesem Falle waren die Meinungen der gemeinrechtlichen Schriftsteller verschieden. Nach der einen Meinung wurde eine Verjährung erfordert, und es sollte genügen, daß die Zahlung durch rechtsverjährte Zeit in der schlechtern Münzsorte geschehen [20]). Eine andere Meinung wollte die Verjährung in dieser Beziehung gar nicht zulassen, weil jede Jahresleistung die Natur des Kapitals habe, und eine neue Klage erzeuge [21]). Nach einer dritten Meinung sollte schon eine gleichförmige, wissentlich in schlechterer Münzsorte ohne Vorbehalt angenommene, Zahlung durch mehrere Jahre hinreichen, um den Gläubiger zu verpflichten, auch künftig in derselben Münzsorte die Zahlung anzunehmen, weil die jährlichen Pensionen die Stelle der Zinsen verträten [22]), und daher sollte nicht ein Verlust des Rechts durch Verjährung erfordert, sondern ein Erlaß vermuthet werden [23]), welche Vermuthung jedoch durch den Gegenbeweis: daß der Gläubiger nicht um zu erlassen, oder nicht freiwillig, sondern weil z. B. vom Schuldner nicht mehr zu erlangen gewesen, die geringere Zahlung

20) c. 20 et 26 X. de cens. (III, 39). — Boehmer, jus eccl. protest. l. c., §. 32.

21) L. 7, §. ult. C. de praescr. XXX ann. (VII, 39). — Gail, II, obs. 73, no. 1 et 2, welcher sich auf viele Präjudikate des Reichskammergerichts beruft, und Guid. decis. 406 cum duabus seq. allegirt, wo er sagt: „Ita semper judicatum fuisse in omnibus curiis,“ wonach dieses die von der Praxis recipirte Meinung gewesen wäre. Vergl. auch Mynsinger, cent. 3, obs. 13 in fine: Berger, elect. disc. forens. p. 1667.

22) Die Gülten und Renten sind allerdings aus der Form des verzinslichen Darlehns im Mittelalter entstanden. Eichhorn, Rechtsgesch, §. 361 a, und Priv.R. §. 105.

23) Stryck, us. mod., Lib. XXII, T. 1, §. 44 in fine; Carpzov l. c. P. II, const. 2, def. 5 et 6.

angenommen habe, beseitigt werden konnte[24]). Bei Zinsen (usuris) nahmen Einige diese Vermuthung schon nach einem dreijährigen Zeitraume an[25]); Andere verlangten keine bestimmte Zeit, sondern nur eine mehrmalige gleichförmige Zahlung[26]).

Das Allg. Landrecht ist dieser letztern Meinung in der Beziehung gefolgt, daß aus einer gleichförmigen Zinsenzahlung in einer bestimmten Münzsorte im zweifelhaften Falle vermuthet werden solle, daß auch die Hauptschuld in derselben Münzsorte kontrahirt worden sei, woraus folgt, daß auch künftig die Zinsen in derselben Münzsorte angenommen werden müssen[27]). Die Verbindung, in welcher diese Bestimmung in dem Allgemeinen Landrechte folgt, ergiebt, daß die Redaktoren die vorher vorgetragenen Meinungen der Rechtsgelehrten im Sinne gehabt haben; denn in den vorhergehenden §§. 797 und 798 ist festgesetzt, daß derjenige, welcher in schlechtern Münzsorten Zahlung ohne Vorbehalt annimmt, wegen des erlittenen Verlustes keine Nachforderung machen kann. Der Grund davon ist, weil ein Erlaß oder Vergleich angenommen wird[28]). Darauf folgt die Bestimmung, daß aus der wiederholten Annahme der Interessen in schlechterer oder besserer Münzsorte noch nicht die Verbindlichkeit folge, auch das Kapital in derselben Münzsorte anzunehmen oder zu zahlen, daß jedoch bei einer

24) Carpzov l. c. def. 6.

25) Per L. 5 C. de usuris und L. 3 C. de apoch.: Berger, electa discept. forens., Tit. 50, obs. 3, not. 3; Brunnemann, ad L. 5 C. de usuris, No. 4; Carpzov l. c. def. 5, 6, 7.

26) „— plures annos, aliquot annos —." Stryck l. c.

27) A. L.R. I, 11, §§. 799—802, 835.

28) Ed. vom 29. März 1764, §. 10, No. 17, in Uebereinstimmung mit dem Gemeinen Recht. Hommel, obs. 5, No. 414 et 222; Carpzov l. c. def. 6 und const. 28, def. 10.

gleichförmigen Zahlung im **zweifelhaften Falle** vermuthet werden solle, daß das Kapital in derselben Münzsorte bestehe. Den Grund davon findet man nach den Meinungen der Rechtslehrer, wie es scheint ganz richtig, in einer anzunehmenden Uebereinkunft (Erlaß, Vergleich), und es ist derselbe Grund auch bei diesen Bestimmungen, eben so wie bei den unmittelbar vorhergehenden, anzunehmen. Da das Allgemeine Landrecht die gemeine Meinung hiernach zwar annimmt, aber bei ihrer Ungleichförmigkeit modifizirt, so kann über diese Modifikation nicht hinausgegangen werden. Daraus folgt, daß **nicht**, wie nach der einen Meinung der Rechtsgelehrten, auch in Fällen, wo die Münzsorte nach dem Vertrage oder sonst **unzweifelhaft** ist, sondern nur in **zweifelhaften Fällen**, die gleichförmige Zahlung der Zinsen auch zur künftigen Zahlung und Annahme der Zinsen in derselben Münzsorte verpflichtet, zu welchem Resultat man auch durch die Bestimmungen gelangt, daß

1) aus diesen Zahlungen die Münzsorte des Kapitals vermuthet werden soll (§. 799--802),
2) daß die Zinsen in der Münzsorte des Kapitals zu entrichten sind (§. 835) [29]).

Das Allgemeine Landrecht weicht also in diesem Punkte von der frühern gemeinrechtlichen Praxis ab, und zwar in vollkommener Uebereinstimmung mit seinem allgemeinen Grundsatze, daß ein stillschweigender Erlaß oder Vergleich in solchen Fällen keine Wirkung haben kann, wo die gegenseitigen Rechte und Verbindlichkeiten durch Verträge oder auf sonst rechtsverbindliche Weise **unzweifelhaft** feststehen. Nach Preußischem Rechte findet mithin in diesem Falle **keine Abweichung** von der Regel

29) Lauhn, epistola de usuris, eadem in bonitate cum sorte solvendis. Jenae 1763. — Pufendorf, observ. jur., IV, No. 101 et 102. — L. 23 C. de usuris (IV, 32).

statt. Dagegen wird in Betracht, daß das Allgemeine Landrecht in dieser Materie überhaupt der gemeinrechtlichen Praxis folgt, anzunehmen sein, daß das, was von Zinsen gilt, auch auf andere jährliche Geldleistungen anzuwenden[30]).

IV. In Beziehung auf die Zeit der Zahlung könnte es scheinen, als wenn die mora accipiendi des Gläubigers Einfluß haben müßte, so zwar, daß, wenn eine dem Schuldner nachtheilige Differenz zwischen dem Werthe der Münzen zur Zeit des Eintritts der Mora und des zur Zeit der spätern Zahlung entsteht, die erstere berücksichtigt werden müßte, wenn sie für den Schuldner vortheilhafter wäre. Bei näherer Betrachtung läßt sich solches aber nicht annehmen, weil der Schuldner zu allen Zeiten nicht mehr zahlt, als er von Hause aus schuldig ist, und als der Gläubiger von Anfang an zu fordern hat. Der Inhalt der Schuld hat, nach der größern Quantität reduzirter Münzen, keinen höhern Werth als nach der ursprünglichen geringern Quantität mehrgeltender Münzen; und wenn der Schuldner dadurch, daß er das ihm gehörige Geld bei sich liegen läßt, Schaden leidet, so hat er sich dieses selbst beizumessen, da er sich durch Deposition liberiren konnte[31]). Bei Darlehen von an-

30) A. L.R. I, 16, §. 82, in welchem ausdrücklich auf die Bestimmungen über die Münzsorten in den §§. 877 u. f. Tit. 11 verwiesen ist.

31) Das Rescr. des Justizmin. v. 1. April 1812 (v. Kamptz, Jahrb. I, S. 47) weiset in einem hierher gehörigen Falle auf die über die Mora und deren rechtliche Folgen geltenden Bestimmungen hin; es bezieht sich solches aber nur auf die mora solvendi. Dagegen wollen einige gemeinrechtliche Schriftsteller auf die Mora sehen; ihre Gründe sind aber nicht einleuchtend, und von Andern theils ignorirt, theils widerlegt. Cocceji, jus controv., L. 46, Tit. 3, qu. 5 in fine. In dem Fall jedoch, wo der Debitor nach Eintritt der Mora des Gläubigers ohne eigene Schuld das Geld verlöre, würde er libe-

dern fungiblen Sachen (uneigentlichen Darlehen) hat zwar der Schuldner bei eintretender mora accipiendi die Wahl, ob er noch die Sache selbst geben, oder deren zur Verfallzeit gestandenen Preis entrichten will [32]. Aber die Anwendung dieser Regel auf Gelddarlehen würde kein anderes Resultat geben: auch überdieß hat der Schuldner nichts weiter zu leisten als den Werth des Geldes zur Verfallzeit. Seine Verbindlichkeit reduzirt sich immer auf Zahlung der ursprünglichen numerischen Summe Geldes, dargestellt von so und so viel Gold-, Silber- oder Kupfermünzen, welche je nach ihrem geltenden Werth mehr oder weniger an Zahl sein müssen, weil sonst die zu zahlende Summe Geldes nicht erfüllt werden würde.

V. Bleibt es nach diesen sub Nro. I bis III in Beziehung auf einzelne Fälle angegebenen Regeln noch zweifelhaft, auf welche Münzsorte die Absicht der Kontrahenten bei der Kontrahirung der Hauptschuld (denn sub III, 4 war die Rede von der Münzsorte, in welcher jährliche Prästationen zu leisten) gerichtet gewesen, so soll nach der Meinung einiger Schriftsteller des Gemeinen Rechts die Erklärung aus der, longo tempore oder 10 Jahre erfolgten gleichartigen, Zahlung der Zinsen oder Abschlagszahlungen genommen werden [33]. Diesen Grundsatz hat das Allg. Landrecht in der Art angenommen, daß im zweifelhaften Falle vermuthet werden

---

rirt werden. L. 72 pr. D. de solut. (XLVI, 3). Dieß geschähe z. B., wenn ihm, noch ehe er deponiren konnte, etwa auf dem Rückwege vom Gläubiger, das Geld geraubt würde.

32) A. L.R. I, 11, §. 860.

33) Scheplitz, consuetud. Brandenb., Lib. I, P. 4, Tit. 11, §. 6, No. 23; Cothmann, Vol. I, resp. 34, No. 318, 321; Mueller, promptuar. voce moneta, No. 22; Berger, Tit. 50, obs. 3, not. 3; Brunnemann, ad L. 5 C. de usuris, No. 3 et 4; Hommel, rhapsod., obs. 221, No. 4.

soll, es sei die Hauptschuld in eben solchen Münzsorten kontrahirt, als worin die Interessen entrichtet und angenommen worden[34]); die Entrichtung muß aber gleichförmig in einer und derselben Münzsorte, und nicht bald in dieser bald in jener geschehen sein[35]), und die Münzsorte muß wirklich zweifelhaft sein: denn außerdem folgt aus der Zahlung der Zinsen in schlechtern oder bessern Münzsorten in Beziehung auf die Hauptschuld nichts[36]). Für zweifelhaft kann aber die Münzsorte nicht gehalten werden, wenn die Zeit der Entstehung der Geldschuld bekannt, und über die Münzsorte keine Verabredung getroffen ist, weil ja eben in diesem Falle die zur Zeit des geschlossenen Kontrakts gangbare Münzsorte angenommen wird (Note 6 und 36), d. h.

34) A. L.R. I, 16, §. 82; Tit. 11, §. 801.

35) A. L.R. I, 11, §. 802.

36) A. L.R. a. a. O. §§. 799, 800, 801. Aus historischen Gründen ist also Grävell's Meinung: daß „diese, aus einer gleichförmigen Interessenzahlung entstehende, Vermuthung wegen der Münzsorte des Kapitals — diejenigen, welche in Ermangelung anderer Auskunftsmittel im §. 779 festgesetzt sind, überwiege," unrichtig. Der §. 779 enthält nämlich die Hauptregel: daß in Ermangelung einer bestimmten Verabredung die zur Zeit des abgeschlossenen Kontrakts gangbare Münzsorte angenommen werden solle, welches auch noch an mehreren andern Orten (Note 6) ausgedrückt ist; und der §. 801 bestimmt: „Im zweifelhaften Falle wird jedoch vermuthet, daß die Valuta des Darlehns in eben solchen Münzsorten, als worin die Interessen entrichtet und angenommen worden, bestanden habe." Constirt also die Zeit des Kontrakts, so ist die Münzsorte nicht zweifelhaft, worüber man vor dem Allgemeinen Landrechte einig war. Bielitz in seinem Commentar sagt gar: „Daß die im §. 801 angegebene Vermuthung die allgemeine im §. 779 enthaltene Vermuthung über die Valuta bei Darlehen überwiegt, ist eben so klar, als daß diejenige Partei, welche das Gegentheil von der, unter den angeführten Umständen eintretenden, Vermuthung behauptet, hierüber den Beweis führen muß." Woher diese Klarheit kommen soll, ist nicht zu sehen. Vergl. oben No. 4, lit. b.

als stillschweigend verabredet sich von selbst versteht, so daß hier von keiner Präsumtion und deren Entkräftung, sondern von einem Naturale des Geschäfts die Rede ist, wovon ohne eine ausdrückliche und rechtsbeständige Verabredung nichts geändert werden konnte. Dagegen kann sie zweifelhaft sein, wenn der Münzsorte wirklich Erwähnung geschehen, die Absicht der Kontrahenten aber unklar ist. (Vergl. den folg. §.). In solchen Fällen erhält die Meinung der Kontrahenten von ihnen selbst eben durch gleichförmige Zahlungen eine Erklärung. Deshalb, weil daraus nichts weiter als eine solche Willenserklärung zu entnehmen ist, kommt es ganz richtig auch auf keine Verjährungsfrist an, und daher wird eine gewisse Zeit, durch welche die gleichförmige Zinszahlung geschehen sein müßte, nach Preuß. Rechte nicht verlangt. Ist aber durch rechtsverjährte Zeit eine solche Zahlung geleistet, so hat der Gläubiger das Recht erworben, ohne Rücksicht auf die ursprüngliche Münzsorte die Zahlung in derjenigen, in welcher durch die Verjährungsfrist gezahlt worden, zu fordern[37]).

Hat ein Vergleich über die bei Münzveränderungen zu zahlende Summe stattgefunden, so kann, wie sich versteht, außer dem Falle eines Irrthums oder Betrugs, davon nicht abgegangen, und weder eine Nach- noch Rückforderung gemacht werden. Ein solcher Vergleich wird aber angenommen, wenn der Gläubiger die Zahlung in geringhaltiger Münze ganz oder nach einem niedrigern Verhältniß, z. B. ausdrücklich zur Hälfte, zum Drittel oder Viertel, angenommen, und ohne Vorbehalt über die Schuld oder über eine Quote derselben quittirt hat[38]).

---

37) Arg. A. L.R. a. a. O. §. 837.

38) Ed. v. 29. März 1764, §. 10, No. 17. — A. L.R. a. a. O. §§. 797 798. Das Allg. Landrecht ist nicht so klar wie das Edikt,

§. 8.

b) In einigen besondern Fällen.

Eine große Meinungsverschiedenheit der gemeinrechtlichen Schriftsteller findet sich beim Darlehnskontrakt in Beziehung auf Münzveränderungen; und es ist fast ausschließlich nur das Darlehn in Bezug auf Münzveränderungen und deren Folgen in Betracht gezogen worden. Diese Behandlungsart hat auch auf die Redaktion des Allgemeinen Landrechts den Einfluß gehabt, daß die Grundsätze und Regeln von der Münzveränderung nur in der Lehre vom Darlehn abgehandelt worden sind, und bei andern Materien darauf zurückgewiesen wird [1]). Es scheint jedoch, daß eine naturgemäße Behandlung des Darlehnsgeschäfts die gemachten Schwierigkeiten beseitigen müßte, wenn man nämlich davon abstrahirt, vorzugsweise auf die bei Abschließung des Darlehns gegebenen Münzsorten zu sehen, als wenn das Schicksal derselben besondern Einfluß auf die Rechte des Gläubigers haben könnte. Der Gelddarlehnskontrakt ist seiner Natur und Wirkung nach, in Beziehung auf die Wiederaufhebung desselben durch Liberation, nichts weiter als ein Rechtsgeschäft, durch welches von Anfang an eine Geldschuld kontrahirt wird. Der Schuldner wird zum Eigen-

---

und spricht bei dem Gläubiger nur von einem Betruge des Schuldners, aus welchem eine Nachforderung stattfinden soll, während es dem Schuldner die Rückforderung auch aus Irrthum gestattet. Da jedoch in allen Fällen, wo es nicht ausdrücklich abgesprochen wird, die Anfechtung einer Willenserklärung aus Irrthum statthaft ist, so kann nicht angenommen werden, daß dem Gläubiger die Anfechtung aus dieser causa hier an sich nicht gestattet sein sollte. Carpzov, jurisprud. forens., P. II, const. 28, def. 10. — Hommel, rhapsod., obs. 5, 222, 414, 219.

1) Der Grund davon liegt jedoch mehr in der Ordnung des Stoffs, nach welcher keine passende Stelle zu diesen allgemeinen Bestimmungen vorhanden war.

thümer einer gewissen Anzahl von Geldstücken gemacht und dafür schuldig, sich durch Zahlung einer gewissen dabei ausgemachten Geldsumme wieder zu liberiren. Insofern die Verabredung nicht gegen ausdrückliche Verbotsgesetze (Wuchergesetze) verstößt, muß die, in Ansehung der Berechnung der künftig zu zahlenden Summe getroffene, Verabredung verbindlich sein, ohne daß in Beziehung auf diese Verpflichtung auf die, bei Kontrahirung des Darlehns gegebene, Münzsorte gesehen wird, wenn solches nicht zu dem Zwecke geschieht, um zu ermitteln, in welcher Münzsorte die Geldschuld zu Stande gekommen ist. Es ist nicht einzusehen: welcher Unterschied zwischen der, durch ein Darlehn entstandenen Geldschuld, und derjenigen, welche zu derselben Zeit durch einen Kaufkontrakt kontrahirt worden, in Beziehung auf die Münzsorte, worin künftig Zahlung zu leisten, bestehen soll, wenn darüber aus der Stipulation nichts hervorgeht. Ein Darlehnskontrakt, wornach der Schuldner schlechthin 1000 Thlr. empfangen hat, legt ihm auf, zur Verfallzeit wieder 1000 Thlr. zu zahlen, und ein Kaufkontrakt, wornach eine Sache für 1000 Thlr. verkauft wird, verpflichtet den Käufer ebenso, zu seiner Zeit 1000 Thlr. zu zahlen. Das Darlehn löset sich, genau betrachtet, ebenfalls in einen Kauf und Verkauf auf. Der Darleiher tradirt dem Darlehnsnehmer die Geldstücke, macht ihn dadurch zum Eigenthümer derselben, und läßt sich dafür eine gewisse Geldsumme versprechen. Soll aber eine solche Gleichheit eintreten, so wird vorausgesetzt: daß der Darlehnskontrakt schlechthin, ohne alle Nebenabreden in Beziehung auf die künftig zurückzuzahlenden Münzsorten, zu Stande gekommen, also ein eigentlicher reiner Gelddarlehnskontrakt sei. Dergleichen Nebenabreden werden jedoch häufig getroffen, und modifiziren das Wesen des Kontrakts. Denn ein Darlehnskontrakt, worin eine gewisse Species von Münzen bei der künftigen Zahlung ausdrücklich ausbedungen worden, constituirt eigentlich keine reine Geldschuld, indem diese spezielle Münzsorte, wovon in dem Kontrakte die Rede ist, nicht wie Geldmünzen, bei welchen es nicht auf die Species, vielmehr nur auf die Quantität und den dadurch dargestellten Geldwerth ankommt [1a]), sondern wie eine andere fungible Sache, etwa wie eine Quantität Wein oder Korn, wobei bloß auf die Quantität und Qualität, nicht aber auf den Werth gesehen wird, behandelt wird. Bei solchen Kontrakten kommt es denn also auf den veränderten Geldwerth der ausbedungenen Species von Münzen nicht an. Diese Art von Darlehnsgeschäften verhalten sich zu den Darlehen der ersten Art, wie ein Leih- oder Miethskontrakt zu einem Kaufkontrakt. Es ist daher bei einem Darlehnskontrakt darauf zu sehen: ob eine Geldsumme, d. h. eine Quantität Geldmünzen, zu einer bestimmten Summe Geldes, oder ob eine gewisse Anzahl spe-

---

1a) Dieß folgt aus der Natur der Geldmünzen als allgemeiner Tauschmittel, und ist vielfältig anerkannt.

L. 65, §. 1 D. de verb. obl. (XLV, 1): „— Stipulanti denarios, ejusdem quantitatis aureos spondendo, obligaberis —“;

L. 159 D. de verb. signif. (L, 16): „Etiam aureos nummos aes dicimus —“;

L. 94, §. 1 D. de solut. (XLVI, 3): „— in pecunia non corpora — sed quantitatem —.“ Vergl. dazu die Noten des Godofred.

L. 1 pr. D. de contrah. emt. (XVIII, 1): „Electa materia est, cujus publica ac perpetua aestimatio difficultatibus permutationum, aequalitate quantitatis subveniret: ea materia forma publica percussa usum dominiumque non tam ex substantia praebet, quam ex quantitate —.“

Vergl. L. 34, §§. 3, 4 D. de legat. I (XXX) und L. 99 D. de solut. (XLVI, 3). Auch Seneca, de benefic. VI, 5. Wenn auf die Species gesehen wird, so wird die Münze nicht als Geldmünze gebraucht.

zieller Münzen, d. h. eine gewisse Stückzahl von einer bezeichneten speziellen Münzsorte, geliehen worden. In dem erstern Falle ist ein reines Gelddarlehn vorhanden, wobei eine Münzsorte für die andere gegeben werden kann, wenn nur die numerische Quantität oder die bestimmte Geldsumme dadurch prästirt wird; im andern Falle aber ist kein reines Gelddarlehn, vielmehr ein uneigentliches Darlehn vorhanden, denn es soll auf die spezielle Münzsorte gesehen werden.

Nach dieser Voraussetzung scheint die richtige Anwendung der von Geldschulden geltenden Regeln auf die einzelnen Fälle des Darlehnskontrakts keine besondere Schwierigkeit zu machen.

I. Wenn in dem Darlehnskontrakte eine spezielle Münzsorte vorkommt, so ist zu unterscheiden:

1) ob die Münzsorte wirklich als künftiges Zahlungsmittel ausbedungen; oder

2) ob dieselbe bei Abschließung des Darlehns nur in Zahlung gegeben, und ob in Beziehung auf die künftige Rückzahlung des Darlehns schlechthin eine Geldschuld kontrahirt worden ist.

Der zweite Fall ist vorhanden, wenn z. B. der Schuldner erklärt hat, daß er von dem Gläubiger ein Darlehn von 600 Thlrn., und den Werth durch 100 Friedrichsdor nach dem damaligen Course von 6 Thlrn. pro Stück gezahlt erhalten habe. Hier ist eine reine Geldschuld von 600 Thlrn. kontrahirt, und es kommt auf die Münzsorte gar nicht an (Note 3). Die 100 Friedrichsdor, durch welche nach ihrem dermaligen Geldwerth die Valuta des Darlehns ganz richtig ausgezahlt worden ist, sind bloß in Zahlung gegeben. Ist zur Zeit der Rückzahlung eine Münzveränderung oder eine Coursveränderung vorgegangen, so muß eine solche Quantität gegeben werden, als erforderlich ist, um eine Summe Geldes von 600 Thlrn.

zu dem Handelswerthe, welchen 100 Friedrichsdor zur Zeit des geschlossenen Kontrakts hatten, darzustellen. Wenn also z. B. zur Kontraktszeit 1803 der Courswerth von dem Nennwerth der 600 Thlr. nicht verschieden gewesen wäre, und die Zahlung den 1. April 1808 in Scheidemünze, welche an diesem Tage 134 Thlr. 15 Sgr. im Course stand, hätte geschehen sollen, so würden 6 mal 134 Thlr. 15 Sgr. haben gezahlt werden müssen [2]).

Dieselbe Bewandtniß hat es bei einem, in Staatspapieren oder Pfandbriefen abgeschlossenen, Darlehnsgeschäft. Ist das Darlehn auf die Papiere geschlossen, d. h. sind z. B. 1000 Thlr. in Staatsschuldscheinen geliehen, so müssen künftig 1000 Thlr. in Staatsschuldscheinen zurückgegeben werden, ohne daß es auf den Cours derselben zu irgend einer Zeit ankommt, ebenso als wenn 100 Scheffel weißer Weizen geliehen worden wären, wobei der Preis zu den verschiedenen Zeiten auch unberücksichtigt bleibt. (No. IV). Sind bei Abschließung des Darlehns aber die 1000 Thlr. Staatsschuldscheine in Zahlung gegeben, so muß künftig diejenige Summe Geldes, zu welcher sie in Zahlung angenommen worden, zurückgezahlt werden, vorausgesetzt, daß dabei nicht gegen die Wuchergesetze gefehlt worden [3]).

Sind hingegen die 100 Friedrichsdor als solche ge-

2) Ed. v. 29. März 1764, §. 10, No. 5. — Ed. v. 9. Mai 1795, No. XXII. — Deklaration vom 27. Novbr. 1811.

3) A. L.R. I, 11, §. 793. — Deklaration vom 4. April 1811 (G.S. S. 169). — Deklaration v. 28. Dez. 1811 (G.S. pro 1812 S. 1). — Simon und v. Strampff, Rechtssprüche, I, 188. — Jahrb. I, S. 134. — Eigentlich sind solche Darlehne, wobei nicht schlechthin eine Geldsumme dargeliehen, sondern auf die verabredete Darlehnssumme etwas in Zahlung gegeben wird, Kaufkontrakte, wobei das Kaufgeld creditirt wird, A. L.R. a. a. O. §. 796, wie denn überhaupt die Angabe an Zahlungsstatt nach den Regeln vom Kauf behandelt wird.

liehen und dabei nur gesagt, daß sie jetzt nach dem Course das Stück zu 6 Thlrn. gerechnet würden, so ist die Species dieser Münze, nämlich die 100 Friedrichsdor, Gegenstand des Kontrakts, und der dermalige Courspreis ist bloß der Beschreibung wegen hinzugefügt [4]).

In einzelnen Fällen kann die Absicht der Kontrahenten allerdings zweifelhaft sein; dieß hat aber auf den Rechtsgrundsatz keinen Einfluß, sondern ist Thatsache. (Vergleiche den vorigen §. in fine). Ist solchergestalt auf eine spezielle Münzsorte kontrahirt [5]), so muß die vorgeliehene Stückzahl in derselben Münzsorte von gleicher Qualität zurückgegeben werden, d. h. es sind, wenn z. B. 100 preußische Friedrichsdor im Jahre 1806, wo der Cours bis über 6 Thlr. pro Stück gestiegen war, geliehen worden, und gegenwärtig, wo der Cours nur 5 2/3—5 3/4 Thlr. ist, zurückgezahlt werden sollen, 100 Stück Friedrichsdor ohne Rücksicht auf deren Handelswerth zu geben, da die ursprüngliche Qualität unverändert geblieben ist; umgekehrt würde, wenn der Courswerth unter 5 Thlr. gefallen wäre, dieses ebenfalls gleichgültig sein. Eine andere Münzsorte kann der Schuldner in diesem Falle nicht geben [6]), weil eigentlich keine Geldsumme,

---

4) Carpzov, jurisprudentia forensis, P. II, const. 29, def. 7, 8.

5) Pothier, du prêt de consomption No. 37, will einen solchen Kontrakt als contra jus publicum nicht zulassen, weil der Fürst seine Münzen den Privatpersonen nur dazu austheilt, um zum Zeichen des Werths aller Sachen zu dienen. Nur bei Wechselbriefen nimmt er ihn als einen Tauschkontrakt an. Der Gedanke ist Unsinn.

6) A. L.R. a. a. O. §. 783. Ist das Instrument auf eine gewisse Anzahl von Stücken einer Gold- oder Silbermünze gerichtet, so muß genau dieselbe Zahl zurückgegeben werden. Edikt vom 9. Mai 1765, No. XV (N. C. C. T. III, S. 869). — Edict. Johannes Siegismundis v. 4. Februar 1612; in Scheplitz Lib. I, p. 321. — Pütter's auserlesene Rechtsfälle, Bd. I, resp. 60.

sondern nur eine fungible Sache geliehen worden; und wie z. B. eine Quantität 1811er Johannisberger nicht durch eine gleiche Quantität 1834er zurückgegeben werden kann, weil diese nicht von derselben Qualität sein würde [7]), ebenso läßt sich auch die ausbedungene Münzsorte der Friedrichsdore nicht durch andere Geldsorten abtragen. Müßte es irgendwie, z. B. im Wege der Exekution, mit Bewilligung des Gläubigers doch dazu kommen, so würde erst die Umwandlung in eine allgemeine Geldschuld erfolgen, und dabei zu bestimmen sein: welchen Werth die 100 Goldstücke in dem zur Zeit gerade gangbaren, und vielleicht herabgesetzten, Courantgelde hätten. Gegen den Willen des Gläubigers kann ihm aber die Zahlung in Courantgelde nicht aufgedrungen, sondern es müssen ihm die Goldstücke zu jedem Preise angeschafft werden [7a]), es wäre denn, daß dergleichen nicht mehr im Umlauf wären, wo eine Umwandlung stattfinden müßte [8]), von welcher unten die Rede sein wird. Der Fall, wo der Kontrakt auf eine gewisse Summe in Golde lautet, ohne Bestimmung der Stückzahl, gehört nicht hierher. Es kann die Zahlung dann in jeder beliebigen Goldmünze geschehen, wobei der Dukaten zu $2\frac{3}{4}$ Thlrn. und andere preuß. Goldmünzen zu dem Betrage, zu welchem sie ausgeprägt sind, anzuschlagen [9]).

Hat die Münzsorte, welche bedungen worden, eine Veränderung erlitten, so ist zu unterscheiden:

1) Die Münzsorte ist nach ihrem innern Gehalt unverändert geblieben, und nur in ihrem äußern Werthe

---

7) L. 3 D. de rebus creditis (XII, 1).

7a) Daß dieß nur von den vor dem 31. Dezember 1831 entstandenen Verbindlichkeiten gilt, ist schon gesagt, oben Anm. 25a zu §. 6.

8) Leyser, sp. 529, m. 21. — Carpzov, L. V, resp. 95.

9) A. L.R. I, 11, §. 784. Vergl. Ed. vom 9. Mai 1765, No. XIX.

herunter gesetzt worden. Dann soll die Rückzahlung in eben derselben Münzsorte geleistet und angenommen werden, ohne Rücksicht auf ihren geringern Courswerth zur Zeit der Zahlung, dergestalt, daß, wer 1806 hundertmal 24 Groschen ($\frac{1}{24}$ Thlr.) ausgeliehen hatte, sich 1811, wo sie nur $\frac{3}{7}$ ihres Nennwerths galten, mit 2400 Groschen hat befriedigen lassen müssen [10]). Für den vorausgesetzten Fall, wo eine Anzahl von einer bestimmten Münzsorte ausbedungen worden, ist die Bestimmung richtig, gleichwie bei einem uneigentlichen Darlehn, wo ebenfalls nicht auf den Preis gesehen wird, wenn die Sache nur in derselben Quantität und Qualität, in welcher sie geliehen worden, zurückgegeben wird [10a]). In diesem Falle äußert aber die Mora rechtliche Wirkungen, insofern dieselbe in Beziehung auf die Preisveränderung einen Unterschied bewirkt [11]).

2) Die Münzsorte ist auch nach ihrem innern Gehalte verändert, und

   a) von dem Gehalte zur Zeit des Kontrakts sind noch Stücke neben den verschlechterten im Umlauf. Dann müssen Stücke von dem frühern Gehalte geschafft werden;

   b) die Stücke, welche ausbedungen, sind einberufen, und mithin nicht mehr zu haben. Dann muß die Obligation in eine Geldobligation nach der gangbaren Münzsorte umgewandelt werden,

---

10) A. L.R. a. a. O. §. 790. Vergl. Ed. vom 9. Mai 1765, No. XV u. XXII, b.

10a) A. L.R. a. a. O. §. 854.

11) Ebend. §§. 859 u. 860. Vergl. Pr. Landr. v. 1721, B. IV, Tit. 1, Art. 3, §§. 5 u. 4. — L. 22 D. de reb. cred. (XII, 2). — Voet, L. XIII, Tit. 3.

und dabei ist der Courspreis der verschriebenen Münzsorte zur Zeit des geschlossenen Kontrakts maßgebend[12]). Die daraus sich ergebende Geldsumme wird auf eine, dem Feingehalte und Gewichte der damaligen Münzen entsprechende Geldsumme der Gegenwart zurückgeführt, und zwar nach Maßgabe des Coursverhältnisses zwischen der damaligen und der jetzt gangbaren oder einer solchen Münzsorte, welche mit der jetzt gangbaren auf gleichen Fuß ausgeprägt ist[13]). Die Münzveränderungen, welche in der Mitte dieser beiden Zeitpunkte liegen, sind unerheblich[13a]).

Die nämlichen Grundsätze kommen zu Anwendung, wenn

3) eine fremde Münzsorte ausbedungen[14]), welche an dem Zahlungsorte nicht zu haben ist. Die Forderung wird alsdann in die, an dem Zahlungsorte gangbare Courantmünze, nach dem Course der beiden Münzsorten, wie er an dem Zahlungsorte zur Zeit des geschlossenen Kontrakts gestanden hat, umgewandelt[15]). Nach den, vor dem Allgemeinen Landrechte bestandenen Gesetzen wurde, der Sache

12) A. L.R. a. a. O. §§. 788, 789. — L. 24, §. 1 D. de pignorat. act. (XIII, 7). — Leyser, sp. 529, m. 21.

13) A. L.R. a. a. O. §. 789. Vergl. Seger l. c. No. I et II.

13a) Vergl. Erk. des Obertrib. vom 27. Novbr. 1851 (Entsch. Bd. XXIII, S. 308).

14) Man hat es bei einzelnen Gerichtshöfen bezweifelt, ob Darlehnskontrakte in fremden Münzsorten ausbedungen und ins Hypothekenbuch eingetragen werden könnten. M. s. das belehrende Rescr. v. 10. Septbr. 1830 (Jahrb. Bd. XXXVI, S. 146). Vergl. A. L.R. I, 16, §. 78; Kab.O. v. 4. August 1832 (G.S. S. 207); A. D. Wechs.O. Art. 37.

15) A. L.R. I, 11, §§. 785, 786. — A. D. W.O. Art. 37.

angemessener, der Cours des **Zahlungstages** der Berechnung zum Grunde gelegt[16]).

II. Die Stipulation geht schlechthin auf eine Geldschuld, d. h. auf eine Geldsumme ohne nähere Bestimmung der Münzsorten. Dann kommt es bloß darauf an: ob der äußere Werth oder Courspreis verändert ist, gleichviel aus welchem Grunde; denn der Handelspreis ist der Werthmesser der Münzen, und es müssen nach diesem Preise so viele Stücke gegeben werden, daß die jetzt zu zahlende kontrahirte Summe herauskommt[17]). Es macht keinen Unterschied, ob der ganze Münzfuß, oder nur eine einzelne Münzsorte verändert ist; in beiden Fällen ist das Resultat das nämliche, es kommt allemal auf das Verhältniß des Preises der jetzt gangbaren Münzsorte, worin gezahlt werden soll, und desjenigen der frühern Sorte, bei welcher kontrahirt worden, an, und dieser Preis wird durch den Cours angezeigt, es wäre denn, daß durch ein Gesetz dem Richter ein bestimmter Preis vorgeschrieben worden, welcher dann in den Fällen, wo die Entscheidung des Richters verlangt wird, der Berechnung zum Grunde gelegt werden muß[18]). In Ermangelung eines solchen speziellen Gesetzes ist auf den Cours zur Zeit des geschlossenen Kontrakts zu sehen[19]). Die

16) Ed. vom 29. März 1764, §. 10, No. 4, 6. — Seger l. c. No. I et II. Einige neuere gemeinrechtliche Schriftsteller nehmen die Meinung des Allgemeinen Landrechts an. v. Wening-Ingenheim Bd. III, §. 6. Dagegen aber: Seger l. c.; Thibaut §. 100. Vergl. auch Schweppe, Lehrbuch, §. 90. — Mühlenbruch, Pandekt., §. 651, No. 3 u. 4.

17) Oben §. 6, Note 4 u. 5. — v. Wening-Ingenheim, Bd. III, §. 6, Nr. II. — A. L.R. a. a. O. §. 787.

18) A. L.R. a. a. O. §§. 787 u. 788 — 789. M. s. die verschiedenen, in Folge der frühern Reduktion der Scheidemünze ergangenen, oben allegirten Bestimmungen. Vergl. Glück Bd. XII, S. 67. — R.Absch. von 1576, §. 76.

19) A. L.R. a. a. O. §§. 788, 789. — Mühlenbruch a. a. O. §. 651, No. 2 u. 3.

nach demselben sich ergebende Geldsumme muß in jetzt gangbaren Münzen, ebenfalls nach ihrem Tagescourse [20]), gezahlt werden, so daß es auf den Cours zu beiden Zeitpunkten ankommt. Hierin ist also dieser Fall von dem vorigen (I, 2 u. 3) verschieden.

III. Ist die Schuld in einer gewissen Münzsorte kontrahirt, so jedoch, daß die Meinung nicht auf die Stückzahl gerichtet gewesen, sondern die Münzen, von einer Sorte oder von verschiedenen Sorten, gleichviel, nur in Zahlung gegeben sind, wie z. B. wenn bei einem Darlehn in Silberwährung Kronen nach dem Tagescourse mit dem Bedinge, daß die Summe künftig in Silberwährung zurückgezahlt werden solle, gegeben sind; so ist der Fall von dem vorigen (II) nicht wesentlich verschieden [21]). Es muß die Zahlung in gangbaren Münzsorten geleistet werden, nach dem Tagescourse, so daß an Stückzahl mehr oder weniger, als zur Zeit des geschlossenen Kontrakts zu der Geldsumme erforderlich waren, zu geben sind [22]). Denn das Geschäft ist so aufzufassen, daß dem Darlehnsnehmer die Handelsmünze gegeben ist, um selbst sich die Courantmünze dafür anzuschaffen, was sonst der Geber vorher gethan haben würde.

IV. Papiergeld ist ein Surrogat des Geldes, ein Zeichengeld, welches die rechtliche Natur eines Staatsschuldscheins mit der Bestimmung, als Zeichengeld zu dienen, hat. Deshalb wird bei dem Papiergelde zu allen Zeiten, sowohl zur Zeit des geschlossenen Kontrakts wie

---

20) S. oben §. 7, Nr. II, und dazu Note 6. — Bucher, Recht der Forderungen, §. 93, Nr. 2, lit. a.

21) S. oben I und Note 9. — v. Wening-Ingenheim a. a. O. Nr. III.

22) Note 15 und Bucher a. a. O. lit. c. — v. Wening-Ingenheim a. a. O. Nr. IV.

zur Zeit der Zahlung, auf den Courswerth gesehen[23]). Ist auf öffentliche Schuldscheine (Geldpapiere) au porteur kontrahirt, so müssen dieselben ohne Rücksicht auf ihren Courswerth in derselben Art gezahlt werden[24]). Denn dieß ist nur ein uneigentliches Darlehn, und wenn nicht re kontrahirt ist, ist es Kauf oder Lieferung, je nach der Natur des Geschäfts. Sind dergleichen nicht mehr vorhanden, so müßte zwar deren Werth, wie er zur Verfallzeit gewesen, in Gelde entrichtet werden[25]), weil das Geschäft ein uneigentliches Darlehn ist. Es ist jedoch, den Grundsätzen vom eigentlichen Darlehn zuwider, bestimmt, daß auf den Cours zur Zeit des Kontrakts[25a]) gesehen werden solle[26]), als wenn eine Angabe an Zahlungsstatt oder ein Kauf stattgefunden hätte. Für den Fall, daß in

23) Vergl. J. L. A. Seidensticker, spec. doctr. de jure monetae chartaceae. Jenae 1807. 8. — Hufeland, über die rechtliche Natur der Geldschulden, §. 21. — v. Wening-Ingenheim a. a. O. No. V. — Mühlenbruch a. a. O. No. 4. — Traité de transactions pendant le papier-monnaie. Par Guischard. Paris. 1798. 12. II Vol. — Le nouveau Ferrière, ou Dictionaire de droit et de pratique etc. Par C. H. d'Agar. Paris 1805, m. papier-monnaie u. remboursement. — Merlin, repertoire, m. assignat-monnaie, §. 5. — Merlin, recueil alphabétique des questions de droit etc (2. ed. Paris, chez Rondonneau, 1810), m. papier-monnaie. — Sirey 1810, I, 93. — Grenier, recueil des lois et arrêts relatifs à la lesion en ventes et partages pendant le cours du papier-monnaie. Paris, chez Rondonneau. — Die Unverzinslichkeit ist kein wesentliches Erforderniß des Papiergeldes. Oesterreich hat seit 1849 Zeichengeld aufzuweisen, welches täglich durch Hinzutritt von Zinsen, nach einer beigedruckten Scala, im Nennwerthe steigt.

24) A. L.R. a. a. O. §§. 854, 793. — Hommel, rhapsod., obs. 514.

25) Vergl. oben Nr. 1 in fine und Note 16, und A. L.R. a. a. O. §. 859.

25a) Zur Verfallzeit könnte es einen Courswerth von Papieren, welche nicht mehr vorhanden sind, nicht geben; es müßte der letzte Courswerth angenommen werden.

26) A. L.R. a. a. O. §§. 794, 795.

Papiergeld kontrahirt, z. B. ein Darlehn in Tresorscheinen oder Kassenanweisungen gegeben worden, ist diese Bestimmung der Natur der Sache angemessen (Note 23), und hätte nicht anders ausfallen können, wenn man dabei an denselben wirklich gedacht hätte, was wohl nicht der Fall sein wird, weil zur Zeit der Redaktion des Allgem. Landrechts noch kein Papiergeld existirte.

III. Erweiterung des Objekts.

1. Zinsen.

Paulus sent. II, 14. — Cod. Theodos. II, 33. — D. XXII, 1. — Cod. IV, 32. — Nov. 33, 34 und die nicht glossirten 32, 121, 138.

Die vorzüglichsten Schriften sind:

Donellus, tr. de usuris, fructibus et mora. In oper. priorib. Francofurti a. M. 1589, p. 1, und in ed. Lucensi opp. Vol. VIII, p. 359 seq. und Vol. X, p. 1377 seq. — Noodt, de foenore et usuris libri tres. Lugd. Bat. 1698. In oper. Lugd. Bat. 1724, T. I, p. 175 seq. — Caspar Cabbalinus de Cingulo (Molinaeus), tract. de usuris seu de eo quod interest. Colon. 1566, 1577, 1596, dein cura Molinaei. Ibid. 1625. 8. — Joh. Heinr. de Berger, de usuris. Vit. 1685. (In diss. select. no. 9). — Salmasius, de usuris. Lugd. Bat. 1639. 8. — Glück, Commentar, Th. XXI, §§. 1129—1139.

Von weniger literarischem Werthe:

Hotomanni Commentar. in Tit. D. de usuris. Basil. 1571. — Vultejus, de usuris. Marb. 1587. — Borcholt, Commentar. in Tit. C. de usuris. Helmst. 1593. — Rittershusius, de usuris. Norimb. 1597. — Cloppenburg, brevis institutio de foenore et usuris. Lugd. Bat. 1640. 8. — Jul. a Beyma, tractatus de pignoribus et usuris. Leovard. 1645. — Schacher, de usuris. Lips. 1655. — Jo. Harpprecht, de gravissima usurarum materia. Tub. 1618. — Ernest. Fr. Schroeter, de usuris. Jenae 1667. — Burcard Bardili, de usuris. Tub. 1691. — Stockhammer, de usuris, in disput. Basil. — Scipione Maffeo, ecclesiae Romanae Cardinalis Presbyter, dell Impiego del Danaro;

libri tre; i. e. de usuris pecuniariis libri tres. Veronae 1744. 4. — Formey, examen de l'usure, à Berlin 1761. — de Ris, observations sur les intérêts de l'argent preté. à Génève et Paris 1784.

A. L.R. I, 11, §§. 803—852; I, 16, §§. 64—71.

§. 9.

a) Begriff derselben.

Bei Sachen kann von einem zweifachen Werthe die Rede sein: 1) von dem Werthe des Eigenthums, 2) von dem des täglichen Gebrauchs, welcher nur Sinn und Bedeutung hat in Beziehung auf einen gewissen Zeitraum.

Der bloße Gebrauchswerth einer Quantität fungibler Sachen kann in Sachen derselben Art [1]) nach Quoten der Quantität, aber auch in andern [2]) Sachen, oder Abnutzungen, oder Dienstleistungen bestimmt werden. Die Römer machten aus dem Verleihen des Geldes gegen Entgeld (Geldvermiethen) ein eigenes, von dem Darlehn (mutuum), das seiner Natur nach, wie das Kommodat, unentgeltlich war, ein eigenes Rechtsgeschäft, welches sie foenus nannten, und mit dem mutuum zwar, wie die Pacht oder Miethe mit dem Kommodat, das Hingeben der Sache gemein hatte, aber doch kein reiner Realkontrakt war, sondern außerdem noch eine Stipulation erforderte, um die Zinsobligation hervorzubringen [3]). Das bedungene Entgeld für den Gebrauch des Geldes nannte man ebenfalls foenus, auch usurae; die deutsche Bezeich-

1) L. 23 et 12, 16 et 17 C. de usuris (IV, 32).

2) L. 16 et 14 C. de usuris (IV, 32). L. 11, §. 1 D. de pignor. (XX, 1). — Muehlenbruch, doctr. Pand. §. 180. — Bucher, Recht der Forderungen, §. 57. — Noodt l. c. Lib. I, c. 2 in fine. — Glück a. a. O. S. 9. — A. L.R. a. a. O. §§. 810, 812, 857.

3) L. 1, 3 C. h. t. — Noodt l. c. cap. 7. — Klein's Rechtsspr., Bd. IV, S. 190—191.

nung für das Geschäft, wie für das Miethgeld, ist Wucher; wegen der schlimmen Nebenbedeutung derselben ist sie aber für erlaubte Geschäfte nicht gebräuchlich, und man nennt das Geschäft „Darlehn", das Miethgeld „Zinsen", und die Quantität, wovon letztere gegeben wird, „Kapital, Hauptstuhl oder Hauptstamm (sors, caput)". Werden als Zinsen nicht Sachen gleicher Art gegeben, so muß der Werth des Versprochenen auf das erlaubte Zinsenmaß reduzirt werden (Note 2), wobei, wenn der Schuldner von ihm selbst gebaute Naturalien liefert oder Dienste leistet, welche er persönlich zu leisten pflegt, der niedrigste Preis zur Zeit der Ablieferung oder Leistung, sonst aber der gewöhnliche Preis zu dieser Zeit bei der Abrechnung zum Grunde gelegt wird[4]). Zinsen heißt also im Allgemeinen alles das, was zur Vergütigung des Gebrauchswerths einer Quantität fungibler Sachen auf eine gewisse Zeit gegeben wird[5]). Im engern Sinne versteht man darunter eine Quantität derselben Art, welche als Quote der ganzen Schuld ausgedrückt wird[6]).

---

4) A. L.R. a. a. O. §§. 813, 814, 855, 857.

5) Ebend. §§. 810, 812, 857. Daß der Schuldner die Benutzung der Sachen wirklich gehabt habe, ist nichts Wesentliches, und daher in der gesetzlichen Bestimmung auch nicht ausgedrückt. Diese Beschränkung bei Cujac., obs. XXIV, 40, und Noodt l. c. I, c. 2 ist daher unrichtig. Vergl. Thibaut, System, §. 277. — v. Wening-Ingenheim Bd. II, §. 7, Note l. — Leyser, spec. 244, m. 4.

6) A. L.R. a. a. O. §§. 804, 835, 855. Der §. 855 nennt jedoch bei uneigentlichen Darlehnen die vorbedungene Quantität Sachen von der vorgeliehenen Art: „statt der Zinsen." Bei Früchten werden die Zinsen als Aufmaß (additamentum) gegeben. L. 23 Cod. h. t. Gewöhnlich versteht man unter Zinsen nur Sachen von der Art der Hauptschuld. Hufeland, Lehrbuch, §. 355. — Mackeldey, Besond. Theil, §. 348. — v. Wening-Ingenheim, §. 17, Note 9. — Dagegen: Leyser, spec. 243, Nr. 3, 4. — Muehlenbruch §. 180, und A. L.R. a. a. O. §§. 843, 855, 857.

An sich ist das Zahlenverhältniß zwischen den Zinsen und der Hauptschuld nichts Juristisches.

Die Zinsen gelten im juristischen Sprachgebrauch als Früchte [7]), wiewohl sie keine wirklichen oder natürlichen Früchte sind [8]); d. h. es versteht sich von ihnen nicht alles und jedes von selbst, was aus der Natur der Früchte folgt; es gilt vielmehr von ihnen manches Besondere, und in dieser Beziehung heißt es von ihnen: sie seien nicht in fructu. Es muß namentlich, um sie entstehen zu machen, noch ein besonderer juristischer Grund dazu kommen, während natürliche Früchte von selbst in obligatione sind [9]). Es ist jedoch auch behauptet worden, daß ohne besondere causa Zinsen gezahlt werden müßten, weil der Debitor doch des Creditors Geld nutze, und die Zinsen mit dem Miethgelde verglichen werden könnten [10]). Die dafür angeführten Fälle lassen sich aber unter die allgemeine Rechtsregel subsumiren, aus welcher usurae legales gefordert werden können. Dahin gehört namentlich der Fall, wenn das Kaufgeld ex post facto gestundet, oder ex justa causa retinirt wird. Wenn die Zinsen begründet sind, so haben sie das mit den Früchten ge-

---

7) L. 34 D. h. t. — A. L.R. Th. I, Tit. 7, §§. 192, 232; Tit. 12, §. 408; Tit. 21, §. 170.

8) L. 121 D. de verb. sign. (L, 15).

9) Carpzov, jurisprudent. forens., P. II, const. 30, def. 8. — Berger, oecon. jur., L. III, T. I, th. 22. — Boehmer, de fundamento usurar. pecun. mutuat. §. 31. — Leyser, med., Sp. 130, m. 3, 4; Sp. 148, m. 9; Sp. 244, m. 1, 2. — Weber, de usuris indebite solutis, p. 7. — Weber, über die Gründe der Verbindlichkeit, Zinsen zu bezahlen, in den Versuchen über das Civilrecht, Nr. III, Nr. 4.

10) Mueller ad Leyserum, Tom. II, fasc. 1, obs. 286. — Carl Adolph v. Braun: Ob das Darlehn gemeiniglich verzinslich sei; im Schottischen juristischen Wochenblatte, Bd. III, Nr. 21. — Richter, dec. 74, no. 17. — Schilter, exercit. XXII, thes. 4. — Titius, jus privat., L. IV, c. VIII, §§. 2 et 15.

mein, daß sie als Accession des Hauptstammes betrachtet werden [11]).

Aus dem Begriffe der Zinsen folgt, daß sie nicht ohne eine Hauptforderung (Kapital) bestehen können [12]). Diese muß natürlich bewiesen, die causa aber, welche noch dazu treten muß, um Zinsen hervorzubringen, konnte, nach Römischem Rechte, auch aus einer wiederholten mehrjährigen Zinszahlung vermuthet werden [13]). Die gemeine Meinung nahm aber nach der angeführten Stelle an, daß die mehrjährige Bezahlung von Zinsen für ein unstreitiges Debitum eine Acquisitivverjährung der Zinsverbindlichkeit wirke, weil, wenngleich nach bestimmten Vorschriften des Civilrechts eigentlich eine ausdrückliche Stipulation erfordert würde, doch, nachdem der Unterschied zwischen einer formlosen Uebereinkunft (pactum) und einer Stipulation aufgehört hätte [14]), ein stillschweigend eingegangenes Pactum aber leichter als ein förmlicher Kontrakt vermuthet werden könne, und nachdem verzinsliche Darlehne allgemein üblich geworden, und nicht leicht Geld auf lange Zeit umsonst ausgethan würde, nach Ablauf der Verjährungszeit die Verbindlichkeit zur Zinszahlung für bestehend angenommen werden müsse [15]).

11) L. 40 D. de rebus cred. (XII, 1). — L. 18 D. qui potior. in pignor. (XX, 4). — Carpzov P. I, c. 27, def. 160. — Muehlenbruch l. c. §. 180. — Glück Th. XXI, §. 1132. — Hommel, obs. 457.

12) L. 26, §. 2 D. de condict. indeb. (XII, 6).

13) L. 6 pr. D. h. t.: „Cum de in rem verso cum herede patris vel domini ageretur, et usurarum quaestio moveretur, Imp. Antoninus ideo solvendas usuras judicavit, quod eas ipse dominus vel pater longo tempore praestitisset.“ Vergl. L. 7 C. h. t. — Huber, praelect., L. XXII, Tit. 1, no. 13. — Muehlenbruch l. c. Note 13. Eine andere Auslegung hat Noodt Lib. III, cap. 1.

14) Deshalb legt man der L. 28 C. de pactis in dieser Beziehung kein Gewicht bei.

15) Huber l. c. — Cabbalinus de Cingulo seu Mo-

Da jedoch eine Zinsobligation ihrer Natur nach nicht ohne Hauptschuld bestehen kann, so ging man noch einen Schritt weiter, und nahm an, daß die Bezahlung der Zinsen per longum tempus, d. h. durch zehn Jahre, auch die Obligation der Hauptschuld beweise, weil es nicht wahrscheinlich sei, daß Jemand, der so oft gezahlt habe, gezahlt haben würde, wenn er seine Verbindlichkeit nicht gewiß gekannt hätte[16]). Doch machten Einige einen Unterschied zwischen dem longum tempus (10 Jahren), und dem longissimum (30 Jahren). Waren nur durch 10 Jahre die Zinsen gezahlt, so sollte daraus nur der Titel der Hauptschuld präsumirt werden; war die Zahlung aber 30 Jahre lang geleistet, so sollte die Hauptschuld, als durch Verjährung entstanden, gefordert werden können[17]). Den zehnjährigen Zeitraum fand man in den Worten der L. 6 D. h. t. „longo tempore", und in L. 20 C. de agricolis et censitis, worin es heißt, daß, wer per longum tempus Canon gezahlt habe, dazu auch künftig verpflichtet sei. Dagegen wendete man ein, daß in L. 6 nicht von der Entstehung einer Schuld durch Verjährung die Rede sei, und daß L. 20 C. von einem Realrechte handele, folglich nicht auf ein persönliches

lin. l. c. qu. 1, no. 207. — Godofred ad L. 6 de usuris. — a Sande, Decis. Frisicae, Lib. III, T. 14, Def. 4. — Carpzov, jurisprud. forens., P. II, const. 30, def. 5. — Pothier, Pand. Justin., XXII, 1, P. II, Nr. XXVII, Not. c. — Glück Bd. XXI, S. 50.

16) Leyser, sp. 243, m. 8. — Hommel, rhapsod., obs. 221. — Mevius, dec., P. III, dec. 318. — Carpzov l. c. const. 2, def. 9, no. 4—6. Hiernach ist auch von dem Kammergericht erkannt worden. Hymmen Bd. VIII, S. 59.

17) Bartol. ad L. 6 D. de usuris, n. 12. — Carpzov l. c. no. 3—6. — Brunnemann, Commentar. ad Leg. 28 C. de pactis, no. 9. — Dethm. Grolmann, de praesumtione debiti ex solutione usurarum. Giessae 1754. — Mich. God. Wernher, in lect. comm. ad D. lib. XXII, T. 1, §. 9.

Recht bezogen werden könne, wobei ein longissimum tempus erforderlich sei[18]). Daß die gemeine Meinung nach dem Römischen Rechte sich nicht rechtfertigen läßt, mag wohl richtig sein[19]); allein das praktisch gültige Recht hat sich einmal nach derselben gebildet.

Nach dieser Erörterung sind die aus der gemeinen Rechtspraxis entnommenen Bestimmungen des Allgem. Landrechts klar. Es heißt h. t. §. 837:

„Wenn eine gewisse Summe zehn Jahre hindurch als Zinsen eines schuldigen Kapitals bezahlt worden, so entsteht die Vermuthung, daß der Zahlende das Kapital selbst als ein Darlehn schuldig sei."

Dieß ist die Brunnemann'sche Vermuthung des Titels (Note 17) ex continua per decem annos usurarum praestatione.

§. 838. „Diese Vermuthung wird bloß dadurch, daß der Empfänger über das Kapital selbst keinen Schuldschein vorzeigen kann, noch nicht entkräftet."

Denn es kann von Anfang an keine Schrift aufgesetzt, oder das Instrument kann zufällig verloren gegangen sein[20]).

§. 839. „Ist die §. 837 beschriebene Zinsenzahlung durch dreißig Jahre geleistet worden, so kann der Gläubiger das Kapital vermöge eines durch Verjährung erworbenen Rechts fordern, und der Beweis,

18) Molinaeus, consuet. I, §. 7, no. 21. Vergl. die bei Glück a. a. O. S. 74 ff. angeführten Meinungen.

19) Gesterding, von den Schlüssen aus der Bezahlung von Zinsen. In Dessen alten und neuen Irrthümern, Nr. I. — Donell. l. c. cap. 3, pag. 11. — Noodt l. c. Lib. III, c. 1. — Voet, comment. XXII, 1, §. 13. — Glück a. a. O. S. 51 u. v. A.

20) „Credibile ergo, veram subfuisse obligationem semper, at eam inscriptis non comprehensam, aut instrumentum, si quod confectum fuerit, casu interiisse." Leyser, sp. 243, m. 8.

daß ursprünglich kein Darlehn gegeben worden, ist nur in dem Maße zulässig, wie gegen die Verjährung überhaupt ein Beweis stattfinden kann."

Die Zahlung muß jedoch in jedem Jahre separatim geleistet sein, es genügt nicht der Beweis, daß für mehrere Jahre zugleich gezahlt worden. Wer also für zehn Jahre die Zinsen eines Kapitals auf Einmal bezahlte, gegen den würde der Titel (contracta obligatio vel promissio facta usurarum et sortis) nicht präsumirt werden können[21]). Ist die Summe des Kapitals, von welchem die Zinsen gezahlt worden, in den Quittungen nicht ausgedrückt noch sonst auszumitteln, so werden die jährlich gezahlten Interessen nach landüblichem Zinsfuße zu Kapital gerechnet[22]). Man präsumirt den höchsten landüblichen Zinsfuß, weil dieß in Rücksicht auf den Schuldner die mildere Meinung ist[23]). Wenn aber die als Zinsen gezahlte Summe nicht immer gleich gewesen ist, so kann nur die niedrigste maßgebend sein, weil diese, indem sie in jeder höhern Jahressumme enthalten ist, durch rechtsverjährte Zeit ununterbrochen gezahlt worden, nicht aber eine der vorgekommenen höhern Summen, da ja eben durch diese geringere Summe die Zahlung der höhern unterbrochen ist; es müßte denn ein Erlaß stattgefunden haben.

Der Unterschied zwischen dem Falle des §. 837, wo bloß eine Präsumtion für die wirklich bestehende Verbindlichkeit vorliegt, und dem §. 839, wo von der vollendeten Verjährung die Rede ist, besteht darin, daß in dem Falle des §. 837 die Vermuthung durch Gegenbeweis be-

---

21) Godofred. ad L. 6 D. h. t. n. 21 et 25. — Bartol. ad eund. 1. — A. L.R. I, 11, §. 840, Wort „jährlich".

22) A. L.R. a. a. O. §. 840.

23) Egger, Bemerkungen über den Entwurf des Gesetzbuchs, Th. II, §. 280.

seitigt werden kann, während in dem letztern eine wirkliche Erwerbung durch Usucapion vollendet ist.

§. 10.

b) Entstehung der Zinsenobligation.

J. H. Boehmer, de fundamento usurarum pecuniae mutuaticiae. Halae 1728. — Franz Alef, de genuinis fundamentis usurarum. Heidelb. 1758. — Weber, über die rechtlichen Gründe der Verbindlichkeit, Zinsen zu bezahlen. In den Versuchen über das Civilrecht, Nr. 3. — Glück a. a. O. S. 31—38.

aa) Gesetzliche Zinsen (usurae legales).

Zu Zinsen kann man verpflichtet werden: 1) durch eine allgemeine Rechtsregel und 2) durch Willenserklärung. Die römischen Juristen kannten keinen andern Entstehungsgrund, und drückten dieß so aus: usurae vel *ex obligatione* vel *ex officio judicis* proficiscuntur [1]). Einige neuere Schriftsteller machen eine andere Eintheilung [2]). Die in den Rechtsquellen selbst angegebene Grundeintheilung faßt aber alle Fälle unter sich, und trennt die beiden, ihrer Natur nach ganz verschiedenen Hauptarten der Zinsen von einander [3]), welches auch von dem Preußischen Rechte gilt.

I. Diejenigen Zinsen, welche ex officio judicis [4])

1) L. 49, §. 1 D. de act. emt. vend. (XIX, 1). — L. 54 pr. D. loc. (XIX, 2). — L. 58 pr. D. ad S. Ct. Trebell. (XXXVI, 1). — Vergl. Fragm. Vatic. §. 2. — Darüber vor Allen v. Savigny, System, Bd. VI, §§. 268 ff.

2) Weber a. a. O. — v. Wening-Ingenheim Bd. III, §. 8. — Mackeldey Th. II, §. 349. — Schilling, Institutionen, Bd. III, S. 108, macht drei verschiedene Klassen: usurae ex mora, legales, punitoriae. Aeltere Schriftsteller theilen die Zinsen in compensatoriae, lucratoriae und punitoriae, über welche Eintheilung mancherlei geschrieben worden ist. Huber, praelect., Lib. XXII, Tit. 5, no. 3.

3) Muehlenbruch l. c. no. 6. — Richter l. c. §. 57.

4) D. h. der Kläger braucht nicht darauf anzutragen. Vergl. A. G.O. Th. I, Tit. 23, §. 58, Nr. 1.

folgen, haben ihren Grund in einer gesetzlichen Vorschrift, und werden deshalb gesetzliche Zinsen (usurae legales) genannt[5]). Das dabei zum Grunde liegende allgemeine Prinzip ist: daß, wenn Jemand einem Andern die Benutzung einer Summe entzogen hat, so daß darin eine Rechtsverletzung liegt, dafür ein Ersatz geleistet werden muß, welcher in der Regel in den Zinsen bestehen soll[6]). Vorzüglich ist dieses der Fall bei der mora solvendi, wo die Zinsen Verzugszinsen oder Zögerungszinsen heißen[7]).

Zu den Zinsen ex mora gehören die Prozeßzinsen und die sogenannten Judikatszinsen (usurae rei judicatae)[8]). Alle diese Zinsen sind gleichartig, denn sie haben eine gemeinsame Grundlage, die Voraussetzung oder Vermuthung nämlich, daß Geld — diese Zinsen finden nur bei Geldforderungen statt — stets in irgend einer Form einträglich gemacht wird[8a]).

---

5) Usurae legitimae beziehen sich auf das Maß.

6) L. 60 D. pro socio (XVII, 2). Meinung der Mitglieder des ehemaligen Reichskammergerichts in: Meiern, Gedanken von der Rechtmäßigkeit des 6ten Zinsthalers, §. 30, S. 111, und Hugo, civilistisches Magazin, Bd. II, S. 193. — Reichsdeput. Absch. von 1600, §. 139. — Brunnemann III, decis. 19, n. 5. — Mueller, resol. 79, no. 16.

7) L. 32, §§. 2, 37 D. h. t.; L. 60 D. pro socio (XVII, 2); L. 24 D. depositi (XVI, 3). — A. L.R. a. a. O. §§. 827—829; Tit. 16, §§. 61—69, 71; Tit. 11, §. 827; Tit. 17, §§. 48, 49. — L. 34 D. h. t. — Gajus II, §. 280. — Paulus III, 8, §. 4. — A. L.R. I, 12, §§. 294, 328—331. In dem letztern §. ist von einer schuldbaren Zögerung die Rede; in dem §. 328 von einer Zögerung schlechthin. Der Betrag der Zinsen kann in beiden Fällen verschieden sein. Tit. 11, §§. 833, 834. — Noodt l. c. I, c. 5 und III, c. 6 u. 7. — Petrus Cunaeus, de usuris morae. Lugd. Bat. 1624. — Gerdesius seu Gerdes, de usuris citra conventionem ex mora praestandis. Erf. 1725.

8) Zoller, Programm. de usuris rei judicatae. Lips. 1778.

8a) v. Savigny, System, Bd. VI, S. 148. — „Usurae

1) Die Prozeßzinsen sind ein Gegenstand des Zweifels unter den Schriftstellern des Gemeinen Rechts [8b]). Nach richtiger Auffassung der Quellen ist das Prinzip dieser Zinsen darin ausgesprochen. Darnach sind sie Zinsen, welche als Früchte einer Geldschuld, ohne die Bedingungen der Mora, während des Laufs des Prozesses, von der Litiskontestation an, gefordert werden können; denn die Litiskontestation versetzt nicht in Mora, folglich beruhen die Prozeßzinsen auf einem anderen Prinzip. Sind schon vor dem Beginne des Prozesses Verzugszinsen begründet, so laufen diese während des Prozesses fort. Daher können Prozeßzinsen nur dann in Frage kommen, wenn eine Mora des Beklagten nicht vorhanden ist [8c]). Unter den Neuern unterscheiden vielleicht die Meisten Prozeßzinsen nicht; sie gehen davon aus, daß nach den Grundsätzen des R. R. eine Zinsenforderung nur entweder durch Vertrag, oder durch Eintritt der Mora entstehen könne; und da in den Quellen deutlich gesagt wird, daß von der Litiskontestation an Zinsen zu laufen anfangen, so nehmen diese Schriftsteller an, daß durch die Litiskontestation der Beklagte in Verzug versetzt werde [8d]).

---

vicem fructuum obtinent et merito non debent a fructibus separari." L. 34 D. de usur. (XXII, 1). Da nun Jeder, welcher eine fremde Sache unberechtigt nutzt, die Sache mit den Früchten herausgeben muß, und eine Geldforderung stets als fruchttragend angesehen wird, so folgt, daß unberechtigt benutztes fremdes Geld sammt Zinsen herauszugeben ist.

8b) Erschöpfend und klar ist die Lehre von den Prozeßzinsen behandelt von v. Savigny, System, Bd. VI, §§. 268 ff.

8c) v. Savigny a. a. O. S. 139.

8d) Unter v. A. sagt z. B. Schilter, exercit., Tom. II, p. 40: „Sed decidendi ratio est, quod jure Romano usurae non debentur, nisi ex conventione aut ex mora;" und Cocceji, jus controv., L. XXII, Tit. 1, Qu. XVII: „Incipit ergo ab unica interpellatione mora, et — lite contestata jam certa mora est,

Dieß ist der Boden der preußischen Gesetzgebung. Diese kennt nur Konventionalzinsen und Zögerungszinsen [8e]); und der Insinuation der Klage wird unter Anderm die Wirkung beigelegt, daß „bei Verbindlichkeiten, zu deren Erfüllung keine gewisse Frist bestimmt war, der in Anspruch genommene in den Fall der Zögerung (in mora) versetzt wird, und sich die daraus fließenden Folgen gefallen lassen muß", wobei auf den §. 64, Tit. 16, Th. I des A. L. R., betreffend die Verbindlichkeit zur Zahlung von Zögerungszinsen, verwiesen ist [8f]). Im Endergebniß schließt sich hiernach die preußische Gesetzgebung allerdings an die Regeln des Gemeinen Rechts an, nur ist die Theorie eine andere, und die durch Insinuation der Klage entstehen sollende Mora kann nur eine fingirte sein.

2) Mit den Judikatszinsen hat es folgende Bewandtniß: Nach Justinianeischem Rechte sollten, wenn der Verurtheilte nicht bis zum Ablauf der im Urtel bestimmten Frist Zahlung geleistet hatte, usurae centesimae (12 Prozent) gefordert werden können, weil die Sentenz loco monitorii war. Dieses legitimum tempus war auf vier Monate, vom Tage der Verurtheilung (Publikation), oder bei eingelegter Appellation, vom Tage der Confirmation (Publikation des Appellationsurtels) an gerechnet, bestimmt [9]). Dieß ist auch in die gemeine Praxis übergegangen; indeß sind die Fristen, welche in den Erkenntnissen festgesetzt werden sollten, nicht überall und nicht in allen Sachen gleich gewesen. In Sachsen und im Her-

---

nec deficit." Dieser ist einer der von den Verff. des A. L.R. am meisten benutzten Schriftsteller.

8e) A. L.R. I, 11, §§. 827, 828, 829; I, 16, §. 64.

8f) A. G.O. I, 7, §. 48, lit. d. Vergl. A. L.R. I, 7, §§. 222, 232.

9) L. 9 C. de execut. rei jud. (VII, 53); L. 1 et 2 C. de usuris rei jud. (VII, 54).

zogthum Magdeburg waren es bei Realklagen 14 Tage, in Personalsachen 6 Wochen 3 Tage, und 4 Wochen [10]). In der Mark Brandenburg war die Frist allgemein auf 4 Wochen festgesetzt, und dabei bestimmt, daß die Sentenz loco monitorii sein sollte [11]). Dieselbe Bestimmung wurde später in den Codex Fridericianus [12]) aufgenommen. In das Corpus juris Fridericianum und in die darauf folgende Allgemeine Gerichtsordnung ist diese Bestimmung nicht übergegangen [12a]). — Die Praxis war hierin aber gleichförmig, und das Corpus juris Frid., wie die Allgemeine Gerichtsordnung und das Allgemeine Landrecht, setzt sie voraus [13]). Diese Praxis wurde angefochten [14]), und es ließ sich, da nach den Exekutionsgesetzen

10) Carpzov, jurisprud. for., P. I, const. 32. — Magdeb. Polizeiordn. Tit. 18, §. 1.

11) Kammergerichtsordn. Tit. 19, §§. 12, 14 u. 15.

12) P. III, Tit. 41, §. 5: „Damit die Exekution prompt geschehe, verordnen wir, daß die sententia loco monitorii sein solle. Wenn also der Schuldner binnen 14 Tagen a die judicati nicht zahlt, oder der Sentenz kein Genüge thut, muß auf Ansuchen des Gegentheils dem verlierenden Theile anbefohlen werden, binnen 14 Tagen dem Judikate Genüge zu leisten, oder er die Exekution zu gewärtigen habe."

12a) Vergl. A. G.O. Th. I, Tit. 24, §. 2; Tit. 28, §. 7; Tit. 13, §. 36.

13) Corp. juris Frid. und Allg. G.O. Th. I, Tit. 24, §. 2: „Ist jedoch in selbigem (Urtel) eine Frist bestimmt, innerhalb welcher der Gegentheil dem Erkenntnisse genügen solle, so muß der Ablauf dieser Frist, welcher vom Tage der beschrittenen Rechtskraft zu verstehen ist, abgewartet werden." Tit. 35, §. 33: „Uebrigens müssen die ergangenen rechtskräftigen Urtel auch gegen den Fiskus, so wie gegen jede andere Partei, gehörig vollstreckt werden. Inzwischen bringen es die bestehenden Finanz-, Dienst- und Kassenverhältnisse mit sich, daß die Fristen zur Befolgung der Urtel geräumiger als gegen bloße Privatpersonen bestimmt werden müssen." In der Regel auf zwei Monate. Vergl. Merkel, Commentar z. Allg. G.O. ad h. t.

14) Siewert's Materialien, H. IV, S. 127 u. f. — Grä-

ohne Rücksicht darauf: ob das Erkenntniß schon eine Frist bestimmt oder nicht, allemal eine Zahlungsfrist vor der Exekutionsvollstreckung gegeben werden mußte[14a]), im Allgemeinen eine doppelte Frist allerdings nicht rechtfertigen, weshalb das Erkenntniß keine Dilation mehr hätte geben sollen[15]). Dieses hat denn auch nach neuerer Gesetzgebung aufgehört ([14a]). Da hiernach das Erkenntniß noch jetzt zugleich monitorisch ist, so muß auch noch nach heutigem Rechte die Folge der verzögerten Genügeleistung

---

vell, Commentar zur G.O., II, §. 267. — Juristische Zeit. 1833, Col. 1191. Nach der Theorie des Verfassers des Aufsatzes am zuletzt angeführten Orte ist es eine Verurtheilung ultra petita, d. h. eine Verurtheilung auf mehr als gebeten werden, wenn das Urtel eine Frist zur Genügeleistung für den Beklagten bestimmt, welche der Kläger nicht gebeten hat. Denn es heißt: „Die Wirksamkeit des erkennenden und durch ein Erkenntniß verurtheilenden Richters beschränkt sich auf den Antrag des Klägers; er darf diesem weniger, als er verlangt, zuerkennen, nur nicht mehr, er darf also (?) dem Kläger, welcher bloß um Verurtheilung des Beklagten bittet, nicht zugleich zuerkennen, daß der Beklagte innerhalb einer bestimmten Frist bei Vermeidung der Exekution Zahlung leisten soll." Bisher hat man es immer so angesehen, als würde dem Kläger weniger zugesprochen, wenn der Beklagte das, was der Kläger ohne Fristbewilligung verlangt, erst nach einer gewissen Zeit zu leisten schuldig sein soll. Es wird nun aber nach jener Theorie das ganze Kapitel von der pluspetitio tempore für gestrichen angesehen werden müssen. Derselbe Verfasser findet, wie aus dem gesperrten Druck zu schließen, auch darin eine Verurtheilung ultra petita, wenn das Erkenntniß die Klausel: „bei Vermeidung der Exekution" enthält. Soweit jedoch bis jetzt die Erfahrung reicht, giebt es kein verurtheilendes Judikat, welches seiner Natur nach nicht exekutorisch wäre. Jene Klausel ist also zwar überflüssig, weil die Vollstreckbarkeit sich von selbst versteht, aber gar nicht ultra petita. Vergl. im Uebrigen gegen jene Meinungen die Aufsätze in: Jurist. Zeit. 1834, Col. 829, 880 u. 1238.

14a) Dieser monitorische Zahlungsbefehl ist abgeschafft durch das Gesetz vom 20. März 1854, §. 15; es wird jetzt die Exekution ohne Ankündigung vollstreckt.

15) R. v. 13. Juni 1834 (Jahrb. Bd. XLIII, S. 485).

eintreten. Dieß ist im Landrechte auch im Allgemeinen anerkannt[16]), und außerdem in einigen Fällen, wo es zweifelhaft sein könnte, oder früher ausnahmsweise anders gewesen ist, besonders ausgesprochen. Diese Fälle sind:

1) Wenn Jemand zur Bezahlung eines Zinsenrückstandes verurtheilt worden ist[17]);
2) wenn der unredliche Besitzer eine an die Stelle der Früchte tretende Geldsumme zahlen soll[18]);
3) wenn Jemand aus einer unerlaubten Handlung zur Zahlung einer Geldsumme verurtheilt wird[19]);
4) wenn Jemand eine Summe Geldes zu schenken versprochen hat[20]);
5) wenn Fiskus zu einer Zahlung verurtheilt wird, ohne aus einem andern Grunde als der Mora zu Zinsen schuldig zu sein[21]).

Ist in dem Urtel, wie es Regel ist, keine Frist bestimmt, so laufen diese Zinsen vom Tage der Rechtskraft[22]). Die Meinung[23]), daß, wenn die Fristbestimmung fehle, der Zinsenlauf nicht anfangen könne, läßt sich nicht rechtfertigen; denn wer zur Zahlung ohne Fristbewilligung aufgefordert wird — und dieses geschieht durch das verurtheilende Erkenntniß, welches loco monitorii ist — der muß sogleich zahlen. Das Verhältniß der Judikatszinsen zu den Verzugszinsen ist das gleiche

---

16) §. 485 d. T. Vergl. unten No. IV, 2, B. — Leyser sp. 244, m. 7.

17) A. L.R. a. a. O. §. 821.

18) A. L.R. I, 7, §. 231.

19) Ebend. I, 16, §. 66.

20) Ebend. I, 11, §. 1079. Vergl. unten III, 1.

21) Gesetz vom 7. Juli 1833, §. 3 (Gesetzsammlung S. 79). Vergl. unten III, 2.

22) A. G.O. I, 24, §. 2 und Tit. 14, §§. 7 u. 9. Vergl. unten III, 1.

23) Dr. Sommer in der Juristischen Zeitung 1834, Col. 880.

wie das der Prozeßzinsen: ist auf Verzugszinsen erkannt, so werden die Judikatszinsen, da kein Unterschied im Zinssatz ist, absorbirt.

II. Es giebt noch mehrere Fälle, wo, ohne daß der Debitor in Mora ist[24]), nach jenem Grundsatze Schadensersatz geleistet werden muß. Dahin gehören besonders folgende Fälle:

1) Der Mandatarius und der Verwalter fremder Sachen, mit oder ohne Auftrag, kann für die gemachten baaren Vorschüsse von dem Prinzipal Zinsen fordern, und zwar ohne Rücksicht darauf, ob der Prinzipal selbst durch die Vorschüsse von einer Zinsenobligation befreit worden ist, oder nicht. Der Grund davon ist der, daß der Prinzipal schuldig ist, den Geschäftsträger in den Stand zu setzen, das übernommene Geschäft auszuführen, wozu die Aushändigung eines angemessenen Vorschusses gehört. Unterläßt der Prinzipal die Anweisung eines Vorschusses, und der Geschäftsträger nimmt bei sich selbst oder bei einem Dritten den erforderlichen Vorschuß auf, wozu er, um sein Versprechen zu lösen[25]), befugt ist, so entzieht ihm der Prinzipal durch den Auftrag den Gebrauch des verwendeten Geldes, und bringt

24) Man müßte denn mit Huber, prael., Lib. XXII, Tit. 1, No. 14 u. 15, gegen den Inhalt der von ihm allegirten L. 32 pr. D. h. t., eine mora ex re annehmen.

25) L. 12, §. 9 D. mandati vel contra (XVII, 1): „— Sed et si reum usuris non relevavit, ipsi autem et usurae absunt; vel si minoribus relevavit, ipse autem majoribus foenus accepit, ut fidem suam liberaret: non dubito debere eum mandati judicio et usuras consequi —." — L. 19, §. 4 D. de negotiis gestis (III, 5). Der Prinzipal muß den Geschäftsträger für alles dem Auftrage gemäß Ausgerichtete völlig schadlos halten, wozu auch der Ersatz für den Gebrauch des eigenen Geldes, welchen der Geschäftsträger entbehrt hat, um den Auftrag vollziehen zu können, gehört. „Fidem suam liberare procurator periculo mandantis debet." Godofred. ad leg. alleg. 9.

ihn dadurch in Nachtheil. Der Geschäftsträger kann deshalb sein Interesse fordern, welches in allem demjenigen besteht, was ihm nicht abgegangen sein würde, wenn ihm der Auftrag nicht gemacht worden wäre; und dieses besteht bei Geldsummen, ohne genauere Schätzung, in den Zinsen, wenn kein höheres Interesse nachgewiesen wird[26]).

Das Allgemeine Landrecht hat den Grundsatz in dem nämlichen Falle anerkannt[27]). Daß aber, wie man behauptet, auch jeder, in dessen Nutzen fremdes Geld verwendet worden, dasselbe von Zeit der Verwendung an zu verzinsen schuldig, kann als eine allgemeine Rechtsregel nicht angesehen werden. Die dafür[28]) angeführte L. 4 D. de negotiis gestis (III, 5) enthält zwar diesen Satz, setzt aber voraus, daß der verschaffte Vortheil so weit reicht, und alsdann würde der, dessen Geschäfte verwaltet werden, dadurch, daß er sich den Vortheil anmaßte, dem Verwalter den Gebrauch des verwendeten Geldes unbefugter Weise entziehen, mithin der Fall nach dem angegebenen allgemeinen Grundsatze zu beurtheilen sein. Die ferner für die Behauptung allegirte Lex 6 D. de usuris (XXII, 1) spricht von etwas Anderem[29]).

---

26) „Et totum hoc ex aequo et bono judex arbitrabitur." L. all. 12, §. 9 in fine.

27) Th. I, Tit. 13, §. 72 und Tit. 17, §. 225. Die nach §§. 70, 71 u. 73 ebend. zugebilligten Zinsen sind reine Verzugszinsen.

28) Mackeldey a. a. O. §. 349.

29) Diese Stelle st von ältern und neuern Schriftstellern sehr verschieden ausgelegt worden. M. vergl. Duaren., Commentar. ad Tit. de usuris c. 2 (Opp. p. 998). — B. Noodt l. c. L. III, c. 1. — Voet, L. XXII, Tit. 1, No. 13. — Leyser, sp. 243, m. 8. — H. Schmith, interpret. L. 6 D. de usuris. Lugd. Batav. 1807. — Gesterding a. a. O. — Mühlenbruch a. a. O. — Mackeldey a. a. O. Note a. — Glück a. a. O. S. 51.

2) Der Käufer einer Sache muß vom Tage der empfangenen Uebergabe das schuldig gebliebene Kaufgeld, ohne daß die Erfordernisse der Mora vorhanden zu sein brauchen, verzinsen [30]). Dieß folgt aus dem nämlichen Grundsatz, weil der Käufer dem Verkäufer den Gebrauch oder Nutzen der Sache, und auch den der Geldsumme (Sache und Preis) zugleich entzieht, mithin eine Rechtsverletzung begeht, welche wegfällt, wenn der Verkäufer das Kaufgeld kreditirt [31]). Wenn von Anfang an das Kaufgeld gestundet wird, so ist bei der Verabredung des Preises schon darauf Rücksicht genommen; wenn aber erst ex post facto Kredit gegeben worden ist, so wollen Einige die Zinsenforderung nicht ausschließen [32]). Nach Preußischem Rechte ist dieselbe nicht zu begründen. Denn das A. L.R. hat nur den Rechtsgrundsatz: daß keiner der Kontrahenten, wider des Andern Willen, Sache und Kaufgeld zugleich nutzen kann [32a]). Wenn also der Verkäufer dem Käufer das Kaufgeld nach der Uebergabe ausdrücklich und schlechthin stundet, so nutzt der Käufer Sache und Kaufgeld zugleich nicht wider des Andern Willen. — Ein in der Mitte liegender Fall ist der, wenn die Zeit der Zahlung, sowohl bei der Kontraktsschließung als bei

30) Papinian. in Fragm. Vat. §. 2. Vergl. L. 13, §. 20 D. de act. emt. (XIX, 1); L. 18, §. 1 D. de usuris (XXII, 1); L. 5 C. de act. emti (IV, 49); L. 2 C. de usuris (IV, 32). — Heinr. Bodinus, de usuris pretii non soluti. Halae 1703. — Ernst Fr. Schroeder, de usuris pretii tardius soluti. Jenae 1667. — Weber, Versuche über das Civilrecht. Schwerin 1801, S. 255. — Allg. Lit.Zeit. 1839, Sp. 206. — A. L.R. Th. I, Tit. 11, §§. 109, 291, 292. — Schles. Arch. Bd. V, S. 381. Vergl. unten Bd. III, §. 322, Nr. II, 3. — Der §. 227 A. L.R. ebend. spricht von dem Falle einer wirklichen Mora.

31) A. L.R. a. a. O. §. 109.

32) Brunnemann, ad L. 2 C. de usuris, Cent. 1, dec. 60. — Stryck, us. mod., L. XXII, Tit. 1, §. 9 in f.

32a) A. L.R. I, 11, §. 109. Volenti non fit injuria.

der Uebergabe, ganz mit Stillschweigen übergangen worden ist. Vorausgesetzt ist, daß die Uebergabe völlig vertragsmäßig geleistet sei, daß namentlich z. B. auch die Zusage der Befreiung von den auf der Sache lastenden Schulden und Realverbindlichkeiten erfüllt und nicht etwa für den Fall der Nichterfüllung dieser Zusage das Recht vorbehalten sei, das Restkaufgeld bis zur vollständigen Erfüllung von der andern Seite zurückbehalten zu können. Denn alsdann würde, wenn die Zusage unerfüllt bliebe, sowohl die vertragsmäßige Uebergabe fehlen, als auch der für solchen Fall ausbedungene Wille des Verkäufers zur Zurückbehaltung des Kaufgeldes vorhanden, folglich eine Benutzung der Sache und des Kaufgeldes zugleich, wider den Willen des Andern, nicht eingetreten sein[32b]). Es ist ferner vorausgesetzt, daß in dem Kaufkontrakte für die Zahlung des Kaufgeldes nicht etwa Termine festgesetzt sind, welche erst nach der Uebergabe der Sache eintreffen, ohne daß Zinsen vom Kaufgelde ausbedungen worden[32c]); denn hier fehlt der Wille des Verkäufers, daß der Käufer das Kaufgeld bis dahin neben der Benutzung der Sache behalte, nicht. Der in Rede stehende Fall wird vielmehr so gedacht, daß die Uebergabe der Sache völlig vertragsmäßig geleistet und über die Zahlung des Kaufgeldes gar nichts verabredet worden ist. Für diesen Fall bestimmt der §. 221, Tit. 11, Th. I des A. L.R.: „Gegen Empfang der Sache ist der Käufer das Kaufgeld sofort zu erlegen schuldig, wenn nicht ein Anderes im Vertrage verabredet worden.“ Der Verkäufer hat mithin gegen Aushändigung der Sache die Bezahlung zu erwarten, und es läßt sich gewiß nicht

32b) Vergl. das Pr. des Obertrib. Nr. 62, v. J. 1833, im gedr. Präjudizienbuch zu §. 109, Th. I, Tit. 11 des A. L.R.

32c) Pr. des Obertrib. Nr. 1742, vom 9. April 1846 (Entsch. Bd. XIII, S. 178).

als sich von selbst verstehend (als ein Naturale des Kontrakts) behaupten, daß der Verkäufer damit einverstanden sein müßte, wenn der Käufer mit der Sache abgeht, ohne sich über die Bezahlung auszulassen. Es ist jedoch eine Meinung laut geworden, welche nur die Kaufgelder verzinset wissen will, deren baare Bezahlung bei der Uebergabe versprochen aber nicht geleistet worden, weil außer dem Falle einer solchen Vorbedingung die Kaufgelder für kreditirt zu erachten seien. Diese Meinung wird auf den §. 861 d. T. gestützt. Dort ist jedoch von einem ganz anderen Geschäfte die Rede; es wird dort von einer Abart des uneigentlichen Darlehns, vom s. g. Kreditiren gehandelt, und der §. 861 sagt, daß in den §§. 224 — 227 bestimmt sei, wann man annehmen könne, daß Sachen auf Kredit gegeben worden. Der §. 861 setzt also den gerade entgegengesetzten Fall voraus, er setzt voraus, daß von Vorhinein auf Kredit gehandelt worden sei. Davon ist hier nicht Rede. In unserem Falle ist es ein Naturale des Kontrakts, „daß der Käufer gegen Empfang der Sache das Kaufgeld zahle"; und dieses Naturale hat eben dieselbe rechtliche Wirkung wie eine ausdrückliche Verabredung. Die Meinung hat daher auch in der letzten Instanz keine Anerkennung gefunden[32d]). Ueberhaupt kann auf die §§. 224 — 226 in Beziehung auf unsere Frage keine Rechtsmeinung gestützt werden, weil sie bei der Umarbeitung des Entwurfs aus Unachtsamkeit stehen geblieben sind, während man die Beziehungen und Voraussetzungen derselben bei der Umarbeitung des Entwurfs hatte wegfallen lassen; sie sind daher bedeutungslos[32e]).

Von dieser Art sind auch die Zinsen, welche Kauf-

32d) Entscheid. des Obertrib. Bd. XIII, S. 181.

32e) M. s. darüber meine Glosse 68 zu §. 224, Tit. 11, Th. I des A. L.R.

leute untereinander von dem jedesmaligen Saldo fordern können[33]).

Wegen der Zinsen, welche Kaufleute von Nichtkaufleuten, von dem Kaufpreise für kreditirte Waaren, fordern können, waren die Meinungen sehr getheilt. Einige[34]) meinten: sie könnten nur von dem festgesetzten Zahlungstage an Zinsen fordern, und wenn kein Zahlungstag verabredet worden, müsse die Zinsenforderung ganz wegfallen, oder der Debent erst durch Mahnung in Mora versetzt werden[35]). Andere behaupteten, daß, weil Niemand Sache und Kaufgeld zugleich benutzen könne, vom Tage der Uebergabe der Waare Zinsen vom Kaufpreise gezahlt werden müßten, wenn über die Zahlung nichts verabredet worden sei[36]). Noch Andere gestatteten die Zinsenforderung alsdann, wenn auf sofortige baare Zahlung gehandelt worden[37]), wegen der mora ex re. Sonst verlangten sie ebenfalls Mahnung. Man war aber wieder über die Art der Mahnung uneinig, indem Einige gerichtliche[38]) Interpellation erforderten, Andere[39]) die außergerichtliche für hinlänglich hielten; da je-

33) A. L.R. II, 8, §. 696. Von Verzugszinsen bei Waarenschulden in: Runde's Beiträgen, Bd. I, No. 6, S. 202 u. f.

34) Huber, praelect. ad D., Lib. XXII, 1, No. 16. — Mevius, decis., P. III, No. 12. — Struve, exercit., XXIV, th. 48. — Richter, dec. 74, No. 52 et 124, No. 92. — Traug. Thomasius, probl. juris: an mercator pretii usuras exigere possit? Lips. 1734. — Gutschmidt, de jure mercat. in exigend. usur. Lips. 1750. — Broeckel, de usur. pretii, an et quatenus mercator illas exigere possit. Gott. 1770.

35) Brunnemann Cent. III, dec. 31.

36) Schorch, sent. Erford. 140, No. 10. — JCti Halens. T. II, L. 1, cons. 25, No. 20 sq.

37) Berger, oec. jur., p. 759, Not. b. — Wernher, observ., T. II, P. VI, No. 426.

38) Berger, oecon. jur. l. c.

39) Berger fil., decis. summ. prov. Sen. Elect. Sax., decis. 166. — Leyser, sp. 211, No. 7.

doch deren Beweis schwierig und kostspielig werden könne, so wollte man die Zinsen nach Ablauf einer gewissen Zeit nach der Uebergabe laufen lassen. Diese Meinung gründete sich auf ein altes Herkommen, wonach beim Kauf auf Borg das Interusurium auf ein Jahr aufgeschlagen zu werden pflegt; so daß erst nach Ablauf dieses sogenannten Kreditjahres Zinsen gefordert werden können[40].

Auf Grund dieses Herkommens gestattete schon ein älteres preuß. Gesetz[41]) den Kaufleuten, Zinsen nach Ablauf eines Jahres nach der Uebergabe zu fordern. Dieß ist die Quelle des Allgemeinen Landrechts. Nach demselben[42]) können landübliche (Fünf vom Hundert) Zinsen gefordert werden: a) vom verabredeten Zahlungstage an, b) wenn kein Zahlungstag bestimmt worden, nach Ablauf von vierzehn Tagen nach der geschehenen Einmahnung. Der ausdrücklichen Einmahnung wird es gleich geachtet, wenn der Kaufmann dem Abnehmer Rechnung zuschickt[43]). Zum Beweise, daß und wann die Einmahnung geschehen, die Rechnung zugeschickt, oder bis zu welchem Tage Kredit gegeben worden, genügt der eidlich bestärkte Vermerk in den Büchern des Kaufmanns. c) Kann weder die Einmahnung, noch der verabredete Zahlungstag nachgewiesen werden, so tritt die Verzinsung mit Ablauf eines Jahres, vom Tage der geschehenen Uebergabe an gerechnet, ein. Hierin wird dadurch nichts geändert, daß demselben Abnehmer später noch mehr

---

40) Leyser l. c. — Pufendorf, obs., T. IV, obs. 151. — Runde, Beiträge, I, No. VI.

41) Edikt vom 21. Nov. 1712. In Sachsen wurde durch eine decis. von 1746 eine sechsmonatliche Frist bestimmt.

42) Th. II, Tit. 8, §§. 684—689.

43) A. L.R. a. a. O. §. 685. und Runde, Beiträge, B. I, No. VI, S. 203.

Waaren auf Kredit gegeben worden; jede Lieferung wird für sich betrachtet. Dieß mußte entschieden werden[44]), da es in der gemeinen Praxis bezweifelt worden war, weil in dem später von neuem gegebenen Kredit auch eine Verlängerung des frühern gesucht wurde[45]).

Die Verbindlichkeit zur Zinsenzahlung wird nicht aufgehoben, wenn der Käufer wegen drohender Eviktionsansprüche[46]), oder wegen angelegten Arrestes[47]), oder wegen vom Verkäufer verweigerter Annahme[48]) des Kaufgeldes, oder wenn ein gewisser Modus hinzugefügt, aber vor dem bestimmten Zahlungstage noch nicht erfüllt ist[49]), nach eingetretenem Zahlungstage das Kaufgeld zurückbehält; sondern in diesen Fällen muß er sich durch Deposition von der Zinsenzahlungsverpflichtung befreien[50]). Auch wenn er mit dem Verkäufer in einen Rechtsstreit geräth, wird er während desselben von der Verbindlichkeit nicht frei[51]).

Umgekehrt muß auch dem Käufer das bezahlte Kauf-

---

44) A. L.R. a. a. O. §. 689.

45) Behmer, novum jus controversum, Tom. II, obs. 109.

46) A. L.R. a. a. O. §. 222. — L. 14 D. de condict. indeb. (XII, 6); L. 206 D. de reg. jur. (L, 17); L. 11, §. 18; L. 50 D. de act. emt. (XIX, 1); L. 5 C. eod. — Stryck l. c. — Carpzov, jurispr. for., P. II, const. 34, def. 38. — Dessen Decis., P. I, dec. 11. — Berger, Resp., P. I, resp. 301.

47) Vergl. Magdeb. Pol.O. Tit. 51, §. 4. — Stryck l. c.

48) A. L.R. a. a. O. §§. 227, 228. — L. 7 u. 18, §. 1 D. de usuris (XXII, 1). — L. 6, 9 C. h. t. (IV, 32). — Vergl. jedoch oben §. 7, Note 31 in fine.

49) Horn, sent. et resp., Cl. X, resp. III, p. 558.

50) Brunnemann l. c. — Stryck l. c. — Carpzov, Decis., P. I, No. 11 und Jurispr. forens., P. II, cons. 34, def. 38. — Mackeldey a. a. O. Note aaa. — Glück Th. XVI, S. 140. — Weber, Versuche, Nr. III, §. 7.

51) Leyser, Sp. 211, m. 3.

geld bei ganz oder zum Theil entbehrter Nutzung, wenn die Uebergabe verzögert wird, und wenn der Kauf zurückgeht, verzinset werden [52]).

Weil der Grund zu diesen Zinsen nicht die Mora ist, so wird die Zinsenverbindlichkeit auch nicht durch den Eintritt der mora accipiendi aufgehoben [53]). Das Allgem. Landrecht läßt aber die ihm hierbei eigenthümlichen und consequenten Modifikationen dieser Zinsenverbindlichkeit durch die Mora entstehen. Die mora accipiendi hat nämlich die Folge: daß der Verkäufer die Wahl hat, ob er dem Käufer, der die Uebernahme verzögert, landübliche Zinsen zahlen, oder die gezogenen Nutzungen, bei deren Gewinnung er wegen der mora accipiendi nur für culpa lata haftet, nach einer zu legenden Rechnung herausgeben will [54]). Diese Bestimmung enthält zugleich den Beweis für einen andern, schon aus der Regel: daß Niemand Sache und Kaufgeld zugleich nutzen könne, folgenden Grundsatz, den nämlich: daß, wenn der Nutzen einer Sache nicht zugleich in Nutzungen, sondern nur in Gebrauch besteht (vergl. §. 28 in fine), der Verkäufer, wenn er von der Sache keinen Gebrauch gemacht hat, keine Zinsen zu zahlen schuldig ist. So lange der Käufer nicht in mora accipiendi ist, kommt es darauf nicht an: ob der Verkäufer die Sache gebraucht hat; denn wenn er sich dieselbe bei dem Verkaufe noch auf eine Zeitlang ausbedingt, so liegt darin eine Ausbedingung ihres Gebrauchs, es ist also sein Schade, wenn er

---

52) L. 29, §. 2 D. de aedil. edict. (XXI, 1); L. 27, §. 1; L. 40, §. 1 D. de minor. (IV, 4). — A. L.R. I, 5, §. 164 und Tit. 11, §§. 110, 116, 233—236, 254—256, 260, 297, 157, 163.

53) A. L.R. a. a. O. §. 111.

54) Ebend. §§. 111, 112. — Weber, Versuche über das Civilrecht, S. 252.

den Gebrauch nicht macht. Wenn der Käufer aber in Mora ist, so könnte es zweifelhaft sein, ob es nicht darauf ankomme, daß der Verkäufer die Sache fortgebraucht hat. Das Allgem. Landrecht entscheidet dieß nicht, denn es bestimmt bloß:

„Hat der Käufer die Uebernahme verzögert, so kann der Verkäufer statt der Verzinsung zur Berechnung und Auslieferung der gezogenen Nutzungen sich erbieten."

Man könnte also glauben, daß, wenn die Sache nach ihrer Natur keine Nutzungen gewährt, der Verkäufer auch keine herausgeben könne, aber auch nicht zur Verzinsung des Kaufgeldes schuldig sei. Aus andern Grundsätzen folgt jedoch, daß es allerdings darauf ankommt: ob er die Sache fortgenutzt hat, oder nicht. Er wird nämlich der Verwalter einer fremden Sache. Ist die Sache fruchttragend, so ist das Geschäft, was ihm obliegt, eine wirkliche Verwaltung. Gewährt sie keine Nutzungen, so ist er ein bloßer Verwahrer. Gebraucht der Depositarius die deponirte Sache, so muß er dafür Ersatz leisten [55]). Es steht also nach dem Landrechte so: Ist der Käufer mit der Uebernahme in Mora, und ist die Sache fruchttragend, so muß der Verkäufer fortwährend Zinsen zahlen, doch ist er berechtigt, statt derselben die gezogenen Nutzungen herauszugeben; gewährt die Sache aber keine Nutzungen, so kommt es darauf an, ob er dieselbe gebraucht hat, oder nicht. In dem erstern Falle muß er ferner die Zinsen zahlen, in dem andern Falle

55) A. L.R. I, 14, §§. 80 ff. Dieser Grundsatz findet auf den Verkäufer in Betreff der nicht übergebenen Sache nur in civilrechtlicher Hinsicht analoge Anwendung. Denn niemals kann die auf den Verbrauch einer deponirten Sache gedrohte Strafe (Str.G.B. §. 225) auf den Verkäufer in dem in Rede stehenden Falle angewendet werden, weil er ja noch Eigenthümer ist und wegen Kontraktsbruchs nicht bestraft werden kann.

fällt die Zinsenobligation fort. Kommt hingegen die mora solvendi noch hinzu, so kann der Käufer die höchsten, bei Personen seiner Klasse zulässigen, Zinsen, und wenn der Verkäufer in dolo oder culpa lata ist, statt derselben, nach Gutbefinden, Rechnungslegung und die Nutzungen fordern [56]).

3) Der Verwalter fremder Gelder muß Zinsen zahlen, wenn er die Gelder müßig liegen läßt, während er sie zinsbar hätte austhun können, weil er sonst durch seine Nachlässigkeit dem Andern Nachtheil zufügen würde [57]).

4) Wer dolose oder gegen ein Verbotsgesetz fremdes Eigenthum in seinen Nutzen nimmt, hat von dem Tage der Annahme Zinsen zu zahlen, weil er eine Rechtsverletzung begeht, und mithin dafür entschädigen muß [58]). Hiernach entscheidet sich auch die Frage, welche Merkel aufwirft [59]): ob Jemand, der gemäß §. 1272, Tit. 20, Th. II A. L.R. zuviel erhobene verbotene Zinsen zurückgeben muß, Interessen von diesen Zinsen zu zahlen schuldig ist. In dieser Beziehung ist dasjenige, was condizirt werden kann, Hauptstamm.

5) Daß Minderjährige bei verzögerter Zahlung einer ihnen gebührenden Summe Geldes oder fungibler

56) A. L.R. I, 11, §§. 114, 115.

57) L. 17, §. 7 und L. 38, §. 1 D. de usuris (XXII, 1). — L. 19, §. 4; L. 31, §. 3; L. 37, §. 1 D. de negot. gest. (III, 5). — L. 7, §§. 3, 11 u. 12; L. 10; L. 15; L. 58, §. 1 D. de administrat. et peric. tut. (XXVI, 7). — L. 24 C. h. t. (IV, 32). — A. L.R. I, 14, §. 140; Tit. 17, §. 224; Th. II, Tit. 18, §. 878.

58) L. 28 in fine D. depos. (XVI, 3). — L. 10, §. 3 D. mand. (XVII, 1). — L. 1, §. 1 D. h. t.; L. 7, §§. 4, 10, 12 D. de admin. et peric. tut. (XXVI, 7); L. 1 C. de usur. pupill. (V, 56). — A. L.R. Th. I, Tit. 14, §. 87; Tit. 16, §. 194; Tit. 17, §. 224; Th. II, Tit. 18, §. 486; Th. I, Tit. 7, §. 232. — Simon und v. Strampff, Rechtssprüche, Bd. I, S. 19.

59) Commentar zur A. G.O. I, 24, §. 58.

Sachen jedesmal Zinsen erhalten sollten, ist bloße Folge der Mora [60]), welche dem Röm. Rechte zufolge, nach hergebrachter Gewohnheit (recepto jure), hier ausnahmsweise re ipsa mit Eintritt des Zahlungstages, ohne daß es der sonst nöthigen Interpellation bedurfte, eintrat [61]). Nach dem Landrechte ist dieses aber die allgemeine Regel [62]).

Dagegen ist die dem Fiskus nach Römischem Rechte zustehende Befugniß, in jedem Falle ohne Stipulation, ohne Mahnung und ohne Zahlungstag Zinsen zu fordern [63]), ein bloßes Privilegium, welches er auch nach Preußischem Rechte hatte [64]), aber nicht ausübte, daher es nun auch noch ausdrücklich aufgehoben worden ist [65]).

III. Von der allgemeinen Regel, nach welcher Entschädigung für den entzogenen Gebrauch einer Quantität fungibler Sachen zu leisten, finden drei Ausnahmen statt:

1) Bei Schenkungen. Modestin [66]) giebt als Grund, warum der Geschenkgeber Verzugszinsen zu zahlen nicht schuldig sein soll, die höchste Billigkeit, hauptsächlich aber die Beschaffenheit des Kontrakts an, welchen er nicht zu den bonae fidei contractibus rechnet. Aus Rücksicht der Billigkeit haben einige Schriftsteller [67]) die

---

60) L. 87, §. 1 D. de leg. II (XXXI).

61) L. 3 C. in quib. caus. in integr. (II, 41): „In minorum persona re ipsa et ex solo tempore tardae pretii solutionis, recepto jure moram fieri creditum est.“ Vergl. L. 5 C. de act. emt. (V, 49). — M. s. jedoch Noodt l. c. III, 10. — Weber a. a. O. §. 3.

62) Th. I, Tit. 16, §. 67.

63) L. 43 D. de usuris (XXII, 1).

64) Kab.Ord. vom 28. Okt. 1799 (N. C. C. T. X, S. 2687).

65) Gesetz vom 7. Juli 1833 (G.S. S. 79).

66) L. 22 D. de donat. (XXXIX, 5). Vergl. L. 16 pr. D. de usuris (XXII, 1).

67) Strube, rechtliche Bedenken, Bd. V, Bed. 82. — We-

Gültigkeit dieses Satzes auch für die jetzige Zeit behauptet, ohne der Litiskontestation oder der res judicata einen Einfluß zuzuschreiben. Andere[68]) dagegen halten die Zinsen ex mora auch hier für rechtlich begründet, weil der Grund dieser Ausnahme, nämlich der Unterschied zwischen Obligationen bonae fidei und stricti juris heutzutage wegfalle, und alle Verträge für contractus bonae fidei zu achten. Diese Kontroverse hat das Allgemeine Landrecht dahin entschieden: daß von einer geschenkten Summe Geldes erst nach ergangenem rechtskräftigen Erkenntnisse Zinsen gefordert werden können[69]). Da hiernach usurae rei judicatae gezahlt werden sollen, so ergiebt sich daraus der nicht näher bestimmte terminus a quo, als welcher der Tag nach Ablauf der im Urtel festgesetzten Zahlungsfrist, die vom Tage der Rechtskraft an zu rechnen, angenommen werden muß[70]). Daß, wenn ein zinsbares Kapital geschenkt worden, der Geschenkgeber die davon nach dem Zeitpunkte des Verzuges erhobenen Zinsen dem Beschenkten herausgeben muß, sowie, daß die Erben des Geschenkgebers Verzugszinsen zu zahlen haben, war unbestritten[71]). Was von geschenktem

der, natürl. Verbindlichkeit, §. 99, Nr. 4. — Pufendorf T. I, obs. 73, §. 3; T. II, obs. 5.

68) Carpzov, resp. jur., L. IV, Tit. 7, no. 53. — Kind, quaest. for., T. II, C. 55, p. 298. — Oeltze, an et quatenus usurae ex mora a quantitatis donatore exigi possint, sec. jus romanum et hodiernum in Germ. Jenae 1768.

69) A. L.R. I, 11, §. 1079. Das Preuß. Landrecht von 1721 bestimmt die Litiskontestation als den Termin, von wo ab der Geschenkgeber Zinsen ex mora zu entrichten schuldig sein soll, Buch IV, Tit. 14, Art. 3, §. 7, nach dem Grundsatze: daß auch bei stricti juris Obligationen nach der Litiskontestation Zinsen ex mora gefordert werden können. L. 38, §. 7; L. 35 D. de usuris (XXII, 1).

70) L. 2 C. de usur. rei jud. (VII, 54). — Leyser spec. 244, m. 7.

71) A. L.R. a. a. O. §§. 1080, 1081. — Pufendorf, obs., T. I, obs. 73, §. 4.

Gelde gilt, das muß consequent auch von Quantitäten anderer fungibler Sachen, und was von zinsbaren Kapitalien, auch von andern fruchttragenden Sachen gelten[72].

2) Bei Schulden des Fiskus. Das römische Privilegium des Fiskus, zu Zinsen ex mora nicht schuldig zu sein[73]), war bei der Redaktion des Allg. Landrechts übergangen worden; nach dem eingeholten Gutachten der Gesetzkommission sollte es dem Fiskus aber nach allgemeinen Grundsätzen ebenso wie vorher[74]) zustehen, weshalb solches durch eine bloße Deklaration anerkannt wurde[75]). Dieses Recht ist durch die neuere Gesetzgebung wesentlich verändert worden; denn a) in Hinsicht der vorbedungenen Zinsen sowohl, als solcher Zinsen, welche in Folge besonderer gesetzlichen Vorschriften bei gewissen Geschäften eintreten (usurae legales im engern Sinne)[75a]), ist Fiskus nunmehr den allgemeinen Rechtsre-

72) Oeltze l. c. — Egger's Bemerkungen zur Verbesserung der deutschen Gesetzgebung. (Ein Auszug aus seinen Preisschriften über den Entwurf des Allg. Gesetzbuchs für die preuß. Staaten). Kopenhagen 1798, Th. II, §. 310.

73) L. 17, §. 5 D. de usuris (XXII, 1).

74) Nach älterem Brandenburgischen Rechte war es unzweifelhaft. Landtagsrezeß vom 26. Juli 1653, §. 27. Auch folgt daraus, daß ein bis zur Redaktion des Allgemeinen Landrechts gültig gewesener Rechtssatz übergangen worden, allein noch nicht: daß er nachher nicht mehr gelten solle.

75) Min.R. vom 18. Nov. 1799 und Kab.Ordre vom 28. Okt. 1799 (N. C. C. T. X, S. 2687). Daraus ist §. 26 des Anh. zum A. L.R. entnommen.

75a) Der §. 195, Tit. 16, Th. I des A. L.R., wonach bei der condictio indebiti Zögerungszinsen vom Tage der insinuirten Klage gezahlt werden sollen, ist als eine solche besondere gesetzliche Vorschrift nicht anzusehen, vielmehr fallen die in dieser Bestimmung erwähnten Zinsen in die allgemeine Kategorie der eigentlichen Zögerungszinsen, von denen sub b die Rede ist. Plenarbeschl. des Obertrib. v. 24. Aug. 1840 (M.Bl. S. 368).

geln unterworfen; b) in Ansehung der Verzögerungszinsen (usurae ex mora) ist Fiskus in Friedenszeiten gleichfalls den Privatpersonen völlig gleich gestellt; dagegen ist er während der Dauer eines Krieges von den vorher noch nicht festgestellten oder während des Krieges fällig werdenden Forderungen erst von dem Tage der Rechtskraft des Erkenntnisses Zögerungszinsen mit Fünf vom Hundert zu entrichten verbunden [76]). Dieser Tag ist bei einem Erkenntnisse zweiter Instanz, gegen welches kein ordentliches Rechtsmittel, wenn schon die Nichtigkeitsbeschwerde, zulässig, der Tag der Insinuation [76a]).

3) Bei Strafen an den Fiskus [77]). Dasselbe gilt nach Preußischem Rechte schon aus dem Grunde, weil dem Fiskus in dieser Beziehung nie ein Privilegium gegen die Bestimmungen des gemeinen Rechts beigelegt worden ist [78]), und nach der neuesten Gesetzgebung ist er in Ansehung des Rechts, Zinsen zu fordern, lediglich nach den allgemeinen Rechtsregeln zu beurtheilen [79]).

IV. Aus der Natur der gesetzlichen Zinsen (usurae legales, zu welchen im weitern Sinne auch usurae ex mora gehören), folgt zweierlei:

1) Sie vertreten lediglich die Stelle des Interesses ohne nähere Schätzung desselben, so daß es nicht darauf ankommt, ob dasselbe weniger als die landüblichen Zinsen beträgt, weil man annimmt, daß dasselbe gerade in den Zinsen bestehe. Deshalb können, wenn geringere Zinsen vorbedungen worden, von dem Tage an, wo der Gläubiger sein Interesse zu fordern berechtigt ist, Zöge-

76) Ges. v. 7. Juli 1833, §§. 2 u. 3 (Gesetzsamml. S. 79). — Ges. v. 7. März 1845 (G.S. S. 158).

76a) R. v. 20. Okt. 1840 (Min.Bl. 1840, S. 341).

77) L. 1 C. de fiscal. usur. (X, 8).

78) Landtagsrezeß vom 26. Juli 1653, §. 27.

79) Ges. vom 7. Juli 1833, §. 1 (G.S. S. 79).

rungszinsen gefordert werden[80]). Beläuft sich das Interesse aber höher, so braucht sich der Gläubiger mit den landüblichen Zinsen nicht zu begnügen. Dieses folgt aus der Natur des Interesses[81]). Es ist daher unrichtig, was einmal von einem Spruchkollegio auf Grund des §. 831 (Note 80) concludirt wurde: daß der Kläger, dem sechs Prozent Zinsen rechtsgültig verschrieben worden waren, nach eingetretener Mora sich mit fünf Prozent Zögerungszinsen begnügen müsse, als wenn der Debitor aus seiner rechtsverletzenden Mora Vortheil ziehen könnte[82]). Nach Preußischem Rechte ist jedoch diese Befugniß des Gläubigers, ein höheres Interesse zu fordern, auf zwei Fälle eingeschränkt: a) wenn der Schuldner bei hinlänglichen Zahlungsmitteln in dolo oder in lata culpa ist[83]); b) wenn darüber vorher ein Vertrag geschlossen ist, in welchem Falle jedoch das Versprechen beim Darlehn nur auf sechs Prozent[84]), bei andern Rechtsgeschäften nicht über das Doppelte des Interesses[84a]) gilt.

80) A. L.R. I, 11, §. 831.

81) Reichsabsch. von 1600, §. So viel nun (139). Oben Note 6. — Carpzov, jurispr. for., P. II, const. 30, def. 9 u. 17, no. 5. — Richter, decis., P. II, dec. 74, no. 71 seq. — Carpzov, resp., L. IV, resp. V, no. 3. — Stryck, usus mod., XXII, 1, §. 16.

82) M. s. hierüber: Mevius, dec., P. 4, dec. 205. — Ges. vom 15. Febr. 1809, §. 3 (Klein's Annal. XXVI, S. 245). — Reskr. v. 12. Mai 1800 (N. C. C. T. X, S. 2937 und Neues Arch. I, S. 153). — Verordn. v. 2. Juni 1827, §. 3 (G.S. 1827, S. 76).

83) A. L.R. a. a. O. §. 834. Dieß folgt aus den, dem Allg. Landrechte eigenthümlichen Grundsätzen vom Schadensersatz, wonach der Betrag der Entschädigung nach dem Grade der Verschuldung abgemessen wird. A. L.R. I, 6, §§. 7, 10—14. Der Satz ist unpraktisch, weil der Gläubiger wohl in den seltensten Fällen einen Geldüberfluß des Schuldners wird beweisen können.

84) A. L.R. I, 11, §. 825. — Vergl. Entsch. des Obertrib. Bd. XII, S. 10.

84a) A. L.R. I, 5, §§. 300, 301.

Es kann aber, weil die Zinsen regelmäßig das Interesse vertreten, neben denselben nicht auch zugleich ein höheres Interesse gefordert werden [85]).

2) Sie haben eine rein accessorische Natur, d. h. es gilt dafür keine eigene Klage, sie müssen mit der Hauptschuld zugleich eingeklagt, und können nicht nachgefordert werden, wenn sie auch bloß mit Stillschweigen übergangen sind, oder wenn die Hauptschuld ohne Vorbehalt angenommen worden ist [86]). Dieses ist auch nach dem Allgemeinen Landrechte praktisch gültig [86a]); es muß darauf aber etwas näher eingegangen werden, weil diese Lehre, durch die verschiedenen von einander abweichenden Erklärungen der Schriftsteller, anfängt verworren zu werden [87]).

A. Erster Grundsatz. Gesetzliche Zinsen (wozu die Verzugszinsen gehören) können nicht mehr gefordert werden, wenn sie auf die Hauptklage nicht mit zuerkannt worden sind, sei es, daß sie nicht gefordert, und auch von dem Richter nicht ex officio

---

85) Leyser spec. 250, cor. 3. — A. L.R. a. a. O. §. 833.

86) L. 13 C. h. t.; L. 4 C. depos. (IV, 34): L. 49, §. 1 D. de act. emt. (XIX, 1); L. 54 pr. D. locati (XIX, 2). — A. F. v. Baz, über den Fall, wenn die Zinsen im Urtheile zwar nicht zugesprochen, aber doch auch nicht übergangen sind. In seinen Abhandlungen über verschiedene Gegenstände des natürlichen u. positiven Rechts (Tübingen 1816), Nr. XII, S. 147. — Seuffert, Rechtsfall zur Erläuterung der Lehre von Verzugszinsen, Arch. für civ. Pr. I, Nr. 17. — Stryck, usus mod., L. XXII, T. I, §. 8. — Kind, qu. for., P. I, c. 84, p. 325. — Quistorp, Beitr., Nr. 58, S. 893. — Christ. Heinr. Gottl. Köchy, Meditationen über die interessantesten Gegenstände der heutigen civil. Rechtsgelahrtheit, I. Bd., Betracht. XXIV, S. 324 u. f.

86a) Entscheid. des Obertrib. Bd. IV, S. 291, und Bd. XI, S. 1.

87) Siewert, Material., VII, S. 96 u. f.

zuerkannt worden, oder daß sie ausdrücklich gefordert, und ausdrücklich aberkannt, oder daß sie in dem Erkenntnisse mit Stillschweigen übergangen worden sind [87a]).

Bis zur Redaktion des Landrechts war dieses unzweifelhaftes, anerkanntes Recht. Es war aber bezweifelt worden: ob dann noch Judikatszinsen (usurae rei judicatae) gefordert werden könnten [88]). Die Praxis hatte sich jedoch dafür entschieden, daß sie allerdings dem Gläubiger gebührten, aber ausdrücklich gefordert werden müßten [89]), d. h. sie könnten nicht nachgefordert werden, wenn die Hauptschuld einmal getilgt worden war, und der Gläubiger die Zahlung stillschweigend ohne Vorbehalt angenommen hatte. So stand die Sache, als das Allgemeine Landrecht erschien, und §. 845, Tit. 11 bestimmte:

„Verzugszinsen, auf welche der Richter nicht erkannt hat, können auch von dem Tage des ergangenen Urtels an nicht nachgefordert werden, sobald über das Kapital ohne Vorbehalt quittirt worden."

Hierdurch ist lediglich die bis dahin übliche Praxis anerkannt worden, d. h.

1) Nicht mit geforderte usurae legales können überhaupt nach rechtskräftig entschiedener Sache nicht nachgefordert werden. Dieß war niemals in Zweifel gezogen worden, und wird, als sich von selbst verstehend, in dem §. 845 vorausgesetzt. Der Kläger muß appelliren, wenn es ihm nicht gefällt, daß der Richter, wie er hätte thun sollen, nicht ex officio darauf erkannt hat; beruhigt er

---

87a) Ist nun auch ausgesprochen durch Plenarbeschluß des Obertribunals vom 12. September 1845 (Entscheid., neue Folge, Bd. I, S. 1).

88) Brunnemann, comment ad L. 1 C. de usuris, no. 3. — Perez, ad tit. C. de usuris rei judic., no. 5.

89) Leyser spec. 244, m. 7.

sich dabei, so ist das Klagerecht durch das rechtskräftige Erkenntniß abgethan, und die Sache kann nicht mehr von neuem angefangen werden [90]).

2) Ausdrücklich geforderte aber im Erkenntnisse übergangene gesetzliche Zinsen können ebenfalls nicht nachgefordert werden. Zweifelhaft konnte es sein, ob in diesem Falle das unberücksichtigte Petitum von neuem angebracht, oder ein nachträgliches Erkenntniß verlangt werden konnte, oder ob das Uebergehen für ein abweisendes Erkenntniß zu achten. Nach den im Uebrigen hier anerkannten Grundsätzen des gemeinen Rechts mußte es nicht für eine fehlende Entscheidung, sondern für eine minoris condemnatio, wogegen nur die ordentlichen Rechtsmittel zulässig sind, angesehen werden, und in Beziehung auf diesen Zweifel bestimmt §. 848 a. a. O.:

> „Hat der Richter geforderte Verzugszinsen im Urtel übergangen, so hat dieses eben die Wirkung, als wenn er sie aberkannt hätte."

Es läßt sich daraus also kein Schluß für das Gegentheil ziehen: daß, gegen das bisher unzweifelhafte Recht, nicht ausdrücklich mitgeforderte, und auch nicht ex officio judicis zuerkannte Zögerungszinsen, noch nach rechtskräftigem Erkenntnisse nachgefordert werden können.

B. Zweiter Grundsatz. Wenn geforderte oder nicht geforderte gesetzliche Zinsen ausdrücklich oder stillschweigend aberkannt sind, so fangen von neuem die Judikatszinsen (usurae rei judicatae) zu laufen an; sie können aber auch

90) L. 13 C. h. t.; L. 4 C. depos. (IV, 34). — Arg. §. 847 des A. L.R. a. a. O. Die conforme Praxis s. m. unter Andern bei Brunnemann, comment. ad L. 13 C. h. t., no. 2 und 3. — Carpzov, jurispr. for., P. II, const. 20, def. 12 und 13. — Mevius, decis., P. I, dec. 219. — Stryck, usus mod., L. XXII, Tit. 1, §. 8. — Oben Note 86.

nicht nachgefordert, sondern müssen mit der Hauptschuld zugleich verlangt werden. Bei diesen Zinsen kann es nicht vorkommen, daß sie aberkannt werden; denn auf die actio de re judicata, welche heutzutage das Exekutionsgesuch ist, erfolgt kein Erkenntniß, deshalb kann diese Zinsenforderung nur durch Aufhebung der Hauptobligation mittelst Zahlung aufhören, welches geschieht, wenn der Gläubiger die Zahlung des Kapitals ohne Vorbehalt annimmt. Deshalb heißt es im §. 845 a. a. O. ganz richtig:

„Verzugszinsen, auf welche der Richter nicht erkannt hat, können, auch von dem Tage des ergangenen Urtels an, nicht nachgefordert werden, sobald über das Kapital ohne Vorbehalt quittirt worden."

So lange also nicht ohne Vorbehalt über das Kapital quittirt worden, können Judikatszinsen immer gefordert werden. Eine eigentliche Nachforderung ist es nicht, sondern die causa selbst besteht auf diesen Theil ihres Inhalts noch fort, so lange sie nicht gänzlich aufgehoben ist; und dieses wird verhindert, wenn es bei der Quittung durch Vorbehalt ausgedrückt ist.

C. Dritter Grundsatz. Gesetzliche Zinsen können auch nicht mehr gefordert werden, wenn die Zahlung der Hauptschuld ohne Vorbehalt angenommen ist[91]). Sind die Zinsen vorbehalten, so ist die Obligation noch nicht vollständig getilgt, mithin ist die Hauptklage wegen des Restes noch in Kraft. Ausdrücklich vom Richter zugesprochene Verzugszinsen haben nicht mehr die Natur eines Accessoriums, sondern werden als eine selbständige Forderung ex judicato, oder als ein gleichartiger Theil der Judikatsforderung, angesehen.

91) A. L.R. a. a. O. §. 845; L. 49, §. 1 D. de act. emti (XIX, 1). — Pr. des Obertrib. 1336, v. 9. Sept. 1843 (Entsch. Bd. IX, S. 225).

Deshalb hindert eine, ohne Vorbehalt ausgestellte Quittung über das Kapital, so wenig wie die Rückgabe des Schuldscheins, die Nachforderung der zuerkannten Verzugszinsen, ebenso als wenn nur über einen bestimmten Theil der Forderung ohne Vorbehalt quittirt worden [92]).

§. 11.

bb) Vertragsmäßige Zinsen (usurae conventionales).

Nach Römischem Rechte konnten beim bonae fidei contractus, durch ein nudum pactum in continenti adjectum, Zinsen stipulirt, mußten aber mit der Kontraktsklage zugleich gefordert werden; eine Nachforderung war nicht zulässig [1]). Bei stricti juris contractibus mußte eine Stipulation auf Zinsen erfolgen [2]), jedoch mit zwei Ausnahmen: 1) wenn eine res publica ein Gelddarlehn gegeben hatte, so konnten auch ex nudo pacto Zinsen gefordert werden [3]); 2) wenn kein Gelddarlehn, sondern ein

92) A. L.R. a. a. O. §. 844. Es folgt hieraus nicht, daß es bei vorbedungenen Zinsen anders sei, wie Grävell a. a. O. B. III, S. 155 behauptet. Der Grund, worauf er seine Meinung baut, „weil nämlich das Erkenntniß selbst das besondere Fundament dieses Anspruchs ist," gilt eben so gut bei vorbedungenen Zinsen. Nach rechtskräftig entschiedener Sache wird auch hierbei nicht mehr aus der ursprünglichen causa, sondern ex judicato der Anspruch geltend gemacht. Wenngleich der Richterspruch nach Preußischem Rechte nicht novirt, so ist doch die durch das Erkenntniß zugesprochene Forderung an Kapital und Zinsen insofern als ein Ganzes anzusehen, daß die Hauptklage für den unberichtigt bleibenden Nebentheil (die Zinsen), weil bereits angewendet, nicht mehr durch Nichtgebrauch erlöschen kann, vielmehr durch das rechtskräftige Urtheil aufrecht erhalten wird und in der Form des Exekutionsgesuchs (actio judicati) durchzuführen ist. Gewissermaßen liegt hierin freilich immer eine Art von Novation.

1) L. 7, §. 5 D. de pactis (II, 14); L. 5 C. de pactis inter emtor. (IV, 54); L. 24 in fine; L. 26, §. 1 D. depositi (XVI, 3).

2) L. 3 et 4 C. h. t.; L. 24 D. de praescr. verb. (XIX, 5); Paulus, rec. sent. l. c. §. 1.

3) L. 30 D. h. t.

anderes Darlehn kontrahirt wurde[4]). Bei stattgefundenen Stipulationen brauchte nicht sogleich mit der Hauptobligation die Zinsenobligation eingeklagt zu werden[5]). Nach heutigem Gemeinen Rechte ist jede sogleich beigefügte oder nachfolgende Verabredung wirksam[6]), und es ist am consequentesten, es mit den Zinsen bei Darlehnen eben so zu halten, wie bei den bonae fidei contractibus, so daß, wenn in continenti das Paktum verabredet, die Zinsen zugleich in der Hauptklage mit gefordert werden müssen; wenn aber nachher ein Paktum hinzugekommen, diesem die Kraft einer Stipulation, also auch eine besondere actio ex stipulatu beigelegt wird.

Nach Preußischem Rechte hat ein pactum adjectum mit einer später hinzugekommenen[6a]) Zinsenstipulation

---

4) L. 12 C. h. t.

5) L. 12 pr. C. de judiciis (III, 1).

6) Weber a. a. O. §. 4, S. 243. — Glück, Th. XXI, S. 39 u. 62 läßt selbst eine stillschweigende Uebereinkunft zu. Die angeführte Nov. 136, c. 4 ist nicht glossirt. Es konnte aber nach Römischem Rechte allerdings ein Vertrag stillschweigend auf geringere Zinsen geschlossen werden, wenn z. B. anfänglich 3 pCt. bedungen und nachher wissentlich 4 pCt. angenommen worden waren. — L. 13 pr., 6 pr. D. h. t.; L. 5 et 8 C. h. t. — Noodt III, 16. — Glück S. 66 ff. Da jedoch aus dem „longum tempus" und „per multos annos," wovon dort die Rede, eine wirkliche Verjährungszeit gemacht worden ist, so kann nicht angenommen werden, daß nach dem Preußischen Rechte eine solche stillschweigende Uebereinkunft in foro als wirksam anerkannt werden würde, vielmehr muß man nach den, dem Allg. Landrechte zum Grunde liegenden, Rechtsmeinungen ebenfalls eine Verjährung, und zwar eine qualifizirte (vergl. §. 12, Nr. II, 3), erfordern. Dieß folgt auch aus den Bestimmungen desselben über die Form der Abänderung und Aufhebung der Verträge. A. L.R. I, 5, §§. 338, 134.

6a) Nach der Fassung des §. 824 könnte man glauben, daß eine spätere Zinsenstipulation kraftlos sei; denn der §. 824 lautet: „Wenn in einem Schuldscheine keine Zinsen versprochen worden, so kann der Gläubiger dergleichen nicht fordern." Doch bezieht sich diese Stelle

gleiche Wirkung: die Zinsen können in beiden Fällen nachgefordert werden, so lange nicht ohne Vorbehalt über das Kapital quittirt worden [7]). Es war bestritten, ob in der Quittung ohne Vorbehalt über das Kapital eine Acceptilation in Ansehung der ganzen Obligation an Kapital und vorbedungenen Zinsen liege, und also die schuldig gebliebenen Zinsen ebenfalls für getilgt anzusehen [8]). Dieß wird durch das Allgem. Landrecht bejahend entschieden: die vorbedungenen Zinsen sind für bezahlt oder erlassen zu achten, wenn über das Kapital ohne Vorbehalt quittirt worden [9])

Für die Zinsenobligation ist die schriftliche Form vorgeschrieben, ein mündliches Zinsenversprechen erzeugt keine Klage [10]). Eine Ausnahme macht die Gründung eines Fonds, der nach seiner Natur die Verzinslichkeit mit sich bringt, weil er sonst seinen Zweck verfehlen würde, wie z. B. ein Lehnsstamm oder ein Geldfideikommiß [10a]).

Die in einem Testamente verschriebenen Zinsen (usu-

---

nicht auf unsere Frage; es können nachträglich Zinsen sowohl überhaupt wie auch ein höherer Zinsfuß stipulirt werden.

7) A. L.R. a. a. O. §. 847. So war es auch Praxis. Carpzov, jurispr. forens., P. II, const. 20, def. 12 et 47. — Mevius, dec., P. I, dec. 219 und P. III, dec. 420. — Richter, decis., P. I, dec. 74, no. 63 seq. — Mynsinger Cent. 4, obs. 48 in fine. — Stryck, us. m., L. XXII, T. 1, §. 8.

8) Berger, consil., cons. 635.

9) A. L.R. a. a. O. §. 843. Das Obertribunal sieht in dem „zu erachten" des §. 843 eine Vermuthung, welche durch Gegenbeweis soll widerlegt werden können. Erk. vom 11. Mai 1839 (Entsch. Bd. IV, S. 336) und Erk. vom 23. Novbr. 1847 (Rechtsf. Bd. III, S. 148). Vergl. Plenarbeschl. vom 4. Dezbr. 1854 (Entsch. Bd. XXIX, S. 13 und Just.M.Bl. 1855, S. 38). Die Grundlosigkeit dieser Meinung habe ich schon anderswo nachgewiesen (Glosse 64 zu §. 843 d. T.).

10) A. L.R. a. a. O. §. 824 und Tit. 5, §. 136.

10a) Pr. des Obertrib. 1227, vom 2. Dezbr. 1842 (Entscheid. Bd. VIII, S. 337).

rae testamentariae) sind den vertragsmäßigen ganz gleich, weil in der Annahme der Erbschaft aus dem Testamente ein Vertrag liegt[11]).

Eine rechtsgültige Zinsenobligation muß folgerecht auch in den Fällen vermuthet werden, wo aus der fortgesetzten Zinsenzahlung der Titel zur Hauptschuld vermuthet, oder die Hauptschuld als durch Verjährung entstanden angesehen wird[12]).

Drückt das Zinsenversprechen nicht den Zinsfuß aus, so werden landübliche Zinsen angenommen[13]).

§. 12.

c) Aufhebung derselben.

Es kann die Rede sein von der Aufhebung der Verbindlichkeit zur Zahlung gewisser einzelner Zinstermine, und von der Aufhebung der ganzen Zinsenobligation.

I. Die einzelnen Termine werden wie gewöhnlich getilgt:

1) Durch Zahlung. Die Zahlung muß in der Münzsorte des Kapitals geschehen[1]). Es können jedoch die Zinsen auch in andern Sachen gültig ausbedungen

11) L. 3, §. 6 D. de annuis legatis (XXXIII, 1); §. 5 Inst. de obligat. quae quasi ex contractu nascuntur (III, 27 [28]).

12) Vergl. oben §. 9. Glück, Commentar, Th. XXI, S. 51; Müller, civilistische Abhandlungen, Nr. 6; Gesterding a. a. O. S. 8 versteht die L. 6 D. h. t. von einer durch Verjährung begründeten Verpflichtung, Zinsen zu zahlen.

13) A. L.R. a. a. O. §§. 840 u. 841; L. 10, §. 3 D. mandati (XVII, 1); L. 37 D. h. t.; L. 39, §. 1 D. de leg. I (XXX).

1) Carpzov, resp., L. V, resp. 93. — Idem, de asyl. deb., th. 35, n. 32. — Wernher, obs., T. II, P. IX, obs. 187. — Schorch Sent. 325, n. 12 et 368, arg. gen. II. — Lauhn, de usuris, eadem in bonitate cum sorte solvendis. Jenae 1763. — Behmer, novum jus controvers., T. II, obs. 110. — A. L.R. a. a. O. §§. 835, 836.

werden, nur muß der Geldwerth nicht das erlaubte Zinsmaß überschreiten [2]). Die Zahlung muß ferner in den festgesetzten Terminen erfolgen. Ist dieserhalb nichts bestimmt, so verstehen sich jährliche Termine von selbst; ist aber das Kapital schon früher zurückzuzahlen, so müssen die Zinsen gleichzeitig mit dem Kapitale entrichtet werden [3]). Zweifelhaft kann in manchen Fällen der Beweis der Zahlung früherer Termine werden, wenn für spätere die Zahlung nachgewiesen ist. Aus einer Vorschrift Martian's für die Erheber der öffentlichen Abgaben, wonach ein Steuerpflichtiger, der für die letzten hintereinanderfolgenden Jahre Quittungen über richtig bezahlte Steuern produzire, so wenig zur Vorzeigung der Quittungen über die Abgaben aus früherer Zeit, als zur Zahlung früherer Abgaben genöthigt werden sollte, wenn kein Anerkenntniß des Rückstandes vorgelegt werden könnte [4]), hat man den allgemeinen Satz gemacht, daß, wer für drei Jahre Zahlung beweise, die Vermuthung für sich habe, daß auch für die frühere Zeit gezahlt worden sei [5]). Man legte aber auch einer einzelnen Quittung über Eine Terminszahlung in der Praxis wenigstens die Wirkung einer praesumtio hominis bei, weil es nicht wahrscheinlich sei, daß der Gläubiger, welcher die frühern Termine noch nicht erhalten habe, die folgen-

2) L. 16 et 17 C. h. t. — Leyser sp. 243, m. 3. 4. — Mühlenbruch a. a. O. §. 180. — A. L.R. a. a. O. §§. 803, 855, 857.

3) A. L.R. a. a. O. §§. 822, 823.

4) L. 3 C. de apochis publicis (X, 22).

5) Qui ostendit se tribus proximis annis solvisse, retro solvisse praesumitur, nisi contrarium probetur. Bart. ad L. 3 all. — Leyser sp. 530, m. 8. — Baldus und nach ihm Mynsinger Cent. 5, obs. 39, n. 6 wollten dieses nur von Realprästationen gelten lassen.

den ohne Vorbehalt annehmen werde[6]). Das Allgemeine Landrecht hat diese zu einer rechtlichen Vermuthung erhoben, und es soll dieselbe für den Schuldner streiten: daß auch die vorhergehenden Termine berichtigt worden, wenn der Gläubiger bei einem zinsbaren Darlehne über den letzten Zinstermin ohne Vorbehalt quittirt hat[7]). Weil die Quittungsleistung für einen bestimmten Termin diese Vermuthung begründet, so ist es gleichgültig, ob auf Grund geleisteter Zahlung, oder des Erlasses quittirt worden[8]). Dieselbe Vermuthung ließ man auch eintreten, wenn der Gläubiger keine Quittung ausgehändigt, aber sonst den richtigen Empfang der Zinsen für einen gewissen Termin, z. B. durch Vereinnahmung oder Anmerkung in seinen Büchern anerkannt hat[9]). Doch läßt sich, da der Mangel des Vorbehalts eigentlich dasjenige ist, welches die Vermuthung hervorbringt, hier einwenden, daß der Vermerk des Vorbehalts in den eigenen Büchern des Gläubigers, welche der Schuldner nicht sieht, weder hilft noch schadet, weil der Schuldner die Unrichtigkeit nicht zu rügen im Stande ist; wogegen es sich mit einer, einen Vorbehalt enthaltenden Quittung, welche der Schuldner in seine Hände bekommt und zurückbehält, ganz anders verhält. Deswegen läßt sich nicht allgemein als richtig annehmen, daß der Vermerk in den Hausbüchern dieselbe Wirkung wie eine ausgehändigte Quittung haben müsse, wiewohl aller-

6) Leyser l. c m. 16.

7) A. L.R. a. a. O. §. 842. Es wird also eine Quittung vorausgesetzt; eine sonstige Nachweisung der Zahlung wirkt diese Vermuthung nicht, die Erklärung des Gläubigers in schriftlicher Form ohne Vorbehalt wird erfordert.

8) Leyser l. c. m. 13. — A. L.R. I, 16, §. 134.

9) Leyser l. c. m. 11 erzählt den Rechtsfall eines Pfarrcolonus, der keine Quittung erhalten hatte, wogegen die Abführung der Pension für bestimmte Termine in den Büchern eingetragen worden war.

dings Umstände denkbar sind, unter welchen dieses der Fall sein kann, daher solches in jedem einzelnen Falle besonders zu beurtheilen ist. Dagegen wird ohne Zweifel der bloße Beweis der für einen gewissen Termin geleisteten und angenommenen Zahlung ohne alle Schrift jene Vermuthung nicht begründen.

2) Durch Erlaß. Für erlassen werden die nicht bezahlten Zinsen erachtet, wenn über das Kapital selbst ohne Vorbehalt quittirt worden. (S. §. 10, Nr. IV, 2). Eine dem Wortverstande widersprechende Auslegung[9a]) ist es, nach welcher durch den §. 845, Tit. 11, wonach durch eine ohne Vorbehalt ertheilte Quittung über das Kapital die vorbedungenen Zinsen für bezahlt oder erlassen erachtet werden, nur eine bloße Vermuthung begründet sein soll. Mit besserem Grunde läßt sich behaupten, daß schon ein mündlicher Vorbehalt genüge.

3) Durch Verjährung. Das Allgemeine Landrecht hat im §. 849 h. t. eine neue Verjährung der Zinsenklage[9b]) eingeführt, indem es bestimmt:

„Wer die gerichtliche Einklagung rückständig verbleibender Zinsen länger als zehn Jahre versäumt, der kann einen über zehn Jahre hinausgehenden Rückstand nicht ferner verlangen."

Diese Frist ist auf vier Jahre eingeschränkt worden[9c]).

9a) Entscheid. des Obertrib. Bd. IV, S. 336. Dagegen Recens. in Richter u. Schneider's krit. Jahrb. Jahrg. 1843, S. 535.

9b) Daß eine Verjährung der Zinsenklage, und nicht, wie behauptet worden ist, die Forderung eines mehr als zehnjährigen Gesammtrestes, wohl aber, wenn es weniger ist, eines ältern Restes, gemeint ist, bedarf keiner Ausführung weiter. Zeitschr. für wissenschaftl. Bearbeitung des Preuß. Rechts, Bd. I, S. 353 ff. — Min.R. v. 4. Dezbr. 1835. Jur. Zeit., Jahrg. 1836, Col. 308. — Es dürften ja nur die Rückstände zerstückelt in kleineren Summen gefordert werden.

9c) Ges. vom 31. März 1838, §. 2, Nr. 5 (G.S. S. 249).

Man ist darüber uneinig: ob diese Verjährung sich bloß auf vorbedungene, oder auch auf gesetzliche Zinsen beziehe. Diejenigen, welche die Bestimmung auch auf Zögerungszinsen beziehen, sagen: Diese Meinung werde dadurch gerechtfertigt, daß, obgleich in den vorangehenden Bestimmungen sich der Unterschied zwischen vorbedungenen und Zögerungszinsen häufig finde, ein solcher Unterschied doch in dem §. 849 a. a. O. nicht gemacht worden, und von dem Richter daher um so weniger erst hineingelegt werden könne, als der Grund der gesetzlichen Vorschrift auf Zögerungszinsen eben so gut als auf vorbedungene passe [10]). Diejenigen, welche diese Verjährung bloß von vorbedungenen Zinsen verstehen, berufen sich darauf, daß die Einklagung „der rückständig verbleibenden" Zinsen nach zehn Jahren verjährt sei, bei Verzugszinsen aber nicht von „rückständig verbliebenen" die Rede sein könne, da nur vorbedungene, nicht aber Zögerungszinsen in regelmäßigen Terminen gezahlt würden und rückständig bleiben könnten [11]).

10) Dieß sind wörtlich die in dem Min.R. vom 1. Mai 1820 angegebenen Gründe (Jahrb. Bd. XV, S. 243). Grävell im Commentar zu den Kred.Ges. B. III, S. 156 sagt: Der §. 849 sei daher auf alle Arten von Zinsen zu beziehen, weil dieser §. und der folgende §. 851 in einer umgekehrten Ordnung ständen (nach Siewert's Material. VII, S. 101, wo aber eine solche Folgerung daraus nicht gezogen wird). Dann meint Bielitz in seinem Comment. II, S. 699, No. 1 das nämliche, man sieht dort aber nicht, warum. — Dieselben Gründe werden etwas ausführlicher in dem Plenarbeschl. des Obertrib. vom 11. März 1839 (Entsch. des Obertr. Bd. IV, S. 280 ff.) für diese Meinung zusammengetragen. Das, was neu dazukommt, die Behauptung nämlich, daß vorbedungene Zinsen (usurae) und Zögerungszinsen von gleicher rechtlicher Natur seien, wobei die Eigenschaft der letztern als einer Entschädigung geleugnet wird, oder vielmehr auch den vorbedungenen Zinsen die Natur einer Entschädigung vindizirt wird, bedarf keiner Widerlegung.

11) Siewert a. a. O. S. 101. Präjudikat des Obertrib. in:

Wie es die Redaktoren gemeint haben, ist ungewiß: die Materialien geben darüber keinen Aufschluß [12]). In dem Entwurfe Th. 2, Abthl. 2, Tit. 8, §. 627 heißt die Stelle so:

„Die über zehn Jahre rückständigen und in der Zwischenzeit nicht geforderten Zinsen werden für erlassen angesehen."

Daraus läßt sich etwas Näheres nicht entnehmen, außer daß, da Zögerungszinsen zu bestimmten Terminen in der Zwischenzeit nicht gefordert werden, man an solche auch nicht gedacht haben könne. In den Suarez'schen amtlichen Vorträgen findet sich zu den §. 849 — 852 diese Bemerkung [13]):

„Der Streit, in wiefern usurae usurarum gefordert werden können, ist bekannt. Hier ist derselbe dahin entschieden, daß zwar, wie es die Praxis in hiesigen Landen bisher gewesen ist, diese Frage in der Regel affirmative zu beantworten, daß aber ein billige Ausnahme hiervon stattfinde, wenn der Kreditor durch seine eigene Nachlässigkeit das Anschwellen der Zinsen verursacht hat."

Hieraus läßt sich schließen, daß man nur an vorbedungene Zinsen gedacht habe, weil von dem Anatocismus bei Verzugszinsen nicht die Rede sein kann. Sollte sich die Bestimmung auch auf Verzugszinsen beziehen, so müßte unzweifelhaft Zweierlei wahr sein:

1) Müßte man Zögerungszinsen in regelmäßig wiederkehrenden Terminen einfordern können, welches nicht angeht, wenn man auch annähme, daß nach den Grund-

---

Simon und v. Strampff's Rechtssprüchen I, S. 147. — von u. zur Mühlen, in derselben Zeitschrift für wissenschaftliche Bearbeitung des Preuß. Rechts, Bd. I, S. 353 ff.

12) R. v. 1. Mai 1820 (Jahrb. XV, 243).

13) Jahrb. XLI, S. 23.

sätzen des Preußischen Rechts das Interesse für sich, ohne die Hauptschuld, eingefordert werden könnte[14]); denn der Gläubiger muß dabei sich mit dem fortbestehenden Verzuge entweder einverstanden erklären, oder nicht. In dem erstern Falle ist die Mora purgirt, und damit fallen deren Folgen fort; in dem andern Falle läuft es zuletzt darauf hinaus, daß entweder der Gläubiger in so kurzen und unregelmäßigen Terminen, wie er wollte, fordern, also alle 4 Wochen oder noch öfter von neuem klagen könnte, weil ihm nicht geboten ist, sein Interesse erst bis auf ein gewisses Quantum ansteigen zu lassen; oder es müßte, weil dadurch die Sache in Wucher übergehen

---

14) Der Verfasser des Aufsatzes in der Juristischen Zeitung pro 1833, S. 635 meint: Es gäbe zwei Fälle, wo Verzugszinsen einen Verfalltag hätten, und für diese Fälle will er die zehnjährige Verjährung eintreten lassen: der eine sei der, wo Verzugszinsen per sententiam zugesprochen würden, weil dadurch ihre Natur nicht verändert werde, und weil der Gesetzgeber unter „gerichtliche Einklagung" auch die Vollstreckung des Erkenntnisses verstanden habe. Der erstere Grund möchte nicht allgemeine Anerkennung finden: denn wenn die Zinsen kapitalisirt werden, so verändern sie allerdings ihre Natur; sie werden eben durch das Erkenntniß zu Kapital, und müssen deshalb wieder verzinset werden. Der letztere Grund ist noch weniger einleuchtend. Der andere Fall soll der sein, wo nach §. 224, Tit. 11, Th. I A. L.R. rückständige Kaufgelder verzinset werden müssen. Hier sollen die gesetzlichen Zinsen stillschweigend zu wirklichen Konventionalzinsen werden, mithin jährlich zu entrichten sein. Wie das zugehen soll, leuchtet nicht ein. — Ein dritter Fall, welchen die Anhänger der zehnjährigen Verjährung für ihre Meinung hierher gezogen haben, ist das Moratorium, bei dessen Ertheilung der Schuldner auch unverzinsliche Schulden vierteljährig verzinsen soll. Vergl. Plenarbeschluß des Obertribunals vom 11. März 1839 (Entsch. Bd. IV, S. 287). Diese Zinsen haben jedoch Verwandtschaft mit den Konventionalzinsen, indem das Gesetz im Voraus die Verzinsung zur Bedingung des Moratoriums, um welches der Schuldner bittet, macht. Konkursordn. v. 8. Mai 1855, §. 427. Die A. G.O. I, 47, §. 38 bezeichnete diese Zinsen unrichtig als Zögerungszinsen, worüber m. Glosse 3a zu §. 427 der K.O. nachzusehen.

würde, durch den Richter bestimmt werden, in welchen Terminen die Verzögerungszinsen sollten eingefordert werden können. Dieß wäre wenigstens etwas ganz Ungewöhnliches, allen bisherigen Grundsätzen Widersprechendes. Es findet aber die Einklagung von Verzugszinsen ohne gleichzeitige Einklagung des Kapitals auch nach dem Allg. Landrecht a. a. O. §. 845 nicht statt, ausgenommen, wenn der Gläubiger über das Kapital nur mit Vorbehalt der Verzugszinsen quittirt hat [14a]).

2) Es müßte das Interesse in dem nämlichen Falle verjährt und auch nicht verjährt sein, je nachdem der Gläubiger in den danach geeigneten Fällen die gesetzliche Taxe des Interesses, d. h. usurae legales, oder ein höheres Interesse forderte. Denn daß das Interesse überhaupt in zehn Jahren verjähren soll, ist nicht bestimmt; die usurae legales sind aber die gesetzliche Taxe des Interesses mit der Maßgabe, daß der Gläubiger sich unter Umständen dabei nicht zu beruhigen braucht, wenn er ein höheres Interesse nachweisen kann. Konsequenter Weise müßte man also annehmen: daß, wenn in einem solchen Falle der Gläubiger sich mit dem geringeren Quanto begnügen wollte, die Interessenforderung verjährt sei; wenn er aber mehr verlangte, das Interesse erst mit der Hauptklage erlösche [14b]).

Hieraus scheint überzeugend hervorzugehen, daß nach der Natur der Sache die Verjährung keinesweges auf

---

14a) Vergl. oben §. 10, Nr. IV, 2, und Entsch. des Obertrib. Bd. IV, S. 291 und Neue Folge Bd. I, S. 1.

14b) Das Obertrib. macht a. a. O. S. 293 auch noch auf den ganz unmotivirten Unterschied zwischen Verzugszinsen von Darlehnen und den von andern Schulden aufmerksam, den man annehmen müßte, wenn man den §. 849 auf Verzugszinsen beziehen wollte; denn dieser §. 849 ist bei dem §. 65, Tit. 16, Th. I des A. L.R., wo diejenigen Bestimmungen aus der Lehre vom Darlehn allegirt werden, welche von Verzugszinsen überhaupt gelten sollen, nicht mit aufgenommen.

Verzugszinsen, welche bloß zufällig den Namen der Zinsen führen, und, wie gesagt, nichts weiter als eine gesetzliche Taxe des Interesses sind, bezogen werden kann [15]).

Uebrigens läuft die Verjährungsfrist vom Verfalltage einer jeden einzelnen Zinsrate für sich [15a]).

Auf rechtskräftig zuerkannte Zinsen findet diese Verjährung gar nicht Anwendung, weil dieselben durch das Judikat Sors werden, wovon wieder Zinsen gefordert werden können.

Für die Zinsen von Staatsschuldscheinen ist eine vierjährige Verjährung vorgeschrieben [16]), welche nach der neuern Gesetzgebung auf alle vorbedungene Zinsen ausgedehnt ist [16a]).

II. Die Zinsenobligation (das Zinsrecht, nicht einzelne fällige Termine, welche selbständige Forderungen für sich sind, und wovon so eben die Rede gewesen ist) wird aufgehoben:

1) Durch Tilgung der Hauptschuld [17]), gleichviel ob durch Zahlung oder auf andere Weise.

---

15) Nach einem Plenarbeschlusse vom 11. März 1839 hat auch das Obertribunal dieses als einen künftig allgemein anzuwendenden Satz ausgesprochen (Just.M.Bl. 1839, S. 128, Nr. 115. — Entsch. des Obertrib. Bd. IV, Nr. 30, S. 280). Nach dem Gesetz wegen Einführung kürzerer Verjährungsfristen, vom 31. März 1838, §. 2, No. 5 (G.S. S. 250), wird die kurze Verjährung ausdrücklich auf vorbedungene Zinsen beschränkt, worin eine authentische Auslegung der landrechtlichen Bestimmung zu sehen ist.

15a) A. L.R. I, 9, §. 545. — Siewert, Mater., VII, S. 103. Durch die gewöhnlichen, selbst von Justizkommissarien sehr häufig also gefaßten Anträge der Klagen: den Beklagten zur Zahlung zehnjähriger Zinsen vom Tage der insinuirten Klage zurückgerechnet und der laufenden Zinsen zu verurtheilen, thun sich die Gläubiger Schaden. Schon die Anmeldung der Klage unterbricht die Verjährung. A. L.R. a. a. O. §. 551.

16) Verordn. v. 17. Jan. 1820, §. XVII. Gesetzsamml. S. 15.

16a) Gesetz vom 31. März 1838 (G.S. S. 250), §. 2, Nr. 5.

17) L. 18 D. de novat. (XLVI, 2); L. 7 et 1, §. 3 D.

2) **Durch Verjährung der Hauptklage**, womit auch die rückständigen Zinsen, auch die allerletzten und neuesten Termine, vermöge der accessorischen Natur der Zinsen, verjährt sind [18]).

3) **Durch gänzliche oder theilweise Verjährung der Zinsenobligation.** In der ersten Ausgabe habe ich die Meinung zu begründen gesucht, daß die Zinsenobligation (das Zinsrecht) nicht durch Klagverjährung (Präscription), sondern nur durch eine qualifizirte Verjährung erlöschen könne. Dazu war ich durch die Betrachtung gekommen, daß Forderungsrechte nicht durch Nichtgebrauch erlöschen wie andere Rechte von dinglichem Charakter, wie z. B. Servituten und das nach Analogie derselben behandelte Rentenrecht, sondern daß nur das Klagerecht durch Ablauf der Verjährungsfrist verloren geht, daß diese Verjährung eine bereits begründete Klage (actio nata) voraussetzt, mithin nur wegen der einzelnen Termine von dem Tage an, wo sie fällig werden, und wegen der Zinsenobligation selbst von da an, wo durch Ableugnung derselben Grund zur Klage gegeben ist, die Verjährung anfangen kann. Indeß scheint mir bei näherer Erwägung diese Meinung nicht haltbar nach den Bestimmungen des A. L.R. Th. I, Tit. 9, §. 509, wo es heißt:

„Auch das Recht, jährliche Leistungen und Abgaben

---

h. t.; L. 19 C. h. t. — A. L.R. a. a. O. §. 843; Tit. 16, §. 470. Dieß ist einer der Rechtssätze, die im Allgemeinen Landrecht nicht ausdrücklich ausgesprochen sind, und deren Gültigkeit darum doch Niemand bezweifelt. Er folgt aus Einleit. §. 108 und aus der accessorischen Natur der Zinsen. Der Einwurf: „Das steht nicht im Landrechte!", womit Rechtssätze so oft angefochten werden, ist ganz unjuristisch. Als wenn darum, weil ein Rechtssatz nicht ausdrücklich ausgesprochen werden, das gerade Gegentheil, welches auch nicht ausgesprochen ist, Rechtens sein müßte!

18) L. 26 pr. C. h. t. — A. L.R. I, 9, §§. 568, 569.

von der Person oder dem Grundstücke eines Andern zu fordern, kann durch den bloßen Nichtgebrauch verjährt werden."

Dadurch beabsichtigten die Redaktoren des A. L.R. den herrschenden Meinungsstreit über diese Frage zu schlichten. Bekanntlich sollten nach einer Meinung auf die Ausübung der Rechte dieser Art die Grundsätze von dem Gebrauche einer res merae facultatis angewendet werden und zur Verjährung ein Widerspruch des Verpflichteten gegen die von dem Berechtigten geforderte Leistung erforderlich sein, weil bei solchen reditibus annuis tot praescriptiones quot praestationes eintreten müßten, indem das jus exigendi in jedem Jahre neu entstehe, folglich nur jede einzelne Prästation per lapsum temporis präscribirt werden könne. Andere hielten die allgemeinen Grundsätze der Klagverjährung auf alle Arten von in bestimmten Zeiträumen wiederkehrenden Lasten und Abgaben, also auch auf Reallasten wie auf öffentliche Lasten für anwendbar. Diese Meinungsverschiedenheit fand auch in der vorlandrechtlichen preußischen Praxis Vertretung und Ausdruck[19]). Dem sollte durch das A. L.R. ein Ende gemacht werden. Gegen die schon in dem gedruckten Entwurfe enthaltene Bestimmung des §. 509 waren von Vertretern der andern Meinung Monita eingegangen und darauf bemerkte Suarez in seiner Revision der Monita Folgendes: „Die Sache ist bekanntermaßen bisher schon unter den DD. sehr streitig gewesen, und daher auch bei der ersten schon zur Discussion gekommen. Man hat aber die im Text enthaltene Theorie vorgezogen, und zwar m. E. mit vollkommenem Grunde. Das Recht, Gefälle, Pächte, Zinsen u. s. w.

19) Darüber: Behmer, novum jus controversum, I, obs. 9; Hymmen, Beiträge, Samml. VIII, S. 27 ad 1; Entsch. der Gesetzkommission, vom 26. Dezember 1789 (Klein, Annal., Bd. VI, S. 310; v. Kamptz, Jahrb., Bd. V, S. 75).

zu fordern, es mag nun ex pacto oder ex lege seu ex statu entspringen, ist nur Ein Recht; und daraus, daß dieß Recht alljährlich ausgeübt wird, folgt nicht, daß mehrere Rechte vorhanden sind. So wenig also Jemand, der die Zinsen seines ausgeliehenen Kapitals durch 30 Jahre nicht gefordert hat, solche von 29 Jahren her nachfordern kann, ungeachtet solche auch in jedem Jahre von neuem fällig sind [19a]), so wenig kann man solches, ohne inkonsequent zu werden, bei anderen reditibus annuis statuiren [19b])." Hieraus erhellet erstens, daß die Verjährung des Rechts selbst, Zinsen zu fordern (der Zinsenobligation), durch Nichtgebrauch, für so zweifellos und unbestreitbar angesehen wurde, daß man daraus sogar einen Beweis für die viel weniger bestrittene Verjährbarkeit anderer Rentenrechte in gleicher Weise folgerte. Zweitens erhellet, daß der hinsichtlich der Verjährung vorher von Einigen gemachte Unterschied zwischen jährlichen Leistungen aus Willenserklärungen und solchen aus einer Rechtsregel (ex lege seu ex statu) hat verworfen sein

---

19a) Dieses Gleichniß ist mir unklar. Warum soll er sie nicht nachfordern können, so lange die Verjährung nicht ganz abgelaufen ist? Er will sagen: Wenn die Zinsen durch 30 Jahre nicht gefordert sind, so kann keine einzelne, auch die jüngste Jahresrate mehr eingefordert werden, obgleich die Verjährung der letzten 29 Raten seit deren Fälligkeit noch nicht abgelaufen ist. Aber das ist gerade das Hauptbeweisthema und kann nicht als Beweis seiner selbst und des Folgesatzes dienen. Gleichwohl ist der Ausspruch für die Erklärung des A. L.R. werthvoll; denn es erhellet daraus klar die Meinung des Gesetzgebers, und der Beweis für den ausgesprochenen Rechtssatz liegt eben in dem angenommenen Grundsatz, daß mit Ablauf von 30 Jahren das ganze Recht erloschen ist, folglich auch nicht mehr die Rate des letzten Jahrs gefordert werden kann.

19b) Simon und v. Strampff, Materialien des A. L.R. zu den Lehren vom Gewahrsam und Besitz und von der Verjährung (Berlin 1836), S. 516.

sollen[19c]), daher die Fassung des §. 509 ganz allgemein ist. Der im §. 509 festgesetzte Rechtsgrundsatz gilt jedoch nur von Privatlasten. In Beziehung auf öffentliche Lasten und Abgaben ist die andere Meinung zum Rechtsgrundsatze erhoben[19d]).

Auf gleiche Weise kann eine theilweise Verjährung der Zinsenobligation stattfinden, wenn z. B. statt fünf Prozent vier gleichmäßig gezahlt und angenommen worden sind. In diesem Falle wurde nach R.R. ein stillschweigender Vertrag angenommen, daher es nicht auf die Erfordernisse der Verjährung ankam, wogegen es nach Preußischem Rechte allerdings auf den Nachweis der Verjährung durch Nichtgebrauch ankommt[20]).

4) Ein rechtskräftiges Erkenntniß hob nach Römischem Rechte die Zinsenobligation vier Monate, die dem Schuldner gleichsam zur Befolgung und Herbeischaffung des Geldes gegeben waren (quadrimestres induciae), auf; nach dieser Zeit fingen aber ganz neue Zinsen (usurae rei judicatae) zu zwölf Prozent zu laufen an, vorausgesetzt daß im Urtel auf Zinsen erkannt worden war[21]).

Dieß ist dem Preußischen Rechte unbekannt. Dagegen gehört gewissermaßen hierher die Wirkung des formellen Konkurses, durch dessen Eröffnung der Zinsenlauf in Ansehung aller Forderungen, für welche kein Pfand

---

19c) Einzelne Partikulargesetzgebungen hatten diese Unterscheidung aufgenommen. Das Preuß. Landrecht von 1721, Bd. III, Tit. 4, Art. 3, §. 6 schränkte die Verjährung durch bloßen Nichtgebrauch auf jährliche Leistungen aus Willenserklärungen ein.

19d) A. L.R. I, 11, §. 656. Man kann hier dieselbe Inkonsequenz behaupten, welche Suarez den Gegnern vorwirft.

20) Vergl. oben §. 11, Note 6.

21) L. 13 C. h. t. — L. 1, 2, 3 C. de usuris rei judicatae (VII, 54). — v. Vangerow, Abhandlungen a. a. O. Nr. XII, §. 4 u. f.

oder Hypothekenrecht bestellt ist, ohne Unterschied, freilich nur zum Vortheil der übrigen Gläubiger, nicht etwa zum Besten des Schuldners, gehemmt und unterbrochen wird[22]). Nach altem Rechte wurden sie post omnes locirt[23]); nach neuerem Rechte aber sind sie ganz vom Konkurse ausgeschlossen und können nur hinterdrein gegen den Gemeinschuldner im gewöhnlichen Exekutionsverfahren, insofern dieses stattfindet, beigetrieben werden[23a]).

5) Verzugszinsen werden durch purgatio morae beendigt[24]), und wenn die Mora durch ausdrückliche Fristbewilligung des Gläubigers ohne Vorbehalt aufgehoben wird, so fallen auch die schon für die Vergangenheit ex mora begründeten Ansprüche weg[25]), weil dann keine Rechtsverletzung vorhanden ist.

Dasselbe Resultat ergiebt sich auch bei den übrigen Arten, die Mora zu purgiren, namentlich: bei der Anbietung und Annahme der Leistung; bei der Novation. Rügt dabei der Gläubiger die Mora nicht, so verzeiht er, und erläßt seinen Anspruch, indem er das ganze Klagerecht, welches in diesen Fällen aufgehoben wird, aufgiebt. Nach einer andern Meinung sollen bloß die Wirkungen für die Zukunft, nicht aber die schon begründeten

22) A. G.O. I, 50, §. 152. Konk.-O. vom 8. Mai 1855, §. 12. Dieß ist altes Brandenburgisches Recht. Landtags-Rezeß von 1653 Art. 33, und Deklaration vom 13. Juni 1654. (C. C. M. Tom. II. Abth. 2. S. 10.) Dasselbe gilt nach mehreren Landesgesetzen. Sächs. Proz.O. Tit. 1: das ist aber etc. — Leyser sp. 474. — Mevius, dec., P. VII, dec. 245.

23) A. G.O. a. a. O. §. 477 b., wie nach Sächs. R. a. a. O. — Leyser sp. 478. — Ueber die Billigkeit und Klugheit dieses Satzes: Hugo, civil. Magazin, Bd. II, S. 157.

23a) Konk.-O. vom 8. Mai 1855, §. 84 und meine Glosse 59 dazu.

24) L. 23 D. de recept. (IV, 8); L. 31 pr. D. de novat. (XLVI, 2).

25) L. 29 D. de verb. obl. (XLV, 1); A. L.R. I, 16, §. 70.

Ansprüche beseitigt werden[26]). Man sieht aber nicht, wie dieselben sollen geltend gemacht werden können, wenn durch Zahlung und resp. deren Annahme ohne Vorbehalt, oder durch Novation, die Hauptklage aufgehoben ist[27]).

6) Vertragsmäßige Zinsen, nicht usurae legales[28]), wurden durch das Anwachsen eines Rückstandes zum Betrage des Kapitals für immer gehemmt, weil sie nicht über das Doppelte (ultra alterum tantum) genommen werden sollten. Dieß verstand sich nach älterm Rechte nicht bloß von einem so großen Rückstande, sondern auch von den nach und nach gezahlten Zinsen[29]). Erst Antoninus beschränkte das Verbot auf die rückständigen Zinsen[30]). Justinian aber wollte dieß wieder auf die nach und nach bereits gezahlten Zinsen ausgedehnt wissen[31]), diese Verordnungen sind indeß nicht glossirt. Die Praxis war hierin nicht gleichförmig. Nach Einigen

---

26) v. Wening-Ingenheim Bd. III, §. 106.

27) L. 49, §. 1 D. de act. emti et vend. (XIX, 1) „Pretii sorte, licet post moram, soluta, usurae peti non possunt, cum hae non sunt in obligatione, sed officio judicis praestentur." Vergl. L. 4. C. depositi (IV, 34).

28) Carpzov, respons. jur., L. IV, resp. 50, No. 8. — Kind, quaest. for., T. II, cap. 53. — A. M. Z. Balth. de Wernher, de usuris per modum Interesse ultra alterum tantum non exigendis. Vitemb 1711. — Mevius, decision., Tom. II, P. VII, decis. 2. — Wernher, select. observat. for., Tom. I, Part. III, obs. 1. Nach der L. un. Cod. de sententia quae pro eo quod interest erscheint die letztere Meinung richtig, nicht aber nach dem Speierschen Reichsdeputations-Abschied v. J. 1600 §. 139, wonach dem Gläubiger sein ganzes Interesse zu fordern nachgelassen ist. Ein Unterschied ist auch in der That nicht findbar.

29) L. 26, §. 1 D. de cond. ind. (XII, 6) „et solutae repetuntur" L. 9 pr. D. h. t.; L. 4, §. 1 D. de naut. foen. (XXII, 2).

30) L. 10 et 27 C. h. t.

31) L. 29, 30 C. h. t.; Nov. 121, c. 2; Nov. 138. — Vergl. Glück a. a. O. S. 106 und 107.

soll das neueste Justinianeische Recht gelten [32]); nach Andern soll das Römische Recht mit Ausschließung der nicht glossirten Justinianeischen Verordnungen ohne Ausnahme zur Anwendung kommen [33]); wieder nach Anderen sollen doch gewisse Ausnahmen stattfinden, und dazu rechnet man namentlich usurae rei judicatae [34]); ferner wenn Städte und pia corpora Zinsen zu fordern haben [35]);

---

32) Peter Gregor Tholosa, in Syntagm. jur. univers. L. 22, c. 3, n. 38. S. auch Tabor, exercitat. academicae de altero tanto usurario, cura JClti. Giess. 1686. P. 1, Art. 3, n. 5. — Hahn, de altero tanto §. 50. — Scheplitz, consuetud. March., L. I, P. 4, Tit. 2, Pag. 299, n. 18. — Mevius Tom. II, P. VII, decis. 2, 3 und 4. — Lauterbach, colleg. th. pr. Pand. h. t. §. 26. — Carpzov, jurispr. for., P. II, coust. 30, def. 26 auf Grund der nicht glossirten Nov. 121; und in dessen Asyl. debitor. Pos. 15, n. 252. — Cocceji, jur. civ. controv. h. t. qu. 9. — Richter, decis., P. 2, dec. 74, n. 84. — Ritterhusius, jur. Justinian., P. III, cap. 9, no. 10. — Leyser sp. 248, m. 1. — Walch, introduct. in controv. jur. civil., Sect. III, c. IV, Membr. I, Subs. 1, §. 18. — Jo. Fr. Wernher, diss. de licita et illicita usurarum exactione. Vitemb. 1724, Cap. I, §. 10. Diese unvernünftigen Verbote stehen mit der sonst anerkannten Rechtmäßigkeit der Zinsen in geradem Widerspruche. Hugo, civ. Magazin, II, S. 158.

33) Höpfner, Inst. §. 967, und Weber in der Note 7 dazu, und: Versuche über das Civilrecht, Nr. I, §. 14, S. 48. — Finkelthaus obs. 40, No. 19. — Richter, decis., P. 2, decis. 74 sq. — Brunnemann, ad L. 10 C. h. t. — Pufendorf obs. I, obs. 14, §. 4. — Mevius P. VI, decis. 386; P. VII, dec. 136. — Wening-Ingenheim a. a. O. §. 12. — Mackeldey Th. II, §. 350, No. 3. — Thibaut, System des Pand.-Rechts I. Bd. §. 283. — Hofacker, Jahrbücher der Gesetzgebung in Würtemberg, Bd. I, No. 13, u. v. A.

34) Mevius P. VII, dec. 4. — Boehmer ad Carpzov. qu. 92. — Zoller, de usur. rei jud. Lips. 1778.

35) Nov. 160, Praef. und Cap. I. Diese Verordnung spricht zwar nur von Städten, man will sie aber auch auf pia corpora anwenden. Mevius P. VII, dec. 136. — Leyser sp. 248,

oder wenn der Schuldner nach erfolgter Mahnung säumig ist[36]; oder doch wenn die Zinsen erst nach der Litiskontestation so hoch anschwellen[37]). Diese Meinung war im ältern Brandenburgischen und Westpreußischen Provinzialrechte gesetzlich geworden[38]). Nach einer vierten Meinung soll das Justinianeische Recht gar keine Anwendung finden, vielmehr sollen die Zinsen ohne alle Beschränkung fortlaufen[39]). Diese Meinung hatte auch in

---

m. 2. — de Boehmer ad Carpzov. l. c. obs. 6. — Engelbrecht obs. 42.

36) Pufendorf l. c. — Leyser l. c. m. 4, 5, 6. — Weber, natürliche Verbindlichkeit, S. 222. — Cramer obs. I, n. 23, §. 6.

37) de Boehmer ad Carpzov. l. c. — Mevius l. c. P. VII, dec. 4. — Berger, oecon. jur., Lib. 3, Tit. 8, §. 10, n. 3. — Hymmen V, S. 130, No. 6. Ueber alle diese Ausnahmen s. m. Quistorp, rechtliche Bemerkungen, No. 110, S. 393.

38) Landt.-Absch. von 1653 §. 33; Westpreuß. Regier.-Instruktion vom 11. Septb. 1773. Nach §. 13, N. IV, 1. litt. f, sollen Zinsen ultra alterum tantum niemals zuerkannt werden, es sei denn in folgenden Fällen:

a) wenn die Zinsen, ehe sie ad alterum tantum erwachsen, gerichtlich eingeklagt und die Zahlung nicht geleistet worden;

b) wenn Jemand in die Zinszahlung condemniret, und er dennoch die Entrichtung zu verweigern fortgefahren;

c) in actione tutelae directa;

d) wenn Schwestern von ihren Brüdern den rückständigen Dotem nicht haben erhalten können. (Diese Bestimmung gründet sich bloß auf provinzielles Recht.)

e) wenn ein Tutor, Curator oder Administrator rei alienae condemnirt wird, Kapital und Zinsen demjenigen, dessen Negotia er gerirt, zu bezahlen.

Vergl. das Präjud. in Hymmen V, S. 129. — Berger, oecon. jur., L. 3, Tit. 8, §. 10, n. 3. — Mevius, decis., P. 7, n. 4. — Gonne, Abhandlung über die Frage: ob die Zinsen in Deutschland über die Summe des Kapitals laufen; in den Erlang. gelehrt. Anzeigen vom Jahre 1726.

39) Cothmann, cons., Vol. II, cons. 52, n. 259. — Pu-

der Brandenburgischen Praxis, nach dem Beispiele des Reichskammergerichts[40]), gegen den Landtagsrezeß v. 1653 Ansehen[41]), und ist, wiewohl die spätere Gesetzgebung[42]) das Justinianeische Recht einführte, doch in dem Allgemeinen Landrechte angenommen worden, so daß die fernere Verzinsung bloß aus dem Grunde, weil die nach und nach gezahlten Zinsen die Summe des Kapitals bereits übersteigen, nicht verweigert werden kann[43]).

§. 13.

d) Beschränkungen derselben.

Claud. Salmasius, de modo usurarum liber. Lugd. Batav. 1638. 1639. 8. — Ueber das Schicksal der Zinsen im Mittelalter: Boehmer, jus ecclesiast. Protest., Lib. 5, Tit. 19. — Dessen diss. de fundamento usurarum pecuniae mutuaticiae. Hal. 1728, und in den Exercitat. ad Pand. T. IV, p. 87. — (J. Bentham) Vertheidigung des Wuchers. Aus dem Engl. übersetzt von J. Aug. Eberhardt. Halle 1788. Eine französische Uebersetzung davon ist 1828 erschienen, unter dem Titel: Defense de l'usure, ou lettres sur les inconveniens des loix, qui fixent le taux de l'interêt de l'argent; par Jeremie Bentham traduit de l'anglais sur la quatrième edition, suivi d'un memoire sur le prêt

---

fendorf, observ. jur. univ., Tom. I, obs. 14, §. 6. — Strube, rechtl. Bed. Thl. III., Bed. 33. — v. Zangen, Rechtserörterungen, Bd. II, S. 137 u. f. — Langsdorf, von den usuris ultra alterum tantum und deren Rechtmäßigkeit im deutschen Reich. Mannh. 1778, §. 30 u. f. — Joh. Pet. de Ludwig, different. jur. Rom. et Germ. in usuris praecipue ultra alterum tantum, Diff. IX. — de Cramer, observat. jur. univ., Tom. I, obs. 23, §. 5 sq.; obs. 102 und 256, §. 3. — Müller, observation. pract. ad Leyser., Tom. III, Fasc. 1, observ. 443.

40) Cramer l. c. Tom. I, obs. 23, §§. 6 und 102.

41) Scheplitz l. c. p. 300, Nr. 19. — Suarez in: v. Kamptz Jahrb. Bd. XLI, S. 23. Auch nach der Magdeburgschen Polizei-Ordn. Cap. 51, §. 1 war sie gesetzlich recipirt.

42) Allg. Konk.- und Hyp.-Ordn. v. 4. Febr. 1722, §. 22. — Hymmen Bd. V, S. 130, Nr. 6.

43) Th. I, Tit. 11, §. 852. Damit ist der Meinungsstreit für das Preuß. Recht beseitigt.

d'argent, par Turgot etc. Paris 1828. Mather et Comp. 8. de 293 pages. — Joh. Arnh. Günther, Versuch einer vollständigen Untersuchung über Wucher und Wuchergesetze, und über die Mittel, dem Wucher ohne Strafgesetze Einhalt zu thun, in politischer, justizmäßiger und merkantilischer Rücksicht. I. Th. — Wucher in zinsbaren Geldanleihen. Hamb. bei Carl Ernst Bohm 1790; auch in Büsch und Ebeling's Handlungsbibliothek Bd. III, S. 161 u. f. — Dazu: Hugo, über Wucher und Wuchergesetze. Einige Beiträge zu Hrn. Lic. Günther's Schrift über diesen Gegenstand; in: civil. Magazin Bd. II, S. 133 u. f. — v. Sonnenfels, über Wucher und Wuchergesetze, eine Vorstellung mit Anmerkungen. Wien, bei Joseph Edler v. Kurzböck 1789. — Derselbe, über die Aufgabe: Was ist Wucher? und welches sind die besten Mittel, demselben ohne Strafgesetze Einhalt zu thun? Ebend. 1789. — Ders., zu Herrn Hofrath v. Kees' Abhandlung über die Aufhebung der Wuchergesetze. Ebend. 1791. Auf die Güntherschen und Sonnenfelsschen Schriften ist bei Abfassung des Allgemeinen Landrechts Rücksicht genommen. Klein, Bemerkungen über das Gesetz wegen der Zinsen v. 15. Febr. 1809. (Annal. XXVI, S. 234 u. f.) — Ein Votum über den Wucher, von einem Manne sine voto (K. H. Lang) Nördl. 1791. 8. — G. H. v. Berg, über Wucher und Wucherverbote; in den staatswissenschaftlichen Versuchen. Th. 2, S. 169 u. f. — Die neuere Literatur kann in Beziehung auf die landrechtliche Gesetzgebung nicht in Betracht kommen. In der neuesten Zeit hat sich die Tagesliteratur der Frage bemächtigt und sich überwiegend für die Aufhebung der s. g. Wuchergesetze ausgesprochen.

α) Geschichtliche Uebersicht.

I. Während man es bei allen Völkern natürlich fand, die Entschädigung des Eigenthümers für den, einem Andern gestatteten, Gebrauch einer Sache lediglich der Uebereinkunft beider Theile zu überlassen, hat man von jeher bei allen Völkern die Miethe für fungible Sachen mit Haß und Widerwillen verfolgt, und abwechselnd bald ganz, bald über ein gewisses Maß für etwas Unerlaubtes erklärt [1]). Dieser bei rohen Völkern entstan-

1) Ueber die Gründe dieses bei rohen Völkern entstandenen Hasses s. m. vor Allen: Hugo, civilist. Magazin, Bd. II, S. 144 u. f.

dene Haß hat seinen Hauptgrund in dem Umstande, daß bei solchen Völkern nicht der betriebsame und spekulirende Fabrikant und Commerziant zu seinem eigenthümlichen Fonds noch Geld borgt, um seinen Fonds und seine Geschäfte zu vergrößern und noch mehr zu gewinnen, sondern daß nur der Dürftige oder doch Bedrängte Geld aufnimmt, um sich aus der Verlegenheit zu reißen [2]). In einem solchen Falle erregt es Unwillen gegen den Darleiher und Mitleiden für den Schuldner, wenn der Erstere die Verlegenheit des Letztern benutzt, seinen Reichthum durch die Armuth des Letztern noch zu vergrößern, und dadurch den dürftigen Schuldner vielleicht ganz zu Grunde zu richten. Von diesem Standpunkte fällt es nicht auf, wenn Cicero den Cato das Geldvermiethen (foenerari) dem Todtschlage [3]) gleichstellen läßt, und wenn dieses Gewerbe in den Augen der Römer für schändlich galt [4]). Dasselbe mochte nach der damaligen Beschaffenheit des Verkehrs und bei den häufig wiederkehrenden politischen Unruhen allerdings Bedrückungen erzeugen, und dadurch die Aufregungen noch vermehren; es wurde deshalb schon früh Gegenstand einer besondern Polizei-Gesetzgebung, welches ein gewisses Maximum festsetzte, das bei Strafe nicht überschritten werden sollte [5]). Die rö-

---

Sodann: Jul. Müller, ratio et historia odii, quo foenus habitum est. Gott. 1821. 4. — Adolph Dietr. Weber, über den Haß der Zinsen; in dessen Versuchen über das Civilrecht, S. 225 u. f. — Fr. W. Pestel, diss. fontem errorum de odio usurarum legitimo investigatum et obstructum repraesentans. Rint. 1753.

2) Hugo a. a. O. 145, 148.

3) Cicero, de off. II, 25.

4) Cato, de re rustica, ab init. — Seneca, de benefic. VII, 10. — Suetonius, August., Cap. 2. — Heineccii antiquit. Rom., Lib. III, Tit. 15 (14), §. 4.

5) Fragm. Vatic. §. 11. — Paulus, sent. rec., II, 14, §. 2, 4. — L. 1 C. Theodos. de usuris (II, 33). — L. 4 §. 1 D. de

mische Geschichte[6]) beweiset, wie die tägliche Erfahrung noch jetzt, daß die Gesetzgebung gegen die übertriebenen Forderungen der Geldvermiethe nicht durchaus schützen kann. Wie hoch die Zinsen in den frühesten Zeiten der Römer gewesen sein müssen, ist daraus abzunehmen, daß der Uncialzinsfuß, der sich wahrscheinlich auf 10 Prozent nach unserer Rechnung belief[7]), und welcher schon in den XII Tafeln festgesetzt gewesen sein soll[8]), der darauf gesetzten Strafe des Vierfachen ungeachtet, überschritten wurde[9]), so daß derselbe durch die Lex Duillia Maenia a. 379 von neuem als Maximum, zum Verdruß der Patrizier, hergestellt werden mußte[10]). Durch die Lex Manlia et Plautia v. J. 408 setzte man das unciarium

---

naut. foenore (XXII, 3). — L. 8 C. si certum petatur (IV, 2). — Godofred. ad Cod. Theodos. Lib. 3, Tit. 1, L. 18 und ad L. 2, Tit. 33. — Noodt l. c. Cap. 10.

6) Sigonius, de antiquo jure Romano, Lib. II, c. 11. — Heineccii antiquit. Roman., Lib. III, Tit XV (XIV), §. 7—17.

7) Niebuhr's Römische Geschichte I. Ausg. Th. II, S. 431—440. — Schrader, Beitrag zu Niebuhr's Erörterung über den alten römischen Zinsfuß; in civilist. Magaz. Bd. V, S. 180 u. f. — Gött. Gel. Anz. 1814, S. 205. — Heineccii antiq. l. c. §. 18.

8) Tacitus, annal., VI, 16. — Montesquieu, de l'esprit des lois, Liv. XXII, chap. 22 will ihm nicht glauben, und meint, Tacitus verwechsele die anno 398 durchgegangene Lex Duillia Maenia, wovon Livius VII, 16 spricht, mit den XII Tafeln, weil es sonst der, 45 Jahre nach den XII Tafeln bei dem Manlianischen Tumult, 378 gegebenen Lex Licinia, wonach die Schuldner die bezahlten Zinsen auf das Kapital sollten abrechnen dürfen, nicht bedurft hätte, da die Schuldner sich ja nur auf jenes XII Tafelgesetz, welches nach seiner Meinung nicht mehr als Ein Prozent Zinsen auf das Jahr gestattet haben soll, hätten berufen dürfen, um sich gegen die Gläubiger zu schützen. Er fügt hinzu, man brauche eben nicht sehr bewandert zu sein in der römischen Geschichte, um zu sehen, daß Tacitus' Angabe unrichtig sei. Gibbon antwortet ihm darauf: ob denn Tacitus unwissend oder dumm gewesen sei.

9) Livius VI, 14. 10) Livius VII, 16.

foenus auf ein semunciarium herab [11]), und nicht lange darauf wurde 413 die Lex Genucia durchgesetzt, welche das foenus gänzlich verbot [12]). Natürlich wurde dieses Verbot umgangen, was um so leichter war, als es sich nur auf römische Bürger bezog, so daß man von Personen aus den Latinen und Socien die Namen hergeben lassen konnte [13]). Es half auch die Ausdehnung des Verbots durch die Lex Sempronia v. J. 560 (Note 13) auf die Latinen und Socien zu nichts [14]), und es kam zuletzt dahin, daß usurae centesimae, d. h. 12 Prozent, für gesetzlich zulässig erklärt wurden, und nur die höhern verboten blieben [15]). Wodurch zuerst dieser Zinsfuß eingeführt worden, ist ungewiß. Man bezieht darauf eine Lex Gabinia [16]); wahrscheinlich aber beruht derselbe auf Gerichtsgebrauch, welcher durch das Prätorische Edikt anerkannt wurde [17]). Justinian führte einen ganz neuen Zinsfuß, mit Rücksicht auf die verschiedenen Stände, ein [18]). Das Maximum setzte er auf die Hälfte (semisses) herunter. Von dieser Regel galten folgende Ausnahmen:

---

11) Livius VII, 27. Das bezog sich auch auf die schon bestehenden Schulden, es war, was man heutzutage Convertirung nennt, aber ohne Anbietung der Kapitalien, die erst binnen 3 Jahren in gleichen Jahresraten abgetragen werden sollten.

12) Livius VII, 42. — Tacitus, annal. VI, 16.

13) Livius XXXV, 7. Diese Darleiher waren an ein Maximum nicht gebunden, daher war die Bedrückung noch größer geworden.

14) Noodt II, 4, p. 269.

15) L. 40 D. de reb. cred. (XII, 1); L. ult. C. de usuris rei jud. (VII, 54); L. 8 C. si certum petatur (IV, 2); Paulus, recept. sent., II, 15, §. 2.

16) Cicero, ad Atticum V, 21 in f.

17) Cicero l. c. — Heineccii antiquit. l. c §. 14 u. 15.

18) L. 26 C. h. t. — Strauch, dissertatio de centesimis usuris ad L. 26 C. de usuris; in Opusc. rar. cura C. G. Knorre. Francof. et Lips. 1729. p. 415 sq.

a) Personae illustres sollten nur trientes (4 Proz.);
b) Kaufleute und Argentarien [19]) aber konnten besses (8 Proz.) nehmen.
c) War der Schuldner ein Bauer, so durften nur trientes (4 Proz.) genommen werden [20]);
d) bei fungiblen Sachen, außer dem baaren Gelde, und
e) bei der pecunia trajectitia blieben noch centesimae (12 Proz.) gestattet.

Die Berechnung der Zinsen in der frühern Zeit der Republik ist dunkel [21]), in der spätern Zeit war sie der unsrigen analog nach Hunderttheilen (centesimae), nur wird die Zeit eines Monats, und bei uns die eines Jahres [22]) stillschweigend dabei verstanden, wenn keine Zeit bestimmt ist. Wenn mehr gegeben werden soll, so wird dieß durch eine Vielheit ausgedrückt, z. B. binae, ternae, quaternae, centesimae; wenn weniger, so geschieht es durch eine Bruchbezeichnung, wobei das As als Ganzes gedacht ist, als: usurae decunces $\frac{11}{12}$, sextantes oder decunces $\frac{10}{12}$, dodrantes $\frac{9}{12}$, besses $\frac{8}{12}$, septunces $\frac{7}{12}$, semisses $\frac{6}{12}$, quincunces $\frac{5}{12}$, trientes $\frac{1}{3}$, quadrantes $\frac{1}{4}$, sextantes $\frac{1}{6}$, unciariae $\frac{1}{12}$, semunciariae $\frac{1}{24}$ [23]).

II. Das älteste Kirchenrecht verbot nur den Geistlichen das Geldverleihen gegen Zinsen als ein für sie unschickliches Geschäft [24]); denn das von Gratian soge-

---

19) Nov. 13, Cap. 4. — L. 26, §. 1 C. de usuris (IV, 32).

20) Nov. 34; Auth. ad haec C. h. t.

21) S. o. Anm. 7. — Godofred zum Cod. Theodos. Tit. de usuris Th. I, S. 271. — Ostertag, über die Berechnung der Zinsen bei den Griechen und Römern. Regensburg 1784. 4. — Joh. Fr. Gronovius, de usuris centesimis, et foenore unciario, cum mantissa pecuniae veteris. Lugd. Bat. 1661, 1664, 1671. 8.

22) A. L.R. a. a. O. §. 822.

23) Heineccius l. c. §. 18 — 30.

24) Can. 2 u. 5, Dist. XLVII, C. 9; D. XLVI, C. 2, 6, 8; C. XIV, qu. 4. — Ludw. Thomassinus, vet. et nova eccle-

nannte Concilium Eliberitanum, angeblich vom Jahre 303, 305 oder 313, welches schon den Laien verboten haben soll, Zinsen zu nehmen, ist nicht als ächt anerkannt[25]), und Gratian hat aus dem Canon 20 dieses Concilii[26]) das Verbot gegen die Laien auch nicht in seine Sammlung aufgenommen[27]). Erst Leo der Große erließ in seinem Briefe an mehrere Bischöfe vom Jahre 443 das Verbot auch gegen die Laien[28]), worin ihm Ambrosius, Augustinus, Hieronymus und Chrysostomus in ihren Privatschriften[29]), nach einer üblen Auslegung des mosaischen Rechts[30]), vorangegangen waren. Seitdem wurde mehrmals und wiederholt, unter Strafe des Bannes, des unchristlichen Begräbnisses, des Verlustes der Testamentifaction und der Restitution, selbst wenn auf Rückforderung eidlich verzichtet worden wäre, das Nehmen vertragsmäßiger Zinsen unbedingt verboten[31]). Indeß mußte man doch dem Drange des gesellschaftlichen

---

siae disciplina, P. III, Cap. 19, §. 5. (Tom. IX, p. 113 sq. Magont. 1787. 4). — Bingham, origines sive antiquitates ecclesiast., Vol. II, Lib. VI, Cap. 2, §. 6 (Halae 1725).

25) Berardus, Gratiani canones genuini ab apocryphis discreti, P. I, Cap. 2, pag. 19 sq. — J. H. Boehmer, jus eccles. Protest., Tom. V, Lib. V, Tit. 19, §. 18.

26) Bei Harduin. concilior. Tom. I, p. 252.

27) C. 5, Dist. XLVII.

28) C. 7, Caus. XIV, qu. 4.

29) Die Stellen: c. 1, 2 u. 3, C. XIV, qu. 3; — c. 10 u. 11, C. XIV, qu. 4; — c. 11, C. XIV, qu. 1; — c. 11, Dist. LXXXVIII, sind daraus entnommen.

30) Exod. XXII, 25; Levit. XXV, 35—37; Deuteronom. XXIII, 19—20. — Vergl. Noodt l. c. Lib. I, cap. 10. — Michaelis, de mente et ratione legis mosaicae usuras prohibentis. Gotting. 1750; auch in Dan. Fellenberg, jurispr. antiqua, Tom. I (Bern. 1760), Nr. II.

31) C. 2—7, 13, 17—19 X. de usuris (V, 19); c. 1, 2 de usuris in 6. (V, 5); Clem. unica de usuris.

Verkehrs wenigstens so weit nachgeben, daß man die Zinsen unter der Form von Renten und als Interesse (Verzugszinsen) für erlaubt erklärte[32]).

III. Unter den deutschen Völkerschaften war dieser Theil des gesellschaftlichen Verkehrs nicht bekannt[33]). Von den Volksgesetzen ist das Westgothische Gesetzbuch das einzige, welches etwas über Zinsen enthält. Nach demselben sollen beim Gelddarlehne nicht mehr als drei siliquae[34]) vom solidus, und auf 8 solidi der neunte, also usurae centesimae, und von Früchten nicht über ⅓ des Ganzen, d. h. nicht über die Hälfte des Kapitals (hemiolia)[35]), als Zinsen jährlich genommen werden[36]). Dieß ist jedoch Römisches Recht[37]).

In den Capitularien ist dagegen wieder das canonische Verbot aller Zinsen aufgenommen[38]), und die

---

32) R. 25 de regulis jur. in 6. — c. 9 X. de arbitris (I, 43); — Cap. 1 extravag. commun. de emt. vend. (III, 5). — Noodt l. c. Lib. I, cap. 12. — Boehmer l. c. §. 24. — Zech, rigor moderatus doctrinae pontificiae circa usuras. Diss. II.

33) Tacitus, de morib. Germ., Cap. 26, 5 u. 15.

34) Eine siliqua ist Ein Vierundzwanzigstel des solidus. Isidorus, origin., Lib. XVI, cap. 24. — Gronovius, de pecunia vet., L. IV, cap. ult. — Salmasius l. c. cap. XVII, pag. 492.

35) Gellius, noct. Attic., Lib. XVIII, cap. 14.

36) Lib. V, Tit. 5, §. 8 u. 9.

37) Beide §§. sind zum Theil wörtlich aus Lib. 1 u. 2 C. Theod. de usuris (II, 33), wie schon v. Savigny, Rechtsgesch. I, Cap. 8, Not. 84 bemerkt, entnommen.

38) Capit. I. a. 789, c. 5: „Item in eodem concilio (Nicaeno) seu in decretis Papae Leonis, nec non et in canonibus, qui dicuntur Apostolorum, sicut et in lege ipse Dominus praecepit, omnino omnibus interdictum est ad usuram aliquid dare." Lib. I Capitul., c. 5. Das Capit. V a. 806, c. 12 bestimmt, was unter usurae zu verstehen. Cap. I, c. 119. Vergl. ibid. II, c. 38; VI, c. 50 u. 204.

Leges Lotharii I [39]) verbieten, daß Jemand Zinsen nehme: post sui episcopi contestationem. Gegen dieses förmlich sanktionirte canonische Recht konnte auch das Römische noch lange nach seiner Aufnahme in dieser Materie, bei den Gerichten, kein Ansehn gewinnen [40]). Inzwischen scheint doch das Ausleihen des Geldes gegen sehr hohe Zinsen auf persönlichen Kredit vorgekommen zu sein [41]); denn es ist bekannt, daß man außer den Juden, welchen von jeher der Wucher, d. h. das Geldvermiethen [42]), als eigenthümliches Gewerbe gestattet wurde,

---

39) Cap. XIX, bei Georgisch, S. 1219.

40) Glosse zum Sachsensp. Bd. I, Art. 54. — Klein's Rechtssprüche, B. IV, S. 191—207.

41) Mittermaier, Grundsätze des rc. deutschen Priv. Rechts, §. 190, Nr. 1.

42) Meine Schrift: Die Juden im preuß. Staat, §. 6, Nr. 4. Der Recensent dieser Schrift, in der Allgem. Literatur-Zeitung pro 1835, Col. 197, sagt:

„Der (u. s. w) Koch sagt a. a. O. S. 50: „„Der Wucher, d. h. das Ausleihen des Geldes gegen Zinsen."" Diese Begriffsbestimmung ist durchaus unrichtig."

Darauf läßt sich eben so allgemein bloß sagen: Das Urtheil des Herrn Recensenten ist durchaus unrichtig. Was derselbe sich hier unter „Wucher" gedacht hat, ist nicht bezeichnet; die mitgetheilten Ansichten aus der v. Ulmenstein'schen Schrift, über das Verhältniß der Juden, lassen aber vermuthen, daß er sich das Verbrechen: Wucher genannt, dabei gedacht habe. Davon ist weder in der recensirten Stelle meiner Schrift, noch hier die Rede. Das Wort „Wucher" bedeutet in jener Zeit, auf welche sich die Schrift a. a. O. bezieht, jeden Gewinn vom Eigenthum im Handel und Wandel, besonders den Gewinn vom ausgeliehenen Gelde, für Zinsen, Interessen; daher „Gelt auf Wucher (Zinsen) ausleihen." In diesem Sinne sagt der Glossator zum Sachsenspiegel zu Bd. I, Art. 54: „Etliche sagen, man möge den Wucher nach Kaiserrecht wohl nehmen. Sage aber du, man möge keinen Wucher nehmen."

Wucher ist ihm aber „alles das, so ein Man mehr einnimpt oder aufhebt, denn er ausgeliehen hat, und daß er ihm solches zuvor bedinget hab." Vergl. Adelung, Wörterbuch,

s. g. usurarii publici [43]) zu Friedrich's I Zeiten privilegirte. Dagegen hatte man das, von dem canonischen Rechte ausdrücklich anerkannte [44]) Institut des Renten- oder Gültekaufs, mittelst welches man den nämlichen Zweck durch Realkredit erreichte [45]), ohne daß es zur Umgehung des Zinsverbots ursprünglich ersonnen worden [46]). Ein Umweg aber war es, durch einen Prozeßakt, bloß zu dem Zweck, um Verzugszinsen laufen zu machen, den Schuldner in Verzug zu setzen, obgleich der Gläubiger noch keine Zahlung wünschte [47]); denn das Interesse we-

---

s. v. Wucher. Auch kann der Recensent sich darüber Belehrung aus einem Buche holen, das ja auch wohl für ihn eine Autorität sein wird, nämlich aus Luther's Bibel, Matthäus 25, 27 und Lucas 19, 23. Erst der spätere Sprachgebrauch hat mit dem Ausdruck „Wucher" einen schlimmen Nebenbegriff verbunden, und dadurch die frühere ehrbare Bedeutung veralten lassen. Deswegen ist aber in der recensirten Stelle dem Ausdruck „Wucher" auch hinzugefügt: „d. h. das Ausleihen des Geldes gegen Zinsen," um eben zu verhindern, daß man nicht, wie der Herr Recensent, daran denke: es werde darunter die strafbare Handlung, welche die jetzigen Kriminalgesetze unter dem Ausdruck Wucher verstehen, gemeint. Daß das Ausleihen des Geldes gegen Zinsen an sich nicht Wucher im kriminalrechtlichen Sinne sei, darauf hätte nicht erst der Herr Recensent aufmerksam zu machen brauchen. Er scheint noch lernen zu müssen.

43) „Quos vulgus vocat Gawertschin." Oesterreichisches Privilegium von Friedrich I, Nr. 10. — Olenschlager's Erläuterung der goldnen Bulle, Anh. Nr. 9. — Eichhorn, Rechtsgeschichte II, S. 95.

44) Cap. 1 extravag. comm. de emt. et vend. (III, 5) (a. 1420) und Cap. 2 eod. (a. 1455). Nach dem erstern Cap. sollte der Gültekauf schon über hundert Jahre üblich gewesen sein.

45) Eichhorn, deutsch. Pr.R., §. 105; Rechtsgesch. §. 361 a, und 450.

46) Möser, patriotische Phantasien, Bd. II, Nr. XVII, S. 97; Eichhorn, deutsch. Pr. R. a. a. O.

47) Hugo, civil. Mag., II, S. 156, wo aus dem französischen Werk: la jurisprudence du parlement; par M. de Salviat 1787, die Prozedur angeführt ist.

gen Verzugs zu fordern, erlaubte das canonische Recht[48]), und die Reichsgesetzgebung fixirte die Praxis des Reichskammergerichts, indem sie im Allgemeinen das Interesse auf Fünf für das Hundert festsetzte, ohne den Beweis eines höhern Betrags abzuschneiden[49]).

Dieser praktische Behelf war besonders in Frankreich, in den Ländern des Gewohnheitsrechts (Pays du droit coutumier) üblich. In diesen Ländern kannte man vor der Assemblée constituante nur Verzugszinsen, vom Tage der gerichtlichen Mahnung; vorbedungene Zinsen für ein simples Darlehn erlaubten die Gesetze nicht, ausgenommen in Handlungssachen. Indessen gestattete der Gerichtsgebrauch nicht die Zurückforderung bezahlter Zinsen. So stand die Sache, als die constituirende Versammlung den 3. Oktober 1789 dekretirte, daß Jedem freistehen solle, gegen vorbedungene Zinsen Geld zu verleihen. Die gesetzlichen Interessen waren fünf Prozent. Das Gesetz vom 11. April 1793 erklärte das Geld schlechthin für eine Waare; das Gesetz vom 6. Flor. II hob jenes zwar wieder auf, das v. 5. Therm. IV und 15. Fruct. V überließ jedoch die Höhe der Zinsen der willkührlichen Verabredung[50]) zwischen den Kontrahenten. Darauf folgte der Art. 1907 des Code Napoleon, welcher die Quotität der vertragsmäßigen Zinsen noch unbeschränkt ließ, wiewohl sich die entgegengesetzte Meinung bei der Discussion geltend zu machen suchte[51]).

---

48) C. 9 X. de arbitris (1, 43); Boehmer, jus eccles. Protest., L. V, Tit. 19, §. 24.

49) Reichs-Deput.-Abschl. von 1600, §. 139. Oben §. 10, Note 6. — Boehmer l. c. §. 26—32.

50) Motifs zu der Loi vom 3. Febr. 1807. Sirey 1804, p. 120. — Jurisprud. du Code civil. IX, 278. — Zachariä Bd. II, S. 390.

51) Maleville ad Art. 1907.

Durch das Gesetz vom 3. Septbr. 1807 [52]) wurde dann auch festgesetzt, daß die vertragsmäßigen Interessen nicht Fünf vom Hundert, und in kaufmännischen Sachen nicht sechs Proz. übersteigen sollten. In einigen Ländern des geschriebenen Rechts dagegen wurden die Zinsstipulationen bei simplen Darlehnen für rechtsbeständig erachtet [53]).

In Deutschland ließen die Anhänger des Römischen Rechts nicht ab, das Widersinnige der canonischen Bestimmung darzustellen und dem Römischen Rechte Ansehen zu vindiziren [54]). Die Sache machte sich durch das Bedürfniß im gesellschaftlichen Verkehr [55]) von selbst geltend, und befestigte seit dem Anfange des 16ten Jahrhunderts die Gewohnheit, Geld gegen versprochene

52) Suppl. du Cod. Nap. et de proced. p. 135; Sirey 1808, II, 18. Auch bei Zachariä a. a. O. S. 392. u. in der Blanchardschen Uebersetzung des Maleville ad Art. 1907, B. IV, S. 53.

53) Merlin, m. interêt. §. III.

54) Huber, Eunomia Rom. ad L. 1 D. de usuris, p. 755—761. — Noodt l. c. Lib. I, c. 4, 9. — Molinaeus l. c. No. 5, 9, 13 u. 515. — Streit, an usurae jure naturali sint illicitae. Erf. 1716. — Just. Henn. Boehmer, de fundamento usurarum pecuniae mutuatitiae. Halae 1728. — Osteried, de aequitate usurarum. Arg. 1736. — Christoph de Hagen, de usu usurarum, redituum annuorum et interesse. Vitemb. 1631. 1664. 4. — Wagner, de usuris omni jure licitis. Lignitiae 1737. — Koerten, de justitia et iniquitate usurarum. Aug. Trevir. 1738. — Schott, de moralitate usurarum. Tub. 1764, und in Ejus dissertat. juris naturalis, Tom. II, Diss. XIV, p. 53. — Verfechter des Zinsverbots unter Andern besonders: Leotardi, liber singularis de usuris et contractibus usurariis coercendis. Lugd. Bat. 1643, 1646, 1649, 1682, fol.; Anton Matthaeus (d. j. † 1654), disput. miscell. VI, c. 6, der jedoch von seinem eigenen Schüler Joh. Jac. Wissenbach, disp. ad Pand. Tit. XXII, th. 3, widerlegt wird. Ferner gehört hierher: Hugo Grotius, de jure belli ac pacis, L. II, c. 12, §. 20.

55) Hugo, civ. Mag. S. 133. — Müller, ratio et historia odii, quo foenus habitum est, p. 3 seq.

Zinsen und Aufkündigung auszuleihen[56]). Der römische Zinsfuß aber ist niemals allgemein[57]) anerkannt worden, und konnte es auch nicht, weil das Darlehn mit versprochenen Zinsen durch kein Reichsgesetz für erlaubt erklärt worden ist[58]). Vielmehr kommt es in dieser Beziehung lediglich auf Landesgewohnheiten an, welche bald das von Vielen geltend gemachte[59]) Römische Recht bestätigten und sechs Prozent[60]) gestatteten, bald sich an die Reichs=

56) Eichhorn, Rechtsgesch. §. 450, 573; Deutsch. Priv. R. §. 105, 106; Mittermaier §. 190.

57) Leyser sp. 245. — Rud. Chr. Henne, de usurarum centesimarum usu hodierno in casibus jure Romano expressis. Erf. 1742. — Thibaut, System, §. 282. — A. W. Stryck, usus mod., Lib. XXII, Tit. 1, §. 11, dessen Irrthümer aber Leyser l. c. med. 4 u. 5. zeigt. Ferner: Hommel, rhaps., obs. 718. — Weber a. a. O. S. 248.

58) Eichhorn, Priv.R. §. 106 in fine. — Hugo, von dem Zinsfuße der Reichsgesetze; im civ. Mag. B. II, S. 190 u. f. — Die Reichspolizeiordnungen v. 1530, Tit. 26, §. 8; v. 1548, Tit. 17, §. 8; v. 1677, Tit. 17, §. 9 reden nur vom Rentenkauf; der Reichsdeputations=Abschluß von 1600, §. 139 spricht von Verzugszinsen, und der jüngste Reichsabschied von 1654, §. 174 von den im dreißigjährigen Kriege entstandenen Schulden. Die Praxis neigte sich aber zu dieser Ansicht. — v. Meiern, Gedanken von der Rechtmäßigkeit des sechsten Zinsthalers in Teutschland (Hannover 1732, Schwabach 1733. 4.), S. 112—130 u. Beilage I, u. S. 131, 132. — Hombergk ad Vach, de usuris in contractibus stricti juris secundum recessum deputationis de anno 1600, §. 139. Marb. 1736. Man rechtfertigte die Zinsen unter dem Titel von Interessen. Salomon, de usuris sine conventione consens. praestandis. Argent. 1734. — Dorett, de institut. usurarum hodiern. vulgo interesse. Lignit. 1739. — Berger, oecon. juris, Lib. XXXVII, Tit. 8, th. 9, Nr. 3.

59) v. Meiern, Gedanken ꝛc. — Ein Auszug aus dieser Schrift in: Hufeland's Beiträgen zur Berichtigung der positiven Rechtswissenschaften, Heft I, Nr. 2. — Refutation dieser Schrift und des Verfassers Antwort auf diese Refutation. 1734, 1735. 4. — Hommel, selecta capita de usuris quincuncibus majoribus licitis. Vitemb. 1762.

60) Mittermaier a. a. O. Note 15 führt mehrere Landrechte auf.

gesetzgebung über das auf fünf Prozent herabgesetzte Maximum der vorher sehr hohen[61]) Renten beim Gültekauf und über die Verzugszinsen anschlossen[62]). Die Praxis, nach welcher angenommen worden sein soll, daß nach den Reichsgesetzen fünf Prozent der allgemeine Maßstab auch für vorbedungene Zinsen gewesen sei[63]), ist wohl nicht gleichförmig gewesen, vielmehr sah das Reichskammergericht in Bezug auf den erlaubten Zinssatz von jeher auf die Landesgewohnheiten[64]).

IV. In den preußischen Landestheilen war der übliche Zinsfuß verschieden.

1) In der Mark Brandenburg waren nach älterem Rechte sechs Prozent üblich[65]), sie sind jedoch schon lange auf fünf herabgesetzt[66]), beim Geldanlei-

61) Zehn Proz. scheinen gewöhnlich gewesen zu sein; es kommen aber außer den versteckten Wucherkünsten auch 12 und mehr Proz. vor. v. Meiern a. a. O. S. 69—109. Fischer's Geschichte des deutschen Handels, Th. I, S. 285 ff. — 1284 wurde in der Mark für 8½ Mark 1 Wispel jährl. Roggenzins, 1287 für 11 Mark 1 Wispel Zins, und für 12 Mark 1 Frustum Zinsen gekauft. — Lenz, Urkunden-Sammlung S. 119, 133, 135. — Gerken's verm. Abhandlungen, S. 109. Ein Frustum = 1 Mark Silber = 1 Wispel Korn. — Gerken, cod. dipl. veteris march., I. Th., S. 16. — Dessen vermischte Abhandlungen vom Lehnrecht, Th. I, S. 229. — Es wurden mithin in dem Falle von 1284 fast 12 Proz. gegeben.

62) Sachsen jedoch auf Wechsel 6 Proz. — Leyser spec. 245, m. 5. — Curtius, Sächs. Priv.R. III, S. 114. — Württemberg: Weishaar, Württ. Priv.R. III, 33. — Baiern: Landr. II, c. 3, §. 21.

63) Bucher a. a. O. §. 57, Note 16. — Schierschmidt, de usuris ultra quincunces licet promissis, non exigendis. Erlangae 1764.

64) Gail, observat. pract., obs. VIII, Nr. 5; obs. IX, Nr. 2. — Ant. Faber, in Codic. Tit. de usuris, def. 36.

65) Edikt v. 1573. — Scheplitz L. 1, P. 4, T. 1, §. 1. — Müller resol. 115, Nr. 3.

66) Edikt v. 1565 (Mylius Tom. II, Abth. I, Nr. 11); von

hen auf Pfänder wurden jedoch höhere Zinsen gestattet [67]).

2) In Pommern waren immer nur fünf Prozent gewöhnlich [68]).

3) In Ostpreußen und Litthauen betrugen die landüblichen Zinsen immer sechs Prozent [69]).

4) In Westpreußen waren bis zum 28. Septbr. 1772 acht Prozent gestattet. Durch die Einführung des Preußischen Landrechts von 1721 wurde der Zinsfuß auf sechs Prozent herabgesetzt, welches durch die Regierungsinstruktion v. 21. Septbr. 1773, unter näheren Bestimmungen, bestätigt worden ist [70]). In Danzig waren nach der nun aufgehobenen Willkühr [71]) $8\frac{1}{3}$ Prozent erlaubt.

5) In Schlesien sind die schwankenden Zinsen der Darlehne zuerst durch den Fürstentagsschluß von 1546 auf Sechs vom Hundert festgesetzt [72]). Wegen der pragmatischen Sanktion vom 26. Novbr. 1704 [73]) ist dieser

---

1695 (Ebd. Nr. 82); v. 26. Novbr. 1700 (Ebd. Nr. 93). — Hyp. Ord. v. 4. Febr. 1722, §. 18. — Deklar. v. 14. Juni 1726, §. 7. (Mylius Tom. II, Abth. II, S. 238).

67) Edikt v. 13. Januar 1763 (Mylius I, S. 731).

68) Leyser sp. 245, m. 4.

69) Instrukt. v. 30. Jul. 1770, Sect. III, §. 18 (N. C. C. II. 1 a. col. 465). — Deklar. dazu v. 30. Juli 1774 (Stengel XII, S. 63 — 74). — Prov.Recht, Zusatz 24 zu §. 804 Tit. 11, Th. I des A. L.R. — R. v. 12. Mai 1800 (N. C. C. T. X. S. 2937 und Neues Archiv I, S. 153). — Kab.-Ord. v. 30. Oktbr. 1811 (Ges.-Samml. 1812. S. 3).

70) Culm.R. Buch IV, Tit. 1, C. 1. — Pr. Landr. v. 1721 P. II, B. IV, Tit. 2. — Reg.-Instr. §. 13, Nr. IV, 1, lit. b.

71) Th. 2, Cap. 2, Artt. 2 u. 15.

72) Vater, Repertor., I, 33. — Stengel XII, S. 351.

73) Brachvogel, Ediktensammlung, I, S. 328. — Sammlung alter und neuer schlesischer Provinzial-Gesetze, I, S. 101.

Zinsfuß in Präjudikaten und Edikten[74]) immer als erlaubt anerkannt worden, und noch gegenwärtig zulässig.

6) In der Provinz Posen ist das Provinzialrecht, wonach sechs Prozent[75]) erlaubt sind, durch die Einführung des Französischen Rechts nicht aufgehoben worden, weil der Code Napoleon den Zinsfuß nicht bestimmt[75a]), und das spätere Gesetz über das Maximum der Zinsen, vom 3. September 1807, nicht mit eingeführt worden ist. Der Herzoglich Warschausche Reichstagsbeschluß über den Zinsfuß, vom 16. Dezember 1811, bestimmt aber, mit Bezug auf den Art. 1907 des Code Napoleon, die Höhe der gesetzlichen Zinsen in den gewöhnlichen bürgerlichen Geschäften auf Fünf vom Hundert, und in kaufmännischen Geschäften auf Sechs vom Hundert, und verordnet, daß verabredete Zinsen, über die gesetzliche Höhe hinaus, nicht zuerkannt werden können[75b]).

Das Allgemeine Landrecht setzte als höchste erlaubte Zinsen, mit einigen Ausnahmen, fünf Prozent fest. Da sich aber nicht befehlen läßt, daß Jemand sein Geld um diesen Preis vermiethen soll, so mußte man in der unglücklichen Zeit nach 1807 die Beschränkung gänzlich aufheben; mit dem letzten Dezember 1810 ist jedoch das Allg. Landrecht wieder in Wirksamkeit getreten[76]).

Wer den bürgerlichen Verkehr betrachtet, der über-

74) Edikt vom 1. Aug. 1765, §. 6 (Sammlc schles. Ed. VIII, S. 117).

75) In einigen Gegenden Polens waren auch 7 und noch höhere Zinsen erlaubt. Deklarat. v. 9. Juli 1801 (N. Arch. II, S. 140).

75a) Art. 1907. — „l'intérêt conventionnel peut excéder celui de la loi, toutes les fois, que la loi ne le prohibe pas."

75b) Laube's Gesetzsammlung des Herzogthums Warschau, Bd. IV, S. 13.

76) Ges. v. 15. Febr. 1809 (Mathis VIII, S. 28 und Klein's Annal. XXVI, S. 215).

zeugt sich bald, daß die Zinsbeschränkungen nicht nur ganz fruchtlos sind, sondern dem Schuldner, statt ihm zu nutzen, sehr oft schaden. Zu Zeiten eines regelmäßigen, ruhigen bürgerlichen Verkehrs ist die Konkurrenz der Geldverleiher so groß, daß gegen hinlängliche Sicherheit für Zinsen weit unter das Maximum Geld zu haben ist, wie denn jetzt (1836) kaum vier Prozent bei gehöriger Sicherheit gegeben werden, während doch in Schlesien sechs verschrieben werden können. Wer aber keine hinlängliche Sicherheit geben kann, der erhält auch für sechs Prozent von Niemand Geld, weil dadurch die Gefahr des Verlustes nicht vergütigt wird. Ein rechtlicher Mann kann nun nicht konkurriren, die versteckten Wucherer behalten also für solche Geldmiether den Platz allein, und haben diese völlig in ihrer Gewalt. Daß diese versteckten Wucherer sich drei, viermal sechs Prozent geben lassen, während, wenn der ehrliche Mann ebenfalls konkurriren könnte, vielleicht nicht die Hälfte genommen würde, mag wohl einleuchten. Gegen die Anwendung der Wuchergesetze sind jene Negozianten durch die genommenen Umwege völlig gesichert. Eine ganz gewöhnliche Prozedur besteht darin, daß der Schuldner das Darlehnsgeschäft mit einer Person kontrahirt, die noch weniger hat, als er selbst. Dieser Gläubiger kann ihm also keinen Groschen leihen, er cedirt aber das Instrument sogleich an einen Andern, der vielleicht etwas über 50 Prozent dafür giebt; und will man es recht sicher machen, so geht das Instrument noch durch ein Paar Hände mehr. Von dem, durch den Verkauf des Instruments gelösten, Gelde erhält erst noch der ursprüngliche Agent seinen Lohn, und der kleine Rest kommt an den Schuldner, der nun mit Kündigungen und angedrohten Zwangsmaßregeln fortwährend geängstigt und zu neuen Steuern genöthigt wird.

Die neueste Gesetzgebung bestimmt, daß auch in den Landestheilen, wo provinzialrechtlich höhere Zinsen ausbedungen werden dürfen, als landübliche Zinsen nur fünf Prozent angenommen werden sollen, und daß in der Regel auch die gesetzlichen nicht mehr betragen[77]).

Seitdem der Geldmarkt mit einer unermeßlichen, stets wachsenden Flut von Staats- und Industriepapieren überschwemmt wird, werden die Wuchergesetze dem Grundbesitze und Ackerbau zum Verderben. Denn da der Kapitalist sein Geld demjenigen leiht, der ihm die größten Vortheile in Verbindung mit einer angemessenen Sicherheit bietet und die Möglichkeit verschafft, das Geld nach Belieben und ohne Schwierigkeit wieder zu erheben, ist die Wahl zwischen jenen Papieren und zwischen Hypotheken nicht schwer, und es gehört zu den Ausnahmen, wenn noch Dahrlehne auf Hypotheken gegeben werden. Der Darleiher auf Hypotheken kann sich höchstens 5 Prozent verschaffen, und diese verhältnißmäßig niedrigen Zinsen erhält er auch nur nach der Bequemlichkeit des Schuldners bezahlt, oder er muß richterliche Hülfe nachsuchen, womit stets Verdruß und unvergoltene Mühen und Kosten verbunden sind. Das Kapital vollends erhält er erst gar nicht prompt und fast niemals oder doch höchst selten ohne Prozeß und Exekution, und dann zu einer Zeit zurück, wo die günstige Gelegenheit zur anderen Verwendung längst vorüber ist. Dagegen bieten die Staats- und Industriepapiere nicht allein Zinsen von 6, 7 und mehr Prozent, welche auf den Tag bezahlt werden und schon vor Verfall

77) Verordn. vom 2. Juni 1827, §. 1 u. 2 (Gesetzsamml. 76). Die Kabinetsordre vom 10. Mai 1828, wonach jene zunächst für Ostpreußen gegebene Verordnung auch auf Westpreußen angewendet werden soll, wird für eine bloße Deklaration angesehen, so daß der §. 1 eine ganz allgemeine Bestimmung enthielte. In Schlesien hat solches die Praxis schon immer angenommen.

als Zahlmittel im Verkehr zu gebrauchen sind; sondern auch zum Theil noch einen Kapitalszuwachs, wenn nämlich die Tilgung durch Verloosung zugesichert ist. Bei alle dem kann der Gläubiger jeden Tag über das Kapital gebieten, indem er das Papier nur an den Geldmarkt bringen darf, wogegen Hypothekeninstrumente, außer den Geldwucherern, selten Abnehmer finden, zumal der Verkehr damit (die Cession) umständlich und kostspielig ist. Eine Nebenursache, weshalb auf Hypotheken kein Geld zu haben ist, liegt in dem Besteuerungssystem. Der Besitz der Staats- und Industriepapiere entzieht sich der Kontrole; die Hypotheken hingegen werden veröffentlicht und zu Kenntniß der Einkommensteuerbehörden gebracht. Wer also ein bedeutendes Kapital auf Hypotheken austhut, wird nach Maßgabe des Zinsenertrages davon in eine höhere Steuerklasse eingeschätzt. Diese Verkehrsverhältnisse fordern gebieterisch, die Geldmiethe der freien Uebereinkunft zu überlassen, wenn dem Grundbesitze die erforderlichen Geldmittel wieder zufließen sollen. Seit 1856 ist in der That auch ein Drängen nach Aufhebung der Wuchergesetze allgemein geworden. Die Folge davon ist am Ende des Jahres 1857 bloß die gewesen, daß man die Wuchergesetze, d. h. die bestehenden Beschränkungen des vertragsmäßigen Zinssatzes, auf die Dauer von drei Monaten außer Kraft gesetzt hat[78]). Diese Suspension ist jedoch wegen des Widerstandes, welchen die Aufhebung der Zinsbeschränkungen von Seiten des Grundbesitzes gefunden hat[79]), weder verlängert worden, noch hat sie zur Aufhebung der Beschränkungen geführt.

---

78) Verordnung v. 27. November 1857 (G.S. S. 884).

79) Die Befangenheit, in welcher man sich dabei befindet, ist in der That unbegreiflich. Man wähnt, man brauche nur den Zinssatz gesetzlich zu fixiren, um dem Grundbesitzer den Gebrauch fremdes Geldes wohlfeil zu verschaffen. Treffend hat ein Redner in dem Herren-

§. 14.

β) Verbotene Prozente.

Der ordentliche Zinsfuß beträgt fünf Prozent, welcher in Preußen überall für landüblich gilt [1]), und in der Regel nicht überschritten werden darf [2]). Davon gelten folgende Ausnahmen:

1) wenn nach dem Provinzialrechte ein höherer Zinsfuß erlaubt ist [3]). Dieß ist der Fall: a) in Ost- [3a]) und Westpreußen [3b]), b) in Schlesien [3c]);

2) wenn mit Ausländern kontrahirt ist, sofern sie nach ihren persönlichen Rechten höhere Zinsen rechtsgültig versprechen können, ohne Rücksicht auf die Gesetze des Orts, wo zufällig der Kontrakt geschlossen worden ist [4]), weil die Verabredung eines beliebigen Mieths-

---

hause (v. Zander) gesagt, daß es bei wieder vorkommenden Geldkrisen sich ereignen könnte, daß der Grundbesitzer gar kein Geld erhielte, was wohl unverhältnißmäßig schlimmer sein möchte, als wenn er eine Zeit lang eine durch die Verkehrsverhältnisse gebotene höhere Geldmiethe gebe.

1) A. L.R. a. a. O. §. 841. — Vergl. Note 77 zu §. 13.

2) A. L.R. a. a. O. §. 804 u. f. u. Th. II, Tit. 20, §. 1271; Einf.-Ges. zum Strafgesetzbuch v. 14. April 1851, Art. XI.

3) Publ.P. z. A. L.R. §. III und Einleitung §. 1 u. 2. — Vergl. oben §. 13, Nr. IV.

3a) Ostpreuß. Provinzialrecht, Zus. 22.

3b) Westpreuß. Regierungs-Instruktion vom 21. Septbr. 1773, §. 13, IV, Nr. 1, lit. b. (Edikten-Samml. Col. 2197). Dieß gilt jedoch nicht in denjenigen Landestheilen, welche vormals zu Westpreußen, nachher zum Großherzogthum Warschau gehört haben und nach der Wiedererwerbung zur Provinz Posen geschlagen worden sind, wie namentlich der Netzdistrikt. Entscheidungen des Obertribunals, Bd. III, S. 124.

3c) Kaiserl. Mandat vom 26. März 1582 (v. Weingarten, fascicul. diversorum jurium etc., II, S. 398; Suarez, Sammlung alter und neuer Schlesischer Provinzial-Gesetze, Bd. I, S. 20).

4) Entscheid. der Gesetzkommiss. v. 1. Juli 1794 (Klein's Annal. Bd. XIV, S. 386, und Stengel Bd. I, S. 381 u. Bd. XII, S. 64).

quanti an sich etwas Erlaubtes ist, und der Richter des Schuldners, welcher denselben auf Anrufen des Gläubigers zur Erfüllung der Versprechens anhält, die Gesetze des Orts, wo das Rechtsgeschäft seinen Sitz hat, anwenden muß. Hiernach entscheidet sich auch die Frage in dem Falle: wenn Jemand, z. B. ein Westpreuße, nach dessen Provinzialrechte sechs Prozent gültig versprochen werden können, an einem Orte, z. B. in Berlin, wo in der Regel der Zinsfuß höchstens fünf Prozent beträgt, höhere Zinsen verschrieben hat.

Wenn ein späteres Gesetz den Zinssatz heruntersetzt, so soll dieß auch auf die schon bestehenden Zinsstipulationen Anwendung finden[5]). Aus dem Standpunkt der Po=

5) Publ.Pat. vom 9. Septbr. 1814, §. 13 (G.S. S. 92). — Publ.Pat. v. 9. Nov. 1816, §. 17 (G.S. S. 221 u. 229). — Pat. v. 15. Novbr. 1816, §. 13 (G.S. S. 237). — Pat. v. 21. Juni 1825, §. 20 (G.S. S. 157). Ein Bescheid des J.M. v. 4. Novbr. 1818 (Jahrb. Bd. XII, S. 258) hält es zwar für unbedenklich, daß bei dem Zinsfuße auf die zur Zeit des Versprechens gültigen Gesetze zu sehen; die gesetzliche Bestimmung ist jedoch allzudeutlich. Die Stelle lautet in allen Publ.Patenten übereinstimmend so: „In Absicht der Höhe der erlaubten Zinsen treten nach dem (Tage der Einführung des A. L.R.) die Bestimmungen des A. L.R. 2c. dergestalt ein, daß, wenn in einem früheren Vertrage höhere Zinsen verabredet worden, als die preußischen Gesetze gestatten, von dem Tage der Wirksamkeit der letzteren der Schuldner nur zur Zahlung der erlaubten niedrigern Zinsen verpflichtet." Das gedachte R. beseitigt den Wortsinn dieser Bestimmung damit, daß unter den „preußischen Gesetzen", auf welche in Betreff der Höhe der verabredeten Zinsen zurückgewiesen worden, keine anderen sollen verstanden werden können, als die zur Zeit des geschlossenen Vertrages gegolten haben. Wie aber die Gesetze, welche vor der Einführung des Preußischen Rechts in einem Lande gegolten haben, die Eigenschaft der „preußischen Gesetze" sollen haben können, wird nicht nachgewiesen. Für die Provinz Posen (der Bescheid ist an das ehemalige Appellationsgericht zu Posen gerichtet) ließe es sich noch so verstehen, daß die schon früher einmal eingeführt gewesenen preußischen Gesetze gemeint seien; aber für

lizeigesetzgebung betrachtet, erscheint der Grundsatz richtig, weil das, was durch ein Prohibitivgesetz für unerlaubt erklärt wird, von dem Tage der Gesetzeskraft des Verbots nicht mehr geduldet werden kann. Nach dem richtigen allgemeinen Rechtsgrundsatze über die Rückanwendung neuer Gesetze, welcher auch bei Einführung des A. L.R. ausgesprochen worden ist, bleibt ein Jeder, welcher sich zur Zeit der Einführung des neuen Gesetzes in einem nach bisherigen Gesetzen gültigen und zu Recht beständigen Besitze irgend einer Sache oder eines Rechts befindet, in dem unveränderten Genusse, oder in der Ausübung seiner wohlerworbenen Gerechtsame, und in Beziehung auf Verträge ist daher insonderheit verordnet, daß alle Verträge, welche vor der Einführung des A. L.R. errichtet worden, sowohl ihrer Form und Inhalte nach, als in Ansehung der daraus entstehenden rechtlichen Folgen nur nach den zur Zeit des geschlossenen Kontrakts bestandenen Gesetzen zu beurtheilen, wenngleich erst später auf Erfüllung u. s. w. geklagt würde [5a]). Da nun der Gläubiger durch den gültig geschlossenen Vertrag das Recht, die ausbedungenen, höheren Zinsen, so lange das Schuldverhältniß besteht, zu fordern, bei der Einführung des niedrigeren Zinsfußes schon wirklich erworben hat; so folgt klar, daß er dabei nach den landrechtlichen Grundsätzen geschützt werden müßte. Das neuere Prohibitivgesetz (Anm. 5) ändert dieses positiv ab. Nach folgerechter Anwendung dieses Verbots müßte in einem solchen Falle alsdann, wenn der Westpreuße

---

solche Landestheile, wo vorher noch niemals Preußisches Recht gegolten hat, wie z. B. in Sachsen, Herzogthum Westphalen rc., ist die Erklärungsart unzulässig. Auch das Obertrib. hat bei Entscheidung eines Rechtsfalles v. J. 1837 diese Auslegung verworfen. Entsch. Bd. III, S. 129.

5a) Publ.Pat. z. A. L.R. v. 5. Febr. 1794, Artt. VIII u. XI.

seinen Wohnsitz dahin verlegt, wo nur fünf Prozent erlaubt sind, die vorher gültig auf sechs Prozent kontrahirte Zinsenobligation ihre Gültigkeit auf das sechste Prozent verlieren, weil es in der Wirkung gleich ist, ob das Verbotsgesetz sich auf dessen früheren Wohnsitz ausdehnt, oder ob er sich in das Gebiet des Gesetzes begiebt, wenn er nur innerhalb desselben wohnt. Richtiger scheint es zwar, die im Anfange dieses Absatzes Nr. 2 ausgesprochene Regel auf den besprochenen Fall anzuwenden [5b]; doch muß der Richter die in seinem Forum geltenden Verbotsgesetze beobachten, mithin seine Hülfe bei Einforderung von Zinsen, die in seinem Bezirke unerlaubt sind, versagen [6]). — Die Herabsetzung des bisher erlaubten gesetzlichen Zinsfußes ist übrigens eine solche unvorherzusehen gewesene Veränderung der Umstände, daß dem davon betroffenen Gläubiger freistehen muß, sein Geld noch vor dem vertragsmäßigen Verfalltage zurückzufordern.

3) Wenn einem Kaufmanne, der mit Waaren im Großen handelt, gegen bloße Handschrift oder Wechsel, ohne besondere Sicherheitsbestellung, auf nicht länger als sechs Monate ein Darlehn gemacht wird; so können die Zinsen ganz nach freier Vereinigung festgesetzt werden, wenngleich der Darlehnsgeber kein Kaufmann ist. Nach Verlauf dieser Zeit, oder wenn der Schuldner in Konkurs verfällt, tritt der landübliche Zinsfuß ein [7]).

5b) So will es die Entsch. der Gesetzkommission v. 1. Juli 1794 (Rabe, Samml., Bd. II, S. 666).

6) Vergl. v. Savigny, System, Bd. VIII, S. 276.

7) A. L.R. II, 8, §§. 692 — 694. Diese Erlaubniß ist erst auf Vorstellung der Königsbergschen Kaufmannschaft und Bevorwortung der Gesetzkommission gegeben, in Betracht, daß ein Großhändler, wenn er baares Geld in Händen hat, 50 Prozent an einer Waare verdienen könne, weshalb man, da er nie eine große Kasse haben könne, erlauben müßte, höhere Zinsen als die gewöhnlichen zu verschreiben, um ihm

4) Kaufleute können sich sechs Prozent verschreiben lassen; wenn sie aber auf gerichtliche Hypotheken Geld leihen, also bei Darlehnen auf Hypotheken, können sie sich gleichfalls nur fünf Prozent, oder soviel nach Nr. 1 zulässig sind, versprechen lassen[8]). Ob Kaufleute sich außer diesem Falle bei allen auch nichtkaufmännischen Geschäften, namentlich bei Forderungen aus einem Pachtkontrakte, sechs Prozent versprechen lassen dürfen, ist nicht ausgemacht. Weil nur dem kaufmännischen Gewerbe die Begünstigung zugewendet ist, so läßt sich dieselbe auf nichtkaufmännische Geschäfte nicht ausdehnen[8a]).

die schnelle Anschaffung des benöthigten Geldes auf kurze Zeit zu erleichtern. Suarez, Schlußvorträge, in den Jahrb. Bd. XLI, S. 155.

8) A. L.R. I, 11, §§. 805, 808. Dieß bezieht sich nur auf Konventionalzinsen, welche eingetragen werden sollen. Wird die Sicherheit auf andere Weise bestellt; z. B. durch Verpfändung eingetragener Kapitalien, so tritt die Beschränkung nicht ein. Pr. des Obertrib. 277, v. 3. Juni 1837. Gleich wenig bezieht sich die Beschränkung auf Zinsen aus einem anderen Rechtsgrunde, z. B. auf Verzugs- u. Judikatszinsen, welche im Wege der Exekution eingetragen werden. Vergl. das Pr. des Obertrib. vom 5. Februar 1835 (Jur. Wochenschrift, 1835, S. 177), und Min. R. v. 2. Aug. 1833 (Jahrb. Bd. XLII, S. 176) und v. 30. Dezbr. 1835 (Jahrb. Bd. XLVI, S. 573); ferner das eingetragene Pr. 34 des Obertrib., v. 18. Novbr. 1833, welches Kaufleuten auch von Forderungen, welche aus einem nichtkaufmännischen Geschäfte entspringen, sechs Prozent Verzugszinsen zuspricht, ein Ausspruch, der nicht zu begründen ist, weil kaufmännische Zinsen eben nur für den kaufmännischen Verkehr bewilligt sind.

8a) Das Obertrib. hat in dem Erk. v. 26. Januar 1815 (Simon, Rechtsspr., Bd. I, S. 21) den Satz ausgesprochen, daß Kaufleute bei Forderungen, die sich aus einem nichtkaufmännischen Rechtsverhältnisse, namentlich aus einem Pachtvertrage herschreiben, auch untereinander nur landübliche Zinsen zu fordern befugt seien. — Ueber das ältere Recht in Betreff der kaufmännischen Zinsen vergl. m. die Dekl. der Instruktion für die ostpreuß. Justizkollegien, v. 30. Juli 1774 (Stengel, Bd. XII, S. 68). — Auch das französische Recht gestattet den Kaufleuten nur en matière de commerce sechs Prozent. Ges. v. 3. Septbr. 1807, Art. 1.

5) Juden können, ausgenommen von Darlehnen auf Hypotheken, Acht vom Hundert nehmen; sind sie aber Staatsbürger, oder haben sie die Rechte christlicher Kaufleute, so fällt das Privilegium der Juden als solcher fort, und sie müssen sich nach dem Gemeinen Rechte richten [8b]).

6) Oeffentliche Pfandleiher [9]) können folgende höhere Zinsen nehmen: a) bei Darlehnen auf längere Zeit als ein Jahr, sechs Prozent; b) bei kleinen Summen, bis 10 Thlr., wenn sie nur auf sechs Monate oder kürzere Zeit gegeben werden, einen Pfennig vom Thaler auf die Woche; in den folgenden sechs Monaten, einen halben Pfennig vom Thaler auf die Woche. Oeffentliche städtische Pfandleihanstalten können acht Prozent nehmen, und dieser Zinsfuß kann, wenn damit nach den örtlichen Verhältnissen, wegen geringen Betriebs, Kostspieligkeit der Verwaltung 2c. nicht auszulangen, von dem Ministerium der Justiz und des Innern auf das Maximum von zwölf und einem halben Prozent erhöht werden [10]).

7) Vormünder müssen von den in ihren Nutzen genommenen Geldern ihrer Pflegebefohlenen acht Prozent entrichten [11]).

8b) A. L.R. I, 11, §§. 805, 806, 808. — Erkl. v. 20. April 1813 (G.S. S. 77). — Meine Schrift über die Juden im preuß. Staate, §. 6, Nr. 3, lit. d. — Ein Jude, der weder das Staatsbürgerrecht, noch die Rechte christlicher Kaufleute hat, ist nach wie vor acht Prozent zu nehmen befugt. Ebd. §. 25, Nr. III, 3 u. Note 22. — A. M. Bielitz, Commentar, Bd. II, S. 681, ohne Angabe eines Grundes. — Dergleichen Juden, welche im Lande ein freies Gewerbe treiben dürfen, sind jedoch nur selten.

9) Pfand= u. Leihregl. v. 13. März 1787, §§. 90 — 96 (Paalzow's Handbuch, Bd. I, S. 436; N. C. C. Tom. VIII, S. 781; Rabe, Sammlung, I, 7, S. 560).

10) Kab.Ordre v. 28. Juni 1826, Nr. 7 (G.S. S. 82).

11) A. L.R. II, 18, §. 486. — L. 5, 4 u. 7, §. 8 D. de administr. et peric. tutor. (XXVI, 7).

8) Ungetreue Kassenbeamte sollten in gleichem Falle sechs Prozent zahlen[12]); dieß ist jedoch aufgehoben.

9) Ist bei Darlehnen auf den Fall der verzögerten Kapitalszahlung eine Konventionalstrafe ausbedungen, so können Zinsen und Strafe zusammen bis auf sechs Prozent, und wenn der Gläubiger Kaufmann oder ein Jude ohne Staatsbürgerrecht ist, bis auf acht Prozent genommen werden[13]).

10) Bei antichretischen Pfandverträgen kann der reine Ertrag die erlaubten Zinsen um ein Drittel übersteigen[14]).

Die nach Römischem Rechte noch vorkommenden Ausnahmen gelten nicht. Diese sind[15]):

1) das nauticum foenus von zwölf Prozent[16]), welches in seiner römischen Gestalt nicht besteht;
2) wenn der Miteigenthümer eines Gebäudes die Theilnahme an der Reparatur verweigerte, in welchem Falle er die für ihn verwendeten Kosten mit zwölf Prozent verzinsen mußte[17]);
3) die usurae rei judicatae zu zwölf Prozent[18]);
4) bei Fruchtanlehen[19]).

Daß der Mandatarius oder der Verwalter fremder

12) A. L.R. II, 20, §. 418. Diese Vorschrift ist durch Aufhebung des ganzen zwanzigsten Titels weggefallen.

13) A. L.R. I, 11, §§. 825, 826; I, 5, §§. 299—301.

14) A. L.R. I, 20, §. 231. Vergl. jedoch §. 232 a. a. O.

15) Rud. Christoph Henne, commentar. de usurarum centesimarum usu hodierno, in casibus jure Romano expressis. Erford. 1742. 4.

16) L. 26 C. h. t. — Paulus, sent. recept., L. II, Tit. 15, §. 3. — Schulting, ad Paulum, in Jurisprud. antejustinian. S. 288, Not. 13.

17) L. 4 C. de aedificiis privatis (VIII, 10).

18) L. 2, 3 C. de usuris rei judicat. (VII, 51). S. oben §. 10, Nr. I.

19) L. 23, 26, §. 1 C. h. t. — A. L.R. §. 856 a. a. O.

Geschäfte ohne Auftrag für die in seinen Nutzen verwendeten Gelder ebenfalls zwölf Prozent entrichten mußte, wie Einige behaupten[20]), ist unerweislich[21]). Dagegen hatte der Tutor, welcher die von ihm verwalteten Gelder seiner Pupillen für sich verbrauchte, zwölf Prozent zu zahlen[22]). Die Anwendbarkeit dieser Bestimmung in der gemeinen Praxis war jedoch streitig[23]). Diese Ausnahme gilt mit der Beschränkung auf acht Prozent auch nach Preußischem Rechte. (S. oben Nr. 7).

Ob die Anticipation der Zinsen erlaubt sei, war bestritten. Das Pandektenrecht erwähnt derselben als etwas Erlaubtes (Note 25). Justinian gedenkt derselben nicht, verbietet aber dem Kreditor schlechthin allen Abzug, unter welchem Namen es sei[24]). Die richtige Meinung ging dahin, daß die Zinsen zum Voraus genommen werden könnten, sofern dadurch die Wuchergesetze nicht umgangen würden; und dieses nahm man an, wenn die Zinsen nicht den erlaubten höchsten Zinssatz erreichten[25]),

20) Strauch l. c. cap. 5. — v. Wening-Ingenheim Buch III, §. 10, Nr. 3.

21) L. 38 D. de negotiis gestis (III, 5). — L. 10, §. 3 D. mandati (XVII, 1). — Noodt l. c. Sect. II, cap. 14. — Tuckermann, de tutore ad praestandas usurarum usuras haud obligato. Gottingae 1788. — Derselbe führt aus, daß der Vormund nicht sowohl zu Zinsen von Zinsen, als vielmehr nur zu fünf Prozent Zinsen schuldig sei. — Giphan., explanat. difficil. Leg. Cod. ad L. 26, §. 1 h. t.

22) L. 5, 4 u. 7, §. 8 D. de administrat. et peric. tutor. (XXVI, 7).

23) Molinaeus l. c. qu. 76. — Brunnemann ad L. 28 C. h. t. — Mevius, ad jus Lubec., Lib. I, Tit. 7, Art. 7, Nr. 12 u. 13. — Stryck, usus modern., XXVI, 7, §§. 21, 23.

24) L. 26, §. 1 C. h. t.: „Interdicta licentia creditoribus ex pecuniis aliquid detrahere vel retinere seliquarum nomine, vel sportularum, vel alterius cujuscunque causae."

25) L. 57 pr. D de pactis (II, 14). — L. 2, §. 6 D. de doli

welches aber nicht richtig ist. Denn wenn z. B. Jemand 1000 Thlr. zu fünf drei viertel Prozent dort ausleihet, wo ihm sechs zu nehmen erlaubt wären, und er die Jahreszinsen mit 57 Thlrn. 15 Sgr. voraus abzieht, so würde er von den 942 Thlrn. 15 Sgr., welche er hingiebt, durch die jährlichen Zinsen von 57 Thlrn. 15 Sgr. beinahe Einen Thaler über sechs Prozent erhalten. Daher hat mit Rücksicht hierauf das Allg. Landrecht jene Meinung in der Art sanktionirt[26]), daß die Zinsen auf Ein Jahr[27]), aber nicht für längere Zeit, im Voraus abgezogen werden können, wenn der Gläubiger mit einem geringern als dem ihm erlaubten höchsten Zinssatz sich begnügt, und der Vortheil, welchen der Gläubiger aus dieser Vorausbezahlung zieht, nicht

---

mali et metus exceptione (XLIV, 4). — L. 122 pr. D. de verb. obligat. (XLV, 1). — Pufendorf, observat. juris, Tom. III, obs. 68. — G. Jac. Fr. Meister, praktische Bemerkungen, B. I (Göttingen 1791), S. 31. — Kind, quaest. forens. IV, cap. 51. — Gust. Heinr. Mylius, de anticipatione usurarum. Lips. 1734. — Höpfner, Commentar, §. 967, Note 8. — Schilter, exercitat. VIII, cor. 1. — Fr. Gottl. Zoller, exercit. jur. in quaestionem: utrum anticipatio usurarum usurariam pravitatem involvat. Lips. 1777. — Hommel, rhapsod. V, obs. 603, nr. 4. — Muller ad Leyserum, observat. pract., II, obs. 486. — A. M. wegen L. 26 C. de usuris: Struv., synt. jur. civ., Tom. II, exercit. 22, §. 57. — Brunnemann l. c. — Leyser, medit., spec. 243, m. 9. — Es werden in L. 26 aber nur die wucherlichen Abzüge verboten, welche unter dem Namen von Siliquen und Sporteln (Provision) vorkommen. Vergl. oben §. 13, Note 34.

26) A. L. R. a. a. O. §§. 815—817; Th. II, Tit. 20, §. 1279 u. Einf.-Ges. z. Strafgesetzbuch v. 14. April 1851, Art. XI.

27) Eggers (Bemerkungen über den Entwurf des Gesetzbuchs Th. II, §. 278) meint: wenn ein kürzerer Zeitraum als Jahresfrist, zur Zahlung der Zinsen festgesetzt sei, so müßte der Gläubiger die Zinsen nicht für ein ganzes Jahr, sondern nur für diesen einen Termin abziehen dürfen. Das würde aber nicht mit dem Grundsatze harmoniren, daß alles erlaubt ist, was die Wuchergesetze nicht verletzt.

mehr beträgt, als der Unterschied zwischen den angerechneten geringern Zinsen und den erlaubten höhern ausmacht. Die Zinsen von dem wirklich Gegebenen dürfen also in den ausbedungenen Zinsen für die verschriebene Summe den erlaubten höchsten Zinssatz nicht übersteigen. Außer diesem Falle soll das Abgezogene von der, im Instrumente verschriebenen, Kapitalssumme abgerechnet werden, und der Gläubiger nur auf das, was er solchergestalt als Valuta wirklich gegeben hat, Verzinsung, so wie künftig Rückzahlung fordern können[28]). Das Richtige ist jedoch, daß der Darlehnsgeber an Kapital nur die Summe, welche er nach Abzug der Zinsen dem Nehmer wirklich gegeben hat, zurückfordern kann, und daß er die von der Nominalsumme verschriebenen Zinsen nur in soweit nehmen darf, als sie die Zinsen von dem Gegebenen, nach dem erlaubten höchsten Satze berechnet, nicht übersteigen.

In dem Abzug der Zinsen liegt das Abkommen, daß das Darlehn vor Ablauf der Zeit, auf welche die Zinsen im Voraus abgezogen worden sind, nicht zurückgefordert werden darf[29]).

§. 15.

γ) Zinsen über das Doppelte.

(Usurae ultra alterum tantum, supra duplum, ultra duplum).

Joh. Balth. de Wernher, de usuris, per modum interesse ultra alterum tantum non exigendis. Vitemb. 1711. — Ernest. Tenzel, de eo, quod gestum est circa alterum tantum usurarium.

---

28) Eben dasselbe ist in der Verordnung Justinian's L. 26, §. 1 C. h. t. so ausgedrückt: „Nam si quid hujus modi factum (detractum) fuerit, principale debitum ex quantitate minuetur; ut tam ipsa minuenda pars, quam usurae ejus exigi prohibeantur.“

29) L. 57 pr. D. de pactis (II, 14). — L. 2, §. 6 D. de doli mali et metus exceptione (XLIV, 4). — Carl Röder, Abhandl. über praktische Fragen des Civilrechts (Gießen 1834), Nr. IV.

Erford. 1730. 4. — Jo. Petrus de Ludewig, de differentiis juris Romani et Germanici in usuris, praesertim ultra alterum tantum. Halae 1740. — Leyser sp. 248. — J. G. Langsdorf, Abhandlung von den usuris ultra alterum tantum. Mannheim 1778. — Ger. Bansa, diss. de usuris ultra alterum tantum secundum jus Roman. et German. Gottingae 1780.

Vorhin (§. 12, Nr. II, 6) war davon die Rede, welchen Einfluß der, bis zur Höhe des Kapitals angeschwollene Betrag der Zinsen auf die Fortdauer der Zinsenobligation äußere. Jetzt kommt die Befugniß des Gläubigers wegen Einziehung eines vieljährigen Zinsrückstandes in Betracht. Diese gemeinrechtlich bestrittene Frage hatte die ältere preußische Gesetzgebung [1]) im Sinne des Justinianeischen Rechts entschieden; das Allg. Landrecht aber hat die Meinung angenommen, welche dem Gläubiger gestattet, jeden Rückstand, ohne Rücksicht auf dessen Betrag und dessen Verhältniß zur Summe des Kapitals, einzufordern. Es können also Zinsen, deren Berichtigung der Schuldner verabsäumt oder verzögert hat, soweit sie rückständig sind, gefordert werden, selbst wenn der Rückstand, wegen Länge der Zeit, den Betrag des Kapitals übersteigt, insofern nicht der Einwand der Verjährung (§. 12, Nr. I, 3) entgegengesetzt werden kann [2]).

1) Allg. Konk.- und Hypothekenordn. v. 4. Febr. 1722, §. 22. — Hymmen V, S. 138. — Landtagsabsch. von 1653. S. oben §. 12, Note 41.

2) A. L.R. a. a. O. §§. 851, 849. Oben §. 12, Nr. II, 6. In Schlesien wurden nach Kaiser Ferdinand's Fürstenthumstags-Instruktion v. 22. Febr. 1655 immer Zinsen ultra alterum tantum zuerkannt. Wegen anderer Provinzialrechte siehe oben §. 12, Note 38, und über Magdeburgsch. Recht: Pol.-Ordn. Cap. 51, §. 1; Hymmen V, S. 388.

§. 16.

δ) Zinsen von Zinsen.
(Usurae usurarum. Anatocismus).

van de Poll, de anatocismo et foenore. Ultraj. 1692. — Reinhardt, de usuris usurarum licitis. Erford. 1726. — Lynk, de anatocismo occas. L. 28 C. de usuris. — Carrach, de anatocismo licito et illicito. Halae 1756. — Cocceji, de anatocismo, in Exercitat. curios. T. I, Nr. 87. — Wöbel, neue Wahrheiten der Gerechtigkeit, Zinsen von Zinsen zu nehmen. Leipzig 1733. — Mentzel, de anatocismo licito vel illicito. — Bauer, Progr. de usuris sorti imputand. Lips. 1760. — Zimmermann, über Anatocismus und Interusurium. Frankf. 1798. — Schneidt, diss. sist. specim. arithmeticae sublim. et polit. ad materiam de usuris etc. Sect. II, §. 20—25. — Fr. Xav. Krüll, Prüfung der Rechtlichkeit des Anatocism, oder der Zinsenvervielfältigung; in dessen Prüfung einzelner Theile des bürgerlichen Rechts (4 Th. gr. 8. Landshut 1802—4), Th. II, Nr. III. — Noodt Lib. II, cap. 11.

Das dem Schuldner so verderbliche Kapitalisiren der Zinsen (anatocismus) wurde schon durch Constitutionen der Kaiser beschränkt [1]). Zu Cicero's Zeiten war es noch erlaubt, jedoch scheint es gewöhnlich gewesen zu sein, keinen geringern als wenigstens einen einjährigen Zinsenbetrag zum Kapital zu schlagen, und wieder verzinsen zu lassen [2]). Dieß konnte entweder so geschehen, daß die Zinsen dem Kapitale zugeschlagen wurden (verbundener Anatocism, anatocismus conjunctus), oder so, daß sie als ein neues Kapital (besonderer, an. separatus) verzinset wurden.

Beide Arten waren, ohne alle Ausnahme, schon vor

1) L. 27 D. de re judicata (XLII, 1); L. 26 D. de cond. ind. (XII, 6); L. 20 C. ex quibus causis infamia (II, 12).

2) Cicero, ad Atticum, L. V, Epist. 21: „Interim cum ego in edicto tralatitio, centesimas me observaturum, haberem, cum anatocismo anniversario ille ex syngrapha postulabat quaternas (48 Prozent).“ Vergl. Lib. VI, Ep. 2.

Justinian unter Strafe der Infamie verboten [3]). Diese Verbote müssen jedoch wieder umgangen worden sein; denn Justinian fand sich aus angeblicher Unvollständigkeit der desfallsigen Verordnungen veranlaßt, dieselben ausführlicher und genauer nochmals zu wiederholen [4]). Nach Justinianeischem Rechte können also von Zinsen, d. h. von den Mieth- oder Entschädigungsgeldern, welche Jemand für den Gebrauch einer schuldigen Summe zu zahlen hat, niemals Zinsen rechtsgültig versprochen oder gezahlt werden, wenn auch die Person des Schuldners durch Delegation und Expromission, oder die Person des Gläubigers durch Cession, verändert wird [5]). Bei der Novation hat die Sache keinen Grund, weil ja die alte Obligation ganz getilgt wird; indeß wird über die Anwendbarkeit des Verbots auf diesen Fall gestritten [6]). Auch findet das Verbot auf den Fall keine Anwendung, wo Jemand die Zinsen nicht selbst als solche schuldig ist. Dahin gehört es, wenn Jemand fremde Gelder einnimmt und sie für sich verbraucht oder nicht wieder zinsbar austhut, während er dazu schuldig gewesen wäre. Rücksichtlich dessen sind auch die eingenommenen Zinsen sors [7]).

3) Oben Note 1 und L. 29 D. h. t. — L. 2, §. 5 D. de administr. rerum ad civitatem pertinent. (L, 8); L. 26, §. 1 D. de condict. indebiti (XII, 6). — L. 20 C. ex quibus causis infamia (II, 12).

4) L. 28 C. h. t. u. nochmals wiederholt in L. 3 C. de usuris rei judicatae (VII, 54).

5) L. 22 C. de pignoribus (VIII, 14); L. 28 C. h. t. — Cocceji l. c. Sect. 4, 5 u. Sect. 2, §. 13, 14. u. jur. civ. controv. h. t. Qu. 10, nr. V. — Thibaut, System, §. 285.

6) Vergl. Glück B. XXI, S. 119 u. f.

7) L. 10, §. 3 D. mandati (XVII, 1). — L. 5, §. 7; L. 7, §. 11, 12; L. 9, §. 3; L. 13 u. L. 58, §. 1, 4 D. de administratione et peric. tutor. (XXVI, 7). — Mencken, de tutore ad usuras usurarum obligato. — A. M. Tuckermann, de tutore ad praestandas usurarum usuras haud obligato. Gott. 1788.

Eben so ist es, wenn Jemand für einen Andern Zinsen bezahlt, und seine Auslagen mit Zinsen wieder fordert [8]), oder wenn die rückständigen Zinsen einem Andern zur Einziehung für sich und zum Gebrauch als Darlehn angewiesen werden [9]).

Selbstredend geht das Verbot auch nicht auf den Fall, wenn der Gläubiger die Zinsen gezahlt erhält, und das empfangene Geld als ein neues Darlehn hingiebt [10]). Auf diesem Punkte zeigt sich das Verbot als ein vernunftwidriges Hemmniß des Verkehrs. — Was soll den Gläubiger hindern, die Zinsen, welche er von dem Schuldner mit der einen Hand empfängt, ihm mit der andern als ein neues Darlehn wiederzugeben? oder seinem Schuldner ein neues Darlehn zu geben, um in demselben Augenblick das Geld als Zinsen wieder zu empfangen? Warum soll es beiden verwehrt sein, zu demselben Resultat auf kürzerem Wege zu kommeu [11])? Diese Betrachtun-

8) L. 37 D. h. t. — L. 12, §. 9 D. de administrat. et periculo tutorum (XXVI, 7). — Cocceji, jus controv., L. XXII, Tit. 1, qu. 9. — Wernher, obs., Tom. IV, P. 5, obs. 86, p. 133 u. Tom. VII, p. 599. — Strube, rechtl. Bedenk., Th. I, Bd. 56. — Selchow, Rechtsfälle, III, Nr. 64. — Berger, oecon. jur., Lib. III, Tit. 8, §. 10, Nr. 9. Nach der Parömie: Schuldenzahlen macht Hauptstuhl: Cramer, observ. jur. un., T. III, obs. 873. — Hert, de paroemiis juris germanici, L. I, Par. 57.

9) Beckmannorum consil. et decis. II, 50, Nr. 28.

10) Cocceji, de anatocismo. Sect. II, §. 3—5. — Cramer, obs., I, obs. 432. — Carrach l. c. §. 9.

11) Vergl. Hugo, civ. Mag., II, S. 158. — Suarez, amtliche Vorträge zur Schlußrevision des Allg. Landrechts, zu Tit. XI, §. 818—821 (Jahrb. B. XLI, S. 23). — Schon nach dem Röm. Rechte wollten Viele den anatocismus separatus für erlaubt halten. — Mevius, decis., P. IV, dec. 213. — de Boehmer ad Carpzov. qu. 92, obs. 5. — Engelbrecht, consult. Gryph. resp. 74, n. 26. — Wöbel a. a. O. — Reinhardt l. c. — Hymmen V, S. 387.

gen sind bei der Redaktion des Allgem. Landrechts von Einfluß gewesen; denn man ist davon ausgegangen, daß der Anatocismus etwas an sich Erlaubtes sei, nur hat man es leichtsinnigen und unbesonnenen Schuldnern nicht gar zu leicht machen wollen, sich der Zahlung durch Ausstellung eines neuen Schuldscheins zu entledigen, das baare Geld, womit sie sonst ihre Interessen berichtigen müßten, zu andern Depensen zu verwenden, und sich dadurch unvermerkt zu tief in Schulden zu verwickeln [12]). Hiernach ist bestimmt [13]):

1) Es können rückständige Zinsen wieder zu Kapital gemacht und davon Zinsen gültig ausbedungen werden; doch muß dieß wenigstens ein zwei Jahre alter Rückstand sein, und das Geschäft bei Strafe der Nichtigkeit gerichtlich verlautbart werden. Die Stelle lautet:

§. 819. „Doch können über zweijährige oder noch ältere Rückstände neue Schuldscheine gegeben und Zinsen davon verschrieben werden."

Es frägt sich:

a) Kann auch ein einjähriger Rückstand, wenn er älter als zwei Jahre ist, kapitalisirt werden? Z. B. Jemand ist für drei Jahre Zinsen schuldig, er bezahlt für die beiden letzten Jahre, und will über den ältesten Jahresrückstand einen Schuldschein ausstellen. Es folgt weder aus den Worten des Gesetzes, noch aus der Natur der Sache, daß dieß nicht angehen sollte. Dieß ist

12) Suarez a. a. O. Er sagt: „Der Satz, daß usurae usurarum nicht gefordert werden können, hat mehr in dem bekannten Odio des canonischen Rechts gegen alle Zinsen, als in der Natur der Sache ihren (seinen) Grund." — Der Satz ist aber viel älter als das canonische Recht.

13) A. L.R. a. a. O. §. 818—821. — Nach der Reg.-Instr. für Westpreußen v. 21. Septbr. 1773, §. 13, Nr. IV, g gilt dieß in Westpreußen nicht. Ueber die ältere Preuß. Gerichtspraxis und das Magdeb. Prov.-Recht s. m. Hymmen, Beiträge, V, S. 387.

sogar nach der in Simon's und v. Strampff's Zeitschrift Bd. I, S. 1 ff. mitgetheilten Ausführung die allein richtige Ansicht, welche jedoch von der Praxis nicht angenommen ist.

b) Muß der ganze Rückstand wenigstens seit zwei Jahren fällig sein, oder kann schon der Rückstand aus den beiden letzten Jahren kapitalisirt werden?

Die Praxis[14]) nimmt das letztere, und wie es scheint ganz richtig[15]) an.

2) Zögerungszinsen von vorbedungenen Zinsen, nicht auch von Verzugszinsen[15a]), können von dem Tage der Rechtskraft eines Erkenntnisses, wodurch Jemand zur Bezahlung eines Zinsenrückstandes verurtheilt worden, gefordert werden, wenn vor Ablauf der im Urtel bestimmten Frist die Zahlung nicht geleistet wird[15b]).

Ein exekutorisches Zinsenzahlungsmandat soll diese Wirkung nicht haben, weil das zur Verhütung des Zinswuchers gegebene Gesetz nicht ausdehnend erklärt werden könne[16]). Der wahre Stand der Sache ist jedoch der umgekehrte. Das Kapitalisiren der Zinsen ist an sich erlaubt, und nur durch Polizeigesetze eingeschränkt. Einschränkungen aber, sowie überhaupt bloß willkührliche Bestimmungen können nicht ausgedehnt wer-

---

14) Rescr. vom 27. August 1814 (Jahrb. III, S. 263). Vergl. Bielitz in der jurist. Zeit., Jahrg. 1836, Col. 39, Nr. IV.

15) Merkel, zu §. 819, frägt: warum nicht auch über einjährige? Die Beschränkung hat keinen andern Grund als Willkühr, und dabei läßt sich über das Warum nicht disputiren. Es ist eine Art Vormundschaft über leichtsinnige und unbesonnene Schuldner. Das Französische Recht gestattet Zinsen schon von einem einjährigen Rückstande, sowohl aus einer Uebereinkunft als ex mora. Art. 1154.

15a) Entscheid. des Obertrib. Bd. V, S. 345.

15b) A. R.L. I, 11, §. 821.

16) Rescr. vom 1. März 1822 (Jahrb. Bd. XIX, S. 164). — Simon u. v. Strampff, Rechtsspr., III, 155.

den. Nun vertritt das Mandat die Stelle eines Urtels, wenn keine Einwendungen gemacht werden, und von der Prozeßform können die materiellen Rechte der Parteien nicht abhängig sein; es müßten sonst, wenn der Grundsatz richtig wäre, von keiner Summe, die im Bagatellprozesse einzuklagen ist, dergleichen Zinsen mehr gefordert werden können, wenn der Beklagte Contumax ist, weil in diesem Falle die Citation auch exekutorisch wird, und die Stelle des Urtels vertritt. Der Gläubiger kann die bis zum Tage der Rechtskraft des Erkenntnisses rückständigen Zinsen berechnen und die Summe, gleich einem andern Kapital, auf Grund des Urtels, im Hypothekenbuch eintragen lassen, ohne Unterschied, ob die Zinsen allein, oder mit dem Kapitale zugleich ausgeklagt worden sind; oder ob das Kapital eine Hypothekenforderung und also bereits eingetragen ist, oder nicht[17]). Es versteht sich, daß die Eintragung nur hinter allen bis dahin eingetragenen Forderungen erfolgen kann, so daß die ältern als zweijährigen Zinsen von einer bereits eingetragenen Post niemals an die Stelle des Kapitals kommen können, sondern in allen Fällen eine neue selbstständige Post ausmachen. In formeller Hinsicht soll aber dasselbe Verfahren beobachtet werden, welches bei einer Partialcession vorgeschrieben ist; und außerdem soll, zur Vermeidung jedes Irrthums, noch in der Kolonne „Cessionen" bei der Hauptpost bemerkt werden, daß die Zinsen bis zu dem und dem Tage auf den Grund des §. 821, Tit. 11, Th. I des Allgemeinen Landrechts kapitalisirt und unter Nr. . . . als ein neues Kapital eingetragen worden[18]).

---

17) Verordnung über die Exekution in Civilsachen, vom 4. März 1834, §. 22. Vergl. das Reskr. v. 9. Januar 1809 (Gräff's Kreditgesetze, Bd. I, Beil. XI, S. 327).

18) Reskr. v. 30. Dezbr. 1835 (Jahrb. Bd. XLVI, S. 573).

3) Außer diesen beiden Fällen können noch Zögerungszinsen von Zinsen unter Kaufleuten gefordert werden, wenn sie sich unter einander wegen wechselseitiger Forderungen an Kapital und Zinsen berechnen, und in dem, dem Einen gebührenden, Ueberschuß Interessen mit begriffen sind[19]).

Es versteht sich von selbst, daß alle die Fälle, welche schon nach dem Gemeinen Rechte nicht unter das Verbot fallen (Note 6 bis 10), auch nach Preußischem Rechte dieser Beschränkung nicht unterworfen sind. Auch beziehen sich dieselben nicht auf Grundzinsen[20]), weil sie selbst Kapital sind.

§. 17.

c) Wirkung unerlaubter Zinsen.

Nur die civilrechtlichen Wirkungen unerlaubter Zinsen kommen hier in Betracht[1]). Nach Römischem Rechte konnten die, über das gesetzlich erlaubte Maß gezahlten, Zinsen als solche nicht[2]) zurückgefordert werden[3]); sie

19) A. L.R. II, 8, §. 697.

20) Ebd. II, 7, §. 481.

1) Nach altem Röm. Rechte mußte poena quadrupli gezahlt werden. L. 2 C. Theod. h. t. Im Justinianeischen Rechte ist nur noch infamia übrig. L. 20 C. ex quibus causis infam. (II, 12). Das canonische Recht excommunizirte und versagte das christliche Begräbniß und die Fähigkeit, ein Testament zu machen. c. 3 X. h. t. u. c. 2 in 6. h. t. Die Reichsgesetze bestraften mit dem vierten Theil des Kapitals. Reichsabsch. von 1530, Tit. 26, §. 7 und von 1548, Tit. 17, §. 7; Reichs-Polizeiordn. von 1577, Tit. 7, §. 8. Das Allg. Landrecht strafte die Wucherer mit einer fiskalischen Geldbuße im Betrage des ganzen verschriebenen Kapitals und der Zinsen. §. 1274, Tit. 20, Th. II. Das Strafges.-B. v. 1851 bedroht den Wucher, nach französischem Muster, mit Gefängniß und mit Geldbuße zugleich, §. 263.

2) Paulus, sent. rec., L. II, Tit. 14, §. 2. — L. 26 pr. D. de cond. ind. (XII, 6).

3) Haubold. ad Heineccii antiquit., L. III, Tit. XV (XIV),

verringerten aber ipso jure[4]) das Kapital, und wenn dieses getilgt war, konnten sie als zuviel gezahltes Kapital kondizirt werden[5]), wenngleich die Requisite der condictio indebiti eigentlich fehlen. Namentlich fehlt das Requisit des Irrthums. Deshalb heißt die Zahlung in der all. L. 26 pr. auch nur eine solutio quasi indebita. Passender erscheint die condictio ob turpem vel injustam causam; denn wer etwas bezahlt, wissend, daß er es nicht schuldig sei, und ohne daß eine auch nur scheinbare causa vorhanden ist, der giebt donandi animo[6]). Dagegen kann in dem vorliegenden Falle allerdings eine causa da sein, sie ist aber auf Seiten des Empfängers turpis oder doch injusta. Eine condictio sine causa ist es nicht, wie Glück[7]) meint, denn die causa ist in der That vorhanden und dauert auch fort, sie ist nur injusta. Von Einigen ist die Zurückforderung überhaupt bestritten[8]).

---

§. 13, Note 1 bemerkt, die Zinsen wären als eine quasi poena morae präſtirt worden; und das poenae nomine Gezahlte könne nicht zurückgefordert werden. L. 46 D. de reg. juris (L, 17). — Die alleg. L. 40 u. 42 de reb. cred. (XII, 1) bezieht sich jedoch nur auf Verzugszinsen.

4) L. 4, 14 pr. C. de compens. (IV, 31). — Leyser sp. 245, m. 10. — Weber, de usuris indebite solutis, §. 23—26. — Dessen Versuche über das Civilrecht, Nr. IV, S. 330 u. f.

5) L. 26 pr. D. de cond. ind. (XII, 6). - L. 18, 26, §. 1 C. h. t. — M. s. jedoch L. 26, §. 1 D. de condictione indebiti (XII, 6).

6) L. 1 D. de cond. ind. (XII, 6). — L. 53 D. de reg. jur. (L, 17).

7) Th. XXI, S. 129 und der dort alleg. Winkler, de condictione immodici foenoris. Lips. 1765, pag. VI sq.

8) Cramer, observat. jur., Tom. I, Nr. 100, §. 2; Tom. IV, Nr. 105. — Zoller, disq. quaestionis: utrum per condictionem repeti possint usurae? Lips. 1768. — Ueber die Zurückforderung unerlaubter Zinsen s. m. J. God. Bauer, Progr. de usuris sorti imputandis vel repetendis. Lips. 1760; in Opusc. I, Nr. 26. — Ad. D. Weber, de usuris indebite solutis, earumque tam repetitione quam in sortem imputatione. Suerini 1784; und in dess. Versu-

Das canonische Recht gestattete die Rückforderung aller Zinsen[9]), und die Reichsgesetze[10]) erklärten den Zinsvertrag über[11]) das erlaubte Maß für null und nichtig. Das Allgemeine Landrecht hat denselben Satz angenommen: es kann das, was über die gesetzlich erlaubten Zinsen gezahlt ist, nebst Zinsen (§. 10, Nr. II, 4 und §. 16, Note 7) zurückgefordert werden, und zwar binnen sechs Jahren nach völlig abgetragener Schuld[12]). Die Kondiktion verjährt also mit Ablauf des sechsten Jahres vom Tage der Tilgung der Schuld an gerechnet.

Dem Schuldner steht auch, wie sich versteht, um so mehr frei, die gezahlten unerlaubten Zinsen bei der Rückzahlung des Kapitals auf dieses zu kompensiren.

---

chen über das Civilrecht, Nr. IV. — George Jac. Friedr. Meister, de eo quod justum est in usuris pecuniae mutuae, annuisque reditibus, indebite solutis, tum condicendis, tum de sorte detrahendis. Gottingae 1786. 4. — Thibaut, Versuche, B. II, Abth. 5, Nr. 3. — Röder, Abhandlungen, Nr. 5.

9) c. 17, 18 X. de usuris (V, 19).

10) Reichs-Pol.-Ordn. von 1577, Tit. 17, §. 8.

11) Einige behaupten die Nullität des ganzen Kontrakts. — Mevius, dec., P. VIII, dec. 185, Nr. 1. S. dagegen aber: Gail, obs. pract., Lib. II, obs. 4 et 5. — Leyser sp. 246, m. 7. — Cramer, Wetzlarsche Nebenstunden, Th. 19, Nr. 3. — de Boehmer ad Carpzov. qu. 92, obs. 4. — Nach Französischem Rechte findet auch bloß eine Reduktion statt. Ges. vom 3. Septbr. 1807, Art. III. Auch gestattet die französische Jurisprudenz die Rückforderung der über das erlaubte Maß gezahlten Zinsen. — Maleville, ad Art. 1906. — Zachariä, französisches Civilrecht, §. 327.

12) A. L.R. II, 20, §. 1272; Einführungsgesetz zum Straf-G.B. v. 14. April 1851, Art. XI. Dieser Grundsatz kommt auch auf Verträge zur Anwendung, durch welche vor Einführung des A. L.R. gültiger Weise höhere Zinsen, als das A. L.R. I, 11, §§. 803 ff. gestattet, stipulirt worden sind; dergestalt, daß von Zeit der Herrschaft des A. L.R. an nur noch der danach zulässige niedrigere Zinssatz gefordert und das Mehrgezahlte kondizirt werden kann. Pr. des Obertrib. 1849, v. 9. März 1847.

Die Meinungen waren aber darüber getheilt: wie die Anrechnung geschehen könne, indem Einige [13]) die Abrechnung alljährlich machen, Andre [14]) aber die übermäßigen Zinsen in Einer Summe erst bei der Zurückzahlung des Kapitals abrechnen wollten. Weil aber die Kompensation in dem Augenblicke, wo die Gegenforderung entsteht, ipso jure eintritt [15]), so ist die erstere Meinung ohne Zweifel die richtige, und aus dem nämlichen Grunde ist der Satz auch nach dem Allgemeinen Landrechte [16]) für gültig zu halten [16a]). Der römische Grundsatz dagegen: usurae indebitae non repetuntur [17]), ist nicht verändert, und gilt noch. Er ist im Allgemeinen Landrechte nicht ausdrücklich anerkannt, dessen praktische Gültigkeit ergiebt sich aber von selbst, weil es an einem Rechtsgrunde fehlt, aus welchem der Zahlende sie zurückfordern könnte, indem er durch die Zahlung die Verzinslichkeit anerkennt, mithin nicht kondiziren kann [18]). Es muß also die Rück-

13) Leyser, med., sp. 245, m. 10 und die, Note 8 angeführten, Schriftsteller.

14) Müller, observ. pract. ad Leyserum, Tom. III, Fasc. I, obs. 440 und der Note 7 angeführte Winkler.

15) L. 4 C. de compensat. (IV, 31).

16) A. L.R. I, 16, §. 301: „Sobald die Forderung, durch welche die Kompensation gesetzmäßig begründet wird, entstanden ist, wird auch die Schuld, soweit die Kompensation reicht, für erloschen erachtet."

16a) Das Obertribunal hat in dem, im dritten Bande seiner Entscheidungen, Nr. 14, S. 124, mitgetheilten Rechtsfalle hiernach auch erkannt, indem es in dem Urtel, S. 127, bestimmt: daß die Beklagten befugt, auf die für den Kläger eingetragenen Kapitalien Ein Prozent Zinsen, welches sie während des Zeitraums vom 1. März 1817 bis Johannis 1835 jährlich über fünf Prozent gezahlt, zu kompensiren, und nur verbunden, die Beträge jener Kapitalien, welche übrig bleiben nach Abzug des durch die zuviel gezahlten Zinsen nach und nach getilgten Betrages, nebst 4½ Prozent Zinsen seit Johannis 1835 vom Reste der Kapitalien, dem Kläger zu bezahlen.

17) L. 3 C. h. t. Vergl. Code civil, Art. 1906.

18) Meister l. c. (Note 8) §§. 10, 11 u. Weber l. c.

forderung der auf gar nicht stipulirte Zinsen geleisteten Zahlung für unstatthaft erklärt werden. Dieß setzt aber voraus, der Zahlende habe gewußt, daß keine Zinsen stipulirt worden. Glaubt er irrthümlich, es bestehe eine ausdrückliche Verabredung, und zahlt er bloß, um sich von dieser vermeintlichen Verbindlichkeit zu befreien, so ist es damit wie mit jeder andern Schuld, deren Existenz der Zahlende irrthümlich voraussetzt, und es giebt keinen Grund, warum dieser faktische Irrthum hier nicht dieselbe Wirkung wie sonst überall haben soll. Von gemeinrechtlichen Praktikern ist jedoch auch in diesem Falle die condictio indebiti versagt, theils weil die L. 26 D. l. c. solches bestimme, theils weil der Schuldner eine moralische Verbindlichkeit habe, Zinsen für das ihm zum Gebrauch überlassene Geld zu zahlen[19]). Beide Gründe beruhen aber auf einem Mißverständniß. Die Lex 26 pr. muß darauf bezogen werden, daß der Schuldner, wenngleich er weiß, daß keine Stipulation stattgefunden, doch Zinsen gezahlt hat, weil er sich dazu, wenngleich irrthümlich, für verpflichtet gehalten. In diesem Falle wird durch die Zahlung und Annahme derselben als Zinsen eine formlose Obligation kontrahirt und sogleich erfüllt; die Zinsenobligation wird in demselben Augenblick, wo sie durch Zahlung wieder getilgt wird, formlos kontrahirt, wenn man sich den Hergang der Sache, wie er vorzugehen pflegt, denkt. Der Schuldner kommt nämlich aus irgend einem Beweggrunde, vielleicht weil er fürchtet, der Gläubiger möchte ihm das Geld nicht länger lassen, zu dem Gläubiger, und offerirt ihm Zinsen für

---

19) Leyser, med., spec. 148, m. 6. — Müller ad Leyser. Tom. II, fasc. I, obs. 286. — v. Braun: ob das Darlehn gemeiniglich verzinslich sei, im Schottischen jurist. Wochenblatte B. II, Nr. 21. — Richter dec. 74, Nr. 17. — Schilter, exercit., XXII, th. 9.

das schuldige unverzinsliche Kapital. Der Gläubiger antwortet: gut denn, ich nehme das Anerbieten an. Dieß ist im Resultat nicht anders, als wenn die Forderung von dem Gläubiger ausgegangen, und von dem Schuldner ohne Weiteres bewilligt worden wäre. Dabei kann es nicht darauf ankommen, aus welchem Grunde der Schuldner sich verpflichtet gefühlt hat, dieses Anerbieten zu machen, oder die Forderung zu bewilligen, wenn er nur nicht ausdrücklich voraussetzt, daß er eine vermeintliche Civilobligation solviren wolle. Denn sagte der Schuldner bei seiner Offerte: ich komme, diejenigen Zinsen zu bezahlen, welche ich nach der und der Stipulation schuldig bin, und eine solche Stipulation existirte gar nicht, wie dem Gläubiger auch wohl bekannt, so wäre die Sache ganz anders. Der Gläubiger sähe daran gleich, daß der Schuldner in einem faktischen Irrthume ist, und keineswegs etwas anbieten oder bewilligen will, was ihm nicht durch rechtlichen Zwang abgenöthigt werden könnte. Dieser Unterschied muß auch nach heutigem Preußischen Rechte von Einfluß auf die Frage sein: ob gezahlte, aber vorher nicht versprochene Zinsen kondizirt werden können. Erklärt der Zahlende nicht ausdrücklich, daß er nicht jetzt erst anzutragende, sondern aus einem bereits vorhandenen rechtsverbindlichen Versprechen, dessen Existenz er irrthümlich voraussetzt, zahlen wolle, so ist die Zurückforderung unstatthaft, weil er dann bloß eben jetzt angebotene und angenommene Zinsen zahlt, und das Anbieten und Annehmen von Zinsen, die vorher noch nicht versprochen worden, bei einem schon vorhandenen Schuldverhältniß täglich geschehen kann.

Die Ansicht von der moralischen Verbindlichkeit beruht auf dem unrichtigen Begriff von der Naturalobligation (§. 3, Nr. III). Eine, aus der Moral entstehende, Pflicht ist keine Naturalobligation, und das s. g. Naturrecht hat ebenfalls mit der Naturalobligation nichts zu schaffen.

Wenn keine Zurückforderung der, über das versprochene Maß gezahlten, Zinsen zulässig ist, so findet auch die Abrechnung auf das Kapital nicht statt [20]).

Sind Naturalien geliefert oder Handlungen geleistet worden, so werden dieselben, um behufs der Kondiktion festzustellen: wieviel über das erlaubte Maß gezahlt worden ist, nach den oben (§. 9) angegebenen Grundsätzen zu Gelde angeschlagen. Soll aber ermittelt werden, ob ein strafbarer Wucher vorgefallen, so kommen andere Grundsätze zur Anwendung. Es wird nämlich zu diesem Zweck der Werth der bedungenen Lieferung oder Leistung, nach dem niedrigsten Preise, welcher in den sechs nächstvorhergehenden Jahren vor der Lieferung oder Leistung stattgefunden hat, veranschlagt; und wenn der Betrag den erlaubten Zinsfuß um mehr als Ein Prozent übersteigt, so ist ein strafbarer Wucher vorhanden. Die Kondiktion wird hierdurch aber nicht bedingt [21]).

§. 18.

e) Interusurium.

Johann Friedr. Polack, mathesis forensis, 3. Ausg. Leipzig 1756. I. Abthl., 2. Cap., 6. Abth., §. 49—71, S. 82—106. — Gottfr. Daniel Hoffmann, de jurisconsulto mathematico, et in specie analysta circa antichresin et interusurium. Tub. 1767. — Fratrum Beckmannorum tract. math. jurid. de interusurio. Gotting. 1784. 4. — Schneidt, specimen arithmeticae ad

---

20) Kann Jemand, welcher mehr Zinsen bezahlte, als wozu er verpflichtet war, diese zurückfordern, oder müssen sie ihm auf das Kapital angerechnet werden? in Amelang und Gründler, Archiv, B. I, H. 1, Nr. II, med. V.

21) A. L.R. II, 20, §. 1283. Diese Stelle ist zwar mit dem ganzen Titel formell aufgehoben; der civilrechtliche Grundsatz aber besteht noch.

materiam de usuris, antichresi, interusurio et reditibus annuis applicatae. Virceb. 1784. 4. Diese Schrift schlägt einen Mittelweg ein, und will bald die Leibnitzsche bald die Hoffmannsche Methode angewendet wissen. — Zimmermann, über Anatocismus und Interusurium. Frankf. 1798. — Ed. Schrader, civilist. Abhandlungen, Nr. 2. — Seuffert, Erörterungen, Abtheil. I, Nr. 19. — Dann, über das Interusurium oder den gegenwärtigen baaren Werth einer erst künftig zahlbaren Summe, mit zwei Tabellen und mehreren Beispielen. Ulm 1823. gr. 4. — Ferd. Zachariä, über die richtige Berechnungsart des Interusurii nach Grundsätzen des Römischen Rechts. Greifswalde 1831. 8. — Göschen, Grundriß, S. 220. — P. F. Keil, das Interusurium oder die richtige Bestimmung der Forderungswerthe zu andern als den Verfallzeiten und die damit zusammenhängende Rentenreduktionslehre. Jena 1855.

Mit den Zinsen nahe verwandt ist das Interusurium, commodum medii temporis s. repraesentationis, Disconto oder Rabatt. Dieß sind umgekehrte Verzugszinsen. Wer eine schuldige Summe Geldes zu spät bezahlt, muß das Interesse erstatten, welches in Verzugszinsen zu bestehen pflegt. Es kann aber der umgekehrte Fall eintreten, daß etwas früher bezahlt wird, als es fällig ist, so daß also dadurch zuviel bezahlt werden würde, wenn das Ganze gegeben werden sollte. Um dieses auszugleichen dient das Interusurium, gleichsam Zinsen, welche der Gläubiger dem Schuldner giebt. Die Frage dabei ist: wie hoch sollen solche angenommen werden? Offenbar auf so viel als die Differenz beträgt, so daß Jeder von Beiden, der Schuldner wie der Gläubiger, gegenwärtig nur soviel giebt und beziehungsweise erhält, daß der Gläubiger künftig am Zahlungstage, wenn er das Geld bis dahin so nutzt, wie es genutzt werden kann, eben soviel hat, als wenn er dann die Forderung vollständig gezahlt erhielte [1]). Ueber die Regeln zur Bestim-

1) L. 1, §. 10 D. ad leg. Falc. (XXXV, 2). — L. 24, §. 2 D. soluto matrimonio (XXIV, 3).

mung des Interusurium finden sich drei verschiedene Meinungen.

1) Die von Benedikt Carpzov[2]), welche die älteste, und offenbar unrichtig ist. Darnach soll der reine Zinsbetrag für den zu früh gezahlten Zeitraum abgezogen werden. Daß dieß unrichtig ist, ergiebt sich daraus, daß, wenn zwanzig Jahre zu früh gezahlt werden sollte, gar nichts zu zahlen sein würde. In der Anwendung ist diese Regel aber am leichtesten, und für kurze Zeiträume ist diese Unrichtigkeit auch nicht sehr merklich, auch findet sich dieses Prinzip in den Quellen angewendet[3]).

2) Die von Gottf. August Hoffmann[4]). Nach dieser muß ein unbekanntes Kapital gesucht werden, welches mit Hinzurechnung seiner einfachen Zinsen, auf die zu früh gezahlte Zeit, dem künftig zu zahlenden gleich kommt. Man multiplizirt nach dieser Regel das bekannte Kapital mit 100 und dividirt das Produkt mit 100 + der Zinsen von 100 für den Zeitraum, auf welchen zu früh

---

2) In Dessen decis. P. III, dec. 275 und bei Philippi, de subhastationibus, p. 230 sq.

3) L. 88, §. 3 D. ad leg. Falcid. (XXXV, 2).

4) Von richtiger Berechnung des Interusurii. Leipzig 1735. Zuerst in einem Anhange zu dessen prudentia oeconomica (von der Klugheit, hauszuhalten), P. I. — Dagegen C. v. Clausberg, in dessen demonstrativer Rechenkunst. Darauf: Gottfr. Aug. Hoffmann's Demonstrationen von richtiger Berechnung des Interusurii, worinnen zugleich das, was von dieser Materie in dem Anhange ermeldten Autoris seiner Prudentiae oeconomicae befindlich ist, wider die von C. v. Clausberg in dessen demonstrativer Rechenkunst gemachten Einwürfe vertheidigt wird. Abgedruckt in Polack l. c. p. 129 sq. Anhänger derselben Meinung ist auch Polack, welcher S. 93, §. 61 ff. einen Auszug aus der Hoffmannschen Schrift mittheilt. — Dagegen: Kurzer Anhang zu Joh. Friedr. Polack's Mathesi forensi, betr. die Berechnung des Interusurii, von Bilfinger. Bei Polack l. c. p. 116 — 128. Neuerdings ist die Hoffmannsche Methode vertheidigt von Schrader a. a. O.

gezahlt werden soll. Der Quotient ist dasjenige Kapital, welches jetzt zu bezahlen, und welches mit Hinzurechnung seiner Zinsen bis zum Zahlungstage soviel, wie das künftig fällig werdende Kapital, beträgt. Z. E. 100 Thlr. sollen nach 6 Jahren gezahlt werden, so ist die Formel nach der gewöhnlichen Regel de tri: 10,000: 100 + 30 = $76\frac{12}{13}$. $76\frac{12}{13}$ Thlr. sind also jetzt für die nach 6 Jahren fälligen unverzinslichen 100 Thlr. zu zahlen; denn $76\frac{12}{13}$ Thlr. geben in 6 Jahren zu 5 Prozent Zinsen $23\frac{1}{13}$ Thlr., wodurch die Summe auf 100 Thlr. gebracht wird. Das abzuziehende Interusurium erhält man, wenn man das bekannte Kapital mit den Zinsen von 100 Thlrn. auf die Zeit, für welche zu früh gezahlt werden soll, multiplizirt, und das Produkt, wie vorher, mit 100 + derselben Zinsen dividirt, z. B. $30 \times 100 : 130 = 23\frac{1}{13}$.

3) Die Leibnitzsche[5]). Diese ist die Hoffmannsche, mit der Modifikation, daß nicht bloß einfache Zinsen, sondern zusammengesetzte Zinsen d. h. auch Zinsen von Zinsen, mit dem zu suchenden unbekannten Kapital summirt werden. Für das erste Jahr beträgt das Interusurium $\frac{1}{21}$, und wenn es auf längere Zeit ermittelt werden soll, wird der Bruch $\frac{20}{21}$ so oft mit sich selbst multiplizirt, als es Jahre sind, welche zu früh gezahlt werden soll; denn es verhält sich das künftig fällige Kapital zu seinem gegenwärtigen Werthe, wie die Zahl 21 mit der Zahl der zu früh zu zahlenden Jahre weniger Eins multiplizirt, zu der Zahl 20, ebenfalls mit dieser Zahl von Jahren multiplizirt, so daß, wenn 100 Thlr. 3 Jahre zu früh gezahlt werden sollen, die jetzt zu zahlende Summe gleich ist:

---

5) Leibnitz, meditatio juridico-mathematica de interusurio, inserta actis eruditorum ad a. 1683, p. 425 seq.

$\frac{20^3}{21^3}$ 100, oder $\frac{8000}{9261}$ 100 = 86 $\frac{3554}{9261}$ Thlr.; denn aus dieser Summe entstehen, wenn sie zu fünf Prozent angelegt und die auskommenden Zinsen sogleich wieder zinsbar gemacht werden, mit Ablauf von 3 Jahren genau 100 Thlr. Diese Methode ist die richtigste, und hat auch die meisten Anhänger [6]), ist jedoch in der Anwendung nicht immer ohne Schwierigkeit [7]), weshalb Einige die Hoffmannsche regelmäßig, und die Leibnitzsche ausnahmsweise anwenden wollen [8]). Einige erklären sich gegen die Leibnitzsche Methode deshalb, weil auf Anatocismus nicht gerechnet werden dürfe [9]). Dieß ist ein Mißverständniß; denn es ist nicht die Rede vom Anatocismus, d. h. von Einforderung der Zinsen von Zinsen von einem Schuldner, sondern von der Ausmittelung des Nutzens, den ein ordentlicher Verwalter seiner Güter von dem Gelde ziehen würde, wenn er es sogleich hätte [10]); und dabei ist das Austhun der eingenommenen

6) Albr. Gotth. Kästner, Progr. pro justitia calculi interusurii Leibnitz. Lips. 1747. — Ueber die Zinsen, welche der Gläubiger vergütet; im Deutsch. Museum 9. Stück, Septbr. 1783, und 10. Stück, Oktbr. 1783. — Fratr. Beckmannorum l. c. — Hommel, rhaps., obs. 306. — Bilfinger a. a. O. — Thibaut, System, §. 289.

7) Horn, diss. de interusurio, et in Sent. et resp., Class. XIII, resp. 4. — Berger, oec. jur., Lib. IV, Tit. XXIX, th. IV, nov. 1. — Joh. Ernst. Just. Müller, einige Gedanken über des Freiherrn v. Leibnitz und Lic. Gottfr. Aug. Hoffmann verschiedene calculos interusurii; zum praktischen Nutzen des Publici entworfen, nebst den dazu berechneten 3 Hülfstafeln von Christlieb Adolph Lieben. Dresd. 1788. — Joh. Nicl. Müller, Auseinandersetzung eines der schwersten Fälle aus der Interusurienrechnung. Göttingen 1785.

8) Schneidt l. c. — Schrader a. a. O. §. 4, 6, 7, 8. — Seuffert a. a. O.

9) Polack l. c. §. 56—58. — Schrader a. a. O.

10) Bilfinger a. a. O. §§. 25, 26.

Zinsen so erlaubt, wie jede andere unverbotene Art der Benutzung des Eigenthums.

Die ganze Lehre ist wenig praktisch; denn es kann nicht vorkommen, daß Jemand wider seinen Willen früher die Leistung anzunehmen, und sich dafür etwas abrechnen zu lassen schuldig sein sollte[11]); wenn dieß aber mit seinem Willen geschieht, so wird auch eine Vereinbarung über die Zwischennutzung stattfinden, es wäre denn, daß über die frühere Annahme in der Art ein Vertrag zu Stande käme, daß der Gläubiger sich den Abzug gefallen lassen wolle, welcher vom Richter bestimmt werden würde. Dieser Fall ist jedoch so äußerst selten, daß es der Mühe nicht werth ist, sich dabei aufzuhalten. Ein anderer Fall kann bei einem legato debito vorkommen, wenn es sich frägt, wieviel der Legatar als ihm wirklich legirt, dem Fiskus zu versteuern habe; denn das versteuerbare Objekt ist das Interusurium[12]). Aber auch hier kann der Legatar die Ausmittelung des Interusuriums vermeiden, wenn er das Legat ausschlägt und seine Forderung behält. Drittens soll bei der Taxe eines Guts, welches dem Besitzer nur auf gewisse Jahre zur Benutzung gegeben ist[13]), der Kapitalswerth durch die Revenüen-Summe, mit Abrechnung des Interusuriums bestimmt werden[14]). Der Fall, wo ein Leibrenten-Kontrakt aufgehoben wird und der Rentenkäufer das gezahlte

11) Auch nach Römischem Rechte galt keine Ausnahme. Daß L. 24, §. 2 D. soluto matrimonio (XXIV, 3), wie Wening-Ingenheim Bd. III, §. 28, Note w meint, eine Ausnahme enthalten sollte, ist nicht einleuchtend; denn es hängt in dem dort vorgetragenen Fall ebenfalls von der Willkühr der Frau ab, von der Rückforderung ihrer Dos vor der Zeit abzustehen.

12) L. 1, §. 10 D. ad leg. Falc. (XXXV, 1).

13) Dergleichen s. g. Zeitemphyteusen kommen in Westpreußen, besonders in der Weichselniederung, viele vor.

14) Anhang zur A. G.O. §. 438 (zu §. 14, Tit. 6, Th. III).

Kaufgeld nach Abzug der, über die gesetzlich erlaubten Zinsen, empfangenen Zahlungen zurückfordert[15]), gehört nicht zur Lehre vom Interusurium, sondern ist eine gewöhnliche Abrechnung von Abschlagszahlungen nach den Grundsätzen der Staffelrechnung, wie bei dem antichretischen Pfandvertrage. Ein Fall, wo Vergütung des Interusuriums nach der gesetzlichen Regel gefordert werden kann, ist der, wenn ein Unfähiger eine gültige Schuld zu früh bezahlt hat[16]). Ein anderer Fall, von welchem sogleich die Rede sein wird, kommt im Konkurse vor.

Diese praktische Seltenheit des Interusuriums ohne Vereinbarung mag veranlaßt haben, daß in den Rechtsbüchern über die Berechnungsart desselben nichts bestimmt ist. Es fand sich nur eine Anwendung des Carpzovschen Prinzips im Konkurse bei dem Falle, wenn ein Schuldner der Masse eine sofort zahlbare Post (debitum purum) schuldig ist, und dagegen eine noch nicht fällige Forderung (creditum in diem) an die Masse hat. Alsdann soll er kompensiren können; jedoch sollte er die Zinsen bis zum Verfalltage vergüten[17]). Hiernach war dieses Prinzip für das Preußische Recht sanktionirt[18]).

15) A. L.R. I, 11, §§. 626—629. Der §. 628 enthält zwar nicht dasselbe, was der §. 629 ausdrückt, ist aber durch den §. 629 überflüssig. Zu vergl. Schweickart, über Rechnungsfehler im A. L.R. (Jur. Wochenschrift 1836, S. 109).

16) A. L.R. I, 16, §. 171.

17) A. L.R. I, 16, §§. 354, 355. — A. G.O. I, 50, §. 159. — Vergl. Corpus jur. Frid., Th. II, Tit. 26, §. 119. — In Sachsen ist die Leibnitz'sche Methode offiziell für die richtige anerkannt, in einem von Müller im Promptuarium sub voce „Interusurium" allegirten Reſcr. vom 25. Oktober 1724.

18) Schweickart meint, daß die Leibnitz'sche Methode habe angewendet werden müssen, weil sonst die Berechnungsart des Kapitalswerths der Nutzungsrechte auf Zeit, wie sie von der ehemaligen Regierung zu Marienwerder vorgeschlagen worden ist, von dem Justizminister nicht, wie durch das Reſcr. vom 8. September 1804 (Rabe,

Dieß ist abgeändert. Der §. 249 der Konkursordnung v. 8. Mai 1855 verordnet, daß das Interusurium von noch nicht fälligen Forderungen bei Vertheilung der Konkursmasse nach der Hoffmannschen Methode zu berechnen. Dabei hat man beabsichtigt, daß die Bestimmung allgemeine Anwendung finden soll[19]).

Bisher ist vorausgesetzt worden, daß der Schuldner genöthigt sei, eine noch nicht fällige Schuld abzutragen. Sollte umgekehrt der Fall so sein, daß der Schuldner berechtigt wäre, eine betagte Schuld, nach Abzug des Interusuriums, zu bezahlen, so würde man den, dem Schuldner (Discontonehmer) erlaubten, Zinssatz bei der Berechnung zum Grunde legen[20]), etwaige Kosten und Ausgaben auf Gewinnung der Nutzungen oder Zinsen abziehen[21]), und nach Maßgabe des Ueberrestes das Interusurium festsetzen müssen.

Es ist vorgekommen, daß ein vertragsmäßig festgesetztes Interusurium aus dem Grunde bestritten und von dem Gerichte erster Instanz abgesprochen worden ist, weil es den gesetzlich erlaubten Zinsfuß überstieg, indem man behauptete, daß die Wuchergesetze auch auf das Interusurium angewendet werden müßten. Das Appella-

Bd. VIII, S. 171) geschehen, genehmigt worden sein würde. S. Jur. Wochenschrift, 1836, S. 115. Die Berichte und Berechnungen sind abgedruckt bei Gräve ll, Kreditgesetze, Bd. III, Anh. S. 1 ff., und in m. Formularbuche, 5. Aufl. (Breslau 1854), S. 283. Vergl. die gerichtliche Arithmetik in Beziehung auf die preußischen Gesetze (Halle 1824), S. 51 ff. Eine gesetzliche Anwendung wird von diesem Prinzip nirgend gemacht.

19) Bericht der Kommission der II. Kammer, vom 30. März 1855, S. 115.

20) L. 36, §. 5 D. de hereditatis petit. (V, 3). — L. 46 D. h. t. — Nov. 131, c. 12. — Schrader a. a. O. §. 4 und S. 158, Note *).

21) L. 36, §. 5 D. de hereditatis petitione (V, 3): L. 46 D. h. t.

tionsgericht aber hielt diese Bestimmungen nicht für anwendbar, und mit Recht, weil das ganz positive Verbot gegen Ausbedingung zu hoher Vertragszinsen nur den Schutz des Schuldners bezweckt und nicht umgekehrt zum Vortheil des Gläubigers angewendet werden kann[22]).

2) Schadensersatz und Interesse.

Donelli, commentar. juris civilis, Lib. XXVI, c. 13—25. — Christ. Guilielm. Wehrn, doctrina juris explicatrix principiorum et causarum damni, habita doli mali, culpae, morae, ejusque quod interest, ratione, praestandi, Lips. 1795. — Franz Schömann, Lehre vom Schadensersatze, 2 Th. Gießen 1807. gr. 8. — Fr. Hänel, Versuch einer kurzen und faßlichen Darstellung der Lehre vom Schadensersatze, nach heutigem Römischen Rechte. Leipzig 1823. 8. — v. Wening-Ingenheim, die Lehre vom Schadensersatze nach Römischem Rechte. Eine civilistische Abhandlung. Heidelberg 1841. gr. 8.

A. L.R. Th. I, Tit. 6. — C. W. Ludwig, Erläuterung der Rechtstheorie vom Schadensersatz aus unerlaubten Handlungen, vom Besitz, vom Eigenthum und von einigen Erwerbsarten des Eigenthums, nach den Grundsätzen des Allg. Preuß. Landrechts rc. Glogau, ohne Jahreszahl, zuerst erschienen bei Leonhard zu Breslau 1815. gr. 8.

§. 19.

a) Begriff von Schaden.

Unter Schaden versteht man zunächst und eigentlich jede Verletzung eines körperlichen Gegenstandes; in weiterer und figürlicher Bedeutung ist Schade alles, was den Zustand einer Person oder einer Sache verschlechtert. In dieser Bedeutung heißt Schade im weitesten Verstande jede Verschlechterung an Gesundheit, Ehre, Vermögen und Seele; und im gewöhnlichen engeren Sinne versteht

22) Der Fall ist 1836 bei dem damaligen Oberlandesgerichte zu Breslau vorgekommen, in der Sache Fabisch wider Kater, F. 28 pro 1836.

man darunter eine Verringerung des Eigenthums, oder Verlust am Vermögen [1]). Diese letztere Bedeutung pflegt man in der gemeinrechtlichen Kunstsprache dem Worte „damnum“ beizulegen [2]), welches man auch zuweilen mit den Worten: „damnum pecuniarium“ auszudrücken pflegt; im engern Sinne verstehen die römischen Juristen unter „damnum“ jede Rechtsverletzung [3]). Das Allg. Landrecht verbindet damit den weitesten Begriff und nennt Schade

„jede Verschlimmerung des Zustandes eines Menschen, in Ansehung seines Körpers, seiner Freiheit, oder Ehre, oder seines Vermögens [4]).

Die neuern gemeinrechtlichen Juristen nennen den bereits erlittenen Schaden (d. datum s. factum) einen positiven Schaden (damnum emergens), oder damnum schlechthin, wenn er in einer Verringerung des bereits vorhandenen Vermögens besteht; ist hingegen bloß ein erlaubter Gewinn vereitelt, so nennt man ihn negativen oder privativen Schaden, auch entgangenen Gewinn (lucrum cessans s. lucrum interceptum). Beides zusammen nennen die römischen Juristen „id quod interest, interesse“ [5]). Jene Terminologie der gemeinrechtlichen Schriftsteller wird auch in dem Allgemeinen Landrechte vorausgesetzt; denn es rechnet

„Vortheile, die Jemand erlangt haben würde, wenn

---

1) Adelung, unter dem Worte Schade.

2) L. 151, 203 D. de reg. jur. (L, 17). — L. 2, 3 D. de damno infecto (XXXIX, 2). — L. 2, §. 11 D. ne quid in loco publico fiat (XLIII, 8). — L. 31 D. de dolo malo (IV, 3.)

3) L. 151 D. de regulis juris (L, 17).

4) §. 1 dieses Titels.

5) L. 21, 22, 23 D. ad legem Aquil. (IX, 2). — L. 13 pr. D. ratam rem haberi (XLVI, 8). — Glück Th. IV, §. 322.

eine gewisse Handlung oder Unterlassung nicht vorgefallen wäre, zum entgangenen Gewinn,"
und nennt den Schaden und den entgangenen Gewinn zusammen „vollständige Genugthuung"[6]).

Ist ein Schade nicht durch den Beschädigten selbst verursacht — denn quod quis ex culpa sua damnum sentit, non intelligitur sentire[7]) —, so frägt sich:

1) wann soll Ersatz eines vorhandenen Schadens geleistet werden?
2) was ist zu leisten?

Auf die erstere Frage beziehen sich die Begriffe von casus, dolus und culpa, welche zuvor dargestellt werden müssen, ehe die Frage selbst, oder die allgemeinen Grundsätze über Schadensersatz abgehandelt werden können; die andere hat die Schätzung des Interesses zum Gegenstande.

§. 20.

b) Zufall (casus). Periculum.

Donellus Libr. XIV, c. 6. — Chr. Henr. Breuning, de praestatione casus. Lips. 1758. — Eberh. Otto, de praestatione casuum solitorum, insolitorum et insolitissimorum; in illius Dissertatt. — Joh. Aug. Reichardt, de casu obligationem tollente; particula prior, constituens regulam catholicam, de praestatione casus. Jenae 1767. 4. — Joh. Chr. Brandenburg, specimen juridicum, sistens principia quaedam generalia de damno casuali ejusque praestatione. Gott. 1793. 4. — Wächter im Archiv für civil. Praxis, Bd. XV, S. 97 ff. und S. 188 ff. — Hepp, die Zurechnung auf dem Gebiete des Civilrechts, insbesondere die Lehre von den Unglücksfällen, nach den Grundsätzen des Römischen und Deutschen Rechts und den neuern Legislationen dargestellt. Tübingen 1838. Dazu: Recension in der Allg. Literaturzeitung, Jahrgang 1839, S. 47 ff.; und eine andere in den Schneiderschen Neuen kritischen Jahrbüchern für deutsche Rechtswissenschaft, Jahrg. 1842, S. 802 ff. —

6) §§. 5 und 7 dieses Titels.

7) L. 205 D. de reg. jur. (L, 17); A. L.R. §§. 19—21 d. T.

Roßhirt, über das periculum obligationis speciei, in seiner Zeitschrift für Civil- und Kriminalrecht, Bd. II, S. 374 ff.

I. Die Lehre vom Schadensersatz bezieht sich auf zwei Hauptfälle. Der eine ist der, wo aus einer Rechtsverletzung erst Obligationen entspringen, welche vorher noch nicht vorhanden waren, und welche auf Ersatz so wie auf Strafe gehen können. Diese gehören in den speziellen Theil. Der andere Fall ist der, wo bei einer bereits bestehenden Obligation ein Schade entsteht. Von diesem ist hier die Rede.

So lange der ursprüngliche Gegenstand der Obligation geleistet werden kann, ist darauf der Zwang gerichtet. Fehlt es an der Möglichkeit dazu, so muß von zwei Dingen eins geschehen: entweder muß man die Obligation fallen lassen, oder es muß ein Surrogat, d. i. das Interesse an deren Stelle treten. Ob das eine oder das andere eintreten muß, hängt davon ab: ob die Unmöglichkeit der ursprünglichen Erfüllung durch ein Naturereigniß entstanden ist, oder durch den Willen und das Handeln des Schuldners. Für jeden dieser beiden Fälle muß es eine Regel geben, nach welcher zu entscheiden: ob die Obligation fallen, oder ein Surrogat an ihre Stelle gesetzt werden soll.

Liegt die Unmöglichkeit in einem Naturereignisse, so heißt dieses: Zufall, Unglück, casus, casus major, fortuitus casus, vis major, vis naturalis, vis divina, fatum, damnum fatale [1]), und der dadurch entstehende

---

1) L. 1, §. 4 D. de oblig. (XLIV, 7). — L. 18 D. commodati (XIII, 6); L. 15, §. 2; L. 59 D. locati conducti (XIX, 2). — L. 2, §. 7 D. de administratione rerum (L, 8). — L. 24, §. 4 D. de damno infecto (XXXIX, 2). — L. 3, §. 1 D. nautae, caupones (IV, 9). — Casus, mehr im Plural als im Singular gebräuchlich, ist der eigentliche Ausdruck zur Bezeichnung des Gegensatzes von vertretbarer menschlicher Willkühr (Dolus, Culpa). Die übrigen

Schade: periculum[2]); doch ist periculum oft gleichbedeutend mit casus[3]), eigentlich die Gefahr des Zufalls, also daß derjenige, welchem nach der anzuwendenden Rechtsregel das periculum obliegt, den Verlust trägt, d. h. bei zweiseitigen Obligationen seinerseits so erfüllen muß, als wenn er von dem Anderen vollständig befriedigt worden wäre. Zufall ist alles, was ohne menschliches Zuthun sich ereignet, also etwas Negatives. Ist das Ereigniß kein reiner Zufall, d. h. ist die Unmöglichkeit der Erfüllung zwar zunächst Naturereigniß, aber doch mittelbar von einer willkührlichen Handlung abhängig, so gilt es nicht für Zufall, sondern es ist dem vorher gedachten zweiten Falle zuzurechnen: denn es ist Regel: casus dolo vel culpae subordinatus[4]). Neuere theilen hiernach den Zufall in casus merus und casus mixtus. Eine andere Eintheilung der Unglücksfälle ist hergenommen von der Gewöhnlichkeit oder Ungewöhnlichkeit, d. h. von der Vergleichung der Ereignisse nach ihrer beobachteten Wiederkehr. Darnach sollen sie casus soliti, c. insoliti und c. insolitissimi sein. Man sieht, daß dieser Eintheilungsgrund ganz unbestimmt[5]) ist, und man trifft auch in der

---

Ausdrücke, wozu auch die Umschreibung: „cui infirmitas humana resistere non potest" (L. 1, §. 4 D. de oblig. et act. [XLIV, 7], gehört, sind nicht Kunstausdrücke, sondern nur gleichbedeutend mit casus im verstärkten Grade.

2) Tit. Dig. de periculo et commodo (XVIII, 6). — L. 9, §. 9; L. 11 pr. D. de rebus creditis (XII, 1). — L. 5, §. 14; L. 10, §. 1 D. commodati (XIII, 6).

3) L. 5, §. 2 D. commodati (XIII, 6). — L. 62 D. de rei vind. (VI, 1); L. 1 D. de peric. et commodo (XVIII, 6). — L. 1 C. de peric. nominator. (XI, 33). Zuweilen heißt es ohne weitern Zusatz soviel wie furti periculum. L. 14 pr. und §. 1 D. de periculo (XVIII, 6); L. 5, §. 13 D. commodati (XIII, 6).

4) L. 1, §. 4 D. de obl. et act. (XLIV, 7). — L. 18 pr. D. commodati (XIII, 6).

5) Während Strube, rechtl. Bedenken, Th. III, Bd. 46,

That auf die verschiedensten Meinungen darüber: welche Ereignisse zu der einen oder der andern Klasse zu rechnen seien; außerdem ist diese Eintheilung ohne allen Einfluß auf das Recht und daher völlig müßig [6]). Wer den Zufall zu tragen hat, der trägt ihn immer, er mag sich oft oder selten ereignen, denn die Seltenheit ist kein Modus, ihn auf Andere zu übertragen.

Unmöglich heißt die Leistung oder Erfüllung einer Obligation nur alsdann, wenn sie für Jeden unmöglich sein würde, nicht aber, wenn sie nur individuell unmöglich ist; es wird hier also eine objektive Unmöglichkeit verstanden, z. B. wenn Jemand ein spezielles Thier liefern soll, welches vor der Uebergabe gestorben ist. Subjektive Unmöglichkeit gilt nicht für Unmöglichkeit, z. B. wenn Jemand Geld geben soll und keins hat [7]). Das Allgem. Landrecht fügt jedoch zwei Modifikationen hinzu:

1) wenn durch eine zufällige Veränderung der Umstände die bestimmte Erfüllungsart mit einer unvorhergesehenen Gefahr verbunden worden, soll der Berechtigte, wenn er dennoch auf diese Erfüllungsart besteht, die Gefahr übernehmen, und

---

S. 178 einen ungewöhnlichen Zufall einen solchen nennt, welcher sich da, wo von ihm die Frage ist, so selten ereignet, daß man ihn zu fürchten keine Ursache hat, will Bartolus nur einen solchen, der sich alle tausend Jahre einmal ereignet, für einen solchen ansehen.

6) Die Wichtigkeit dieser Eintheilung haben abgehandelt: Joh. Caspar Lecken, diss. de imputatione casuum solitorum, insolitorum et insolitissimorum. Duisb. 1715. — Ev. Otto, diss. de praestatione casuum solitorum, insolitorum et insolitissimorum. Traj. ad Rhen. 1723. et in ejus Dissert. juris publici et privati P. I, Nr. 6. — Dagegen: Müller, ad Struvium, exercit. XIX, th. 44, Nota δ. — Carl Gottf. von Winkler, rechtliche Abhandlung von Kriegsschäden der Pächter und Miethleute (Leipzig 1796. 8.), Abschn. I, Hptst. 2, Nr. 10 u. f., S. 35.

7) L. 137, §. 4 D. de verbor. obligat. (XLV, 1). — A. L.R. I, 5, §. 374.

2) wenn bei dieser zufälligen Veränderung der Umstände mit der bestimmten Art der Erfüllung eine wahrscheinliche Gefahr des Lebens, der Gesundheit, oder der Freiheit für den Verpflichteten verbunden ist, so soll er zur Erfüllung auf die bestimmte Art gar nicht angehalten werden können [8]).

Ein juristischer Grund zu diesen Modifikationen ist nicht vorhanden: dieselben sind rein positiv. Es frägt sich dabei aber: Soll in diesem Falle, wo der Verpflichtete nicht schuldig sein soll, auf die bedungene Art zu erfüllen, die Unmöglichkeit der Erfüllung für zufällig, oder für willkührlich hervorgebracht angesehen werden; denn die Folgen sind je nach dem verschieden. Das Allgemeine Landrecht enthält darüber keine direkte Entscheidung. Nach dem allgemeinen Grundsatz des Allgemeinen Landrechts aber, daß, wenn der Zufall, durch welchen eine solche Veränderung in den Umständen herbeigeführt worden, sich nicht in der Person des Verpflichteten ereignet hat, der Verpflichtete dafür einzustehen nicht schuldig ist [9]), muß angenommen werden, daß dieser Fall der objektiv-casuellen Unmöglichkeit gleich zu setzen.

II. Wir sind davon ausgegangen, daß bei eingetretener Unmöglichkeit der Erfüllung eine zweifache Behandlung der Obligation denkbar sei, nämlich: entweder, daß ein Surrogat an ihre Stelle gesetzt werde, oder daß sie falle. In dem letztern Falle läßt sich die Sache wieder auf zweierlei Art ansehen: entweder so, als wäre die Obligation erfüllt; oder so, als hätte sie niemals existirt. Welches von beiden angenommen wird, ist praktisch sehr wichtig, und macht einen großen Unterschied: denn wird die Obligation für erfüllt angesehen, so muß bei lästigen Verträgen auch der Andere erfüllen; wird sie als gar nicht

8) A. L.R. a. a. O. §. 375, 376.

9) Ebend. §. 369.

vorhanden gewesen erachtet, so ist auch der Andere zu nichts verbunden.

Vor allem ist hierüber der Kontrakt zu befolgen[10]. Ist aber nichts bestimmt, so steht nach Römischem Rechte als Regel an der Spitze:

die casuelle Unmöglichkeit gilt für vollendete Erfüllung. Creditoris est rei periculum. Casus a nullo praestatur[11]).

Diese Regel gilt sowohl bei Obligationen auf ein Geben[12]), als bei denen auf ein Thun oder Leisten[13]), und eben so bei Obligationen stricti juris[14]) wie bei bonae fidei[15]). v. Wening-Ingenheim behauptet in seinem Civilrecht, Buch III, §. 31, daß bei Erfüllung einer Obligation auf ein Thun oder Leisten der Debitor den Zufall trage; und will solches durch L. 26, §. 6 D. mandati (XVII, 1) beweisen. Diese Stelle enthält jedoch gerade das Gegentheil. Es heißt:

„Non omnia, quae impensurus non fuit, mandatori imputabit, veluti quod spoliatus sit a latronibus, aut

---

10) L. 1 pr.; L. 10 pr. D. de periculo (XVIII, 6). — L. 7, §. 15 D. de pactis (II, 14). — L. 1, §. 35 D. depositi (XVI, 3). — L. 39 D. mandati (XVII, 1). — L. 9, §. 2; L. 13, §. 5 D. locati conducti (XIX, 2). — L. 22 C. de negotiis gestis (II, 19). — A. L.R. I, Tit. 5, §. 261 und Tit. 11, §. 95.

11) L. 23 D. de regulis juris (L, 17). — Joh August Reichardt, de casu obligationem tollente (Jenae 1767), §. 4. Neuere drücken diese Regel auch so aus: debitor speciei casuali interitu rei liberatur.

12) L. 23, 33, 37, 51 D. de verbor. obligat. (XLV, 1). — L. 92, 107 D. de solution. (XLVI, 3).

13) L. 19, §. 9 u. 10; L. 38 D. locati conducti (XIX, 2). — L. 1, §. 13 D. de extraordinariis cognitionibus (L, 13).

14) L. 23 D. de verb. obl. (XLV, 1). — L. 47, §. 6 D. de legat. I (XXX).

15) §. 3 Inst. de emt. (III, 24). — L. 7 pr.; L. 8 pr. D. de periculo (XVIII, 6).

naufragio res amiserit, vel languore suo suorumque adprehensus, quaedam erogaverit: nam haec magis casibus quam mandato imputari oportet."

Hier ist also von der actio mandati *contraria* die Rede; und bei dieser ist der Mandatarius nicht Debitor, sondern Kreditor. Zudem berührt dieser Fall nicht eigentlich die vorliegende Frage, da der Zufall, welcher den Debitor bei der Erfüllung trifft, ohne ihn an der Erfüllung zu verhindern, auf die Obligation keinen Einfluß hat. Jeder muß sein eigenes Unglück tragen! Anders würde es sein, wenn das aufgetragene Geschäft gerade ein solches wäre, bei dessen Ausrichtung sich der Geschäftsträger der Gefahr einer solchen Beschädigung nothwendig aussetzen müßte. In diesem Falle würde der Schade zu den Kosten der Vollziehung des Auftrags gehören.

Die eine Seite dieser gedachten Regel ist also: *casus a nullo praestatur*, und die andere ist die: daß die Gegenleistung erfolgen muß[16]). Die dabei zum Grunde liegende Ansicht ist die, daß, wenn z. B. eine Sache zu geben versprochen worden, der Aufschub der Erfüllung etwas dem Geschäfte Fremdartiges und Zufälliges ist, so daß mithin dieser Umstand auf das Geschäft keine Wirkungen äußern kann. Man kann die Sache auch als eine bloße Folge der Rechtswahrheit ansehen: daß Jeder sein eigenes Unglück zu tragen hat; denn der Kreditor ist Herr seines Rechts. Der Werth desselben wird dadurch, daß der Gegenstand desselben aufhört zu sein, auf Nichts reduzirt. Es ist in effectu eben dasselbe, als wenn ein Darlehnsschuldner verarmt. Das Recht des Gläubigers wird dadurch nicht verändert; es gilt nur faktisch nichts, weil es keinen Gegenstand mehr hat, und insofern steht es

16) §. 3 Inst. de emt. (III, 24). — L. 5, §. 2 D. de rescindenda vend. (XVIII, 5). — L. 14 und 15 D. de jure dot. (XXIII, 3). — L. 6 C. de periculo et commodo rei venditae (IV, 48). —

einem de jure erloschenen Rechte gleich[17]). Wer anders als er selbst soll das ihn treffende Unglück tragen[18])!

Von dieser Regel gelten einige Ausnahmen:

1) Scheinbare, und zwar:

a) Bei alternativen Obligationen. Wenn die eine Handlung unmöglich geworden ist, so muß die andere geleistet werden[19]). Dasselbe gilt auch, wenn der Gegenstand der Leistung der Gattung nach bestimmt ist, und nicht sämmtliche zur Gattung gehörige Stücke untergehen[20]). Neuere geben hierbei die Regel: genus interire non censetur.

b) Bei bedingten Obligationen, wenn die Leistung vor Eintritt der Bedingung unmöglich wird. Dann ist der Vertrag ungültig, und es fällt mithin auch die Gegenleistung fort; denn hier ist eigentlich noch keine Obligation vorhanden, sie muß aber, wenn die obige Regel zur Anwendung kommen soll, dergestalt perfekt

---

Bornemann sagt in seiner Schrift von Rechtsgeschäften I. Ausg. S. 390: „Eine Modifikation dieser Regel tritt (nach Römischem Rechte) bei zweiseitigen Geschäften jedoch dadurch ein, daß der auf Uebergabe der untergegangenen Sache Berechtigte dem auf Erfüllung der Gegenleistung dringenden Verpflichteten den Einwand des nicht erfüllten Vertrages entgegen setzen, und dadurch sich von der Gegenleistung befreien kann.“ Es wäre wünschenswerth, daß der Herr Verfasser diesen Satz bewiesen hätte.

17) „Nam is nullam videtur actionem habere, cui propter inopiam adversarii inanis actio est.“ L 6. D. de dolo (IV, 3). — „Wo nichts ist, da hat der Kaiser sein Recht verloren.“

18) L. 23 in fine D. de regul. juris (L, 17).

19) L. 2, §. 3 D. de eo quod certo loco (XIII, 4). — L. 34, §. 6 D. de contrahenda emtione (XVIII, 1). — L. 30, §. 5 D. ad legem Falcidiam (XXXV, 2). — L. 16 pr. D. de verbor. obligat. (XLV, 1).

20) L. 1, §. 4 D. de obligat. et act. (XLIV, 7). — L. 42 D. de jure dotium (XXIII, 3). — §. 2 Inst. quibus modis re contrahitur (III, 15). — L. 11 C. si certum petatur (IV, 2).

sein, daß der Erfüllung kein wesentliches Hinderniß entgegen steht[21]).

c) Bei Innominatkontrakten. Wird bei diesen die Gegenleistung unmöglich, so kann das Gegebene aus dem Grunde zurückgefordert werden, weil der Gläubiger, vermöge des jus poenitendi, das Geschäft jederzeit aufrufen kann[22]), in soweit etwa das Interesse des Debitors wegen der zur unmöglich gewordenen Gegenleistung bereits getroffenen Anstalten die empfangene Leistung absorbirt; denn in diesem Falle der bereits angefangenen Gegenerfüllung unterliegen auch die Obligationen aus Innominatkontrakten der allgemeinen Regel[23]), zum klaren Beweise, daß sie davon keine Ausnahme machen[23a]).

2) Wirkliche Ausnahmen aber machen folgende zwei Fälle:

a) Wenn der Schuldner in Mora ist. Dann heißt es: *casus praestatur*, und es ist dabei gleichgültig, ob derselbe Schade auch den Gläubiger, wenn die mora solvendi nicht eingetreten wäre, getroffen haben würde, oder nicht; denn der Gläubiger hätte das ihm Vorenthaltene schon vor Eintritt des Schadens weiter veräußern oder verbrauchen können[24]). Darüber war

---

21) L. 8 pr. D. de periculo (XVIII, 6). — Fragment. Vatic. §. 16.

22) L. 3, §. 3; L. 5 pr. und L. 16 D. de condictione causa data causa non secuta (XII, 4).

23) L. 5 pr. D. l. c. — Vergl. L. 16 D. eodem.

23a) A. M. ist Waechter, doctrina de condictione causa data, p. 75 und im Archiv Bd. XV, S. 215, wegen der L. 10 C. de condictione ob causam datorum (IV, 6), welche jedoch nur ein Rescript ist, wodurch ein spezieller Fall entschieden wird. Die L. 5, §. 1 D. de praescr. verb. (XIX, 5) berührt die Frage (das Reurecht) nicht und wird mit Unrecht von Wächter für seine Meinung zu Hülfe genommen.

24) L. 5 D. de ebus creditis (XII, 1). — L. 40 pr. D. de

jedoch eine Meinungsverschiedenheit unter den römischen Juristen. Sabinus und Cassius waren der Meinung, daß, wenn die Sache auch bei dem Gläubiger zu Grunde gegangen sein würde, nach der Billigkeit der Schade den Gläubiger treffen müßte. Deren Meinung ist jedoch nur historisch angeführt[25]). Mackeldey[26]) will durch diese Stellen beweisen, daß die abweichende Meinung des Sabinus und Cassius eine allgemein gültige Regel bei der sogenannten mora ex persona gewesen sei. Aber

1) die L. 40 pr. de hereditatis petitione erwähnt der Meinung des Cassius ganz deutlich nur historisch, und beschränkt sie auf den Fall des bonae fidei possessoris;
2) die L. 14, §. 1 D. depositi enthält keine allgemeine Regel für die mora ex persona, wie die L. 12, §. 3 eod. tit., welche über eben dieselbe Frage das Gegentheil sagt, ergiebt;
3) die noch angeführte L. 15, §. 4 D. ad exhibendum giebt sogar einen Gegenbeweis von dem, was daraus behauptet wird. Denn es heißt: der Schuldner oder der Beklagte müßte auch dann, wenn der Sklave post judicium acceptum, wiewohl *sine dolo vel culpa* des Schuldners, verstorben sei, das Interesse des Gläubigers leisten, umsomehr, wenn erhelle, daß der Tod nicht eingetreten sein

---

hereditatis petitione (V, 3). — L. 47, §. 6 D. de legatis I (XXX). — L. 23 D. de verb. obl. (XLV, 1). — L. 14, §. 11 in fine D. quod metus causa (IV, 2). — L. 15, §. 3 D. de rei vindicat. (VI, 1). — L. 12, §. 3 D. depositi (XVI, 3). — L. 4 C. de periculo rei venditae (IV, 48).

25) L. 40 pr. D. de hereditatis petitione (V, 3). — L. 14, §. 1 D. depositi (XVI, 3).

26) Lehrbuch §. 346, Note e.

würde, wenn der Schuldner nicht in Mora gewesen wäre. Dieser Umstand ist also nur ein Grund mehr. Uebrigens gilt dieses (sub a) nicht bloß von Obligationen auf ein Geben oder Leisten[27]), sondern auch von Obligationen in faciendo[28]). Der casus dolo vel culpae subordinatus gehört hierher nicht; er ist hiervon verschieden und beruht auf einem ganz andern Grunde[29]).

b) Diejenigen Obligationen, welche nicht durch eine einzelne für sich bestehende Handlung, oder momentan erfüllt werden können, sondern eine fortgesetzte, oder wiederholte Leistung derselben Handlung durch eine gewisse Zeit, oder eine sich auf einen Zeitraum ausdehnende Reihe von theilbaren Handlungen oder Leistungen erfordern. Dahin gehört namentlich der Pacht- und Sachen-Miethskontrakt, mit Ausnahme der Andingung eines Werks[30]), weil hierbei von keinen theilbaren für sich bestehenden Handlungen die Rede ist.

Bei diesen Obligationen fällt die Gegenleistung fort, wenn die Erfüllung unmöglich wird, und es wird so angesehen, als wäre kein Vertrag geschlossen worden. Dieses gilt aber nur in dem Falle, wenn und insoweit die

27) L. 91 pr. D. de verbor. obligat. (XLV, 1) u. die Note 24 angeführten Stellen.

28) L. 3, §. 3; L. 5 pr. D. de condictione causa data (XII, 4). — L. 1, §. 13 D. de extraordinariis cognitionibus (L, 13).

29) L. 5, §. 7; L. 18 pr. D. commodati (XIII, 6). — L. 1, §. 4 D. de obligat. et act. (XLIV, 7). — L. 16 D. de condictione furtiva (XIII, 1).

30) L. 13, §. 5; L. 30 D. locati conducti (XIX, 2). — L. 1, §. 13 D. de extraord. cognition. (L, 13). Die gewöhnliche Dienstmiethe macht keine Ausnahme; sie fällt unter die Regel: L. 38 pr., §. 1 D. locati conducti (XIX, 2). Man kann den vermietheten Dienst, wie namentlich die Verhandlung einer Rechtssache durch einen Advokaten, wovon im §. 1 l. c. die Rede ist, als ein Ganzes auffassen und ansehen.

Erfüllung gänzlich unmöglich ist[31]), nicht aber auch alsdann, wenn sie nur um ein geringes unvollständig oder schlechter geschehen kann[31a]): die Ausnahme geht also nur auf das periculum interitus, nicht auf das periculum deteriorationis.

Soweit die Grundsätze des Römischen Rechts, wie sie aus den Quellen sich ergeben, und wie sie ziemlich einfach in der praktischen Anwendung zu sein scheinen.

In den Schriften der neuern Juristen wird die Lehre vom Casus und dessen Prästation sehr unklar, unpraktisch und mit den römischen Rechtsansichten nicht übereinstimmend dargestellt. Diese Lehren sind aber auf die Bildung des Gemeinen Rechts und auf die preußische Gesetzgebung von Einfluß gewesen, und können daher nicht übergangen werden.

Eine Hauptquelle der Verwirrung liegt in der unrichtigen Auffassung der Regel: *creditoris est rei periculum*. Diese ist so einfach und durchgreifend, daß sie bei einer richtigen Vorstellung der verschiedenen obligatorischen Verhältnisse für alle Fälle, welche nicht unter die beiden wirklichen Ausnahmen fallen, paßt.

Man hat aber in denjenigen Fällen, wo es sich nach der Natur des Kontrakts um die Restitution einer Sache an deren Eigenthümer, wie z. B. beim Kommodat und dem Pfandkontrakt, handelte, keine Anwendung jener Regel finden mögen, weil hier eigentlich der Eigenthümer den Verlust tragen müsse, und andererseits auch der Gläubiger, nämlich der Kommodatar, dem die Sache unentgeltlich geliehen sei, und der Pfandinhaber, der seine Sicherheit verliere, durch den Zufall leide[32]), und doch

31) L. 19, §. 6; L. 30 pr. §. 1 D. locati conducti (XIX, 2).

31a) L. 27 pr. D. eodem. „Modica incommoditas conductoris non inducit remissionem mercedis.“ Bart.

32) Glück, Commentar, Th. IV, S. 377.

keiner von dem Andern etwas zu fordern habe. Allein bei diesem Kontrakte findet sich bloß jene Regel angewendet. Denn der Kommodant ist rücksichtlich der Restitution seiner Sache Kreditor, als welcher er die actio commodati hat. Daraus folgt, daß er nicht als Eigenthümer, sondern als Gläubiger den Zufall trägt. Auf der andern Seite ist auch der Kommodatar in Beziehung auf die ihm zustehende actio contraria Gläubiger, und daher wird der Kommodant durch den Zufall ebenfalls von seiner Verbindlichkeit liberirt. Ebenso verhält es sich mit dem Pfandkontrakte.

Indeß abstrahirte man von diesen Fällen die dem Römischen Rechte fremde Regel: casum sentit dominus, welche zu ganz andern Resultaten führt. Eine Bestätigung dieser Regel fand man in der L. 58, §. 1 D. pro socio (XVII, 2), wo Celsus entscheidet, daß Geld und Waaren, welche ein Socius in die Gemeinschaft bringen soll, und vorher durch Zufall verliert, ihm, und nicht der Gesellschaft verloren gehen. Man meinte daher, daß der Zufall bei solchen Kontrakten, nach welchen erst das Eigenthum übertragen werden solle (s. g. contractibus dominii translativis), den Schuldner nicht liberire, und erklärte den, bei dem Kaufkontrakte geltenden, damit im Widerspruch stehenden, Grundsatz für eine Singularität, die nur allein den Kaufkontrakt angehe[33]). Dabei übersah man, daß in der L. 58, §. 1 D. pro socio von einer generischen Obligation die Rede ist, von welcher der Schuldner durch den zufälligen Verlust der von ihm zur Solution bestimmten species niemals frei wird, aber nicht, wie Glück a. a. O. S. 387 mit Andern meint, darum, weil er Eigenthümer der zu Grunde gegangenen Sache war, denn dieser Umstand ist bei obliga-

33) Glück a. a. O. S. 380.

torischen Verhältnissen einflußlos; sondern darum, weil ihm die Erfüllung nicht objektiv unmöglich geworden ist, indem er andere Stücke desselben genus geben kann. Man lehrte also von den Obligationen auf ein Geben als Regel: casum sentit dominus, wovon der Kauf eine Ausnahme mache; und gab in Beziehung auf die Obligationen in faciendo eine Anzahl von Unterscheidungen[34]), welche in der Praxis unanwendbar sind, und die einfachen Rechtsverhältnisse völlig verwirren.

Das Allg. Landrecht hat nach dieser Lehre die auf obligatorische Verhältnisse nicht passende Regel: casum sentit dominus, angenommen, die ihm gar nicht motivirt geschienene Ausnahme beim Kauf, wie sich nachher zeigen wird, aufgehoben, und diesen Kontrakt ebenfalls der Regel untergeordnet.

Ein anderer praktisch eben so unbrauchbarer, und in den Quellen nicht begründeter Lehrsatz der gemeinrechtlichen Rechtsgelehrten ist der, daß unterschieden werden müsse: ob der Grund der Unmöglichkeit in der Person des Schuldners, oder in der des Gläubigers liege[35]). In dem erstern Falle soll die Gegenleistung fortfallen; in dem andern aber soll sie eintreten. Man ist darauf gekommen durch den in den Quellen häufig gebrauchten Ausdruck: „per eum stetit quo minus quid fieret.“ Dieß bezieht sich aber nicht auf Krankheit oder Tod[36]), wie

34) Hellfeld §. 326 u. f. — Glück a. a. O. S. 368—388 und die dort angeführten Schriften.

35) Gottfr. Strauss, de casu facienti nocivo. Vitemb. 1704. — Höpfner, Commentar über die Institutionen, §. 761. — Bucher, Recht der Forderungen, II. Aufl. S. 154.

36) L. 1, §. 13 D. de extraordinar. cognition. (L, 13): „Divus Severus ab heredibus advocati mortuo eo prohibuit mercedem repeti: quia per ipsum non steterat, quo minus causam ageret.“ Bezöge sich also die Phrase: „per eum stetit“ auf ein zufälliges Ereigniß in der Person des Nichterfüllenden, so könnte es hier nicht

man meint, sondern auf den Willen [37]). Auch diese Ansicht ist in das Allg. Landrecht übergegangen.

So viel von den Grundabweichungen der Lehren der neuern Juristen von dem Römischen Rechte; andere weniger folgenreiche werden gelegentlich erwähnt werden.

III. Das Allgemeine Landrecht sieht, in Uebereinstimmung mit dem Römischen Rechte, ebenfalls zuerst auf den Kontrakt [38]). Die neuern gemeinrechtlichen Juristen waren darüber uneinig: welche Arten des Zufalls für übernommen zu erachten, wenn die Verabredung nur allgemein dahin getroffen worden war, daß der Debitor den Zufall trage; und man brachte hier die vorhin erwähnte Eintheilung der gewöhnlichen, ungewöhnlichen und allerungewöhnlichsten Unglücksfälle zur Anwendung. Bei weitem die Meisten [39]) meinten, daß, wenn in einem Vertrage der Zufall ohne nähere Bestimmung übernommen worden sei, darunter nur der ge-

heißen: „per eum non steterat," sondern es müßte gerade umgekehrt heißen, da der Tod als Hinderniß angegeben ist. Diese Stelle widerlegt ziemlich überzeugend die Meinung Mackeldey's §. 345, Note i, daß unter diesen Ausdrücken ohne Zweifel auch die zufällige Verhinderung zu verstehen sei. Vergl. L. 13, §. 5 D. locati conducti (XIX, 2).

37) L. 5 D. de rebus creditis (XII, 1). Unten §§. 31, 32, Nr. 1, 2.

38) Th. I, Tit. 5, §. 261; Tit. 11, §. 95.

39) Unter vielen Andern vorzüglich: Otto, de praestatione casuum fortuitorum insolitorum et insolitissimorum, Cap. II, §. 9. — Carpzov, jurisprud. forens., P. II, const. 26, def. 8: const. 37, def. 17, Nr. 5. — Stryck, de cautelis contract., Sect. II, Cap. 9, §. 26. — Boehmer, exercit. ad pand., exercit. LII, Cap. II, §. 6, und Cap. III, §. 8 (Tom. III, p. 478 und 487). — Wernher, select. observat. for., Tom. I, P. IV, obs. 214, Nr. 82—84, et P. V, obs. 98. — Leyser, medit., Vol. XI, Supplem. spec. 217, m. 15. — v. Winkler, rechtliche Abhandlung von Kriegsschäden, S. 40 u. f. — Westphal, vom Kauf-, Pacht- und Miethskontrakt, §. 35.

wöhnliche und ungewöhnliche, nicht aber der aller-ungewöhnlichste verstanden werden müsse. Diese Meinung ist alt[40]). Welche Unglücksfälle aber als gewöhnliche, ungewöhnliche und ganz außerordentliche anzusehen, darüber gab es, wie es sich bei der großen Unbestimmtheit dieser Begriffe denken läßt, viele sehr von einander abweichende Meinungen[41]). Andere[42]) verwerfen diese Unterscheidung, als in den Gesetzen nicht begründet, gänzlich. Welcher Lehre die Verfasser des A. L. R. gefolgt sind, ist aus folgenden Stellen zu entnehmen:

1) §. 261, Tit. 5, Th. I, wo es heißt:

„Wenn ein Kontrahent alle Gefahr und Schaden übernommen hat, so sind auch die ungewöhnlichen Zufälle darunter zu verstehen;"

2) §. 510, Tit. 21, Th. I:

„Hat der Pächter durch eine solche Verabredung aller Remission entsagt, so kann er dergleichen auch wegen der ungewöhnlichen Unglücksfälle nicht fordern;"

3) §. 594 ebend.:

„Eine im Kontrakte allgemein geschehene Uebernehmung aller Unglücksfälle kann auf die Kriegsschäden, und eine ebenfalls nur in allgemeinen Ausdrücken geschehene Uebernehmung der Kriegsschäden kann auf diejenigen, welche die Substanz allein treffen, nicht ausgedehnt werden;"

---

40) Schon bei Alexander in Consil. XXXI, Nr. 2 und Bartol. in Consil. CLXXXVI, findet sie sich, nach Draesii summa Azonis, Col. 475, annotat. lit. e. Von Alexander giebt es aber keine Consilia.

41) Vergl. oben Note 5. Boehmer, l. c. pag. 488, §. 9, wollte es dem arbitrio judicis überlassen.

42) Arn. Vinnius, selectar. juris quaestion. L. II, c. 1. — Cocceji, jus civile controvers., Lib. XIII, Tit. 6, qu. 9. — Pufendorf, observat. juris univers., Tom IV, obs. 78, §. 4 u. a. m.

4) §. 478 ebend.:

„Außer dem allgemeinen Grundsatze §. 307 kann der Richter einen Nachlaß an dem Pachtzinse fordern, wenn der gewöhnliche Ertrag des Guts durch außerordentliche Unglücksfälle beträchtlich vermindert worden;"

5) §. 479 ebend.:

„Diese Befugniß fällt aber weg, wenn Unglücksfälle, die an und für sich zu den außerordentlichen gehören, in der Gegend, wo das Gut liegt, oder vermöge der innern Natur und Beschaffenheit des Guts selbst, nicht ungewöhnliche; und aus den Umständen erhellet, daß darauf in dem Anschlage oder bei Bestimmung des Pachtzinses bereits Rücksicht genommen worden."

Die Fassung dieser Bestimmungen giebt zu erkennen, daß man dabei die Lehre der ältern gemeinrechtlichen Rechtslehrer von der Dreitheilung der Unglücksfälle vor Augen gehabt hat[43]), zumal gerade vorzugsweise in Beziehung auf Pacht und Miethe von diesen verschiedenen Arten des Zufalls in den älteren Schriften die Rede ist, und dabei gewöhnlich eben dieselben Fälle aufgezählt zu werden pflegen, welche in dem A. L.R. a. a. O. angedeutet sind. Darnach wird diejenige Auslegung der Willenserklärung die richtige sein, nach welcher die Uebernahme der Unglücksfälle schlechthin nur auf die gewöhnlichen, die Uebernahme „aller" Unglücksfälle auch auf die ungewöhnlichen zu beziehen ist, daß aber ganz außerordentliche oder die ungewöhnlichsten Unglücksfälle,

43) In der ersten Ausgabe hatte ich angenommen, das A. L.R. habe sich der neuern Meinung, wonach die in Rede stehende Eintheilung zu verwerfen ist, angeschlossen, weil keine bestimmte Grenze zu finden. Eine Vergleichung der verschiedenen Stellen führt jedoch zur entgegengesetzten Ueberzeugung.

wohin jene Juristen namentlich Erdbeben, Wolkenbrüche, Einige auch Krieg[44]) rechneten, durch jenen allgemeinen Ausdruck nicht übernommen sind. Welche Unfälle für gewöhnliche und welche für ungewöhnliche zu halten, muß nach Verschiedenheit der Gegend und Ortslage durch richterliches Ermessen festgestellt werden. Schnee- und Frostwetter im Sommer z. B. wird von jenen Rechtsgelehrten zu den ungewöhnlichen gerechnet; bei einem hoch liegenden Gebirgsgute wird man jedoch den Fall wahrscheinlich nach §. 479 a. a. O. zu den gewöhnlichen rechnen.

Uebrigens kann der Zufall nicht bloß durch ausdrückliche Verabredung, sondern auch durch stillschweigende, welche aus der Beschaffenheit des Geschäfts, oder aus der Natur stillschweigender Willenserklärungen folgen kann, übernommen werden[45]).

In Ermangelung einer kontraktlichen Bestimmung weicht aber das Allgem. Landrecht von dem Römischen Rechte, und auch von der Theorie der gemeinrechtlichen Juristen, wesentlich ab; denn es stellt die gerade entgegengesetzte Regel an die Spitze:

casuelle Unmöglichkeit vernichtet den Vertrag.

---

44) Daraus erklärt sich die Bestimmung des §. 594 a. a. O., daß unter den ungewöhnlichen Unglücksfällen Kriegsschäden nicht begriffen seien, diese vielmehr besonders ausdrücklich übernommen werden müßten. Der §. 594 entscheidet hierdurch eine Meinungsverschiedenheit, denn die Meisten zählten Kriegsschäden nur unter die ungewöhnlichen Unglücksfälle. Glück Th. IV, S. 366.

45) Beispiele dieser Art finden sich in L. 30, §. 4 D. locati conducti (XIX, 2). — L. 1, §. 1 D. de aestimatoria (XIX, 3). — L. 10 pr., §. 1 D. de jure dotium (XXIII, 3). — Brandenburg, principia quaedam generalia de casus praestatione, §. 30. — Westphal, vom Kauf-, Pacht- und Miethskontrakt, §. 1012.

Es heißt nämlich Th. I, Tit. 5:

§. 364. „Entsteht die Unmöglichkeit, den geschlossenen Vertrag zu erfüllen, durch einen Zufall oder durch unabwendbare Gewalt und Uebermacht, so wird der Vertrag für aufgehoben angesehen."

§. 365. „Alsdann muß jeder Theil dasjenige, was ihm von dem Andern, in Erwartung der gegenseitigen Erfüllung, gegeben oder geleistet worden, zurückgeben oder vergüten."

Und Tit. 11, §. 100:

„Wird die erkaufte Sache noch vor der Uebergabe durch einen Zufall gänzlich zerstört oder vernichtet, dergestalt, daß gar keine Uebergabe erfolgen kann, so wird der Kontrakt für aufgehoben geachtet[46]."

Man hatte dazu folgende Gründe[47]:

1) „Die Regel," heißt es, „ist gegen alle Prinzipien des Römischen Rechts selbst. Casum sentit dominus, ist eine der ersten Regeln desselben[48]). Bei dem Kaufe geht, wie bei allen übrigen titulis dominii translativis,

46) Das Französische Recht hat den römischen Grundsatz. Code civil, Artt. 1302, 1148. Vergl. Pothier, traité des obligations. Nouv. édit. par Bernardi. Paris chez Letellier (II. T. 1805. 8), Nr. 633, 616—619, 142, 143. Das Oesterreichische Gesetzbuch dagegen hat ganz die Grundsätze des Allg. Landrechts. §. 1447.

47) Suarez, amtliche Vorträge bei der Schlußrevision des Allg. Landrechts, Jahrb. Bd. XLI, S. 17.

48) Oben Nr. I und II ist gezeigt, daß das Römische Recht von dieser Regel nichts weiß. Man hielt aber das für Römisches Recht, was in den Kompendien stand; und wenn diese über das Eine oder das Andere nicht übereinstimmten, so genügte dieß, um die Sache für zweifelhaft zu halten, wenn die Quellen, bei einer Untersuchung, auch noch so klar gefunden werden. Nun traf es sich aber, daß diese Regel in allen damaligen Lehrbüchern stand, daher nahm man sie für unzweifelhaft an, ungeachtet sie in Beziehung auf obligatorische Verhältnisse ein römischer Jurist niemals hat denken, noch weniger lehren können.

das Eigenthum erst durch die Tradition auf den emtorem über, und gleichwohl soll er noch vor der Tradition alle Gefahr tragen[49]).“

2) „Der römische Satz beruht ferner auf einer bloßen Spitzfindigkeit. Der Verkäufer, sagen die doctores, verliert freilich durch den Untergang der Sache sein dominium; aber der Käufer verliert dadurch ebenfalls seine Aktion, auf die Uebergabe zu klagen, weil die res tradenda nicht mehr da ist. Hingegen bleibt dem venditori seine Aktion auf das pretium, weil durch dessen Zahlung der Kontrakt von dem Käufer immer noch erfüllt werden kann. Cf. Cocceji in jure controv. L. XVIII, Tit. VI, qu. 2. Es ist aber unbegreiflich[50]), wie man

49) Das mußte man bei jenem Grundsatze natürlich unerklärlich finden; und Papinian und Paulus selbst hätten es nicht erklären können, wenn sie mit im Rathe gesessen hätten, vorausgesetzt, daß sie sich hätten einreden lassen: der Grundsatz sei nicht, wie sie es gelehrt: „creditoris est rei periculum,“ sondern heiße: „casum sentit dominus.“

50) Das war den mehrsten Rechtsgelehrten damaliger Zeit unbegreiflich; es war ihnen aber auch genug, daß es so ganz deutlich in den Pandekten steht. Auch Glück a. a. O. S. 369, welcher das Unbestimmte und Dunkele des Hellfeld und Anderer näher bestimmen und erklären will, drückt sich so aus, daß es nicht klar ist, wie er es eigentlich versteht; die Regel aber, welche er angiebt, läßt erkennen, daß er es nicht richtig aufgefaßt hatte. „Richtiger“, sagt er, „wäre die Regel so zu fassen: Wenn die Leistung eines versprochenen Faktums durch Zufall gehindert wird, so muß jeder Kontrahent den Schaden tragen, der hierdurch einen Vortheil verliert, welchen er vermöge des geschlossenen Kontrakts mit vollkommenem Rechte erwarten konnte. Nach dieser Regel wird also derjenige allemal einen Schaden leiden, dem das Faktum geleistet werden sollte, der Casus mag sich in seiner eigenen oder in der Person des Andern, der das Faktum versprochen hatte, ereignen, weil der Unglücksfall die Verbindlichkeit, das Faktum zu leisten, aufhebt.“ Dabei allegirt er L. 185 D. de regulis juris. Offenbar denkt er sich unter dieser

dem Verkäufer in dato casu eine Aktion auf Zahlung des pretii nachgeben kann, da er doch nicht mehr im Stande ist, die verkaufte Sache zu gewähren, und gleichwohl eine jede actio ex contractu nothwendig voraussetzt, daß der Kläger von seiner Seite den Kontrakt erfüllen könne und wolle."

3) „Die römische Theorie ist auch wider die natürliche Billigkeit. Der Käufer, der die Sache noch nicht in seinem Gewahrsam hat, der darüber noch gar nicht disponiren, der nicht die geringsten Vorkehrungen zu ihrer Erhaltung und Sicherheit treffen kann, der noch nicht den geringsten Nutzen von ihr gezogen hat, sollte dennoch schuldig sein, das Kaufgeld zu bezahlen, ob ihm gleich sein Verkäufer die Sache nicht mehr gewähren kann."

4) „Diese Theorie führt auf grosse Weitläuftigkeiten und Verwickelungen. Der Verkäufer muß in dem Zwischenraum bis zur Tradition die Funktion eines Depositars und Administrators bei der Sache übernehmen; er muß die Konservationskosten der Sache tragen; er muß über die Früchte und Nutzungen Rechnung legen &c. Es bedarf wohl keiner Ausführung, wie schwankend und bedenklich ein solches Verhältniß sei, und zu wie vielen Streitigkeiten und Prozessen selbiges Anlaß geben könne."

„Die im Gesetzbuche angenommene Theorie ist also der Natur der Sache und des Geschäfts, den Prinzipiis des Römischen Rechts und der natürlichen Billigkeit gemäß. Sie simplifizirt diese sonst sehr verwickelte Mate-

Aufhebung der Verbindlichkeit nicht eine Liberation des Debitors, sondern eine Vernichtung des Kontrakts. Denn wäre er sich des Satzes: casuelle Unmöglichkeit gilt für Erfüllung, bewußt gewesen, so hätte er zur Erklärung der Legalstellen nicht die vielen unklaren und zur Anwendung unbrauchbaren Regeln aufstellen, und so viele Unterschiede und Unterabtheilungen machen können, welchen auch der beste römische Jurist das Römische Recht nicht ansehen würde.

rie ausnehmend, und verdient also wohl vor dem jure romano den Vorzug."

Die Folge der landrechtlichen Regel ist, daß, wenn bereits von der andern Seite etwas geschehen, Alles, so viel als möglich, wieder in den vorigen Stand gesetzt werden muß. Dasjenige, was bereits von dem Andern in Erwartung der gegenseitigen, unmöglich gewordenen, Erfüllung gegeben oder geleistet worden, soll zurückgegeben oder vergütigt werden. Dabei ist, heißt es, der Zurückgebende als ein redlicher Besitzer anzusehen; doch soll kein Theil durch einen Zufall mit dem Schaden des Andern etwas gewinnen. Derjenige also, welcher die Sache zurückgiebt, soll dem Andern so viel vergüten, als er daraus in seinen Nutzen wirklich verwendet hat[51]. Hieraus folgt, daß auf die Bestimmung des §. 366:

„dabei ist der Zurückgebende als ein redlicher Besitzer anzusehen,"

kein großes Gewicht zu legen ist; denn der redliche Besitzer wird und bleibt Eigenthümer aller während des redlichen Besitzes gezogenen Früchte; in dem vorliegenden Falle aber muß der Zurückgebende auch die Früchte, selbst die schon genossenen, erstatten; auch kann selbstredend von keiner Verjährung, wie bei dem redlichen Besitze, hier die Rede sein. Der aus der angeführten Bestimmung zu ziehende praktische Rechtsfall ist der:

wenn die Erfüllung einer Obligation auf der einen Seite casuell unmöglich geworden ist, so fällt auch die Gegenleistung weg, oder es muß, wenn dieselbe bereits ganz oder zum Theil erfolgt ist, dem Gläubiger so viel

51) A. L.R. I, 5, §§. 365—368, und I, 16, §. 14. Vergl. L. 98, §. 8 D. de solut. (XLVI, 3). — L. 83, §. 5 D. de verb. obl (XLV, 1).

zurückgegeben oder vergütigt werden, wie der Empfänger davon in seinen Nutzen verwendet hat.

Die obige allgemeine Regel gilt jedoch nur alsdann, wenn die Erfüllung für immer unmöglich geworden ist. Tritt bloß eine Verhinderung ein, so bleibt die Obligation bei Kräften, und muß erfüllt werden, wenn das Hinderniß gehoben wird[52]); nur muß die Sache unterdeß nicht verschlechtert worden sein, indem das periculum deteriorationis, nach dem Allg. Landrechte, nur bedingungsweise, nämlich wenn der Andere die zufällig verschlechterte Sache nicht annehmen will, den Theil, welcher übergeben soll, trifft. (Unten V, 1, a.)

IV. Eine Ausnahme von dieser Regel macht:

1) Der Fall der Mora.

Die Mora äußert hier, nach der Natur der Sache, einen andern Einfluß bei dem Zufall, als nach Römischem Rechte. Nach diesem sollte der Debitor nur im Falle einer mora solvendi das periculum tragen, was nach dem Allgemeinen Landrechte schon aus der Regel folgt. Da also diese Regel die entgegengesetzte des Römischen Rechts ist, so könnte auch nur die entgegengesetzte Mora eine Aenderung bewirken. So ist es auch wirklich. Die Regel erleidet eine Ausnahme in der Art, daß der umgekehrte Grundsatz des Römischen Rechts zur Anwendung kommt:

a) wenn der Gläubiger bei Eintritt der casuellen Unmöglichkeit in *mora accipiendi* war. Nach Römischem Rechte überträgt jede Mora, sie sei verschuldet oder nicht, das periculum auf den Säumigen. Nach dem Allgemeinen Landrechte aber soll nur bei einer

---

52) Einl. §. 108; Th. I, Tit. 16, §§. 2 u. 3. Vergl. Tit. 21, §. 299 u. f.

culposen Mora der Casus prästirt werden. Es heißt Th. I, Tit. 11:

§. 102. „Hat der Käufer durch seine Schuld die Uebergabe verzögert, so kann der Verkäufer Schadloshaltung fordern."

§. 103. „Zu dieser Schadloshaltung gehört auch die Bezahlung des Kaufpreises, sobald der Käufer auch nur durch ein mäßiges Versehen schuld daran ist, daß die Sache von ihm zur gehörigen Zeit nicht übernommen worden."

§. 98. „Hat der Käufer den Verzug der Uebergabe verschuldet, so haftet der Verkäufer nur für einen solchen Schaden, der an der Sache durch seinen Vorsatz oder grobes Versehen entstanden ist."

In einer andern Stelle ist dieses nicht so klar. Es ist §. 939 ebendaselbst:

„Wird die Uebernehmung des fertigen Werks von dem Besteller ohne rechtlichen Grund verzögert, so muß letzterer alle Gefahr tragen."

§. 940. — „Ueberdieß muß der Besteller dem Werkmeister für den bedungenen Lohn Zögerungszinsen, vom Ablaufe der bestimmten Zeit an, wo das Werk fertig war, entrichten, und allen sonstigen, aus der verzögerten Uebernahme entstandenen Schaden, oder die durch längere Aufbewahrung der Sache verursachten Kosten vergüten."

Diese Unklarheit muß aber einer ungenauen Redaktion zugeschrieben, und die Worte: „ohne rechtlichen Grund" müssen hier für gleichbedeutend mit schuldbar erachtet werden, so daß keine Abweichung der letztern Stelle von der erstern anzunehmen. Denn in dem Wesen der Sache ist kein Grund zu finden, warum es bei dem Verdingungsvertrage in dieser Beziehung anders als beim Kaufkontrakte sein sollte; auch findet sich gar keine

Andeutung, daß eine Abweichung beabsichtigt worden, und überdieß kann von einer Zögerung im technischen Sinne nicht gesprochen werden, wenn ein rechtlicher Grund vorhanden ist, die Uebernahme zu verweigern. Ausgeschlossen von dieser Ausnahme und der Regel unterworfen bleiben die durch einen Zeitraum unausgesetzt zu erfüllenden Obligationen, z. B. Pacht und Miethe, der Dienstvertrag.

b) Die *mora solvendi* verpflichtet in sofern zum Ersatz des zufälligen Schadens, als derselbe nur durch die Mora entstanden ist und sonst nicht eingetreten sein würde[53]). Es ist also hier die Meinung des Cassius[54]) (Nr. II, 2, a) angenommen, welche auch nach Französischem Rechte gesetzlich anerkannt ist[55]). Ausgenommen hiervon aber sind die aus einer unerlaubten Handlung entstandenen Obligationen. Bei diesen muß nach dem Allgem. Landrechte, sowie nach Römischem Rechte, der Schuldner unbedingt für den Casus haften, ohne Rücksicht darauf, ob der zufällige Schade auch bei dem Gläubiger eingetreten sein würde[56]). Der Grund davon ist kein anderer als der, auf welchem die allgemeine Regel des Römischen Rechts beruht, nämlich: weil der Schuldner von Anfang in Mora ist, und der Gläubiger vor dem Zufall hätte anderweit über die Sache disponiren können, wenn sie

53) A. L.R. Th. 1, Tit. 3, §. 13; Tit. 6, §. 16; Tit. 7, §§. 241, 243; Tit. 11, §§. 97, 936; Tit. 13, §. 249; Tit 14, §§. 72, 141; Tit. 20, §. 131; Tit. 21, §. 251; Tit. 16, §§. 16, 18. Vergl. unten §. 34, Nr. I, 1.

54) L. 40 pr. D. de hereditatis petitione (V, 3). — L. 14, §. 1 D. depositi (XVI, 3).

55) Code civil, Art. 1302, §. 2.

56) A. L.R. I, 7, §. 242. — L. 20 D. de condictione furtiva (XIII, 1). — Auch nach Französischem Rechte. Code civil, Art. 1302, §. 4.

ihm nicht entzogen worden wäre. Der Grund ist also keineswegs ein besonderer [57]), es fehlt daher an einem juristischen Grunde zur Abweichung von der Regel bei andern Obligationen, wie Cassius auch zugiebt, indem er sich bloß auf Billigkeit beruft [58]), ohne daß berücksichtigt wird, daß es ebenso unbillig ist, den Gläubiger unter der Mora des Schuldners den Zufall leiden zu lassen, da, wenngleich z. B. der Tod des Thiers auch bei ihm erfolgt sein würde, er doch vorher schon darüber hätte anderweit disponiren, und dadurch den Schaden von sich abwenden können.

2) Der Fall des *casus dolo vel culpae subordinatus*. Die Folgen eines solchen Casus (c. mixtus) müssen nach dem Grade des dabei konkurrirenden Versehens, ebenso wohl nach dem Landrechte wie nach Römischem Rechte, vertreten werden [59]). Nach Römischem Rechte gehört dieser Fall, wie vorhin bemerkt worden ist, wegen Verschiedenheit des Grundes, nicht hierher, nach der dem Allgem. Landrechte eigenen Rechtsansicht aber ist der Grund in beiden Fällen der nämliche; denn in dem einen wie in dem andern wird die Verbindlichkeit, für den Zufall einzustehen, auf die Imputation bezogen, daher nach dem Allg. Landrechte der in Rede stehende Fall ebenfalls hieher gehört.

Zur Anwendung der Regel ist im Allgemeinen Folgendes bestimmt:

a) Die zufälligen Folgen einer in den Gesetzen ge-

---

57) L. c. „quia videtur, qui primo invito domino rem contrectaverit, semper in restituenda ea, quam nec debuit auferre, moram facere. L. 8, §. 1 D. eod. tit. — „semper enim moram fur facere videtur."

58) L. 14, §. 1 D. depositi (XVI, 3).

59) A. L.R. I, 13, §§. 50, 249; I, 14, §§. 14, 20, 29, 33, 34, 85; I, 20, §. 131; Tit. 21, §. 251.

mißbilligten d. h. rechtswidrigen Handlung sollen vertreten werden[60]);

b) der zufällige Schade soll unbedingt ersetzt werden, wenn die Handlung gegen ein Verbotsgesetz verstößt[61]);

c) bei der Tutel ist die Regel anders angewendet. Der Vormund soll für den zufälligen Schaden nur insofern haften, als der, aus einem Zufall entstandene Schade durch ein grobes oder mäßiges Versehen des Vormundes verursacht worden ist. Man hat aber nicht beabsichtigt, hierdurch etwas Neues und Besonderes für die Tutel zu bestimmen, wie man nach den Worten annehmen könnte, sondern man hat bloß die allgemeine Regel anwenden wollen, wie das Allegat des §. 13, Tit. 3, Th. I ergiebt[62]).

V. Anwendung der obigen Regel: daß der Casus die Obligation aufhebt.

1) Bei Obligationen auf ein Geben.

a) Bei dem Kaufe ist der Vertrag aufgehoben, wenn die Sache untergeht[63]).

Bei dem periculo deteriorationis bleibt zwar, wie nach Römischem Rechte, die Verschlechterung zunächst ohne Einfluß auf das Bestehen des Vertrages, doch mit der Maßgabe, daß dem Käufer der Rücktritt freisteht; will er bei dem Vertrage stehen bleiben, so muß er die verschlechterte Sache in ihrem dermaligen Zustande ohne Vergütung der Verschlechterung übernehmen und seinerseits vollständig erfüllen[64]). Eine Ausnahme von die-

60) Ebend. I, 3, §. 13. Vergl. Entsch. des Obertrib. Bd. XIII, S. 508 ff.

61) A. L.R. I, 6, §. 16. Es muß nicht gerade ein Verbot unter Strafandrohung sein.

62) A. L.R. II, 18, §. 282. Das dabei befindliche Allegat: Einleitung §. 13, soll heißen: I, 3, §. 13.

63) A. L.R. I, 11, §§. 100 und 120.

64) Ebend. a. a. O. §§. 95, 96, 178, 179 und 529. — Pr.

ser Maßgabe in Betreff der Gefahr der Verschlimmerung macht

aa) der Kauf in Bausch und Bogen [65]);

bb) der Kauf eines Inbegriffs von Sachen [66]).

Die Grenze des Ueberganges des periculi ist nach der Regel die Uebergabe. Eine allgemeine Ausnahme davon machen die gerichtlichen nothwendigen Verkäufe [67]). Ob bei einem eintretenden Schaden die Uebergabe für vollzogen anzusehen sei, oder nicht, läßt sich im Allgemeinen nicht bestimmen, sondern diese rein faktische Frage muß in jedem einzelnen Falle, nach Bewandtniß der Umstände, besonders beurtheilt werden. Die in den Gesetzen enthaltenen Bestimmungen für gewisse zweifelhafte Fälle [68]) sind bloße Anwendungen des leitenden Grundsatzes. Das, worauf es ankommt, ist die wechselseitige Einwilligung; denn die Uegergabe ist ebenfalls ein Vertrag [69]), sowie die Zahlung [70]); es kommt also nur darauf an: ob wechselseitige Einwilligung als vorhanden anzunehmen ist oder nicht; und in dieser Beziehung gelten die allgemeinen Regeln von Willenserklärungen, und beziehungsweise vom Anerbieten und von der Annahme [71]). Die Bestimmung über die Uebergabe unter Abwesenden, in den §§. 128

---

des Obertrib. 1488, vom 27. September 1844 (Entscheid. Bd. XI, S. 239).

65) A. L.R. a. a. O. §§. 117 und 120. Nach R.R. macht dieser Kauf keine Ausnahme von der Regel. L. 62, §. 2 D. contrah. emt. (XVIII, 1).

66) A. L.R. a. a. O. §. 121.

67) Ebend. §§. 95, 96, 100, 342 und Tit. 5, §. 322.

68) Ebend. I, 11, §§. 128—133, 770, 771.

69) Daraus erklärt sich das constitutum possessorium A. L.R. I, 7, §. 71.

70) Zu meiner großen Verwunderung wurde mir dieser Satz in der allerneuesten Zeit im Spruchkollegio bestritten. Der Opponent schien in der Zahlung nur ein Faktum zu sehen.

71) A. L.R. I, 5, §§. 78, 80—82.

und 129, ist bloß eine Anwendung davon beim Kauf. Der §. 133 a. a. O. enthält im Geringsten keine singuläre Bestimmung. Bornemann[72]) meint: derselbe sei ganz singulär, und enthalte eine bloß für Kaufverträge gegebene Bestimmung; das generelle Prinzip dagegen sei in

72) Rechtsgeschäfte, I. Aufl. S. 392. Es heißt dort unter andern S. 391: „In der Lehre von Kaufs- und Verkaufsgeschäften ist nämlich bestimmt, daß die Uebergabe als vollzogen erachtet werden solle, sobald 1) der Vertrag abgeschlossen und 2) nach der ausdrücklichen oder stillschweigenden Anweisung des Käufers die verkaufte Sache dessen Bevollmächtigten ausgehändigt, oder auf die Post gegeben, oder dem Fuhrmann oder Schiffer überliefert worden, und für eine stillschweigende Genehmigung wird es schon erachtet, wenn der Käufer der von dem Verkäufer gewählten Uebersendungsart mit der, auf die davon erhaltene Nachricht, zunächst abgehenden Post nicht widersprochen hat. A. L.R. I, 11, §§. 128—133. Bei dem Darlehnsvertrage dagegen ist verordnet, daß der Schuldner die Gefahr der Gelder trage, bis dieselben in dem Hause des Gläubigers gehörig abgegeben worden, und daß eine Ausnahme von der Regel nur alsdann stattfinde, wenn der Gläubiger die Art der Versendung selbst vorgeschrieben habe; so daß also in diesem Falle eine stillschweigende Genehmigung nicht genügt, um die Gefahr auf den Berechtigten zu übertragen. A. L.R. I, 11, §§. 770, 771. — Welche von beiden Bestimmungen enthält nun das generelle Prinzip, oder gilt die eine etwa, wenn von der Ueberlieferung, die andere, wenn von der Rückgabe einer Sache die Rede ist? Nach dem Register beim Worte „Uebergabe" scheint das in Bezug auf Kaufverträge Gesagte generell sein zu sollen. Dem kann aber nicht so sein, denn dadurch, daß der Berechtigte die von dem Verpflichteten gewählte Art der Uebermachung stillschweigend genehmigt oder gar nur derselben nicht geradezu widersprochen hat, ist weder körperlich noch symbolisch eine Besitzergreifung erfolgt, und eine solche ist, nach den generellen Vorschriften, immer erforderlich, wenn die Uebergabe als stattgefunden angesehen werden soll. A. L.R. I, 7, §§. 61—64*). Daher müssen wir annehmen, daß die für Kaufverträge gegebenen Bestimmungen singulär sind."

*) Die Uebergabe kann ja auch per mandatarium empfangen werden, und in effectu ist es völlig gleich: ob der Berechtigte unmittelbar einen solchen ernennt, oder ob er dem Tradenten aufträgt, ihm einen gewissen Fuhrmann oder Schiffer dazu zu bestellen.

den §§. 770, 771 d. T. ausgedrückt. Dieß scheint nicht richtig zu sein. Beide Stellen enthalten etwas Allgemeines, aber in Anwendung auf zwei spezielle und von einander ganz verschiedene Fälle. Die §§. 118 u. 129 bestimmen nämlich, daß die Uebergabe für vollzogen erachtet werden solle, wenn der abwesende Käufer 1) die Uebersendung verlangt, 2) die Art der Uebersendung vorschreibt, oder dem Verkäufer zu wählen überlassen hat, und wenn 3) der Verkäufer die Sache hiernach der bestimmten oder gewählten Gelegenheit wirklich überliefert hat. Dieß erscheint ganz in der Ordnung; denn dieser Bote, Fuhrmann u. s. w. ist der Bevollmächtigte des Käufers. Wenn nun aber der Käufer zwar ebenfalls die Uebersendung der gekauften Sache ausdrücklich verlangt, jedoch sich über die Art zu erklären unterlassen hat, wie soll dieß ergänzt oder ausgelegt werden? Das Natürlichste wäre, daß der Verkäufer darüber anfrüge. Die Sache würde aber in vielen Fällen diesen Aufschub nicht leiden; und der Verkäufer schließt daher so: „Der Käufer verlangt die Uebersendung; er hat die Art zu bestimmen vergessen; es wird ihm also ganz recht sein, statt der Rückfrage die beste Art zu wählen und ihm solches sogleich anzuzeigen: ist ihm diese dann nicht recht, so wird er es äußern." Dieser Schluß des Verkäufers ist der Sache ganz angemessen, denn er ist mit einem Mandatarius in gleichem Falle, dessen Instruktion keine bestimmte Vorschrift über die Art der Ausrichtung des Auftrags enthält. Ausgeführt aber soll der Auftrag werden, deshalb ist es Rechtens: daß Ausdehnungen der Vollmacht, welche nach der Natur des Geschäfts oder der bekannten Absicht des Machtgebers nothwendig sind, für unerlaubte Abweichungen von der gegebenen Vorschrift nicht angesehen werden[73]). Es bedarf daher auch eigent-

73) A. L.R. I, 13, §. 53.

lich zur gültigen Vollziehung der Uebergabe nicht einmal einer stillschweigenden, noch weniger ausdrücklichen Genehmigung der Art der Uebersendung, wenn deren Wahl dem Käufer ausdrücklich oder stillschweigend überlassen ist, weil derselbe schon in dem Auftrage zur Uebermachung liegt. Dieser Grundsatz ist von der Praxis ausdrücklich anerkannt[74]). Wenn also dem Käufer die gewählte Art der Uebersendung auch mißfallen sollte, so ist darum nichts destoweniger die Uebergabe wirklich und rechtsgültig vollzogen. Nur in Beziehung auf die Verantwortlichkeit des Verkäufers, zu welcher er nach Maßgabe des von ihm als Beauftragtem zu vertretenden Grades des Versehens verbunden ist, kann es von Wichtigkeit sein: ob der Käufer als Auftragender auch die Art der Vollziehung des Auftrags genehmigt hat; und dieses muß vernünftiger Weise angenommen werden, wenn ihm dieselbe berichtet wird, und er dagegen nicht sogleich etwas erinnert. Dieß ist es, was der gedachte §. 133 a. a. O. ausspricht, indem er lautet:

> „Es gilt für eine stillschweigende Genehmigung der von dem Verkäufer gewählten Art der Uebermachung, wenn der Käufer auf die erste davon erhaltene Nachricht seine Mißbilligung derselben nicht mit der ersten abgehenden Post erklärt hat."

Hierbei ist aber der Fall vorausgesetzt, wo der Käufer die Uebergabe an dem Orte, wo die Sache ist, oder der Verkäufer wohnt, ausdrücklich oder stillschweigend annehmen will, oder anzunehmen schuldig ist (§. 45 am Ende); denn sonst hat er nicht nöthig, einen Bevollmächtigten an diesem Orte zu halten oder, durch seinen Auftrag an den Verkäufer, sich einen solchen in der Person des Fuhr-

---

74) Präjudikat des Kassations- und Revisionshofes, gegründet auf das Allgemeine Landrecht; in Simon und von Strampff, Rechtsspr., III, S. 337.

manns, Schiffers oder der Post bestellen zu lassen, als von welcher Pflicht diese Bestimmungen, nach dem ausdrücklichen Inhalt des §. 128, ausgehen; vielmehr ist es dann lediglich Sache des Verkäufers, auf eigene Kosten und Gefahr die Sache an den Ort ihrer Bestimmung hinzuschaffen.

Davon durchaus verschieden ist der Fall, von welchem in den §§. 770, 771 die Rede ist. Dieser betrifft die Rückzahlung eines Darlehns, welche an dem Wohnorte des Gläubigers geschehen soll. Hier interessirt der Gläubiger dabei gar nicht, auf welche Art der Schuldner das Geld hinschaffen will, mithin geht dazu in der Regel auch von ihm kein Auftrag aus. Daher bestimmt der §. ganz richtig:

„Wohnt der Schuldner an einem andern Orte, und müssen also die Gelder versendet werden, so trägt der Schuldner die Gefahr so lange, bis dieselben in dem Hause des Gläubigers gehörig abgegeben sind."

Verlangt nun der Gläubiger die Uebersendung von dem Schuldner ohne nähere Bestimmung, so ist solches nicht, wie in dem vorigen Falle, ein Auftrag, sondern eine bloße Erinnerung an das, was der Schuldner zu thun schuldig ist; und es folgt keineswegs daraus, daß der Schuldner dieser Erinnerung wegen eine ihm beliebige Art der, auf seine Kosten zu bewirkenden, Uebermachung auf Gefahr des Gläubigers wählen kann. Anders verhält es sich, wenn ihm der Gläubiger eine bestimmte Art der Versendung ausdrücklich vorschreibt. Hier bleibt er nicht bei der bloßen Mahnung stehen, vielmehr giebt er einen Auftrag, bei dessen Ausrichtung der beauftragte Schuldner, wie sich von selbst versteht, für die Folgen nicht einzustehen braucht. Diesem ist die Vorschrift des folgenden §. 771 ganz angemessen:

„Eine Ausnahme hiervon findet statt, wenn der

Gläubiger die Art der Versendung selbst vorgeschrieben hat."

Damit ist vorgebeugt, die Vorschrift des Gläubigers für einen bloßen Rath anzusehen. Es ist also, wie gesagt, weder in den Bestimmungen der §§. 138, 129, 133, noch in den §§. 770, 771 etwas Singuläres, und eben so wenig erscheint die Bestimmung der letztern als etwas Abweichendes von der Regel, wie derselbe Herr Verfasser in seiner systematischen Darstellung des Preußischen Civilrechts vermeint [75]).

Die Anwendung des Prinzips, daß mit der Uebergabe die Gefahr übergehe, kann die besondern Schwierigkeiten, welche der Herr Verfasser findet [76]), nicht haben, wenn die einzelnen Fälle gehörig individualisirt, und nach ihrer rechtlichen Natur unterschieden werden. Die gefundene Schwierigkeit scheint durch eine solche Unterscheidung wenigstens bei dem, von demselben a. a. O. vorgetrage-

---

75) Band I, S. 509. Nach dem dort Vorgetragenen scheint der Herr Verfasser seine frühere Meinung dahin geändert zu haben, daß er in der, in den §§. 770 und 771 enthaltenen Bestimmung, die er früher für allgemein hielt (Note 72), jetzt eine Abweichung von der Regel findet, und es scheint, als wenn er die in den §§. 128, 129 und 133 angewendeten, früher von ihm für Singularitäten erklärten Grundsätze nunmehr für die allgemeinen hielte. Damit harmonirt jedoch wieder nicht die in der Note **, S. 509 angeführte Bemerkung: „Wie es in Ansehung der Sachen, welche Jemand aus andern Gründen überliefern muß, zu halten ist, darüber bestimmt das Landrecht nichts. Da indessen bloßes Stillschweigen noch keine Einwilligung involvirt, so können die in der Lehre von Kaufverträgen aufgestellten Grundsätze nicht generalisirt, dürfen vielmehr nur auf solche Verträge angewendet werden, welche überhaupt nach den Regeln der Kaufverträge zu beurtheilen sind." Die Uebergabe ist aber bei einem Vertrage wie bei dem andern immer von der nämlichen Natur: Uebergabe ist Uebergabe; und die Frage: ob sie geschehen, gehört nicht auf das Rechtsgebiet, sondern ist quaestio facti.

76) Von Rechtsgeschäften S. 395.

nen, Beispiele beseitigt werden zu können. Es ist der, in der L. 11 pr. D. de rebus creditis (XII, 1) von Ulpian erwähnte Fall, wenn Jemand von einem Andern Geld leihen will, dieser Andere aber kein Geld hat, und ihm eine Sache giebt, um sie zu verkaufen und das Geld als Darlehn zu behalten, die übergebene Sache jedoch vor dem Verkaufe durch Zufall untergeht. Die Stelle lautet also:

„Rogasti me, ut tibi pecuniam crederem, ego, cum non haberem, lancem tibi dedi, vel massam auri, ut eam venderes, et nummis watereris: si vendideris, puto mutuam pecuniam factam. Quod si lancem, vel massam sine tua culpa perdideris prius, quam venderes, utrum mihi an tibi perierit quaestionis est. Mihi videtur Nervae distinctio verissima, existimantis, multum interesse, venalem habui hanc lancem, vel massam, nec ne: ut, si venalem habui, mihi perierit, quemadmodum si alii dedissem vendendam: quod si non fui proposito hoc, ut venderem, sed haec causa fuit vendendi, ut tu utereris, tibi eam periisse; et maxime, si sine usuris credidi."

Die Stelle entscheidet zwei Fragen. Erstlich die: ob auf solche Weise ein Darlehnskontrakt kontrahirt werden könne. Ulpianus sagt: puto mutuam pecuniam factam. Früher war dieses so nicht gewesen[77]). Zweitens: wer das periculum trage. Wenn man die beiden Fälle, welche Nerva unterscheidet, genau betrachtet, so findet man die reine Anwendung der Römischen Rechtsregel: periculum rei creditoris est. In dem erstern Falle, sagt Nerva, ist ein ganz gewöhnliches Geschäft vorhanden; der, welcher die Sache verkäuflich hat, trägt zufällig dem, der ein Darlehn von ihm verlangt, auf, die Sache zu verkaufen,

77) L. 34 pr. D. mandati (XVII, 1).

und das Geld gleich zu behalten. Daß der Darlehnssucher, und nicht ein Anderer, mit dem Verkaufe beauftragt ist, ist eine zufällige Begebenheit, welche keinen Einfluß hat. Das Geschäft ist in dem einen wie in dem andern Falle ein Mandat; denn der Verkauf geschieht nicht des Darlehnssuchers wegen, sondern ist das Geschäft des Gebers, der es für sich durch einen Andern verrichten läßt. Geht hierbei die Sache vor dem Verkaufe durch Zufall unter, so trifft natürlich den Mandanten der Schade, weil es dessen Geschäft ist[78]). Ganz anders ist es, wenn der Geber für sich kein Geschäft aus dem Verkaufe der Sache macht. Wer kein Geschäft treiben will oder zu treiben hat, kann keins auftragen, folglich kann hier von einem Mandat nichts vorkommen: „non sui proposito hoc, ut venderem, sed ut tu utereris, haec causa fuit vendendi," heißt es. Der Geber will hier gar nicht selbst als Verkäufer durch den Andern gelten; er will überhaupt kein dergleichen Geschäft machen, sondern vielmehr, er giebt dem Andern die Sache mit dem Ueberlassen: sich selbst dafür irgendwie Geld zu verschaffen. Das hier zu Stande gekommene Geschäft ist ein eigenthümlicher Kontrakt, ein negotium gestum proprii contractus[79]), ein Innominatkontrakt. Daraus entsteht eine alternative Obligation (§. 5) entweder auf Zurückgabe der Sache, oder auf Zahlung des Geldwerths nach den Regeln einer Darlehnsobligation, welche durch den Verkauf der Sache von selbst als Folge des ursprünglichen Kontrakts entsteht. So lautet die lex contractus; und daher hat der Gläubiger, so lange bis die Sache wirklich verkauft ist, eine actio praescriptis verbis,

---

78) L. 20, §. 2 D. de praescriptis verbis (XIX, 5). — „vascularii esse detrimentum; quia ejus quoque causa sit missum."

79) L. 19 pr. D. eod. tit.

nach dem Verkaufe aber die Darlehnsklage [80]). Bei alternativen Obligationen muß das Andere geleistet werden, wenn das Eine untergeht, und hieraus folgt, daß in dem vorliegenden Falle der Schuldner den Geldwerth entrichten muß, wenn er nicht die Sache mehr zurückgeben kann, mithin muß er deren zufälligen Untergang tragen [81]). Nach dem Allgemeinen Landrechte kann es auf diese Unterscheidung nicht ankommen, weil die alternativen Obligationen unter die Regel fallen.

Wir setzen aber noch eine anscheinend noch schwierigere Parallelstelle her, einestheils, um die Konsequenz der römischen Juristen in der Anwendung des Grundsatzes: creditoris est rei periculum, bei genauer Unterscheidung der verschiedenen Fälle, noch mehr zu zeigen, anderntheils, weil die darin vorkommenden Verschiedenheiten auch für das Preußische Recht gelten. Es ist die L. 17 §. 1 D. de praescriptis verbis: „Si margarita tibi aestimata dedero, ut aut eadem mihi adferres, aut pretium eorum: deinde haec perierint ante venditionem: cujus periculum sit? Et ait Labeo, quod et Pomponius scripsit, *si quidem ego te venditor rogavi, meum esse periculum: si tu me, tuum: si neuter nostrum, sed duntaxat consensimus, teneri te hactenus, ut*

80) L. 19 pr. D. de praescr. verbis (XIX, 5).

81) L. 4 pr. D. de rebus cred. (XII, 1). Godofred notirt zu dieser Stelle Nr. 14: „an ut praestet etiam casum fortuitum? Sic puto: casus enim fortuiti ad dominum rei pertinent — qualis est in hac specie is, qui accepit. — Sed demus in hac specie, accipientem dominum non fuisse, quod hic venditio non antea contracta fuisse videatur, quam res vendita fuerit, quod minime successit: id tamen constabit, hoc negotium, de quo nunc quaeritur, innominatum esse, — in contractibus innominatis deperditae rei, ante venditionem, periculum ad eum pertinere, qui deposito se obtulit."

L. 8 C. si certum petatur (IV, 2).

dolum et culpam mihi praestes." Beim ersten Anblick scheint die Stelle keinen Beweis für die allgemeine Gültigkeit jenes Grundsatzes zu geben; bei näherer Betrachtung enthält sie aber eine scharfsinnige Anwendung desselben. Jemand hat einem Andern Perlen zu einem bestimmten Preise gegeben, um ihm entweder diesen Preis, oder die Perlen zurückzugeben. Es ist also, wie es auf das erste Ansehen scheint, eine alternative Obligation vorhanden, bei welcher der Debitor jedesmal das periculum tragen muß. Man sollte also meinen: daß es auch in diesem Falle also sein müßte. Labeo und Pomponius aber sagen: dieß läßt sich aus der vorgetragenen Verabredung noch nicht beurtheilen, sondern es kommt auf die nähern Umstände an, um die Beschaffenheit des Geschäfts zu erkennen; denn es sind drei Fälle möglich, in deren jedem die Sache eine andere ist. Will nämlich der Geber die Perlen verkaufen, und hat er den Uebernehmer zu diesem Geschäfte aufgefordert (*ego te venditor* rogavi): so trägt der letztere das periculum nicht. Warum? Weil der Geber der venditor, und der Uebernehmer bloß Besorger des Geschäfts für ihn ist, mithin das Geschäft das des erstern bleibt, gerade so wie in einem der Fälle in der vorigen Stelle. Daher hat der Geber als Gläubiger aus dem Auftrage des ihm verbleibenden Verkaufsgeschäfts, dem Grundsatze zufolge, das periculum zu tragen. Wenn aber der Uebernehmer den Geber aufgefordert hat, mit ihm dieses Geschäft zu machen, so soll der Uebernehmer das periculum tragen. Warum? Weil in diesem Falle nicht der Geber Herr des Verkaufsgeschäfts, folglich der Uebernehmer nicht der Beauftragte des Gebers ist, vielmehr in seinem eigenen Interesse negoziirt, und daher ex propria causa schuldig ist, alternativ entweder die Perlen oder den Preis zu bringen. Wenn sie aber sich gegenseitig, d. h. im eigenen Interesse sich den Antrag machen, so haftet der Uebernehmer nur für dolus und culpa lata. Warum? Weil in diesem Falle das Verkaufsgeschäft gemeinschaftlich ist, die Perlen aber nicht, so daß der Geber Kreditor auf Zurücklieferung bleibt.

b) Bei der Pacht und Miethe wird es eben so beurtheilt[82]. Nach dem Allgemeinen Landrechte folgt dieß aus der Regel; im Römischen Rechte sind diese Fälle als Ausnahmen behandelt.

2) Bei Obligationen auf ein Thun gilt ebenfalls die allgemeine Regel[83]; es giebt aber viele Modifikationen.

a) Wenn die Gegenleistung zufällig ganz unmöglich ist, so ist zu unterscheiden:

aa) Ob von der einen Seite Alles geleistet ist. Alsdann soll dieser Theil sich begnügen mit Vergütigung des gemeinen Werths der versprochenen Sache, oder des gewöhnlichen Lohns der geleisteten Handlung[84]. Dieß ist keine konsequente Anwendung der Regel. Denn der Vertrag soll im Falle des Casus ungültig und aufgehoben sein; folglich müßte auch der, welcher schon erfüllt hat, das Geleistete schlechthin zurückfordern können. Oder

bb) ob nur ein Theil geleistet ist. Alsdann kann dafür kontraktmäßige Vergütigung gefordert werden. Auch dieses ist keine konsequente Anwendung der Regel, hat aber das Nützliche, daß eine Ausmittelung des Werths des zum Theil Geleisteten vermieden wird. Kann das Verhältniß des Geleisteten zum Nichtgeleisteten nicht ausgemittelt werden, so tritt eine folgerechte Anwendung der Regel ein, d. h. der Leistende kann gewöhn-

---

82) A. L.R. I, 21, §§. 299 — 308.

83) Ebend. I, 11, §. 879.

84) Ebend. §. 882 und Tit. 5, §. 304.

liche Vergütigung, nach dem Gutachten von Sachverständigen fordern[85]).

b) **Wenn die Leistung nur zum Theil durch Zufall unmöglich wird.** Hier wird unterschieden:

aa) **Ob die Unmöglichkeit durch eigene Schuld oder doch durch einen, sich in der Person des Handelnden ereigneten Zufall eingetreten ist.** Alsdann kann für das Geleistete nur insofern Vergütung gefordert werden, als der Andere sonst mit dem Schaden des Leistenden reicher werden würde[86]); er hat also nur die actio in factum wegen Bereicherung.

bb) **Ist der Rest der Leistung durch einen Casus unmöglich geworden**, so soll für das Geleistete gewöhnliche Vergütung nach einer Taxe von Sachverständigen gegeben werden[87]), **ausgenommen** bei der locatio conductio operarum, wo kontraktmäßige Vergütigung folgt[88]). Der Grund davon ist wohl der, weil dadurch eine Ausmittelung des Werths vermieden wird, indem bei der locatio conductio operarum sich das Verhältniß des Geleisteten zum Ganzen in der Regel leicht übersehen läßt, und der kontraktmäßige Lohn von dem gewöhnlichen nicht abzuweichen pflegt.

So ist es bei **theilbaren** Handlungen.

Bei **untheilbaren** Arbeiten gelten folgende Regeln:

a) Die Materialien gehen dem Eigenthümer verloren, sei er der Besteller oder Arbeiter;

b) für die Arbeit wird nichts bezahlt;

85) A. L.R. I, 11, §§. 886, 887.

86) Ebend. §§. 883, 884, 913, 919.

87) Ebend. §. 885. Warum hier nicht gleichfalls, wie in dem Fall a, aa, der gewöhnliche Lohn gegeben werden soll, liegt darin, daß die theilweisen Leistungen für den Andern vielleicht einen viel geringern Werth haben können, als der gewöhnliche Lohn beträgt; der Andere soll nur keinen Vortheil, aber auch keinen Schaden haben.

88) Ebend. §§. 908, 917, 920.

c) der Vertrag ist auch für die Zukunft aufgehoben, ausgenommen, wenn die Materialien dem Arbeiter gehören; alsdann kann er noch einmal anfangen, wenn dazu bis zum bestimmten Ablieferungstermin noch Zeit übrig ist.

Dieselben Grundsätze gelten auch beim Verlagskontrakte [89]).

Hiervon gilt bei Bauten wieder eine Ausnahme, denn hier soll aller Zufall den Bauhern treffen [90]).

Diese Regeln gelten bei der absoluten Unmöglichkeit. Wenn aber nur die Art der Erfüllung unmöglich geworden, so ist zu unterscheiden:

a) Die Unmöglichkeit ist durch einen in der Person des einen Kontrahenten sich ereigneten Zufall entstanden. Alsdann soll eine andere Erfüllungsart substituirt werden, nach der Wahl des andern Kontrahenten [91]). Oder

b) der Zufall liegt außer dem Kontrahenten. Dann wird der Vertrag so wie bei der absoluten Unmöglichkeit behandelt: er ist aufgehoben [92]).

§. 21.

c) Commodum.

Unter Commodum versteht man alle accessorischen Vortheile bei einem obligatorischen Verhältnisse überhaupt, namentlich den Zuwachs, die Nutzungen und Früchte [1]). Von demselben ist die Regel: wer das periculum trägt,

---

89) Ebend. §§. 1010, 879.

90) Ebend. §§. 959, 963, 964, 967.

91) A. L.R. I, 5, §. 369—372.

92) Ebend. §. 373.

1) L. 7 pr. D. de peric. (XVIII, 6). — L. 38, §§. 10, 11 D. de usuris (XXII, 1). — L. 39, §. 1 D. de leg. I (XXX). — L. 173, §. 1 D. de reg. jur. (L, 17).

hat auch das commodum [2]); jedoch muß der Verkäufer, wenn er das Kaufgeld erhalten hat, darum Zinsen zahlen, um nicht doppelte Früchte zu ziehen [3]), vorausgesetzt, daß eine solche Vorausbezahlung nicht ausbedungen worden ist. Eine Ausnahme von der Regel macht der unredliche Besitzer, welcher zwar die Gefahr des Zufalls zu tragen hat, aber nicht die Früchte genießt [4]).

§. 22.

d) Dolus und Culpa.

A. L.R. Th. I, Tit. 3, §§. 15—25; Tit. 5, §§. 277—284.

v. Gönner, Revision des Begriffs und der Eintheilung von Dolus. Landshut 1810. — Die vorzüglichsten ältern Schriften sind: Hugo Donellus, commentar., Lib. XVI, c. 7, u. XIII, c. 11. — Christ. Guil. Wehrn, doctrina juris explicatrix principiorum et causarum damni, habita doli mali, culpae, morae, ejusque, quod interest, ratione, praestandi. Lipsiae 1795. 8. — Außerdem: Jac. Godofred, commentar. ad legem 23 D. de regulis juris; in Opp. 798 seq. — Celsus Bargalius, de dolo et culpa etc. Francof. a. M. 1604. fol. Norimb. 1700. fol. — Henr. Bocerus, comment. in legem 23 Pandectarum de regulis juris. Tub. 1614. 8. — Nicol. Burgund (Bourgoing), tractatus de periculis et culpa in contractibus. Lovanii 1648. 8. Colon. 1662. 12. Bruxellis 1674. 4. — Henr. Cocceji, de doli, culpae et negligentiae praestationibus in quolibet negotio. Heidelb. 1672; in illius Exercitat. curiosis. Lemg. 1722. II. Vol. 4. — Eine Streitschrift gegen Struve, welcher in exercitat. ad Pand. XIX, §. 41 zwei Grade vertheidigte. Dagegen s. m. Struv. in Decis. sabbathinis, und hiergegen: Cocceji, collationes jurid. — Justus Meier, tractatus de culpa in contractibus praestanda; cura et cum annotationibus Friedr. Schrag. Argentor. 1696. 8. — Guil. Prosteau, Prof. juris Aureliensis, recitationes ad legem 23 D. de regulis juris

2) §. 3 Inst. de emtione et vend. (III, 23 [24]. — L. 7 pr. D. de peric. (XVIII, 6). — L. 22, §. 3 in fine C. de furtis (VI, 2). — A. L.R. I, 9, §§. 99, 100, u. Tit. 11, §§. 105, 483.

3) A. L.R. a. a. O. §§. 109, 110.

4) A. L.R. I, 7, §§. 241, 223, 248.

(in Meermanni Thesauro juris civilis et canonici. Tom. III, pag. 483 seq.). — Christfr. Waechtler, commentarius ad Ulpiani Leg. 5, §. 2 commodati, et legem 23 Digestor. de regulis juris, sive de gradibus culpae in contractibus. Vitemb. 1680. 4. — Chr. Thomasius, de usu practico doctrinae difficillimae juris Romani, de culparum praestatione in contractibus. Halae 1705. — Henn. Boehmer, diss. de imputatione culpae propriae, praes. Christ. Wildvogel def. Jenae 1734 (in Disputat. Hal. Vol. I, Nr. 1). — Reinhardt, de dolo et culpa. Erf. 1734. — Jo. Just. Schierschmidt, de inculpatione culpae circa contractus emtionis venditionis, locati conducti, emphyteuseos, societatis aut mandati. Lips. 1735. 1738. 1741. — Seg. Flerens, de triplici culpa. Harderw. 1736. — Friedr. Esaia a Pufendorf, commentar. juris naturalis et civilis de culpa. Lemg. 1741. — Jo. Gottl. de Hackemann, culpa methodo demonstrativa pertractata. Halae 1741. — Heinr. Rennemann, d. de culpa (in dessen Jurispr. Rom. Germ., Nr. 21). — Ritterhusius, commentar. in celeberrimam legem 23 D. de diversis regulis juris antiqui. Argentor. 1759. 4. — Diteric. Runge, de legali fundamento culpae in abstracto et concreto, ut dicitur, per interpretationem legem 32 Digestor. depositi eruto. Gott. 1751. — Friedr. Theoph. Zoller, de eo quod justum est circa praestationem culpae. Lips. 1773. — le Brun, essai sur la praestation des fautes. Paris 1764, de novo, avec une dissertation du Pothier sur cet essai, à Paris 1813. (Vertheidigt zwei Grade. Man s. darüber: die Recension von Hasse, in der Zeitschrift für geschichtliche Rechtswissenschaft, B. IV, S. 189 u. f., und Themis Th. 8, S. 129.) — Jo. Carl Gries, de generibus et gradibus culpae. Gott. 1805. — Franz Schömann, Handbuch des Civilrechts, Th. I, Nr. 5, S. 161 und Th. II, Nr. 10. (Auch unter dem besondern Titel: Lehre vom Schadensersatz, 2 Th. Gießen und Wetzlar 1806.) — Egid. von Löhr, die Theorie der Culpa. Gießen 1806. — Schömann, Prüfung der Culpa des Hrn. Egid. v. Löhr. Gießen und Wetzlar 1806. Dagegen: Egid. v. Löhr, Beiträge zur Theorie der Culpa. Gießen und Darmstadt 1804. 4. — Schömann, Fragmente aus seinen civilistischen und kriminalistischen Vorlesungen. Jena 1810. — Maier, de culpa ejusque speciebus et gradibus. Tub. 1807. — Leonh. Dresch, de indole et gradibus culpae. Manhem. 1808. — Jo. Casp. Gensler, exercitat. juris civilis ad doctrinam de culpa. Fasc.

1. Jenae 1813. — Johann Christian Hasse, die Culpa des Römischen Rechts. Kiel 1815. 1818 (das Hauptwerk). — Hasse's Darstellung, in der allgemeinen Literatur-Zeitung von 1818, Stück 194—196; Heidelberger Jahrbücher 1815, St. 60. — Gensler, Beitrag zur Lehre von der Diligenz und Culpa. Heidelberg 1819, 2te Ausg. 1828. — Christ. Friedr. Elvers, doctrina juris civilis Romani de culpa. Gott. 1822. — P. L. Kritz, über die Culpa nach Römischem Rechte. Leipzig 1823. — Math. Simons, diss. de culpa secundum jus Romanum et hodiernum. Leodii 1823. — A. M. J. Molitor, de culpa; in Annal. acad. Leodicensis. 18$\frac{2}{2}\frac{6}{7}$.

Eine Rechtsverletzung kann von der Art sein, daß sie nicht selbst schon eine Obligation erzeugt, sondern nur eine schon bestehende modifizirt. Dahin gehört die Lehre vom Dolus und von der Culpa, welche sich an die Lehre vom Casus anknüpft. Die letztere schloß sich an die Frage an: was geschehen solle, wenn es ohne Jemandes Zuthun unmöglich geworden, das ursprüngliche Objekt der Obligation zu leisten. Die Unmöglichkeit kann aber auch ihren Grund in dem Willen oder richtiger in einer freiwilligen Handlung oder Unterlassung des Schuldners haben, und darin liegt gewöhnlich eine Rechtsverletzung. Es fragt sich: wie dadurch die an sich schon bestehende Obligation modifizirt wird. Damit beschäftigt sich die Lehre vom Dolus und von der Culpa.

Wir gingen davon aus:

1) daß die Erfüllung der Obligation unmöglich geworden;
2) daß die Unmöglichkeit durch den freien Willen und die damit in Verbindung stehende Handlung des Schuldners herbeigeführt worden, und ihm deshalb zur Last zu legen sei. Dieß nennt man Imputation.

Imputation ist also die Beziehung einer Handlung auf

den Willen des Handelnden[1]). Allgemeine Grundsätze über die Imputation haben die römischen Juristen nicht entwickelt, sondern sie haben die vorhandenen Grundsätze nur in der Anwendung auf spezielle Fälle ausgebildet. In der Imputation liegt Zweierlei:

1) Das Ereigniß muß mit der physischen Kraft des Schuldners in einer Causalverbindung stehen. Diese physische Ursache des Ereignisses kann in der Person des Schuldners entweder allein, oder zugleich, d. h. zum Theil liegen. Ist aber der Verletzte selbst ganz oder zum Theil mit schuld, so ist von Zurechnung gar nicht die Rede, wenn auch auf den Debitor etwas von der Schuld fällt[2]).

2) Das Ereigniß muß auf dem freien Willen des Schuldners beruhen[3]). Darin liegen zwei Momente: a) der Schuldner muß überhaupt willensfähig sein; b) er muß in diesem besondern Falle das Ereigniß gewollt haben. Das Wesentliche ist also die unmittelbare Beziehbarkeit des Ereignisses auf den Willen als Ursache. Dieß ist der Dolus. Er kann bestehen in faciendo und in non faciendo, oder in einem Wollen oder vorsätzlichen Nichtwollen[4]). Dolus ist also das Wollen einer folgenden Rechtsverletzung. Die Römer verbinden damit immer den Begriff einer schändlichen Gesinnung, gleichbedeutend mit fraus[5]), und gebrauchen

1) v. Almendingen, Darstellung der rechtlichen Imputation. Gieß. 1803.

2) L. 203 D. de reg. jur. — L. 61, §. 7 D. de furtis (XLVII, 2). — A. L.R. I, 6, §§. 19, 20, 21.

3) L. 5, §. 1 und 2 D. ad legem Aquil. (IX, 2). — L. 46 D. de obl. et act. (XLIV, 7).

4) L. 44 D. mandati (XVII, 1): „Dolus est, si quis nolit persequi, quod persequi potest, aut si quis non exegerit, quod exigere, solvere (soleret)."

5) L. 1, §. 2 D. de dolo (IV, 3). — L. 2, §. 5 D. de doli mali exceptione (XLVI, 3). — L. 15, §. 1 D. de judiciis (V, 1).

das Wort nicht anders als in einer verächtlichen Bedeutung, ohne daß jedoch diese Nebenbedeutung von Makel eine praktische Folge hätte. In solchen Fällen, wo, wenngleich der animus nocendi vorhanden, nichts Schändliches oder Unmoralisches in der Handlung liegt, namentlich wenn Jemand in einer an sich guten Gesinnung, z. B. aus Mitleiden gegen einen Dritten, einem Andern schadet, wird der Dolus im römischen Begriffe negirt, und nur als culpa lata angesehen [6]). Die civilrechtlichen Folgen in Rücksicht des Schadensersatzes sind aber in beiden Fällen ganz dieselben. Zu den unvorsätzlichen Handlungen werden auch gerechnet alle Fälle der subjektiven Unmöglichkeit, auf welche der Begriff des Dolus keine Anwendung findet [7]).

Dolus ist hiernach der Gegensatz von Casus. Zwischen beiden steht ein anderer Begriff, der der culpa in der Mitte. Dieser beruht auf der Ansicht, daß Jeder in seinen Rechtsverhältnissen einen gewissen Grad von Aufmerksamkeit, Besonnenheit und Ueberlegung anwenden solle. Hat er solchen nicht angewendet, und ist die Erfüllung dadurch unmöglich geworden, so sagt man, dieses sei durch seine Culpa geschehen. Bei der Culpa, im Gegensatz von Dolus, beabsichtigt man die eingetretene Rechtsverletzung nicht. Daher steht die Culpa zwischen Dolus und Casus: sie hat Verwandtschaft mit beiden. Bei den römischen Juristen hat der Ausdruck: „culpa", eine zweifache Bedeutung. Zuweilen heißt er nämlich die Imputation, Zurechnung, Schuld überhaupt, so daß darunter sowohl der Fall des Dolus, als der der Culpa zu

6) L. 7, §. 7 D. de dolo malo (IV, 3); L. 7 pr. D. depositi (XVI, 3). — L. 8, §. 10; L. 29 pr. mandati (XVII, 1). — L. 14, §. 2 D. de custodia (XLVIII, 3). — Hasse a. a. O. §. 17.

7) L. 7, §. 7 D. dolo (IV, 3). — L. 7 pr. D. depositi (XVI, 3). — L. 8, §. 10 D. mandati (XVII, 1).

verstehen ist [8]). Hauptsächlich aber bezeichnet er den zwischen Casus und Dolus in der Mitte liegenden Fall; und diese Culpa im engern Sinne kann wieder eine positive oder negative sein, d. h. in faciendo oder non faciendo bestehen. Das, was man das Imputable nennt, ist bei dem Dolus immer etwas Positives, ein Wollen; bei der Culpa aber immer etwas Negatives, ein unvorsätzliches oder nicht überlegtes Nichtwollen oder Unterlassen [9]). Die Culpa hat, wie schon oben erwähnt worden, zwei juristische Anwendungen:

1) eine Anwendung auf ein spezielles Gebiet, außer dem Falle einer schon bestehenden Obligation, wo die Regel gilt: wer des Andern Sache beschädigt (damnum injuria datum), muß entschädigen. Wenn aus Culpa eine Beschädigung fremder Sachen hervorgegangen ist, erzeugt sie nach Römischem Rechte eine actio legis Aquiliae. Man nennt sie daher gewöhnlich „aquilische Culpa". Das Allgemeine Landrecht hat denselben Grundsatz. Die Abhandlung dieser Lehre gehört in den speziellen Theil. Dann

8) L. 5, §§. 1 u. 2 D. ad legem Aquil. (IX, 2).

9) L. 91 pr. D. de verb. oblig. (XLV, 1). — Klein (in Annal. der Gesetzgebung, B. XII, S. 186 u. f., und in den Grundsätzen des gemeinen deutschen und Preußischen peinlichen Rechts §§. 120—122) bestimmt das Verhältniß des Dolus zur Culpa dahin, daß er das Wesen des Dolus in einen positiv bösen Willen oder den Entschluß, eine unerlaubte Wirkung hervorzubringen, oder eine gebotene nicht hervorzubringen; das Wesen der Culpa aber in einen negativ bösen Willen, worunter er den Mangel des guten Vorsatzes, die zur Vermeidung gesetzwidriger Handlungen erforderliche Fähigkeit und Aufmerksamkeit auszubilden oder anzustrengen, versteht, setzt. Bei der Culpa darf jedoch ein böser Wille gar nicht vorkommen, sonst ist es Dolus, wenn auch der böse Wille ein negativer ist. Bei der bloßen Culpa ist in Hinsicht auf die Folgen gar kein bewußter Wille vorhanden; es ist ein Sichgehenlassen, eine Art Trägheit ohne Vorbedacht und Berechnung.

2) eine Anwendung bei schon bestehenden Obligationen, welche hierher gehört. Bei dieser Anwendung kommt der Ausdruck: diligentia vor, und namentlich bei Obligationen, wo der Debitor zu einem positiven Fleiße, zur Sorgfalt, verpflichtet ist. *Diligentia*, Fleiß, Sorgfalt, bezeichnet den Gegensatz der Culpa, und heißt dasjenige, wodurch die rechtswidrige Culpa in Beziehung auf eine schon bestehende Obligation vermieden wird [10]). In Beziehung auf die aquilische Culpa kommt der Ausdruck nicht vor. *Negligentia* ist jede Nachlässigkeit schlechthin, welche nicht Unrecht oder Rechtsverletzung ist; in der Zusammenstellung mit „*magna*" aber bedeutet sie eine rechtswidrige Nachlässigkeit oder Culpa [11]). Die Ausdrücke: „diligentia diligentis, exacta, summa", oder „diligentia" schlechthin, sind gleichbedeutend, und werden immer der culpa levis schlechthin entgegengesetzt. Davon verschieden ist aber die diligentia, quam quis suis rebus adhibet, welche der *culpa in concreto* entgegengesetzt wird. *Custodia*, Bewahrung, Bewachung, ist die diligentia in re custodienda, eine species der diligentia, und findet in der Regel nur bei beweglichen Sachen statt, nur nicht bei Sklaven, ausgenommen bei fugitivis [12]), niemals bei Grundstücken [13]).

Soviel von dem Römischen Rechte.

Das Allgemeine Landrecht enthält keine hiervon abweichenden Grundsätze. Es erfordert zur Zurechnung ebenfalls: 1) ein Ereigniß, welches durch die physische Kraft

---

10) Hasse, die Culpa des Römischen Rechts, Cap. 5, S. 178, 179, 440.

11) L. 226 D. de verb. signif. (L, 16): „magna negligentia culpa est."

12) L. 5, §. 6 D. commodati (XIII, 6). — L. 21, 36, §. 1 D. de rei vind. (VI, 1).

13) L. 55 pr. D. locati (XIX, 2).

eines Menschen hervorgebracht ist; 2) einen freien Willen, durch welchen die Kraft sich geäußert hat; also überhaupt Willensfreiheit, und Richtung dieses Willens auf das Ereigniß als Folge der Thätigkeit oder des Handelns [14]).

Dolus ist also auch im Sinne des Allgemeinen Landrechts eine mit Bewußtsein, absichtlich zum Zweck einer Rechtsverletzung, vorgenommene Handlung [15]). Der technische Ausdruck dafür ist: Vorsatz. Damit ist nicht der Nebenbegriff einer moralischen Nichtswürdigkeit verbunden, wie mit der römischen Bezeichnung, sondern um diese Bedeutung damit zu verbinden, wird der Ausdruck mit dem Eigenschaftswort: böse, zusammengesetzt. Böser Vorsatz, böse Absicht, sind gleichbedeutend mit dem römischen Begriffe „dolus". In praktischer Hinsicht ist jedoch auch nach dem Allgemeinen Landrechte dieser Zusatz ohne allen Einfluß.

Eben so kennt das Allgemeine Landrecht ein, zwischen den beiden Grundsätzen von dolus, Vorsatz, und casus, Zufall, liegendes Mittelglied, die culpa, unter der technischen Benennung von „Versehen". Das Versehen hat ganz so, wie im Römischen Rechte die Culpa, seine zwei verschiedenen Beziehungen:

einmal, in sofern dadurch erst ein obligatorisches Verhältniß erzeugt wird (die s. g. aquilische Culpa) [16]),

und

sodann, in sofern es bei einer schon bestehenden Verbindlichkeit vorfällt, und Modifikationen des Verhältnisses erzeugt [17]).

---

14) A. L.R. I, Tit. 3, §§. 7, 12 und Tit. 6, §. 39.

15) Vergl. A. L.R. II, 20, §. 26. Wenngleich mit dem ganzen Titel formell aufgehoben, besteht doch der Grundsatz.

16) Th. I, Tit. 6.

17) Th. I, Tit. 5, §. 277 u. f.

Man versteht unter **Versehen** im Allgemeinen:

jede willkührliche widerrechtliche Handlung oder Unterlassung, deren rechtsverletzende Folgen nicht beabsichtigt worden.

Aufmerksamkeit ist das dem Versehen Entgegengesetzte, wodurch das Versehen vermieden wird[18]). Es ist nicht ganz gleichbedeutend mit der römischen „diligentia“, insofern nämlich diese letztere sich bloß auf eine schon bestehende Obligation bezieht, während die landrechtliche **Aufmerksamkeit** ganz allgemein auf jede Culpa, die aquilische und nichtaquilische, Bezug hat[19]).

§. 23.

aa) Grade der Culpa.

I. Der Dolus, Vorsatz, hat keine Grade, denn es giebt nur Ein Wollen. Die, die Culpa verhindernde, diligentia oder Aufmerksamkeit aber ist die Anwendung einer Kraftanstrengung, daher hier Grade stattfinden. Diese können aber nur durch Vergleichung mit einem Normalmaße entstehen. Es ließe sich denken, daß als Maßstab angenommen werden sollte: der Durchschnitt der von dem Vorsichtigsten allgemein anzuwendenden Aufmerksamkeit (culpa in abstracto), oder die in jedem einzelnen Falle von dem Handelnden, nach seiner Individualität, gewöhnlich angewendete Achtsamkeit (culpa in concreto). Im Römischen Rechte kommen beide zur Anwendung. Der erste Maßstab ist die Regel, der andere eine Ausnahme. Bei dem zur Regel gemachten Maß von Aufmerksamkeit wird aber nicht alle nur denkbare Sorgfältigkeit gefordert, durch welche eine Rechtsverletzung hätte vermieden werden können, sondern es wird nur die Sorgfalt, die bei Jedem vorausgesetzt werden kann, und zwar

18) A. L.R. I, 3, §§. 16, 17.

19) Ebend. I, 3, §. 16; II, 20, §. 28. Vergl. oben die Anm. 15.

diejenige, die ein sorgfältiger vorsichtiger Mann anzuwenden pflegt, verlangt. Dabei liegt der Begriff eines homo frugi, diligens, bonus paterfamilias, eines Mannes von guter Besonnenheit, zum Grunde[1]). Der Fleiß eines solchen wird zum Maßstabe genommen. Was bei Anwendung der Achtsamkeit eines solchen Mannes geschieht, ist Casus[2]).

Früher, bis auf die neueste Zeit, wurden von den Juristen, mit Ausnahme Einiger, also fast allgemein drei Grade angenommen: culpa lata, levis und levissima. Diese sollten in der Regel in abstracto angenommen, und in wenigen Fällen sollte ausnahmsweise nur culpa in concreto berücksichtigt werden. Man unterschied die Fälle, wo der Schuldner allein, oder wo beide, der Schuldner und Gläubiger zugleich, oder wo der Schuldner gar keinen Vortheil hätte. In dem erstern Falle sollte der Schuldner culpa levissima, in dem andern culpa levis, und in dem dritten nur culpa lata vertreten[3]). Diese Eintheilung hat einestheils nichts Römisches; denn culpa levis und levissima ist im Römischen Rechte als gleichbedeutend zu nehmen, indem diese Ausdrücke keine Gegensätze bezeichnen, anderntheils hat sie etwas Unpraktisches in ihrer Anwendung, indem es an Grenzen zur Unterscheidung der einzelnen Fälle fehlt. Die Anhänger dieses Systems selbst erklären dasselbe für ein schweres

---

1) Hasse, die Culpa rc., S. 121, 91 u. 3, 131, 132.

2) L. 11 D. de periculo (XVIII, 6). — L. 31 D. ad legem Aquil. (IX, 2). — L. 25, §. 7 D. locati (XIX, 2).

3) Höpfner, Commentar, §. 757. — Schömann, Handbuch des CivilR., Th. I, Nr. 5, S. 161 u. f., und Prüfung der Culpa des Herrn E. v. Löhr. Gießen u. Wetzlar 1806. — Joh. Casper Gensler, exercitat. jur. civ. ad doctrinam de culpa. Fasc. I. Jen. 1813. 8. — Derselbe, Beitrag zur Lehre von der Diligenz und Culpa. Heidelberg 1819. — Glück a. a. O. Th. IV, S. 350 u. f.

Problem für den Richter [4]). Der Richter ist dabei einem dunklen unbestimmten Gefühle überlassen: was zehn für culpa levis halten, werden zehn Andere für culpa levissima erklären; es ist mit dieser Theorie in Praxi nichts auszurichten [5]).

Diesem Systeme entgegen ist das Donell'sche von zwei Graden [6]). Hiernach giebt es eine lata culpa und

---

4) Glück a. a. O. S. 335. In der That ist die Unterscheidung des zweiten und dritten Grades (mit dem ersten Grade, der culpa lata, ist es anders) bloße Gefühlssache, und ein Streit darüber kommt unter den Parteien fast gar nicht vor. Diese Beobachtung haben schon Viele gemacht. Titius macht ad Lauterbach. obs. 102 die Bemerkung: „haec res (de culpae gradu) magis in scholis quam in foro auditur; cum in vita civili plerumque non tam de gradu culpae, quam ejus existentia, seu an in universum aliqua culpa commissa sit, quaeri soleat." Dazu sagt Höpfner in seinem Institutionen-Commentar, S. 836, Note 1: „Ich erinnere mich (im J. 1797) nicht, daß während meiner sechsunddreißigjährigen Praxis mir ein einziger Fall vorgekommen wäre, wo die Parteien über den Grad der culpae gestritten hätten." Und ich kann aus meiner fast dreißigjährigen Richterpraxis das Gleiche bezeugen.

5) Hasse, die Culpa rc., S. 127 u. f. und Zeitschrift für geschichtliche Rechtswissenschaft, B. IV, S. 198. le Brun, p. 24, 30. — Bornemann findet diese Theorie, nach dem Geist des Allgemeinen Landrechts, unbedenklich natürlich, und durchaus praktisch. Von Rechtsgeschäften S. 411. Dem Erstern ist nicht zu widersprechen, da in dem Allgemeinen Landrechte ganz derselbe Geist, wie er in der damals gangbaren Theorie des Römischen Rechts lebte, herrscht; was an dem Zweiten ist, erkennt jeder Richter, d. h. ein Praktiker, welcher darnach urtheilen soll, von selbst. Schon le Brun p. 24, 30 sagt treffend: es könne das kein Richter gebrauchen, dem es um materielle, nicht bloß formelle Gerechtigkeit zu thun sei. Jahrb. für gesch. R.W. B. IV, S. 198. Vergl. die vorige Note.

6) Nach Donellus a. a. O. Cap. 7 am evidentesten bewiesen durch Hasse in der angeführten Schrift. Uebrigens hatte schon vor Donellus, Raevardus, commentar. ad tit. P. de reg. jur., L. 23 (Antwerp. 1568) gefunden, daß die Culpa nur zwei Grade (species, wie er es nannte), habe. S. Hasse, Vorrede.

eine levis oder levissima; levis oder levissima heißt die Culpa schlechthin, oder das, was nicht bloß Casus ist. Wenn aber Gründe hinzutreten, die Culpa härter zu beurtheilen, so ist sie lata culpa. Regel ist: die Culpa schlechthin, oder levis und levissima culpa, bezieht sich gewöhnlich auf die Fälle, wo der Schuldner Vortheil von den Geschäften hat. Wo er gar keinen Vortheil hat, soll er sich nur einer lata culpa enthalten. Diese lata culpa kommt in zwei ganz verschiedenen Fällen vor. Das Wesen derselben beruht nämlich darauf, daß außer dem allgemeinen Wesen der Culpa noch etwas mehr dazu tritt. Die Grundsätze des Römischen Rechts sind diese:

1) Der geringste Grad der Culpa beruht darin, daß dasjenige unterlassen worden ist, was der optimus paterfamilias gethan haben würde[7]). Dieser Vorwurf begründet nur culpa schlechthin oder culpa levis[8]).

2) Tritt zu dieser Culpa ein gravirender Umstand, so ist es lata culpa. Es finden sich zwei Gründe der Erschwerung:

a) Wenn der Grad der Nachlässigkeit und Unbesonnenheit so auffallend ist, daß ihn auch ein ganz gewöhnlicher Mensch nicht begangen haben würde[9]);

b) wenn Jemand in einem Rechtsverhältnisse, oder bei der Besorgung eines fremden Geschäfts, fremde ihm anvertraute Sachen absichtlich von seinen eigenen in der Behandlung nachtheilig unterscheidet[10]). Dazu muß ein konkreter Fall vorliegen.

---

7) L. 11 D. de peric. (XVIII, 6). — L. 31 D. ad leg. Aquil. (IX, 2). — L. 137, §. 2 D. de verb. obl. (XLV, 2).

8) Hasse a. a. O. S. 89—92, 121, 134.

9) L. 213, §. 2; L. 228 pr. D. de verbor. significat. (L, 16).

10) L. 22, §. 3 D. ad S. C. Trebell. (XXXVI, 1). — L. 32 D. depositi (XVI, 3).

Die culpa levis wird, in Beziehung auf ihre rechtlichen Folgen, dem dolus gleich geachtet[11]).

Bei der levis culpa wird in gewissen Verhältnissen nicht nach Graden, sondern auf andere Weise unterschieden. In einigen Fällen wird nämlich der Schuldner darin gelinder behandelt, daß er sich auf seine Gewohnheit, wie er seine eigenen Sachen zu behandeln pflegt, berufen darf. Hat er eben so auch fremde Sachen behandelt, so ist er vermöge des Beweises der diligentia rebus suis consueta frei von der Prästation der levis culpa[12]). Dieses kann bei Obligationen sowohl in faciendo als in non faciendo vorkommen[13]). Diese Culpa wird der culpa lata in sofern gleich geachtet, als sie gleich dieser jedesmal vertreten werden muß, weil die diligentia quam suis rebus nicht salva fide und nicht sine fraude, d. h. wissentlich, vernachlässigt werden könne[14]). Sie hat keine Grade[15]). Wer sich durch die Ausrede der diligentia

11) L. 7, §. 1 D. de suspect. tutor. (XXVI, 10). — L. 226 D. de verb. signif. (L, 16) — L. 32 D. depositi (XVI, 3). — L. 1, §. 5 D. de obligat. et action. (XLIV, 7).

12) Dieß hat erst Hasse a. a. O. §§. 27—35 klar gemacht.

13) L. 1 pr. D. de tutelae (XXVII, 3). — §. 9 Inst. de societate (III, 26). — L. 52, §. 11 D. pro socio (XVII, 2). — Donellus a. a. O. meinte, diese Art von Culpa komme bloß bei den Unterlassungen in Betracht.

14) L. 32 D. depositi (XVI, 3): „Si quis non ad eum modum, quem hominum natura desiderat, diligens est, nisi tamen ad suum modum curam in deposito praestat, fraude non caret: nec enim salva fide minorem iis, quam suis rebus, diligentiam praestabit." (Celsus). — Vergl. L. 22, §. 3 D. ad SCtum Trebell. (XXXVI, 1). — Glück a. a. O. S. 327, Note 16, hat die Stelle des Celsus ganz mißverstanden.

15) Wilh. Hier. Brückner, diss. de culpa, quae concretive talis dicitur, §. 16. Jenae 1693. Doch ist auch das Gegentheil behauptet worden. Wehrn, doctrina juris explicatrix principiorum et causarum damni, habita doli mali, culpae, morae, ejus-

suis rebus consueta schützen will, muß, vorausgesetzt, daß nach der Beschaffenheit des Rechtsgeschäfts diese Ausrede statthaft ist, seine Gewohnheit beweisen; umgekehrt muß der Gläubiger den Beweis führen, daß die levis culpa durch den erschwerenden Umstand, daß der Schuldner einen absichtlichen Unterschied zwischen seinen und den Sachen des Gläubigers in der Behandlung gemacht habe, in lata culpa ausarte. Wenn die Rede von einer aquilischen Culpa ist, wird die Ausrede der diligentia rebus suis consueta nicht gestattet, weil die diligentia [16]), wie oben schon bemerkt ist, sich nur auf gewisse obligatorische Verhältnisse bezieht. Dieß sind die Grundsätze des Römischen Rechts.

II. Das Allgem. Landrecht hat, nach der damaligen Theorie der Lehrer des Gemeinen Rechts, das System von drei Graden angenommen. An der Spitze steht auch hier die Regel: daß Jeder zur Vorsicht und Aufmerksamkeit verbunden sei [17]). Das Römische Recht nimmt als Normalvorsicht die eines diligentissimus oder optimus paterfamilias an; das Allg. Landrecht aber nimmt als Norm nur einen mittlern Durchschnitt an, und fordert nur denjenigen Grad von Aufmerksamkeit,

> den ein ordentlicher Hausvater in seinen eigenen Angelegenheiten gewöhnlich anwendet [18]),

und nimmt dabei auf die eigenthümliche Beschaffenheit oder Geisteskräfte dieser oder jener bestimmten Person keine Rücksicht [19]).

---

que quod interest, ratione, praestandi (Lipsiae 1795. 8), Cap. IV, §. 15, pag. 125.

16) L. 10 pr. D. communi dividundo (X, 3).

17) A. L.R. I, 3, §§. 16, 17.

18) Ebend. II, 18, §§. 275 u. 276, wo man diese Bestimmung nicht sucht. Vergl. I, 3, §. 18.

19) A. L.R. I, 3, §§. 24, 25.

Das Versehen ist eingetheilt in ein grobes, mäßiges und geringes.

Ein grobes Versehen ist dasjenige, welches ohne Anstrengung der Aufmerksamkeit vermieden werden konnte;

ein mäßiges das, welches man durch gewöhnliche Anstrengung der Aufmerksamkeit vermeiden konnte;

ein geringes dasjenige, dessen Vermeidung eine besondere Sachkenntniß und Fähigkeit, oder eine ungewöhnliche Anstrengung der Aufmerksamkeit voraussetzt[20]). Bei Sachverständigen beruht das geringe Versehen auf einer Unwissenheit in Dingen, welche der Handelnde verstehen soll, oder zu verstehen behauptet[21]).

In der Anwendung dieser Grundsätze ist man sich in den Ausdrücken nicht gleich geblieben; an mehreren Stellen ist noch von einem „geringsten" Versehen und dem entsprechend von einer „sorgfältigsten" Aufmerksamkeit die Rede[21a]). Daraus darf nicht geschlossen werden, daß

---

20) Ebend. I, 3, §§. 18, 20, 22. Diese Definitionen sind fast wörtlich aus den Kompendien genommen. Vergl. Höpfner a. a. O. und Glück a. a. O. S. 326—332.

21) §. 7 Inst. de lege Aquil. (IV, 3). — Leyser, med., sp. 154, m. 11. Nach den Grundsätzen des Römischen Rechts ist dieß ein gewöhnliches Versehen. Wer eine Sache nicht versteht, muß davon bleiben. Dieß macht die Sache einfach. Woran soll aber in andern Fällen erkannt werden: ob eine ungewöhnliche Aufmerksamkeit erforderlich war oder nicht; und welche Aufmerksamkeit ist eine ungewöhnliche? Glück meint a. a. O. S. 333: es sei z. B. ein geringes Versehen, wenn Jemand die Thüre seines Schlafgemachs verschließe, aber nicht zugleich den Nachtriegel vorschiebe. Er hält also das Verschließen und das Verriegeln zusammen, für eine ungewöhnliche Aufmerksamkeit. Wenn dieser Jemand es aber immer so zu thun gewohnt ist, warum soll diese gewöhnliche Aufmerksamkeit ihm zugleich ungewöhnlich sein?

21a) M. s. A. L.R. I, 7, §. 240; I, 9, §. 457; I, 21, §. 248; II, 8, §. 2460; II, 8, §. 447.

die Verfasser des Landrechts noch einen vierten Grad der Culpa im Sinne gehabt hätten, es ist damit eben nur das geringe Versehen gemeint und dem Richter eine Andeutung zur Ueberwindung etwaiger Zweifel in der Beurtheilung der Zurechnung gegeben.

Hierbei ist Folgendes zu bemerken:

1) Das Römische Recht kennt, wie wir gesehen haben, zwei Anwendungen der Culpa auf verschiedenen Gebieten: einmal so, daß dadurch erst eine Obligation erzeugt wird, und sodann, daß dadurch bei einer schon bestehenden Obligation Modifikationen hervorgebracht werden (s. g. aquilische und nichtaquilische Culpa). Die erstere besteht, nach Römischem Rechte, allemal in einem Thun und Handeln, außer wenn das Unterlassen als Fortsetzung eines vorausgegangenen Thuns, also beides als ein Ganzes zu denken ist[22]). Hieraus hat man den allgemeinen Grundsatz abstrahirt: die Culpa bestehe in faciendo, und sei dann gleichbedeutend mit der aquilischen Culpa; und in non faciendo oder culpa non Aquilia[23]). Dieser Satz ist unrichtig: nicht jede culpa in faciendo ist zugleich auch eine s. g. aquilische Culpa; denn nicht jedes schädliche Thun erzeugt, außer dem Falle einer Obligation, einen Anspruch ex lege Aquilia[24]), daher ist die culpa in faciendo nicht identisch mit der s. g. aquilischen Culpa[25]). Man behauptet ferner[26]): daß dieser Satz keinesweges dem Römischen Rechte eigenthümlich sei, sondern so sehr in der Natur der gesellschaftlichen Verhältnisse liege, daß diese Theorie sich auch im Allg. Landrechte vor-

22) L. 8; L. 27, §. 9 u. L. 30, §. 3 D. ad leg. Aquil. (IX, 2).

23) Bornemann von Rechtsgeschäften, S. 404.

24) L. 27, §§. 25, 26, 27; L. 41, 42 D. ad leg. Aquil. (IX, 2). Vergl. Hasse, §. 27.

25) Hasse, §. 27—30.

26) Bornemann a. a. O. S. 405, 406.

finden müsse. Dieses sei auch der Fall; denn da nach I, 3, §. 26 Niemand zu einer Handlung gezwungen werden könne, so sei er berechtigt, sie zu unterlassen; und daraus folge nothwendig, daß auch nach dem Allg. Landrechte, außer dem Falle eines obligatorischen Verhältnisses, eine Culpa nicht durch ein Unterlassen, sondern nur durch ein positives Thun oder Handeln verübt werden könne; und dieses soll im Tit. 6, Th. I anerkannt sein. Die beiden vorher erwähnten verschiedenen Anwendungen der Culpa kommen, wie sich denken läßt, im Allg. Landrechte wirklich vor; aber nicht richtig ist es, daß nach demselben, außer dem Falle einer Obligation, ein Anspruch nur aus einer schädlichen *culpa in faciendo*, und niemals durch ein schädliches Unterlassen entstehen könnte; und hierin liegt eben eine wichtige Abweichung des Allg. Landrechts von dem Römischen Rechte. Der Titel 6 erkennt es nirgends an, daß nur durch ein positives Handeln eine zu vertretende Culpa begangen werden könne. Die dafür angeführten §§. 8 u. 9 bestimmen:

„Wer Jemanden ohne Recht Schaden zufügt, der kränkt oder beleidigt denselben.“

„Unterlassung einer Zwangspflicht wird einer Kränkung oder Beleidigung gleich geachtet.“ Vergl. §. 12.

Die letztere Bestimmung soll sich, wie man sagt, nur auf solche Zwangspflichten beziehen, welche schon durch ein vorhandenes obligatorisches Verhältniß bestehen; und somit, wird behauptet, stimme der Umfang des, nach dem Allgem. Landrechte, außer einem obligatorischen Verhältnisse zu vertretenden Versehens mit dem der aquilischen Culpa des Römischen Rechts überein. Beispiele werden die Unrichtigkeit dieser Meinung deutlich zeigen: Ein wildgewordenes Thier reißt sich von seinem Führer los, und rennt durch die offene Thüre eines Hauses. In dem Augenblicke, wo der nacheilende Aufseher die Thürschwelle überschreiten will, wirft ein Windstoß die Thüre vor ihm zu, und das Schloß schließt sich von der Erschütterung, so daß der Aufseher durch Zufall ausgeschlossen ist. Das Thier ist durch das Haus in den Hof und dort gegen eine Thüre, die einen Kloak verschließt, gerannt, hat diese Thüre aufgesprengt, und ist in die, zufällig sehr angefüllte, Grube gefahren. Der ganz allein im Hause anwesende Hausherr sitzt an einem Fenster, welches die Aussicht nach dem Hofe hat, und sieht, daß das Thier mit dem Kopfe nach unten in der ganz nahen Grube steckt, und sich unmöglich wenden kann. Ihm ist die Beschaffenheit der Grube wohl bekannt, und er weiß, und denkt es auch, daß das Thier ohne die schleunigste Hülfe umkommen muß. Er will auch, da er den Vorfall mit der Hausthüre durch Zurufen kennen gelernt hat, dem vorne pochenden und rufenden Aufseher öffnen; aber er befindet sich gerade bei einer sehr interessanten antiquarischen Untersuchung, welche ihn so sehr anzieht, daß er dieselbe erst bis zu einem gewissen Ruhepunkte fortsetzen will. Darüber vergeht ein solcher Zeitraum, daß der Aufseher, als ihm endlich geöffnet wird, zu spät kommt. Das Thier ist unterdeß in der Flüssigkeit erstickt, und es wird zugestanden, daß es hätte gerettet werden können, wenn der Aufseher in den ersten zehn Minuten eingelassen worden wäre. Soll der Hausherr für die Nachlässigkeit, ohne welche das Thier nicht umgekommen sein würde, keinen Ersatz leisten? Der preußische Richter wird ihn schwerlich davon freisprechen. Denn der Andere hatte ein Recht, sich sein Thier aus dem Hause wieder abzuholen, woran er nicht verhindert werden durfte[27]), der Hausbesitzer hatte daher die Zwangs-

27) A. L.R. Einleitung §. 93; Th. I, Tit. 3, §§. 38 u. 39.

pflicht, sein Haus zu öffnen, ohne daß dieselbe in einem obligatorischen Rechte begründet war. Er sahe selbst, daß dieß keinen Aufschub leiden konnte, wenn Schaden verhütet werden sollte; er öffnete aber doch nicht zur rechten Zeit, und führte durch Unterlassung einer Zwangspflicht, welche in keinem schon bestehenden obligatorischen Verhältnisse ihren Grund hatte, den Schaden herbei. Ein anderes einfaches Beispiel ist der Fall, wo Jemand sein Haus an der Straße zu repariren vernachlässigt, und wo durch dessen Einsturz vorübergehende Thiere beschädigt und getödtet werden. Ein solcher Eigenthümer hat die Zwangspflicht, sein Gebäude zur Verhütung von Schaden im baulichen Stande zu erhalten, folglich verletzt er seine Zwangspflicht durch Unterlassung[28]. Ein Gutsbesitzer wurde zum Schadensersatz für ein ertränktes Gespann Pferde verurtheilt, weil er die Reparatur des Weges über seine Feldmark unterlassen hatte, wovon die Folge gewesen war, daß sich an einer Stelle viel Wasser gesammelt hatte, welches mit einer dünnen Eisdecke belegt war. Ein Fuhrmann, der auf frisch gefallenem Schnee in der Dunkelheit des Weges zwischen den zu beiden Seiten gepflanzten Bäumen fährt, bricht ein, und beide Pferde ertrinken ohne alle Schuld des Fuhrmanns. Ein weiteres Beispiel ist, wenn derjenige, welcher eine Brücke unterhalten muß, es unterläßt, die Fahrbahn der eingestürzten Brücke abzusperren, und zur Nachtzeit Reisende verunglücken. Die §§. 59—61 u. 66, Nr. 1 selbst enthalten Beispiele von bloßen Unterlassungen oder von einer vertretbaren culpa in non faciendo.

Man behauptet, in Folge der so eben als unrichtig gezeigten Meinung, ferner[29]: daß auch in dem Falle

28) A. L.R. I, 8, §§. 37, 38.

29) Bornemann a. a. O. S. 407, 408.

eines obligatorischen Verhältnisses ein in faciendo begangenes Versehen nicht nach den von Verträgen geltenden Regeln, sondern nach der Bestimmung des Tit. 6, vom Schadensersatze aus unerlaubten Handlungen, beurtheilt werden müsse.

Der §. 17 dieses Titels verordnet zwar:

„Was wegen der bei Verträgen zugefügten Schäden stattfinde, wird im vorhergehenden Titel bestimmt.“

Allein es soll, so sagt man, die Natur der Sache der Ausschließung der Bestimmungen des Titels 6 entgegenstehen, und die Zurückweisung auf die Lehre von Verträgen soll sich lediglich auf die omissiven Versehen beziehen. Eben so soll in der Lehre vom Versehen bei Verträgen §§. 277—290, Tit. 5 lediglich nur von omissiven Versehen die Rede sein. Auch dieß ist ein Irrthum; denn es kann einerseits positive Handlungen geben, welche außer dem Fall eines Vertrages zu nichts verpflichten, während sie auf ein schon bestehendes obligatorisches Verhältniß von Einfluß sind[30]), und auf der andern Seite können, wie eben gezeigt worden, culpose Unterlassungen auch außer dem Falle eines Vertrags verpflichten. Das Wahre an der Sache ist, daß in diesem Punkte das Allg. Landrecht von dem Römischen Rechte nicht abweicht, d. h. wenn das bei einem Vertragsverhältniß vorgefallene Versehen von der Art ist, daß es auch außer dem Falle des Kontrakts verpflichten würde, oder, mit andern Worten: wenn beide Klagen oder Ansprüche konkurriren, so hat der Gläubiger die Wahl: welche von beiden Klagen er geltend machen will[31]), was bei uns, wo es keine formulas actionum giebt, schon durch einfache Erklärung und Berufung auf

30) Hasse, §. 27.

31) L. 18, §. 1 D. commodati (XIII, 6).

die gesetzliche Bestimmung in der Klageschrift geschieht, so daß die Wahl nicht eben auffällt.

2) Das Römische Recht unterscheidet, wie bemerkt worden, eine culpa in concreto und in abstracto. Auch das Allg. Landrecht nimmt an, daß nur die culpa in abstracto Regel sei; hiervon gelten aber gewisse Ausnahmen, wo auf die eigenthümliche Beschaffenheit oder Geisteskräfte der Person Rücksicht genommen wird [32]). Man könnte denken, daß in diesen Fällen eine diligentia suis rebus consueta erfordert würde, so daß hierin sich eine Uebereinstimmung des Landrechts mit dem Römischen Rechte vorfände. Wahrscheinlich hat man dieselbe bei der Redaktion auch beabsichtigt, und man setzt dieselbe, bei Darstellung der landrechtlichen Lehren, unbedenklich voraus [33]). Eine nähere Betrachtung und Vergleichung ergiebt aber eine bedeutende Abweichung. Die römische diligentia rebus suis consueta begründet einestheils eine Ausrede für den Schuldner, indem er gelinder behandelt werden soll, und er sich dadurch von Prästation einer begangenen culpa in abstracto freimachen kann; anderntheils erkennt es in Fällen, wo der Schuldner nur für culpa lata einzustehen haben würde, dem Gläubiger einen Anspruch zu, wenn der Schuldner nicht einmal die gewöhnliche Aufmerksamkeit angewendet hat [33a]). Das Allgemeine Landrecht nimmt aber nur die zweite Seite auf und stellt es so, daß dadurch die lata culpa aus dem zweiten Entstehungsgrunde, wo Jemand die fremden Sachen vor seinen eigenen in der Behandlung nachtheilig auszeichnet, ausgedrückt wird. Dasselbe bestimmt nämlich:

a) Bei dem Depositum, Tit 14, §§. 11, 12:

---

32) A. L.R. I, 3, §§. 24, 25.

33) Bornemann a. a. O. S. 413.

33a) Er ist dann böswillig gewesen, folglich nach dem Maße seines gewohnten Fleißes in culpa lata. L. 32 D. depositi (XVI, 3).

„In allen Fällen ist der Uebernehmer nur verpflichtet, die ihm anvertraute Sache mit eben dem Fleiße zu verwahren, als er bei seinen eigenen Sachen von gleicher Art zu thun pflegt.“

„Kann hiernach der Grad seiner Verantwortlichkeit nicht abgemessen werden, und ist die Art der Verwahrung seinem Gutbefinden lediglich überlassen worden, so haftet er nur für ein grobes Versehen.“

Also, der Depositar soll haften:

1) nur für lata culpa. Er soll aber auch haften:

2) wenn er absichtlich oder wissentlich einen Unterschied zwischen seinen eigenen und den fremden Sachen macht, und die letztern in einem konkreten Falle schlechter behandelt. Dieß ist jedoch auch lata culpa (s. Note 33[a]).

Für mehr hat er nicht zu haften, also namentlich nicht für levis culpa. Dadurch kommt die Sache praktisch gerade so wie nach Römischem Rechte zu stehen, nach welchem der Depositar auch für lata culpa haftet; denn gegen die Prästation der levis culpa schützt gerade die diligentia rebus suis consueta, mithin ist der Fall ihrer Anwendbarkeit hier beim Depositum, wo nach dem Allg. Landrechte nur culpa lata geleistet werden soll, nicht vorhanden; es kann davon überhaupt nur da die Rede sein, wo der Schuldner culpa levis in abstracto würde prästiren müssen, wenn ihm die Ausrede der diligentia quam suis rebus nicht zustände.

Zur nähern Verständigung muß hier noch darauf aufmerksam gemacht werden, daß namentlich Bornemann (von Rechtsgesch. 1. Aufl. S. 413) die culpa quam quis rebus suis adhibet so darstellt, als wenn dieselbe nur dem Gläubiger zum Vortheil gereichen sollte. Er sagt: „Kann ihm jedoch nachgewiesen werden, daß er in Verwahrung seiner eigenen Sachen von gleicher Art aufmerksamer zu sein pflege, so wird nach dieser seiner gewöhnlichen Aufmerksamkeit der Grad seiner Verantwortlichkeit abgemessen.“ Ferner: „— doch bleibt — die Prästation der diligentia quam suis rebus stehen, wenn der Depositar in seinen eigenen Angelegenheiten noch aufmerksamer als ein gewöhnlicher Mensch ist.“ Hiernach würde also ein außerordentlich exakter und vorsichtiger Mann gerade in solchen kontraktlichen Verhältnissen, wo der Schuldner, vermöge der dabei konkurrirenden besondern Verhältnisse, gelinder fortkommen soll, als bei andern Kontrakten, viel schlimmer daran sein, als bei diesen andern Kontrakten. Was also zur mildern Behandlung des Schuldners in solchen Verhältnissen eingeführt ist, das soll ihm, der doch bei andern Kontrakten nicht schlimmer daran ist als jeder Andere, bei jenen Verhältnissen nicht nur nicht zu Statten kommen, sondern es soll ihm noch zum Nachtheil gereichen. Dieß kann nicht richtig sein, und hat gewiß nicht in der Absicht der Redaktoren des Landrechts gelegen. Ein konkreter Fall macht den Begriff dieser culpa in concreto oder diligentia quam quis suis rebus adhibet klarer. Jemand macht einen Menschen von gewöhnlicher Sorgfalt zu seinem Depositar. In dem Hause des Depositars entsteht Feuer. Der Depositar rettet seine und die deponirte Sache zugleich; statt sie aber in Sicherheit zu bringen, giebt er in der Verwirrung beide einem ihm unbekannten Menschen, der sich damit nicht wieder meldet. Dieß wird man für ein mäßiges, wenn nicht für ein grobes, Versehen halten. Bei seiner Verantwortung beruft er sich darauf, daß es ihm an Umsicht fehle, und daß er es so gut gemacht habe, wie er es in dem Augenblicke angemessen gefunden, und macht den Einwand, daß er dieselbe Aufmerksamkeit auf die deponirte Sache wie auf seine eigene verwendet habe. Mit dieser Einrede wird er vermuthlich frei ausgehen. So stellt sich die Sache, wenn der Schuldner, vermöge des besondern Kontraktverhältnisses, sich auf seine eigene diligentia quam suis rebus adhibet berufen darf. Wie läßt sich der Fall alsdann denken, wenn ihm seine major negligentia quam suis rebus zur culpa lata werden soll? Dieß ist nicht anders möglich, als wieder in einem konkreten Falle; denn in abstracto giebt es keine diligentia quam suis rebus, wie Bornemann sich vorgestellt zu haben scheint, und es fehlt gänzlich an einem abstrakten Normalgradmesser für Personen, welche aufmerksamer und exakter als gewöhnlich sind. Wollte man einen solchen erfinden, so müßten erst die ungewöhnlich aufmerksamen Menschen nach gewissen Merkmalen klassifizirt, für sie ein besonderer Gradmesser erdacht, und dieser dann erst mit dem Gradmesser für gewöhnliche Menschen in ein Verhältniß gesetzt werden, welches einleuchtend sich praktisch nicht ausführen läßt. Von einer culpa in concreto kann möglicherweise nur in einem konkreten Falle die Rede sein. Ein Fall dieser Art ist es, wenn in dem angeführten Beispiele der Depositar seine eigene Sache wissentlich einem bekannten und sichern Manne, und die fremde, weil sie als solche ihn nicht so interessirt, einem Unbekannten überliefert hätte. Denkt man sich einen sehr umsichtigen Mann als Depositar, so müßte, wenn man prätendiren wollte, daß er nach seiner gewohnten Geistesgegenwart und Umsicht verfahren solle, ihm in dem gedachten Falle die Exception nicht zu Statten kommen, wiewohl er in ähnlichen Fällen mit seinen eigenen Sachen es vielleicht immer wieder so machen würde, was man nicht wissen kann, wenn man ihn unter gleichen Umständen, nicht mit ihm selbst vergleicht. Er muß in jedem einzelnen Falle sein eigener Maßstab sein. Dieß ist ein Hauptrequisit der diligentia quam suis rebus, und dazu gehören gleichzeitige, unter gleichen Umständen stattgefundene Handlungen desselben Subjekts, in Beziehung auf seine eigene und auf fremde Sachen zugleich, sonst läßt sich keine Vergleichung anstellen. Erst daraus ergiebt sich: ob Jemand mit einer major negligentia quam suis rebus fremde Sachen behandelt. Wer auf solche Art die Nachlässigkeit über seine eigene steigert, der ist in lata culpa, weil, wie Celsus sagt, derjenige, welcher nicht mit der gewöhnlichen Vorsicht handelt, und obenein auch nicht einmal ad suum modum aufmerkt, dem Dolosen ähnlich ist[34])

b) Bei dem Mandate, Tit. 13, §§. 55 u. 56:

„In der Regel ist der Bevollmächtigte bei Vollziehung des Auftrags zu demjenigen Grade des Fleißes und der Aufmerksamkeit, welchen er in seinen eigenen Geschäften derselben Art anzuwenden pflegt, verpflichtet."

„Kann hiernach der Grad seiner Verantwortlichkeit nicht ausgemittelt werden; oder hat er den Auftrag gegen Belohnung übernommen: so muß jedes mäßige Versehen überhaupt von ihm vertreten werden."

Hiernach hat der Mandatar zu prästiren:

1) lata culpa, und dazu gehört es, wie gesagt, wenn er die fremden Geschäfte wissentlich nachlässiger als seine eigenen behandelt;

2) culpa levis in abstracto, wenn seine Aufmerksamkeit nicht ausgemittelt werden kann, oder wenn er Belohnung erhält[34a]). Es fragt sich:

1) Kann er sich in dem Falle, daß er seine gewohnte

---

34) „Nam — fraude non caret: nec enim salva fide minorem iis, quam suis rebus, diligentiam praestabit." Dieß ist allemal culpa lata. Vergl. Note 14.

34a) Dieß ist eine bewußte Abweichung von dem R. R., welche sich auf mores Germanorum gründet. S. unten §. 26.

Art zu handeln nachweiset, von aller weitern Verantwortlichkeit freimachen, wenn er nach dieser Art gehandelt hat? Wahrscheinlich ist dieß gemeint, nur soll der rechte Grad beobachtet worden sein.

2) Nach welchem Maßstabe sollen aber hier die Grade der Verantwortlichkeit gemessen werden? Denn der §. 56 spricht von der Ausmittelung des Grades der Verantwortlichkeit, und der §. 55 von dem Grade der gewohnten Aufmerksamkeit, es müssen also mehrere Grade dabei gedacht sein.

Die Meinung geht wohl dahin, daß der Mandatar culpa lata und levis zu prästiren habe, sich aber durch den Einwand der beobachteten diligentia rebus suis consuela von der Prästation der levis culpa befreien könne, ausgenommen, wenn er gemiethet ist, wo er für culpa levis in abstracto einstehen soll (s. Note 34[a]).

c) Bei dem Gesellschaftsvertrage, Tit. 17, §. 211:

„Gesellschafter sind bei dem Betriebe des gemeinschaftlichen Gewerbes zu demjenigen Grade von Fleiß und Aufmerksamkeit verpflichtet, den ein Jeder in seinen eigenen Geschäften anzuwenden pflegt."

Nach der Fassung ist dieß wieder nichts Besonderes. Die in eigenen Geschäften gewohnte Aufmerksamkeit muß ein Jeder in jedem Rechtsverhältnisse anwenden, sonst begeht er, nach der obigen Ausführung, eine lata culpa. Die Stelle drückt also nichts anderes aus, als:

Gesellschafter stehen in der Regel nur für lata culpa. Vermuthlich ist es nicht so gemeint, sondern es soll ebenso wie bei dem Mandate heißen: „Gesellschafter haften für culpa lata und levis, doch befreit der Beweis der angewendeten diligentia rebus suis consueta von der Prästation der culpa levis."

Nur in einem einzigen Falle macht das Allg. Landrecht von der diligentia quam suis rebus eine deutliche und richtige Anwendung. Dieß geschieht bei der Dos. Der Mann soll nämlich bei Verwaltung der, der Frau gehörigen, Kapitalien, auch für ein mäßiges Versehen haften; doch soll auf den Einwand der prästirten, ihm nach seinen persönlichen Fähigkeiten und Einsichten eigenthümlichen, Aufmerksamkeit Rücksicht genommen werden [35]). Dieß ist nichts Singuläres [36]), sondern nichts anderes, als was in den vorhergedachten Fällen b u. c wahrscheinlich auch gemeint ist.

§. 24.

bb) Regeln von der Prästation der Culpa.

α) Außer dem Falle eines obligatorischen Verhältnisses.

I. Die aquilische Culpa hat nach dem Römischen Rechte keine Grade, d. h. es muß jede unter die lex Aquilia fallende Culpa, oder alles das, was nicht reiner Casus ist, prästirt werden.

Das Allgem. Landrecht hat darüber keine ausdrückliche Bestimmung, und aus den vorhandenen Vorschriften folgt, daß ein geringes Versehen, außer dem Falle eines Kontrakts, nicht verpflichtet, vorausgesetzt, daß die, aus einem solchen Versehen vorgenommene, Handlung nicht ausdrücklich in den Gesetzen gemißbilligt ist, denn in diesem Falle muß selbst der Zufall prästirt werden [1]). Ein geringes Versehen soll nämlich nur ausnahmsweise vertreten werden, wo die Gesetze solches vorschreiben; bei Verträgen, wo der Schuldner allen Vortheil allein hat; bei Handlungen, die eine besondere Sachkenntniß voraussetzen; und bei Obligationen ex lege [2]).

35) A. L.R. II, 1, §§. 554, 555.

36) Bornemann a. a. O. S. 415 ist dieser Meinung.

1) A. L.R. I, 3, §. 13 u. Tit. 6, §. 16.

2) Ebend. I, 3, §. 23; Tit. 5, §. 279; Tit. 16, §. 13.

Nun schreibt das Allgem. Landrecht in der Lehre vom Schadensersatze außer dem Falle einer Obligation solches nicht vor, sondern es heißt bloß §. 15:

„In Fällen, wo auch ein geringes Versehen vertreten werden muß (Tit 3, §§. 22, 23), haftet der Beschädiger nur für den durch ein solches Versehen entstandenen unmittelbaren Schaden."

Von den §§. 22 u. 23, Tit. 3, auf welche verwiesen wird, definirt der erstere den Begriff des geringen Versehens, und der folgende §. 23 bestimmt:

„Ein geringes Versehen darf nur derjenige vertreten, welchen die Gesetze besonders verpflichten, vorzügliche Fähigkeiten oder Kenntnisse, oder eine mehr als gewöhnliche Aufmerksamkeit bei einer Handlung anzuwenden."

Hiernach findet sich also bei diesem Punkte eine wichtige Abweichung des Landrechts von dem Römischen Rechte, welche um so merkwürdiger ist, als nach der, zur Zeit der Redaktion des Allgem. Landrechts herrschenden, Theorie und üblichen Praxis kein Zweifel war, daß bei der aquilischen Culpa jeder Grad derselben prästirt werden mußte, und das Römische Recht gerade bei dieser Lehre, und nur bei dieser allein, die hier zu prästirende Culpa als levissima bezeichnet [3]).

Diese Abweichung ist beabsichtigt worden. Denn der Entwurf zum Allgemeinen Gesetzbuche bestimmt Th. II, Tit. 3, §. 11:

„Wegen eines geringen Versehens haftet der Beschädiger nur für den unmittelbar veranlaßten Schaden."

An die Stelle dieser Bestimmung ist der vorher angeführte §. 15, Tit. 6 getreten. In der Anwendung aber hat man sich nicht daran gebunden, und konnte sich auch,

3) L. 44 D. ad legem Aquil. (IX, 2), bekanntlich die einzige Stelle, wo dieser Ausdruck einmal vorkommt.

nach früher ausgesprochenen allgemeinen Grundsätzen, nicht in jedem Falle binden. Darum aber kann man nicht annehmen[4]), daß die Redaktoren später in der Anwendung den, im §. 15 aufgestellten, Grundsatz für unhaltbar, und einen andern, nämlich den ursprünglich im Entwurfe §. 11 aufgestellten, für richtig gehalten, und daher um jenen umgeänderten §. 15, Tit. 6 sich nicht weiter bekümmert haben. Nach dem Landrechte, wie es jetzt vorliegt, sind zwei verschiedene Arten von Handlungen, wodurch außer dem Falle eines obligatorischen Verhältnisses Verbindlichkeiten entstehen können, zu unterscheiden. Es giebt nämlich Handlungen, welche in den Gesetzen gemißbilligt oder verboten, und andere, welche an sich erlaubt sind. Bei Handlungen der erstern Art müssen selbst die zufälligen Folgen vertreten werden, mithin kann der Beschädiger nicht frei ausgehen, wenn er obenein noch ein Versehen begangen hat. Dieß bestimmt:

Tit. 3, §. 13:

„Auch müssen die bloß zufälligen Folgen einer in den Gesetzen gemißbilligten Handlung insofern vertreten werden, als der Zufall nur durch diese Handlung schädlich geworden ist."

Tit. 6, §. 16:

„Der aus einer Handlung entstandene zufällige Schade darf nur alsdann vergütigt werden, wenn die Handlung selbst wider ein Verbotsgesetz ist; oder wenn der Handelnde durch ein solches gesetzwidriges Verhalten in die Umstände, wodurch er zu der Handlung veranlaßt worden, sich selbst gesetzt hat."

Bei Handlungen oder Unterlassungen der andern Art da-

4) Bornemann, Civilrecht, B. I, S. 314 (1. Ausg.), will es als klar annehmen.

gegen haftet der Handelnde nur für ein **mäßiges** Versehen. Dieß ist anerkannt in den §§. 56 u. 57, Tit. 6:

„Wer eines Andern unwillkührliche Handlung, wodurch derselbe sich selbst oder einem Dritten schädlich geworden ist, aus Vorsatz, grobem oder **mäßigem** Versehen veranlaßt hat, haftet für den dadurch verursachten Schaden."

„Gleiche Verbindlichkeit hat der, welcher die über Wahn- und Blödsinnige oder über Kinder unter sieben Jahren ihm obliegende Aufsicht gröblich oder auch nur aus einem mäßigen Versehen vernachlässigt."

Jedoch ist dieser Grundsatz in Einem Falle nicht angewendet. Diese Abweichung enthält der §. 38 a. a. O.

„Wer gefährliche Handlungen an einem dazu unter öffentlicher Genehmigung bestimmten Orte und zur erlaubten Zeit vornimmt, haftet nur für die schädlichen Folgen, die aus Vorsatz oder **grobem** Versehen entstanden sind."

Nach der Regel sollte hier auch ein **mäßiges** Versehen vertreten werden. Man könnte geneigt sein, diesen Fall für eine Ausnahme anzusehen, welche darin ihren Grund hätte, daß, wenn die Obrigkeit ihre Erlaubniß giebt, von derselben auch die nöthigen Sicherheitsmaßregeln genommen werden müssen, um mögliche Beschädigungen zu verhüten, so daß durch dergleichen Handlungen nicht leicht Jemand ohne eigenes grobes Versehen Schaden nehmen kann. So ist es aber nicht, vielmehr ist der Grund zu dieser scheinbaren Ausnahme ein juristischer, der nämlich, daß der Handelnde von seinem Rechte Gebrauch macht; denn wenn ihm die obrigkeitliche Genehmigung ertheilt worden ist, so ist ihm das Recht zu solchen Handlungen zu der bestimmten Zeit und an dem bestimmten Orte zugestanden. Wer aber durch Ausübung seines Rechts einem Andern schadet, der haftet nur für Dolus und culpa lata. (Vergl. unten Nr. II, 1.)

Hiernach hat das Allgemeine Landrecht folgende Grundsätze:

1) Ist die Handlung oder Unterlassung, wodurch einem Andern außer dem Falle einer Obligation Schaden zugefügt worden, erlaubt, so wird in der Regel nur Dolus, culpa lata und culpa levis vertreten.

2) Ist die Handlung die Ausübung eines Rechts, so haftet der Handelnde nur für culpa lata. (Vergl. unten Nr. II, 1 in fine.)

3) Ist die Handlung oder Unterlassung in den Gesetzen ausdrücklich gemißbilligt oder verboten, so muß auch ein geringes Versehen vertreten werden. Dasselbe ist der Fall, wenn die Gesetze besonders verpflichten, vorzügliche Fähigkeiten oder Kenntnisse, oder eine mehr als gewöhnliche Aufmerksamkeit bei einer Handlung anzuwenden.

Eine Abweichung von dem Gemeinen Rechte ist hier allerdings vorhanden; doch harmonirt dieses nicht mit den, von den Redaktoren bei einer andern Gelegenheit ausgesprochenen, Ansichten. (§. 25, Nr. II, 2, lit. b.)

Dagegen aber ist anzunehmen, daß auch nach dem Allgemeinen Landrechte bei der s. g. aquilischen Culpa die Ausrede der diligentia rebus suis consueta nicht stattfindet[5]), wiewohl freilich der landrechtliche Ausdruck „Aufmerksamkeit" ebenso in als außer dem Falle eines Kontrakts gebraucht wird, und also, wie schon oben (§. 22 a. E.) angeführt worden, mit der römischen dili-

5) A. L.R. I, 3, §. 25. — Daß sie nach Römischem Rechte nicht stattfinde, ist zwar ebenfalls nirgend ausdrücklich ausgesprochen; es folgt aber erstlich aus dem Begriffe der diligentia, und sodann aus L. 10 pr. D. communi dividundo (X, 3). — Hasse a. a. O. §§. 14, 15, 36, 41.

gentia nicht identisch ist. Entscheidend ist aber, daß die Berufung auf die in eigenen Angelegenheiten **gewohnte** Sorgfalt nur in den Fällen zuläßig ist, wo sie dem Verpflichteten, wegen seines besondern Verhältnisses zu dem Berechtigten, **ausdrücklich** nachgelassen ist.

II. Um nach Römischem Rechte, außer dem Falle eines obligatorischen Verhältnisses, durch Culpa zum Schadensersatze verpflichtet zu werden, wurde, wie vorhin mit mehrern bemerkt worden, eine culpa in faciendo consistens erfordert.

Das Allgemeine Landrecht aber weicht darin ab, indem sowohl durch ein **Thun** wie durch ein **Unterlassen** die Verbindlichkeit zum Schadensersatze entstehen kann. Dieses Unterlassen setzt jedoch eine, durch das Gesetz begründete, Zwangspflicht etwas zu thun voraus. (Vergl. den vor. §.)

Dieses Thun und Unterlassen muß indeß ein **widerrechtliches** (damnum *injuria* datum) sein. Daraus folgt:

1) **Wer sich bloß seines Rechts bedient, der haftet für keinen**, einem Andern daraus entstehenden Schaden [6]). Der Mißbrauch aber, d. h. ein solcher Gebrauch des Rechts, welcher nach seiner Natur nur die Kränkung eines Andern zur Absicht haben kann, ist eine zum Schadensersatze verpflichtende rechtswidrige Handlung [7]). Eine durch Mißbrauch des Rechts zugefügte rechtswidrige Beschädigung ist es, wenn unter mehrern

6) Nach der Regel: „Qui jure suo utitur, nemini fecit injuriam." L. 55, 151 und 155, §. 2 D. de reg. jur. (L, 17); L. 26 D de damn. infecto (XXXIX, 2); L. 13, §. 1 D. de injur. (XLVII, 10). — Man nennt diesen Schaden damnum indirectum auch damnum in consequentiam veniens. Hugo Grotius, de jure belli ac pacis, Lib. II, Tit. XXI, Nr. 10. Vergl. unten §. 28, Note 11.

7) A. L.R. I, 8, §§. 27, 28. — L. 24, §. 12; L. 26 D. de damno infecto (XXXIX, 2).

möglichen Arten der Ausübung gerade diejenige, welche dem Andern schädlich wird, absichtlich um zu schaden, gewählt wird [8]). Nach Gemeinem Rechte war dieses eine bestrittene Frage. Die Meinung der Mehrsten ging dahin, daß die Ausübung des Rechts, ohne alles eigene Interesse, bloß in der Absicht, um einem Andern dadurch zu schaden, geschehen sein müsse, wenn sie als Unrecht angesehen werden, und zum Ersatz des Schadens verpflichten solle [9]). Andere waren der Meinung, es komme darauf nicht an: ob der Handelnde auch zugleich Vortheil oder Interesse dabei habe, sondern bloß darauf: ob er in der Absicht, dem Andern dadurch zu schaden, handele [10]). Das Allgemeine Landrecht hat eine mittlere Meinung angenommen, indem es unterscheidet, ob die Ausübung des Rechts noch auf eine andere Art möglich war. Ist dieses, und es wird die dem Andern schädliche Art absichtlich, um ihm zu schaden, gewählt, so soll Ersatz geleistet werden [11]). Hierher gehört auch der Fall des redlichen Besitzers, welcher die von ihm beschädigte Sache für die seinige hält. Bornemann ist der Meinung, daß der Berechtigte bei der Ausübung seines Rechts auch für ein mäßiges Versehen haften müsse. Er

8) L. 1, §. 12 D. de aqua et aquae pluv. (XXXIX, 3). — L. 38 D. de rei vindicatione (VI, 1). — Sam. Stryck, disp. de jure aemulationis, quae exstat Vol. III, disp. 17 und bes. Francof. ad Viad. 1678. — Hagemann, prakt. Erört., B. 6, S. 85. — Hufeland, Handb., I, S. 92. — Pütter's auserlesene Rechtsfälle, Bd. I, Th. 2, decis. LXV.

9) „Eum haud facere damnum," sagt Wehrn in Doctrina etc. Cap. I, §. 2, pag. 15: „qui jure suo haud ad solum animum alteri, citra quam nostra intersit, nocendi directo, utitur justo modo." Vergl. auch die in der vorigen Note angeführten Schriften.

10) Stryck l. c. und usus mod., Lib. VII, Tit. 2, §. 23. Vergl. L. 3 D. de operibus publicis (L, 10).

11) Einleitung §. 88; Th. I, Tit. 6, §§. 36 u. 37; Tit. 8, §. 28.

sagt[12]): In Gemäßheit der allgemeinen Grundsätze sei es genug, wenn der Handelnde diejenigen Vorsichtsmaßregeln und Vorkehrungen treffe, welche unter den obwaltenden Umständen ausdrücklich vorgeschrieben seien, oder gewöhnlich beobachtet würden. Habe er also diese Vorkehrungen verabsäumt, und sich eines groben oder mäßigen Versehens schuldig gemacht, so hafte er für die schädlichen Handlungen. Kunst- und Sachverständige sollen hierbei sogar für ein geringes Versehen haften. Diese Darstellung ist jedoch dem, weiterhin sich bestätigenden, schon vorhin Nr. 1, 2 angeführten, allgemeinen Rechtsgrundsatze, und den ausdrücklichen Worten der gesetzlichen Bestimmung zuwider, welche im §. 37, Tit. 6 so lautet:

„Er muß aber den Schaden vergüten, wenn aus den Umständen klar erhellet, daß er unter mehrern möglichen Arten der Ausübung seines Rechts diejenige, welche dem Andern nachtheilig wird, in der Absicht, denselben zu beschädigen, gewählt habe."

Der Handelnde soll also in der Absicht, um zu beschädigen, die schädlich gewordene Handlung ausgewählt, d. h. dolose gehandelt haben; nicht aber wird er für ein mäßiges Versehen verantwortlich gemacht. Eine andere Frage ist es: ob er nicht für culpa lata haftet, ungeachtet dieses nicht ausgedrückt ist. Nach Römischem Rechte ist dieses völlig unzweifelhaft[13]), und auch die gemeinrechtlichen Juristen lehrten zur Zeit der Redaktion des Allgemeinen Landrechts, wie vorher und nachher: daß, wenn die Gesetze auch nur des Dolus allein gedenken, dennoch, darunter auch die culpa lata mit begriffen sei, wenn es bloß auf Schadensersatz, im

12) Civilrecht, Bd. II, S. .09—312.

13) Vergl. oben §. 23, Note 14 u. 34, und L. 1. §. 1 D. si mensor falsum modum dixerit (XI, 6).

Gegensatze von Bestrafung einer Handlung, ankomme[14]). Dieser Satz ist fast wörtlich in das Allgemeine Landrecht aufgenommen worden. Es heißt Th. I, Tit. 3, §. 19:

„Die Folgen eines groben Versehens werden, insofern es auf den Schadensersatz ankommt, ebenso zugerechnet, wie die Folgen des Vorsatzes.“

Dadurch ist das bisherige[15]) Recht zwar ausdrücklich bestätigt; doch gilt dieser Grundsatz nur von an sich unerlaubten Handlungen und ist deshalb nicht auf den durch die Ausübung eines besonderen Rechts zugefügten Schaden anwendbar[15a]). Hier muß, wenn die Ausübung oder Benutzung der Rechte verschiedener Personen nebeneinander gar nicht oder nicht vollständig bestehen kann, Ausgleichung nach den Grundsätzen über Kollision der Rechte eintreten, denn Jeder ist in der Benutzung seiner Sache oder seines Rechts gleichberechtigt. Hierher gehört der Fall, wenn ein Grundeigenthümer eine solche Benutzungsart seines Grundstucks anwendet, daß dem Nachbar die bisherige Benutzungsart seines Grundstücks vereitelt wird, wie z. B. wenn der Eine an der Grenze eine chemische Fabrik anlegt, deren Niederschläge den Pflanzenbau des Nachbars zu nichte machen. Beide sind in ihrem vollkommenen Rechte; aber die Ausübung der beiderseitigen Rechte kann in dieser Weise nicht nebeneinander bestehen[15b]).

14) Glück, Th. IV, S. 340. — Lauterbach, colleg. theor. pract. Pandectar, L. XIII, Tit. 6, §. 33. — Cocceji, jus controv. civile, Lib. III, Tit. 2, qu. 2 et 4. — Höpfner, Commentar, §. 756 u. v. A.

15) Friedr. de Behmer, novum jus controversum, Tom. II, observat. 136.

15a) Vergl. A. L.R. Einl. §§. 75 u. 92; Th. I, Tit. 8, §§. 27, 28.

15b) Das Obertribunal ist von einem Abwege, auf den es durch

Es giebt noch einige besondere Fälle, wo der Handelnde als ein solcher angesehen wird, welcher in der Ausübung seines Rechts begriffen ist. Dahin gehört:

a) Der Fall des redlichen Besitzers. Dieser haftet wegen der Beschädigungen der Sache nur für Dolus und culpa lata, quia quasi *suam* rem neglexit [16]), welchen Satz das Allgem. Landrecht I, 7, §. 219 anerkennt:

„Für Verschlimmerungen der Sache, die sich während seiner Besitzzeit ereignet haben, darf der redliche Be-

---

die Entscheidung v. 18. September 1848 (Rechtsf. Bd. IV, S. 363) gerathen war, halbwegs zurückgekommen, indem es durch einen Plenarbeschl. (Pr. 2382) v. 7. Juni 1852 anerkannt hat, daß der Eigenthümer einer Fabrik vermöge seines Eigenthumsrechts nicht unbedingt befugt sei, die durch den Betrieb einer solchen Anstalt entwickelten Dämpfe auf benachbarte Grundstücke zu verbreiten, und daß er den Ersatz eines hierdurch veranlaßten Schadens nicht schon durch die Behauptung abwenden könne, daß er sich nur eines aus dem Eigenthume folgenden Rechts bedient habe; ferner, daß der Fabrikinhaber nach Umständen für den Schaden verantwortlich gemacht werden könne, welchen der durch den Gebrauch der Anlage entstehende und sich über andere Grundstücke verbreitende Dampf oder Rauch verursacht, ohne daß es zur Begründung der Vertretungsverbindlichkeit des Nachweises einer besonderen Verschuldung bei der Anlage und bei dem Betriebe der Fabrik bedürfe (Entsch. Bd. XXIII, S. 252). Aber das Obertrib. will den einzigen wahren Grund davon nicht einsehen, indem es am Schlusse seiner Ausführung von einer Kollision der Rechte in diesem Falle nichts wissen will. Dann aber kann es die von ihm ausgesprochenen Sätze nicht beweisen; die lange und wortreiche Ausführung zur Begründung dieser Sätze beweiset juristisch gar nichts. Das Prinzip der Gleichberechtigung ist es allein, worauf die Ausgleichungspflicht in solchen Fällen beruht, wo die Benutzung des beiderseitigen Eigenthums nebeneinander nicht bestehen kann; es ist dasselbe Prinzip, welches den Nachbar hindert, einer benachbarten Windmühle durch Anpflanzung hoher Bäume den Wind zu benehmen. A. L.R. II, 15, §. 247. Das ist nichts anderes als eine Kollision der Eigenthumsrechte verschiedener Personen.

16) L. 31, §. 3 D. de hereditatis petitione (V, 3). — L. 25, §. 11 D. eod. und L. 45 D. de rei vindicatione (VI, 1).

sitzer nur insofern haften, als sie durch sein grobes Versehen entstanden sind."

Nach erfolgter Litiskontestation, und im Preußischen Rechte nach insinuirter Klage, hat er die Pflichten eines unredlichen Besitzers[17]), welcher selbst für Beschädigungen durch Unterlassungen, sogar für den Zufall haften muß, wenn davon die Sache in dem Besitze des Eigenthümers nicht würde betroffen worden sein[18]). Dieß wird nach Preußischem Rechte als eine Folge der Mora angesehen, in welche der Beklagte durch die Insinuation der Klage versetzt worden sein soll[19]). Der Eigenthümer kann das, was er mit der Eigenthumsklage nicht hat erlangen können, mit der actio legis Aquiliae fordern[20]), welches ihm auch nach Preußischem Rechte freisteht, vorausgesetzt, daß über den Gegenstand nicht schon in dem Eigenthumsprozesse gestritten und erkannt worden ist. Dieser Fall ist in der Beziehung, daß der malae

---

17) L. 25, §. 7 D. de hereditatis petitione (V, 3): „— post litem contestatam omnes incipiunt malae fidei possessores esse — et post motam controversiam omnes possessores pares fiunt et quasi praedones tenentur." — L. 20, §. 11; L. 31, §. 3 D. eod. — L. 15, §. 3; L. 16, §. 1; L. 27, §. 2; L. 33; L. 36, §. 1; L. 45, 51, 58, 63 D. de rei vindicat. (VI, 1). — L. 4, §. 3 D. finium regundorum (X, 1). — A. L.R. I, 7, §. 222.

18) L. 31, §. 3 D. de hereditatis petitione (V, 3). — L. 36, §. 1; L. 45 D. de rei vindicat. (VI, 1). — A. L.R. a. a. O. §§. 229, 240, 241.

19) Vergl. oben §. 20, Nr. IV, 1, b. Nach R. R. ist es eine selbstständige Folge der Litiskontestation, wie die Prozeßzinsen. L. 10 C. de acquir. vel retinend. possess. (VII, 32). — Christoph Christ. Hasse, diss. de litiscontestatione an et quatenus bonae fidei possessor per eam in mala fide constituatur. Gott. 1780.

20) L. 13 et 14 D. de rei vindicat. (VI, 1). — Westphal, System des Römischen Rechts über die Arten der Sachen, Besitz und Eigenthum, §. 938. — Cocceji, tractat. de doli et culpae praestatione, diss. III, §. 24, Nr. IX.

fidei possessor auch für schädliche Unterlassungen einstehen muß, keinesweges, weder nach Römischem Rechte, noch nach dem Allgemeinen Landrechte, als eine Ausnahme von der Regel anzusehen[21]): nach dem erstern nicht, weil der Fall entweder von der Art ist, daß aus der unerlaubten Handlung der Besitzergreifung selbst eine Klage entsteht, und alsdann ist jede schädliche Unterlassung als Fortsetzung der unerlaubten Handlung anzusehen[22]); oder das Verhältniß wird durch die Litiskontestation ein obligatorisches quasi ex contractu[23]); nach dem Allgemeinen Landrechte aber schon darum nicht, weil darnach überhaupt die s. g. aquilische Culpa auch in non faciendo bestehen kann.

b) Der Fall, wenn Jemand gefährliche Handlungen mit obrigkeitlicher Genehmigung an einem dazu obrigkeitlich bestimmten Orte, und zur erlaubten Zeit, z. B. Wettrennen oder Schießübungen, vornimmt, wo nur Dolus und culpa lata prästirt wird. Hierin stimmt das Allgemeine Landrecht mit dem Römischen Rechte überein[24]).

---

21) Bornemann, von Rechtsgeschäften, S. 441 hält dieß für eine Ausnahme von der Regel. — v. Wening-Ingenheim, Civilrecht, Bd. II, §. 38 sieht diesen Fall auch als Ausnahme an.

22) L. 8, 27, §. 9; L 30, §. 3 D. ad legem Aquiliam (IX, 2).

23) L. 3, §. 11 D. de peculio (XV, 1). — Carl. God. Winkler, diss. de discrimine inter litiscontestationem jure veteri ac hodierno, et utriusque effectibus, Lipsiae 1751, Sect. II. — Bucher, Recht der Forderungen, §. 52, S. 170. Dieser Satz ist von Einigen bestritten, namentlich von: Joh. Ortw. Westenberg, de causis obligationum, Diss. II, Cap. III, §. 27 und Diss. VI, Cap. V, §. 11. — Walch, introduct. in controvers. juris civilis, Sect. III, Cap. 6, §. 2. — Weber, von der natürlichen Verbindlichkeit, §. 27, S. 82. — Dagegen: Glück a. a. O. Th. VI, S. 191.

24) §. 4 Inst. de lege Aquilia (IV, 3). — L. 9, §. ult. und L. 50 D. ad legem Aquiliam (IX, 2). — L. 7, §. 4; L. 4, 5, §. 3; L. 52

c) Der Fall, wenn zur Abwendung einer dringenden Gefahr die Sache eines Andern beschädigt wird. Dieses geschieht z. B. bei Ausübung der Nothwehr[25]), oder wenn bei einer Feuersgefahr das benachbarte Gebäude niedergerissen wird, um das Feuer von dem anstoßenden Gebäude abzuhalten[26]). Aber auch hierbei ist der Handelnde für Dolus und culpa lata, nicht aber für culpa levis verantwortlich[27]).

Alle diese Fälle haben das Gemeinsame, daß der Handelnde bei der Beschädigung in dem Gebrauche seines Rechts ist[28]); und geben die Bestätigung für den oben (Nr. I in fine sub 2) aufgestellten Grundsatz: daß der Handelnde, unter dieser Voraussetzung, nur für Dolus und culpa lata, welche sich besonders auf die gewählte Art der Ausübung bezieht, haftet.

2) Die Handlung oder Unterlassung muß willkührlich sein, sonst kann sie nicht dolose oder culpose, mithin nicht widerrechtlich sein. Daher wird ein, durch unwillkührliche Handlungen verursachter, Schade dem Handelnden nicht zugerechnet[29]). Wer sich

---

§. ult. eod. — Noodt, de lege Aquilia, Cap. 7. — A. L.R. I, 6, §. 38.

25) L. 4, 5 pr., 45, §. 4 D. ad leg. Aquil. (IX, 2): „Qui, quum aliter se tueri non possunt, damni culpam dederint, innoxii sunt; vim enim vi defendere omnes leges omniaque jura permittunt.“ A. L.R. Einleit. §. 78; Th. I, Tit. 7, §. 142; Th. II, Tit. 20, §§. 522 u. 528. Daß der Titel 20, Th. II formell aufgehoben ist, ändert an dem in Rede stehenden, noch von den übrigen Gesetzstellen bestatigten Rechtsgrundsatze nichts.

26) L. 49, §. 1 D. eod. — L. 3, §. 7 D. de incendio (XLVII, 9). Dieser Grundsatz findet sich in den Feuerordnungen wieder.

27) A. L.R. II, 20, §. 516 verbunden mit I, 3, §. 19. Vergl. Tit. 5, §. 277.

28) Marginal zu §. 515, Tit. 20, Th. II, und zu §§. 36—37, Tit. 6, Th. I des A. L.R.

29) A. L.R. I, 6, §. 39. — L. 5, §. 2 D. ad leg. Aquil. (IX,

aber selbst in einen vorübergehenden Zustand versetzt hat, in welchem er seiner Vernunft nicht mächtig ist, muß auch den in diesem Zustande unwillkührlich verursachten Schaden ersetzen [30]). Dahin gehört besonders die Trunkenheit, und ein durch freiwilligen Genuß verursachter Zustand von Raserei [31]). Doch muß auch hierbei wieder auf den Grad der Schuld und die Art der Handlung, um nach derselben, zufolge obiger Grundsätze, zu beurtheilen, welcher Grad dem Handelnden anzurechnen, gesehen werden [32]). Soweit stimmt das Allgem. Landrecht mit dem Gemeinen Rechte überein. Nun folgt aber eine Bestimmung, durch welche der in Rede stehende Grundsatz, daß die Handlung eine willkührliche sein müsse, um zu verpflichten, eigentlich aufgehoben wird. Es heißt:

§. 41. „Wenn Wahn- und Blödsinnige, oder Kinder unter sieben Jahren, Jemanden beschädigen, so kann nur der Ersatz des unmittelbaren Schadens aus ihrem Vermögen gefordert werden."

„Diese Abweichung von der Theorie," heißt es in einer Anmerkung zu §. 34 l. c. des Entwurfs, „nach welcher ein von solchen Personen verursachter Schade allerdings

---

2). — L. 12, 14 D. ad legem Corneliam de siccariis (XLVIII, 8). — L. 40 D. de regulis juris (L, 17). — L. 14 D. de off. Praesid. (I, 18). — L. ult. D. de administrat. et pericul. tutor. (XXVI, 7).

30) A. L.R. a. a. O. §. 40. — Stryck., usus modern., Lib. IX, Tit. 1, §. 2.

31) Carpzov., disput. quaest. 145, Nr. 46, und pr. crim. quaest. 146, Nr. 39. — Stryck l. c. — Lauterbach, coll. th. pr., L. IX, T. 2, §. 1. Was einer betrunken thut, muß er nüchtern büßen.

32) A. L.R. II, 20, §. 22. Mit der formellen Aufhebung des Titels 20 ist der im System des A. L.R. überhaupt begründete Grundsatz nicht abgeschafft. — Eggers, deutsche Gesetzgebung, Th. II, S. 53, §. 62.

für einen bloßen Zufall zu achten ist, gründet sich auf die natürliche Billigkeit. Wenn ein Wahnwitziger einen Schaden verursacht, der aus seinem beträchtlichen Vermögen leicht ersetzt werden kann, so würde es eine auffallende Härte enthalten, wenn der Beschädigte, der dadurch, ohne die geringste Schuld von seiner Seite, in seinen Vermögensumständen gänzlich zurückgesetzt worden, alle Vergütung entbehren sollte. Man verweiset denselben zwar gewöhnlich an den Aufseher des Kindes oder des Wahnsinnigen; aber einestheils hält es oft schwer, diesen einer vernachlässigten Aufsicht zu überführen, und anderntheils ist sein Vermögen vielleicht zum Ersatz nicht hinreichend[33])." Was hier aus Billigkeit bestimmt wird, ist altdeutsches Recht[34]), welches zwar hin und wieder in sächsischen Gerichtshöfen vorzugsweise vor dem Römischen Rechte zur Anwendung gekommen, aber doch durch das für billiger gehaltene Römische Recht verdrängt worden ist[35]).

33) Vergl. Eggers a. a. O. §. 66. Dieser will, daß Eltern und Vormünder die Handlungen ihrer Kinder und Pflegebefohlenen allerdings vertreten. Dieß würde etwa mit den Römischen Noxalklagen übereinkommen, bis auf die noxae datio, die dann, um gerecht zu sein, auch noch nachgelassen werden müßte.

34) Sachs. Sp. B. 2, Art. 65, u. B. 3, Art. 3.

35) Leyser, spec. 532, m. 3. — Berger, jurispr. crim., p. 145. — Carpzov., qu. crim. 143, m. 15, 16, qu. 145, m. 21. Von mehrern Lehrern des Gemeinen Rechts, heißt es bei Bornemann, im Civilrecht I, S. 252, sei diese Bestimmung des Allg. Landrechts in Bezug auf Rasende bereits angenommen worden. Es ist keiner dieser mehreren Lehrer genannt, mir ist davon keiner bekannt geworden. Gribnerus soll, wie Leyser bemerkt, in einer Disp. de incestis novercae matris nuptiis, corol. 2, der angenommenen gemeinen Meinung, daß das Römische Recht auch in Sachsen anzuwenden, hinzugefügt haben, daß mit der natürlichen Billigkeit die Meinung derjenigen mehr harmonire, welche Kinder zum Ersatze des angerichteten Schadens für verpflichtet hielten; denn es sei kein Grund vorhanden,

Durch diese Bestimmung des Allgem. Landrechts ist eine so wesentliche Abänderung des von ihm selbst angenommenen Grundsatzes bewirkt, daß man nicht mehr sagen kann, die schädliche Handlung müsse eine willkührliche sein, wenn sie einen Anspruch auf Ersatz des dadurch verursachten Schadens begründen solle. Jedoch ist dieses auch wieder dadurch modifizirt, daß der Anspruch nur in subsidium, und nur insofern zugelassen werden soll, als dadurch dem Beschädiger nicht der nöthige Unterhalt ꝛc. entzogen wird.

§. 25.

β) Bei einem obligatorischen Verhältnisse.

I. Dolus wird überall prästirt, und culpa lata gilt, wie so eben gezeigt worden ist, sowohl nach Römischem wie nach Preußischem Rechte, in Beziehung auf den Schadensersatz, nur nicht in Beziehung auf Strafe[1]), dem Dolus gleich, so daß überall da, wo bloß der Prästation des Dolus ausdrücklich gedacht ist, die culpa lata mit verstanden ist. In den römischen Rechtsquellen ist unter dem Ausdruck: dolus und culpa, allemal die levis culpa gemeint[1a]), weil die lata culpa sich von selbst ver-

warum die Kindheit eines Andern mir mehr als ihm schädlich sein solle. Leyser bemerkt dazu, es lasse sich über die Billigkeit für beide Fälle zwar disputiren, aber er bleibe bei der Meinung, daß das angenommene Römische Recht billiger sei, weil ein Willens- und Verstandesloser weder sich noch seine Güter obligiren könne, und ein casus fortuitus dem, der ihn leide, und keinem andern Unschuldigen schaden müsse. Es zeigt sich hier wieder, daß das, was Einem billig scheint, ein Anderer für unbillig hält.

1) M. s. jedoch den §. 22, Tit. 20, Th. II des A. L.R., wo die culpa lata mit dem Dolus zusammengestellt war. Quelle dieser Bestimmung ist Boehmer, meditat. in C.C.C. ad Art. 179, §. 10. Vergl. Jarke, Beiträge zur Revis. der Pr. StrafG.Geb. in Hitzig's Zeitschrift, Heft 5, S. 143. Diese Bestimmung ist abgeschafft.

1a) L. 8, §. 3 D. de precario (XLIII, 26). — L. I, §. 2 D. si

steht, und eine levissima, als verschieden von der levis, nicht anerkannt wird. Das Allg. Landrecht weicht in diesem Sprachgebrauche nothwendig ab, und drückt jedesmal den geringern Grad des Versehens aus, oder bedient sich des Ausdrucks: „jedes Versehen“.

II. Wegen Leistung der culpa levis und levissima gelten nach Preußischem Rechte folgende Regeln:

1) Ein mäßiges Versehen soll in der Regel immer prästirt werden; bei Verträgen jedoch nur in sofern beide Theile aus dem Vertrage unmittelbaren Vortheil zu erwarten haben. Hat der Schuldner gar keinen Nutzen zu hoffen, so haftet er nur für ein grobes Versehen [2]). Dieß soll auch bei Vermächtnissen in dem Verhältnisse des Onerirten zu dem Honorirten der Fall sein [3]). Nach der Regel müßte hier ein mäßiges Versehen vertreten werden, weil der Onerirte keinesweges als ein solcher anzusehen ist, welcher bei der Sache gar keinen Vortheil hat, da die Leistung des ihm Auferlegten nur für Gegenleistung gelten kann [4]), vorausgesetzt, daß er noch etwas übrig behält. Unter dieser Voraussetzung gilt daher auch nach Römischem Rechte keine Abweichung von der Regel [5]). Die Bestimmung des Allgem. Land-

is qui testament. (XVII, 4). — L. 5, §. 2 D. commodati (XIII, 6). — L. 23 D. de regulis juris (L, 17).

2) A. L.R. I, 3, §. 21; Tit. 5, §§. 278, 280; Tit. 7, §§. 13 u. 240; Tit. 9, §§. 445, 451; Tit. 14, §§. 100 u. 106; Tit. 20, §§. 91, 641, 642; Th. II, Tit. 8, §§. 704, 705, 1471, 2003.

3) A. L.R. I, 12, §§. 308 u. 293.

4) L. 108 pr., §. 2 D. de legat. I (XXX). — L. 47, §. 5; L. 26, §. 1, u. L. 114, §. ult. D. eod.

5) §. 10 Inst. de testamentis ordinandis (II, 10). — Voet, comment. ad Pand. Tom. II, Tit. XXX, §. 50 drückt dieses so aus: „Totum negotium quod agitur testamenti ordinandi gratia, inter testatorem et heredem agi creditur, adeoque in dispositione testatoris principaliter vertitur heredis utilitas.“

rechts hat aber ihren geschichtlichen Grund in den Meinungen einiger Juristen, welche den Erben nur für Dolus und culpa lata für verpflichtet hielten[6]), indem sie die Sache so ansahen, als wenn der Honorirte nur allein den Vortheil habe, und zu diesem Resultat dadurch kommen, daß sie bloß das Verhältniß des Onerirten zum Honorirten, nicht aber das des Erblassers zu beiden vor Augen hatten. Dieser Ansicht ist das Allgemeine Landrecht bei jener Bestimmung gefolgt.

2) Ein geringes Versehen soll nur als Ausnahme vorkommen:

a) bei Verträgen, wo der Schulder allein Vortheil hat[7]);

b) bei Erfüllung der ex lege entstandenen Verbindlichkeiten. Man kann hieraus folgern, daß überhaupt bei Obligationen, welche außer dem Falle eines Vertrages entstehen, z. B. auch bei der s. g. aquilischen Culpa, in sofern man die daraus entstehenden Verbindlichkeiten auch zu den gesetzlichen rechnet, allemal ein geringes Versehen prästirt werden müsse. Diese Folgerung trifft hier zwar zu, doch darf nicht übersehen werden, daß hier nur von Versehen bei Erfüllung der ex lege bereits entstandenen Verbindlichkeiten Rede ist. Anders ist es bei der Begründung der Obligation durch Beschädigung außer dem Falle eines Vertrages: dazu genügt ein geringes Versehen nur bei Handlungen wider ein Verbotsgesetz[7a]).

Die Bemerkungen der Redaktoren zu der ursprünglichen Fassung der Bestimmung lassen deutlich erkennen, daß man eigentlich die Entstehung der Verbindlichkeit außer dem Falle eines Vertrags, namentlich die s. g. aqui-

6) Man fand dieses in L. 32, §. 5 D. de legatis II (XXXI) vorgeschrieben.

7) A. L.R. I, 5, §. 279.

7a) Ebend. I, 6, §. 16. Vergl. I, 3, §§. 22, 23.

lische Culpa, im Sinne gehabt hat. Gegen die ursprüngliche Fassung, wonach überhaupt der Schuldner, welchem die Erfüllung unmöglich wurde, den Andern entschädigen sollte, war monirt worden, daß nothwendig ein solcher Grad der Culpa vorausgesetzt werde, den der Verpflichtete vertreten müsse. Dieß müsse in der Fassung deutlicher gemacht werden. Darauf wurde vorgeschlagen, daß bei Erfüllung einer unmittelbar aus dem Gesetze entspringenden Verbindlichkeit der Verpflichtete jedes Versehen vertreten müsse. Zu diesem Voto findet sich in der revisio monitorum folgende Bemerkung von Suarez:

„Ad §. 12 ist die Frage zu entscheiden, welchen gradum culpae in diesem Falle der Verpflichtete bei der entstandenen Unmöglichkeit zu vertreten habe. H. G. glaubt, culpam levissimam, und ich würde solchem beitreten. Denn Verbindlichkeiten, die immediate ex lege entspringen, sind entweder Folgen einer unerlaubten Handlung, und dann ist die Sache klar. Oder die ex lege entspringende Verbindlichkeit ist so beschaffen, daß der Verpflichtete die Handlung, woraus solche entspringt, ganz aus freier Willkühr vorgenommen hat, und dann harmonirt es mit den allgemeinen Grundsätzen, daß er dabei eine mehr als gewöhnliche Aufmerksamkeit anwenden müsse [8]).“

Hiernach hätte man eine ganz andere Bestimmung als den §. 13, Th. I, Tit. 16 erwarten sollen. Die Stelle lautet:

„Ist die Erfüllung einer unmittelbar aus dem Gesetze entspringenden Verbindlichkeit dem Verpflichteten auch nur durch ein geringes Versehen unmöglich geworden, so muß er den Berechtigten schadlos halten.“

Diese Fassung verrückt den rechtlichen Gesichtspunkt. Man

8) Bornemann, Civilrecht, II, S. 542.

findet überhaupt keinen Grund, warum man in Beziehung auf den Grad der Culpa zwischen der Entstehung und der Erfüllung einer Verbindlichkeit unterscheiden will. Sodann leuchtet nicht ein: weshalb bei der Erfüllung einer, durch aquilische Culpa einmal entstandenen, Verbindlichkeit ein höherer Grad von Aufmerksamkeit angewendet werden soll, als bei der Erfüllung eines Kaufkontraktes. Was sich dafür bei jener sagen läßt, kann bei diesem noch in einem höheren Maße behauptet werden; während sich die Sache bei der Entstehung anders verhält. Aber die Stelle spricht ganz speziell nur von der Erfüllung einer unmittelbar aus dem Gesetze entspringenden Verbindlichkeit.

c) Bei Handlungen, welche besondere Sach- oder Kunstkenntnisse voraussetzen, wie z. B. die Heilung; oder wobei die Anwendung vorzüglicher (natürlicher) Fähigkeiten; oder eine mehr als gewöhnliche Aufmerksamkeit, wie z. B. bei der Pflege eines kranken Thiers, beim Receptum, beim Lohnfuhrkontrakte, verlangt wird[9]). Unwissenheit in Dingen, welche Jemand verstehen soll oder zu verstehen vorgiebt, wird als Culpa angerechnet[10]). Denn wer eine Kunst ausübt, die er nicht ordentlich versteht, muß für die Folgen seiner Unwissenheit einstehen; und wer bei guten Fähigkeiten davon in Geschäften, wo es gerade darauf ankommt, keine Anwendung macht, der begeht eben dadurch eine Nachlässigkeit. Daher war den römischen Juristen dieses alles nichts weiter, als eine gewöhnliche Culpa.

d) Wenn ohne Aufforderung des Berechtigten und

---

9) A. L.R. I, 5, §. 281, u. Tit. 3, §. 23.

10) „Imperitia medici culpae adnumeratur.“ §. 7 Inst. de lege Aquilia (IV, 3). — Vergl. A. L.R. II, 10, §§. 88 u. 89.

ohne Noth eine Einmischung in fremde Geschäfte geschehen ist[11]).

Dieß stimmt mit der, zur Zeit der Redaktion des Allgem. Landrechts gangbaren Theorie völlig überein[12]). Nach Römischem Rechte kommt es aber bloß darauf an: ob nach der Natur der Obligation der Schuldner Vortheil davon erwartet oder nicht. In dem erstern Falle steht er für culpa levis, in dem letztern nicht. Wenn der Schuldner Vortheil erwartet, so ist es gleichgültig: ob er nur einseitig solchen hat, oder der Gläubiger ebenfalls; es ist nicht nöthig, daß beide Theile Vortheile erwarten[13]).

Von diesen Regeln giebt es folgende allgemeine Ausnahmen:

1) Die Willkühr der Kontrahenten; denn es ist, wie nach Römischem Rechte, erlaubt, die subsidiarisch geltenden gesetzlichen Regeln durch Vertrag abzuändern, nur über den Dolus ist eine solche Verabredung im Voraus nicht zulässig, und das pactum: ne dolus praestetur, ist nichtig, wogegen der doloser Weise angerichtete Schade ebenso wie jede andere Forderung erlassen werden kann[14]).

11) A. L.R. I, 9, §. 457; 13, §. 245; II, 18, §§. 166, 278, 280, 281.

12) Bei Leyser, sp. 554 de culpa, med. 1, finden sich die in dem A. L.R. I, 5, §§. 278—280 enthaltenen Bestimmungen fast wörtlich: „In quocunque negotio par est utriusque utilitas, — ibi uterque praestat levem culpam. In quocunque negotio unius omnis est utilitas, alterius nulla, ille praestat culpam levissimam, hic — latam.“ Vergl. Höpfner, Commentar über die Institutionen, §§. 759 u. 942. — Glück, Commentar, Th. IV, §. 324 b.

13) L. 17, §. 2 D. de praescriptis verbis (XIX, 5). — L. 10, §. 1 D. commodati (XIII, 6). — Die Hauptstellen sind: L. 5, §. 2 D. commodati (XIII, 6); L. 108, §. 12 D. de legatis I (XXX); L. 23 D. de regulis juris (L, 17).

14) A. L.R. I, Tit. 5, §. 283; Tit. 16, §. 400; Tit. 20, §§. 240, 241. — L. 23 D. de regulis juris (L, 17). — L. 6, §. 9 D. de

Das Allgemeine Landrecht hat also die hierüber erhobene Kontroverse nach der richtigen Meinung entschieden [15]). Dagegen ist ein anderes Bedenken durch eine direkte Bestimmung nicht erledigt worden, das nämlich: ob das pactum: ne culpa lata praestetur, gültig sei. Einerseits verneinte man dieß [16]), weil die culpa lata in Beziehung auf Schadensersatz dem Dolus völlig gleich stehe; andererseits hielt man eine solche Uebereinkunft für wirksam, weil das pactum: ne depositi agam, in der L. 27, §. 3 in fine, und L. 7, §. 15 D. de pactis für rechtsbeständig erklärt werde, und sich dieses, da es nicht von der Prästation des Dolus befreien solle, auf die Culpa beziehen müsse, der Depositar aber nur für culpa lata hafte [17]). Nach der Bestimmung des Allgemeinen Landrechts im §. 400, Tit. 16, Th. I könnte man annehmen, daß die Unwirksamkeit der Verabredung sich nur auf den Dolus beziehen solle; denn es heißt:

„Dagegen ist eine Verzichtleistung auf Rechte, die aus künftigen unerlaubten Handlungen entstehen möchten, unwirksam."

Dagegen ist der Grundsatz, daß die culpa lata dem Dolus gleich zu achten, auch in Beziehung auf die darüber im Voraus getroffene Uebereinkunft, bei einem speziellen

---

act. emt. (XIX, 1). — L. 1, §. 7 D. depositi (XVI, 3). — L. 27, §§. 3, 4 D. de pactis (II, 14). — Christoph Friedr. Harpprecht, de conventione super dolo futuro. Tub. 1750.

15) Leyser, spec. 516, m. 1 et 2, behauptet die Gültigkeit des pacti: ne dolus praestetur, weil es in L. 34 C. de transact. heißt: „volenti dolus non infertur." Dort ist jedoch von einem Vergleiche über einen schon begangenen Dolus die Rede. Vergl. Mueller, observat. pract. ad Leyserum, Tom. V, Fasc. II, obs. 858. — Donellus, comment. ad h. L. 34, pag. 113.

16) Berger, oecon. juris, Lib. III, Tit. VIII, §. 2, Not. 2.

17) Noodt, de pactis, Cap. XIX, pag. 538.

Rechtsgeschäft angewendet. Diese Anwendung findet sich beim Pfandkontrakte, in den §§. 240 und 241, Tit. 20:

„Ein Vertrag, wodurch der Schuldner dem Ersatze aller von dem Pfandinhaber verursachten Beschädigungen zum Voraus entsagt, ist für ersteren unverbindlich."

„Doch kann die Vertretungspflicht des Pfandinhabers auf solche Beschädigungen, die aus Vorsatz oder grobem Versehen zugefügt worden, durch Vertrag gültig eingeschränkt werden."

Eine weitere Einschränkung, also eine Einschränkung auf den Dolus allein, wird nicht für zuläßig erklärt. Dadurch ist die Meinung, daß auch ein pactum: ne culpa lata praestetur, nicht gelte, bestätigt.

2) Es giebt mehrere Fälle, in welchen diese Verabredung, vermöge einer allgemeinen Rechtsregel, stillschweigend vorausgesetzt wird. (Vergl. §. 26, Nr. I).

3) Die Mora modifizirt alle Fälle[18]).

§. 26.

cc) Uebersicht der Anwendung der Regeln.

I. Die erste Klasse der Obligationen sind solche, wo der Schuldner keinen eigenen Vortheil bezweckt. Bei diesen gilt die Rechtsregel (§. 25 in fine, Nr. 2): „nemini officium suum, quod ejus, cum quo contraxit, non etiam sui commodi causa susceperat, damnosum esse debet"[1]). Vermöge derselben wird stillschweigend vorausgesetzt, daß nur culpa lata prästirt werden solle.

---

18) A. L.R. I, Tit. 16, §. 18; Tit. 7, §. 240; Tit. 12, §. 309; Tit. 14, §§. 72, 87; Tit. 11, §. 98. — L. 17 D. de periculo (XVIII, 6). — L. 9 D. soluto matrimonio (XXIV, 3).

1) L. 61, §. 5 D. de furtis (XLVII, 2); L. 7 D. testam. quemadmod. (XXIX, 3); L. 29 D. ex quib. caus. maj. (IV, 6); L. 140 D. de reg. jur. (L, 17).

Dagegen fällt diese Voraussetzung weg, wenn sich Jemand unaufgefordert, zur Besorgung fremder Angelegenheiten, erbietet oder drängt; denn dieser muß, weil ein Anderer es vielleicht sorgfältiger besorgt haben würde, entweder die gehörige Sorgfalt anwenden, oder seine Hände davon lassen [2]). Zur Klasse dieser Geschäfte gehört:

1) Das Depositum. Nach Römischem Rechte haftet, zufolge der Regel, der Depositar nur für Dolus und culpa lata [3]). Eben so nach dem Allgemeinen Landrechte [4]). Den angenommenen Grundsätzen zufolge gilt eine Ausnahme:

a) wenn das Depositum in ein anderes Geschäft übergeht, welches unter anderm geschieht, wenn für die Aufbewahrung Entgeld gegeben, also der Verwahrer zur custodia gemiethet [5]), oder wenn die Sache gebraucht wird, weil es dadurch in ein anderes Rechtsgeschäft (Darlehn oder Leihkontrakt) übergeht [6]);

b) wenn der Depositar sich ungebeten und ohne Noth dem Geschäfte unterzogen hat. Ein Mißverständniß der hierüber sprechenden Stelle der Pandekten hat eine Kontroverse verursacht. Es heißt in der L. 1, §. 35 D. depositi:

---

2) L. 17, §. 3 D. commodati (XIII, 6); L. 53, §. 3 D. de furtis (XLVII, 2).

3) §. 3 Inst. depositi (III, 14 [15]). — L. 1, §§. 8, 10, 47 D. depositi (XVI, 3). — L. 31 D. eod.; L. 5, §. 2 D. commodati (XIII, 6). — L. 1 D. de his qui notantur infamia (III, 2). — Schömann, Lehre vom Schadensersatz, B. I, S. 197.

4) A. L.R. I, 14, §§. 11—13. Vergl. oben §. 23, Nr. I, 2, lit. a.

5) L. 1, §. 9 D. depositi (XVI, 3). — Hasse, von der Culpa, S. 488, 491. — A. L.R. a. a. O. §. 17.

6) A. L.R. a. a. O. §. 83. — Nettelbladt, commentat. de deposito irregulari, Sect. I, Cap. IV, membr. III, §. 52 sq. — Anders nach dem Preuß. Landr., Buch IV, Tit. 4, Art. 2, §. 3.

„Sed et si se quis *deposito obtulit*, idem Julianus scribit, periculo se depositi illigasse: ita tamen, ut non solum dolum, *sed etiam culpam et custodiam* praestet, non tamen casus fortuitos."

Die custodia hielt man für einen höhern Grad der Culpa, nämlich für culpa levissima, und da dieses mit andern Stellen, namentlich mit Cap. 2 X. de deposito, wonach der sich angebotene Depositar nur für culpa levis haften soll, nicht stimmen wollte, so sagte man: die L. 1, §. 35 setze voraus, daß der Depositar sich einem Andern vorgedrängt habe; sonst bleibe er immer nur für culpa levis verhaftet[7]). Andere dagegen verwerfen diesen Unterschied und behaupten, daß der Depositar, welcher sich angeboten, allemal für culpa levissima einstehe[8]). Wenn man aber weiß, daß Custodia eine species der Diligentia (diligentia in custodiendo) ist, und daß die Diligentia der Culpa entgegensteht, so ist die L. 1, §. 35 klar; sie enthält bloß: daß der Depositar, welcher sich anbietet, culpa prästiren soll, worunter culpa levis als der geringste Grad des Versehens verstanden wird. Hiernach ist die letztere Meinung, wonach in diesem Falle jedes Versehen vertreten werden soll, die richtige, nur daß die Lehre von der levissima culpa ein Irrthum ist, der jedoch als ein gesetzlich sanktionirter Satz gilt.

Nach dem allgemeinen Grundsatze des Landrechts (oben §. 25, Nr. II, 2, lit. d und Not. 11) müßte also der sich unaufgefordert angebotene Depositar auch ein gerin-

7) Wehrn, doctrina juris, Cap. III, §. 7, pag. 69 sq. — Lauterbach, colleg. theor. pract. Pand., Lib. XVI, Tit. III, §. 31. — Berger, oecon. juris., Lib. III, Tit. 2, §. 13, Not. 2.

8) Voet, comment., Lib. XVI., Tit. 3, §. 7. — Huber, praelect. ad Institut. Tit. quibus mod. re contrah. oblig., §. 14. — Höpfner, Commentar, §. 759, Nr. 5. — Glück, Th. IV, S. 352, Note 73 u. v. A.

ges Versehen vertreten. So ist es aber nicht, vielmehr verläßt hier das Allgemeine Landrecht jenen Grundsatz. Es heißt im §. 18, Tit. 14, Th. I:

„Für ein mäßiges Versehen muß der Verwahrer haften, wenn er sich zur Verwahrung einer Sache aus eigener Bewegung, ohne Noth, und ohne alle vorhergegangene Aufforderung des Niederlegers angeboten hat."

Diese Abweichung erklärt sich aus der vorgetragenen Meinungsverschiedenheit der gemeinrechtlichen Schriftsteller; und es ist die Ansicht der erstern für die Quelle des Landrechts anzusehen. Bornemann[9]), welcher diese Abweichung übergeht, und bloß anführt, daß der Depositar, wenn er Entgeld erhält, oder sich angeboten hat, culpam levem prästiren müsse, fügt hinzu: „doch bleibt auch in diesen Fällen die Prästation der diligentia quam suis rebus stehen, wenn der Depositar in seinen eigenen Angelegenheiten noch aufmerksamer als ein gewöhnlicher Mensch ist." Nicht gleichwohl oder doch, sondern um so vielmehr bleibt diese Diligentia stehen, da sogar culpa levis in abstracto prästirt werden soll, und schon ohnedieß die diligentia quam suis rebus gefordert wird. Aber der Schuldner kann sich seinerseits in den Fällen, wo er für culpa levis stehen soll, nicht darauf berufen, d. h. er soll in diesen Fällen nicht so gelinde behandelt werden, wie der Depositar sonst behandelt wird, indem er mit der diligentia quam suis rebus frei ausgeht, sondern hier soll er culpa levis in abstracto prästiren. Die culpa quam suis rebus in der Anwendung, wie sie Bornemann meint, ist eine lata culpa (§. 23). Damit sie aber zur lata culpa werde, genügt nicht, wie der Herr

9) Von Rechtsgeschäften S. 314. Auch in dem Civilrecht B. III, S. 444 ist die Abweichung von dem in andern Fällen angewendeten Grundsatze nicht bemerkt.

Verf. voraussetzt, daß der Depositar in seinen eigenen Angelegenheiten noch aufmerksamer als ein gewöhnlicher Mensch sei, denn dieß wäre wieder etwas Abstraktes, während hier von etwas Konkretem die Rede ist; vielmehr wird dazu erfordert, daß er nachlässiger als er selbst sei, und zwar wissentlich, d. h. daß er in einem konkreten Falle seine eigene Sache vorzugsweise gehörig bewahre, während er weiß, daß die fremde Sache sich in gleichem Falle der Gefahr befinde. Eine vorsätzliche, d. h. eine sich vorher vorgenommene Vernachlässigung muß es gerade nicht sein: das Wissen von der fremden Sache ist genug. Es muß aber auch eine wirkliche Vernachlässigung sein. Diese ist es nicht, wenn der Depositar seine und die deponirte Sache zugleich aus einer dringenden Gefahr unmöglich retten kann, wovon beim Depositum näher die Rede sein wird.

2) Das Kommodat, auf Seiten des Kommodanten[10]).

Nach Römischem Rechte haftete auch der Kommodatar, zufolge derselben Regel, in den Fällen bloß für culpa lata[11]), wenn bei dem Kommodat nur der Vortheil des Kommodanten bezweckt wurde. Davon weicht das Allgemeine Landrecht in der Art ab, daß, wenn der Verleiher nur auch zugleich mit Vortheil bei der Verleihung hat, oder wenn das Rechtsgeschäft von ihm veranlaßt worden ist, statt der sonst zu prästirenden culpa levissima, nur für levis culpa eingestanden werden soll[12]).

3) Der Schenkungsvertrag[13]).

---

10) A. L.R. I, 21, §. 257.

11) L. 5, §. 10 D. commodati (XIII, 6).

12) A. L.R. I, 21, §. 249. Die hier genannten Fälle sind alle in der L. 5, §. 10 enthalten.

13) A. L.R. I, 11, §§. 1078, 1084. Vergl. L. 18, §. 3 D. de donation. (XXXIX, 5).

Nach Römischem Rechte fielen noch einige Innominatkontrakte, namentlich die Fälle, wo ein liberales Geschäft (die Ausübung einer ars liberalis) versprochen worden war, z. B. das Geschäft des Feldmessers, unter diese Regel, weil nach den Rechtsansichten der Römer sich Niemand zu einem solchen Geschäfte civiliter verbinden konnte, wenn auch ein Honorar oder ein Proxeneticum dafür versprochen worden war, wogegen der Dolus und die ihm gleichstehende lata culpa, unter allen Umständen, eine Civilobligation erzeugte[14]). Die heutigen Rechtsansichten sind hierin anders[15]).

Von dieser Regel giebt es zweierlei Ausnahmen:

1) Solche Geschäfte dieser Klasse, wo diligentia, d. h. culpa levis in abstracto, prästirt werden muß. Dahin gehört:

a) Die *negotiorum gestio*, zufolge des vorhin schon erwähnten Grundsatzes[16]). Nach dem Allgemeinen Landrechte muß er sogar culpa levissima prästiren, zufolge der Regel §. 25, Nr. II, 2, lit. d[17]), ausgenommen, wenn die Geschäfte bloß zur Abwendung eines drohenden Schadens besorgt worden sind, wo das Allgemeine Landrecht, in Uebereinstimmung mit dem

14) L. 1, §. 1 D. si mensor falsum modum dixerit (XI, 6). — L. 2 D. de proxeneticis (L, 14). — Heinr. Fried. Schorch, diss. de proxenetis (Erf. 1766), §. 7. — Riccius, exercitat. juris cambialis duodecima de proxenetis cambiorum et mercium (Gott. 1781), §. 46.

15) A. L.R. II, 8, §. 1339. — Conr. Otto Lührsen, diss. de proxenetis publicis ex jure germanico, praesertim Hamburgensi spectatis (Gott. 1795), Sect. V, §. 28.

16) L. 11 D. de negotiis gestis (III, 5). — §. 1 in f. Inst. de obligat. quae quasi ex contr. (III, 28).

17) A. L.R. I, 13, §. 245. Auch nach L. 11 D. de negot. gest. (III, 5) muß selbst für den Zufall Ersatz geleistet werden, wenn der Geschäftsführer ein gewagtes Geschäft unternimmt, welches der Prinzipal gewöhnlich nicht zu unternehmen pflegt.

Römischen Rechte, bloß für culpa lata verantwortlich macht [18]).

b) Das Mandat [18a]). Der Grund dieser Ausnahme liegt in der versprochenen Geschäftsleistung, welche eine positive Thätigkeit erfordert, wodurch sich dieses Rechtsgeschäft von dem Depositum wesentlich unterscheidet. Eine solche Geschäftsleistung kann nur dann gelingen, wenn Sorgfalt angewendet wird. Diese wird daher nach der Natur des Geschäfts immer als stillschweigend bedungen angesehen; so daß der Mandatar durch sein Versprechen verpflichtet wird, das übernommene Geschäft ordnungsmäßig auszurichten [19]). Deshalb soll er für culpa levis einstehen. Das Allgemeine Landrecht weicht hiervon in der Art ab, daß der Mandatar sich mit seiner Gewohnheit soll entschuldigen können. Nur ausnahmsweise, nämlich: alsdann, 1) wenn der Auftrag gegen Belohnung, und 2) wenn er von einem als Sach- oder Kunstverständigen übernommen worden, soll der Mandatar sich mit der Ausrede der diligentia rebus suis consueta nicht frei machen, sondern culpa levis in abstracto prästiren, und der Sach- oder Kunstverständige soll, wenn er Belohnung erhält, sogar für ein geringes Versehen haften [20]). Auch diese Abweichungen haben ihren geschichtlichen Grund in den verschiedenen einander widerstreitenden Rechtsmeinungen der Juristen jener Zeit. Man konnte sich die klaren Bestimmungen des Römischen Rechts nicht erklären, und fand sie inkonsequent, weil

18) A. L.R. I, 13, §. 237. — L. 3, §. 9 D. de negotiis gestis (III, 5).

18a) L. 13; L. 21 C. de mandato (IV, 35).

19) L. 17, §. 3 D. commodati (XIII, 6): „— voluntatis est enim suscipere mandatum, necessitatis consummare." — L. 5, §. 1 D. mandati (XVI, 3). — §. 11 Inst. de mandato (III, 27). — Donellus, commentar. ad L. 11 C. mand., Nr. 44.

20) A. L.R. I, 13, §§. 55—58.

der Bevollmächtigte ja auch keinen Vortheil habe, und daher nicht einzusehen sei, warum er nicht eben so gut wie der Depositar sich mit seinem gewohnten Leichtsinn solle entschuldigen können [21]). Die Anhänger dieser Meinung wollten daher nur dolus und culpa lata als Regel annehmen. Die Mehrzahl entschied sich jedoch für culpa levis. Die Redaktoren des Allgemeinen Landrechts haben einen Mittelweg genommen, und dem Mandatar den Einwand der diligentia rebus suis consueta gegeben.

Der Fall, wo Bezahlung versprochen worden, kann eigentlich als Ausnahme nicht angesehen werden, weil dann das Rechtsgeschäft ein Miethskontrakt ist; auch nach Römischem Rechte wurde ein solches Geschäft als operarum conductio angesehen, ausgenommen das Geschäft des Prokurators, dem ein Salarium versprochen werden konnte, ohne daß sich dadurch das Wesen des Geschäfts veränderte (Note 15 und 17). Die Angabe Bornemann's a. a. O. S. 414, in Beziehung auf das belohnte Mandat, ist zum Theil irrthümlich. Er sagt: „Auch hier weicht das Römische Recht von den Grundsätzen des Landrechts ab. Das Römische Recht unterschied nämlich, ob die Ausübung einer ars liberalis, oder einer andern Handlung vom Mandatar übernommen worden, und verpflichtete im erstern Falle den Mandatar nur zu einer culpa lata, weil derselbe als Geschenkgeber angesehen wurde, im andern zur culpa levissima.“ Diese Ansicht hat kein römischer Jurist gehabt. In der That sind diejenigen Fälle, wo ein Salarium ver-

21) Glück, Commentar, Th. XV, S. 262 u. f., wo die Schriften für die verschiedenen Meinungen zahlreich angeführt sind. Als Quelle des A. L.R. kann man Schilter, praxis juris Rom., exerc. XXVIII, §. 90 und Brunnemann, comm. ad P. mandati, L. 10 ansehen. Der Erstere gründet die Sätze und Unterscheidung, welche das A. L.R. aufgenommen hat, auf die mores Germanorum.

sprochen werden konnte, ohne daß sich das Rechtsgeschäft änderte, und wo wegen des versprochenen Salarii von keiner Schenkung die Rede sein konnte, gerade solche, wo man liberale Dienste leistete [22]). Der Grund, warum nur für Dolus und culpa lata gehaftet wurde, war ein ganz anderer (Note 14).

2) Solche Geschäfte, wo nur diligentia quam quis rebus suis adhibere solet, prästirt wird. Dahin gehört nach Römischem Rechte die Tutel und Kuratel. Der Tutor und Kurator müßte eigentlich nach den Regeln des Mandats beurtheilt werden. Allein dagegen kommt in Betracht, daß dieses Geschäft unfreiwillig übernommen wird; denn hat sich der Tutor selbst angeboten, so ist er wie der Mandatar für culpa in abstracto verantwortlich, und muß omnem diligentiam prästiren [23]); ferner, daß der Tutor und Kurator während der Dauer seines Officii in keinem obligatorischen Verhältnisse, sondern in einem munus publicum steht. Hiernach müßte er gar, zufolge der Regel, nur culpa lata leisten. Dagegen streitet aber wieder die Begünstigung der Pupillen, und deshalb schlug man im Römischen Rechte den Mittelweg ein.

Das Allgemeine Landrecht weicht davon gänzlich ab. Nach demselben muß der Vormund levis culpa in abstracto prästiren [24]), und ausnahmsweise in einigen Fällen sogar levissima [25]), in einigen andern Fällen aber wieder nur culpa lata [26]). Nach dem Landrechte gehört hierher auch das Mandat (Nr. 1, lit. b).

22) L. 6 pr.; L. 7; L. 56, §. 3 D. mandati (XVII, 1). — L. 1 et 2 C. mandati (IV, 35).

23) L. 53, §. 3 D. de furtis (XLVII, 2). — Das heißt aber nicht, wie man es mit Höpfner, Commentar, §. 442, gewöhnlich verstanden hat, für culpam levissimam, denn diligentia ist, wie gesagt, kein Grad der Culpa.

24) A. L.R. II, 18, §§. 275, 276. 25) Ebend. §§. 277—281.

26) Ebend. §§. 283—285.

II. Die zweite Klasse der Obligationen sind solche, wo beide, der Schuldner und der Gläubiger, Vortheil bezwecken, und daher culpa levis prästirt werden soll. Hierzu gehören: der Kauf [27]), die Pacht und Miethe [28]), das Mandat gegen Entgeld [29]), der Pfandkontrakt [30]), das Verhältniß der Erben zu den Erbschaftsgläubigern [31]), der Usufruktus [32]), die Innominatkontrakte, namentlich: der Trödelkontrakt [33]), die gewagten Geschäfte [34]), und Verträge über Handlungen, wobei, nach dem Allgemeinen Landrechte, alle Innominatkontrakte generalisirt und unter Eine Regel gebracht werden [35]), während im Römischen Rechte, in Beziehung auf diese Rechtsgeschäfte,

---

27) A. L.R. I, 11, §§. 104, 55. — §. 3 Inst. de emtione (III, 23 [24]). — L. 5, §. 2 D. commodati (XIII, 6). — L. 31, §§. 11, 12 D. de aedil. edicto (XXI, 1). — L. 13, §. 16 D. de act. emti (XIX, 1). — Hasse S. 386 u. 513.

28) A. L.R. I, 21, §. 278. — L. 28 u. 1 C. de locato conducto (IV, 65); §. 5 Inst. de locato conducto (III, 24 [25]); L. 25, §. 7 D. locati conducti (XIX, 2). — Hasse S. 494.

29) A. L.R. I, 13, §. 56.

30) Ebend. I, 20, §§. 169, 170, 142, 184 u. 189. — L. 13, §. 1 D. de pignoratitia actione (XIII, 7). — §. 4 Inst. quibus modis re contrahitur (III, 14 [15]). — L. 19 C. de pignoribus (VIII, 14). — L. 5, 6, 8 C. de pignoratitia actione (IV, 24). — Hasse S. 211, 495. — Gesterding, Pfandrecht, §. 30.

31) A. L.R. I, 9, §§. 445, 451. — L. 26, §. 1 D. de legat. I (XXX). — L. 47, §. 5; L. 108, §. 12 eod.

32) A. L.R. I, 21, §§. 15, 16, 105, 132. — L. 9 pr.; L. 13, §. 2; L. 15, §§. 3, 7; L. 65 pr.; L. 66 D. de usufructu (VII, 1). — L. 1, §. 7; L. 2 D. usufructuarius quemadmodum (VII, 9).

33) A. L.R. I, 11, §. 516. Nach Römischem Rechte war es hierbei anders. L. 1, §. 1 D. de aestimatoria (XIX, 3). — L. 17, §. 1 D. praescriptis verbis (XIX, 5).

34) A. L.R. I, 11, §§. 542, 543. — L. 3 C. de nautico foenore (III, 33).

35) A. L.R. I, 11, §. 879.

über die culpa nichts Allgemeines ausgesprochen ist, sondern jeder Fall besonders beurtheilt wird[36]).

Bei dieser Klasse von Rechtsgeschäften kommen zweierlei Ausnahmen vor:

1) Solche, wo die motifizirte Culpa zur Anwendung kommt, indem nur diligentia rebus suis consueta gefordert wird. Der Grund davon ist ebenfalls stillschweigende Voraussetzung, weil die dauernden Verhältnisse, wobei diese Art von Culpa vorkommt, sich gerade auf freie Wahl des Individuums und auf Zufriedenheit mit den individuellen Eigenschaften desselben gründen.

Dergleichen Verhältnisse sind:

a) Societät[37]). „Wie ist aber die Culpa zu prästiren, wenn die diligentia quam suis rebus nicht ausgemittelt sein sollte?" fragt Bornemann[38]), und fügt hinzu: „Das Gesetz hat darüber keine Bestimmung, doch muß der Gesellschafter unbedenklich alsdann ein mäßiges Versehen vertreten, weil derselbe immer ein Bevollmächtigter, sodann aber auch der Gesellschaftsvertrag ein zweiseitiges Geschäft ist." Jede Bedenklichkeit erledigt sich von selbst aus der Betrachtung der Sache von dem rechten Standpunkte. Die diligentia rebus suis consueta befreit den Schuldner in Fällen, wo er gelinder behandelt werden soll und deshalb sich darauf berufen darf, von der Verantwortung für ein begangenes Versehen; die Sache reduzirt sich also, wie schon früher angedeutet worden, auf

---

36) L. 17, §§. 1, 2, 4; L. 20, §. 2 D. praescr. verb. (XIX, 5). — L. 10, §. 1 D. commodati (XIII, 6). — L. 1, §. 10 D. depositi (XVI, 3).

37) §. 9 Inst. de societate (III, 25 [26]): „Sufficit talem diligentiam communibus rebus adhibere socium, qualem suis rebus adhibere solet. Nam qui parum diligentem socium sibi adsumit, de se queri, sibique hoc imputare debet." L. 72 D. pro socio (XVII, 2). — A. L.R. I, 17, §. 211.

38) Rechtsgeschäfte S. 415.

einen Einwand, und wenn derselbe nicht bewiesen werden kann, so bleibt die Verantwortlichkeit stehen.

Die *communio incidens* wird zwar im Römischen Rechte nach denselben Grundsätzen beurtheilt [39]. Das Allgemeine Landrecht weicht hiervon aber ab und bestimmt, daß culpa levis in abstracto vertreten werden soll [40], wiewohl bei Fortsetzung der Gemeinschaft in der Sache kein Grund liegt, etwas anderes gelten zu lassen, als was bei vertragsmäßig entstandenen Gemeinschaften angenommen ist, zumal nach dem Landrechte es auch für eine communio incidens gilt, wenn der Vertrag in der Form mangelhaft ist, in welchen Fällen ebenfalls eine freiwillige Wahl eingetreten, und eine Zufriedenheit mit der Individualität des Mitberechtigten vorauszusetzen ist.

b) Die ehemännliche Verwaltung des Eingebrachten [41]. Nach dem Allgemeinen Landrechte gilt dieses jedoch nur von den Kapitalien. Wegen der Verringerung der Mobilien haftet er nur für ein grobes Versehen [42], und in Bezug auf Immobilien soll er für culpa levis in abstracto einstehen [43], eine Abweichung von der Regel, wobei das eigenthümliche Verhältniß, man sieht nicht: warum? unberücksichtigt geblieben ist.

2) Die andere Art der Ausnahme ist die, wo der Schuldner auch für ein geringes Versehen haften muß. Dahin gehört das Receptum der Sachen eines Reisenden von Seiten des Gastwirths [44], der Lohnfuhrkon-

---

39) L. 25, §. 10 D. fam. ercisc. (X, 2).

40) A. L.R. I, 17, §. 58.

41) L. 17 pr. D. de jure dotium (XXIII, 3). — L. 11 in f. C. de pactis conventis (V, 14). — A. L.R. II, 1, §§. 554, 555.

42) Ebend. §. 561. Eigentlich sollte er das periculum tragen, weil er den Quasi-Ususfruktus hat und debitor generis ist.

43) Ebend. §. 595 und I, 21, §. 132.

44) A. L.R. II, 8, §. 447.

trakt[45]), und die Tutel in einigen Fällen[46]). Nach Römischem Rechte fallen diese Rechtsgeschäfte unter die allgemeine Regel[47]), weil es keinen dritten Grad der culpa giebt.

Eine dritte Art der Ausnahmen des Römischen Rechts, wo nur culpa lata zu prästiren, nämlich beim Precarium[48]), weil dasselbe kein Kontrakt, sondern eine Art von bloßer Liberalität oder Gutwilligkeit ist, welche keine Civilobligation hervorbringt[49]), kennt das Landrecht nicht.

III. Die dritte Klasse von Geschäften sind solche, wobei der Schuldner allein Vortheil bezweckt. Hier muß er ein geringes Versehen prästiren. Hierher gehört namentlich der Leihkontrakt[50]). Diesem Geschäfte gleich gestellt ist das Verhältniß des Beklagten bei der Reivindikation[51]). Nach Römischem Rechte gehören diese Fälle zur zweiten Klasse, weil es an einer dritten fehlt.

§. 27.

dd) Vererbung und Beweis der Culpa.

Fr. Alef, de onere probandae culpae actori nunquam incumbenti, in diebus Acad. (Heidelb. 1753. 4), Nr. XX, p. 565 sqq.

I. Die Frage: welchen Grad des Versehens, außer

45) Ebend. §. 2459.

46) A. L.R. II, 18, §. 277—281.

47) L. 3, §. 1 D. nautae, caupones (IV, 9). — L. 7 pr., §. 1 D. eod.

48) L. 8, §§. 3, 6, 8 D. de precario (XLIII, 26).

49) Deshalb gab es dafür keine Klage, wenn keine Beschädigung durch Dolus oder culpa lata eingetreten war. Dieß wird in L. 8, §. 3 D. de precario gemeint, welche Stelle Westphal im System des Römischen Rechts über die Arten von Sachen u. s. w. §. 107 gänzlich mißversteht. Glück Th. IV, S. 353 wiederholt dessen mißlungene Erklärung wörtlich, bloß mit dem Zusatze: „unstreitig“.

50) A. L.R. I, 21, §. 248.

51) Ebend. I, 7, §. 240.

der lata culpa, die Erben zu vertreten haben, war nach Gemeinem Rechte streitig. Die Erben eines Vormundes und der obrigkeitlichen Personen wurden im Römischen Rechte nur für ein grobes Versehen ihres Erblassers verantwortlich gemacht [1]). Einige wollten hieraus eine allgemeine Regel herleiten; die große Mehrzahl hielt dieses aber nur für eine Ausnahme bei der Vormundschaft, weil in der Regel „non ex persona heredum conditio obligationis immutatur [2])", so daß Einige [3]) nicht einmal bei den Erben des Vormundes eine Ausnahme gestatten wollten.

Das Allgem. Landrecht hat die gemeine Meinung, welche für die richtige zu halten ist, recipirt, und läßt die aus einem Versehen entstandene Verbindlichkeit zum Schadensersatz in der Regel unverändert auf den Erben übergehen [4]), aber ausnahmsweise die Erben des Vormundes und des Vormundschaftsrichters, in dem Falle, wenn die Klage von dem Erblasser noch nicht beantwortet worden ist, nur für culpa lata haften [5]).

II. Was den Beweis der Culpa betrifft, so kommt es darauf an: ob die Culpa Grund der Klage ist. Dieß kann sowohl in als außer dem Falle eines Kontraktsverhältnisses vorkommen. Der gewöhnliche Fall ist jedoch die widerrechtliche Beschädigung außer einem obligato-

---

1) L. 4 D. de magistr. conven. (XXVII, 8). — L. 1 C. de hered. tutor. (V, 75).

2) L. 2, §. 2 D. de verbor. obligat. (XLV, 1).

3) Wehrn, doctrina cit., Cap. IV, §. 40. — Cujacius, observat., Lib. XIII, Cap. 39. — Thomasius, diss. de culpa tutoris ab heredibus praestanda, Halae 1701, (in Collect. Diss. T. II, Nr. 51). — Kern, diss. de obligatione tutoris defuncti ex persona heredis haud minuta. Gott. 1782. — Schilter, praxis, exerc. XIX, §§. 73—76.

4) A. L.R. I, 6, §. 28; II, 10, §§. 145, 128.

5) Ebend. II, 18, §§. 293, 294, 304.

rischen Verhältnisse. Hier muß nach dem Grundsatze: daß derjenige, welcher eine Thatsache behauptet, aus welcher er rechtliche Folgen ableitet[6]), zu beweisen habe, der Kläger den Beweis der Verschuldung führen[7]). Die Culpa kann als etwas in der Gesinnung Liegendes niemals direkt bewiesen, sondern muß durch die Reflexion des Richters aus wahrnehmbaren Thatsachen abstrahirt werden. Der Beweis hat also nur eine äußerlich wahrnehmbare Handlung zum Gegenstande. Ist durch eine unerlaubte Handlung Schaden verursacht, so genügt der Beweis dieser Handlung, und die Schuld wird alsdann vermuthet, so daß der Beklagte den Beweis seiner Schuldlosigkeit führen muß[8]). War die Handlung an sich erlaubt, so muß der Kläger demonstriren: worin die Rechtswidrigkeit liege.

Bei obligatorischen Verhältnissen gestaltet sich die Sache gewöhnlich so, daß der Beklagte seine Schuldlosigkeit excipirt und daher beweisen muß, um sich von der Kontraktsklage frei zu machen. Allgemeine Regeln lassen sich darüber nicht angeben; jeder konkrete Fall muß nach seiner Individualität beurtheilt werden. Wer für jedes Versehen aufkommen muß, hat den Zufall, wenn er sich darauf beruft, zu beweisen[9]). Haftet der Schuld-

6) A. G.O. Einleitung §. 16 und Tit. 13, §. 28. — L. 2, 18, §. 2 D. de probat. (XXII, 3). — L. 1, 23 C. eod.; L. 4 C. de edendo (II, 1).

7) A. L.R. Tit. 3, §. 15; Tit. 6, §. 24.

8) Ebend. Tit. 6, §§. 25 u. 26. — Hasse §. 23. — L. 18, §. 1 D. de probat. (XXII, 3). — L. 19, §. 1 D. eod.

9) A. L.R. I, 21, §. 253; II, 8, §§. 447, 1916, 2459; I, 7, §§. 240, 241. — L. 3, §. 1; L. 5 D. nautae, caupones (IV, 9). — L. 1, §. 13; L 4. D. de magistratibus conven. (XXVII, 8). — L. 11 D. de probat. (XXII, 3). — L. 9, §. 4 D. locati cond. (XIX, 2). — L. 3, §. 1 D. commodati (XIII, 6). — L. 27, §. 2 D. mand. (XVII, 1).

ner (Beklagte) nicht für jedes Versehen, so excipirt er bloß das Ereigniß, wodurch die Erfüllung unmöglich geworden; und der Kläger muß dann replicando behaupten und beweisen, daß dabei eine solche Culpa des Beklagten konkurrirt, welche nach der Natur des Geschäfts von ihm vertreten werden muß. Die diligentia rebus suis consueta muß allemal der Beklagte, wenn er sich durch den Einwand derselben in Fällen, wo dieß zuläßig ist, freimachen will, beweisen. Das Römische Recht kennt noch einige Präsumtionen:

1) Wenn der Debitor zur custodia, d. h. diligentia in custodiendo verbunden ist, und die Sache wird entwendet, so gilt die Vermuthung, sie sei durch Culpa des Inhabers gestohlen worden, bis der Beweis des Gegentheils geführt ist. Dieß wird so ausgedrückt: der Debitor trage das periculum furti, und eben dasselbe heißt es, wenn ihm die actio furti zugeschrieben wird [10]). Wird die Sache aber mit Gewalt entwendet, so wird casus präsumirt, und der Gläubiger muß die Nachlässigkeit des Inhabers beweisen [10a]).

2) Bei körperlichen Beschädigungen, welche der in Verwahrung des Debitors befindlichen Sache durch einen Dritten zugefügt werden, wird in Beziehung auf den Debitor Casus präsumirt, d. h. seine Culpa muß ihm bewiesen werden [11]).

Etwas Aehnliches findet sich auch im Landrechte bei dem Verwahrungsvertrage, und dem damit verwandten Receptum, welches Fälle der römischen custodia sind.

---

10) L. 14, §. 12 D. de furtis (XLVII, 2). — L. 5 D. nautae, caupones (IV, 9).

10a) L. 5, §. 4 D. commodati (XIII, 6). — L. 52, §. 3 D. pro socio (XVII, 2).

11) L. 19 D. commodati (XIII, 6). — L. 40 und 41 D. locati (XIX, 2). — L. 11 D. de periculo (XVIII, 6).

Wird nämlich eine verschlossen oder versiegelt deponirte Sache beschädigt, und der Verwahrer beweist, daß das Schloß oder Siegel ohne sein Zuthun verletzt worden, so soll Casus präsumirt werden [12]); und der Gastwirth soll von der Vertretung eines an den aufgenommenen Sachen entstandenen Schadens frei sein, wenn dieser Schade durch äußere Gewalt und Zufälle, die der Wirth, bei der sorgfältigsten Aufmerksamkeit, weder vorhersehen noch verhüten können, entstanden ist [13]). Für solche äußere Gewalt und Zufälle würde z. B. Einfall der Feinde, Brand in des Nachbars Hause, Raub, gewaltsamer Einbruch u. s. w. gelten müssen [14]), so daß die Bestimmung mit den erwähnten römischen Präsumtionen fast übereinkommen würde. Ob aber ein im eigenen Hause entstandener Brand für einen solchen Zufall zu halten, d. h. ob der Wirth seine Unschuld an der Entstehung beweisen, oder ob ihm seine Schuld bewiesen werden müsse, könnte bezweifelt werden. Da er jedoch von der Vertretung nur alsdann frei ist, wenn er beweist, daß er die Zufälle bei der sorgfältigsten Aufmerksamkeit weder vorhersehen noch verhüten können, so muß er die Anwendung dieser seiner sorgfältigsten Aufmerksamkeit nachweisen, und, wenn er dieß nicht kann, auch für den in seinem Hause den aufgenommenen Fremden entstandenen Brandschaden haften. Nach dem Allg. Landrechte ist dieses aber nicht auf andere Fälle, namentlich nicht auf Pacht und Miethe auszudehnen. Unter den gemeinrechtlichen Schriftstellern war

12) A. L.R. I, 14, §. 33. Der Satz ist der gemeinrechtlichen Praxis entnommen. Der Beweis kann auch durch den Erfüllungseid des Verwahrers ergänzt werden. Stryck, usus mod., L. XVI, Tit. 3, §. 5.

13) A. L.R. II, 8, §. 447. Das muß der Gastwirth beweisen.

14) Hagemann, Landwirthsch.-R., §. 68.

diese Frage sehr bestritten [15]). Geht man davon aus, daß ein solcher Schuldner, welcher omnem culpam prästiren muß, sich von der Kontraktsklage excipiendo durch den zufälligen Untergang der Sache befreien will, so hat die Meinung, daß er den eingewendeten Zufall, mithin auch die zufällige und in Beziehung auf ihn schuldlose Entstehung des Brandes beweisen muß, viel für sich. In den französischen Gerichtshöfen des geschriebenen Rechts war diese Meinung allgemein herrschend [16]), und ist durch die Gesetzgebung sanktionirt [17]). In Deutschland hat sich diese Meinung nicht so geltend machen können, vielmehr ist die entgegengesetzte für die opinio communis zu halten [18]), welche von der sächsischen Gesetzgebung bestätigt worden ist [19]). Dasselbe muß auch von dem Allgemeinen Landrechte angenommen werden, wenn keine feuerpolizeiwidrige Unvorsichtigkeit oder Handlung vorgefallen ist [20]).

---

15) Wegen L. 3, §. 1 D. de off. praes. vigil. (I, 15): „— plerumque incendia culpa fiunt inhabitantium —." Vergl. L. 11 D. de periculo (XVIII, 6). — L. 5 C. de pignoratit. act. (IV, 24).

16) Pothier, du contract de Louage, Nr. 193 sq. — Maleville, commentar. ad Art. 1733.

17) Code civil Art. 1733, 1734.

18) Gail, obs., Lib. II, obs. 21, Nr. 66. — Mynsinger Cent. 6, obs. 88. — Mascardus, de probation., concl. 894, Nr. 17 sq. — Stryck, usus modern., Lib. I, Tit. 15, §. 2. — Voet, comment. ad Pand., Lib. IX, Tit. 2, §§. 20, 21. — Wernher, obs., T. I, P. I, obs. 200, Nr. 6. — Quistorp, Abhandlung: ob ein Hausvater, in dessen Wohnung Feuer ausgekommen, bei verursachtem Schaden, den Mangel der Fahrlässigkeit beweisen müsse? (in dessen Beiträgen zur Erläuterung verschiedener Rechtsmaterien, Nr. XIV).

19) Decis. 79 und 80, v. J. 1661.

20) A. L.R. I, 21, §. 516; II, 20, §. 1555; I, 6, §. 25.

§. 28.

e) Interesse.

aa) Im Allgemeinen.

Dr. Burchard Wilhelm Pfeiffer, Abhandlung: Was ist Interesse und inwiefern kann eine, wegen besonderer von einem Geschäft abhangenden Vortheile erhaltene Warnung die Verbindlichkeit zum Ersatze des ganzen Interesses bewirken? mit Hinsicht auf den §. 285—290 des 5. Titels des I. Theils des Preuß. Gesetzbuchs (in seinen vermischten Aufsätzen über Gegenstände des Deutschen und Römischen Privatrechts, S. 227—245, Marburg 1800). — Donellus, comment., L. XXVI. — Wehrn, doctrina juris cit., Cap. VI, p. 349 sq. — F. Mommsen, zur Lehre von dem Interesse (Beiträge zum Obligationen-Recht, II. Abth.), Braunschweig 1853.

I. Bisher sind die Begriffe von Casus, Dolus und Culpa dargestellt, und damit ist die erste Frage in Betreff des Schadensersatzes erledigt: wann ein solcher Ersatz geleistet werden soll. (§. 20 in f.) Wir kommen jetzt zu der andern Frage: was oder wie viel soll der leisten, welcher ein Surrogat zu leisten schuldig ist?

Das Allg. Landrecht stellt zu Anfang eine allgemeine Theorie auf, welche es jedoch in den einzelnen Anwendungen nicht befolgt. Diese Theorie, deren Quelle die damalige Rechtsphilosophie ist [1]), ist folgende: Die Folgen einer Handlung sind nämlich unmittelbar oder mittelbar. Unmittelbar sind diejenigen, welche aus einer Handlung an und für sich betrachtet, nach dem natürlichen und gewöhnlichen Laufe der Dinge zu entstehen pflegen [2]). Mittelbar heißen diejenigen Folgen, die nur aus der Verbindung mit einem fremdartigen Ereignisse, oder mit einer ungewöhnlichen Beschaffenheit ent-

1) Vergl. Hugo Grotius, de jure belli ac pacis, Lib. II, cap. XXI, Nr. 10. — Darjes, Institut. jurispr. univers., §§. 330, 337.

2) A. L.R. I, 3, §. 4; Tit. 6, §. 2.

stehen [3]). Diese mittelbaren Folgen werden zufällige genannt, wenn sie nicht vorausgesehen werden konnten [4]).

Für welche Folgen soll man einstehen?

1) Für unmittelbare Folgen soll immer eingestanden werden. So bestimmt es nämlich der §. 7, Tit. 3, wo es heißt:

„Soweit eine Handlung frei ist, werden die unmittelbaren Folgen derselben dem Handelnden allemal zugerechnet."

Diesem entgegen heißt es im §. 14 ebend.:

„Der Grad der Zurechnung bei den unmittelbaren sowohl, als bei den mittelbaren Folgen einer Handlung richtet sich nach dem Grade der Freiheit bei dem Handelnden."

Und §. 24 wieder:

„Bei der Zurechnung der freien Handlungen nehmen die Gesetze auf die eigenthümliche Beschaffenheit oder Geisteskräfte dieser oder jener bestimmten Person keine Rücksicht."

Man sinnt vergeblich darüber: wie die Bestimmung des §. 14 praktisch anzuwenden, und es erscheint die Vorschrift des §. 7 als die praktisch allein anwendbare, da, wenn einmal feststeht, wie weit eine Handlung frei ist, sie soweit auch zugerechnet werden muß, ohne daß es bei den unmittelbaren Folgen derselben noch weiter auf Grade ankommen kann. Es scheint daher durch den §. 14 nur derselbe Gedanke wie im §. 7 ausgedrückt zu sein.

2) Die mittelbaren Folgen sollen vertreten werden [5]):

a) wenn man dieselben wirklich beabsichtigt hat;

---

3) Ebend. I, 3, §. 5; Tit. 6, §. 3.

4) Ebend. I, 3, §. 6; Tit. 6, §. 4.

5) Ebend. I, 3, §§. 8—10 und 12.

b) wenn man, ohne sie gerade zu beabsichtigen, sie doch vorausgesehen hat;

c) wenn es bei Anwendung der schuldigen Aufmerksamkeit möglich war, sie vorauszusehen. Diese Möglichkeit des Voraussehens soll aber nach dem Grade der Culpa beurtheilt werden, welche man in dem Geschäfte zu vertreten hat.

3) Die unmöglich vorauszusehenden, d. h. die zufälligen, werden nicht zugerechnet, ausgenommen bei dem s. g. casus mixtus [6]). Denkt man sich als Folge einer Handlung einen Schaden, so hat man die Eintheilung desselben in unmittelbaren, mittelbaren und zufälligen Schaden [7]), welcher letztere von dem casus fortuitus zu unterscheiden ist (Note 8). Der Eintheilungsgrund hiervon ist die Entstehungsart; daher nennt man auch wohl den unmittelbaren Schaden: damnum dolosum; den mittelbaren: damnum culposum [8]). Bei gemeinrechtlichen Schriftstellern sind dafür die Ausdrücke: damnum circa rem, und damnum extra rem gebräuchlich [9]).

II. Nach seinen Bestandtheilen zerfällt der Schade:

---

6) Ebend. §§. 11 und 13.

7) Ebend. Tit. 6, §§. 2—4. „Zufällig“ heißt dieser Schade daher, weil er nicht nothwendig aus der Rechtsverletzung, sondern nur durch ihr Zusammentreffen und Zusammenwirken mit zufälligen Umständen entsteht.

8) Darjes l. c. §. 338: „Intulit vero ille damnum vel moraliter agendo, vel non moraliter agendo. Si hoc, damnum dicitur casuale, a fortuito distinguendum. Si illud, intulit damnum aut culpose, aut dolose agendo. Si hoc, damnum dicitur dolosum, ab aliis directum, si illud, culposum, ab aliis indirectum.“

9) Entnommen aus L. 21, §. 3 D. de act. emti venditi (XIX, 1), in welcher Stelle der Ausdruck: utilitas circa rem einmal vorkommt.

1) in wirklichen Schaden, damnum emergens, damnum positivum, welcher in einer Verringerung des wirklich schon Vorhandenen besteht[10]);

2) in entgangenen Gewinn, lucrum cessans, damnum privativum, welcher in der Vereitelung einer Verbesserung oder Vermehrung besteht[11]). Bei Bestimmung des entzogenen Gewinnes wird nur auf solche Vortheile gesehen, die entweder nach dem gewöhnlichen Laufe der Dinge und der Geschäfte des bürgerlichen Lebens, oder vermöge gewisser schon getroffener Anstalten und Vorkehrungen, vernünftiger Weise erwartet werden konnten[12]).

Beide Arten zusammengenommen heißen: das Interesse, omnis utilitas, id quod interest, oder vollständige Genugthuung[13]).

Verhältniß der beiden Eintheilungen zu einander:

1) Der unmittelbare Schade ist immer zugleich auch ein wirklicher Schade, aber umgekehrt ist der wirkliche Schade nicht immer auch ein unmittelbarer, weil der wirkliche Schade auch mittelbar zugefügt werden kann. Wer also einen unmittelbaren Schaden ersetzen soll, ersetzt immer nur einen wirklichen,

---

10) A. L.R. I, 6, §. 12.

11) A. L.R. a. a. O. §. 5: „Vortheile, die Jemand erlangt haben würde, wenn eine gewisse Handlung nicht vorgefallen wäre, werden zum entgangenen Gewinn gerechnet.“ Hugo Grotius l. c.: „Primum, aliud esse damnum directe datum, aliud quod in consequentiam venit. Directe datum voco quo cuiquam aufertur ad quod jus proprium habet. Per consequentiam, quo fit ut quis non habeat quod habiturus alioqui fuisset, cessante scilicet conditione etc.“ Doch besteht hierin der mittelbare Schade nicht allein.

12) A. L.R. a. a. O. §. 6. — L. 29, §. 3 D. ad legem Aquil. (IX, 2).

13) A. L.R. a. a. O. §. 7; Tit. 5, §§. 286, 287. — Pfeiffer a. a. O.

ein damnum emergens; wer aber einen wirklichen Schaden ersetzen soll, ist nicht bloß alsdann dazu schuldig, wenn es auch zugleich ein unmittelbarer ist.

2) Der mittelbare Schade kann sowohl einen wirklichen Schaden als entgangenen Gewinn in sich begreifen; aber der entgangene Gewinn ist immer nur ein mittelbarer Schade.

In der Regel wird bloß der positive Schade ersetzt. Vollständige Genugthuung wird in folgenden Fällen geleistet:

1) Bei Verträgen:

a) Im Falle des Dolus und der culpa lata, mit einer Ausnahme bei der Cession. Wenn nämlich die Forderung unter dem Nominalwerth gekauft ist, so soll sich das Interesse nicht auf den Nominalwerth ausdehnen, wenn der Cedent auch betrüglich gehandelt hat[14]). Dieß scheint zwar inkonsequent, hat jedoch das für sich, daß der Betrug eigentlich nicht die Ursache des dem Cessionar entgangenen Gewinnes ist, und stimmt auch mit dem, der allgemeinen Regel widersprechenden Grundsatz überein, daß bei der Eviktion nicht das volle Interesse, sondern nur die Auslage, allenfalls mit Zinsen, soll gefordert werden können[15]).

b) Im Falle der levis und levissima culpa nur

aa) von Kunst- und Sachverständigen;

bb) von dem, welcher gewarnt worden, daß von seiner übernommenen Handlung besondere und ungewöhnliche Vortheile für den Andern abhangen[15a]);

cc) wenn Jemand eine Handlung, zu deren Unterlassung er ausdrücklich verpflichtet worden, dennoch be-

---

14) A. L.R. I, 11, §§. 424, 425, 441.

15) Ebend. I, 11, §§. 155, 162, 163.

15a) Ebend. I, 5, §§. 285 — 290. — Pfeiffer a. a. O.

geht [16]). Dieser allgemeine Grundsatz, welchen man aus dem Grunde ausgesprochen hat, „weil es sich gar nicht denken lasse, daß Jemand eine Handlung, deren Unterlassung er versprochen habe, begehe, ohne vorsätzlich seine übernommene Pflicht zu übertreten [17]),“ ist jedoch in der Anwendung unbeachtet geblieben, indem gerade in der Lehre von Verträgen über Handlungen, in Uebereinstimmung mit den allgemeinen Grundsätzen, festgesetzt worden ist, daß, wenn Jemand zu bloßen Unterlassungen verpflichtet sei, und dieser Verpflichtung zuwider handele, er nach dem Grade der ihm dabei zur Last fallenden Verschuldung den Andern entschädigen solle [18]). Der Unterschied, welcher zur Vereinigung beider Stellen zwischen solchen Handlungen gemacht wird [19]), zu deren Unterlassung der Promittent schon ex lege verbunden war, und solchen, zu denen der Promittent vor dem Vertrage nicht verbunden war, so daß sich die Stelle I, 5, §. 291 auf die erstere Art, und §. 890, Tit. 11 auf die letztere beziehen soll, hat keinen Grund, und ist bei der, in den Materialien sich findenden, vorhin angeführten Bemerkung von Suarez (Note 17) zum §. 291 um so mehr zu verwerfen, als daraus zu entnehmen ist, was man sich dabei gedacht hat. Der §. 291 setzt also einen Dolus voraus, und hat, bei der speziellen Bestimmung des §. 890, Tit. 11, welche für den Fall des Vorsatzes das Nämliche enthält, weiter keine Bedeutung.

2) Außer dem Falle eines Vertrags:

a) bei Dolus und culpa lata;

---

16) A. L.R. I, 5, §. 291.

17) Bornemann, Civilrecht II, S. 540.

18) A. L.R. II, 11, §. 890.

19) Bornemann, von Rechtsgesch. 1. Ausg. S. 425 u. Civ. R. II, S. 541, Note *).

b) bei der levis culpa nur zum Theil. Es soll nämlich nur ein solcher entgangener Gewinn ersetzt werden, den der Beschädigte durch den gewöhnlichen Gebrauch desjenigen, woran er gekränkt worden, erlangt haben würde, wenn die Kränkung nicht vorgefallen wäre[20]). Dieser Fall ist eigentlich vom damnum nicht verschieden.

Die gemeinrechtlichen Juristen sind darüber nicht einig, in welchen Fällen bloß das direkte Interesse, und in welchen auch das indirekte geleistet werden muß. Nach Römischem Rechte lassen sich folgende Regeln annehmen:

1) Wenn die Obligation aus einem Delikt entspringt, so muß auch das indirekte Interesse prästirt werden[21]). Die Bestimmung des Allg. Landrechts ist diesem ähnlich.

2) Bei andern Obligationen ist in der Regel nur das direkte Interesse zu leisten, jedoch mit der Ausnahme, daß, wenn Dolus vorkommt, die Obligation die Natur der Obligationen aus Delikten annimmt[22]). Dieß ist jedoch nicht unbestritten[23]).

III. Wenn eine individuelle Sache hat verschafft werden sollen, so besteht das direkte Interesse in dem Werthe derselben. Es giebt nach Römischem Rechte einen doppelten Werth: ein pretium commune, gemeinen Werth, welcher nach den gewöhnlichen Preisen angeschlagen wird, und ein pretium singulare oder den individuellen Werth, welchen die Sache unter besondern Umständen hat. Dieser ist wieder doppelt, denn man unterscheidet

---

20) A. L.R. I, 6, §§. 10—13; Tit. 9, §. 284; II, 20, §§. 323, 329, 331.

21) L. 67, §. 1 D. de furtis (XLVII, 2). — L. 22 pr. D. ad leg. Aquil. (IX, 2).

22) L. 13 pr., §§. 1 und 2 und L. 21, §. 3 D. de actione emti (XIX, 2). — L. 19 D. de pericul. (XVIII, 6).

23) Aus L. 2, §. 8 D. de eo quod certo loco (XIII, 4) construiren manche die umgekehrte Regel.

das pretium affectionis, quod non pretio sed affectu aestimandum[24]), und das pretium τοῦ interesse singularis[25]).

Das Allg. Landrecht hat ähnliche Bestimmungen. Es wird ein gemeiner, ein außerordentlicher Werth, und ein Werth der besondern Vorliebe (pretium affectionis) unterschieden[26]).

1) Der gemeine Werth ist der Nutzen, welchen die Sache einem jeden Besitzer gewähren kann, und auch aus Annehmlichkeiten und Bequemlichkeiten entsteht. Es sollen aber nur solche Annehmlichkeiten und Bequemlichkeiten, welche einem jeden Besitzer schätzbar sind, in Anschlag kommen[27]). — Man kann also nicht auf solche Annehmlichkeiten und Bequemlichkeiten sehen, welche einzelnen Besitzern nach ihren Neigungen gewährt werden; es ist daher nicht mit Bornemann[28]) anzunehmen, daß z. B. bei Abschätzung eines Gartens auch das Vergnügen anzuschlagen, welches der Garten jedem Besitzer wirklich gewährt, oder gewähren kann. Eben so gut müßte bei Abschätzung einer Jagdgerechtigkeit das Vergnügen in Anschlag kommen, welches Jagdliebhaber bei Ausübung der Jagd haben, während eine große Anzahl von Besitzern gar kein Vergnügen daran findet. Die

---

24) L. 36 D. de bonis libertor. (XXXVIII, 2). — L. 54 pr. mandati (XVII, 1).

25) L. 3 D. de in litem jurando (XII, 3).

26) Eine Abhandlung hierüber siehe in Siewert's Materialien, Bd. IV, S. 99 — 124. (Unbefriedigend und unklar.)

27) A. L.R. I, 2, §§. 112, 113. Annehmlichkeiten haben keinen Geldcours und können daher nicht nach Gelde geschätzt werden. Sie bewirken bloß, daß die „annehmliche" (angenehme) Sache gern genommen und wegen der vermehrten Nachfrage nach derselben höher bezahlt wird als eine andere weniger gesuchte Sache von gleichem reellen Werthe.

28) Civilrecht I, S. 292.

Annehmlichkeit und Bequemlichkeit muß eine solche sein, welche einem jeden Besitzer schätzbar ist. Was darunter gemeint ist, zeigt die A. G.O. II, 6, §. 16. Es giebt nämlich Grundstücke, deren gemeiner Werth in dem Nutzen besteht, welche sie ihrem Besitzer gewähren; und andere, bei welchen sich der davon zu erwartende Vortheil hauptsächlich nur auf Vergnügen und Annehmlichkeiten einschränkt. Bei Grundstücken der erstern Art, z. B. nutzbaren Obst-, Küchen- und Gemüsegärten, wird bloß auf den Ertrag gesehen, und es kommt nicht in Anschlag, wenn ein solcher Garten zufällig nebenher auch noch Vergnügen gewährt; denn ein solches ist nicht Jedem, der einen nutzbaren Garten um des Nutzens willen erwirbt, schätzbar. Bei Grundstücken der zweiten Art aber, wie z. B. bei bloßen Lust- und Ziergärten, wird das bloße Vergnügen und die Annehmlichkeit als gemeiner Werth angeschlagen[29]), weil diese einem jeden Besitzer schätzbar sind; denn wer solche nicht schätzt, besitzt dergleichen bloß zum Vergnügen dienende Sache nicht.

2) „Der außerordentliche Werth einer Sache," heißt es, „erwächst aus der Berechnung des Nutzens, welchen dieselbe nur unter gewissen Bestimmungen oder Verhältnissen leisten kann[30])." Also 1, der Nutzen, welchen eine Sache, 2, nur unter gewissen Bestimmungen oder Verhältnissen leisten kann, ist der außerordentliche Werth. Hiernach würde z. B. eine Feuerspritze, ein Geschütz, wohl nur einen außerordentlichen Werth haben, der aus der Berechnung des Nutzens ent-

29) Ein Kunstwerk hat daher auch einen gemeinen Werth. Simon und v. Strampff III, S. 339.

30) A. L.R. I, 2, §. 114. Der Begriff ist so unbestimmt, daß man die eigentlich gemeinte Sache nicht treffen kann. Vergl. meine Anm. 90 zu dem alleg. §. 114.

steht, den die Spritze bei einer Feuersbrunst, das Geschütz bei einer Belagerung verschafft, und der sehr groß sein kann. Das Beispiel, welches Bornemann a. a. O. S. 293, wahrscheinlich aus der L. 22, §. 1 D. ad l. Aquil. entnommen (Note 31), zur nähern Bezeichnung des außerordentlichen Werths anführt, ist nicht glücklich gewählt, weil es ein Fall des gemeinen Werths ist. Denn ein Pferd, welches zu einem Zuge gehört (doch wahrscheinlich deshalb, weil es nach seiner Gestalt und Farbe zu den andern paßt?), gewährt dadurch gar keinen Nutzen, sondern nur Annehmlichkeit und Vergnügen: ein Pferd von anderer Farbe würde denselben Nutzen gewähren; es fehlt mithin das Requisit des außerordentlichen Werths. Ein gewisses, nicht bloß des Nutzens wegen zusammengebrachtes Gespann Pferde ist eine, den bloßen Lust- und Ziergärten in dieser Beziehung ähnliche Sache; was dasselbe seiner Gleichheit wegen mehr werth ist, als ein Gespann von ungleicher Gestalt und Farbe, gehört noch zum gemeinen Werth desselben. Es wird das geschätzt, was das Ganze durch das Herausreißen eines Theils an seinem gemeinen Werthe verloren hat, nicht aber das herausgerissene Stück, welches für sich genommen vielleicht sehr wenig werth sein kann[31]). Was (Note 30) gemeint wird, ist wohl der Fall, wenn eine Sache auch noch einen andern ungewöhnlichen Gebrauch neben ihrem gewöhnlichen zuläßt, z. B. ein Landgut, welches vermöge einer gefundenen Quelle eine einträgliche Anlage neben dem Land-

31) L. 22, §. 1 D. ad l. Aquil. (IX, 2): „Item causae corpori cohaerentes aestimantur, si quis ex comoedis, aut symphoniacis, aut gemellis, aut quadriga, aut ex pari mularum unum vel unam occiderit; non solum enim peremti corporis aestimatio facienda est, sed et ejus ratio haberi debet, quo caetera corpora depretiata sunt."

bau zuließe; oder Tauben, welche sich als Briefboten gebrauchen lassen, und dadurch ihrem Besitzer, der zugleich eine commerzielle Briefspeditionsanstalt hat, nützen; ferner: der seinen blinden Herrn führende Hund, der seinem Herrn, aber nicht jedem Andern, dadurch, daß er demselben einen sonst für Geld anzunehmenden Begleiter erspart, wirklichen pekuniären Nutzen verschafft; endlich der zu Künsten abgerichtete Hund eines herumreisenden Menschen, der aus der Vorzeigung dieses Hundes ein Gewerbe macht: denn auch von diesem Hunde kann nicht Jeder, sondern nur ein solcher Besitzer, der sich mit einem solchen Gewerbe befaßt, Nutzen ziehen. Der außerordentliche Werth ist also eigentlich nichts anderes als der eigentliche Werth einer speziellen Sache mit Rücksicht auf die Möglichkeit ihrer besondern Nutzbarkeit; denn nur diese besondere, gerade ihrem gegenwärtigen Besitzer, nicht jedem Andern in seinen Verhältnissen mögliche, Nutzbarkeit stellt den außerordentlichen Werth der Sache dar. Es ist praktisch nicht richtig, daß das Landrecht diesen individuellen Werth nicht zum direkten Schaden rechnet, und ihn nicht in jedem Falle erstatten läßt. Den für den beschädigten Blinden und den Herumziehenden z. B. ist der Verlust solcher Thiere ein direkter Schade, welcher sich so hoch beläuft, als sich der Nutzen, den sie ihm gewähren, veranschlagen läßt. Die Sache kommt hier also praktisch so zu stehen, daß, wenn der Beschädiger, nach Maßgabe des Grades seiner Schuld, nur eine Summe, welche weniger als jener Nutzen beträgt, zu erstatten hat, der Beschädigte, bloß wegen der Schuld des Beschädigers, einen Theil seines wirklichen Verlustes, an dem er ganz unschuldig ist, tragen soll. (Vgl. §. 29, Nr. I.)

3) Der Werth der besondern Vorliebe gründet sich auf gar keinen Nutzen, sondern auf bloße Ein-

bildung des Besitzers, welche aus bloß zufälligen Eigenschaften oder Verhältnissen einer Sache, die derselben in der Meinung ihres Besitzers einen Vorzug vor allen andern gleicher Art beilegen [32]), entsteht. Dahin gehören z. B. Angebinde oder Andenken von gewissen Personen, große Seltenheiten für den Kenner und Kunstfreund u. s. w. Diesen Werth, der überhaupt nur bei Sachen, welche dauern, und sich durch den Gebrauch nicht verbrauchen, vorkommt [33]), kann daher eigentlich kein Anderer als der Besitzer selbst ermessen, weil es dabei gerade auf seine Neigung und Vorstellung ankommt.

Hierbei sind noch einige Bemerkungen über die Ausdrücke: Nutzen und Nutzungen, deren sich das Landrecht bei Bestimmung des Sachenwerths bedient, zu machen. Es heißt:

§. 109. „Unter dem Nutzen einer Sache wird aller Gebrauch verstanden, welchen Jemand von derselben zu machen berechtigt ist.“

§. 110. „Nutzungen heißen die Vortheile, welche eine Sache ihrem Inhaber, unbeschadet ihrer Substanz, gewähren kann.“

§. 111. „Der Nutzen, welchen eine Sache ihrem Besitzer leisten kann, bestimmt den Werth derselben.“

Man soll dieselben häufig unverständlich gefunden, und zur Verwirrung soll besonders §. 110, der, wie Bornemann sagt, allerdings zwischen den §§. 109 und 111 nicht hätte eingeschoben werden sollen, beigetragen haben; es würde daher, meint dieser Schriftsteller, zweckmäßiger sein, diesem §. bei der bevorstehenden Revision eine an-

32) A. L.R. I, 2, §. 115. Vergl. L. 33 pr. D. ad leg. Aquil. (IX, 2); L. 54 pr. D. mandati (XVII, 1).

33) Cramer, opusc., T. II, Nr. 11, p. 255. — Thomasius, de pretio affectionis in res fungibiles non cadente. Halae 1701. 1727. 4.

dere Stelle anzuweisen [34]). Keins von allem diesem erscheint als gegründet. Es findet sich nicht, daß man diese Stellen so häufig unverständlich gefunden hat, wie sie denn auch in Wahrheit nicht unverständlich sind [35]); es findet sich noch weniger, daß der §. 110 durch die Stellung, welche er zwischen 109 und 111 einnimmt, eine Verwirrung, die gar nicht existirt, angerichtet hat, noch anrichten kann, und es scheint daher nicht zweckmäßig, ihm eine andere Stelle zu geben; vielmehr scheint uns die jetzige Folgeordnung völlig natürlich [36]). Nutzung ist objektiv eine Species von Nutzen, der §. 110 steht daher ganz logisch erst hinter und nicht vor 109; die Nutzungen werden unter dem Nutzen (objektiv) mitbegriffen, aber nicht umgekehrt der Nutzen unter den Nutzungen.

Dagegen ist die Fassung des §. 109 in anderer Beziehung ungenau. Er bestimmt, daß unter dem Nutzen einer Sache aller Gebrauch verstanden werde, welchen Jemand von derselben zu machen berechtigt sei. Wer also keine Berechtigung hat, der kann eine Sache nicht nutzen. Der malae fidei possessor brauchte also niemals die Nutzungen zu erstatten. Der §. müßte daher lauten:

> Unter dem Nutzen einer Sache wird aller Gebrauch verstanden, welchen Jemand von derselben machen kann.

§. 29.

bb) Taxation des Interesses.

Wenn das Interesse in dem Werthe einer Sache besteht, und der Richter das Quantum bestimmen soll, so

34) Bornemann, Civilrecht I, S. 293, Note *).

35) In Siewert's Materialien, III, S. 21 ff., wo über den Verstand dieser Stellen gehandelt wird, ist er ganz richtig verstanden.

36) Die Gesetzrevision hat auch keinen Grund gefunden, auf eine Abänderung dieser Stelle anzutragen. Pensum XIII, Seite 20.

muß feststehen: 1) welcher Werth zur Anwendung kommen soll, 2) nach welcher Zeit, und 3) nach welchem Orte die Berechnung zu machen.

I. Das Erstere richtet sich nach dem Grade der Verschuldung. Nach Römischem Rechte kommt in der Regel nur der gemeine Werth zur Anwendung, zu welchem aber auch der individuelle Werth gehört, der nach Preußischem Rechte als außerordentlicher Werth davon getrennt ist; das pretium singulare nur im Falle des Dolus bei bonae fidei judiciis [1]).

Das Allgemeine Landrecht bestimmt Folgendes:

1) Der gemeine Werth macht die Regel aus; alles Uebrige ist Ausnahme [2]). In einigen Fällen kommt auch noch ein höchster [3]) Werth in dem Zeitraume von der Beschädigung bis zur Klagebehändigung, und in andern ein mittler [4]) gemeiner Werth vor.

2) Die Ausnahmen sind diese:

a) Bei Verträgen, wodurch Sachen gegen Handlungen, oder Handlungen gegeneinander versprochen werden, soll der außerordentliche Werth, oder, nach dem Grade der Verschuldung, der Werth der besondern Vorliebe ersetzt werden, wenn von einer Seite durch Leistung der Handlung vollständig erfüllt ist, und die Gegenleistung durch die Schuld des Andern unmöglich wird [5]).

---

1) L. 33 pr. D. ad legem Aquil. (IX, 2). — L. 54 pr. D. mandati (XVII, 1). — Donellus, commentar., Lib. XXVI, c. 15. — Glück, Commentar, Th. IV, S. 438.

2) A. L.R. I, 2, §. 117; Tit. 6, §. 88.

3) Ebend. I, 9, §§. 283, 305; Tit. 6, §. 85. Ist unpraktisch. S. meine Anm. 53 zu §. 85, Tit. 6.

4) Ebend. I, 6, §§. 92 und 93. Darunter wird der gemeine Werth einer Sache derselben Art von mittlerer Güte gemeint. §. 92 a. a. O.

5) Ebend. I, 11, §. 880. Paßt zur Regel des §. 88, Tit. 6 nur im Falle des groben Versehens.

b) Bei einem, durch die Gesetze zum Besten des gemeinen Wesens begründeten, nothwendigen Verkaufe soll auch der außerordentliche Werth bezahlt werden [6]).

c) Wenn eine legirte fremde Sache dem Legatar nicht geschafft werden kann [7]).

d) Bei Beschädigungen wird, wenn der Schade vorsätzlich zugefügt ist, der Werth der besondern Vorliebe, und wenn er culpa lata verursacht ist, der außerordentliche Werth erstattet [8]).

Wie zu diesen Unterscheidungen das praktische Bedürfniß fehlt (§. 28, Nr. III, 2 in f.), so ist auch kein Rechtsgrund abzusehen, warum diese Regeln gegeben sind, und die Quantität des wirklichen Schadensersatzes nicht nach dem zugefügten Verluste, sondern nach dem Grade der Verschuldung des Beschädigers abgemessen, und warum dem Beschädigten sein Eigenthum in dem einen Falle vollständig und in dem andern unvollständig ersetzt werden soll, da er doch, wie recht und billig, in keinem Falle, unter der Schuld eines Andern zu leiden braucht. Der außerordentliche Werth ist eigentlich bloß der ordentliche Werth einer besondern species, und so gut ein Vermögensstück wie jede andere Sache. Das Verhältniß einer solchen Sache zu einer andern ist zu vergleichen mit dem eines schönen Pferdes zu einem schlechten. Den außerordentlichen Werth einer Sache versagen, heißt daher

6) Ebend. I, 11, §. 9. Ist nicht mehr als billig. „Non enim aequum est, invitum suo pretio res suas vendere.“ L. 9 D. rerum amotarum (XXV, 2).

7) A. L.R. I, 12, §. 378. Man ist bei dieser Satzung davon ausgegangen, daß der Erblasser dem Legatar die Sache in ihrer wirklichen Beschaffenheit, also auch in ihrem außerordentlichen Werthe habe zuwenden wollen.

8) Ebend. I, 6, §§. 85—87; Tit. 3, §. 19. Hier ist also die culpa lata in ihren civilrechtlichen Folgen dem Dolus nicht gleichgestellt.

so viel, wie den Eigenthümer des schönen Pferdes zwingen, sich mit dem gewöhnlichen Preise eines ordinären Pferdes in abstracto zu begnügen; denn der gewöhnliche Werth einer Sache von außerordentlichem Werthe läßt sich auch nur nach Gutdünken in abstracto fordern, weil man eben von dem vorliegenden Individuum keine Taxe machen, sondern dessen eigenthümliche Güte und Nutzbarkeit wegdenken, also etwas Abstraktes (Gemeines) an dessen Stelle setzen soll. Die gemeinrechtlichen Schriftsteller machen eine ähnliche Abtheilung des Interesses in commune und singulare (affectio). Das erstere bedeutet den Anschlag nach gewöhnlichem Preise, das andere ist das des Werths der besondern Vorliebe [9]). Von dem außerordentlichen Werth einer Sache weiß man nichts.

Nach Römischem Rechte war die Festsetzung dem billigen Ermessen des Richters überlassen [10]); nach dem Landrechte dagegen, und nach dem Gemeinen Rechte, soll der Werth einer Sache in der Regel, wenn die Gesetze keine Ausnahme zulassen, durch die Schätzung vereideter Sachverständigen bestimmt werden [11]). Justinian verordnete [12]), daß in den Fällen, wo das ursprüngliche Objekt individuell, oder nach Qualität und Quantität genau bestimmt war (casus certi), das Interesse sich nur bis auf das alterum tantum der Hauptsache belaufen sollte; bei

---

9) L. 33 D. ad leg. Aquil. (IX, 2). — L. 63 D. ad leg. Falcid. (XXXV, 2). — Donell. cap. 15. — Glück, Commentar, IV, S. 438.

10) L. 3 D. de eo quod certo loco (XIII, 4). — L. 24 D. de regulis juris (L, 17). — L. un. C. de sentent. quae pro eo (VII, 47). — Gans, Obligationen-Recht, S. 118 ff.

11) A. L.R. I, 2, §. 116; I, 11, §§. 8, 61; Tit. 12, §. 378. — Mich. Gottfr. Wernher, commentationes in pandectas, L. XII, Tit. III, §. 8.

12) L. un. C. de sententiis quae pro eo (VII, 47).

unbestimmten Objekten ließ er es bei der gewöhnlichen Berechnung, auch fand die Bestimmung nicht bei Delikten, oder bei einer bloß mangelhaften Erfüllung Anwendung [13]). Etwas Aehnliches bestimmt das Allgemeine Landrecht [14]) gerade nur bei Beschädigungen an Sachen für den Fall, daß der Werth der vernichteten Sache nicht mit hinlänglicher Zuverlässigkeit ausgemittelt werden kann, und der Schade aus Vorsatz oder grobem Versehen verursacht worden ist. Alsdann soll nämlich derjenige Werth, welchen eine Sache von derselben Art und von mittlerer Güte gehabt hat, durch Sachverständige festgesetzt werden. Mit diesem mittlern Werthe soll sich der Beschädigte begnügen, wenn der Schade nur aus mäßigem oder geringem Versehen zugefügt worden ist.

„Ist aber," heißt es §. 94, „der Schade aus Vorsatz oder grobem Versehen verursacht worden, so muß der Beschädigte auch zur eidlichen Bestärkung eines höhern Werths, nach richterlichem Ermessen, zugelassen werden."

§. 95. „Doch darf auch dieser höhere Werth den doppelten Betrag des von Sachverständigen angegebenen mittlern Werths niemals übersteigen [14a])."

Auf Grund dieser Bestimmung sagt Bornemann [15]):

„Kann nur der Ersatz des außerordentlichen Werths einer Sache verlangt werden, so darf dieses Maximum den doppelten Betrag des von den Sach-

13) §. 10 Inst. de vi bonor. raptor. (IV, 2). — L. 43—45 D. de act. emti (XIX, 1). — L. 23 pr., §. 2 D. ad leg. Aquil. (IX, 2). — L. 13 pr., §§. 1, 2 D. de act. emti (XIX, 1). — L. 19, §. 2 D. locati cond. (XIX, 2). — Glück a. a. O. S. 448 — 450.

14) A. L.R. I, 6, §§. 92—95. Diese Bestimmung ist neu.

14a) Die Bestimmung ist aufgenommen aus der L. un. C. de sent. quae pro eo (VII, 47).

15) System des Civilrechts, Bd. I, S. 295.

verständigen angegebenen mittleren gemeinen Werths niemals übersteigen."

Das ist zwar richtig, doch ist näher zu bestimmen, was für eine Sache unter der Sache derselben Art von mittlerer Güte zu verstehen sei. Soll z. B. Jemand, der sich dadurch ernährt, daß er einen zu gewissen mechanischen Verrichtungen abgerichteten gemeinen Hofhund, im Umherziehen, für Geld zeigt, sich für dieses ihm vorsätzlich getödtete Thier mit 4 Thlrn. abfinden lassen müssen, weil der gemeine Werth eines Hundes solcher Art etwa 2 Thlr. beträgt? Oder soll der Blinde, welcher von seinem dazu abgerichteten Hunde geleitet wird, sich mit 2 Thlrn. für diesen ihm vorsätzlich erschlagenen, und nur durch einen Lohndiener zu ersetzenden, Führer begnügen müssen, weil man einen Hund derselben Art gemeiniglich für 1 Rthlr. kauft? Das ist nicht gemeint; es soll vielmehr auf die Beschaffenheit und die Eigenschaften des vernichteten Individuums gesehen werden, wenn der Werth einer Sache von Mittelgüte mit gleichen Eigenschaften und von gleicher Beschaffenheit geschätzt wird[15a]). Dadurch kommen wir dahin, daß die Sachverständigen in den beispielsweise gesetzten Fällen den Werth eines abgerichteten Schauspielhundes oder Blindenführers von Mittelgüte taxiren, also auf den Nutzen sehen müssen.

II. In Absicht der Zeit, nach welcher die Berechnung zu machen, unterscheidet das Römische Recht zwischen Obligationen stricti juris und bonae fidei. Bei stricti juris Obligationen wurde auf die Zeit der Litiskontestation, und bei bonae fidei Obligationen auf die Zeit der res judicata gesehen[16]). Wenn ein Termin ausgemacht war, wurde bei stricti juris Obligationen die

15a) A. L.R. I, 6, §. 95 verb. mit §§. 92 und 84.

16) L. 3, §. 2 D. commodati (XIII, 6). — L. 22 D. de rebus cred. (XII, 1).

Aestimation auf den bestimmten Tag zurückgezogen[17]; bei bonae fidei Obligationen war für diesen Fall nichts bestimmt; man muß aber annehmen, daß auch hier auf das tempus rei judicatae gesehen wurde. Mora modifizirte dieß Alles.

Das Allgemeine Landrecht sieht in der Regel auf die Zeit der Entstehung des Schadens oder der Obligation auf Schadensersatz[18]). Tritt bei einem schon bestehenden obligatorischen Verhältnisse eine Beschädigung ein, so ist die Zeit der Erfüllung der Obligation der Zeitpunkt, wo die Forderung auf Schadensersatz zur Existenz kommt[19]). Von dieser Regel gilt eine Ausnahme. Nach Römischem Rechte soll nämlich im Falle einer Mora (und bei Delikten ist der Beschädigte von Anfang in Mora) der Werth nach dem höchsten Preise, welcher irgend einmal vom Eintritte der Mora bis zur Litiskontestation, und beziehungsweise bis zur res judicata gegolten hat, geschätzt werden, da niemals die Mora dem Säumigen zum Vortheile gereichen kann; nur wenn die Sache vor der Litiskontestation, und beziehungsweise bis zur Entscheidung, untergegangen war, würde auf den höchsten Preis, von dem Zeitpunkte der Mora bloß bis zum Untergange gesehen, weil nach dem Untergange die Aestimation dieser Sache nicht mehr steigen konnte[20]). Das Allgemeine Landrecht hat diese Bestimmung auf eine ähnliche Weise angewendet, jedoch mit der doppelten Abweichung:

1) daß nicht die Mora der Grund der Anwendung

17) L. 22 D. de rebus creditis (XII, 1). — L. 4 D. de condict. triticiaria (XIII, 3). — L. 59, 60 D. de verb. obl. (XLV, 1).

18) A. L.R. I, 6, §§. 83, 88; Tit. 9, §§. 283, 305.

19) Ebend. I, 11, §. 859. Vergl. I, 16, §. 74.

20) L. 3 D. de condictione triticiaria (XIII, 3). — L. 8, §. 1 D. de condictione furtiva (XIII, 1). — Huber, praelect. ad pand., L. XIII, Tit. 13, Nr. 7 und 8.

ist[21]), sondern daß nur bei Beschädigungen aus Vorsatz oder grobem Versehen, und bei betrüglicher Vermengung einer fremden Sache mit den eigenen, der Grundsatz gilt; und

2) daß nicht bloß bis zum Untergange der Sache, sondern ohne Rücksicht auf denselben, bis zum Zeitpunkte der Klagebehändigung, welcher an die Stelle der römischen Litiskontestation und res judicata gesetzt ist, von Zeit der Entstehung des Schadens an, auf den höchsten Werth gesehen wird. Das frühere Preußische Recht hatte den Grundsatz des Römischen von bonae fidei Obligationen angenommen, und dehnte den Zeitraum bis zur Publikation des Urtels aus[22]). Dieser Grundsatz hat jedoch in der Anwendung Schwierigkeit, weil bei der Publikation keine Aenderung mehr geschehen kann, wenn seit der Beweisaufnahme noch eine Erhöhung eingetreten ist.

Hiernach wird ausnahmsweise:

a) bei Beschädigungen der höchste Werth, welchen die beschädigte Sache in dem Zeitraume zwischen der Schadenszufügung und der dem Beschädiger zugestellten Klage gehabt hat, vergütigt[23]);

b) bei betrüglicher Vermischung fremder Sachen mit eigenen, der höchste Werth der fremden Sache, so wie derselbe zwischen dem Zeitpunkte der widerrechtlichen Anmaßung und der zugestellten Klage gewesen ist, erstattet[24]). Dieses ist jedoch auf andere Sachen, als wobei es nur auf das genus ankommt, und wohin namentlich

21) A. L.R. I, 11, §. 859. Das Preußische Landrecht von 1721 hat den römischen Grundsatz. Bd. IV, Tit. 1, Art. 3, §. 4.

22) Corpus juris Frideric. Th. IV, Tit. 8, §. 8.

23) A. L.R. I, 6, §. 85. Das Klagepetitum muß hiernach in dem geeigneten Falle erhöhet werden dürfen, auch nach den heutzutage geltenden Proceßgrundsätzen; sonst würde dem materiellen Rechte nicht Genüge geschehen können.

24) Ebend. I, 9, §. 302. Vergl. die vorige Anm. 23.

rohe Materialien zur Verarbeitung, Samen und Pflanzen, oder Sachen, welche sich zur Vermengung und Vermischung mit andern eignen, gehören, nicht auszudehnen, weil in Fällen, wo von einer Species die Rede ist, der Werth ohne Rücksicht auf die Species nicht ermittelt werden kann, so daß nach deren Untergange eine Erhöhung ihres Preises nicht mehr zu denken ist. Bei solchen Gegenständen wird also, eben so wie nach Gemeinem Rechte, nach einem höchsten Preise auch nur in dem Zeitraume von der Beschädigung oder Entziehung bis zum Untergange die Frage sein können.

III. Der Ort, wonach die Schätzung geschehen soll, ist nach Römischem Rechte[25]) der, wo erfüllt werden soll, und dieser bestimmt sich nach dem Orte, wo geklagt wurde. Bei bonae fidei Obligationen durfte aber der Schuldner auch da, wo die Sache sich befand, wenn sie speziell gegeben werden sollte, wenn aber von Quantitäten die Rede war, mußte er da, wo geklagt wurde[26]), leisten. Das Allgemeine Landrecht hat hierüber gar keine Bestimmung. Man muß daher den vorher gültig gewesenen und nicht abgeänderten Grundsatz aus dem Grunde, weil derselbe weder durch einen andern, noch sonst aufgehoben worden ist, noch jetzt für gültig halten, und den Werth einer Sache nach dem Orte, wo die Erfüllung geschehen soll, schätzen. Bei Vertragsverhältnissen ist dieser Ort nach der Verschiedenheit der Fälle bestimmt[27]); in Rücksicht auf Beschädigungen ist darüber nichts Besonderes festgesetzt. Es muß daher der Bestimmung der

25) L. 22 D. de reb. creditis (XII, 1). — L. 4 in f. D. de condict. triticiaria (XIII, 3).

26) L. 12, §. 1 D. depositi (XVI, 3). — L. 3 in f. D. de act. emti (XIX, 1). — v. Savigny, Obligationenrecht, Bd. VIII, S. 205 u. f.

27) A. L.R. I, 5, §§. 247—251; Tit. 11, §. 769.

§§. 27 und 52, Tit. 16 nachgegangen werden, wonach alsdann, wenn weder Willenserklärungen, noch die Natur des Geschäfts, noch besondere Gesetze den Ort der Erfüllung näher bestimmen, dieselbe da geleistet und angenommen werden muß, wo der Verpflichtete sich aufhält, d. h. wo der Verpflichtete zur Zeit der Entstehung der Verbindlichkeit gewohnt hat. (Vergl. unten §. 45). Darnach würde jedoch der außer dem Falle eines Vertrages Beschädigte nicht zu seinem Schaden kommen. Die rechtliche Natur einer aus solcher Beschädigung entstandenen Obligation bringt es mit sich, daß der Beschädigte sofort an Ort und Stelle seine Schadloshaltung empfange, es muß mithin auch an diesem Orte die nothwendig vorausgehende Taxation des Interesses erfolgen [28]), wenn es nämlich der Beschädigte so in seinem Interesse findet. Denn durch ein Delikt wird ein besonderer Gerichtsstand, das forum delicti commissi begründet, welches dem ordentlichen Gerichtsstande coordinirt ist [29]). Dieser besondere Gerichtsstand ist nicht zum Vortheile des Beschädigers, sondern des Beschädigten eingeführt, der Beschädigte hat daher, nach R. R., zwischen beiden Gerichtsständen die Wahl [30]). Darin weicht das Preuß. Recht ab: es läßt das forum delicti nur für die Strafsache gelten; für die Civilsache nur insoweit, als die Schadloshaltung mit der Untersuchung des Verbrechens zugleich erörtert werden kann; sonst aber, wenn durch eine besondere Klage Entschädigung gefordert wird, soll dieselbe

28) Das hat auch das Obertribunal als Rechtssatz durch das Pr. 1331 a, vom 5. August 1843 (Entsch. Bd. IX, S. 381), wonach die Frage, nach welchen Gesetzen eine Schadensvergütung zu leisten, sich nach dem Orte der Beschädigung regulirt, festgestellt. Bornemann, Rechtsgeschäfte, S. 433, will gleichfalls nach dem Orte der Beschädigung taxirt wissen. Doch ist dieß nicht unbedingt anzuerkennen.

29) C. 20 X. de foro comp. (II, 2). Vergl. Nov. 69, cap. 1.

30) v. Savigny, Obligationenrecht, Bd. VIII, S. 240.

in dem ordentlichen persönlichen Gerichtsstande angestellt werden[31]). Diese positive Beschränkung des Beschädigten in der Wahl des Gerichtsstandes kann jedoch nicht dem Verbrecher Vortheil bringen; das materielle Recht des Beschädigten ist unverändert, er kann taxiren lassen nach dem Orte der Beschädigung oder nach dem Orte der Klage, wie es ihm vortheilhafter ist. Das hätte er ja auch in den Fällen, wo in foro delicti die Erörterung des Schadens nachgelassen ist, in seiner Gewalt, er dürfte ja nur die Einlassung in die Untersuchung ablehnen. Durch dergleichen Zufälligkeiten wird ein Rechtsprinzip niemals geändert.

§. 30.

cc) Juramentum in litem.

Donelli commentar. Lib. XXVI, c. 6—12. — Glück, Commentar, XII, §§. 813—819. — Jo. Borcholt, de in litem jurando, Helmst. 1598; in illius Dissertat. — Jo. Ulr. de Cramer, de jurejurando in litem, tam affectionis, quam veritatis. Marb. 1736. — Ejud. diss. de juramento in litem singularis interesse, ib. 1741, et in illius Opusc. — Plotus seu Ploto, de in litem jurando. Colon. 1584. 4. Osnabrugi 1676. 4. — Taber, de in litem jurando; in ill. Operib. — Jac. Tetens, de in litem jurando; in Dissertat. Basil. — Lauterbach, de jurejurando in litem. Tub. 1659; (in ejus Collect. Disputat. Vol. II, Nr. 144). — Jo. Nerger, de juramento in litem affectionis et veritatis. Vitemb. 1668. — Slevogt, de vera indole et natura jurisjurandi in litem. Jenae 1707. — Leyser, de in litem jurando specimen. Medit. CXLVI. — Jo. Laurent. Dorn, de jurejurando in litem, pretii affectionis figmento liberato. Altorp. 1730. — Luc. de Kampe, de juramento in litem. Traj. ad Rh. 1741. — A. J. Turin, Progr. de juramento in litem. Erford. 1775. — F. L. Meyer, diss. de juramento in litem affectionis et veritatis. Gott. 1805. — Joh. Bernh. Müller, Versuch über den Schätzungseid. Jena und Leipzig 1806. — Franz Ludw. Wirschinger, Versuch einer neuen Theorie

31) A. G.O. I, 2, §. 178; Krim.-Ordnung. §§. 6 und 392.

über das juramentum in litem. Landshut 1806. — F. C. Leonh. Drummer, Theorie des Würderungseides (eine gekrönte Preisschrift). Bamb. und Würzb. 1806. — Gensler im Archiv für die civilistische Praxis, Bd. 4, S. 293. — Gesterding, Ausbeute von Nachforschungen über verschiedene Rechtsmaterien, I. Th., 1826. gr. 8. S. 27.

Allg. G.O. Th. I, Tit. 22, §§. 9 – 27.

Unter gewissen Bedingungen kann der Kläger durch seinen eigenen Eid den Beweis über den Werth seiner Sache führen. Dieser Eid ist der Würderungs- oder Schätzungseid, jusjurandum in litem, juramentum in litem, welchen der Richter dem Kläger auflegt, um dadurch den Preis einer Sache, die ihm von dem Beklagten restituirt oder gegeben werden sollte, aber ob dolum und contumaciam des Beklagten nicht restituirt oder gegeben werden kann, oder um den Betrag eines Schadens zu bestimmen [1]). Die Lehre über diesen Eid ist früher sehr verwickelt dargestellt worden.

I. Die Bedingungen dieses Eides sind folgende:

1) Durch denselben muß ein Interesse ermittelt werden sollen. Wo also die Ermittelung eines besondern Interesses nicht vorkommt, da fällt er von selbst weg, wie z. B. beim Gelddepositum, wenn nicht etwa wegen der Mora ein besonderes Interesse noch dazu kommt [2]), weil bei Geld das Interesse feststeht; oder in Fällen, wo schon das Gesetz ein gewisses Interesse festgesetzt hat [3]). Gewöhnlich geht er auf das pretium singulare oder affectionis, daher er auch juramentum in litem affectionis genannt wird.

---

1) A. G.O. I, 22, §. 9.

2) L. 3 D. de in litem jurando (XII, 3). — Thomas, Diss. de pretio affect. in res fungib. non cadente, Cap. II, §. 20. — Wernher, obs., T. II, P. IV, obs. 223. — Mich. G. Wernher, commentationes in ff. Lib. XII, Tit. 3, §. 3.

3) L. 3 D. de in litem jurando (XII, 3).

2) Nach Römischem Rechte findet er nur bei den Realklagen, und solchen persönlichen Klagen statt, die auf eine Restitution oder Exhibition gehen[4]). Bei andern persönlichen Klagen, z. B. ex emto vendito wegen unterbliebener Uebergabe, ist ein jusjurandum in litem nicht zulässig[5]). Es wurde aber von mehrern gemeinrechtlichen Schriftstellern behauptet, daß derselbe ganz allgemein, in allen Rechtssachen, wo die Erfüllung einer Obligation ob dolum vereitelt worden, statthaft sei[6]). Der Codex Frider. March.[7]) war mit dem Römischen Rechte übereinstimmend; die Gerichtsordnung[8]) aber hält diesen Eid ganz allgemein für ein Mittel, den Werth ei-

4) L. 2, §. 1 D. eodem. — L. 68 D. de rei vindicat. (VI, 1).

5) L. 19 D. de periculo (XVIII, 6). — L. 4 C. de act. emti vend. (IV, 49). — Jo. Fr. Eisenhardt, de jurejurando in litem affectionis, in emtione venditione cessante, Helmst. 1750; in Opusc. p. 73. — Struve, synt. jur. c., exerc. XVII, th. 64. — Donell. Lib. XXVI, §. 8. — Faber, de error. pragm., XVII, err. 9. — Ob er auch bei actionib. stricti juris gebraucht wurde, ist bestritten. L. 5, §. 4 und L. 6 D. de in litem jurando (XII, 3) sprechen dafür. S. auch Glück XII, 415. Dagegen: von Wening-Ingenheim Buch III, §. 17 und Drummer a. a. O. §. 16, welche diese Stellen auf das jusjurandum in litem veritatis beziehen.

6) Wegen der Worte Ulpian's in f. L. 68 D. de reivind. (VI, 1): „Haec sententia generalis est et ad omnia sive interdicta, sive actiones in rem, sive in personam sunt, ex quibus arbitratu judicis quid restituatur, locum habet," ungeachtet gerade nur von solchen persönlichen Klagen die Rede ist, welche auf eine Restitution gehen. Auch stützte man sich auf L. 7 pr. D. de administr. tut. (XXVI, 7) und L. 15, §. 9 D. quod vi (XLIII, 24). M. s. darüber u. A. Mueller, promptuar. s. v. juram. in litem affect., Nr. 2; Leyser spec. 147, coroll. 2; Jo. Aug. Donndorf, commentarius de jurejurando in litem affectionis, in emtione venditione non cessante, Quedlinb. 1776. Wirschinger a. a. O §. 78. Vergl. auch Schilter, praxis, exerc. XXIII, §§. 53 sq.

7) Th. III, Tit. 33, §. 1.

8) A. G.O. I, 22, §§. 9, 10, 12, Nr. 3.

ner Sache oder den Betrag eines Schadens zu bestimmen, ohne ihn auf gewisse Arten von Klagen einzuschränken. Hierin hat also das neue Preußische Recht die von dem Römischen abweichende Meinung mehrerer Rechtsgelehrten [9]) angenommen.

3) Es wird Dolus und Contumacia des Beklagten vorausgesetzt [10]). Doch wird auch hier die culpa lata dem Dolus gleichgestellt [11]). In Fällen eines mäßigen Versehens muß der Verletzte den wahren Werth durch die gewöhnlichen Beweismittel klar machen. Daß der Erfüllungseid hierbei in Anwendung kommen kann, versteht sich von selbst. Allein der Beschädigte wird nicht oft in der Lage sein, sich die erforderlichen Beweismittel zu verschaffen, besonders in Fällen, wo die Sache völlig zu Grunde gegangen ist und deshalb nicht mehr geschätzt werden kann. In diesen Fällen war schon ein römischer Gebrauch, dem Kläger den Erfüllungseid zum vollständigen Beweise des wahren Werths anzuvertrauen, wenn auch der angegebene Werth nicht hatte wahrscheinlich gemacht werden können, aber doch die Beschädigung bewiesen war [11a]). Das hatte seinen guten Grund in den beiden Thatsachen, daß der Kläger wirklich beschädigt worden war, und daß er den Werth seiner Sache kannte, während der Beschädiger dieselbe vielleicht noch niemals gese-

9) Glück a. a. O. S. 415—420.

10) L. 2, §. 1; L. 4, §. 4; L. 5, §. 3 D. de in litem jurando (XII, 3). — A. G.O. I, 22, §. 11. — A. L.R. I, 6, §§. 94, 134; Tit. 9, §. 459; Tit. 14, §. 31; Tit. 20, §. 192.

11) L. 2 C. de in litem jurando (V, 53). — A. L.R. I, 6, §. 94. — A. G.O. a. a. O. §. 11: „Eben so findet die Zulassung zu diesem Eide nur alsdann statt, wenn der Gegentheil durch gewaltthätiges oder betrügliches, durch äußerst nachlässiges oder widerspenstiges Betragen dazu — Veranlassung gegeben hat,“ d. h. durch dolus, culpa lata und contumacia.

11a) L. 5, §. 4 D. de in litem jurando (XII, 3).

hen hatte, so daß dessen Eid auf einen Minderwerth völlig werthlos war. Diesen bloßen Erfüllungseid über das Quantum, an sich freilich auch ein Schätzungseid, wenn nicht bloß die Thatsache: wieviel die Sache gekostet hatte, festzustellen war, halten viele Neuere für eine besondere Species des juramentum in litem und nennen ihn j. in litem *veritatis*, zum Unterschiede von dem eigentlichen j. in litem, welches sie j. i. l. *affectionis* nennen. Daß diese Anwendung des Erfüllungseides auch in der preußischen Gerichtspraxis vorkommen kann, läßt sich denken; aber die Gesetzgebung zeichnet ihn nicht als eine eigene Species aus. (Unten III, 1.)

4) Der Richter muß den Eid bewilligen, und die Zulässigkeit nach billigem Ermessen beurtheilen. Er hat dabei ein ganz freies Arbitrium[12]), und kann den Eid, wenn er es für gut findet, vorenthalten; nach Römischem Rechte kann er ihn sogar, wenn er schon geleistet ist, bei Seite setzen und anders sprechen, welches nach Preußischem Rechte[13]), wonach auf keinen weitern Beweis gesehen werden soll, nicht statthaft ist. Dagegen steht dem preußischen Richter frei, bei Bagatellobjekten das den Umständen nach der Wahrscheinlichkeit angemessene Maximum, ohne Eidesleistung, dem Kläger festzusetzen[14]). Man beobachtete eine solche Praxis auch schon nach Ge-

---

12) L. 4, §. 1 D. eod.: „Deferre autem jusjurandum judicem oportet: — si alius detulerit jusjurandum, vel non delato juratum sit, nulla erit religio." L. 5, §. 1 eod. — A. G.O. I, 22, §§. 10, 18.

13) A. G.O. a. a. O. §. 26. Vergl. L. 11 D. eodem. Schon nach Gemeinem Rechte sollte dieß nicht zulässig sein. Berger, elect. disc. for., Tit. XXXI, obs. 2 und P. I, Suppl. Tit. XXXI, §. un.; Cramer, obs. jur. univers., T. IV, obs. 1035.

14) A. G.O. a. a. O. §. 10.

meinem Rechte, um soviel als möglich die Vervielfältigung der Eide zu verhindern[15]).

5) Der Beweis muß nicht aliunde geführt werden können[16]). Es wird behauptet[17]), daß der Kläger, wenn er durch seine eigenen Handlungen oder Unterlassungen veranlaßt, daß der wahre Betrag auf andere Art nicht mit Zuverlässigkeit ausgemittelt werden kann, kein Recht habe, zum juramento in litem gelassen zu werden, selbst bei Beschädigungen aus Vorsatz oder grobem Versehen nicht, weil die Verdunkelung der Werthschätzung nicht zur Beschädigung mitwirkt. Dieser Grund ist nicht schlüssig. Daraus, daß der Beschädigte nicht für die gewöhnlichen Mittel, einen vollständigen Beweis zu führen, gesorgt hat, folgt nicht, daß er seiner, ihm zur Strafe des Dolus des Beschädigers zustehenden, übrigen Rechtsmittel verlustig gehen müsse. Der angeführte Schriftsteller beruft sich für seine Meinung auf §. 203, Tit. 15, Th. II, und §. 18, Tit. 6, Th. I des A. L.R. Man darf diese Stellen aber nur ansehen, um sich zu überzeugen, daß dieselben dazu gar nicht passen. In der ersten Stelle ist bestimmt, daß, wenn Gelder oder Pretiosen auf der Post verloren gehen, der Betheiligte einen vollständigen Beweis führen müsse, wenn bei der Aufgabe die verloren gegangenen Gegenstände nicht deklarirt worden. Dieß ist etwas Singuläres, und steht zu dem juramento in litem in gar keiner Beziehung. In der zweiten Stelle heißt es, daß der Beleidiger von der Ver-

15) Leyser spec. 146, m. 5. Das war auch dem römischen Judex gestattet. L. 5, §. 1 D. de in litem jurando (XII, 3).

16) L. 4, §. 3 D. de in litem jur. (XII, 3). — Lauterbach, collegium ad D. eod. tit. th. 5. — Wernher, obs., T. I, P. I, obs. 37, Nr. 2. — A. G.O. a. a. O. §. 10: „Dieser Eid findet nur alsdann statt, wenn der Werth oder Betrag auf andere Art nicht ausgemittelt werden kann."

17) Grävell, Commentar zur G.O., III, S. 296.

gütung eines aus Vorsatz oder grobem Versehen zugefügten unmittelbaren Schadens durch die mit eintretende Verschuldung des Beschädigten nicht befreit werde. Diese Bestimmung ist jener Meinung gerade entgegen. Es fragt sich aber: welche Folgen hat es, wenn der Beschädigte vorsätzlich die vorhandenen Beweismittel in der Absicht bei Seite schafft, um die Größe des Schadens zu verdunkeln, und dadurch vielleicht zur eidlichen Bekräftigung einer größern Summe zu gelangen, als sonst geschehen sein würde? Die Folgen werden darin bestehen, daß unter solchen Umständen der Richter desto strenger im Arbitriren des Maximum sein wird, zu dessen Beeidigung er den Kläger verstattet; aber gänzlich versagen kann er ihm den Eid nicht, wenn einmal die Beschädigung aus Vorsatz des Beleidigers feststeht, da alsdann der Schade doch irgend eine Größe haben muß, und der vorsätzliche Beschädiger in keinem Falle vom Ersatze befreit wird; die Möglichkeit aber, daß die Sache durch den Eid über ihren Werth hinaus geschätzt wird, nicht in Betracht kommt [17a]).

6) Es muß eine Ursache sowohl der Affektion als des pretii singularis angegeben und wahrscheinlich gemacht werden; und diese wahrscheinliche Ursache muß von der Art sein, daß verständige Leute das pretium affectionis billigen [18]).

7) Das juramentum wird nur in favorem des Klägers, zur Strafe des Dolus und der Contumacia des Be-

---

17a) „Non enim", sagt Ulpian, „res pluris fit per hoc (jusjurandum), sed ex contumacia aestimabitur ultra ejus pretium." L. 1 D. de in litem jurando (XII, 3). Dazu sagt die Glosse: „id est, ultra aestimationem veritatis." Die Schätzung mag also immerhin durch den Eid höher ausfallen. Deshalb wird in keinem Falle gegen ein abgeleistetes juramentum in litem der Beweis des Meineids zugelassen. A. G.O. a. a. O. §. 26. Vergl. L. 11 D. eodem.

18) Mevius, decis., P. VII, Nr. 183. — Leyser sp. 146, m. 1. — A. G.O. a. a. O. §. 18.

klagten, und niemals gegen den Willen des Klägers auferlegt [19]). Man gestattete daher nach Gemeinem Rechte dem Kläger auch noch nach rechtskräftiger Entscheidung, von dem ihm zuerkannten Eide wieder abzugehen, und denselben zurückzuschieben oder einen andern Beweis zu führen [20]). Schon das Corpus juris Fridericianum hat dieses geändert und festgesetzt, daß eine Zurückschiebung des juramenti in litem überhaupt gar nicht stattfinde, auch, wenn einmal darauf erkannt worden, das Gewissen nicht mehr mit Beweise vertreten werden könne, weil der Kläger bei der Verhandlung der Sache alle zur Ausmittelung des Werths ihm bekannten Beweismittel anzuzeigen verbunden, und dabei auch der Eidesdelation sich zu bedienen berechtigt gewesen sei [21]). Die Allgemeine Gerichtsordnung hat diese Bestimmung beibehalten [22]). Hiervon ist noch der Fall verschieden, wenn der Kläger nach entschiedener Sache, statt den ihm zuerkannten Würderungseid zu leisten, die Sache selbst von dem widerspenstigen Beklagten fordert. Z. B. es maßt sich Jemand als falscher Erbe eine Erbschaft an. Der wahre Erbe fordert von ihm die Erbschaft nach einem zu edirenden Inventario. Der falsche Erbe edirt kein Inventarium, und der wahre Erbe verlangt nun sein Interesse, welches er mit dem juramento in litem beweisen will. Nach ergangenem Erkenntnisse wird er inne, daß er viel zu wenig gefordert hat. Er will daher von seiner Forderung des Interesses abgehen, und ein Inventarium edirt

---

19) L. 1 und 2 C. de in litem jurando (V, 53). — L. 71 D. de rei vind. (VI, 1).

20) Leyser l. c. med. 4. — Berger, electa disc. for., p. 854.

21) A. L.R. IV, 8, §. 11.

22) A. L.R. I, 22, §. 17. Der Richter hat auf den Fall der Nichtableistung des Eides ein quantum minus in seinem Urtel festzusetzen, womit sich der Beschädigte zufrieden stellen muß.

wissen, um danach die Erbschaft selbst zu fordern. Es fragt sich: ob dieses angeht und der falsche Erbe nun noch durch exekutivische Maßregeln zur Herausgabe eines Inventariums, und zur Rechnungslegung angehalten werden kann. Nach Gemeinem Rechte gilt dieß für unzweifelhaft[23]). Auch nach Preußischem Rechte muß dieß für zuläßig gehalten werden. Denn der Beklagte wird durch die rechtskräftige Entscheidung über den Betrag des Interesses noch nicht liberirt; und der Kläger ist nicht gehindert, das geforderte Surrogat fahren zu lassen, und die Sache selbst zu verlangen, welche zu restituiren der Beklagte noch nicht liberirt ist. Der Kläger kann also die Sache und den Prozeß wegen des Interesses aufgeben, und von neuem auf Edition eines Inventariums und einer Rechnung klagen. Die exceptio rei judicatae findet nicht statt, weil nicht über dieselbe Frage, nicht einmal über dasselbe Objekt, prozessirt wird.

8) Der Richter muß voraus eine Summe arbitriren, über welche hinaus nicht geschworen werden kann, wogegen aber dem Kläger unbenommen bleibt, eine mindere Summe zu beschwören[24]). Ist von dem pretium singulare oder affectionis die Rede, so ist nach Röm. Rechte auch keineswegs das Maximum auf das Doppelte des gemeinen Werths beschränkt[25]). Denn die Verordnung Justinian's, daß das Interesse und die an dessen Stelle verabredeten Konventionalstrafen den doppelten Betrag der bestimmbaren Summe des Nachtheils übersteigen sollen[25a]), ist nach richtiger Auffassung nicht auf

23) Pufendorf, obs. jur. univ., Tom. III, obs. 124. — Leyser sp. 146, m. 4.

24) L. 4, §. 2; L. 5, §. 1 D. de in litem jurando (XII, 3). — Corpus juris Frideric. IV, 8, §. 8; A. G.O. I, 22, §. 25; A. L.R. I, 6, §§. 94, 134; Tit. 9, §. 459; Tit. 14, §. 31; Tit. 20, §. 19.

25) L. 4, §. 3; L. 5, §. 2 D. eod.

25a) L. unica C. de sententiis quae pro eo (VII, 47).

die Fälle, in welchen das juramentum in litem stattfindet, zu beziehen[25b]); doch hat man darüber gestritten[25c]). Dieß ist nicht ohne Einfluß auf die preußische Gesetzgebung gewesen: das A. L.R. bestimmt ausdrücklich, daß beim Schätzungseid in Fällen, wo nicht der Werth der besonderen Vorliebe (pretium affectionis) gefordert werden darf, der von dem Beschädigten durch das juramentum in litem zu schätzende höhere Werth nicht den doppelten gemeinen Werth einer Sache derselben Art von Mittelgüte übersteigen darf, sowie, daß Konventionalstrafen in Fällen, wo das Interesse einer Schätzung fähig ist, bis auf den doppelten Betrag des wirklich auszumittelnden Interesses herabzusetzen sind[25d]).

Die Stellen der Pandekten, welche dem Richter auflegen, das Maximum vor oder nach der Eidesleistung zu bestimmen, haben eine andere Verschiedenheit der Meinungen veranlaßt. Es heißt nämlich:

L. 68 D. de rei vind. (VI, 1):

> „—Si vero non potest restituere, si quidem dolo fecit, quo minus possit, is, quantum adversarius in litem sine *ulla taxatione in infinitum* juraverit, damnandus est."

L. 4, §. 2 D. de in litem jurando (XII, 3):

> „Jurare autem in infinitum licet."

Gleich darauf aber:

> „Sed, an judex modum jurijurando statuere possit, ut intra certam quantitatem juretur, ne árrepta occasione, in immensum juretur, quaero? Et quidem

---

25b) Giphan., explanat. leg. diff. Cod. ad leg. un. de sentent. quae pro eo (VII, 47) und die folg. Note 25c).

25c) Man sehe die Schriftsteller darüber bei Glück Th. IV, §. 816.

25d) A. L.R. I, 6, §. 95 und I, 5, §. 301. S. oben §. 29, Nr. I.

in arbitrio esse judicis, deferre jusjurandum, nec ne, constat.“

Es soll also das juramentum sine ulla taxatione in infinitum, und doch auch wieder nur intra certam quantitatem, welche der Richter festsetzen soll, geschworen werden können, ne arrepta occasione in immensum juretur. Hierdurch ist die Meinung veranlaßt, daß bei der Reivindikation der Kläger gegen den Beklagten, qui dolo desiit possidere, in infinitum, ohne daß der Richter das Quantum moderire, solle schwören können[26]). Ein solcher Unterschied zwischen dem Falle der Reivindikation und andern Klagen ist aber nicht begründet. Der scheinbare Widerspruch erklärt sich aus der römischen Gerichtsverfassung. „Sine ulla taxatione“ und „in infinitum“ bezieht sich auf das Verhältniß des Prätors zum Judex, d. h. der Prätor soll in die zu ertheilende Formel oder in das Commissorium, wie wir es nennen würden, keinen Werth, keine Taxe setzen[27]), aber der Judex soll befugt sein, ein

26) Anton Faber, conjectur. juris civil., Lib. XVI, cap. 17, pag. 580. — Leyser spec. 99, cor. 3, der jedoch später im spec. 146, m. 3 die Erklärung der Glosse, daß das Gesetz dem Kläger gar keine Taxe bestimme, und ihm so hoch zu schwören gestatte, wie er wolle, daß aber der Richter eine gar zu übertriebene Forderung ermäßigen könne, mit der Faberschen Auslegung verbindet, und dadurch eine, noch um einen Grad fehlerhaftere Erklärung giebt. Faber hält die ganze L. 68 für einen Tribonianismus, und auch Huber, Eunom. Rom., Lib VI, §. 9 und Lib. XII, p. 496 hält die Worte: „sine ulla taxatione“ für einen unächten Zusatz aus einer durch Unwissenheit in den Text gekommenen Randglosse. Drummer a. a. O. wiederholt eigentlich nur die Erklärung der Glosse.

27) Dieß ist jetzt aus Gajus IV, §. 51 klar: „Incertae vero condemnatio pecuniae duplicem significationem habet; est enim una cum aliqua praefinitione, quae vulgo dicitur, cum taxatione velut etc. — diversa est, quae infinita est, velut si rem aliquam a possidente nostram esse petamus, id est, si in rem agamus, vel ad exhibendum; nam illic ita est: quanti ea res erit tantam pecuniam N. N. A. A. condemna etc.“

gewisses Maß zu bestimmen, über welches hinaus nicht mit rechtlicher Wirkung geschworen werden kann, „ne arrepta occasione in immensum juretur.“ Dieser Rechtsgrundsatz hat auch für das Preußische Recht in den Fällen Geltung, wo nicht die Beschränkung auf das Duplum vorgeschrieben ist (Not. 25 d).

II. Es fragt sich, in wiefern es bei diesem Eide auf das Verhältniß der Parteien zu einander und auf die Conditionen derselben ankomme. Nach Gemeinem Rechte war dieß nicht ohne Zweifel. Diese zweifelhaften Fälle sind in der Gerichtsordnung entschieden.

1) Es kommt auf das besondere Verhältniß der Parteien zu einander nicht an; es können daher auch Kinder wider ihre Eltern, Unterthanen wider ihre Obrigkeit, und Personen geringern Standes gegen Höhere zu diesem Eide gelassen werden[28]).

2) Der Eid kann auch gegen die Erben des ursprünglichen Schuldners stattfinden[29]). Weil derselbe allemal Dolus und culpa lata, oder Contumacia des Schuldners voraussetzt, und nur in poenam des Beklagten dem Kläger anvertraut wird, eine noch nicht erkannte Verzögerungsstrafe aber von dem Erben nicht vertreten zu werden braucht; so war dieses nicht unzweifelhaft. Nach Gemeinem Rechte wurde gegen den Erben der Eid, nach der gewöhnlichen Meinung, nur dann zugelassen, wenn der Tod des Schuldners erst nach der Litiskontestation eingetreten war, oder der Erbe selbst in Erfüllung der Verbindlichkeit seines Erblassers Dolus oder Contumacia sich zu Schulden kommen ließ[30]). Andere waren

28) A. L.R. I, 22, §. 13. Vergl. in Betreff der Mutter (Eltern): Stryck, usus mod., L. XII, tit. 3, §. 9; Cocceji, jus controv., L. XII, tit. 3, qu. 2.

29) A. L.R. a. a. O. §. 14.

30) L. 4 C. de in litem jurando (V, 53). — Lauterbach,

anderer Meinung [31]). Nach dem Grundsatze der Gerichtsordnung aber, wonach es auf den eigenen Dolus und auf die Rechtshängigkeit der Sache nicht ankommt, und der Gesichtspunkt der Privatstrafe wegfällt [31a]), muß man es auch in diesem Falle annehmen: der Erbe überkommt die Erbschaftsschulden in der Beschaffenheit, in welcher sie dem Erblasser oblagen.

3) Auch der Erbe des Gläubigers und Klägers kann diesen Eid leisten, ohne Unterschied, ob der Erbe selbst den Prozeß führt, oder erst nach gesprochenem Urtel in die Stelle seines Erblassers tritt. Der Beklagte kann also in dem letztern Falle nicht, wie bei einem andern nothwendigen Eide, fordern, selbst zum Eide verstattet zu werden, nicht darum, weil seine Unwürdigkeit dazu schon in der Verstattung seines Gegners zu diesem Eide ausgesprochen worden [32]), denn die Würdigkeit oder Unwürdigkeit des Beklagten, der denselben niemals schwören kann, wenn er auch noch so würdig ist, kommt nicht in Betracht; sondern weil das juramentum in litem seiner Natur nach nur dem Kläger vom Richter deferirt wird. Der Erbe kann aber nach entschiedener Sache auch eben so wenig, wie der Erblasser selbst, den Eid zurückschieben,

---

compend. jur. Tit. de in litem jurando. — Wernher, obs. Tom. III, P. 4, obs. 151, n. 312—315, et T. VI, P. IX, obs. 88. — Carpzov Decis. LXXIV, Nr. 14. — Struve, syntagma jur. c., th. 61, Tit. de jurejur. — Michael Gottfr. Wernher, commentationes, L. XII, Tit. 3, §. 6. — Voet, comment., XII, 3, §. 4 u. v. A.

31) U. A. Bach, ad Treutler. h. t. Daß wegen der eigenen Gewissenlosigkeit des Erben das juramentum in litem stattfindet, ist unbestritten. L. 4 pr. D. de fid. et nom. (XXVII, 7); L. 4 C de in litem jur. (V, 53).

31a) Daher ist dieses Institut in der preuß. Gesetzgebung auch sehr gemildert; die römische Strenge geht ihm fast ganz ab.

32) So behauptet Grävell im Commentar zur G.O. III, S. 299.

oder sein Gewissen mit Beweis vertreten. Es fragt sich aber: soll er über die Affektion des Erblassers de ignorantia, oder über seine eigene Würdigung de veritate schwören. Dürfte er über die Affektion des Erblassers schwören, so würde dieser Eid weiter nichts beweisen, als daß der Erblasser sich in dieser Art wirklich geäußert habe; ein solcher Eid stände also mit der unbeeidigten Angabe des Erblassers auf gleicher Linie. Es muß also, wenn der Eid etwas beweisen soll, der Erbe selbst schätzen, über seine eigene Affektion schwören, und es ist seine Sache, sich über die Beschaffenheit des beschädigten oder vernichteten Gegenstandes, wenn er solchen nicht gekannt hat, die nöthige Ueberzeugung zu verschaffen, wenn er schwören will[33]). Grävell[34]) meint ganz allgemein, der Erbe brauche nur de ignorantia zu schwören, geht aber nicht näher darauf ein, was der Erbe denn eigentlich hier de ignorantia schwören soll.

4) Für beschädigte Personen, welche wegen persönlicher Unfähigkeit sich selbst vor Gericht nicht vertreten können, also Bevormundete, Kinder unter väterlicher Gewalt, leisten deren Vertreter diesen Eid. Nach Römischem Rechte konnte der Minor, also ein eidesmündiger Kurande, als dominus litis, selbst den Eid schwören, wenn sein Tutor oder Kurator nicht schwören wollte. In der Sache liegt kein Grund, dieses nicht auch nach Preußischem Rechte gelten zu lassen[35]).

5) Ein zu nothwendigen Eiden für unfähig Erklär-

33) A. G.O. I, 22, §. 16. Mich. God. Wernher, comment., L. XII, Tit. 3, §. 6. — Struve, synt. jur. civ., th. 61, Tit. de jurejur., ibique Mueller. — Voet, comment., XII, 3, §. 3 i. f. — Wernher, obs., Vol. III, obs. 151, n. 316.

34) Commentar zur Gerichtsord. III, S. 299.

35) A. G.O. a. a. O. §. 16. — L. 4 D. de in litem jurando (XII, 3).

ter wird ebenfalls zum juramento in litem gelassen; aber, wie es heißt, nur alsdann, wenn sein Gegentheil sich eines Betrugs oder einer vorsätzlichen Beschädigung schuldig gemacht hat[36]. Die culpa lata und die Contumacia würde also hier ausnahmsweise nicht in Betracht kommen. Die culpa lata steht aber dem Dolus gleich, und der Contumax ist gewöhnlich in dolo.

III. Mit dem juramento in litem affectionis ist verwandt:

1) Das juramentum in litem veritatis, auch quantitatis, welches mit dem vorigen sehr oft verwechselt oder für gleichbedeutend gehalten worden ist[37]. Gewöhnlich findet man das juramentum in litem als einen Gattungsbegriff dargestellt, welcher in zwei Arten zerfalle, nämlich in das juramentum affectionis und in das juramentum veritatis[37a]. Das s. g. juramentum in litem veritatis ist jedoch nichts als eine Anwendung des Erfüllungseides. (Oben, §. 30, No. I, 3.) Damit beschwört Jemand seine Forderung, wenn die Schuld gewiß, aber die Größe der Schuld zu ermitteln unmöglich ist. Dieser Eid hat, wie gesagt, mit dem juramentum in litem seiner Natur nach nichts gemein, indem er eine Species des Erfüllungseides, was jener nicht ist. Derselbe ist daher nicht bedingt durch Dolus und Contumacia, sondern wird, wie jeder Erfüllungseid, ohne Rücksicht auf den Grad der Schuld auferlegt, setzt einen angefangenen aber unvollständig gebliebenen Beweis voraus, welches bei dem ju-

---

36) A. G.O. a. a. O. §. 16.

37) Wissenbach, ad Pandect., Vol. I, disp. 24, Nr. 44. — Walch, introduct. in controv. jur. civ., Sect. IV, cap. II, §. 3. — Thomasius, de pretio affectionis in res fungibiles non cadente, Cap. III, §. 3.

37a) M. s. z. B. Stryck, usus modernus, XII, 3, §. 2; Voet, comment., XII, 3, §. 1.

ramentum in litem nicht wesentlich nöthig ist, und kann auch, nach Umständen, dem Kläger versagt, und als Reinigungseid über ein quantum minimum dem Gegner auferlegt werden; er beschränkt sich nicht auf den gemeinen Werth, sondern kann auch zum vollständigen Beweise des individuellen Werths gebraucht werden, wenn dieser gefordert werden kann, welches nicht immer durch dolus und culpa lata bedingt wird (§. 29, Nr. 1), wogegen er, seiner Natur gemäß, als Ergänzungsmittel des Beweises auf Affektionen nicht ausgedehnt werden kann, weil bloße Affektionen und deren Würdigung kein Gegenstand eines gewöhnlichen Beweises sind, und also der Fall der Ergänzung eines solchen Beweises nicht vorkommen kann. Es ist ganz konsequent, daß das Preußische Recht dieses Eides als eines besondern gar nicht gedenkt.

2) Das juramentum Zenonianum [38]) wird für eine Species des juramenti in litem gehalten. Es unterscheide sich, sagt man, von dem gewöhnlichen juramento in litem dadurch, daß auch die causa obligationis, nämlich der Verlust der Sachen, mit beschworen werden könne, während das gewöhnliche juramentum in litem bloß auf den Betrag des Interesses oder den Umfang des Nachtheils gehe [39]). Dieß ist aber eine reine Verwechselung des

---

38) Jac. Reinhardt, select. observat. ad Christinaei decis., Vol. I, obs. 59. — Ferd. Gotth. Fleck, diss. II. de remedio spolii. Lips. 1797. — Horn, de sacramento Zenoniano. Vit. 1701. Dazu Berger, elec. disc. for., Tit. XXXI, obs. 3 et not. 1. — Steudner, de sacramento Zenoniano. Altorp. 1682. — Anderson, de juram. Zenoniano. Lugd. Bat. 1697.

39) Faber, de error. pragm., Decad. XVIII, err. 8; Ej. conject. XVI, 13, Nr. 21; XVI, 17, Nr. 26. — v. Wening-Ingenheim Bd. III, §. 17. — Andere halten ihn für eine, von dem juramentum in litem ganz verschiedene Eidesart. Glück a. a. O. §. 819, S. 476; Faber l. c. Lib. XVI, cap. 13, pag. 571; Donell., comment., Lib. XXVI, cap. 6.

Interesses mit der causa obligationis. Der Fall, welcher dazu Veranlassung gegeben hat, war eine eigenmächtige, gewaltsame Entsetzung einer Person aus dem Besitze ihres Grundstücks. Zeno[40]) sagt dazu: wenn es feststeht, daß der Kläger in seinem Grundstücke Gewalt gelitten hat, und bloß über die dabei fortgekommenen, oder angegriffenen und beschädigten beweglichen Sachen Zweifel ist[40a]), so soll der Kläger, wenn er sonst nicht die einzelnen verloren gegangenen Stücke beweisen kann, nach vorheriger richterlichen Schätzung, auch die Aestimation der verlornen Stücke eidlich manifestiren, und die beschworene Summe soll der Richter zuerkennen. Dieses ist eine Anwendung des gewöhnlichen juramenti in litem auf den vorliegenden Fall, und keinesweges eine besondere Art von Eid. Denn der Verlust der Sachen ist nicht die causa, sondern bezieht sich lediglich auf das Interesse; die eigentliche causa hierbei ist die verübte Gewalt, welche freilich anderswie bewiesen werden muß. Ist die causa aber dargethan, so handelt es sich bloß noch um den Betrag des Interesses oder die Größe des Schadens, der aus der Gewalt entstanden ist; und dieses Quantum zu bestimmen, ist in Ermangelung anderer Beweise gerade das juramentum in litem das rechte Mittel. Der Verlust beweglicher Sachen bei erlittener Gewalt gehört mit zum Umfange des Schadens, der Eid also, worin dieser Verlust mit beschworen wird, bezieht sich bloß auf die Größe des Schadens. Daher halten Andere diesen Eid lediglich für eine konsequente Anwendung des gewöhnlichen juramenti in litem[41]), wel-

---

40) L. 9 C. unde vi (VIII, 4). — Wiederholt in Cap. 7 X. de his, quae vi metusve causa (I, 40).

40a) Dergleichen Fälle hat z. B. das Jahr 1848 viele aufzuweisen gehabt.

41) v. Savigny, Besitz, IV. Ausg. S. 417, Note 1, wo die frühere Meinung geändert ist. — Cujacius, ad L. 9 C. unde

chen jene um deswillen, weil die Verordnung, worin diese Anwendung gemacht wird, von Zeno ist, mit dem besondern Namen des juramenti Zenoniani belegen[41a]). Nach dem Preußischen Rechte, welches ebenfalls diesen Eid als einen besondern nicht kennt, hat es ebenfalls keine Schwierigkeit, das juramentum in litem auf gleiche Fälle anzuwenden; denn der Kläger braucht bloß zu beschwören: daß er den Betrag des ihm durch die und die Handlung zugefügten Schadens nach seiner Ueberzeugung auf so und so hoch wirklich schätze[42]); wobei ihm denn die Anrechnung der verlornen Stücke unbenommen ist. Dieser Eid ist auch bei unrechtmäßigen Pfändungen zulässig[43]). Man findet, daß ein Unterschied gemacht worden ist, ob der Gewaltthäter selbst mit geplündert habe oder nicht. Im letztern Fälle solle nur ein gewöhnlicher Erfüllungseid (juramentum de veritate) gegen seine Person zulässig sein, d. h. die Schätzung des Beschädigten solle gegen ihn nicht gelten[43a]). Nach Preußischem Rechte hat eine solche Unterscheidung gar keinen Grund, ist überhaupt auch völlig unpraktisch. Wie kann der Vergewaltigte wissen, ob derjenige, der insbesondere ihn ausgetrieben hat, hinterher an der Plünderung Theil genommen hat? Nach den Grundsätzen des A. L. R. haften Alle solidarisch.

3) Das juramentum minorationis oder minutionis, Minderungseid[44]), welcher darin besteht, daß, wenn

vi, Opp. T. IX, p. 1160. — Wirschinger, Versuch einer neuen Theorie des juramen. in lit. §. 84.

41a) Es versteht sich, daß dieser Eid auf das pretium affectionis bei einzelnen Stücken gerichtet sei kann.

42) A. G. O. I, 22, §. 25.

43) Gail, de pignorat., obs. 18. — Leyser sp. 146, m. 8.

43a) Stryck, usus modern., XII, 3, §. 12.

44) Christ. Kremberg, de juramento minutionis. Vitemb. 1630. — Christ. Phil. Richter, de juramento minorationis.

der Kläger seine Forderung aus einer gewaltsam erlittenen Beschädigung nicht bestimmt liquidiren kann, sondern in Pausch und Bogen fordert, der Beklagte eine niedere Summe beschwören darf. Dieser dem Römischen und Preußischen Rechte ganz unbekannte Eid fand bloß nach Sächsischem Rechte Statt [45]), ist aber in dem neuen Sächsischen Rechte aufgehoben [46]).

§. 31.

f) Mora.

A. L.R. I, 16, §§. 16—26, 66—71.

Donellus, de usuris, fructibus, de mora etc. Francof. 1589; in Opp. T. X. — Ant. Contius, de diversis morae generibus. Biturig. 1587. 8; et in Opp. p. 534 sq. — Aem. Ferretus Libellus, de mora et interesse. Lugd. 1546. Erf. 1586. 8. Osnabr. 1675. 8; in illius Opp. Francof. ad M. 1598. 4. — Dom. Arumaeus, comment. de mora. Jenae 1603. 8.; 1608. 12. Deventriae 1647. 8. Leodii 1701 8. — Cels. Bargalius, de dolo et culpa etc. mora etc. Francof. ad M. 1604. fol. Norimb. 1700. fol. — Petrus Peck, seu Peckius, seu de Beck, de mora. — Taco a Glins, de mora. Amstelod. 1649. 8. — Henric. Hahn, de mora. Helmst. 1650. — H. de Cocceji, de mora. Heidelb. 1681; in Exercitt. I, 59. — Chr. Fr. G. Meister, diss. morae notionem sistens. Gott. 1745; et in Opusc. Tom. I, Nr. IV, pag. 225 seq. — Chr. Guil. Wehrn, doctrina juris explicatrix principiorum et causarum damni, doli mali, culpae, morae etc. Lipsiae 1795. — Hennig Ratjen, de mora secundum juris Romani principia comm. de prior. Kiliae 1824. — v. Madai, die Lehre von der Mora, dargestellt nach den Grundsätzen des Röm. Rechts. Halle 1837. — Karl Wilh. Wolff, zur Lehre von der Mora. Ein

---

Jenae 1639. — Jo. Basil. Wideburg, de juramento minorationis seu minutionis. Jenae 1710. 1757. 4. — Conr. Guil. Strecker, de juramento minorationis. Erf. 1724.

45) Sächs. Sp. III, 47, 51. — Ord. Pr. S. Tit. XXXI. — Leyser sp. 146, cor. 3.

46) Müller, Versuch über den Schätzungseid, §. 17, S. 72.

civilistischer Versuch. Göttingen 1841. — F. Mommsen, die Lehre von der Mora (Beiträge zum Obligationen Recht, III. Abtheilung). Braunschweig 1855.

aa) Begriff und Arten.

Eine Rechtsverletzung kann durch bloße Unterlassung auch dadurch eintreten, daß eine Obligation nicht zur bestimmten Zeit erfüllt wird. Dabei fragt sich: welche Modifikationen hierdurch eintreten. Hierauf bezieht sich die Lehre von der Mora. Die bloße Unterlassung der rechtzeitigen Erfüllung begründet aber, nach Römischem Rechte, für sich allein noch keine Verbindlichkeit zur Entschädigung, weil es ungewiß ist, ob der Andere sich dadurch verletzt findet, oder ob die Unterlassung nicht vielmehr mit seinen Wünschen übereinstimmt. Damit also die Unterlassung zur unzweifelhaften Rechtsverletzung werde, muß etwas Positives hinzutreten: dieß ist die Interpellation. Diese qualifizirte Unterlassung heißt Mora (Verzug, Zögerung), zuweilen auch frustratio, dilatio, cessatio [1]), auch wird oft die Umschreibung: „per eum stetit, quo minus etc.," oder „per te factum quo minus etc." als technisch für Mora gebraucht [2]). Ein solcher Verzug läßt sich auch auf der Seite des Gläubigers denken; es giebt also eine mora debitoris vel solvendi, und eine mora creditoris vel accipiendi.

§. 32.

bb) Bedingungen der mora solvendi.

I. Die mora solvendi setzt voraus:

1) Eine wirksame Obligation. Diese muß quoad exercitium *praesens*, d. h. fällig und klagbar sein [1]).

---

1) L. 37 in fine D. mandati (XVII, 1). — L. 8, §. 4; L. 17; L. 21 D. de usuris (XXII, 1).

2) Vergl. den folg. §. 32, Nr. 1, 2, u. oben §. 20, Note 36.

1) L. 88 D. de reg. jur. (L, 17). — L. 40 D. de rebus

Daher kann z. B. bei zweiseitigen Verträgen der eine Kontrahent nicht eher in Mora versetzt werden, als wenn der andere bereits erfüllt hat, oder zu erfüllen bereit ist[2]). Dazu muß denn, nach Römischem Rechte, noch

2) eine Interpellation, Mahnung, kommen; denn die mora fit non ex re, sed ex persona[3]). „Sed cum quaeratur," sagt Pomponius in der L. 5, „an per te factum sit (quo minus id mihi dares), animadverti debebit, non solum in potestate tua fuerit id, nec ne, aut dolo malo feceris, quo minus esset vel fuerit, nec ne, *sed etiam, si aliqua justa causa sit*, propter quam intelligere deberes, *te dare* oportere." d. h.: um zu wissen, ob du in Mora bist, muß darauf gesehen werden, nicht allein ob es in deiner Gewalt stand oder nicht, oder ob es in deinem bösen Willen lag, zu geben oder nicht, sondern auch: ob ein geeigneter Umstand vorhanden ist, aus welchem du einsehen mußtest, daß du zu geben verpflichtet warst. — Wollte man diese justa causa auf die Obligation beziehen, so hätte Pomponius eine Absurdität gesagt; denn die Obligation wird ja als unzweifelhaft vorausgesetzt. Die „justa causa, propter quam intelligere deberes, te dare oportere" bezieht sich also auf den Willen und das Verlangen des Gläubigers, daß der Schuldner jetzt geben solle. Pomponius will also sagen: „Du bist in Mora, wenn du den Willen und das Verlangen des Gläubigers, daß du zur Zeit geben sollst, vernommen hast." Das Requisit der Interpella-

cred. (XII, 1). — L. 49, §. 3; L. 127 D. de verbor. obligat. (XLV, 1). — L. 54 D. de pactis (II, 14).

2) L. 18, §. 1 D. de periculo (XVIII, 6). — L. 24 C. de eviction. (VIII, 24). — L. 40 in f. D. de rebus cred. (XII, 1). — A. L.R. I, 16, §§. 22, 23; Tit. 5, §§. 232, 271.

3) L. 32 pr., §. 1 D. de usuris (XXII, 1). — L. 23 D. de verbor. oblig. (XLV, 1). — L. 5 D. de rebus cred. (XII, 1).

tion hat einen guten Sinn. Der Grund nämlich, aus dem die Erfüllung später, als ursprünglich verabredet worden, geschieht, kann unter Anderm auch in einem beiderseitigen Vortheil liegen, mithin kann es an einer Rechtsverletzung fehlen. Der Richter kann daran, daß ursprünglich eine Zeit der Erfüllung verabredet worden, allein noch nicht erkennen: ob in dem Benehmen des Schuldners eine Rechtsverletzung des Gläubigers liegt, oder nicht. Um diesen Zweifel zu heben, ist die Interpellation als allgemeine Bedingung, unter welcher die Verspätung als eine Rechtsverletzung angesehen wird, vorgeschrieben. Doch darf die erste Voraussetzung, daß die Obligation fällig sei, nicht fehlen, sonst ist die Mahnung zu früh und für nicht geschehen zu erachten (Note 1).

Die Interpellation besteht in einer simpeln gerichtlichen oder außergerichtlichen Anzeige des Kreditors an den Debitor, daß die Erfüllung erwartet werde. Einzelne gemeinrechtliche Schriftsteller wollten nur eine gerichtliche Mahnung gelten lassen, weil Niemand sein eigener Richter sein könne[4]); aber die gemeine Meinung, und die Preußische Gerichtspraxis[5]) verwarf dieß. Diese Anzeige muß jedoch auf eine, nach Zeit und Ort angemessene Art (opportuno loco), dem Debitor selbst, oder, wenn derselbe zu zahlen juristisch unfähig ist, demjenigen, der dessen juristische Persönlichkeit ersetzt, geschehen[6]). Einmalige Interpellation genügt[7]), und die

4) Madihn, principia juris Rom., P. I, §. 121.

5) Hymmen Band VIII, S. 177.

6) L. 24, §. 2; L. 32, §. 1 D. de usuris (XXII, 1). — L. 24 und 49, §. 2 D. de verbor. obligat. (XLV, 1). — A. L.R. I, 16, §. 21.

7) L. 32 D. de usuris (XXII, 1). — L. 26 D. soluto matrim. (XXIV, 3). — Die L. 122, §. 3 D. de verbor. oblig. (XLV, 1); L. 38 D. de minorib. (IV, 4); L. 59, §. 5 D. mandati (XVII, 1) beziehen sich nicht auf den Rechtsgrundsatz, sondern

dadurch bewirkte Mora geht auch auf die Erben über [8]). Die mora solvendi setzt ferner voraus:

3) daß auf die gehörig geschehene Interpellation die Erfüllung sine justa causa [9]) unterblieben ist [10]). Es wird also erfordert, daß dem Schuldner die Unterlassung imputirt werden kann, ohne daß dabei auf die Grade der Schuld Rücksicht genommen wird. Es genügt, wenn der Schuldner weiß oder wissen muß, daß er gerade jetzt zu zahlen schuldig ist. (Oben Nr. 2). Unter den gemeinrechtlichen Juristen ist jedoch bestritten: ob die Mora eine schuldbare sein müsse, oder nicht, um nachtheilige Folgen für den Zögernden hervorzubringen [11]). Das Allg. Landrecht hat die gemeine Meinung sanktionirt, wonach die Mora nur soweit, als sie auf die Regeln der Culpa zurückzuführen ist, in Betracht kommt [12]). Dieß ist jedoch nicht so zu verstehen, daß der Gläubiger den Beweis der Verschuldung des Debitors führen müßte: vielmehr ist es Sache des Schuldners, sich von der in den faktischen Bedingungen nachgewiesenen Mora zu purgiren, d. h. durch Angabe und Nachweisung einer justa causa darzuthun, daß die Thatsachen, welche zur Mora gehö-

auf eine bloß faktische Wiederholung der Mahnung, wie außer Andern, Noodt, de foenore, L. III, cap. 9, ausführlich zeigt.

8) L. 27 D. de usuris (XXII, 1). — L. 87, §. 1 D. de legatis II (XXXI).

9) L. 21 D. de usuris (XXII, 1). — L. 40 D. de rebus cred. (XII, 1). — A. L.R. d. T. §. 26, und Tit. 14, §. 72; Tit. 18, §. 775.

10) L. 32 pr. D. de usuris (XXII, 1).

11) Für die erstere Meinung sind die Meisten; unter Andern: Donell. l. c., c. 5; Noodt, de foenore etc., Lib. III, c. 9. Dagegen: Schömann, vom Schadensersatz, Th. II, S. 12 u. f., und Handbuch S. 291, und Fragmente S. 50 u. f. — Hänel, vom Schadensersatze, §. 78.

12) A. L.R. §. 26 d. T.; Tit. 14, §. 72; Tit. 18, §. 776; Tit. 21, §. 251.

ren, in dem vorliegenden Falle keine Mora hervorgebracht haben. Es wird also keinesweges der Beweis einer Negative, sondern vielmehr einer affirmativen Behauptung, nämlich des Daseins einer andern Thatsache (rechtlichen Grundes) von dem Säumigen verlangt[13]). Als justa causa wird angesehen:

a) wenn zur Anstalt Zeit gebraucht, oder sonst durch Unmöglichkeit oder Zufall die Erfüllung aufgehalten wird[14]);

b) wenn Jemand bona fide glaubt, nichts schuldig zu sein[15]);

c) wenn Jemand in öffentlichen Angelegenheiten abwesend zu sein genöthigt wird, ohne daß er für den Fortgang seiner Geschäfte vorher gehörig hat sorgen können[16]);

d) wenn der Kreditor geflissentlich dem Schuldner den Verlust der ihm von demselben zu gebenden Sache verursacht hat[17]).

II. Von der Regel, daß nur durch Interpellation Mora hervorgebracht werden könne, wird von Vielen der Fall ausgenommen: wenn die Erfüllung schon vorher auf eine bestimmte Zeit ausbedungen, oder sonst festgesetzt

---

13) A. L.R. I, 11, §. 939. Vergl. oben S. 221. Dieser Grundsatz gilt auch im Krim.-Rechte. Krim.-Ordnung §§. 367, 373.

14) L. 21 D. de usuris (XXII, 1). — L. 73 et 137, §§. 2 — 4 D. de verbor. obligat. (XLV, 1). — L. 23, §. 1 D. de receptis (IV, 8). — A. L.R. I, §. 26 d. T.; Tit. 6, §. 39; Tit. 11, §§. 96, 102, 216.

15) L. 63 et 42 D. de reg. juris (L, 17). — L. 24 pr. D. de usuris (XXII, 1). — L. 82, §. 1 D. de verbor. obligat. (XLV, 1).

16) L. 23 et 17, §. 3 D. de usuris (XXII, 1). — Vergl. A. L.R. I, 9, §. 518.

17) L. 6 D. de doli mali (XLIV, 4). — Vergl. A. L.R. I, 5, §. 361.

worden war. Hier, sagen sie, tritt die Mora mit Ablauf des Termins von selbst ein, ohne daß es noch einer Mahnung bedürfte. Dieses drücken sie so aus: dies interpellat pro homine [18]). Dieselbe hat aber in dem Römischen Rechte keinen Grund [19]). Wenn ein Tag bestimmt ist, von welchem an die Obligation fällig sein soll, so liegt darin nicht mehr als in dem Falle, wenn kein Tag ausdrücklich verabredet ist; denn es ist gleichviel, ob der Tag stillschweigend oder ausdrücklich bestimmt ist, welches erstere dadurch geschieht, daß kein Tag hinzugefügt wird, da dieß die Folge hat, daß die Forderung sogleich fällig ist [20]). Ein innerer Grund ist also gar nicht vorhanden, in dem einen Falle Mora, und in dem andern keine Mora anzunehmen, vielmehr findet, wenn man von der Ratio der Interpellation ausgeht, in dem einen wie in dem andern Falle eben derselbe Zweifel statt: ob in der Zögerung eine Rechtsverletzung liegt, oder

---

18) Höpfner, Commentar, §. 755. Thibaut im Archiv für civil. Praxis, Bd. 6, Nr. 2 und B. 16, S. 182. — Mackeldey Th. II, §. 345. — Henr. Lotz, diss. nonnullas de morae initio quaestiones tractans. Virceb. 1825. — Glück, Commentar, Th. IV, S. 405. — Bucher, Recht der Forderungen, §. 56. Am ausführlichsten über die s. g. mora ex re handelt Noodt l. c. Lib. III, c. 10.

19) v. Schröter, über die Regel: dies interpellat pro homine; in der Zeitschrift für Civilrecht und Prozeß, von Linde, Marezoll und v. Wening-Ingenheim. Neustetel im Archiv für die civil. Praxis, Bd. 5, Nr. 8. — Man meint, daß, wenn sie auch nicht im R.R. gegründet sein sollte, die Praxis dieselbe doch überall befolge. Dieß soll jedoch an vielen Orten in der neuern Zeit nicht der Fall sein. Burchardi im Archiv für civil. Praxis, von Francke rc., B. 18, S. 198, Note 4. Diese Abweichung von der ältern Praxis ist indeß wohl eine Folge der in der neuern Zeit gegen die Regel so vielfach erhobenen Einwendungen.

20) L. 14 D. de reg. jur. (L, 17). — L. 141 D. de verb. obl. (XLV, 1).

nicht. Die Hauptstellen, in welchen diese Regel ausgedrückt sein soll, sind:

L. 12 C. de contr. et comm. (VIII, 38) (Justinian.): „— Sancimus: ut si quis certo tempore facturum se aliquid vel daturum stipuletur, vel quae stipulator voluit, promiserit et adjecerit, quod si statuto tempore minime haec perfecta fuerint, certam poenam dabit: sciat minime se posse debitor ad evitandam poenam adjicere, quod nullus eum admonuit: sed etiam citra ullam admonitionem eidem poenae pro stipulationis tenore fiet obnoxius: cum ea, quae promisit, ipse in memoria sua servare, non ab aliis sibi manifestari debeat poscere."

und L. 23 D. de obl. et act. (XLIV, 7) (Africanus): „Trajectitiae pecuniae nomine, si ad diem soluta non esset, poena (uti adsolet) ob operas ejus, qui eam pecuniam peteret, in stipulationem erat deducta: is qui eam pecuniam petebat, parte exacta petere desierat: deinde interposito tempore interpellare instituerat. Consultus respondit: ejus quoque temporis, quo interpellatus non esset, poenam peti posse; amplius etiam si omnino interpellatus non esset: nec aliter non committi stipulationem, quam si per debitorem non stetisset, quo minus solveret: alioquin dicendum est, si is, qui interpellare coepisset, valetudine impeditus interpellare desiisset, poenam non committi. De illo sane potest dubitari, si interpellatus ipse moram fecerit: an quamvis pecuniam postea offerat, nihilominus poena committatur? Et hoc rectius dicitur. Nam et si arbiter ex compromisso pecuniam certo die dare jusserit, neque per eum, qui dare jussus sit, steterit: non committi poenam respondit. — Hoc idem dicendum, et cum quid ea lege venierit, ut, nisi ad diem pretium solutum fuerit, inempta res fiat."

Diese Stellen beweisen gerade das Gegentheil; denn in denselben ist der Fall ein ganz anderer als Mora: es ist darin von einer bedingt stipulirten Strafe die Rede; und damit hat es, wie es am Schlusse der letzten Stelle ausdrücklich heißt, gerade dieselbe Bewandtniß, wie mit jeder andern obligatio *sub conditione*. Die Bedingung ist in diesen Stellen nicht Mora, sondern unterbliebene Erfüllung bis zu einem gewissen Tage; und damit die Bedingung als eingetreten zu betrachten, ist eben nichts weiter nöthig, als daß die Erfüllung wirklich unterblieben ist; denn hierin, und in nichts anderm, besteht gerade die Bedingung.

Mehr Schwierigkeit macht die L. 114 D. de verb. obl. (XLV, 1):

„Si fundum certo die praestari stipuler, et per promissorem steterit, quo minus ea die praestetur, consecuturum me, quanti mea intersit, moram facti non esse."

Aus L. 17, §. 4 D. de usuris (XXII, 1) geht aber entschieden das Gegentheil davon hervor:

„Ex locato qui convenitur, nisi convenerit: ut tardius pecuniae illatae usuras deberet, non nisi ex mora usuras praestare debet."

Was außerdem noch gegen diese Regel spricht, ist der Umstand, daß, wenn die Fälligkeit der Obligation auf einen gewissen Tag hinausgeschoben wird, der Tag nicht zum Vortheile des Kreditors, sondern des Debitors bestimmt ist, weil sonst gleich erfüllt werden müßte[21]). Wollte man also Bestimmung eines Tages so interpretiren, daß mit demselben Mora eintreten sollte, so würde

21) L. 41, §. 1 D. de verb. obl. (XLV, 1).

er zum Vortheil des Kreditors hinzugefügt sein. Man muß also jener Stelle einen andern Sinn geben, indem man annimmt, daß die Bedingungen der Mora vorausgesetzt werden, und nur von den Wirkungen derselben die Rede ist.

Ferner behauptet man bei zweiseitigen Verträgen, daß, wenn von einer Seite erfüllt worden, der Andere dadurch von dem Augenblicke des Empfanges der Leistung in moram versetzt sei[22]). Zum Beweise beruft man sich auf den beim Kaufkontrakte geltenden Grundsatz, daß der Käufer, nach der Uebergabe, das nicht bezahlte Kaufgeld verzinsen müsse[23]). Allein diese Zinsen haben einen ganz andern Grund und müssen, ohne alle Mora, fructuum vice, fructuum perceptorum ratione, die sonst der Käufer doppelt ziehen würde, gezahlt werden[24]). Daß aber bei zweiseitigen Verträgen durch die Leistung von der einen Seite der Andere nicht in Verzug gesetzt wird, ist schlechthin vorausgesetzt[25]).

III. Wiewohl man also die Regel: dies interpellat pro homine, nach dem Römischen Rechte nicht für richtig halten kann, so ist dieselbe doch in dem Preußischen Rechte sanktionirt, und mithin gültig. Nach dem Allgemeinen Landrechte gelten daher die vorhin vorgetragenen Bedingungen der Mora nur unter der Voraussetzung:

daß die Zeit der Erfüllung weder durch Willenserklärungen, noch durch richterlichen Ausspruch, noch durch besondere Gesetze bestimmt ist[26]).

22) Meister, cit. diss. morae notionem sistens, §. 48.

23) L. 13, §. 20 D. de act. emti (XIX, 1). — Fragm. Vatic. §. 2.

24) L. 5 C. de act. emti (IV, 49). — L. 3 C. in quib. caus. in int. (II, 41). — Vergl. §. 10, Nr. II, 2.

25) L. 5, §. 1 D. de praescr. verb. (XIX, 5). — Vergl. oben §. 10, Nr. I, 2.

26) A. L.R. I, 16, §§. 20, 67.

Mit dem bestimmten Zahlungstage hat bei **bedingten** Zahlungen der Eintritt der Bedingung von dem Augenblicke an, wo solcher dem Schuldner bekannt geworden ist, gleiche Wirkung[27]). In beiden Fällen macht es keine Aenderung, wenn auch der Gläubiger sich um die Zahlung nicht gemeldet, sondern stillschweigend Nachsicht gegeben hat[28]). Es kommt also nichts darauf an: ob in der Mora eine Rechtsverletzung liegt oder nicht; es kann sogar die Verspätung dem Wunsche und Vortheile des Gläubigers entsprechen. Dagegen hat das Landrecht die Meinung, daß bei zweiseitigen Verträgen bloß die Erfüllung des einen Kontrahenten den andern ohne Weiteres in Verzug setze, nicht angenommen[29]).

Das Römische Recht nimmt aber in folgenden Fällen eine mora ex re an, wo der Schuldner ohne Interpellation ipso jure in mora ist:

1) bei Diebstahl und gewaltsamer Entsetzung aus einer unbeweglichen Sache[30]), wo der Dieb von Anfang in Mora ist;

2) wenn der Kreditor minderjährig ist; indeß wird **ausdrücklich** gesagt, daß es nicht eigentlich Mora sei,

---

27) Ebend. §. 68. Dadurch ist diese Frage gegen die Meinung entschieden, daß bei bedingten Forderungen, nach Eintritt der Bedingung, noch eine Interpellation nöthig sei. Voet, comment., Lib. XXII, Tit. 1, §. 26.

28) §. 69 d. T.

29) Ebend. §. 23. Der Erfüllende muß sich positiv so verhalten, daß der Empfänger darüber, daß er sofortige Gegenleistung erwarte, nicht in Zweifel sein kann. Wer z. B. nach vollendeter Vorleistung sich stillschweigend sogleich entfernt, oder z. B. über fortgesetzte Bauarbeiten keine Rechnung giebt, kann dem Andern eine Mora nicht vorwerfen.

30) L. 8, §. 1; L. 20 D. de cond. furtiva (XIII, 1). — L. 7 C. de cond. ob turp. caus. (IV, 7). — L. 1, §. 35 et L. 19 D. de vi (XLIII, 16).

sondern nur die Wirkungen derselben angenommen würden [31]);

3) bei dem Schuldner des Fiskus [32]);

4) bei dem Schuldner eines Legats ad pias causas [33]);

5) wenn der Schuldner nicht zu finden, so erläßt der Richter, wenn der Gläubiger sich an ihn wendet, ein Dekret, wodurch „ex re moram esse“ verfügt wird [34]).

Alle diese Fälle sind dem Preußischen Rechte unbekannt.

§. 33.

cc) Bedingungen der mora accipiendi.

Roman. Teller, de mora creditoris. Lips. 1765.

Der Gläubiger kommt in Mora, wenn er die ihm zu rechter Zeit, und an dem gehörigen Orte (opportuno loco) angebotene Leistung aus einem unerheblichen oder doch zweifelhaften Grunde (sine justa causa) nicht annimmt [1]).

---

31) L. 3 C. in quib. caus. in integrum (II, 41). — L. 5 C. de act. emti (IV, 49). — L. 87, §. 1 D. de legat. II (XXXI). Ein Präjudikat aus der frühern preußischen Gerichtspraxis s. m. in Hymmen Bd. VIII, S. 61. Dem Herrn Dr. Bielitz ist auch hierbei eine kleine Verwechselung begegnet, wie man sie mitunter in seinem Commentar findet. Er allegirt nämlich II, S. 688, §. 827, Note 13 dieses Präjudikat, neben Leyser spec. 244 (wahrscheinlich doch m. 8), zum Beweise der Behauptung, daß einige Rechtslehrer die Freiheit des Fiskus von der Verpflichtung: Zögerungszinsen zu zahlen, auch auf unmündige Personen und milde Stiftungen ausgedehnt hätten. Zufällig sagt aber der allegirte Rechtslehrer Leyser in der angef. Stelle gerade das Gegentheil, und in der That ist es niemals Jemand eingefallen, dieses fiskalische Recht auf Pupillen auszudehnen.

32) L. 17, §. 5 D. de usuris (XXII, 1).

33) L. 46, §. 4 D. de episcop. et cler. (I, 3).

34) L. 23, §. 1 D. de usuris (XXII, 1). — L. 2 D. de nautico foenore (XXII, 2).

1) L. 39, 72 pr. D. de solut. (XLVI, 3). — L. 73, §. 2;

Das Anerbieten muß jedoch ein wirklich reelles, d. h. ein solches sein, worauf der Gläubiger die Leistung auf der Stelle anzunehmen im Stande ist, wenn er das, was er seinerseits dazu thun muß, zu thun bereit wäre. Hieraus folgt, daß man nicht, wie gewöhnlich geschieht [2]), zwischen beweglichen und unbeweglichen Sachen unterscheiden kann, um zu bestimmen: ob der Schuldner bei dem Anerbieten die Sache mit zur Stelle bringen müsse; sondern vielmehr, daß es darauf ankommt, ob der Schuldner die Sache dem Gläubiger hinzubringen verpflichtet ist, oder nicht. Hat der Schuldner, nach der Verabredung, oder nach der Natur des Geschäfts, an dem Orte, wo der Gläubiger sich befindet, zu erfüllen, so muß er, wenn etwas gegeben werden soll, den Gegenstand, in Qualität und Quantität vollständig, mitbringen und anbieten, und wenn etwas geleistet werden soll, sich dazu gehörig angeschickt, zu ihm begeben, und sich zu der Handlung erbieten. In diesen Fällen kann also eine bloße oblatio verbalis nicht genügen, weil, wenn auch der Gläubiger zur Annahme bereit wäre, die Erfüllung doch auf der Stelle nicht geschehen könnte; daher auch die auf ein solches Anerbieten gegebene Erklärung, daß er die Leistung nicht annehmen wolle, keine nachtheilige Wirkung für ihn hat [3]). Denn unter diesen Umständen könnte wohl der Eintritt der mora solvendi abgewendet, doch nicht die mora accipiendi eingetreten sein. Muß sich aber der Gläubiger an einen andern Ort

L. 122 pr. D. de verb. obl. (XLV, 1). — L. 3, §. 4 D. de act. emt (XIX, 1). — L. 39 D. de regul. juris (L, 17). — L. 6 C. de usuris (IV, 32). — A. L.R. I, 16, §§. 215, 216, 218.

2) Glück Th. IV, S. 408. — Stryck, us. mod., Lib. XLVI, Tit. 3, §. 16.

3) A. M. Stryck l. c. und Teller l. c. §. 7. Man sehe dagegen die Note 1 angef. Stellen, und L. 9, §. 4 D. de pignorat. act. (XIII, 7). — L. 19 C. de usuris (IV, 32). — Nov. 91, c. 2.

verfügen, um die Erfüllung anzunehmen, sei es daß eine bewegliche oder unbewegliche Sache zu übergeben, oder eine Handlung zu leisten; so genügt die Veranstaltung und die ihm zu machende Anzeige: daß alles zu der bestimmten Zeit und an dem bestimmten Orte bereit sei. Bleibt er darauf aus, so ist er in Mora [4]). Bleibt der Schuldner ebenfalls aus, so ist keiner von beiden in Mora, weil keiner dem andern etwas vorzuwerfen hat. Jedes von dem Gläubiger allein ausgehende Hinderniß versetzt ihn in Verzug. Daher kommt derselbe auch dadurch in Mora, daß er z. B. die dem Schuldner zur Uebersicht nöthige Rechnung vorenthält [5]), oder, wenn er mit dem Geschäfte unzufrieden, damit umgeht, dasselbe anzufechten, ohne damit durchkommen zu können [6]). Die Deposition ist, um den Gläubiger in Verzug zu setzen, auch nach Preußischem Rechte, in keinem Falle erforderlich [7]); die Deposition befreit, weil sie liberirt, nur von Gefahr und solchen Zinsen, welche nicht auf Mora beruhen. Ob die Erfüllung dem Gläubiger zu rechter Zeit, und auf die gehörige Art angetragen worden ist, muß nach Beschaffenheit des Rechtsgeschäfts und der Umstände in jedem konkreten Falle, nach den angegebenen Grundsätzen, besonders beurtheilt werden [8]).

---

4) L. 18 pr. D. de pec. const. (XIII, 5).

5) L. 4 C. de usuris pupillar. (V, 56). Vergl. oben die Anm. 29 zu §. 32.

6) L. 24 D. de receptis (IV, 8). — A. L.R. I, 16, §. 218, verbis: „oder doch zweifelhaftem Grunde verweigert." Vergl. Nettelbladt, system. elem. jurispr. posit. Germ., §. 310. Der Ausfall des Rechtsstreits stellt hier den Erfolg fest.

7) Nettelbladt l. c. war mit m. A. der Meinung wegen L. 6 et 19 C. de usuris (IV, 32). — L. 9 C. de solut. (VIII, 43) und Nov. 91, c. 2, wo aber die Wirkungen der mora accipiendi von den der Deposition unterschieden werden. Vergl. Voet, commentar., Lib. XLVI, Tit. 3, §§. 28 et 29.

8) L. 32 D. de usuris (XXII, 1).

§. 34.

dd) Wirkungen der Mora.

I. Gemeinschaftliche.

Gemeinsame Wirkung der Mora ist, daß Keinem seine Mora zum Vortheil gereichen kann [1]).

II. Wirkung der mora solvendi.

1) Der Debitor trägt nach Römischem Rechte, so wie nach dem Allg. Landrechte, das periculum rei, oder die Obligation wird durch dessen Mora perpetuirt, d. h. der Casus liberirt ihn nicht mehr [2]). Daraus folgt von selbst, daß er nicht bloß für das geringste Versehen, sondern selbst für den Casus haftet [3]). Doch sollte er sich nach der, in den Pandekten historisch angeführten, abweichenden Meinung (§. 20, Nr. II, 2, a) von der Prästation des Casus durch den Beweis befreien können, daß die Sache bei dem Gläubiger von demselben Zufalle würde betroffen worden sein, ausgenommen, wenn die Verbindlichkeit aus einer strafbaren Handlung entstanden war, wo es auf diesen Unterschied nicht ankommen sollte [4]). Aus dieser schon im Römischen Rechte antiquirten, aber von den Glossatoren [5]) wieder aufgenommenen Meinungsverschiedenheit haben die Neuern, wiewohl nicht ohne Widerspruch, den

---

1) L. 37 in fine D. mandati (XVII, 1).

2) L. 5 pr. D. de rebus creditis (XII, 1). — L. 23, 82, §. 1; L. 91, §§. 3 et 4 D. de verb. oblig. (XLV, 1). — L. 24 in fine D. de usuris (XXII, 1). Oben §. 20, Note 53.

3) Chr. G. Gmelin, diss. de casu post moram praestando. Tub. 1804.

4) L. 40 pr. D. de heredit. petit. (V, 3): „in praedonis persona Proculus recte existimat: in bonae fidei possessoribus Cassius.“ Unter dem praedo verstehen aber die römischen Juristen bekanntlich jeden malae fidei possessor, nicht gerade einen Räuber oder solchen, der den Besitz gewaltsam ergriffen hat.

5) Vergl. darüber: Reichardt, de casu obligationem tollente, §. 5.

allgemeinen Satz gezogen, daß man zwischen einer mora in rem d. h. wenn die Forderung ex delicto entstanden, und keine Mahnung nöthig sei; und einer solchen mora, die auf einem Delikte nicht beruhe, unterscheiden müsse. In dem erstern Falle solle der Schuldner schlechterdings für die Gefahr stehen, wenn die Sache auch bei dem Gläubiger von demselben Zufalle betroffen worden sein würde; in dem letztern dagegen sollte sich der Schuldner durch diesen Einwand, den er übrigens beweisen müsse, befreien können [6]. In den Stellen, wodurch dieser Unterschied bewiesen werden soll [7], wird die Prästation des Casus lediglich der Wirkung der Mora zugeschrieben, ohne Rücksicht auf den Entstehungsgrund der Obligation; und in andern Stellen [8]) geschieht ganz das Nämliche, ungeachtet das dort in Rede stehende Klagerecht nicht ex delicto entstanden ist, zum klaren Beweise, daß das Römische Recht den ihm zugeschriebenen Unterschied gar nicht kennt. Diese Theorie ist jedoch in das Allg. Landrecht übergegangen, und es ist durchgängig Grundsatz, daß der Säumige den Zufall bei Verbindlichkeiten ex maleficio unbedingt, bei andern Obligationen aber nur alsdann trägt, wenn sonst der Zufall nicht eingetreten sein würde (s. oben §. 20), welches jedoch der Debitor unter allen Umständen beweisen muß, weil die Behauptung, daß der Zufall nicht ohne die Mora eingetreten sein würde, nicht ad fundandam intentionem gehört, sondern weil vielmehr der Schuldner

6) Guill. Prousteau, recitat. ad L. 23 D. de reg. jur., Cap. XXVII, §§. 23—29. (Meermann Thesaur. Tom. III, p. 543). — Wernher, observ. for., Tom I, P. IV, obs. 214, Nr. 91 sq. — Glück a. a. O. S. 414—417.

7) L. 8, §. 1 D. de condictione furtiva (XIII, 1). — L. 7 C. de condict. ob turpem causam (IV, 7). — L. 14, §. 11 D. quod metus causa (IV, 2).

8) L. 47, §. 6 D. de legat. I (XXX). — L. 15, §. 3 D. de rei vindicat. (VI, 1). — L. 12, §. 3 D. depositi (XVI, 3).

sich von der Klage, die durch bloße Allegirung des Unterganges, und daß der Beklagte wegen seiner Mora für den Zufall hafte, begründet ist, excipiendo frei machen will [9]).

2) Bei alternativen Obligationen verliert nach R. R. der Debitor die Wahl [10]), nach Preußischem Rechte wird dieses jedoch erst dann angenommen, wenn es der Schuldner zur Exekution kommen läßt [11]), und man verlangte sonst in Praxi, daß die Klage auf die alternative Leistung gerichtet werde; hierin hat sich jedoch die Ansicht geändert: das Klagepetitum kann, wenn der Geber nicht seinerseits zurücktreten will, die unbedingte Verurtheilung zur Erfüllung fordern, und der Beklagte hat das ihm zustehende Wahlrecht einwandsweise geltend zu machen [11a]).

3) Er muß von Zeit der Mora an, nach Römischem Rechte, jedes Interesse prästiren [12]), welches bei Geldschulden aus bonae fidei contractibus gewöhnlich in Zinsen besteht [13]), sich aber auch höher belaufen kann (§. 10, Note 81). Das Allgemeine Landrecht führt die Mora,

---

9) Donellus, commentar. ad L. 23 D. de verbor. oblig. — Prousteau l. c. §. 28 in fine. Sowohl aus den angeführten, aus der Natur der Sache folgenden, als auch aus geschichtlichen Gründen, hebt sich der Zweifel, welchen Bornemann, Rechtsgeschäfte, S. 333, bei dem Kommodate, wegen der Fassung des §. 251, Tit. 21, in Betreff der Beweislast findet. Nach der Theorie, welche das Allg. Landrecht sanktionirt hat, galt in dieser Beziehung keine Ausnahme, auch fehlte es dazu, namentlich beim Legate, an Grund, und das A. L. R. enthält keine abweichende Bestimmung.

10) L. 2, §§. 2, 3 D. de eo quod certo loco (XIII, 4). — L. 3 pr. D. de usuris (XXII, 1).

11) Vergl. Verordnung über die Exekution in Civilsachen vom 4. März 1834, §. 9. (Ges.-Samml., S. 33).

11a) S. unten Bd. II, §. 68, Nr. III, 7.

12) L. 3 pr., 38, §. 1; L. 32, §. 2 D. de usuris (XXII, 1).

13) L. 17, §§. 3, 4; L. 32, §. 2; L. 34, 41 D. eodem. Nur bei der Schenkung gilt aus Billigkeit eine Ausnahme. L. 22 D. de donat. (XXXIX, 5).

wenn von einem Schaden als Folge derselben, und Erstattung des Interesses die Rede ist, auf die Regeln von der Culpa zurück[14]. Bei Geldschulden werden, eben so wie nach Gemeinem Rechte, in der Regel landübliche Zinsen als Interesse gezahlt, und ausnahmsweise wird ein höheres Interesse nur alsdann erstattet, wenn es versprochen worden, oder wenn der Säumige aus Dolus oder grobem Versehen in Mora ist[15]. Dagegen ist der Grundsatz des Gemeinen Rechts, daß, wenn in der Zwischenzeit die zurückgehaltene Sache ihren Werth verändert, der stattgefundene höchste Preis prästirt werden muß, weil der Gläubiger, wenn die Erfüllung zur rechten Zeit geschehen wäre, auf das Vortheilhafteste für sich hätte spekuliren können[16], nicht angenommen[17].

4) Nach der Meinung mehrerer Rechtslehrer hat die mora debitoris, nach Römischem Rechte, auch die Wirkung, daß der Gläubiger von dem Kontrakte wieder abgehen kann[18]. Nach Preußischem Rechte findet dieß in

---

14) A. L.R. I, 16, §§. 17, 26; Tit. 14, §. 72; Tit. 18, §. 776; Tit. 21, §. 251.

15) Ebend. I, 11, §§. 827, 833, 834. Vergl. §. 10, Nr. I.

16) L. 3 D. de condict. furt. (XIII, 3). — L. 8, §. 1 D. de condict. triticiar. (XIII, 1). — L. 3, §. 3; L. 21, §. 3 D. de act. emti (XIX, 1). — L. 22 D. de reb. cred. (XII, 1).

17) A. L.R. I, 11, §. 859. Vergl. unt. Nr. III, 2, b. Das Preuß. Landr. von 1721 Bd. IV, Tit. 1, Art. 3, §. 3 hat den römischen Grundsatz.

18) L. 6 C. de pactis inter emtorem (IV, 54). — L. 56 D. de contrah. emt. (XVIII, 1). — L. 6 D. de lege commiss. (XVIII, 3). — Wittich, de jure ob moram resiliendi de pactis lege commissoria etsi haud adjecta. Cass. 1796. 8. — Thibaut, System, §. 103. — Bucher a. a. O. §. 56. — Ebenso nach Französischem Rechte. Code civil Art. 1184. Dagegen Noodt, probabil., Lib. IV, cap. 2.

der Regel nicht statt[19]). Davon gelten aber folgende Ausnahmen:

a) wenn der Schuldner ohne rechtmäßigen Grund die Erfüllung verweigert, so kann der Gläubiger ganz zurücktreten[20]);

b) bei Käufen über bewegliche Sachen unter 50 Thlrn. ist der Rücktritt von Seiten des Verkäufers zulässig, wenn der Käufer, innerhalb der bestimmten Zeit, die Sache nicht abholt[21]);

c) bei Käufen überhaupt ohne Unterschied des Gegenstandes und des Kaufpreises, wenn der Käufer das beim Handel nicht kreditirte Kaufgeld bei der im Werke stehenden Uebergabe nicht bezahlt und der Verkäufer die Uebergabe nicht geleistet hat; denn die Zurückforderung der einmal übergebenen Sache finde nicht statt[21a]);

d) bei Käufen nach Maß und Gewicht kann der Käufer abgehen, wenn etwas daran bei der Uebergabe fehlt, und die Nachlieferung bis zum Ablaufe der Zeit nicht mehr geschieht, weil sonst keine Mora eintritt[22]);

e) bei jedem gerichtlichen nothwendigen Verkaufe kann die Sache zurückgenommen werden, wenn zu der festgesetzten Zeit keine Zahlung erfolgt[23]);

f) der Besteller eines bedungenen Werkes kann von

---

19) A. L.R. I, 5, §§. 393, 394; Tit. 11, §. 231.

20) Ebend. I, 5, §. 397. Der Weigerungsgrund muß jedoch vorher von dem Richter verworfen worden sein.

21) Ebend. I, 11, §. 229. Diese neue Bestimmung soll auf Observanz beruhen. Jahrb. Bd. XLI, S. 18.

21a) A. L.R. a. a. O. §. 230. Der §. 226 paßt dazu nicht, er ist aus Unachtsamkeit stehen geblieben bei der Umarbeitung des Entwurfs. Pr. des Obertrib. 2188, vom 21. Dezember 1849 (Entsch. Bd. XIX, S. 144). Vergl. Pr. 1951, vom 29. November 1847.

22) A. L.R. a. a. O. §§. 207—209.

23) Ebend. §. 346. — A. G.O. I, 52, §. 62; V. II vom 4. März 1834, §. 20.

dem Vertrage zurücktreten, wenn das Werk durch Zögerung des Werkmeisters zur bestimmten Zeit nicht abgeliefert wird[24]);

g) dasselbe gilt beim Verlagskontrakte[25]);

h) überhaupt kann bei Verträgen über Handlungen der Gläubiger von dem Vertrage zurücktreten, wenn der Andere mit dem Anfang der Dienstleistungen zurechenbarer Weise zögert[25a]);

i) bei dem Mieths- und Pachtvertrage kann der Miether oder Pächter zurücktreten, wenn die Sache nicht bedungenermaßen, also nicht zur rechten Zeit[25b]) oder nicht in der verabredeten Beschaffenheit, übergeben wird. Eben so kann der Verpächter oder Vermiether den Kontrakt aufkündigen, wenn der Schuldner mit dem Zinse für zwei Termine in Mora ist[26]).

Die Bestimmungen des §. 908 u. f., Tit. 11, wo von dem Zurücktritte von einem Lohnvertrage mit Handarbeitern, auch bei eingetretenem Zufalle die Rede ist, gehören hierher nicht.

III. Die Wirkung der mora accipiendi besteht

1) darin, daß nach Römischem Rechte das periculum den Kreditor trifft, welches sich besonders bei der obligatio

---

24) A. L.R. a. a. O. §. 938. Die Erklärung des Bestellers gegen den Werkmeister, daß er bei späterer Ablieferung von dem Rechte des Rücktritts nicht Gebrauch machen werde, enthält eine Fristverlängerung und hindert deshalb den Rücktritt. Pr. des Obertrib. vom 7. Mai 1850 (Entsch. Bd. XIX, S. 151).

25) A. L.R. a. a. O. §. 1001.

25a) Ebend. I, 5, §. 408; II, 5, §§. 49, 53.

25b) Dieß ist zwar nicht wörtlich im §. 272 gesagt, aber darin enthalten. Denn wenn der Miether oder Pächter schon dann, wenn ihm die Sache nicht in brauchbarem Stande angeboten wird, den Kontrakt aufheben kann, so muß er das um so mehr können, wenn sie ihm ganz und gar nicht angeboten, vielmehr verweigert wird.

26) A. L.R. I,, 21, §§. 272, 273, 298.

alternativa und der obligatio generis dandi zeigt. Dieß wird häufig so ausgedrückt: der Schuldner werde durch die Mora des Gläubigers liberirt[27]). Nach dem Allg. Landrechte ist es ganz anders. Schon vorhin (§. 20) ist vorgetragen, daß bei eintretender mora accipiendi nur alsdann, wenn sie verschuldet ist, gewisse nachtheilige Folgen für den säumigen Gläubiger eintreten. Diese Folgen sind nach dem Grade der Verschuldung verschieden.

A. Bei dem Kaufe wird zwischen dem periculo interitus und deteriorationis unterschieden:

a) Bei Verschlimmerungen trifft den säumigen Käufer der Zufall ohne Unterschied des Grades seiner Verschuldung, also auch alsdann, wenn er bloß aus geringem Versehen säumig ist[28]), d. h. er muß die verschlechterte Sache nehmen, und das bedungene Kaufgeld zahlen.

b) Bei dem gänzlichen Untergange der Sache dagegen soll er

aa) den Verkäufer schadlos halten, wenn er überhaupt nur schuld an der Zögerung ist;

bb) das Kaufgeld aber nur alsdann zu zahlen schuldig sein, wenn er aus mäßigem Versehen in Mora ist[29]).

Wenn also der Käufer nur aus geringem Versehen in mora accipiendi ist, so kann der Verkäufer nicht das Kaufgeld, wohl aber Schadloshaltung fordern. Es fragt sich also: worin soll diese Schadloshaltung bestehen, wenn dazu das Kaufgeld nicht gehört? Es ist zwar bekannt, daß die Schadloshaltung noch mehr als das Kaufgeld betragen kann; daß es aber noch eine geringere gäbe, ist nicht einleuchtend: denn der Schade des Verkäufers be-

---

27) L. 105 D. de verb. obl. (XLV, 1). — L. 72 pr. D. de solut. (XLVI, 3) — Gesterding, Nachforschungen, Th. I, S. 261.

28) A. L.R. I, 11, §. 98.

29) Ebend. §§. 102 und 103.

steht ja gerade darin, daß er das Kaufgeld nicht erhalten soll. Daß nur im Falle der culpa levis der säumige Käufer das Kaufgeld hat bezahlen sollen, ist, nach Bornemann's [30]) Mittheilung, aus den Materialien unzweifelhaft. Es heißt: Suarez habe den Käufer zur Zahlung des Kaufgeldes sogar nur alsdann verpflichten wollen, a) wenn bei des Käufers mora accipiendi Vorsatz oder grobes Versehen zum Grunde liege, und b) wenn klar erhelle, daß der Zufall die Sache nicht würde betroffen haben, wenn der Käufer solche justo tempore übernommen hätte. Es sei indeß concludirt worden: daß, wenn des Käufers mora accipiendi ex culpa levi herrühre, das Kaufgeld ohne Unterschied gezahlt werden müsse.

B. Bei Verträgen über ein verdungenes Werk dagegen soll der Besteller alsdann, wenn er die Uebernehmung des fertigen Werks ohne rechtlichen Grund verzögert, alle Gefahr tragen, und überdieß noch dem Werkmeister für den bedungenen Lohn Zögerungszinsen zahlen, auch allen sonstigen, aus der verzögerten Uebernahme entstandenen Schaden, oder die durch längere Aufbewahrung der Sache entstandenen Kosten vergüten [31]). Hierbei ist von einem Grade des Versehens nicht die Rede.

Aus diesen Anwendungen ist zu entnehmen, wie unklar und folgewidrig diese Lehre in dem Allgem. Landrechte ist. So viel aber ist gewiß, daß ganz entschieden nur eine zurechenbare Verzögerung nachtheilige Folgen für den Zögernden haben soll, nur daß der Säumige den Beweis der rechtmäßigen Zögerungsgründe führen muß (oben §. 32, Note 3). Gleichwohl will Bornemann [32]) behaupten, daß dieser Bestimmungen ungeachtet, der Zu-

30) Civilrecht II, S. 574.

31) A. L.R. I, 11, §§. 939, 940. Grundlose Weigerung der Uebernahme ist noch mehr als bloßer Verzug.

32) Civilrecht II, S. 575.

fall allemal den Gläubiger treffen müsse, wenn er auch nur zufällig, z. B. durch Krankheit verhindert worden sei, die Sache zu übernehmen. Dieß ist nicht einmal nach Römischem Rechte anzunehmen, noch viel weniger aber nach dem Allg. Landrechte. Um dieß zu übersehen, muß die Ausführung des Herrn Verf. näher betrachtet werden. Es heißt: „Es hat zwar seine Richtigkeit, daß eine mora accipiendi im rechtlichen Sinne, erst dann vorhanden ist, wenn der Berechtigte durch ein zu vertretendes Versehen, beim Kaufvertrage mithin durch seine culpa levis, die Uebernahme verzögert hat. Bei der Frage: von welchem Tage ab die Gefahr der Verschlimmerungen und des Unterganges der versprochenen Sache auf den Berechtigten übergeht, kann indessen m. E. nur darauf: ob ein bloßer Zufall die Uebergabe verzögert hat, oder dieß nicht der Fall ist, gesehen werden. Eine Entschädigungsforderung, die allerdings nur unter der Voraussetzung einer zu vertretenden Culpa der in Anspruch genommenen Person zulässig sein würde, liegt in casu gar nicht vor. Die Frage ist vielmehr die, ob die bisherige Verbindlichkeit des Verpflichteten zu Gunsten des Berechtigten fortdauern darf, wenn der letztere auch nur durch ein geringes Versehen oder einen Zufall, der sich in seiner Person ereignet hat, z. B. durch Krankheit verhindert worden, die Sache zu dem bestimmten Termin zu übernehmen? ob nämlich die nothwendige Folge eines solchen Ereignisses, daß nämlich die Sache in den Händen des Verpflichteten der Gefahr ausgesetzt bleibt, diesem aufzubürden ist oder den Berechtigten, der doch allemal den vertragswidrigen Zustand veranlaßt hat, treffen muß?“ Allerdings kann die Sache auf jene Frage reduzirt werden; aber davon ist die Frage von einer Entschädigungsforderung, wenn man die Klage ex contractu auf Erfüllung (z. B. Bezahlung des Kaufgeldes) so nennen will, ganz unzertrennlich; es liegt also jedesmal eine solche vor. Die Sache ist ganz einfach diese: Ein Gutsbesitzer kauft von einem andern benachbarten Gutsbesitzer ein Pferd. Es wird verabredet, daß der Käufer dasselbe am nächsten Sonntage, als am Tage der Uebergabe, abholen solle. Der Käufer macht an diesem Tage sich rechtzeitig auf den Weg zur Uebernahme. Unterwegs wird er vom Blitze getroffen und so beschädigt, daß er auf der Stelle bleibt, und nicht sprechen kann. Er wird von Unbekannten aufgehoben und in der Gegend untergebracht. Natürlich trifft er so wenig als ein Stellvertreter für ihn ein. In der folgenden Nacht brennt des Verkäufers Gut, durch den Blitz entzündet, ab, und das Pferd kommt dabei, ohne alle Schuld eines Menschen, um. Wer trägt den Schaden? oder mit andern Worten: kann der Verkäufer das Kaufgeld fordern, oder nicht? Nach der Meinung Bornemann's muß er es fordern können; denn, fährt er zur Beantwortung der von ihm aufgeworfenen Fragen fort, „mir scheint letzteres nicht bloß, wie im Landrechte geschieht, rücksichtlich der Verschlimmerungen, sondern auch rücksichtlich der Gefahr des Untergangs gelten zu müssen. Denn abgesehen davon, daß ein Grund des gemachten Unterschiedes nicht abzusehen ist, spricht auch für meine Ansicht theils die natürliche Billigkeit, die gerade in dieser Lehre von den Redaktoren dem Römischen Rechte entgegen gestellt worden, theils der Umstand, daß hier von den Folgen einer dem Berechtigten unmöglich gewordenen Handlung in Bezug auf diesen selbst die Rede ist.“ Also die Gründe Bornemann's, warum unser Käufer das umgekommene Pferd deshalb, weil er vom Blitze getroffen worden, und es daher nicht zur bestimmten Zeit hat übernehmen können, bezahlen soll, sind: 1) natürliche Billigkeit. Mir scheint gerade das Gegentheil als natürlich billig. 2) „Weil Jeder die Folgen der Unmöglichkeit einer Handlung, in so fern die Unmöglichkeit in seiner Person liegt, und die Handlung sich auf seine Person bezieht, tragen muß." Wenn dieß für richtig angenommen wird, was folgt daraus für unsern Fall? Die Handlung, welche dem Käufer unmöglich geworden, war die Uebernahme. Die Folge davon, in Beziehung auf seine Person, ist, daß die Uebernahme nun gar nicht mehr geschehen kann: er erhält das Pferd nicht. Daß er dessenungeachtet aber dasselbe bezahlen soll, folgt nicht; um dieses zu vermitteln, muß noch mehr dazu kommen. Es kommt darauf an: ob unser Käufer in Mora ist. Ulpianus verneint es nach Römischem Rechte ganz bestimmt[33]), und nach dem Allg. Landrechte muß man es noch viel mehr verneinen; wenn er aber auch wirklich in Mora wäre, so würde er, da er den Blitz doch wohl nicht durch sein mäßiges Versehen auf sich gezogen hat, nur zur Schadloshaltung, ohne Bezahlung des Kaufgeldes, schuldig sein (oben III, A, b.)

Das bisher Vorgetragene bezieht sich auf eine Species. Die Frage ist: welchen Einfluß die mora accipiendi bei a) einer alternativen Obligation hat. Es läßt sich Jemand von zwei Sklaven einen, entweder den Dama, oder den Erotes, versprechen. Der Promissor hat die Wahl, und will den Dama übergeben. Der Stipulator verzögert die Annahme, und Dama stirbt darauf. Es fragt sich: kann der Stipulator nun den Erotes fordern, oder nicht, und muß er im letztern Falle doch bezahlen? Javolenus behauptet das Letztere: „Nam, sagt er, si per debitorem mora non esset, quominus id, quod debebat, solveret, *continuo* eum debito liberari[34])." Das Allgem. Landrecht hat keine Bestimmung für diesen Fall; das Römische Recht lehrt uns aber, wie die Sache

33) L. 23, §. 1 D. de receptis (IV, 8).

34) L. 105 D. de verb. obl. (XLV, 1). — L. 72, §. 4 D. de solut. (XLVI, 3).

zu behandeln ist. Es wird nämlich durch die Wahl des dazu Berechtigten die zu gebende Sache eine Species (§. 5, Nr. II), und nun gelten davon die allgemeinen Regeln. Dieß ist der Grund, warum in dem von Javolen erzählten Falle der Promissor von der ursprünglich alternativen Obligation durch den Casus liberirt wird.

b) Bei generischen Sachen gilt etwas Aehnliches. Marcellus gedenkt des Falles, daß Jemand, der eine schuldige Summe Geldes dem Kreditor bringt, welche anzunehmen dieser sine justa causa verweigert, und welche darauf der Debitor sine sua culpa verliert, von der Schuld frei sei[35]). Das Genus wird hierdurch ebenfalls zur Species; und in sofern nach den Grundsätzen des Landrechts überhaupt der Kreditor wegen seiner Mora den Verlust tragen muß, ist er auch in diesem Falle davon nicht zu entbinden.

Außer diesem Falle kann bei einer obligatio generis der Debitor durch die Mora des Kreditors nicht befreit werden. Wohl aber muß dieselbe auf die Werthsbestimmung von Einfluß sein. Nach Römischem Rechte soll, wie in dem entgegengesetzten Falle der mora solvendi der Debitor den höchsten Preis von Zeit der Mora bis zur res judicata zahlen muß, der Gläubiger im Falle der mora accipiendi sich mit dem niedrigsten begnügen[36]). Hiervon ist das Allg. Landrecht abgegangen, und hat im Falle der mora solvendi dem Gläubiger die Wahl zwischen den Sachen nebst Verzugszinsen, oder dem Werthe der Sachen zur Verfallzeit; im Falle der mora accipiendi aber dem Schuldner die Wahl: entweder die Sachen zu geben oder

---

35) L. 72 pr. D. de solut. (XLVI, 3).

36) L. 3, §. 4 D. de act. emti (XIX, 1). Vergl. L. 37 D. mandati (XVII, 1). Dazu Cujac. ad Afric. tract. VIII, in explicat. L. 37 mandati.

den zur verabredeten Zeit der Ablieferung gestandenen Werth zu entrichten, gelassen[37]).

Aus dieser Darstellung der landrechtlichen Lehren in Beziehung auf das periculum im Falle der mora accipiendi ergiebt sich, daß es oft vorkommen kann, daß der Kreditor in Mora ist, ohne daß darum der Schuldner von der Gefahr befreit wird. Was soll nun der Schuldner thun, um sich davon loszumachen? Das Allg. Landrecht giebt ihm den Rath zu deponiren.

„In allen Fällen," heißt es, „wo die Uebergabe ohne Schuld des Verkäufers aufgehalten wird, kann derselbe von aller Verantwortung gegen den Käufer dadurch, daß er die Sache zur gerichtlichen Aufsicht und Verwahrung übergiebt, sich befreien[38])."

Man[39]) hat die Wirkungen einer rechtmäßigen Deposition mit den Wirkungen der mora accipiendi in Verbindung gebracht, weil es I, 16, §. 228 heißt:

„Durch eine rechtmäßige, wirklich geleistete Deposition geht die Gefahr der gerichtlich niedergelegten Sache auf den Gläubiger über;"

und Bornemann fügt hinzu: „Es hat also den Anschein, als sei hier der Gesetzgeber von dem Grundsatze ausgegangen, daß erst die Deposition einer schuldigen Summe oder Sache den Debitor von der Pflicht, die Gefahr zu tragen, liberire." Dieß ist zuweilen, aber nicht immer, zwar allerdings der Fall, jedoch in Beziehung auf die Wirkungen der Deposition ganz gleichgültig; diese ste-

---

37) A. L.R. I, 11, §§. 859, 860; II, 7, §. 479. Nach Pr. Landr. von 1721 braucht der Debitor im Falle der mora accipiendi die Sachen nur in natura zu überliefern, ist dazu aber auch verpflichtet, der Preis sei gestiegen oder gefallen. B. IV, Tit. 1, Art. 3, §. 4. Vergl. Note 17.

38) A. L.R. I, 11, §. 99; Tit. 16, §§. 229, 234.

39) Bornemann a. a. O. S. 570.

hen zu den Wirkungen der mora accipiendi in gar keiner Beziehung. Bekanntlich ist die mora accipiendi nur einer von mehreren möglichen Depositionsgründen. Wenn nun auch ohne Rücksicht auf diesen einen Grund, die Wirkung einer rechtmäßigen Deposition ganz allgemein ausgedrückt ist, so heißt dieses weder: daß die mora accipiendi für sich, ohne Deposition, den Schuldner nicht von der Gefahr befreie, noch: daß überhaupt etwas über die Folgen der Mora habe bestimmt werden sollen.

Die Wirkung einer rechtmäßigen Doposition besteht nicht bloß, wie in der obigen Stelle etwas undeutlich ausgedrückt ist, in Befreiung von der Gefahr, sondern in Befreiung von der ganzen Verbindlichkeit. Diese Wirkung hat aber die mora accipiendi in keinem Falle, folglich muß der Schuldner deponiren, nicht nur, wenn er befreit sein will, sondern auch in den Fällen, wo die mora accipiendi nicht einmal von dem periculo befreit. Dieß ist namentlich der Fall: 1) bei der obligatio alternativa und generis dandi, wenn nicht etwa noch im Zustande der Absonderung ein Casus dazu kommt, wie vorhin erwähnt worden; 2) bei andern Obligationen, wenn bei des Gläubigers Mora nicht wenigstens culpa levis zum Grunde liegt; folglich bleibt die Deposition ganz richtig das einzige Sicherungsmittel des Schuldners, wenn auch der Kreditor in Mora ist.

Die Wirkung der verschuldeten mora accipiendi besteht:

2) sowohl nach dem Landrechte, wie nach Römischem Rechte darin, daß, wenn der Debitor für culpa levis einstehen mußte, er nur noch für Dolus und culpa lata haftet[40]. Endlich besteht sie

3) darin, daß der Debitor von den nachtheiligen

40) L. 5 et 17 D. de periculo (XVIII, 6). — L. 9 D. solut. matrim. (XXIV, 3).

Folgen seiner Mora befreit wird. Es fallen daher die Zinsen und Strafen ex mora weg[41]), und der Zufall geht auf den Kreditor über[41a]). Die Strafen müssen jedoch wirklich bloß in der Mora ihren Grund haben; ist noch ein anderer Grund dazu vorhanden, so kann natürlich die mora accipiendi, wodurch bloß die mora solvendi und deren Folgen gehoben werden, diese Zinsen u. s. w. nicht hemmen, sondern alsdann muß der Debitor deponiren[42]). Das Landrecht bestimmt ebenfalls, daß schon das Anbieten der Zahlung, oder der, der Zahlung gleichen, Deposition, die Wirkung der mora solvendi aufhebe, und mithin von Zögerungszinsen, Konventionalstrafen und andern nachtheiligen Folgen des Verzugs[43]), aber nicht von Zinsen aus einem andern gesetzlichen Grunde[44]), befreie. Die Präsentation des Depositionsgesuchs, wenn darauf die Deposition folgt, und für rechtmäßig erklärt wird, gilt der Erinnerung des Gläubigers zur Annahme seiner Forderung, wodurch er in moram accipiendi versetzt wird, gleich. (Note 45).

41) A. L.R. I, 11, §§. 98, 112. — L. 23, §. 3; L. 24 D. de receptis (IV, 8). — L. 73 et 122, §. 3 D. de verb. obl. (XLV, 1). — L. 7 D. de usuris (XXII, 1). — L. 39, 161 D. de regul. jur. (L, 17). — A. L.R. I, 16, §§. 24 und 25.

41a) L. 26 D. soluto matrim. (XXIV, 3).

42) L. 7 D. de usuris (XXII, 1). — L. 6, 9 C. de usuris (IV, 32).

43) A. L.R. I, 16, §. 229. Dieser Grundsatz ist in einem, in dem Centralblatt, Jahrg. 1837, Sp. 495 mitgetheilten Rechtsfalle ganz richtig dahin angewendet worden: daß der Schuldner nicht nöthig habe, die Schuld zu deponiren, um die Nachtheile der mora solvendi abzuwenden. Die Deposition ist nur eine Befugniß, wenn der Schuldner liberirt sein will, aber keine Pflicht. Die von dem Referenten (Zahn) gegen dieses Urtel gemachten Erinnerungen entbehren alles juristischen Grundes.

44) A. L.R. I, 11, §§. 111, 112.

§. 35.

ee) Purgatio morae.

Mich. Purmannus, sub praesidio Sam. Stryckii, de purgatione morae. Francof. ad Viadr. 1679, und in Diss. Francof. T. I, Nr. 8, p. 140 sq. — Cypr. Regn. ab Oosterga, de purgat. morae. Ultraj. 1671.

Die Mora wird aufgehoben, d. h. die nachtheiligen Wirkungen fallen weg (mora purgatur):

1) Durch gänzliche Tilgung der Hauptobligation. Das wäre nichts Besonderes, denn es versteht sich völlig von selbst, daß, wenn die Verbindlichkeit aufgehoben ist, von keiner Mora weiter die Rede sein kann. Der Sinn aber ist der, daß, wenn die Hauptobligation irgendwie getilgt wird, ohne daß die aus der Mora entstandenen Nebenverbindlichkeiten erfüllt worden, und der Gläubiger eine solche Erfüllung oder Aufhebung sich gefallen läßt, die Nebenverbindlichkeiten aus der Mora für die Vergangenheit erlassen, und daher mit erloschen sind. Der juristische Grund davon ist, daß die Accessionen, und daher auch die Ansprüche ex mora nur mit der Hauptklage gefordert werden können [1]). Wollte der Gläubiger, nachdem er die Zahlung der Hauptschuld ohne Vorbehalt angenommen, von neuem klagen, so würde ihm die doli exceptio entgegen stehen [2]), denn die Klage ist vollständig consumirt.

Nach dem Preußischen Rechte würde jener juristische Grund zwar nicht gelten, weil man auch Nebenansprüche für sich geltend machen kann [3]); aber daß die Quittungs-

1) L. 49, §. 1 D. de act. emti (XIX, 1). — L. 129, §. 1 und L. 178 D. de regul. juris (L, 17). — L. 4 C. depositi (IV, 34). — L. 13, 26 C. de usuris (IV, 32).

2) L. 23 pr. D. de receptis (IV, 8).

3) Westphal, in der Lehre des Gemeinen Rechts vom Kauf, Pacht und Miethskontrakt, §. 557, wollte dieß schon nach Gemeinem

leistung ohne Vorbehalt über die Hauptschuld als Erlaß der nicht wirklich mitbezahlten Verzugszinsen zu interpretiren, erkennt auch das Landrecht an[4]). Ein solcher Erlaß wird nach Römischem Rechte namentlich auch bei der Novation angenommen, wenn dabei die Forderungen aus der Mora übergangen werden[5]). Eben dasselbe gilt, wenn an Stelle der bisherigen Obligation, nach bereits eingetretener Mora, eine neue bedingte treten soll; denn wenngleich hierdurch allein noch nicht die alte Obligation gänzlich aufgehoben wird, so giebt doch dadurch der Gläubiger eine neue Frist[6]).

Dieselben Gründe gelten auch im Preußischen Rechte. Hauptsächlich aber bezieht sich die Frage von der Aufhebung der Mora auf den Fall, wenn die Obligation fortbesteht. Hierbei ist Regel:

die Aufhebung geschieht nur pro futuro; die schon begründeten Ansprüche aber werden nicht beseitigt[7]).

In dieser Art wird die Mora aufgehoben:

Rechte zufolge der Regel: ubi non deficit jus, ibi non deficit actio, indem er die Grundsätze des Römischen Rechts für eine römische Aengstlichkeit erklärte. Diese Meinung hat aber weder bei Theoretikern noch in der Praxis Eingang gefunden.

4) A. L.R. I, 11, §. 847. Vergl. oben §. 10 in f.

5) L. 8 pr. et 18 D. de novat. (XLVI, 2). — L. 17 D. de cond. furt. (XIII, 1). — L. 29, §. 1 D. de verb. obl. (XLV, 1).

6) Die Aussprüche der röm. Juristen über die Frage sind nicht ganz übereinstimmend; das Moment der Befristung wird nicht berührt. M. s.: L. 14 pr. D. de novat. (XLVI, 2). — L. 72, §§. 1, 3 D. de solut. (XLVI, 3). — Vergl. L. 31 pr. D. de novat. und L. 56, §. 8 D. de verb. obl. (XLV, 1). — Dazu Cujac. ad L. 56, §. 8 in Commentar. ad D. de V. O. in Comment. ad Julian. Dig. L, 52. Ueber die Auslegung der Legalstellen s. m. Madai a. a. O. S. 487 ff.

7) L. 23 pr. D. de receptis (IV, 8). — L. 31 pr. D. de novat. (XLVI, 2). — A. L.R. I, 16, §§. 24, 70: „so können

2) Durch Bewilligung einer neuen Frist[8]); denn dadurch hört die Mora von diesem Augenblicke an, aber nicht für die Vergangenheit, auf, eine Rechtsverletzung zu sein. Eine solche Einwilligung kann auch stillschweigend gegeben werden. Dafür wird aber eine stillschweigende Nachsicht des Gläubigers, d. h. ein Stillschweigen bei der Zögerung des Schuldners, oder die Annahme von Abschlagszahlungen, noch nicht angesehen[9]). Eine Ausnahme davon gilt bei Erbzinsgütern, wo die Strafe der Mora des Erbzinsmanns für erlassen angesehen wird, wenn der Erbzinsherr auf den rückständigen Erbzins Abschlagszahlungen angenommen hat[10]). Diesen Mittelweg hat das Landrecht bei der Verschiedenheit der Meinungen unter den gemeinrechtlichen Juristen genommen, indem Einige, wegen der Einfalt der Landleute, die Entziehung des Erbzinsguts wegen versäumter Entrichtung des Zinses anders nicht zulassen wollen, als wenn ihnen bei dem Kontrakte selbst diese Strafe ausdrücklich bekannt gemacht worden[11]), Andere aber auf diese Einfalt gar keine Rücksicht nehmen wollen[12]). Ferner:

3) Durch den Eintritt der Mora des andern Kon-

letztere (die Verzugszinsen) bis zum Ablaufe der Nachfrist nicht gefordert werden." D. h. von dem Zeitpunkte der gegebenen Nachfrist an bis zu deren Ablauf. Hierher gehört die Bemerkung von Suarez: „Der Satz: ultima mora nocet, ist nicht ganz richtig. Man denke sich einen Fall, ubi dies interpellat pro homine. Er macht keine Anstalt zur Zahlung, ungeachtet sich der Kreditor zu deren Empfangnahme bereit zeigt. Endlich nach Jahr und Tag offerirt er die Zahlung, und nun ist der Kreditor in mora accipiendi. Sollte da der Debitor für die Zwischenzeit nicht usuras morae zahlen müssen?

8) L. 29 pr. D. de verb. obl. (XLV, 1). — A. L.R. a. a. O. §. 70.

9) Ebend. §§. 69, 58.

10) Ebend. I, 18, §. 777.

11) Gabke, Bauernrecht, §. 451.

12) Hagemann, Landwirthschaftsrecht, §. 72.

trahenten. Mit dem Zeitpunkte des Eintritts der Mora des Andern fallen die Folgen der frühern Mora für die Zukunft weg, wenn die Lage noch unverändert ist (§. 34, Note 41 u. 41[a]). Die bis dahin durch die frühere Mora schon erworbenen Rechte erlöschen nicht[13]). Dieß ist der Fall, wenn der säumige Schuldner die Zahlung offerirt, und der Gläubiger die Annahme verweigert. Um jedoch den schon ex mora angefangenen Lauf der Zinsen zu hemmen, verlangten viele gemeinrechtliche Juristen die Deposition, weil Hauptschuld und Verzugszinsen nur Eine Obligation seien, diese aber durch bloße Oblation nicht getilgt werden könne. Davon wollte man aber bei der mora ex persona eine Ausnahme gelten lassen[14]). Es fehlt jedoch jeder Grund, warum ein Accessorium nicht wegfallen könnte, während die Hauptschuld fortbesteht, und es ist inkonsequent, dieses in einem Falle anzunehmen und in dem andern nicht. Das Preußische Recht verlangt die Deposition nicht (Note 13). Bei Handlungen (obligationes in faciendo) läßt sich aber in Fällen, wo die spätere Leistung dem Gläubiger unnütz sein würde, die Mora durch verspätetes Anbieten wider Willen des Gläubigers nicht purgiren; der Gläubiger kann sein Interesse fordern. Die Meinungen über diese Frage waren verschieden. Das A. L.R. hat sich der Meinung angeschlossen, welche dem Gläubiger den Rücktritt und Schadloshaltung zuerkannte. (Oben, §. 34, Nr. II, 4.)

Ist nicht zu ermitteln, wie lange die erste Mora ge-

13) L. 17 D. de periculo (XVIII, 6): „Cum omnia in integro essent." — L. 23 pr. D. de receptis (IV, 8). — L. 15 D. de novat. (XLVI, 2). — A. L.R. I, 16, §§. 24 u. 25. Vergl. Note 7.

14) Hellfeld, diss. de oblatione debiti usurarum initium, non vero earum cursum inceptum impediente. Jenae 1778. — Voet, comment., Lib. XXII, Tit. 1, §. 17. — Hoffacker, principia juris, Tom. III, §. 1841. — Glück a. a. O. S. 419—421.

dauert hat, d. h. welche Folgen dadurch entstanden sind, so wird bloß auf die gewisse letzte Mora gesehen[15]). Hiervon ist der Fall verschieden, wenn beide Theile gleichzeitig in Verzug kommen. Alsdann hebt eine Mora die andere auf, d. h. es ist keiner von beiden in Mora, und es bleibt alles unverändert[16]): keiner von beiden Theilen hat dem Andern etwas vorzuwerfen.

§. 36.

3) Privatstrafen.

Unter Privatstrafen versteht man die Folgen einer Rechtsverletzung, insofern dieselben von der Wiederherstellung der Rechtsverletzung unabhängig sind, und mithin der Verletzte dadurch bereichert werden soll. In dieser Beziehung theilten die Römer ihre actiones personales ein in actiones rei persecutoriae und poenales. Unter Pönalklagen verstand man aber sowohl solche, quae ex maleficio poenae causa oriuntur (Pönalklagen im subjektiven Sinne), als auch solche, quae poenae persequendae causa comparatae sunt (Pönalklagen im objektiven

15) L. 24 D. de recept. (IV, 8). — L. 91, §. 3; L. 73, §. 2 D. de verb. obl. (XLV, 1). — L. 17 D. de peric. (XVIII, 6). — L. 37 in f. D. mand. (XVII, 1). — A. L.R. a. a. O. §§. 24, 25. Der §. 25 nennt die letzte gewisse Mora die „spätere" Zögerung. Grävell meint in seiner Generaltheorie der Verträge, S. 210: „Unter der spätern Zögerung muß hier unbedenklich (!) die ältere, diejenige, welche am längsten gedauert hat, verstanden werden. Denn von dieser ist gewiß (sic), nicht nur, daß sie existirt, sondern auch, von wo ab sie existirt hat und also die rechtlichen Folgen eingetreten sind." Schon Bornemann, von Rechtsgeschäften S. 341 (Ed. II, S. 346) hat gesagt, daß diese Bemerkung eine Nichtbeachtung des Römischen Rechts und der Natur der Verhältnisse verrathe. Man kann hinzufügen, daß sie unjuristisch, unlogisch, und auch gegen den Sprachgebrauch ist.

16) L. 51 pr. de act. emti (XIX, 1). — Glück a. a. O. S. 425. — A. L.R. I, 16, §. 22.

Sinne). Die Bestimmung des Römischen Rechts, daß Pönalklagen nicht auf die Erben des Beklagten übergehen, bezieht sich auf die objektiven Pönalklagen [1]). Nach dem Gemeinen Rechte, sagt man, fallen heutzutage alle objektiven Pönalklagen weg. Dieß ist nur alsdann richtig, wenn in Stelle der Privatstrafen eine öffentliche getreten ist. Durch diese ist die römische Privatstrafe absorbirt. Wo aber keine öffentliche Strafe substituirt, und die Aufhebung der Privatstrafe auch nicht aus einem besondern Verfassungsgrunde zu folgern ist, da muß eine Privatstrafe noch jetzt zulässig sein [2]).

Nach Preußischem Rechte sind die Privatstrafen größtentheils verschwunden: bei Forstdefraudationen sind sie noch im Gebrauche; im Eherechte bei Ehescheidungen [3]) und beim Rücktritt von einem Ehegelöbnißvertrage ohne rechtlichen Grund [4]); beim Erbzinsvertrage, wenn der Laudemialberechtigte durch Simulation einer niedern Kaufsumme bevortheilt worden ist [5]), und bei Beschädigungen durch Vieh [6]).

IV. Beschränkung des Objekts.

§. 37.

A. Zwang zur Leistung des Objekts.

Der Schuldner muß genau das, worauf die Obli=

---

1) L. 1 D. de alienatione, judicii mutandi causa (IV, 7).

2) Leyser spec. 56, m. 2. — Wernher, observ. forens., P. III, obs. 24. — Schweppe, Lehrbuch, §. 540. — Dagegen: Thomasius, de usu act. poenal. jur. rom. in for. germ. in Diss. acad. T. I, Nr. 20. — Hufeland, Lehrbuch, §. 366.

3) A. L.R. II, 1, §. 783 u. f. Die Ehescheidungsstrafen gelten als Abfindung wegen der künftigen Erbfolge.

4) Ebend. §§. 114—118.

5) Ebend. I, 18, §. 725. Vergl. Pr. des Obertrib. 2051, v. 13. Septbr. 1848 (Rechtsf. Bd. IV, S. 372).

6) S. unten Bd. III.

gation geht, nicht mehr und nicht weniger, leisten. Von dieser Regel gelten nach Römischem Rechte folgende Ausnahmen:

1) Eine allgemeine bei dem ältern Römischen Prozesse, in welchem die Verurtheilung gewöhnlich in Gelde geschah. (Vergl. oben §. 5, Nr. III.)

2) Datio in solutum. Wenn der Debitor kein Geld hat, so kann er dem Kreditor seine beste Sache, keine schlechtere, anbieten, und der Kreditor muß dieselbe nach der Taxe annehmen [1]).

Von diesen beiden Ausnahmen kommt im Preußischen Rechte nichts vor.

3) Bei der obligatio in faciendo. Wenn die Handlung nicht zur rechten Zeit geschieht, oder durch Culpa des Schuldners unmöglich gemacht ist, so kann der Gläubiger das Interesse fordern. (§. 5, Nr. III und §. 35, Nr. 3.)

4) Leistung der Aestimation, welche darin besteht, daß statt einer Leistung Geld gegeben wird.

Diese beiden Ausnahmen gelten auch noch nach Preußischem Rechte. (Vergl. §. 5, Nr. III und §. 35, Nr. 3.)

Wenn der Gläubiger die Obligation nicht erfüllen kann, so ist seine Person verhaftet, und in frühester Zeit wurde er sogar Sklave. Nach altem Römischen Rechte konnte der Zwang nur gegen die Person unmittelbar gerichtet werden; und nur mittelbar, nämlich dadurch, daß dem Gläubiger die Person addicirt und der Schuldner dadurch bewogen wurde, Verfügungen über sein Vermö-

---

1) Vergl. §. 5, Nr. III, Note 37. — Sam. Stryck, de beneficio dationis in solutum, ad Novell. 4, c. 3. Francf. ad Viadr. 1666. 1667. (in Opp. I, 9). — G. Wernher, de beneficio dationis in solutum. Helmst. 1660. — H. Schönfeld, de datione in solutum. Altorp. 1693. — Joh. Gottf. Amand Weidner, Lehre von der Zahlung und Angabe an Zahlungsstatt. Jena 1799. 8.

gen zur Befriedigung des Gläubigers zu treffen, konnte dieser an das Vermögen des Schuldners kommen[2]). Hierin war das ältere Deutsche Recht dem alten Römischen Rechte sehr ähnlich. Auch nach diesem konnte der Gläubiger sich nicht an die Güter, sondern nur an die Person des Schuldners halten; und der Richter gab ihm dieselbe zu eigen oder „zur Hand und Halfter" [3]). Später wurde die Personalexekution ein subsidiarisches Hülfsmittel, welches auch im Justinianeischen Rechte noch als persönliche Haft, und nicht mehr als Sklaverei, vorkommt[4]). Gemeinrechtlich ist jedoch dieses Mittel als ein ordentliches nicht mehr vorhanden, weil es durch das canonische Recht, aus Mißverständniß der L. 12 C. de act. et obl. (IV, 10), worin es bloß heißt, daß ein Freier, wegen einer Schuld, nicht mehr Sklave werden (serviren) solle, aufgehoben worden ist[5]); dagegen kommt es noch als außerordentliches Exekutionsmittel in Fällen, wo der Schuldner durch sein Verschulden in Vermögensverfall gerathen ist, vor; und in Wechselsachen ist es das gewöhnliche. Eine große Anzahl partikularrechtlicher Exekutionsordnungen aber folgen dem Römischen Rechte, und behandeln den Personalarrest als ordentliches aber letztes Exekutionsmittel. Bevor daher zu demselben geschritten werden kann, muß die Exekution in das Vermögen fecht-

2) Gellius, L. XX, c. 1. — Gajus IV, §. 21—25.

3) Sachs. Sp. III, Art. 39. — Magdeb. Weichbild. 27 — Lüb. Stat. I. Tit. 3. §. — In der Nürnberger Reformation hat sich das zu Eigengeben schon in ein Einsperren in den Schuldthurm verwandelt. Eichhorn, Rechtsgesch. §. 456 u. b. — Engau, de tradit. debitoris ad manus creditoris, vulgo von Gebung des Schuldners an Hand und Halfter. Jenae 1746. 4. — Bodmann, rheingau'sche Alterthümer, S. 644. Grimms deutsche Rechtsalterthümer, S. 615.

4) L. 12 C. de act. et obl. (IV, 10).

5) C. 2 X. de pignor. (III, 21).

los ausgefallen sein. Bei der Realexekution ist überall eine gewisse Ordnung vorgeschrieben [6]). Nach Römischem Rechte [7]) sollte zuerst das Mobiliarvermögen, und erst bei Ermangelung oder Unzulänglichkeit desselben sollten die Immobilien, und auch diese nur in einer gewissen Ordnung, angegriffen werden; wenn körperliche Sachen fehlten, sollten Rechte und ausstehende Forderungen an die Reihe kommen. Dem Schuldner wurde zur Genügung des Erkenntnisses, nach älterem Rechte, eine Frist von 30 Tagen (Note 2), später von 2 Monaten [8]), nach Justinianeischem eine von 4 Monaten [9]), nach deutscher Gerichtspraxis eine nicht überall gleiche [10]) verstattet. Es bildete sich aber die Regel aus, daß außer der in dem Erkenntnisse festgesetzten Frist noch eine neue, eine s. g. Verwarnungsfrist, gewährt wurde, ehe man die angekündigte Exekution vollstreckte. Diese neue Frist entstand aus dem Verfahren, wonach auf das Exekutionslibell ein Termin zur Vollstreckung der Exekution angesetzt wurde [11]).

Diese Grundsätze galten im Allgemeinen auch im ältern Preußischen Rechte. Zuvörderst war es Praxis, daß in dem Erkenntnisse eine Frist von 8—14 Tagen zur Befolgung gegeben wurde. (Vergl. §. 10, Nr. I.) Sodann war es gesetzlich vorgeschrieben, daß auf das zu-

---

6) Mittermaier, der gemeine deutsche bürgerliche Prozeß, Bd. III, S. 118 u. f.

7) L. 15 D. de re judic. (XLII, 1). — L. 5, §. 9 D. de reb. eor. qui sub tut. (XXVII, 9).

8) L. un. C. Theod. de usuris rei jud.

9) L. 9 C. de execut. rei jud. (VII, 53). — L. 1 et 2 C. de usuris rei jud. (VII, 54).

10) Kopp, Nachrichten von den Hessenkasselschen Gerichten, Th. I, S. 492. Emmerich Frankenberg, Gewohnheiten in Schminke, monum, p. 738. Vergl. oben §. 10, Nr. I.

11) Stryck, usus mod., L. XLII, 1, §. 48.

läſſige Exekutionsgeſuch ein Monitorium mit einer Friſt von 8 Tagen bis 4 Wochen erlaſſen wurde, nach deren Ablauf erſt die Vollſtreckung erfolgte [12]). Dieſe Friſten und Exekutionsankündigungen ſind abgeſchafft. (Oben §. 10, Nr. I.) Die Exekutionsmittel ſind folgende [13]):

1) Pfändung und Verkauf der beweglichen Sachen. Dabei war die Vorſchrift des Römiſchen Rechts wiederholt, daß die dem Schuldner entbehrlichſten Stücke zuerſt genommen werden ſollten [14]). Der Schuldner mußte auf Verlangen des Gläubigers ſein Vermögen eidlich manifeſtiren, ſobald die Exekution in das Mobiliare ohne Erfolg war oder gehemmt wurde, oder wenn es nach dem Ermeſſen des Richters klar war, daß der Gläubiger aus dem vorhandenen Mobiliare nicht werde befriedigt werden [15]). Mehrere Partikularprozeßordnungen ſchreiben vor, daß dem Schuldner gewiſſe unentbehrliche Gegenſtände, z. B. Acker- und Wirthſchaftsgeräthe und das zum Landbau nothwendige Vieh, Handwerkszeug, nothwendige Betten und Kleider, nicht genommen werden ſollten. Dieſe Vorſchrift enthielt auch die Kammergerichtsordnung [16]). Die Allgemeine Gerichtsordnung hatte dieſelbe wiederholt, doch mit der Abweichung in dem Titel

12) A. G.O. I, 24, §. 31. Verordnung über die Exekut. in Civil-Sachen. Vom 4. März 1834, §. 3.

13) A. G.O. I, 24, §§. 68 – 141.

14) Ebend. §. 70. — L. 15, §. 2 D. de re jud. (XLII, 1).

15) Verordn. vom 4. März 1834, §. 11. — Auch nach Sächſ. R. Rivinus, enunciata juris ad Ord. Proc. jud. Sax. elect. coll. (Hildburghaus. 1749. 4.) Tit. 39, en. 17.

16) Tit. 54, §. 16: „Hiervon ſind jedoch derer Schuldner tägliche Kleidungen, inglcichen derer Handwerker zu ihrer Profeſſion gehöriges Werkzeug, nnd auf dem Lande Pflug und Ackerzeug, wie auch das zur Hofwehr derer Unterthanen gehörige Vieh auszunehmen.“ Vergl. Ord. Proc. Magdeb. c. 46, §. 8; L. 7, 8 C. quae res pignori (VIII, 17); Auth. Agricultores ad L. 8 C. eodem; Nov. 32, 34.

von Exekutionen, daß Betten nur insofern, als Kranke und Wöchnerinnen darin liegen, und Kleider gar nicht von der Exekution ausgeschlossen sein sollten [17]). An einer andern Stelle aber, wo von einer allgemeinen Exekution die Rede ist, nämlich im Titel vom Konkurse, war vorgesehen, daß dem Schuldner auch seine gewöhnlichen Kleidungsstücke und Leibwäsche, und seiner Frau und seinen Kindern die nach ihrem Stande unentbehrliche Kleidung und Leibwäsche, nebst den Betten, für ihre Person gelassen werden sollten [17 a]). Die Anwendung dieser, lediglich den guten Sitten und dem öffentlichen Interesse Rechnung tragenden, Vorschrift außer dem Falle des Konkurses war in der Praxis auf Schwierigkeit gestoßen, so daß diese Vorschriften für allgemeine, bei allen Exekutionen zu beobachtende, erklärt werden mußten [17 b]). Bei Einziehungen öffentlicher Abgaben und von Gerichtskosten sollte noch milder verfahren, es sollten die nothwendigsten Betten für den Schuldner, dessen Frau und Kinder, und Kleider, das unentbehrliche Hausgeräth und ein Stück Milchvieh gelassen werden [18]). Eine ähnliche aber ganz allgemeine Bestimmung hat das Französische Recht [19]). Wollten mehrere Gläubiger aus dem nämlichen Gegenstande befriedigt sein, so wurden die nachkommenden Exekutionssucher, so lange der Erlös noch nicht vertheilt war, auf denselben oder die noch unverkauften Gegenstände durch

17) Tit. 24, §. 71. — Vergl. Thibaut, §. 862; Gabke, Bauernrecht, §. 450; Münter, Weiderecht, §. 231; Hagemann, Landwirthschaftsrecht, §. 71, Nr. 5.

17 a) Tit. 50, §§. 218, 315, 328.

17 b) K.O. vom 13. Dezember 1836 (G.S. 1837, S. 1). Die Veranlassung zu dieser K.O. wird in der Juristischen Wochenschrift für 1837, S. 98 erzählt.

18) K.O. vom 30. November 1825; R. vom 27. Oktober 1825 (Jahrb. Bd. XXVI, S. 389).

19) Code de procedure Art. 592.

ein richterliches Dekret immittirt. Sämmtliche Gläubiger wurden dann, wenn der Gegenstand zu ihrer Aller Befriedigung nicht hinlangte, vermöge der Gleichberechtigung aus dem prätorischen Pfandrechte verhältnißmäßig befriedigt, soweit Keiner ein besseres Vorrecht, als die Auspfändung und Immission gab, hatte[19a]).

Dieser Rechtstheil ist neu geregelt.

a) Bei allen Arten von Exekutionsvollstreckungen sollen die nöthigen Betten, Kleidungsstücke, Hausgeräth und andere Sachen, sofern dieselben dem Gemeinschuldner und dessen Familie (Frau und Kindern) unentbehrlich sind, von der Beschlagnahme freigelassen werden[19b]); auch dürfen Gegenstände, welche dem Gemeinschuldner von Dritten mit dem Vorbehalte zugewendet worden sind, daß sich seine Gläubiger daran nicht halten dürfen, nicht angegriffen werden[19c]).

b) Wenn der Schuldner auf den Antrag eines Gläubigers gepfändet worden ist; so können auch noch andere

---

19a) V. I. vom 4. März 1834, §. 17 (G.S. S. 35). — Erk. des Obertr. vom 3. März 1838 (Entsch. Bd. III, S. 195.) Dazu meine Beurtheilung der ersten zehn Bände rc. S. 172.

19b) V. vom 13. Oktober 1843 (G.S. S. 336); Konk.-O. vom 8. Mai 1855, §. 143, Nr. 1. Den Beamten und Pensionisten müssen auch die nöthigen Bücher gelassen werden. Anh. zur A. G.O. (I, 24, §. 70) §. 156. Offiziere haben ein noch weiter gehendes Privilegium. §. 155 a. a. O; K.O. v. 4. Mai 1837 (G.S. S. 98); K.O. vom 9. März 1839 (G.S. S. 93). Dieß ist auch auf Unteroffiziere und Soldaten ausgedehnt. K.O. vom 8. November 1831 (G.S. S. 250).

19c) Das Prinzip enthält der §. 429, Tit. 2, Th. II des A.L.R. und L. 6 D. de cess. bonor. (XLII, 3); eine Anwendung davon macht die K.O. vom 28. December 1840 (G.S. 1841, S. 52) in Betreff des Antheils der Sträflinge und Gefangenen am Arbeitsverdienst, und die K.O. vom 15. November 1819 (G.S. 1820, S. 45 und Jahrb. Bd. XIV, S. 211) in Betreff des Gnadenmonats für die Hinterbliebenen eines Beamten.

Gläubiger desselben Schuldners aus den in Beschlag genommenen Sachen ihre Befriedigung suchen [19d]). Dieses geschieht nicht mehr durch Auswirkung einer Immission, sondern durch eine s. g. Beitrittserklärung bei demjenigen Richter, welcher die erste Exekutionsverfügung erlassen hat. Die Mitwirkung des Richters ist dabei in soweit erforderlich, als er die Zulässigkeit der Beitrittserklärung zu prüfen und, wenn die Beitrittserklärung zulässig ist, dieselbe den übrigen Exekutionssuchern und dem Schuldner bekannt zu machen hat [19e]).

c) Solche Gläubiger, welche keinen exekutorischen Titel haben, und den Nachweis der Vollstreckbarkeit ihrer Forderung der Beitrittserklärung nicht beifügen, werden zur Theilnahme nicht zugelassen, wenngleich sie mit einem Vorrechte versehen sind; Interventionen wegen dinglicher Rechte sind dagegen nicht ausgeschlossen [19f]). Der Pfandgläubiger kann der Veräußerung der ihm haftenden Pfandstücke nicht entgegentreten; er soll, auch wenn seine Forderung noch nicht fällig, vor allen andern Gläubigern Befriedigung verlangen können [19g]). Dieß ist unausführbar bei illiquiden Forderungen, wie z. B. bei der Forderung eines Vermiethers oder Verpächters vor Beendigung des Pacht- oder Miethsverhältnisses: in diesem Falle muß der Erlös in soweit, als er zur Deckung des Verpächters oder Vermiethers wahrscheinlich erforderlich ist, in gerichtlicher Verwahrung bleiben [19h]). — Ein Arrestleger kann von dem Prioritätsstreit nicht aus dem

---

19d) Konk.-O. vom 8. Mai 1855, §. 362.

19e) Ebend. §. 364. Vergl. Instr. dazu, v. 6. August 1855, §. 58.

19f) Konk.-O. §§. 362, 364, 376. — Pl.-Beschl. (Pr. 1769) des Obertrib. v. 25. August 1846 (Entsch. Bd. XIII, S. 111); Pl.-Beschl. vom 25. Januar 1847 (J. M. Bl. S. 56).

19g) Konk.-O. §. 376.

19h) Vergl. J. M. Bl. 1847, S. 56.

Grunde ausgeschlossen werden, weil seit dem Judikat, wodurch der Arrest für justifizirt erklärt worden, mehr als Jahresfrist abgelaufen ist und er außer dem angelegten und ohne sein Verschulden bisher nicht realisirten Arreste anderweite Exekutionsanträge nicht angebracht hat[19i]). Ueberhaupt kann ein rechtmäßig angelegter Arrest durch keine aus dem Rechte des Arrestaten angemaßte Verfügung über die verkümmerte Sache vereitelt werden, folglich kann auch ein anderer Gläubiger des Arrestaten bloß deshalb, weil er einen exekutorischen Titel für sich ausgewirkt hat, sich nicht ohne weiteres aus der verkümmerten Sache bezahlt machen, vielmehr muß der Exekutionssucher zuvor seinen Vorzug gegen den Arrestleger ausführen[19k]). Daraus folgt, daß der Arrestleger auch als Intervenient bei dem Prioritätsstreite zugelassen werden muß. — Das Alter der Beschlagnahme oder der Beitrittserklärung giebt kein Vorrecht mehr[19l]).

2) Beschlag der ausstehenden Forderungen[20]). Nach Gemeinem Rechte war es Regel, daß dieselben erst nach den Immobilien an die Reihe kommen konnten[21]), auch war dieß in einigen Partikular-Exekutionsordnungen vorge-

19i) Pr. des Obertrib. 2424 vom 6. Januar 1853 (Entsch. Bd. XXIV, S. 475.)

19k) A. G.O. I, 29, §§. 81—83. Vergl. R. vom 24. April und 6. Juni 1840 (J. M. Bl. S. 153 und 205). Hat der Exekutionssucher kein besseres Recht, so kann er als Gleichberechtigter nur einen verhältnißmäßigen Theil fordern, bei dessen Berechnung die Forderung des Arrestlegers vorläufig nach dessen Angabe angenommen wird. Das Uebrige muß bis zum Austrage der Hauptsache des Arrestlegers in gerichtlicher Verwahrung bleiben.

19l) Konk.-O. §. 368. Sonst war es anders. A. G.O. I, 50, §. 448. — V. vom 4. März 1834, §. 21.

20) A. G.O. I, 24, §§. 101 u. f. — Ges. vom 4. Juli 1822 (G.S. S. 178).

21) Mittermaier, der gemeine deutsche bürgerliche Prozeß, Beitr. III, S. 121 ff.

schrieben [22]), während nach andern die Forderungen vor den Immobilien genommen werden sollten [23]). Nach Preußischem Rechte werden dieselben zu dem beweglichen Vermögen gerechnet und können, nach der Wahl des Gläubigers, vor oder nach der Auspfändung angegriffen werden [24]). Erst durch das Gesetz vom 4. Juli 1822 ist ein angemessener Exekutionsmodus bei Forderungsrechten vorgeschrieben. Der Gläubiger kann sich auf zweifache Art daraus bezahlt machen:

a) Dadurch, daß er die Forderung einzieht und das Empfangene sich auf seine Forderung anrechnet. Dazu bedarf es eines richterlichen Dekrets, wodurch er zum Prokurator in rem suam gemacht wird. Das Verhältniß wird nach den Regeln der Assignation beurtheilt und begründet ein prätorisches Pfandrecht [25]), welches jedoch kein Vorrecht mehr giebt.

b) Dadurch, daß er die Forderung ganz oder zum Theil, mit oder ohne Zinsen, wie er es gut findet, da er sich aus jedem Theile des Vermögens seines Schuldners bezahlt machen kann, nach dem Nennwerthe in Zahlung annimmt. Dieß geschieht durch eine, von dem Richter ertheilte Cessions-(Ueberweisungs-)Urkunde. Hierin liegt eine Novation; der Exequendus wird liberirt und haftet nur als Cedent, indem der Richter für den Exequendus handelt und eine freiwillige Cession ermittelt [26]). Es ist in Frage gekommen: ob der Exekutions-

22) Cod. jud. bavar., cap. 18, §. 3; Kori, Sächs. Prozeß, S. 334.

23) Oesterlei, Hannöv. Prozeß, Th. II, S. 417.

24) A. G.O. I, 24, §. 101.

25) G. vom 4. Juli 1822, §. 3 (G.S. S. 178); V. I vom 4. März 1834, §§. 15 und 16.

26) G. vom 4. Juli 1822, §§. 6—9. — Pr. des Obertrib. 2012, vom 26. April 1848 (Entsch. Bd. XVII, S. 167). Der Exekutionssucher muß in seinem Gesuche ausdrücklich erklären, welche von

sucher, welcher die Ueberweisung einer Forderung nach seinem Antrage mit den Wirkungen einer Cession erhalten hat, nicht befugt sei, die Cessionsurkunde zurückzugeben und einen andern Exekutionsgegenstand vorzuschlagen. Für die Zulässigkeit hat man sich auf den §. 12 der Exekutionsordnung v. 4. März 1834 und auf den §. 243, Th. I, Tit. 16 des A. L.R. berufen. Die erste Stelle enthält wirklich, daß dem Gläubiger freistehe, anstatt des zuerst gewählten Exekutionsgegenstandes einen andern in Vorschlag zu bringen, wenn er das aus der früheren Exekution erlangte Vorrecht aufgebe. Allein diese Bestimmung trifft nicht unsern Fall; sie bezieht sich auf Befriedigungsversuche und gestattet dem Gläubiger, einen anderen Versuch zu machen, wenn der erste fehlgeschlagen ist. Die Zurückgabe einer Assignation würde danach nicht zurückgewiesen werden können, vorausgesetzt, daß er als Assignatarius seine Pflicht erfüllt und dadurch sich gegen Verlust des Regresses gesichert hat. Anders ist es mit der Cession: diese ist die Befriedigung selbst, die beizutreiben gewesene Forderung ist dadurch getilgt, das richterliche Erkenntniß ist vollstreckt, es kann deshalb auf dasselbe nicht mehr zurückgegangen werden.

Die andere Stelle enthält aus der Lehre von der Angabe an Zahlungsstatt den Rechtssatz, daß, wenn die Sache innerhalb Jahresfrist, nachdem sie an Zahlungsstatt gegeben worden, ganz oder theilweise von einem Dritten in Anspruch genommen wird, der Gläubiger gegen Rückgabe der Sache baare Zahlung fordern könne.

---

beiden Ueberweisungsarten er verlangt, sonst muß der Richter eine nachträgliche Erklärung darüber abfordern; denn er ist, da jede von beiden Moden eigene Vortheile und eigene Nachtheile für den Gläubiger hat, die Erklärung nach seinem Dafürhalten zu ergänzen und darnach die Art der Ueberweisung zu verfügen befugt. Dieß ist sehr gut ausgeführt in dem R. vom 18. Juni 1832 (Jahrb. Bd. XXXIX, S. 393.)

Der J. M. Mühler hat ausgesprochen, daß dieser Rechtssatz auf die Ueberweisung einer Forderung im Wege der Exekution nicht anzuwenden sei, weil die Angabe an Zahlungsstatt eine körperliche Sache, im Gegensatze von Forderungen, voraussetze[26a]). Der Grund ist unrichtig; das A. L.R. sagt, daß die Uebereignung einer Forderung zur Tilgung einer Schuld die Stelle einer Angabe an Zahlungsstatt vertrete[26b]). Gleichwohl ist anzuerkennen, daß der Rechtssatz des §. 243 nur auf den einen, am seltensten vorkommenden Fall, wo ein Intervenient die überwiesene Forderung mit Erfolg streitig macht, direkte Anwendung finden kann; diese Anwendung muß aber auch behauptet werden. Dagegen könnte derselbe in den gewöhnlichen sehr oft wiederkehrenden Fällen der Uneinziehbarkeit, wenn überhaupt, doch nur analog angewendet werden; und dazu fehlt ein zwingender Grund. Denn der Exequendus haftet als Cessionar und muß für die Verität und Bonität Gewähr leisten. Dadurch kommt die Sache auf geradem Wege zum Austrage; man hat nicht nöthig, auf die zweifelhafte Analogie zu kommen. Mag aber eine Meinung angenommen werden welche es sei, so ist doch soviel klar, daß nicht durch einseitige Zurückgabe der Cessionsurkunde das vollstreckte Urtel wieder in Kraft gesetzt und von neuem zur Exekution gebracht werden kann: der Anspruch des Gläubigers ist in jedem Falle eine neue Sache.

Auf gleiche Weise (a und b) wird mit Geldrenten verfahren; der Verkauf derselben ist nicht nachgelassen[27])

Schuldpapiere, welche auf Börsen einen marktgängigen Cours haben, können nach dem Börsencours, wo-

---

26a) Bescheid v. 14. April 1832 (Jahrb. Bd. XXXIX, S. 398).

26b) A. L.R. I, 16, §. 262. Vergl. Pr. des Obertrib. vom 24. Mai 1848 (Rechtsf. Bd. IV, S. 130).

27) Ges. vom 4. Juli 1822, §. 10.

für sie verkäuflich sind, in Zahlung angenommen werden. Dazu bedarf es keiner richterlichen Cessionsurkunde, sondern nur der Aushändigung gegen Quittung über die dadurch gewordene Zahlung. Will der Exekutionssucher aber dergleichen Papiere nicht in Zahlung annehmen, so erfolgt deren Verkauf durch einen vereideten Mäkler [28]). Nicht marktgängige Schuldpapiere können nicht verkauft werden [29]), es bleibt daher nur die Annahme nach dem Nennwerth übrig, wozu sich Niemand verstehen kann; es ist daher ein solcher Vermögenstheil für den Gläubiger völlig werthlos gemacht, wenn nicht eine Vereinbarung zu Stande kommt.

c) Das Gesagte (a und b) bezieht sich nur auf Geldforderungen. In Betreff solcher Forderungen, welche andere Quantitäten oder einzelne körperliche Sachen zum Gegenstande haben, ist ein anderes Verfahren vorgeschrieben.

aa) Soll die Exekution in eine Forderung von andern Quantitäten oder einzelnen körperlichen Sachen vollstreckt werden, so muß der Exekutionssucher eine gerichtliche Ermächtigung auswirken, dergleichen Forderung zur Ablieferung der Sachen an das Gericht auszuklagen; und nach der Ablieferung der Sachen soll die Exekution in dieselben zur Befriedigung des Exekutionssuchers vollstreckt werden [30]).

bb) Ist von Sachen oder Geldern die Rede, welche

28) Ebend. §§. 11—20. Das Gesetz enthält zugleich instruktive Vorschriften für das Benehmen des Richters. Die Förmlichkeiten sind zu weitläufig und zu kostspielig; statt des herbeizuschaffenden Mäkler-attestes könnte der veröffentlichte Courszettel dienen, wodurch beide Theile gewinnen würden.

29) R. vom 17. September 1832 (Jahrb. Bd. XL, S. 172). Dergleichen sind z. B. die Spanischen Staatspapiere. R. vom 6. Juli 1839 (J. M. Bl. S. 260).

30) Gesetz vom 20. März 1854, §. 17 (G.S. S. 115).

dem Exequendus eigenthümlich gehören sollen und sich im Besitz oder in der Gewahrsam eines Dritten befinden (Possession, Pfand, Verwaltung, Depositum, Mandat, Precarium, Leihe, Miethe, Viehausfütterung, Usus, Ususfructus), so wird auf Antrag des Exekutionssuchers angewiesen, die Sachen oder Gelder, versteht sich nach Beendigung des bestehenden Rechtsverhältnisses, an das Gericht abzuliefern, und nachdem dieses geschehen, wird in diese Sachen die Exekution zur Befriedigung des Exekutionssuchers vollstreckt. Zur Durchsetzung dieser Anweisung wird der Exekutionssucher zur Klage durch ein Dekret des Gerichts ermächtigt[31]).

3) Beschlagnahme der Diensteinkünfte, Pensionen und anderer lebenslänglicher Revenüen des Schuldners. Die Anweisung geschieht mit der Wirkung einer Assignation. Der Richter erläßt auf Antrag des Exekutionssuchers an die Behörde oder Kasse, bei welcher die Einkünfte zu erheben sind, ein Requisitorium, das nach und nach fällig werdende abzugsfähige Einkommen an den Exekutionssucher bis zu dessen vollständiger Befriedigung zu zahlen[31a]). Tritt ein zweiter Gläubiger hinzu, so hört die unmittelbare Zahlung an die Gläubiger auf, der Abzug wird an das Gericht abgeführt und das Gericht eröffnet ein Prioritäts- und Vertheilungsverfahren[31b]), für welches folgende Grundsätze vorgeschrieben sind:

---

31) Ebend. §. 18. Bei allen diesen Klagen muß der Exequendus adcitirt werden. Die zwangsweise Durchführung ist wegen des Raummangels bei den Gerichten unpraktisch. Wo soll das Gericht die Viehstücke, welche der Dritte zur Ausfütterung hatte, lassen? Das Gericht muß wegen der Unterbringung mit einem andern Dritten kontrahiren, was viel wohlfeiler und sicherer dem Exekutionssucher überlassen werden könnte. Und weshalb sollen baare Gelder erst durch das Gerichtsdepositorium laufen und dadurch zusammenschmelzen?

31a) A. G.O. I, 24, §. 106; Anhang §§. 160—163, 165—170.

31b) Anhang zur A. G.O. (I, 24, 106) §. 164; R. vom 28.

a) Die Gläubiger zerfallen in zwei Klassen: in ältere und jüngere. In die erste Klasse gehören alle diejenigen, deren Forderungen schon vor der allerersten Beschlagnahme entstanden sind. Die zu dieser Klasse gehörigen Gläubiger, auch wenn sie sich erst später gemeldet haben als jüngere Gläubiger, müssen erst alle vollständig befriedigt sein, ehe ein zur zweiten Klasse gehöriger Gläubiger zur Hebung kommen kann. Dieses beruhet auf der Anwendung des bei dem förmlichen Konkurse geltenden Grundsatzes, daß zur Theilnahme am Konkurse nur solche Gläubiger zugelassen werden, deren Forderungen zur Zeit der Konkurseröffnung vorhanden waren; neue Gläubiger aber nur das erhalten, was nach Befriedigung der Konkursgläubiger übrig bleibt [31c].

b) Die Vertheilung erfolgt jährlich mit Ablauf des Kalenderjahres, sobald die letzte Hebung eingegangen ist. Die Einnahme des ersten Jahres wird dem Gläubiger oder den Gläubigern, auf dessen oder auf deren Antrag die erste Beschlagnahme geschehen ist, nach Befriedigung der etwa hinzugetretenen bevorzugten Gläubiger, ausgezahlt; an der Einnahme des zweiten Jahres nehmen auch diejenigen alten Gläubiger Theil, welche im Laufe des ersten Jahres beigetreten sind; an der Einnahme des dritten und jedes folgenden Jahres nehmen diejenigen Theil, welche während des vorhergehenden Jahres hinzugekommen sind, immer zu gleichen Rechten nach Verhältniß ihrer Forderungen [31d]. Denn jede Jahreseinnahme bil-

---

Juni 1830 (Jahrb. Bd. XXXV, S. 274); Konk.-Ordnung vom 8. Mai 1855, §. 378; Instr. dazu vom 6. August 1855, §. 60.

31c) B. I vom 4. März 1834, §. 17, Nr. 2, b; Konk.-O. vom 8. Mai 1855, §. 380, Nr. 2 und 3. Die Anwendung des Prinzips ist insofern inkonsequent, als bei privilegirten Forderungen der Unterschied zwischen alten und neuen Schulden nicht gemacht wird.

31d) B. vom 4. März 1834, §. 18; Konk.-Ordnung §. 380,

det eine besondere Masse für sich, welche zur Befriedigung derjenigen dient, welche zu Anfang des Jahres bereits darauf angewiesen waren [31e]). Kommt nach Befriedigung der alten Gläubiger die Klasse der neuen Gläubiger zur Hebung; so schließt unter diesen der früher beigetretene Gläubiger den später beigetretenen aus; die an demselben Tage beigetretenen Gläubiger haben gleiche Rechte und unter Gleichberechtigten geschieht die Vertheilung in allen Fällen verhältnißmäßig nach dem Betrage ihrer Forderungen (in tributum) [31f]).

4) Beschlagnahme der Gutseinkünfte. Der Ueberschuß, welcher nach Bestreitung der Reallasten und Berichtigung der Zinsen von den Kapitalien der Hypothekengläubiger verbleibt, wird an die Personalgläubiger, welche die Beschlagnahme ausgebracht haben, nach denselben Grundsätzen (3, b) vertheilt [31g]).

5) Immission in das Grundstück oder in das an einem Grundstücke haftende dingliche Nutzungsrecht [32]). Die gemeinrechtliche Immission im eigentlichen Verstande, wodurch der Gläubiger persönlich in den Besitz und die Verwaltung des Grundstücks kam, ist, wenn der Schuldner es nicht ausdrücklich gestattet, nicht zulässig, vielmehr geschieht die Administration durch eine Sequestration, welche die Nutzungen erhebt und dem Gläubiger, nach

---

Nr. 2. Erst die letztere Bestimmung führt die Gleichberechtigung mit ausdrücklichen Worten ein.

31e) Pr. des Obertrib. 1038, vom 21. August 1841. Vergl. Konk.-O. §. 368, Satz 2.

31f) V. vom 4. März 1834, §. 18 a. E. und §. 19; Konk.-O. §. 380, Nr. 3 und 4.

31g) Konk.-Ordnung §. 420, Absatz 2.

32) Ein Pachtrecht soll nach der Meinung des Obertribunals nicht Gegenstand der Sequestration sein können. Pr. 116, vom 25. Januar 1841 (Entsch. Bd. VI, S. 212). Dagegen s. m. meine Anmerkung 109 zu §. 116, Tit. 24, Th. I der A. G.O.

Anweisung des Gerichts, zahlt [32a]). Namens des Gläubigers besitzt der Sequestrator, daher sonst der Gläubiger das prätorische Pfandrecht durch die Einleitung der Sequestration, und zwar von dem Tage an, wo der Administrator eingeführt wird, erwarb, wenngleich er selbst nicht zum Besitz gelangte. Da hiernach für den Pfandgläubiger ein Stellvertreter besaß, welcher seine Anweisungen von dem Richter erhielt, so erklärte es sich natürlich, daß, wenn nach eingeleiteter Sequestration noch ein anderer Exekutionssucher das Grundstück angreifen wollte, zu dessen Immission weiter nichts gehörte, als ein Dekret des Richters, wodurch dieser Gläubiger für immittirt erklärt wurde [33]), oder mit andern Worten: eine Willenserklärung des durch seinen Sequestrator detinirenden Richters, daß er zugleich auch im Namen dieses neuen Exekutionssuchers besitzen werde. Hieraus folgte, daß eine Immission per decretum ohne schon vorhandene Sequestration ein Unding war, eben so wie ein Besitz, wenn Jemand den animus zu besitzen hat, ohne den Besitz zu ergreifen. Es folgte ferner, daß es eben so ungereimt war, denjenigen Gläubiger, auf dessen Antrag die Beschlagnahme des Grundstücks erfolgte, nach eingeleiteter Sequestration per decretum zu immittiren; denn er war ja eben derjenige, welcher durch diese Sequestration ipso facto immittirt worden war [34]). Die Lehre von der Im-

32a) A. G.O. a. a. O. §§. 116—140. Ueber Administrationen s. die Instruktion vom 17. April 1812, und Nachtrag vom 24. April 1817.

33) A. G.O. I, 50, §. 447.

34) So einleuchtend diese beiden Sätze sind, so häufig wurde in Praxi von unerfahrenen Richtern dagegen gefehlt, und dieses kam daher, daß ihnen das Verhältniß der Immission per decretum zu der Sequestration, unklar war. Das gehört jetzt zu den Rechtsalterthümern. Die Ausdrucksweise der neuern Gesetzgebung tritt solchem Mißverständnisse von selbst entgegen; denn durch eine „Beitrittserklärung"

mission ist jedoch in Beziehung auf das dadurch entstehende prätorische Pfandrecht auf Immobilien antiquirt. Denn nach dem neuesten Rechte erwirbt der Gläubiger schon durch solche Erkenntnisse, Vergleiche und Zahlungsverfügungen, aus welchen die Exekution stattfindet, also durch jeden exekutorischen Titel, für Kapital, Zinsen und Kosten, und für die Kosten der Eintragung, einen Titel zum Pfandrecht auf die dem Schuldner gehörigen Immobilien[35]), und in Beziehung auf Mobilien giebt das prätorische Pfandrecht keinen Vorzug mehr.

6) Durch Subhastation der Grundstücke, welche jedoch erst alsdann zulässig ist, wenn es sich ergiebt, daß eine einjährige Sequestration kein Mittel zur Befriedigung des Extrahenten ist[36]). Es ist aber Sache des Schuldners, nachzuweisen, daß die Einkünfte nach Abzug der Wirthschaftskosten, Reallasten und sämmtlichen Hypothekenzinsen hinreichen, die beizutreibende Forderung innerhalb Jahresfrist zu tilgen, und dieser Nachweis, welcher bei städtischen Grundstücken durch ein Attest des Magistrats, bei Rittergütern durch ein Attest des Landraths, oder wenn das Gut zum ritterschaftlichen Kreditsysteme gehört, durch ein Attest der Kreditdirektion, bei andern ländlichen Grundstücken durch das der Ortspolizeibehörde, geführt werden kann, muß innerhalb der in dem Zahlungsbefehle bestimmten vierwöchentlichen Frist geschehen[37]).

Nach der Allgemeinen Gerichtsordnung konnten diese Exekutionsmittel nur nach und nach in der aufgeführten

---

kann der erste Gläubiger, welcher sich an die Gutsrevenüen halten will, nichts erreichen, und wenn auf seinen Antrag die Beschlagnahme erfolgt ist, so müßte er sich selbst beitreten.

35) Verordn. vom 4. März 1834, §. 22. (G.S. S. 36.)

36) A. G.O. I, 24, §. 112.

37) Verordn. vom 4. März 1834, §. 24. (G.S. S. 37.)

Ordnung angewendet werden; die neuere Gesetzgebung [38]) hat diese Bestimmungen über die Beobachtung der Exekutionsgrade aufgehoben, und dem Gläubiger steht jetzt die Wahl frei, an welchen Gegenstand des Vermögens seines Schuldners er sich zuerst halten will, ausgenommen:

a) wenn ihm ein Pfand bestellt worden und solches noch im Besitze des Schuldners ist, in welchem Falle der Schuldner verlangen kann, daß der Gläubiger zuerst aus diesem Befriedigung suche [38a]);

b) wenn der Schuldner nachweiset, daß der reine Ueberschuß der Revenüen Eines Jahres zur Tilgung der beizutreibenden Forderung hinreicht, wo er darauf antragen kann, daß die Subhastation ausgesetzt, und inzwischen nur mit Beschlagnahme der Revenüen, oder mit Sequestration des Grundstücks, nach der Wahl des Gläubigers, verfahren werde [38b]).

7) Fehlt jedes andere zureichende [39]) Exekutionsobjekt, so kann sich der Gläubiger an die Person des Schuldners halten. Dieß kann geschehen:

a) dadurch, daß der Schuldner angehalten wird, die Schuld abzuarbeiten, so jedoch, daß die Arbeiten seinen Kräften und Kenntnissen angemessen, und für seinen Stand nicht entehrend, oder nach seiner Religion nicht

---

38) Ebend. §§. 11 und 24.

38a) A. L.R. I, 20, §§. 46, 48. Die Bedingung fällt weg, wenn das Pfand aus Schuld des Schuldners nicht verkäuflich ist, R. vom 24. November 1812 (Jahrb. I, S. 276); oder insoweit der Gläubiger dem Pfandrechte entsagt. R. vom 14. November 1815 (Erg. ad h. §.)

38b) V. vom 4. März 1834, §. 24. Diese Vorschrift ist nicht als eine Nachbildung des gleichlautenden §. 64 der baierischen Hypothekenordnung vom 1. Juni 1822 zu betrachten; das Prinzip enthält schon der §. 112, Tit. 24 der Proz.-O.

39) R. vom 9. September 1823 (Jahrb. XXII, 83).

Gewissenszwang sind [40]). Dieß ist ein Ueberrest des altdeutschen Gebens zur Hand und Halfter [41]).

b) Durch persönliche Haft [42]). Kann der Schuldner sich nicht selbst ernähren, so muß der Gläubiger die Alimente für ihn hergeben [43]), und zwar im Voraus an den Gefängnißwärter [44]). Die Gefangenschaft soll jedoch in der Regel nicht über ein Jahr dauern [44a]). Wenn der Arrest auf den Antrag des Extrahenten oder eines Andern verlängert werden soll, so muß nachgewiesen werden:

daß Wahrscheinlichkeit zur Befriedigung durch die Fortdauer des Arrestes vorhanden sei;

oder

daß der Schuldner durch einen unmoralischen Lebenswandel sein Zahlungsunvermögen sich zugezogen habe [44b]).

---

40) A. G.O. a. a. O. §. 142. Ein Jude sollte das neue Testament abschreiben, wozu ihn der Richter nicht anhielt.

41) de Selchow, elementa juris germanici privati hodierni, §. 259.

42) A. G.O. a. a. O. §. 143. — L. 1, 8 C. qui bonis cedere possunt (VII, 71).

43) A. G.O. a. a. O. — Anh. zur A. G.O. §§. 175, 176, 177. — R. vom 6. Mai 1805 (Mathis IV, 309). — R. v. 12. September 1812 (Jahrb. I, 252). — R. v. 9. Januar 1797 (Ed.-Samml. X, 915). — R. v. 19. u. 27. Mai 1803 (R. Arch. III, 112). — R. v. 13. Febr. 1805 (Ed.-Samml. XI, 2889). — Ob auch nach Gemeinem Rechte der Gläubiger seinen Schuldner im Schuldthurme zu alimentiren verpflichtet, ist bestritten. Martin, ad O. P. Sax., X, Tit. 52, §. 6, Nr. 1. Dagegen: Brunnemann, ad L. 34 D. de re jud. — Wernher, obs., T. I, P. IV, obs. 129, Nr. 2.

44) A. G.O. a. a. O. §. 143; A. L.R. I, 16, §. 61; R. v. 6. Juli 1832 (Jahrb. Bd. XL, S. 173); R. v. 11. Oktober 1831 (Jahrb. Bd. XXXVIII, S. 337).

44a) A. G.O. a. a. O. §. 146; K.O. v. 5. Juli 1832 (G.S. S. 176).

44b) K.O. vom 5. Juli 1832. In dem zweiten Falle artet der Arrest in Strafe aus.

Werden jedoch nach Ablauf der einjährigen Haft neue Schulden kontrahirt, so kann auch der Personalarrest von neuem verhängt werden[44c]).

8) Wird der Schuldner seiner Haft entlassen, so kann der Gläubiger endlich noch eidliches Angelöbniß von ihm fordern, daß er den Gläubiger, sobald es ihm irgend möglich sein werde, befriedigen wolle[45]).

Nach Französischem Rechte ist der Personalarrest kein gewöhnliches Exekutionsmittel, sondern nur ausnahmsweise zulässig[46]):

a) in Handelsfällen, auch gegen den Nicht-Kaufmann[47]);

b) im Falle eines Stellionats[48]);

c) im Falle eines nothwendigen Depositums; zur Exekution possessorischer Urtheile; gegen öffentliche Beamte, wider Notarien, Sachwalter, Huissiers in gewissen Fällen ihrer Amtsverwaltung; gegen Sequester und Verwahrer[49]);

d) zur Vollstreckung eines petitorischen Urtels auf Räumung eines Grundstücks[50]);

44c) Dieselbe K.O. am Ende.

45) A. G.O. a. a. O. §. 146 a. E. Eine Anwendung des Kautionseides, wie das juramentum expensarum. Vergl. A. G.O. I, 21, §. 11.

46) Ges. vom 15. Germinal l'an VIII. Berriat St. Prix, cours, S. 550. Carré, traité II, p. 386. Zachariä, Handb., Bd. IV, S. 22.

47) Code de commerce Art. 636. Pardessus, cours du droit commercial, T. IV, p. 237, p. 243. Vincenz, exposition méthodique, T. I, p. 149.

48) Code civ. Art. 2059.

49) Ebend. Artt. 2060, 2062.

50) Ebend. Art 2061. Das Herauswerfen würde rascher und sicherer zum Ziele führen, daher das Preußische Recht, wie das Gemeine, in diesem Falle die Anwendung der persönlichen Haft nicht kennt. Denn es genügt nicht die Entfernung der Person, es müssen

e) gegen Fremde, die in Frankreich keinen Wohnsitz haben und verurtheilt sind, an einen Franzosen Zahlung zu leisten [51]).

Der Arrest findet auch in diesen Fällen nicht statt: gegen Minderjährige; wenn die Summe unter 300 Fr. beträgt; wider siebenzigjährige Personen; wider Frauenspersonen, außer im Falle des Stellionats [52]).

Diese strenge Exekution kann beschränkt werden: durch richterliche Stundung, durch cessio bonorum, und durch das beneficium competentiae.

B. Stundung.

§. 37 a.

A. Freiwillige.

Ein pactum de non petendo kann auch auf eine bestimmte Zeit geschlossen werden (p. d. n. p. temporale), welches eine exceptio pacti dilatoria begründet [1]). Nach altem Rechte wurde der Kläger, wenn er früher klagte, für immer abgewiesen, zur Strafe der pluspetitio tempore; nach einer Constitution von Zeno sollte er zur Strafe noch einmal so lange warten; nach Justinianeischem und heutigem Rechte aber wird der Kläger zur Zeit abgewiesen [2]).

B. Unfreiwillige.

§. 38.

1. Durch Terminalzahlung.

Peter Schulze, de solutione particulari. Francf. ad Viadr. 1682. — Peter Mueller, de solutione minoris summae in

---

auch die Habseligkeiten ausgeräumt werden, und daran hindert gerade die Einsperrung.

51) Ges. v. 10. Septbr. 1807, Art. 1; Code civ. Art. 14.

52) Ebend. Artt. 2064 — 2066.

1) L. 27, §. 1 D. de pactis (II, 14).

2) §. 10 Inst. de except. (IV, 13).

deductionem majoris, vulgo auf Abschlag. Jenae 1711. — Sam. Friedr. Willenberg, de solutione particulari. Gedani 1722. — Jo. Georg. Scherz, de solutione particulari. Argent. 1735. — C. L. Crell, de solutione particulari. Vit. 1756. — R. C. Henne, de creditore ad particul. solutionem accipiendam in nonnullis casibus obligato. Erf. 1775.

Die unfreiwillige Stundung kann eine theilweise sein, oder sich auf die ganze Forderung beziehen. Eine theilweise Stundung findet statt bei Stückzahlungen. Nach Römischem Rechte konnte keinem Gläubiger wider Willen Stückzahlung aufgedrungen werden [1]), außer in dem Falle, wenn ein Theil der Forderung liquide, und der andere bestritten war [2]). Die gemeine Praxis gestattet aber doch Ausnahmen aus s. g. gerechten Gründen, z. B. bei Kriegskalamitäten [3]), oder wenn der Debitor ohne seine Schuld in Vermögensverfall gerathen war [4]); oder wenn die Schuld aus verschiedenen Summen bestand; oder wenn ein Schuldner die Person mehrerer Schuldner vorstellte [5]), welche beiden letztern Fälle eigentlich keine Ausnahmen sind.

Das Preußische Recht gestattet folgenden Schuldnern wider den Willen des Gläubigers Terminalzahlungen, welche nach dem Ermessen des Richters bestimmt werden:

1) Den Künstlern und Handwerkern, welche kein an-

---

1) L. 41, §. 1 D. de usuris (XXII, 1). — L. 13, §. 8. D. de act. emti (XIX, 1). — L. 9. C. de solut. (VIII, 43). — §. 1 in f. Inst. quibus modis toll. obl. (III, 30). — Gesterding, Nachforschungen, Th. III, S. 410. — Vorgekommen ist es öfter, daß namentlich bei Kriegsunruhen durch besondere Gesetze Partikular-Zahlungen vorübergehend eingeführt worden sind. Beispiele: Livius VII, 27; Reichsabsch. von 1654, Art. 172.

2) L. 21 D. de rebus cred. (XII, 1). — Wernher, obs., T. I, P. 1, obs. 305, n. 105 sq.

3) Mevius, decis., P. II, dec. 236; P. V, dec. 105; P. VI, dec. 384. — Cramer, obs. jur. un., T. II, P. I, obs. 603.

4) Leyser sp. XII, m. 4.

5) Bucher, Recht der Forderungen, S. 534.

deres[5a]) zur Bezahlung zureichendes Vermögen, als das zum Betriebe ihrer Kunst oder Profession nöthige Werkzeug und Materiale besitzen[6]). Es macht keinen Unterschied, ob der Handwerksmeister seine Profession selbstständig treibt, oder bei einem anderen Meister arbeitet[6a]). Die Geräthschaften eines Schankwirths, und das einem Gastwirthe zum Betriebe der Gastwirthschaft nothwendige Mobiliare werden von der Praxis dem Werkzeuge der Professionisten gleich geachtet. Sind diese Terminalzahlungen aber so gering, daß der Gläubiger binnen 3 Jahren durch dieselben nicht vollständig befriedigt werden kann, so ist er nicht verpflichtet, sich dieselben gefallen zu lassen[7]), d. h. er kann die Geräthschaften wegnehmen und zuletzt den Personalarrest anwenden lassen.

2) Stadt- und Dorfgemeinden und ganzen Klassen von Mitgliedern derselben, sowie moralischen Personen, wozu auch Judengemeinden gehören[8]). Diese können vom Richter nicht unmittelbar mit Exekution belegt, vielmehr müssen jederzeit durch die Verwaltungsbehörde, auf Requisition des Richters, die etwaigen Zahlungsmodalitäten regulirt werden[9]). Muß die Schuld durch Umlagen aufgebracht werden, so können Partikularzahlungen eintreten.

3) Konkursmassen bei vorläufigen Vertheilungen[10]).

5a) Besitzen sie anderes Vermögen, z. B. ein Grundstück, so braucht der Gläubiger auf Abschlagszahlungen nicht zu warten. R. v. 30. April 1819 (Jahrb. Bd. XIII, S. 256).

6) A. G.O. I, 24, §. 95. Anh. zur A. G.O. §. 159.

6a) R. v. 20. Februar 1832 (Jahrb. Bd. XXXIX, S. 163).

7) B. vom 4. März 1834, §. 14. a. E. Vergl. R. vom 21. Dezember 1800 (R. A. II, 18); und R. v. 4. April 1807 (Mathis, Bd. V, S. 89).

8) Rescr. vom 22. April 1833 (Jahrb. XLI, 467).

9) Anh. z. A. G.O. §. 153.

10) A. G.O. I, 50, §. 545; Konkurs-Ordnung vom 8. Mai 1855, §§. 239 ff.

2. Durch Moratorium.

Allg. G.O. Th. I, Tit. 47. — Konkurs-Ordnung vom 8. Mai 1855, §§. 421—433.

---

a Freundeberg seu Freundsberg, alias etiam Freudenberg, de rescriptis moratoriis, sive induciis quinquennalibus. Marburg. 1629. 4; Frcf. ad M. 1635. 1637. 1667. fol. — Alb. Phil. Frick, meditationes de moratorio. Kilon. 1770. — Leyser specim. XII. — J. H. Boehmer, de literis respiratoriis, in Exercitt. ad Pand., Tom. III, exerc. 46, p. 169 sq. et Halae 1722. — Georg Phil. Muhl, praktische Beiträge zur Rechtslehre von Moratorien. Manheim 1798. II Th. 8. N. Tit. Aufl. Manheim 1805. — Happel, Anleitung zum Verfahren, Konkurs-Prozesse abzuwenden. I. Abschn., S. 5—68. — Lotz, civil. Abhandl., S. 283. — Puchta, Prozeß, §§. 101—108. — Grattenauer, Abhandlung über den General-Indult. Breslau 1807.

§. 39.

a) Erfordernisse.

Eine Stundung für die ganze Schuld konnte nach Römischem Rechte gegen den Willen einzelner Gläubiger dadurch erlangt werden, daß die Stimmenmehrheit der Gläubiger, welche nicht nach Köpfen, sondern nach dem Betrage der Forderungen gezählt wurde, einen Aufschub bewilligte, wenn ein Gemeinschuldner die cessio bonorum antrug [1]). Wenn der Schuldner auf diese Weise keinen Indult erlangen konnte, so stand es ihm frei, sich an den Kaiser zu wenden, und um einen Anstandsbrief (eisernen Brief, moratorium, literae induciales, respirationis, securitatis, induciae quinquennales) zu bitten, wodurch den Gläubigern für eine Zeit lang die actio judicati, die Exekution, versagt wurde. Gewöhnlich geschah dieses auf fünf Jahre, daher das Moratorium in der alten deutschen

---

1) L. 8 C. qui bonis cedere (VII, 71).

Praxis Quinquenel[2]) heißt. Wiewohl nicht der Richter, sondern nur der Regent den Aufschub ertheilen konnte, so knüpfte das Römische Recht ihn doch an die Bedingung, daß der Schuldner nachwiese, wie er ohne seine Schuld nur zur Zeit zahlungsunfähig sei, und nach Verlauf einer gewissen Zeit volle Befriedigung werde leisten, sich dabei auch im Nahrungsstande werde erhalten können, und daß er dafür Bürgschaft bestellte[3]). Dieses Institut ist auch nach Deutschland gekommen, von der Praxis aber sehr frei behandelt worden, wodurch ein sehr ungewisser und zweifelhafter Rechtszustand in dieser Materie entstanden ist. Die häufige Ertheilung eiserner Briefe von Seiten der Kaiser hatte die Bestimmung durch Reichsgesetze[4]) zur Folge, daß das Moratorium einem Schuldner von dem Kaiser nicht ohne Untersuchung gegeben werden sollte. Nicht weniger war die Befugniß des Kaisers zur Ertheilung von Moratorien für die mittelbaren Territorien Gegenstand von Erörterungen geworden[5]). Dem Französischen Rechte ist es fremd.

Nach Preußischem Rechte ist dieses Institut ein wirkliches Rechtsmittel. Der Indult kann nur bei dem Richter gesucht werden, und dieser erkennt, nach feststehenden, größtentheils aus dem gemeinen Gerichtsgebrauche entlehnten, Rechtsgrundsätzen, jetzt in letzter Instanz, durch Urtel und Recht: ob und auf wie lange das erbetene Moratorium zu bewilligen, oder nicht.

2) Reichspol.-O. von 1577, Tit. XXIII.

3) L. 4 C. de precib. princ. off. (I, 19). — L. 8 C. qui bonis cedere (VII, 71).

4) Reichspol.-O. von 1577, Tit. 23, §. 4.

5) Moser's Abhandlung verschiedener Rechtsmaterien. Ulm 1772, St. VIII. — Pütter, von Moratorien, ob und wie weit dieselben aus landesherrlicher oder auch kaiserlicher Macht zu ertheilen seien; in den Beiträgen zum deutschen Staats- und Fürstenrechte, Th. II, Nr. XV.

Das Moratorium konnte sonst gegen einen einzelnen Gläubiger, und gegen mehrere uno actu gleichzeitig erlangt werden. Das erstere hieß ein Spezialmoratorium, das letztere Generalmoratorium [6]). Das Generalmoratorium ist abgeschafft [7]); die Grundsätze über das Spezialmoratorium sind neu geregelt.

I. Die Zahlungsstundung darf die Dauer eines Jahres nicht übersteigen; diese Frist wird von dem Eintritte der Vollstreckbarkeit der Forderung an gerechnet und der Antrag muß innerhalb 14 Tagen nach dem Eintritte der Vollstreckbarkeit bei dem Richter erster Instanz angebracht werden [8]). Der Richter entscheidet lediglich nach seinem Ermessen; deshalb findet gegen seinen Ausspruch keine Berufung statt [9]).

II. Es ist die Frage: ob die einmal gegebene Frist verlängert, oder mit andern Worten: ob ein neues Moratorium gegen die nämlichen Gläubiger bewilligt werden kann. In der Regel mußte dieß nach altem Rechte verneint werden [10]). Da jedoch die Abmessung der Frist überhaupt dem richterlichen Ermessen nach Beschaffenheit der Umstände überlassen ist, so hinderte nichts, bei hinzugekommenen neuen Umständen, welche, wenn sie bei Nachsuchung des ersten Indults schon bekannt gewesen wären, vielleicht gleich eine längere Fristbewilligung zur Folge ge-

---

6) A. G.O. a. a. O. §. 6. Berger, consultt., Nr. 833. Merkel, Commentar ad §. 65, meint, es könne auch gegen einen einzelnen Gläubiger ein Generalmoratorium erlangt werden. Dieß würde dem mit Einem Gläubiger gemachten Konkursprozeß ähnlich sein.

7) Konk.=O. vom 8. Mai 1855, §. 433.

8) Ebend. §§. 422, 426.

9) Ebend. §. 425. Der Richter hat die Lage beider Theile zu erwägen.

10) Arg. §. 99 der A. G.O. a. a. O., wornach der Gläubiger, gegen welchen schon ein Spezialmoratorium bewilligt worden war, sich auf das Generalmoratorium nicht mehr einzulassen brauchte.

habt haben würden, noch einmal ein Moratorium zu geben. Jedenfalls mußte dem Schuldner mit seiner neuen Provokation nach altem Rechte rechtliches Gehör gegeben werden, und unterdeß konnte die Exekution nur als Sicherheitsmaßregel, wenn es einer solchen bedurfte, vollstreckt werden [11]). Nach neuem Rechte muß, wenn die zulässige längste Frist von einem Jahre gegeben worden ist, die Zulässigkeit einer neuen Zahlungsstundung geleugnet werden [11a]).

III. Es kann nicht im Voraus auf das Moratorium Verzicht geleistet werden, ausgenommen von Kaufleuten oder solchen Schuldnern, welche sonst ein bürgerliches Gewerbe im Großen treiben, z. B. Inhabern von Fabriken, Apothekern, Rhedern, Seeschiffskapitänen [12]). Diese Frage war nach Gemeinem Rechte sehr bestritten. Einige [13]) meinten: die Entsagung des Moratorii im Voraus sei ganz allgemein gültig, weil alle Rechtsentsagungen, welche nicht gegen ausdrückliche Gesetze oder dolose geschähen, zulässig seien. Andere [14]) dagegen vertheidigen die gerade entgegengesetzte Meinung. Da diese von der preußischen Gesetzgebung sanktionirt ist, so sollen ihre Gründe hier folgen. Sie sagen:

---

11) R. vom 21. November 1812 (Jahrb. I, 275).

11a) Vergl. unten Nr. IV, 4.

12) A. G.O. a. a. O. §. 100. A. L.R. II, 8, §§. 718—724. Dieser Grundsatz ist nicht aufgehoben.

13) Leyser sp. XII, m. 1. — Freudenberg l. c. Tit. VII, concl. 26, Nr. 1 seq. — Stryck, de abusu rescript. morat., Cap. II, Nr. 9. — Boehmer l. c. p. 198. — Schueler, d. de eo, quod justum est in induciis morat., §. 30.

14) Hilliger ad Donellum, L. XXII, cap. 9, lit. M. — Struve, exercitt., XIV, th. 28, und Mueller ad h. l. p. 230. — Lauterbach, compend., D. p. 582. — Pufendorf, observ. jur. un., T. II, obs. 23. — Hartleben, med. ad Digest., sp. XV, m. 3.

a) Das römische Moratorium sei von den gemeinrechtlichen Indultbriefen (rescriplis respirationis) ganz verschieden, schon darin, daß es nur mit Zustimmung der Mehrzahl der Gläubiger, und nur auf 5 Jahre sei gegeben worden, während diese nach Gemeinem Rechte von dem Landesherrn als ein Privilegium auch über 5 Jahre hätten concedirt werden können [15]). Dabei liegt ein Irrthum zum Grunde.

b) Das Moratorium werde nicht bloß zum Vortheile des Debitors, sondern aus Rücksichten für das gemeine Wohl gegeben [16]).

c) Landesherrliche Verfügungen, welche eine Species der Gesetzgebung seien, könnten durch Privatverträge nicht unwirksam gemacht werden [17]).

d) Die Umstände könnten sich seit der Entsagung sehr geändert haben.

e) Die Gläubiger könnten sich nicht über Arglist des Schuldners beklagen, da sie nichts verlören, sondern nur soviel Frist geben sollten, wie zu ihrer gänzlichen Befriedigung erforderlich sei.

Die Anhänger dieser Meinung wollten auch die, in der preußischen Gesetzgebung angenommene, Ausnahme nicht einmal in Beziehung auf Wechselschulden gestatten [18]).

IV. Das Moratorium findet nur gegen Geldschul-

15) Frid. Es. Pufendorf, obs. jur. un., T. II, obs. 22, §§. 1 et 2. — Anton Faber, error. pragmat., error III, dec. 25. — Cramer, obs. jur. un., T. II, P. 1, obs. 459. — Elsasser, über die Ertheilung der Anstandsbriefe; in den gemeinnützigen juristischen Beobachtungen und Rechtsfällen, Bd. II, Nr. XII.

16) Pufendorf l. c. T. II, obs. 23. — Hartleben, med. ad D., sp. XV, m. 3.

17) Faber in Cod. L. I, Tit. 19, def. 20.

18) Berger, cons., Nr. 830. — Cramer, obs. jur. univ., Tit. I, obs. 364.

den statt, nicht aber gegen Obligationen auf ein Thun oder auf das Geben einer speziellen oder generischen Sache[19]). Es findet also auch nicht statt, wenn eine Summe Geldes herausgegeben werden soll, welche als Species zu betrachten, z. B. wenn eine Summe Geldes versiegelt oder sonst gehörig unterschieden, deponirt oder zu einem andern Zwecke als zum Verbrauche geliehen ist[20]). Aber auch gegen folgende wirkliche Geldschulden findet ausnahmsweise das Moratorium nicht statt:

1) Gegen Wechselschulden[21]). Die gemeine Praxis wollte das Moratorium auch gegen Wechselgläubiger gelten lassen[22]). Weil jedoch dabei der öffentliche Kredit nicht bestehen konnte, so hatten viele Partikulargesetzgebungen[22a]), zu welchen auch die preußische gehörte[22b]), dem Moratorium jede Wirkung gegen Wechselschulden abgesprochen.

2) Gegen Alimentenforderungen[23]). Die Allgemeine Gerichtsordnung bezeichnete, in Uebereinstimmung mit den gemeinrechtlichen Schriftstellern, diese Forderungen näher als laufende Alimente[23a]). Durch den neuen

19) A. G.O. a. a. O. §. 2; Konkursordnung §. 421, Wort „Zahlungsstundung". — Boehmer l. c. Cap. III, §. 3 seq. und exercitt. ad D., T. III, p. 169, cap. III, §. IV. — Joh. Heinr. Frick l. c.

20) Boehmer l. c. — Happel a. a. O. §§. 37, 42 sq. — Voet, Lib. XLII, Tit. 3, Nr. 17.

21) A. G.O. a. a. O. §§. 66 und 97, Nr. 9. — Konkursordnung §. 432, Nr. 1.

22) Ludovici, Wechselprozeß, Cap. X, §. VIII. — Heineccii elementa jur. camb., cap. VII, §. 38. — Mevius, dec., P. VIII, dec. 83, n. 2. — Berger, cons., nr. 830. — Hodermann, doctrina practica, c. IV, §. 25, lit. a.

22a) Z. B. die Württembergische, die Gotha'sche, die Dänische. M. s. Scherer, Wechselrecht, Art. „Anstandsbriefe", §. 7.

22b) Corp. jur. Frid., Th. II, Tit. 23, §. 56 u. §. 83, Nr. 8.

23) Konkurs-Ordn. vom 8. Mai 1855, §. 432, Nr. 2.

23a) A. L.R. I, 47, §. 97, Nr. 5. Vergl. Rivinus, spec.

Ausdruck: „Forderungen von Alimenten", ist das bisherige Recht nicht geändert; denn die Rückstände aus einer Zeit, wo der Alimentarius schon verpflegt worden ist, haben nicht mehr die Natur von Alimenten im eigentlichen Verstande, sondern werden als Vorschüsse Seitens desjenigen, der die Verpflegung besorgt hat, eingefordert. Der Ausdruck umfaßt aber Alles, was die Natur von Alimenten hat oder als dazu gehörig angesehen wird.

3) Gegen Forderungen aus unerlaubten Handlungen des Schuldners [24]). Dieß ist eine Erweiterung des bisherigen Grundsatzes, wonach nur die Schulden aus einer einzelnen strafbaren Handlung, nämlich aus der Unterschlagung, von dem Moratorium ausgenommen sein sollten [25]), während eine übereinstimmende gemeinrechtliche Praxis jede aus einem Delikt entstandene Schuld ausschloß [26]). Das neue Recht geht noch weiter, indem es ein Moratorium aus u n e r l a u b t e n Handlungen nicht zulassen will, womit auch die nicht gerade strafbaren Beschädigungen getroffen werden.

4) Gegen Forderungen, über welche ein vollstreckbarer Vergleich geschlossen worden ist, sofern der Gläubiger bereits in diesem Vergleich dem Schuldner eine Zahlungsfrist bewilligt hat [27]). Dieß ist neues Recht; dasselbe enthält den Grundsatz: daß ein neues Moratorium gegen dieselbe Forderung unzulässig ist. (Oben Nr. II.)

5) Gegen alle Forderungen an einen Handelsmann, Schiffsrheder, oder Fabrikbesitzer, wenn die Forderungen

---

exceptionum dilatoriarum forensium, c. 37, Nr. 5; Boehmer l. c. cap. III, §. V; Happel a. a. O. §§. 42, 43, 45—47.

24) Konkurs-Ordn. vom 8. Mai 1855, §. 432, Nr. 3.

25) A. G. O. I, 47, §. 97, Nr. 8.

26) Rivinus l. c. cap. 37, Nr. 8; Boehmer l. c. cap. III, §. 10; Voet, Lib. XLII, tit. 3, Nr. 17 i. f., u. v. A.

27) Konkursordnung vom 8. Mai 1855, §. 432, Nr. 4.

aus dem Geschäftsbetriebe desselben entspringen[28]). Auch dieser Fall ist neu; er gründet sich auf dieselben Rücksichten, aus welchen das Moratorium gegen Wechselschulden versagt wird.

Folgende Leistungen, gegen welche nach dem alten Rechte gleichfalls kein Schutz durch Moratorium statrfinden sollte, sind nicht wieder mit aufgenommen:

a) Rückständige und laufende öffentliche Abgaben und gemeine Lasten[29]). Die Uebergehung dieser Post hat nicht die Bedeutung einer Rechtsänderung, so, als wenn jetzt das Moratorium gegen dergleichen Lasten und Abgaben nachgelassen sein sollte. Vielmehr gehören dieselben überhaupt nicht hierher, weil wegen Kompetenzmangels kein Gericht in den Fall kommen kann, darüber zu befinden.

b) Das was Jemand einer öffentlichen Kasse schuldig ist[30]). Dieser sehr unbestimmte Satz sollte vermuthlich der Lehre der gemeinrechtlichen Schriftsteller entsprechen, daß man sich gegen fiskalische Forderungen und Forderungen des Regenten durch ein Moratorium nicht schützen könne[31]). Im Allgemeinen läßt sich nicht sagen: in wie fern durch die Uebergehung des Satzes eine Rechtsänderung beabsichtigt und erreicht worden ist. Man muß die verschiedenartigen Forderungen, welche einer öffentlichen Kasse zustehen können, unterscheiden. Steuerartige Leistungen, wozu z. B. auch die Gerichtskosten gehö-

---

28) Ebend. §. 432, Nr. 5. Dieß sind diejenigen Personen, über deren Vermögen bei eingetretener Zahlungseinstellung der kaufmännische Konkurs eröffnet wird. Vergl. §. 113 a. a. O. und Str.G.B. §. 259.

29) A. G.O. I, 47, §. 97, Nr. 1. — Vergl. Voet, Lib. XLII, tit. 3, §. 17.

30) A. G.O. a. a. O. §. 97, Nr. 2.

31) Anton Faber in Cod. Lib. I, tit. 9, def. 20, n. 9 und Lib. VII, tit. 31, def. 7. — Boehmer l. c. cap. III, §. VI. — Hilliger ad Donell. L. XXII, c. 9, lit. m. — Voet, Lib. XLII, tit. 3, Nr. 17.

ren [31a]), Geldstrafen [31b]), überhaupt Forderungen, welche der Fiskus nicht im Rechtswege zu verfolgen hat, kann der Richter niemals durch Ertheilung eines Moratoriums stunden. Gegen andere fiskalische Forderungen kann dieß, nach heutigem Rechte, unter Umständen wohl zulässig sein.

c) Die laufenden Zinsen der schuldigen Kapitalsposten, und Rückstände, welche nur bis auf zwei Jahre vom Tage des bewilligten Moratorii zurückgehen [31c]). Diesen Fall hat das neue Recht unter die Bedingungen des nachgesuchten Moratoriums aufgenommen, doch nur zum Theil, indem der Rückstände nicht gedacht und dem Schuldner nur die Pflicht aufgelegt wird, während der bewilligten Zahlungsfrist die Forderung des Gläubigers zu verzinsen [32]). Dieß ist so aufzufassen, daß es auf Konventionalzinsen und auch auf gesetzliche Zinsen geht, d. h. die Konventionalzinsen laufen fort [32a]), und von unverzinslichen Forderungen müssen gesetzliche Zinsen

---

31a) R. vom 14. April 1840 (J. M. Bl. S. 136). Die Gerichte haben bei der Ausschreibung und Einziehung der Gerichtssporteln die Eigenschaft der Steuerbehörden und können mithin nicht in den Fall kommen, über ein Moratorium gegen Kosten zu erkennen.

31b) R. v. 14. Novbr. 1801 (Stengel, Beiträge, Bd. XV, S. 220).

31c) A. G.O. I, 47, §. 97, Nr. 4. Dieß ist die Meinung der meisten gemeinrechtlichen Juristen jener Zeit. Unter A. s. m. Stryck, de abusu rescr. morat., §. 16; Boehmer l. c. cap. III, §. 16; Walch, introd. in controv. jur. civil., Sect. IV, c. III, membr. 1, §. 5. Doch gab es auch Widersprechende, z. B. Carpzov, def. for., P. II, c. 30, def. 46; et in asyl. debitor., c. I, Sect. VIII, nr. 39; Boer. decis., nr. 296; Vitriar., institut. jur. publ., Lib. III, tit. 2, §. 32. Diesen Meinungsstreit entschied die A. G.O. a. a. O.

32) Konk.-O. vom 8. Mai 1855, §. 427.

32a) Sind sie niedriger als die gesetzlichen, so können die letzteren gefordert werden. Vergl. das Erk. des Obertrib. v. 1814 (Jahrb. Bd. III, S. 321).

entrichtet werden, und zwar vom Tage der Vollstreckbarkeit der Forderung an[32 b]). Ueber den Fälligkeitstag ist nichts bestimmt. Bei Forderungen, von welchen erst vom Tage der Vollstreckbarkeit der Zinsenlauf anfängt (Judikatzinsen) hat die Frage bei der regelmäßigen Kürze des Moratoriums keine praktische Bedeutung; aber bei Konventionalzinsen, und bei Verzugszinsen kann sie von Wichtigkeit sein, wenn während der Zahlungsfrist das Zinsjahr umläuft. Soll der Gläubiger wegen der laufenden Zinsen geschützt werden, wie es klar ist; so muß der Schuldner die während der Frist fällig werdenden Zinsen entrichten.

d) Laufende jährliche Renten, Zinsen, Canones und andere dergleichen wider den Schuldner oder dessen Güter zustehende jährliche Hebungen[33]) Diese Posten sind nach neuem Rechte nicht mehr ausgenommen, sofern sie sich nicht unter den Begriff von Alimenten bringen lassen.

e) Laufende Miethen und Pächte von Häusern oder anderen Grundstücken[33a]). Diese Forderungen machen nach neuem Rechte, sofern sie nach den Umständen nicht als Unterhaltsmittel des Gläubigers angesehen werden können, keine Ausnahme.

32b) Konk.=O. §. 426. Man könnte diese Zinsen gleichfalls unter den Begriff von Konventionalzinsen bringen. Denn das Gesetz und der Richter bestimmen für den Gläubiger Zinsen zu dem landesüblichen Satz, und der Schuldner, welcher dennoch auf das Moratorium besteht, willigt eben dadurch ein und übernimmt freiwillig die Pflicht zur Verzinsung.

33) A. G.O. I, 47, §. 97, Nr. 4. Gleichfalls aufgenommen nach der Meinung Einiger, welche Feudalrenten und emphyteutikarische Canones, gleich den laufenden Zinsen, ausgenommen wissen wollten. M. s. Rivinus, spec. exc. for., c. XXXVII, nr. 8; Harpel a. a. O. §§. 42, 43, 45—47.

33a) A. G.O. I, 47, §. 97, Nr. 6. Die Quelle ist dieselbe; man war aber nicht über die Gründe einig. M. vergl. Stryck, de abusu rescr. morat., c. 3, §. 12 und Boehmer l. c. cap. 3, §. 12.

f) Laufendes Gesindelohn und Deputat, ingleichen Erziehungs- und Unterrichtskosten für die Kinder des Schuldners[33b]). Aus der Weglassung dieser Schulden im neuen Recht darf nicht geschlossen werden, daß gegen derartige Forderungen nach heutigem Rechte ein Moratorium erlangt werden kann. Schwerlich wird der Fall vorkommen, daß ein Arbeitsgeber gegen die Lohnforderung seiner Arbeiter ein Moratorium nachsuchen wird, wie denn auch die Allg. Gerichtsordnung bei der Aufzählung dieser Posten nur die Wirkung eines Generalmoratoriums bestimmen wollte. Käme der Fall aber doch vor, so wird die Lohnforderung meistens unter den Begriff von Unterhaltskosten zu bringen sein, da es nur wenige Arbeiter giebt, die nicht aus der Hand in den Mund leben und also hungern müßten, wenn man ihnen ihren Lohn und ihr Deputat vorenthielte; wo aber auch dieser Grund zweifelhaft ist, da entscheidet die Generalklausel: „wenn der Gläubiger nicht darunter leidet"[34]).

V. Bedingungen zur Erlangung des Moratorii sind:

1) Der Schuldner muß an und für sich hinlängliche Mittel haben, den Gläubiger zu befriedigen, und muß die Mittel, aus welchen die Zahlung nach dem Ablaufe der Stundungsfrist geleistet werden kann, angeben[35]).

2) Es müssen Umstände vorhanden sein, welche den

33b) A. G.O. a. a. O. Nr. 7. — Vergl. Rivinus l. c. cap. XXXVII, n. 4; Carpzov. P. I, const. XXVIII, def. 34, n. 1; Voet. Lib. XLII, tit. 3, n. 17. Diese u. m. A. wollten den Schutz des Moratorii auch gegen die Lohnforderungen der Tagearbeiter und Handwerker ausschließen.

34) Konkursordn. v. 8. Mai 1855, §. 421. M. vergl. das R. v. 1. September 1810 (Mathis, Bd. IX, S. 545), wodurch auch die Gebühren der Sachwalter für Forderungen erklärt werden, die zum täglichen Unterhalt des Sachwalters gehören.

35) Konkursordn. §. 423, Nr. 2. — Vergl. A. G.O. I, 47, §. 3, Nr. 1 u. 3.

Schuldner an der sofortigen Zahlung hindern, sowie Umstände, welche die Aussetzung der Exekution als billig erscheinen lassen, z. B. daß er durch die Exekution ruinirt, durch die Stundung aber in seinem Nahrungsstande erhalten werden würde [36]).

3) Der Schuldner muß dem Gläubiger für Kapital, Zinsen und Kosten auf dessen Verlangen genügende Sicherheit bestellen; so lange dieß nicht geschieht, kann die Exekution vollstreckt werden. Genügende Sicherheitsmittel sind: a) Faustpfand bis auf drei Viertheile des gerichtlich abgeschätzten Werths des Pfandstücks; b) Hypothek auf städtische Grundstücke innerhalb der ersten Hälfte ihres Werths, auf ländliche Grundstücke innerhalb der ersten zwei Drittheile ihres Werths; c) Hypothekenforderungen, welche eben so versichert sind und verpfändet werden. Andere Aktivforderungen, ingleichen Vermögensstücke, welche sich im Auslande befinden, ist der Gläubiger zur Sicherheit anzunehmen nicht schuldig [37]).

§. 40.

b) Wirkungen und Wiederaufhebung.

I. Das Moratorium hat im Allgemeinen die Wirkungen eines Stundungsvertrages, und schützt gegen die Folgen der Mora; jedoch treten wegen des dem Gläubiger dabei angethanen Zwanges einige Modifikationen hinzu.

1) Während der Dauer des Moratorii findet wider

---

36) Konkursordn. §. 423, Nr. 1. — Vergl. A. G.O. a. a. O. §. 3, Nr. 2.

37) Konkursordn. §. 423, Nr. 4 u. §. 429. — Vergl. A. G.O. a. a. O. §. 24. — L. 4 C. de precibus imperat. off. (I, 19). Die Kautionsmittel, welche die A. G.O. sonst noch für genügend erklärte, als: jährliche Hebungen, Bürgen (§§. 16—23), sind abgeschafft. Einführungsgesetz v. 5. Mai 1855, Art. III. Bei dem Generalmoratorium waren noch andere Maßregeln gestattet. A. G.O. a. a. O. §§. 74 u. 81, Nr. 5.

den Schuldner, wegen der Forderungen, in Ansehung welcher es gegeben worden, in Betreff des Kapitals keine exekutivische Verfügung statt [1]). Diese Wirkung kann nach Befinden des Richters schon mit der Zulassung des Gesuchs eintreten, und es muß dann die etwa schon verfügte Exekution sistirt werden [2]). Nach dem gemeinrechtlichen Gerichtsgebrauch war das Letztere kontrovers [3]), doch bezog sich der Streit nur auf das Generalmoratorium; das Spezialmoratorium setzt sogar ein vollstreckbares Urtel voraus [4]). Bei dem Spezialmoratorium bleibt die Exekution zulässig, bis die dem Gläubiger gebührende Sicherheit bestellt ist [5]).

2) Die laufenden Zinsen müssen auch während der Instruktion des Indults, und während der Moratorienzeit gezahlt werden [6]), selbst auch Verzugszinsen [7]). In

---

1) A. G.O. a. a. O. §§. 37, 97. — Konkursordn. §. 421 Wort „Zahlungsstundung".

2) A. G.O. a. a. O. §. 63; Anh. zur A. G.O. §. 308. Diese Bestimmung bezog sich zwar auf das Generalmoratorium und ist daher nicht wieder mit aufgenommen; der Satz versteht sich jedoch bei dem Spezialmoratorium von selbst, wenn der Richter das Gesuch für so substantiirt hält, daß er unter vorausgesetzter Richtigkeit der vorgetragenen Umstände Zahlungsstundung bewilligen würde; sonst könnte der Zweck leicht verfehlt werden. Der Richter hat darin eine freie Beurtheilung.

3) Für die Exekution: Leyser, sp. XII, m. 3. — Boehmer l. c. cap. III, §. 11, pag. 195. — Cramer, obs. jur. univers., T. II, P. 1, obs. 459. Dagegen: Berger, diss. de his, quae circa praescriptionem moratoriam falso traduntur, §. 14. — Hartleben, med. ad D., spec. XV, m. 4. — Em. Ehrenfr. Bunsov, de valore rescripti moratorii contra rem judicatam. Traj. ad Rhen. 1747. — Faber, in Cod. Subaud., L. I, T. IX, def. 4.

4) Konkursordn. v. 5. Mai 1855, §. 422.

5) A. G.O. I, Tit. 24, §. 42; Tit. 47, §. 9; Anh. z. A. G.O. §. 306; V. vom 4. März 1834, §. 7; Konkursordn. §. 130.

6) A. G.O. a. a. O. §§. 37 u. 97, Nr. 3; Anh. z. A. G.O. §. 309. Gemeinrechtlich waren die Meinungen hierüber different. Man s. vor-

zwei Punkten hat in Ansehung der Zinsenzahlung das alte Recht eine Abänderung erfahren. Der eine ist, daß während der Moratorienfrist auch zweijährige Zinsrückstände sollten beigetrieben werden können. Das hing zusammen mit der Bestimmung, daß im Konkurse ältere Zinsenrückstände nicht liquidirt werden durften. Mit der Aufhebung dieses Satzes [7a]) fällt auch die Folge, und es ist konsequent, nach bewilligter Stundung auch wegen der Zinsenrückstände die Exekution auszusetzen. Der andere ist, daß nach altem Rechte die Verzugszinsen vierteljährlich bezahlt werden sollten. (Anm. 7.) Das war auf eine lange Frist berechnet. Das neue Recht enthält nichts über die Zinstermine. Daraus folgt: Konventionalzinsen sind nach wie vor in den verabredeten Terminen zu bezahlen; Zögerungszinsen werden nach Ablauf der Stundungsfrist mit dem Kapitale zugleich entrichtet und dieß ist bei der kurzen Dauer für den Gläubiger unnachtheilig, da in vielen Fällen schon die Exekution wegen der ganzen Forderung in Gang gebracht sein würde, ehe das Zinsen-Einziehungsverfahren würde haben zu Ende gebracht werden können. Da dem Moratorium durchaus dieselben Wirkungen wie einem Stundungsvertrage zugeschrieben wer-

züglich: Chladenius seu Chladny, de rescriptis moratoriis cursum usurarum non sistentibus. Vit. 1730. 1757. — Boehmer l. c. cap. II, §. 16. — Stryck, de abusu rescr. morat., §. 16. — Berger, de his quae circa rescr. morat. falso traduntur, §§. 18—21. — Brunnemann, comment. ad L. 2 C. de precibus imp. off. — Elsasser, über die Ertheilung der Anstandsbriefe, §. 84; in den gemeinnützigen juristischen Beobachtungen, B. II, Nr. XII. — Walch, introduct. in controv. jur. civ., Sect. IV, cap. III, membr. I, §. 5. — Gebr. Overbeck, Meditationen über verschiedene Rechtsmaterien, Bd. II, Medit. 75.

7) A. G.O. I, 47, §. 38; Konkursordn. §. 427.

7a) Konkursordn. §. 83, Nr. 2. Danach können alle noch nicht verjährte Rückstände an der Stelle des Kapitals liquidirt werden.

den, so wird gemeinrechtlich behauptet, daß die Zögerungszinsen wegfallen [8]). Andere [9]) dagegen sind der entgegengesetzten Meinung, und diese hat das Preußische Recht sanktionirt. Eine andere Frage ist es, ob während der Moratorienzeit Verzugszinsen anfangen können. Wenn aber der erzwungene Indult die Mora in Beziehung auf den Fortlauf der Zinsen nicht purgirt, so kann sie diese Wirkung auch nicht in Ansehung des Anfangs der Mora äußern. Die Frage, welche sich nur auf den Generalindult bezieht, hat jedoch für das Preußische Recht, nach Abschaffung des Generalmoratoriums, keine praktische Bedeutung bei einem gewöhnlichen Rechtszustande; nur wenn bei außergewöhnlichen Zuständen durch ein Landesgesetz ein allgemeiner Generalindult gegeben wird, kann davon die Rede sein.

3) Daraus, daß das Moratorium die Wirkung eines Stundungsvertrags hat, würde auch folgen, daß alle Klagen gehemmt würden, welches auch nach der gemeinrechtlichen Praxis angenommen ist [10]). Das Preußische Recht aber modifizirte auch hier die Wirkungen des Generalmoratorii dahin, daß alle bereits anhängigen Prozesse gehörig fortgesetzt, die in der Moratorienzeit neu eingehenden Klagen zugelassen, und die Sachen, jedoch nur bis zur Exekution, fortgesetzt werden müssen, auch Kapitalsaufkündigungen mit rechtlicher Wirkung geschehen konn-

8) Carpzov, jurispr. forens., P. II, const. 30, def. 46 et in Asyl. deb. c. I, Sect. 8, nr. 39. — Moller, libri quinque semestrium, L. IV, semestr. 7. — Wehner, practicarum observationum s. v. Anstandsbrief. — Boer. dec. 296. — Vitriarius, institut. juris publici, L. III, tit. II, §. 32. — Happel §. 56.

9) Boehmer, cap. II, §. 16. — Mevius, discussio levaminum inopiae debitorum, Sect. VIII, c. 4, nr. 32 sq. — Stryck l. c.

10) §. 10 Inst. de except. (IV, 13). — Leyser sp. XII, cor. 2 et 3. — Boehmer c. II, §. 16.

ten[11]). Die Worte des §. 97 — „und es können ihm weder Kapitalsaufkündigungen geschehen", waren ungenau gewählt und sollten so viel heißen, daß die Kapitalien während der Indultzeit nicht eingefordert werden könnten, wenn die Kündigungsfrist unterdeß auch ablief. Der §. 111 sagte darüber ganz bestimmt: „Es versteht sich von selbst, daß während der Indultjahre die Gläubiger — Kapitalsaufkündigungen thun — können." Dieß gehört jetzt der Rechtsgeschichte an, aus welcher man für den künftigen Fall eines durch Landesgesetz eingeführten Generalindults, in Ermangelung besonderer Bestimmungen darüber, Belehrung nehmen kann.

4) Eine Modifikation der Wirkungen des Moratorii ist es ferner, daß Kompensationen durch das Moratorium nicht gehindert werden, mit Ausnahme des speziellen Falls, wenn der Gläubiger die Schuld eines Dritten an den Schuldner freiwillig, titulo singulari übernommen hat, und der Schuldner diese von ihm einfordert. Alsdann kann der Gläubiger die Kompensation seiner eigenen gestundeten Forderung nicht entgegen setzen[12]). Mit diesem speziellen Falle ist ein anderer sehr ähnlich, welcher öfter zur Umgehung des Moratorii angewendet worden ist[13]), der nämlich: wenn der Gläubiger seine Forderung, wegen welcher dem Schuldner das Moratorium verstattet worden ist, um sich bezahlt zu machen, einem Schuldner des Schuldners cedirt, damit dieser in Anspruch genommene Schuldner des Schuldners die an sich gebrachte, durch das Moratorium gestundete, Forderung mit seiner Schuld kompensire. Der gemeinrechtliche Gerichtsgebrauch ließ hier die Kompensation nicht zu, weil das Mittel in frau-

11) A. G.O. I, 47, §§. 62, 111.

12) A. L.R. I, 16, §§. 356—358.

13) Boehmer l. c. cap. III, §. 3, pag. 189.

dem privilegii erdacht sei (Note 13). Das Landrecht entscheidet zum Theil diesen Fall im §. 356, Tit. 16:

„Wer seinem Schuldner freiwillig oder auf richterlichen Befehl Zahlungsfristen gestattet hat, kann das, was er demselben in der Zwischenzeit schuldig wird, auf die nächstkünftigen Zahlungstermine abrechnen.“

Der in Anspruch genommene Schuldner des Schuldners kann also die an sich gebrachte gestundete Forderung auf seine Schuld nicht anrechnen, wenn diese seine Schuld älter ist als das Moratorium. Die Entscheidung ist also nicht unmittelbar auf den Fall anwendbar, wenn die Schuld dieses Dritten an den Schuldner erst in der Moratorienzeit entstanden ist; denn alsdann würde die Kompensation nach §. 356 zulässig sein. Als Regel ist in diesem Falle anzunehmen, daß das Cessionsgeschäft die Wirkung des Moratorii gegen den cedirenden Gläubiger zum Nachtheil des Schuldners nicht vereitelt, weil die Lage des Schuldners durch die Cession nicht verschlechtert werden kann.

5) Der Gläubiger wird durch den, seinem Schuldner verstatteten, Indult gegen seine eigenen Gläubiger nicht geschützt, selbst wenn seine Forderung, wegen welcher dem Schuldner das Moratorium bewilligt worden, das einzige Mittel wäre, sich gegen seine eigenen Gläubiger zu conserviren, wenn er auch darüber, daß sein Schuldner conservirt wird, zu Grunde geht. Nur alsdann, wenn er an sich zum Moratorio qualifizirt ist und ebenfalls darauf provoziren will, müssen seine Gläubiger sich eben dieselbe Sicherheit gefallen lassen, welche er anzunehmen, nach vorheriger Prüfung, also nicht in contumaciam, durch Urtel und Recht schuldig erkannt worden ist[14]).

14) A. G.O. a. a. O. §§. 43, 44. Diese Bestimmung ist nicht wie-

6) Den Erben des während der Stundungszeit sterbenden Schuldners kommt als solchen das Moratorium nicht zu Statten [15]), weil das Spezialmoratorium sich auf die besondern persönlichen Umstände des Schuldners gründet.

7) Ob das Moratorium dem Bürgen zu Gute komme oder nicht, darüber waren die Meinungen verschieden. Eine große Anzahl [16] verneinte es schlechthin; eine andere eben so große Zahl [17]) behauptete es. Nach einer dritten Meinung [18]), welche einen Mittelweg einschlug, sollte zwar der Bürge an sich das, dem Prinzipalschuldner concedirte,

---

der aufgenommen, der Satz versteht sich aber nach §. 429 der Konk.-O. von selbst, vorausgesetzt, daß in den Gegenständen der Sicherheitsbestellung keine erhebliche Verschlechterung eingetreten ist; sonst müßte freilich die Sicherheit angemessen verbessert werden.

15) A. G.O. a. a. O. §. 113. — Boehmer l. c. cap. II, §. 10. — Happel §. 76.

16) Vorzüglich: Voet. comment. XLII, 3, 19. — Büchner, Beweis, daß das einem Schuldner ertheilte Moratorium dem Bürgen nichts nütze. Gött. 1780. — Schüler, diss. de eo quod justum est in induc. morator., §. 89. — Menoch., de arbitrariis judicum quaestionib., L. II, cent. III, cas. 203, Nr. 26. — Kleinhaus, diss. de morator., §. 88. — Homborg, de litteris moratoriis, cap. V, §. 34. — Walch, introduct. in contr. jur. civil., Sect. III, cap. IV, membr. II, Subs. II, §. 22. — Coler, proc. exec., P. I, cap. IV, Nr. 21. — Berlich, decis. 225, Nr. 14.

17) Boehmer l. c. cap. II, §. 11. — Freudenberg l. c. concl. 46, Nr. 4. — Frick l. c. und diss. de exceptione literar. respirationis debitor. fidejuss. proficiente. Helmstadii 1779. — Busch, de exceptione morator., §. 22, p. 22. — Finkelthaus, de morator. praescript., th. 17. — Estor, deutsche Rechtsgelehrsamkeit, Th. II, Cap. 34, §. 3725. — Hartleben, med. ad D., sp. XV, m. 7.

18) Jo. Georg Schloer et Jo. Anzmann, vindiciae veritatis fidejussorem obtento a debitore principali rescripto moratorio a creditore conveniri haud posse. Mogunt. 1782. Vergl. Happel §. 69 ff. — Straus, diss. de controv. circa induc. moral. §. 14.

Moratorium nicht opponiren können, aber es sollte ihm indirekt dadurch helfen, daß ihm die exceptio excussionis vel cedendarum actionum zu Statten käme. Die erste preußische Gesetzgebung hierüber [19]) entschied diese Streitfrage dahin, daß der Bürge sich mit dem, dem Prinzipalschuldner ertheilten, Indult gegen den Gläubiger schützen könne, vorausgesetzt, daß die Bürgschaft nicht in der Art übernommen sei, daß der Gläubiger, mit Uebergehung des Hauptschuldners, sofort den Bürgen angreifen könne. Das Landrecht [20]) beschränkte dieses auf einen nicht längern als einjährigen Indult. Bei der gleichzeitigen Redaktion der Gerichtsordnung [21]) muß dieß indeß übersehen worden sein, denn in dieselbe ist die alte Bestimmung des Corpus juris Frideric. wörtlich übertragen. Es ist aber der Rechtssatz des Landrechts neuer; er muß daher vor dem ältern gelten [22]).

II. Die Wiederaufhebung des Indults vor Ablauf der Zeit erfolgt:

1) wenn gegen ihn auf Antrag eines andern Gläubigers Exekution vollstreckt wird [22a]). Die sich meistens auf das Generalmoratorium beziehenden Aufhebungsgründe, als:

---

19) Corpus juris Frid., Th. II, Tit. 23, §. 91.

20) A. L.R. I, 14, §. 299.

21) A. G.O. I, 47, §. 114.

22) Grävell, Kred.-Ges., I, S. 284, Note ** erklärt zwar die Gerichtsordnung für neuer als das A. L.R., wiewohl das letztere ein Jahr später publizirt ist, giebt aber doch dem Landrecht aus dem Grunde den Vorzug, weil dort sedes materiae sei. Es ist aber für die Gültigkeit einer gesetzlichen Bestimmung an sich gleichgültig, an welcher Stelle sie steht; außerdem ist auch für die in Rede stehende Frage gerade hier in der Lehre von den Wirkungen des moratorii sedes materiae. Das Entscheidende ist, daß der in das A. L.R. aufgenommene Rechtsgrundsatz viel jünger als die Bestimmung des Corp. jur. Frid., wovon die A. G.O. eine neue Auflage ist.

22a) Konkursordn. v. 5. Mai 1855, §. 431.

a) wenn der Schuldner während der Indultjahre die Zinsen nicht richtig und prompt zahlt[23]);

b) wenn derselbe eine üble Wirthschaft führt, die Gebäude eingehen läßt, das Gutsinventarium schwächt 2c.[24]);

c) wenn er es zu einer Wechselexekution kommen läßt[25]);

d) wenn er bei Nachsuchung des Generalindults Gläubiger verschwiegen hat, und er die daraus entstehende Vermuthung, daß er seine Gläubiger und das Gericht zu hintergehen gesucht habe, nicht widerlegen kann[26]);

e) wenn er neue Schulden kontrahirt oder ältere Schulden unvorsätzlich verschwiegen hat, und ohne das den frühern Gläubigern zur Sicherheit bestellte Vermögen anzugreifen, auf Andringen nicht bezahlen kann[27]), — fallen nach heutigem Rechte weg, wohl aber müssen auch jetzt noch als solche Gründe gelten:

2) wenn auch ohne Schuld des Gemeinschuldners sich in dem zur Sicherheit des Gläubigers angewiesenen Objekte eine solche Veränderung zuträgt, daß die ehehin für hinlänglich erkannte Sicherheit nicht mehr gewährt wird[28]);

3) wenn dem Schuldner während der Indultzeit ein solches neues Vermögen zufällt, daß er dadurch in den Stand kommt, seine sämmtlichen Kreditoren auch früher zu bezahlen[29]);

4) wenn der Schuldner stirbt. (I, Nr. 6.)

---

23) A. G.O. a. a. O. §§. 37, 110.
24) Ebend. §. 110.
25) Ebend. §. 66.
26) Ebend. §§. 102, 103 und 108.
27) Ebend. §§. 106, 107, 108.
28) Ebend. §§. 41, 110.
29) Ebend. §. 116.

§. 41.
3) Durch cessio bonorum.

A. G.O. I, 48.

Math. Brunus, de cessione bonorum. Col. Agr. 1591. 8. Lugd. 1593. 4. Col. 1622. fol. — Adr. Beier, de cessione bonorum. Jenae 1697. 4. — Georg. Ad. Struve, de flebili beneficii cessionis adjutorio. Jenae 1666. — Christ. Wildvogel, de aequitate flebilis beneficii cessionis bonorum. Jenae 1702. 1703. — Jer. Eber. Link, de cessione bonorum. Argent. 1740. — Arn. Ant. de Gaben, de cessione bonorum. Lugd. Bat. 1785. — Dabelow, conc. §. 117 sq. — G. J. Yssel de Scheper, de cessione bonorum sec. juris Romani et hodierni praecepta. Lugd. Bat. 1824. — Car. Gust. Ulbricht, diss. de cessione bonorum sec. jus Rom. et Saxon. spectata. Lips. 1826. 4. (Sehr gut). — Heimbach, in Weiske's Rechtslexikon, Bd. I, S. 873 ff.

A. Das älteste Römische Recht*), welches bloß persönlichen Kredit und kein Mittel, unmittelbar an das Vermögen des Schuldners zu kommen, kannte, gestattete dem Gläubiger die unmenschlichste Grausamkeit gegen die Person des plebejischen Schuldners, selbst Tödtung[1]), um

*) v. Savigny, über das altrömische Schuldrecht. Eine in der kgl. Akademie der Wissenschaften am 28. Novbr. 1833 gelesene Abhandlung. Berlin 1834. gr. 4.

1) Gellius XX, 1. — Quintilian., institut. orat., III, 6, 84. — Niebuhr, röm. Geschichte, B. II, (1. Ausg.) S. 310 ff., (2. Ausg.) S. 668. — Bynkershoeck, obs. juris Rom., L. I, c. 1. — Jo. Fried. Jugler, diss. dubia de sectione debitorum apud Romanos interpretatione Bynkershoeckianae opposita. Lips. 1741. 4. — Jo. Taylor, comment. ad legem decemviralem de inope debitore in partes dissecando. Cantabr. 1742. 4. et in Fellenbergii jurispr. ant. T. I, p. 565 sq. — Jo. Herrmann de Raadt, diss. de statu, conditione et juribus debitorum obaeratorum apud Romanos. Groning. 1763 4. et in Oelrichs thes. 18 Dissertt. Belg., Vol. III, T. I, p. 298 sq. — Heineccii antiquit., L. I, Append. §. 30; Lib. III, tit. 30, §. 2 sq.

ihn durch Aengstigung zur freiwilligen Zahlung aus seinem Vermögen, oder doch zur äußersten Anstrengung, Rath zu schaffen, zu vermögen. Eine, durch Aufsehen erregende schmähliche Behandlung eines jungen wohlgebildeten Schuldknechts von Seiten seines grausamen Schuldherrn veranlaßte, Lex Poetillia Papiria (a. u. 427, 28 oder 429) milderte diese Härte darin, daß der nicht ex maleficio obligirte Schuldgefangene nicht mehr gefesselt werden sollte; und unterwarf das Vermögen dem Anspruche des Gläubigers, hob aber keineswegs die persönliche Haft auf[2]). Die missio in bona debitoris, welche der Gläubiger nunmehr erwirken konnte, berechtigte denselben zwar zum Verkaufe der Güter, um sich daraus bezahlt zu machen; dadurch wurde aber der Schuldner, wenn dieselben zur Befriedigung unzureichend waren, noch immer nicht von der persönlichen Verhaftung befreit, sondern der Prätor befahl, daß der Gläubiger ihn mit sich führen konnte (duci jubere), wodurch der Schuldner in das Verhältniß eines mancipii, welches noxae causa gegeben war, kam (addictus)[3]), und zu dem zog ihm der Verkauf der Güter, welcher in Masse (per universitatem) geschah[4]),

---

2) Den Inhalt giebt Livius, VIII, c. 28, so an: „Ne quis, nisi qui noxam meruisset, donec poenam lueret, in compedibus aut in nervo teneretur: pecuniae creditae bona debitoris, non corpus obnoxium esset." Vergl. Cicero, de republica, II, 33, 34. Ueber den wahren Sinn ist man nicht einig. Man s. Niebuhr, Rechtsg., B. I, (2. Ausg.) 604, (3. Ausg.) S. 641. — Schrader, Vermuthung über den wahren Sinn der Lex Petillia Papiria; in Hugo's Civ. M., B. V, S. 184.

3) Lex de Gallia cisalpina c. 21, 22; Cicero, pro Flacco, c. 21; Gellius XX, c. 1; Quintilian, institut., V, 10; Gajus III, §§. 189, 199; L. 34 D. de re jud. (XLII, 1).

4) Gajus III, §§. 77—79; IV, 35. — Friedr. Car. Gust. Stieber, de bonorum emtione apud veteres Romanos, P. 1. Lips. 1827. — Dazu: Unterholzner in der Tüb. krit. Zeitschr.

Infamie zu[5]). Dieses noch immer sehr harte Schuldverhältniß wurde zuerst durch eine, unter dem Dictator Sulla von Cajus Popilius in Vorschlag gebrachte Lex, welche verordnete, daß, wer bonorum copiam ejuraret, nicht nexus sein solle[5a]), und später noch mehr für unglückliche Schuldner durch eine Lex Julia gemildert, welche bestimmte, daß ein solcher, welcher unverschuldet[6]) in die Lage gekommen war, seinen Gläubigern nicht gerecht werden zu können, freiwillig ohne richterliche Mitwirkung sein Vermögen dem Gläubiger sollte überlassen (bonis cedere) dürfen. Dadurch sollte er der persönlichen Haft und der Infamie entgehen, und den Ausfall, welchen die Gläubiger erleiden würden, erst alsdann, wenn er zu bessern Vermögensumständen gelangt sein würde, abtragen, aber auch dabei nur quantum facere possit leisten, d. h. die Kompetenz haben[7]). Die Gläubiger erhielten ein der missio in possessionem ähnliches Recht, aber nicht das Eigenthum; jedoch konnte der Schuldner nicht mehr agere noch condemnari[8]). Die Abtretung konnte durch jede formlose außergerichtliche Erklärung eben so gut wie vor

---

für Rechtswissensch., B. 6, S. 229. — v. Savigny in der Zeitschr. für gesch. R.W., B. II, S. 375.

5) Gajus II, §. 154. — Cicero, pro Quintio, c. 15. — L. 3 C. Th. de inoff. testam.

5a) Varro, de lingua latina, L. 6 in fine. — Festus v. ejurare.

6) L. 1 C. Theod. qui bonis cedere poss. — Caesar, de bello civili, L. III, c. 1; Sueton., vita Caes., c. 42. Vergl. L. 22, §. 1; L. 51 D. de re jud. (XLII, 1). — L. 63, §. 7 D. pro socio (XVII, 2). — L. 37, §. 1 D. de minorib. (IV, 4).

7) L. 1, 8 C. qui bonis cedere (VII, 71). — L. 11 C. ex quib. causis infamia (II, 12). — L. 3 C. de bonis auct. jud. (VII, 72). — L. 4 pr., 6 und 7 D. de cessione bonor. (XLII, 3). — §. 40 Inst. de act. (IV, 6). — Thibaut, civil. Abhandlung, B. I, Nr. 16.

8) L. 4 C. h. t.; L. 17 pr. D. de receptis (IV, 8).

Gericht geschehen [9]). So lange der Verkauf noch nicht vollendet war, konnte die Erklärung widerrufen werden [10]). Nach dem neuern Römischen Rechte besteht der Hauptvortheil der cessio bonorum, außer der Befreiung von der persönlichen Haft, in dem ehemaligen bloßen Nebenvortheile, nämlich in dem Schutze wegen der Schuldreste durch das beneficium competentiae; denn die mit dem Verkaufe des Vermögens per universitatem für den Schuldner verbundene Infamie, gegen welche dieses Mittel vorzüglich schützen sollte, fällt nach Justinianeischem Rechte, mit der bonorum venditio im Ganzen, von selbst weg. Gegen neue Kreditoren hat er aber das beneficium competentiae nicht [11]). Nirgends wird im Justinianeischen Rechte gesagt, daß nur der Unschuldige und Unglückliche das Beneficium haben solle. Es muß aber diese Bedingung vorausgesetzt werden [12]), da sonst jeder Schuldner solches gebraucht, und nie eine Personalexekution stattgefunden haben würde. Die cessio bonorum blieb die alte, und die damit verbundenen Vortheile waren dieselben, nämlich: Befreiung von der persönlichen Haft, Befreiung von der Infamie, und das beneficium competentiae. Indeß nennt Justinian das Rechtsmittel doch immer flebile, miserabile, nach welchem Vorgange diese Rechtswohlthat auch in der Gerichtsordnung (I, 49, §. 1) eine traurige heißt. Dieß geschieht wohl daher, weil der Schuldner ganz ausgezogen werden konnte, und doch immer eine infamia facti daraus folgte. Deshalb gab ihm

9) L. 9 D. de cess. bonor. (XLII, 3). — L. 6 C. qui bonis cedere (VII, 71).

10) L. 3, 5 D. eod. — L. 2, 4 C. eod.

11) L. 4, §. 1 D. ibid.; L. 3 C. de bonis auctorit. jud. (VII, 72). — Schweppe, System des Konkurses, §. 25. — Voet. L. XLII, 3, Nr. 8 in f. — Anderer Meinung ist Thibaut in civil. Abh., B. I, Nr. 16, S. 350.

12) L. 1 C. Theod. qui bonis cedere, fordert sie.

Justinian ein noch besseres Privilegium in der dunkeln Novelle 135. Diese bezieht sich auf einen einzelnen Rechtsfall. Ein Schuldner Zosarius war durch Unglück insolvent geworden und klagte darüber, daß der Richter ihn gezwungen habe, wider seinen Willen bonis zu cediren. Justinian verfügte darauf, daß keiner dazu gezwungen werden könne, sondern wenn ein durch Unglück Verarmter schwöre, daß er keine Zahlungsmittel habe, solle er von Verfolgungen befreit bleiben. Darin lag für den Schuldner Zweierlei: er sollte nicht der persönlichen Haft unterliegen, und der strengen Vermögensexekution entgehen, er sollte mithin seinen nothdürftigen Unterhalt behalten, wodurch eine Art von beneficium competentiae im neuern Sinne begründet wurde. Man nennt dieß das beneficium ejurationis [12a]). Die Novelle ist zwar nicht glossirt, ihre Grundsätze sind aber doch in der Praxis angewendet worden.

B. Das Preußische Recht hatte die Grundsätze des neuesten Römischen Rechts, nach welchen sich der gemeine Gerichtsgebrauch richtete, angenommen. Dasselbe milderte die Strenge der Exekutionsgesetze gegen unglückliche Schuldner ebenfalls dadurch, daß es ihnen gestattete, ihr Vermögen an ihre Gläubiger abzutreten [13]). Die neuere Gesetzgebung hat dieses Institut abgeschafft [14]); doch ist von den Wirkungen der cessio bonorum Eine theilweise aufrecht erhalten, ein Rest dieser Rechtswohlthat. Er betrifft den Ausfall, welchen die Gläubiger leiden. Von dessen Nachzahlung wurde der Schuldner durch die Güter-

12a) In den Motiven der Gesetz-Revis. Pensum V, S. 2 wird, nach Dabelow S. 117, berichtet, dieses beneficium sei unter Sulla eingeführt worden. Dieß ist ein anderes ähnliches Gesetz. Vergl. oben Note 5a.

13) A. G.O. a. a. O. §§. 2, 3.

14) Einf.-Gesetz v. 8. Mai 1855, Art. XVII (G.S. S. 317).

abtretung nicht befreit, aber es mußte ihm Nachsicht gegeben werden, bis er zu bessern Vermögensumständen gelangt war, und alsdann mußten ihm Terminalzahlungen bewilligt werden; auch kam ihm wegen dieser ausgefallenen Forderungen das beneficium competentiae zu Statten [15]). Nach der einen Auslegung des Röm. Rechts [16]) sollte dem Schuldner auch wegen aller späteren Schulden das Beneficium zustehen; nach einer anderen in der Praxis angenommenen Meinung aber nur gegen die bei dem ersten Konkurse angefallenen Gläubiger wegen dieser Ausfälle. Diese zweite Meinung war von der preußischen Gesetzgebung angenommen worden. Die neuere Gesetzgebung hat nun, bei Abschaffung der Güterabtretung, schon mit der Konkurseröffnung die Ausschließung der persönlichen Verhaftung des Schuldners verbunden [17]), aber bestimmte Fälle bezeichnet, in welchen der Richter den Gemeinschuldner verhaften muß, und andere, in welchen er ihn verhaften kann. Bei Beendigung des Konkurses sollen die Gläubiger befinden, ob der Gemeinschuldner als entschuldbar anzusehen, d. h. also, ob der Gemeinschuldner sich in dem Falle befinde, wo ihm die Güterabtretung nach altem Rechte würde gestattet worden sein. Wird dieses erkannt, so soll wegen der Ausfälle im Konkurse, nicht auch wegen neuer Schulden, die Exekution nicht durch Personalarrest gegen den Schuldner vollstreckt werden; von dem beneficium competentiae ist keine Rede. Ist der Gemeinschuldner nicht entschuldbar, also nicht in dem Falle der sonstigen Güterabtretung, so können alte und neue Gläubiger ohne Unterschied sich in dem gewöhnlichen Verfahren an den Schuldner und dessen neu erwor-

15) A. G.O. a. a. O. §§. 37 bis 44.

16) L. 4 pr., §. 1; L. 6, 7 D. de cess. bonor. (XLII, 3); §. 14 Inst. de act. (IV, 6); L. 3 C. de bonis auct. jud. (VII, 71).

17) Konkursordn. v. 5. Mai 1855, §§. 8, 9, 138 ff.

benes Vermögen halten, also auch mit Personalarrest gegen ihn vorgehen [18]).

§. 42.

4) Durch das beneficium competentiae.

A. G.O. I, 49; Konkursordnung v. 8. Mai 1855, §§. 434—439.

Jo. Wibel, de beneficio competentiae. Tub. 1647. — Lauterbach, de beneficio competentiae. Tub. 1658, et in Diss. acad. T. I, n. 13. — J. V. Bechmann, de beneficio competentiae. Jenae 1676. — Geo. Ad. Struve, de beneficio competentiae. Jenae 1679. — Klein, de eo quod justum est circa beneficium competentiae. Rost. 1686; in illius Collectione disputationum juridicarum, de selectis utriusque juris materiis, quae prodibat Berolini 1706. 4. — Jo. Christoph Falkner, de beneficio competentiae. Jenae 1688. — E. F. Goclenius, de beneficio competentiae. Rint. 1702. — J. B. de Wernher, de beneficio competentiae generali et speciali nobilibus competente. Vit. 1709; in Observationibus forensibus, T. II, P. 7. — E. Tenzel, de beneficio competentiae. Erf. 1719. — Jo. Chph. Regner, de vero beneficii compet. fundamento. Lips. 1738. — Frank a Lichtenstein seu Praeses Jo. Aug. Hellfeld, de beneficio competentiae, ex proprio aeque ac tertii jure competente. Jenae 1763; in Oper. minor., T. I, Nr. 25. — Thibaut, civilist. Abhandlungen, Nr. 16, S. 345 flg. — Schröter, in der Tübinger kritischen Zeitschrift, Bd. IV, S. 76 flg. — Heimbach, in Weiske's Rechtslexikon, Bd. I, S. 877 flg.

a) Allgemeine Regeln.

I. Es giebt Fälle, wo Jemand weniger giebt, als er schuldig ist, nämlich nur soviel er hat, soviel er schaffen kann. Condemnatur in id quod facere potest. Die Wohlthat, welche für den Schuldner darin liegt, bestand nach älterem Römischen Rechte darin, daß die harten persönlichen Zwangsmittel, und die Infamie des Schuld-

18) Ebend. §. 280. Vergl. die Quelle, Art. 531 des Code de comm.

ners wegfielen. In dem neuern Römischen Rechte ist von beiden nicht mehr die Rede; dagegen hatte sich dabei noch ein Nebenvortheil gebildet, welcher darin bestand, daß man dem Schuldner ließ, was er zu seiner Nothdurft gebrauchte. Dieser ist allein im neuen Rechte übrig geblieben, und heißt in der modernen Rechtssprache Kompetenz (beneficium competentiae)[1]). Dieß ist wenigstens die ältere Auffassung der Rechtsquellen, die auch den Wortlaut für sich hat. Denn Ulpian, dessen Zeugniß noch dazu in den allgemeinen Titel de diversis regulis juris antiqui, L. 173 pr., aufgenommen worden ist, sagt ganz allgemein: „in condemnatione personarum, quae in id, quod facere possunt, condemnantur, non totum, quod habent, extorquendum est, sed et ipsarum ratio habenda est, *ne egeant,*" und daneben steht die Anwendung des Beneficiums auf den Schenker, wobei es in der L. 19, §. 1 D. de re judicata (XLII, 1) noch deutlicher heißt: „is quoque, qui ex causa donationis convenitur, in quantum facere potest, condemnatur, et quidem is solus deducto aere alieno. — Immo nec totum, quod habet, extorquendum ei puto, sed et ipsi ratio habenda est, *ne egeat.*" Der zweite Theil dieser Stelle wird zwar von der jüngeren Meinung, deren sogleich Erwähnung geschehen wird, als eine besondere, von dem beneficium competentiae getrennte Rechtswohlthat, welche die Anhänger dieser Meinung das beneficium ne egeat nennen, aufgefaßt, allein sprachlich hindert nichts, den zweiten Theil als eine aus dem Inhalte des beneficii competentiae entnommene Begründung der Statthaftigkeit des beneficii competentiae oder als eine nähere Erklärung dieses beneficii anzusehen, was der Jurist vielleicht deshalb für nöthig gehalten hat, weil das Beneficium ursprünglich

1) L. 173 pr. D. de reg. juris (L, 17). — L. 19, §. 1 D. de re judicata (XLII, 1). — §§. 37, 38 Inst. de act. (IV, 6). — Nov. 135.

in dem nahen persönlichen Verhältnisse gewisser Personen begründet und die Anwendung auf den Schenker eine Ausdehnung war. Und diese ursprüngliche Beschränkung des Beneficiums auf gewisse Personenverbindungen ergiebt sogleich den Beweisgrund für die Richtigkeit der hier gebilligten Meinung. Denn contra bonos mores mußte es sein, einen Verwandten oder Ehegatten wegen einer Schuld ganz von Allem entblößen zu lassen, und einfältig obenein, einen solchen Angehörigen mit der einen Hand ganz auszuziehen und mit der andern sogleich wieder mit Alimenten zu versorgen. Es war also viel bequemer und folgerechter, ihm alsbald die nöthigen Mittel zu seinem Unterhalte ungestört zu lassen. Eine andere viel jüngere Meinung[1a]) räumt diesen Umfang des Beneficiums nur in Ansehung des Schenkers, der Eltern, und des Gemeinschuldners, welcher schon einmal bonis cedirt hat, ein, alle übrigen Personen, welchen noch das beneficium competentiae zugeschrieben wird, also z. B. auch Ehegatten gegeneinander, sollen Alles was sie haben ohne Abzug herausgeben. Außer den schon angegebenen Gründen hat diese Meinung auch das gegen sich, daß sie ein beneficium competentiae von zweierlei Art, gleichsam ein plenum und ein minus plenum setzt, eine Voraussetzung, welche in den Quellen gar keinen Halt findet: die Quellen kennen nur ein einziges beneficium competentiae, welches in allen Fällen von gleicher Wirkung ist. Diese Meinung hat auf die preußische Rechtsbildung keinen Einfluß haben können, weil sie jünger als die preußischen Rechtsbücher ist; die Verfasser derselben

1a) Sie kommt von Schömann, Handb. des Civilrechts, Bd. II, S. 63 ff. Anhänger derselben sind: Holtius, in der bibliothèque du Jurisconsulte, Tom. I, p. 390 sq.; Zimmern, röm. Prozeß, §. 141, Note 2, und Heimbach a. a. O.

kannten nur die ältere Meinung, und diese finden wir denn auch aufgenommen.

Dieses Beneficium machte der Schuldner, nach Römischem Rechte, mit einer Exception geltend, so jedoch, daß die naturalis obligatio stehen blieb, und daß selbst die Civilobligation wegen des Restes künftig, wenn er zu bessern Umständen gelangte, wieder in Wirksamkeit trat; zu Sicherheit dessen der Schuldner Kaution durch nuda promissio leisten mußte [2]). Nach Preußischem Rechte kann auch durch eine Provokation die Rechtswohlthat der Kompetenz geltend gemacht werden [3]), und man muß auch annehmen, daß eine Naturalobligation übrig bleibt, welche mit der Verbesserung der Vermögensumstände des Schuldners wieder in eine Civilobligation übergeht [4]). Es versteht sich aber von selbst, daß es auch excipiendo geltend gemacht werden kann, selbst noch in der Exekutionsinstanz [5]). Es kommt in Praxi zuweilen sogar die Meinung vor, daß diese Exception lediglich in die Exekutionsinstanz gehöre, was offenbar irrig ist, da jeder gegen die Klage angebrachte Einwand, sei er dilatorisch oder peremtorisch, seiner Erheblichkeit nach bei der Entscheidung der Sache gewürdigt, und zu diesem Zweck auch in faktischer Hinsicht untersucht werden muß.

---

2) L. 63, §. 4 D. pro socio (XVII, 2). — L. 8 C. soluto matrimonio (V, 18). — L. un. §. 7 C. de rei uxor. act. (V, 13). — L. 17, §. 1 D. sol. matrim. (XXIV, 3).

3) A. G.O. a. a. O. §. 14; Konkursordn. §. 436.

4) Vergl. oben §. 3, Nr. 5. — A. G.O. a. a. O. §. 23; Konkursordn. §. 435.

5) Carpzov, jurispr. for., P. I, const. 32, def. 15. — Ej. processus juris, T. XXV, Art. 6, §. 4. — Zanger, de except., P. II, c. 15, n. 4. — Cramer, obs. jur. un., T. III, obs. 796. — Berlich, concl. practic., P. I, concl. 84, n. 37. — Mevius, P. II, decis. 329, n. 4. — Vergl. R. v. 27. März 1834 (Jahrb. Bd. XLIII, S. 115); R. v. 8. Januar 1839 (J. M. Bl. S. 33).

II. Bei der Berechnung ejus quod facere potest wird nach Römischem Rechte nur auf die eingeklagte Schuld zur Zeit der Condemnation gesehen, mit Ausnahme der Schuld aus einer Schenkung, wo auch auf die übrigen Schulden des Debitors Rücksicht genommen wird; mit andern Worten: in dem letztern Falle werden, um das quantum facere potest festzustellen, sämmtliche Schulden von dem Aktivvermögen abgezogen, in dem erstern wird bloß auf die gerade jetzt zur Exekution gebrachte Forderung gesehen [6]). Das Preußische Recht macht keinen solchen Unterschied; und man muß annehmen, daß außer dem Falle eines förmlichen Konkurses [6a]) ebenfalls bloß auf den Betrag der eben auf Exekution stehenden Forderung gesehen wird. Ist dieselbe so bedeutend, daß, wenn sie aus dem Vermögen bezahlt würde, zwar noch soviel, wie zur Kompetenz des Schuldners erforderlich ist, übrig bleibt, dieses aber von den übrigen Kreditoren, welche nicht schuldig sind eine Kompetenz zu bewilligen, aufgerieben werden, und also der Schuldner auf solche Weise ganz um die Kompetenz kommen würde, so muß der Schuldner auf das Andringen dieses zur Kompetenz verpflichteten Gläubigers auf Aussetzung der Kompetenz förmlich provoziren. (Vergl. unten Nr. VIII.)

III. Das beneficium competentiae ist höchst persönlich und geht nicht auf die Erben über [7]). Man hat die Frage aufgeworfen: ob dasselbe cedirt werden könne.

---

6) L. 54 D. soluto matrim. (XXIV, 3). — L. 16, 19, 49 D. de re jud. (XLII, 1).

6a) Die kundgewordene Meinung eines Gerichts, welches darüber bei dem Justizminister anfrug, daß nämlich die im §. 27 des Tit. erwähnte Kompetenz außer dem Falle eines Konkurses gar nicht gefordert werden könne, hat keine juristische Grundlage. Vergl. das R. v. 23. Dezbr. 1842 (Min.Bl. 1843, S. 11).

7) L. 7 pr. D. de except. (XLIV, 1). — L. 24, 25 D. de re judic. (XLII, 1). — L. 12—13 D. soluto matrim. (XXIV, 3).

Höchst persönliche Rechte oder Beneficien können niemals an Andere abgetreten werden. Indessen wird die Erhebung der fälligen Kompetenzgelder Andern auch mit der Befugniß, sie für sich zu behalten, selbst im Voraus übertragen, und in dieser Art auch eine Cession mit rechtlicher Wirkung geleistet werden können, jedoch nur unter der Voraussetzung eines lästigen Titels, weil sonst daraus hervorgehen würde, daß der Schuldner der Kompetenz nicht bedürfte[8]).

IV. Ausgeschlossen wird das Beneficium:

1) Durch Dolus[9]). Man versagt daher auch nach gemeinem Gerichtsgebrauche das Beneficium demjenigen, qui dolo facit quo minus facere possit, sowie solchen Schuldnern, welche durch Verschwendung verarmt sind[10]), und legt auf die abweichende Meinung, daß der, welcher auf das Beneficium Anspruch macht, beweisen müsse, er sei durch Unglücksfälle insolvent geworden[11]), kein Gewicht. Das Preußische Recht setzte sonst die Erfordernisse des beneficii cessionis bonorum voraus[12]); nur das absolut zustehende Beneficium (§. 43, Nr. I) war von dieser Qualifikation unabhängig[12a]). Die neuere Gesetzgebung hat diesen Zusammenhang durch Abschaffung der cessio bonorum aufgehoben, doch darf darum nicht angenommen werden, daß nun das beneficium competentiae

8) Hellfeld l. c. §. 30. — G. A. Joachim, de cessione beneficii competentiae. Lips. 1733.

9) L. 63, §. 7; L. 67, §. 3; L. 68, §. 1 D. pro socio (XVII, 2). — L. 22, §. 1; L. 51 D. de re jud. (XLII, 1).

10) Boehmer, decis. et cons., T. I, P. I, resp. 121, Nr. 13. — Pufendorf, process. civ., P. II, cap. V, §. 5. — Strube, rechtliche Bedenken, Th. IV, B. 23.

11) Leyser, diss. quousque nobilibus competat beneficium competentiae, §§. 19, 20.

12) A. G. O. a. a. O. §§. 17, 23, 31.

12a) Ebend. §. 31.

ex persona durch die exceptio oder replicatio doli nicht mehr zurückgewiesen werden könne.

2) Ob durch vorhergegangene Entsagung, ist die Frage. Das Römische Recht betrachtet den Verzicht des Ehemannes in dem Vertrage mit der Frau als contra bonos mores und daher als unwirksam[13]). Aus diesem Grunde bezog man diese Ausnahme auch auf andere Verhältnisse, welche dieselbe Rücksicht gebieten[14]), z. B. auf die Eltern; Andere haben darin eine allgemeine Regel gefunden. Gemeinrechtlich nahm man jedoch an, daß eine allgemeine Entsagung aller Einwendungen auch eine zulässige Entsagung dieser Rechtswohlthat enthalte[15]). Das Preußische Recht ließ sonst nur eine ausdrückliche Entsagung gelten[16]), ausgenommen bei der absoluten Kompetenz (§. 43, Nr. 1), auf welche gar nicht verzichtet werden kann[16a]). Ob noch nach heutigem Rechte die Regel, daß eine ausdrückliche Entsagung rechtlich wirksam, bestehe, ist zweifelhaft. Die gesetzliche Bestimmung[16]) ist durch die Aufhebung des ganzen Titels 49, Th. I der A. G.O. mit aufgehoben[16b]) und das neue Gesetz, die Konkursordnung v. 8. Mai 1855, schweigt darüber. Daraus allein würde keinesweges eine Abschaffung des Prinzips folgen, wenn dasselbe aus sachlichen Gründen gehalten würde. Es ist also auf die Gründe, aus welchen diese Rechtswohlthat gestattet wird, zurückzugehen. Diese sind nun solche, welche das öffentliche Interesse, nämlich die guten Sitten betreffen: es ist un-

13) L. 14, §. 1 D. soluto matrim. (XXIV, 3). Vergl. L. 17 pr. D. ibid.

14) Stryck, de cautel. contract., Sect. II, cap. X, §. 23.

15) Cannegiesser, collect. decis. summ. appell. trib. Hess. Cass., T. II, dec. 223.

16) A. G.O. a. a. O. §. 17, lit. c. — A. L.R. I, 5, §. 193.

16a) Anh. z. A. G.O. §. 163.

16b) Einf.-Ges. v. 5. Mai 1855, Art. II.

sittlich (contra bonos mores), daß man solchen Personen, zu welchen man in nahen verwandtschaftlichen oder ähnlichen persönlichen Verhältnissen steht, den nothdürftigen Unterhalt entziehe, um sich wegen einer Forderung an sie bezahlt zu machen[16c]). Das Richtige ist hiernach, daß eine Entsagung des Beneficiums nach heutigem Rechte unwirksam ist.

3) Durch eigenen Mangel des Gläubigers an dem nöthigen Unterhalte, falls er dem Schuldner etwas zur Kompetenz aussetzen müßte[17]). Dahin gehören namentlich laufende Alimente, worunter solche verstanden werden, welche vom Tage der angemeldeten Klage an laufen[18]). Nach älterem Römischen Rechte kommt es hierauf nicht an, und zwar aus dem Grunde nicht, weil der eigene Mangel die Verurtheilung des Schuldners in quantum facere potuit nicht hindern konnte, da deren Wirkung nur in Ausschließung der persönlichen Haft und der Infamie, die, wenn sie auch eintrat, den eigenen Mangel des Kreditors nicht beseitigte, bestand. Nachdem aber bloß der spätere Nebenvortheil zur Hauptsache, und aus dem ursprünglichen Institute eine Alimentationsanstalt geworden, ist dieser Grundsatz, welchen schon der gemeine Gerichtsgebrauch anerkannte[19]), eine konsequente Folge der veränderten Natur der Sache.

4) Dadurch, daß der Schuldner noch Kräfte, Mittel und Gelegenheit hat, sich auf eine, seinen Verhältnissen gemäße, Art seinen Unterhalt selbst zu erwer-

---

16c) Vergl. L. 14, §. 1; L. 15, §. 2; L. 16 D. soluto matrimonio (XXIV, 3).

17) A. G.O. a. a. O. §. 17, lit. b; Konkursordn. §. 435.

18) Anh. zur A. G.O. §. 168 und Kab.=Ordre v. 8. März 1835; Circ.=R. v. 7. Juni 1835 (Jur. Zeit. 1835, S. 700) und Schr. des Just.=M. v. 19. Oktober 1832 (Jahrb. Bd. XL, S. 426).

19) Cannegiesser l. c. Nr. 15 et 16.

den [20]). Mit diesem Grundsatze verhält es sich genau ebenso, wie mit dem vorhergehenden; die gemeine Praxis wendete ebenfalls denselben schon an, und versagte daher solchen Schuldnern, welche ihren Unterhalt aliunde haben, oder als Künstler, Handwerker und Tagearbeiter sich solchen verschaffen konnten, das beneficium competentiae [21]).

Die beiden letztern, aus der veränderten Natur des Instituts hervorgegangenen, Grundsätze haben aber das Besondere, daß sie nicht, wie die beiden erstern, das Beneficium ganz und gar, sondern bloß die daraus folgende Verbindlichkeit des Gläubigers zur Aussetzung des Unterhalts, nicht aber die jetzt zur Nebensache gewordene Befreiung von der persönlichen Haft ausschließen. Wenn also bloß aus einem dieser beiden Gründe die Kompetenz versagt wird, so muß der Schuldner doch mit den persönlichen Zwangsmitteln verschont bleiben.

Ueberhaupt kommt es auf alle diese Gründe der Ausschließung der Kompetenz nur alsdann an, wenn das Beneficium bloß aus Rücksichten für das Interesse des Schuldners gegeben wird. Das Preußische Recht kennt aber noch eine Kompetenz, welche aus Rücksichten für das öffentliche und das Interesse anderer Personen bewilligt wird, und bei dieser kommt es darauf gar nicht an [22]).

Nur ausnahmsweise ist auch diese Kompetenz gänzlich ausgeschlossen:

a) bei Schulden, welche aus einer unerlaubten Handlung entstanden sind [23]), welches jedoch von Alimenten,

---

20) A. G.O. a. a. O. §. 17, lit. b u. §. 28. — Konkursordn. §. 434.

21) Pütter's auserlesene Rechtsfälle, B. II, Resp. 231, Nr. 92. — Hellfeld l. c. §. 5.

22) A. G.O. a. a. O. §§. 27, 31; Konkursordn. §§. 438 u. 439.

23) Anh. z. A. G.O. §. 169. Vergl. L. 22, §. 1; L. 52 D. de

die uneheliche Kinder von ihrem unehelichen Vater zu fordern haben, nicht angenommen wird, weil das Recht des Kindes auf Alimente zu den Rechten der Status, nicht zum Obligationenrechte gehört [24]);

b) bei laufenden Alimenten (Note 18);

c) bei kurrenten öffentlichen Abgaben, jedoch soll, wenn auch wegen anderer Schulden auf Besoldungen und Pensionen schon Beschlag gelegt ist, nur die eine Hälfte der zu entrichtenden Abgaben von dem freien Antheil der Besoldung oder Pension, die andere Hälfte aber von dem den Gläubigern zur Befriedigung dienenden Antheile vorweg genommen werden [25]), wodurch den Gläubigern, die sonst unbedingt würden nachstehen müssen, ein Beneficium gegeben ist.

V. Das beneficium competentiae bewirkt für den Schuldner die Aussetzung des nöthigen Unterhalts und Befreiung von der persönlichen Haft [26]), ausgenommen die auf Wartegeld oder Pension gesetzten (inaktiven) Offizianten und Offiziere, gegen welche die Personalexekution zulässig ist [26a]). Zu der dem Schuldner auszusetzenden Kompetenz gehört nothdürftige Kost, Wohnung, Kleidung und Geräthschaft für den Schuldner und dessen Familie, für die letztere jedoch nur so lange er selbst darauf Anspruch hat [27]). Wiewohl also nicht gerade stan=

re jud. (XLII, 1). — L. 21, §. 6 D. de act. rerum amotarum (XXV, 2). — L. 4, §. 1 D. quod cum eo (XIV, 5).

24) R. v. 10. Mai 1833 (Jahrb. XLI, S. 465).

25) Anh. z. A. G.O. §. 170.

26) Cannegiesser l. c. T. I, decis. 154, Nr. 17. — Verordn. v. 28. Febr. 1806. — Anh. z. A. G.O. §. 174.

26a) Kab.Ordre vom 29. März 1823, und v. 6. Oktbr. 1823 (Gesetzsamml. 1823, S. 39 u. 167). — Auf Schulden, welche vor Bekanntmachung dieser Befehle kontrahirt worden, finden dieselben nicht Anwendung. Kab.Ordre v. 27. Jan. 1826 (Gesetzsamml. S. 14).

27) A. G.O. a. a. O. §. 15; Konkursordn. §. 434. — Hell-

desmäßiger Unterhalt gewährt werden muß, so ist doch die Nothdurft nach den Bedürfnissen des Schuldners, mit Rücksicht auf seine gewöhnte Lebensart, und seinen Stand und Alter zu ermessen[28]). Wenn mehrere Gläubiger die Kompetenz aussetzen sollen, welches gewöhnlich bei einem Konkurse eintritt, so müssen diejenigen, welche den zur Kompetenz ausgesetzten Theil der Masse erhalten würden, wenn keine Kompetenz zu bewilligen wäre, den Abzug leiden. Daraus folgt, daß mehrere mit gleichem Vorrechte versehene Kreditoren pro rata beitragen müssen. Es soll von ihnen ein solches Kapital durch verhältnißmäßige Abzüge zusammengebracht werden, als erforderlich ist, um aus den Zinsen desselben die Kompetenz zu gewähren; wogegen sie sich nach Erlöschung der Kompetenz in das Kapital wieder theilen[29]). So war es schon nach der gemeinen Praxis[30]); denn das Römische Recht kann darüber, aus den angeführten Gründen, keine Bestimmungen enthalten. Dieses hat vielmehr den Grundsatz, daß unter denen, welche unter gleichen Umständen zu fordern haben, derjenige den Vorzug hat, welcher zuerst kommt; die Uebrigen haben zu warten, bis die Umstände des Schuldners sich bessern[30a]). Außer dem Falle des Konkurses kann die Kompetenz auf zweierlei Art bestellt

---

feld l. c. §. 4. — Stryck, de remed. civitat. obaerat. competent., cap. IV, Nr. 68. — Cramer, obs., T. III, obs. 896.

28) A. G.O. a. a. O. §. 18. — Hellfeld l. c. §. 2.

29) A. G.O. a. a. O. §. 20. — Nach diesem Grundsatze ist in dem, in der Jurist. Zeit. 1834, S. 1137 mitgetheilten Falle, der keinesweges, wie der Ref. meint, etwas Besonderes hat, die Kompetenz eines Vasallen auf zwei Lehen vertheilt.

30) Horn, resp. et sent., Cl. XII, resp. 19, Nr. 1. — Hellfeld l. c. §. 28.

30a) Nach der Regel: occupantis potior est causa. L. 19 pr., §. 1 D. de re jud. (XLII, 1). Vergl. L. 3 D. quod cum eo (XIV, 5).

werden. Entweder so, daß dem Schuldner alle Güter genommen werden, und der Gläubiger ihm jährlich eine gewisse Alimentensumme zahlt, in welchem Falle der Gläubiger Schuldner der Alimente wird; oder so, daß dem Schuldner gewisse Güter gelassen werden, um sich aus den Früchten derselben zu erhalten. In diesem Falle bleibt der Schuldner Eigenthümer davon, so lange er lebt, oder bis aus andern Gründen die Kompetenz wegfällt; und die Gläubiger werden berechtigt sein, Sicherheitsmaßregeln für sich zu treffen [31]).

VI. Das beneficium competentiae ist ein Grund, die Kompensation auszuschließen [31a]).

VII. Welche Wirkung hat das beneficium competentiae in Beziehung auf den Bürgen? Daß der Bürge nicht die dem Prinzipalschuldner zustehende exceptio competentiae hat, um sich gegen die Exkussion bis auf das Letzte zu schützen, ist eine Sache für sich, da der Grundsatz: exceptiones, quae *personae* cujusque cohaerent, non transeunt ad alios, gar keine Ausnahme leidet [32]). Aber das dem Hauptschuldner zustehende beneficium suspendirt die Civilobligation, und die Frage ist die: ob und inwiefern der Bürge von der exceptio mit der Wirkung, daß der Gläubiger diesen Rest aus dem Grunde, weil dem Schuldner das beneficium competentiae zusteht, und durch dasselbe die Civilobligation aufgehoben worden, gar nicht fordern kann (§. 3, B, Nr. 4), Gebrauch machen darf, oder vielmehr für dasjenige, was der Gläubiger von dem Hauptschuldner nicht erhalten kann, weil er dem=

31) Hellfeld l. c. §. 26.

31a) Entsch. des Obertrib., Bd. IX, Nr. 30; und m. Beurtheilung der ersten zehn Bde, S. 660.

32) L. 7 pr. D. de except. (XLIV, 1). — L. 23 D. de re judicata (XLII, 1). — Donell. ad L. 23 D. de re jud. — Ant. Perez, praelectiones in Codicis novem libros, ad Tit. de re jud. Nr. 32.

selben eine Kompetenz bewilligen muß, haftet. Denn wenn der Bürge für diesen Fall aufkommen muß, so hilft das beneficium competentiae dem Prinzipalschuldner dann nichts, wenn der Bürge mit der actio mandati, oder einer ihm sonst zustehenden eigenen Klage, seine Schadloshaltung in solidum suchen kann, weil dem Hauptschuldner, dem Bürgen gegenüber, das beneficium nicht zusteht. Wollte man aber, um auf solche Weise dem Hauptschuldner sein Beneficium nicht zu vereiteln, den Bürgen soweit entbinden, so würde wieder der Gläubiger, der vielleicht gerade wegen seines Verhältnisses zum Schuldner Bürgschaft verlangt hat, um seine Forderung kommen, die er, wohlwissend, daß er von dem Schuldner wegen des demselben zustehenden Beneficii das Ganze nicht erhalten würde, durch die geforderte Bürgschaft zu sichern glaubte. Nach der gemeinen Meinung ist die letztere Rücksicht überwiegend, und der Bürge für den Ausfall verhaftet[33]). Es finden sich aber auch verschiedene abweichende Meinungen, welche aus der erstern Rücksicht dem Bürgen, und dadurch mittelbar dem Hauptschuldner zu Hülfe kommen wollen. Dahin gehört der Vorschlag, daß der in Anspruch genommene Bürge dem Hauptschuldner litem denunziiren solle, damit dieser den Prozeß übernehme und die exceptio opponire[34]), welche Kautel jedoch als vergeblich von Andern verworfen wird[35]). Eine

---

33) Bachovius ab Echt. commentar. in Institut. ad §. 40 de act. — Bart. Caepolla, tractatus de cautelis, Nr. 185. — Cella, d. an fidejubens pro persona nobili aut illustri creditori in tantum teneatur, quantum hic ob beneficium competentiae debitori lege vel observantia concessum, accipere non potuerit. Erlang. 1784. — Rivinus, d. de beneficio competentiae, in Opusc. a filio editis, pag. 72 sq.

34) Jo. Schneidewin, commentar. in Institut. ad §. 38 de act., Nr. 7.

35) Bachovius l. c.

andere Meinung machte, nach Analogie des S. C. Macedoniani, die Ausnahme: wenn der Prinzipalschuldner Interesse dabei habe, daß der Bürge die exceptio gebrauche[36]), durch welche Ausnahme die ganze Regel so ziemlich aufgehoben sein würde. Eine dritte, von Hert vertheidigte, Meinung war die, daß dem Bürgen der Einwand des dem Hauptschuldner zustehenden beneficii competentiae in den Fällen zu Statten kommen solle, wo dasselbe dem Schuldner schon bei Entstehung der Schuld zugestanden habe, z. B. den Eltern, Socien; nicht aber alsdann, wenn der Schuldner das beneficium erst später erlangt habe, wie z. B. der, welcher bonis cedirt[37]). Dieser Meinung hat sich die Redaktion des Landrechts angeschlossen, und I, 14, §§. 281 u. 282 zwar nicht dasselbe, aber etwas Aehnliches bestimmt:

„Was der Gläubiger um deswillen, weil er dem Schuldner wegen der im Gesetze bestimmten persönlichen Verhältnisse, eine Kompetenz lassen muß, von demselben nicht erhalten kann, ist er auch von dem Bürgen zu fordern nicht berechtigt."

„Außerdem aber haftet der Bürge für den Ausfall, welchen der Gläubiger bei dem Hauptschuldner, wegen einer demselben aus andern gesetzlichen Gründen zukommenden Kompetenz erleidet."

Der Grund des beneficii liegt nämlich entweder in einem persönlichen Verhältnisse, oder in einem gewissen obligatorischen, je nachdem dem Schuldner mit Rücksicht auf sein persönliches Verhältniß zum Schuldner, oder wegen des Entstehungsgrundes, der Art oder Beschaffenheit der Schuld, das Beneficium zusteht. Man kann es

---

36) L. 9, §. 3 D. ad S. C. Maced. (XIV, 4). — Stryck, de jure ex alt. persona perf., cap. VI, Nr. 206.

37) Jo. Nic. Hert, de transitione privilegii personalis ad alios, §. 23. Giess. 1690; et in Opusc. Vol. I, P. III, pag. 39.

auch so ausdrücken, daß entweder wegen des Subjekts, oder wegen des Objekts der Obligation (ex persona oder ex re) das Beneficium gegeben wird. In den Fällen der erstern Art soll der Bürge nicht für den Ausfall haften. Hieraus ergiebt sich die Unrichtigkeit der Meinung Bornemann's [38]), wonach sich die Verhaftung des Bürgen nur auf diejenigen Fälle beziehen soll, wo das Beneficium wegen des Interesses dritter Personen (A. G.O. I, 47, §§. 27, 31) bewilligt wird. Nun ist aber noch die Frage unerledigt, wie es mit der Erholung des Bürgen bei dem Hauptschuldner zu stehen kommen soll, wenn er im Falle der ersten Art, vermöge der Abrede, doch haften muß. Eine Person sucht bei einer andern, die sich in dem Verhältnisse, welches ihr die Kompetenz zur Zwangspflicht gegen sie macht, befindet, Kredit; diese verweigert jedoch den Kredit, wenn ihr nicht gegen den Fall, daß die Kompetenz von ihr gefordert würde, Sicherheit verschafft wird. Es tritt also ein Bürge auf, der ausdrücklich für diesen Fall einzustehen verspricht. Wie ist nun der endliche Verlauf? Es ist zu unterscheiden. Intercedirt der Bürge ohne verbindlichmachende Veranlassung des Hauptschuldners, so kann sich der Bürge an den Hauptschuldner nicht erholen. Denn er hätte keinen anderen Klagegrund als die cessio actionis, und die actio des Gläubigers hilft ihm eben nichts. Hat aber der Hauptschuldner dem Bürgen den ausdrücklichen Auftrag gegeben, für ihn auf den in Rede stehenden Fall einzutreten, so bedarf der Bürge nicht der cessio actionis, um sich zu regressiren, er hat seine eigene Klage aus dem Auftrage. Daraus folgt, daß dem Hauptschuldner sein beneficium, welches ihm gegen den Gläubiger zusteht, schließlich gar nicht zu Statten kommt.

---

38) Civilr., Bd. II, S. 552.

VIII. Es fragt sich: ob Gläubiger, welchen nicht die exceptio beneficii competentiae entgegen steht, sich an dasjenige, was andere zur Kompetenz Verpflichtete dem Schuldner haben lassen müssen, halten können. Hiervon kann nur außer dem Falle des Konkurses die Rede sein; denn im Konkurse erledigt sich die Sache von selbst. Aus dem Römischen Rechte ist keine direkte Entscheidung zu entnehmen. Wenn aber nach den Grundsätzen desselben entschieden werden sollte, so müßte man sagen, daß einem Gläubiger, dem die exceptio benef. comp. nicht gemacht werden kann, gar nichts im Wege steht, das zu nehmen, was er bei dem Schuldner noch findet, gleichviel, aus welchem Grunde es der Schuldner noch besitzt. Bei der Veränderung, welche das Wesen des Instituts schon im neuesten Römischen Rechte, noch mehr aber durch die gemeinrechtliche Praxis erlitten hat, kann jedoch diese Konsequenz des Römischen Rechts nicht mehr leiten. Der gemeine Gerichtsgebrauch hatte schon den Grundsatz angenommen, daß das, zur Kompetenz des Debitors bestimmte, Objekt von andern Gläubigern nicht angegriffen werden könne[39]). Doch findet sich auch die Meinung vertreten, daß es wegen anderer Schulden objectum executionis sein könne[40]). Diese ist indeß, nach der jetzigen Lage der Sache, nicht für richtig anzunehmen. Der zur Aussetzung einer Kompetenz verpflichtete Gläubiger überläßt das dazu bestimmte Objekt dem Schuldner nur auf Zeit, und unter stillschweigendem Vorbehalt seiner,

39) Pütter's auserlesene Rechtsfälle, B. II, Resp. 251, Nr. 71. Aus der L. 6 D. de cessione bonorum (XLII, 3) ist nach der Analogie ein Unterstützungsgrund für diese Meinung herzunehmen. Dort ist bestimmt, daß einem Schuldner, welcher bonis cedirt hat, dasjenige, was ihm von einem Dritten aus Mitleid oder zum Unterhalte zugewendet worden, nicht genommen werden darf.

40) Manzius, patrocin. depauperatorum (Norimb. 1640. 8), Decad. III, qu. 7, Nr. 141.

durch die Exekutionsvollstreckung daran erworbenen, dinglichen Rechte. Im Falle des Konkurses ist dieses ganz einfach und klar[41]). Außer dem Falle des Konkurses tritt es nicht so erkennbar hervor; es ist aber juristisch nicht anders. Dieses Recht besteht in einem prätorischen Pfandrecht; statt daß der Judex, oder dessen Exekutor, oder der Kreditor detinirt, will und soll der Schuldner detiniren. Dieß liegt schon in der römischen cautio quod si ad meliorem fortunam pervenit, etiam quod minus persolvit, hoc restituere procuret[42]). Der Gläubiger hat aber auch das Mittel, sich zum Eigenthümer, und den Schuldner zum Nutznießer zu machen, da es nur von ihm abhängt, auf welche Weise er dem Schuldner den Unterhalt gewähren will. Hat der Gläubiger jedoch keine weitern Sicherheitsmaßregeln für sich getroffen, so bleibt ihm doch jenes Pfandrecht, so daß man noch immer zu dem Resultat gelangt, daß vor ihm kein anderer Gläubiger die Exekution in ein solches Objekt vollstrecken lassen kann. Das Preußische Recht hat eine Bestimmung, welche diesem, durch die gemeine Praxis ausgebildeten, Grundsatze entspricht. Es ist der §. 21, Tit. 29, Th. I der A. G.O.:

„Wenn sämmtliche oder einige Gläubiger des Gemeinschuldners demselben zu seiner Erhaltung eine Kompetenz bewilligen, oder zur Zahlung einer Kompetenz schuldig erkannt worden sind, soll dieselbe wegen keiner, auch nach eröffnetem Konkurse kontrahirten, Schuldforderungen mit Arrest belegt werden können."

Hier ist zwar zunächst das Interesse des Schuldners, nämlich der Unterhalt desselben, also der Ertrag der zur

---

41) A. G.O. a. a. O. §§. 22, 20. Vergl. Konkursordn., §. 278, Satz 2.

42) L. un. §. 8 C. de rei uxor. act. (V, 13). — L. 63, §. 4 D. pro socio (XVII, 2).

Aufbringung der Kompetenz bestimmten Sache, Gegenstand der gesetzlichen Bestimmung, und dieselbe soll aus dem Grunde, weil er mit den Alimenten auf gleiche Stufe gesetzt wird, von andern Gläubigern nicht angegriffen werden können; es bliebe also noch immer das Kapital oder die Sache, aus deren Ertrag die Kompetenz genommen wird, mit Vorbehalt derselben, zum Nachtheil derjenigen Gläubiger, welche die Kompetenz haben gewähren müssen, anzugreifen. Allein man erkennt, daß die Gesetzgebung die Substanz dieser Sache nicht als das Eigenthum des Schuldners ansieht. Auch dabei läßt sich noch einwenden, daß bei dieser Bestimmung an den Fall des Konkurses gedacht ist; doch ist zum Beweise, daß der, von der gemeinen Praxis sanktionirte, Grundsatz auch nach Preußischem Rechte gelte, hinlänglich, daß die Gesetzgebung diesen Grundsatz gekannt, in einer Beziehung Anwendung davon gemacht, und sonst nichts Neues festgesetzt hat, was ausdrücklich oder folgerecht den bis dahin gegoltenen Grundsatz unanwendbar machen könnte.

IX. Die Kompetenz hört wieder auf[43]):

a) durch den Tod des Schuldners;

b) durch eine solche Verbesserung der Vermögensumstände des Schuldners, daß er der Kompetenz zu seinem Unterhalte ganz oder zum Theil nicht mehr benöthigt ist, in welchem Falle insoweit eine Entziehung stattfindet[44]);

c) dadurch, daß der Gläubiger selbst nachher in einen solchen Verfall seiner Umstände geräth, daß er der ausgesetzten Summe zu seinem eigenen Unterhalte benöthigt ist[45]). Wenn Mehrere gemeinschaftlich die Kompe-

43) A. G.O. a. a. O. §§. 23—26.

44) Konkursordn. §. 437. Die Gläubiger haben die Verbesserung nachzuweisen.

45) Konkursordn., §. 435 a. E.

tenz hergeben müssen, so müssen die Andern in diesem Falle den Beitrag des Ausscheidenden übertragen;

d) wenn neue Umstände zum Vorschein kommen, woraus ein unredliches Betragen (Dolus) gegen den Gläubiger erhellet. In diesem Falle fällt das Beneficium gänzlich weg, mithin hören alle Wirkungen desselben auf, d. h. es ist der Personalarrest wieder zulässig;

e) wenn der Schuldner im Stande ist, seinen Unterhalt auf eine seinen Verhältnissen angemessene Art selbst zu erwerben[46]).

§. 43.

b) Einzelne Fälle.

Das beneficium competentiae steht entweder absolut, gegen Jedermann, oder nur relativ in Beziehung auf gewisse Personen zu.

I. Absolut, gegen Jedermann und allgemein steht es alsdann zu, wenn dabei ein öffentliches Interesse, oder das Interesse des Andern oder dritter Personen, z. B. der Gläubiger selbst, konkurrirt. In allen diesen hierher gehörigen Fällen muß der Bürge für den Ausfall haften (§. 42, Nr. VII). Dieses Beneficium haben[1]):

1) Militärbediente. Nach Römischem Rechte mußten dieselben aber im Kriege gedient haben[2]). Der

46) Ebend. Weiset der Gläubiger eine Gelegenheit dazu nach, so hat der Richter über die Angemessenheit zu befinden.

1) A. G.O. a. a. O. §. 27. — Konkursordn. §§. 438, 439.

2) L. 6 et 18 D. de re jud. (XLII, 1): „miles, qui sub militia armata stipendia meruit." — Also nicht der Soldat überhaupt, sondern der Soldat, welcher einen Feldzug mitgemacht hat. Hinsichtlich der Verabschiedeten schweigen die Quellen; doch hat ihnen das Beneficium vermuthlich zugestanden, weil Alle, welche einen ehrenvollen Abschied (missio honesta) erhielten, wegen ihres künftigen Unterhalts versorgt wurden, folglich ihnen dieser ihnen vom Staat verschaffte Unterhalt durch Gläubiger nicht entrissen werden durfte. L. 6 D. de cessione

gemeine deutsche Gerichtsgebrauch verlangte jedoch nur aktiven Dienst im stehenden Heere[3]), und nach Preußischem Rechte haben selbst Pensionisten das Beneficium[4]). Auf die Ehefrauen der Militärs dehnt man es nicht aus[5]). Dagegen wollte man es auf den Ritterstand, und endlich allgemein auf Adelige ausdehnen. Der Grundsatz ist auch öfter in judicando nach Gemeinem Rechte angenommen worden[6]), doch ist derselbe immer streitig[7]) und der Ge-

---

honor. (XLII, 3); L. 3, 6, 8 Cod. Theod. VII, 20. Auch läßt sich die angeführte Pandektenstelle L. 6 (die L. 18 ist eine vermuthlich aus Unachtsamkeit geschehene wörtliche Wiederholung der L. 6) nach ihrer Fassung im Perfektum unmittelbar auf solche Verabschiedete anwenden.

3) Hellfeld l. c. §. 25 seq. — Boehmer, decis. et consult., T. III, P. III, dec. 682, Nr. 6, 7. — Strube, rechtliche Bedenken, B. IV, Bed. 69.

4) A. G.O. a. a. O. §. 29; Anh. §§. 162, 168 u. f. Das stimmt im Prinzip mit dem R. R. überein. S. oben Anm. 2.

5) Boehmer l. c. T. II, P. I, resp. 545, Nr. 27. In der preußischen Handhabung der Gerechtigkeit stellt sich die Sache formell etwas anders. Um die Würde und das Ansehen der Soldaten aufrecht zu halten, ist positiv vorgeschrieben, daß das am Garnisonorte befindliche Mobiliare eines Soldaten aller Grade nicht Gegenstand der Exekution sein darf und nur ausstehende Forderungen, öffentliche Geldpapiere, baares Geld über einen gewissen Betrag, Medaillen, Juwelen und Kleinodien in Beschlag genommen werden können. Ob nun dergleichen erlaubte Exekutionsgegenstände im Besitze des Schuldners sind, das soll von ihm selbst gesagt werden; ein Exekutor hat keinen Zutritt. Anh. z. A. G.O. §. 155; K.O. v. 4. Juni 1822 und v. 8. Septbr. 1822 (G.S. S. 209). Da nun, so wird gesagt, die Würde und die Dienstverhältnisse eines Soldaten durch die Exekutionsvollstreckung gegen seine Ehefrau berührt werden, so soll das gleiche zurückhaltende Verfahren auch gegen diese beobachtet werden. Dagegen ist die Frage: ob die Ansprüche des Gläubigers auf die vorhin bezeichneten Exekutionsgegenstände zu beschränken, von dieser Vorschrift nicht betroffen. R. des J. M. v. 4. Oktober 1841 (J. M. Bl. S. 327).

6) Müller ad Struv., exercit. 44, §. 20, lit. m. — Cramer, observ. jur. un., T. III, obs. 896.

7) Dafür waren unter Andern: Wernher in der angef. Diss.

richtsgebrauch darin nicht gleichförmig gewesen. Dagegen war darüber kein Zweifel, daß den Vasallen ebenso wie den Soldaten das Beneficium gebühre [8]). Dieses ist für das Preußische Recht insofern von Interesse, als etwas davon sanktionirt worden ist. Den Adeligen, als solchen, ist zwar das Beneficium nicht beigelegt, wohl aber den

2) Vasallen [9]) rücksichtlich solcher Gläubiger, welche ihre Befriedigung nicht aus der Substanz, sondern nur aus den Einkünften des Lehnsguts zu fordern ein Recht haben [9 a]), weil nur bei diesen, nicht aber bei solchen, welche sich an die Substanz halten können, der Grund des beneficii (Nr. 1) eintritt. Dieser Grund, nämlich das Dienstinteresse des Lehnsherrn, ist aber im neuen Rechte auch nicht mehr vorhanden, seitdem das Obereigenthum des Lehnsherrn durch das Gesetz von 2. März 1850 auf=

— Carpzov, jurispr. for., P. I, const. 32, def. 15, und proc. T. XXV, a, b, Nr. 21, 35. Ders. in Decis. 260. — Kreidemann, Traktat vom deutschen Adel, qu. 4, Nr. 59. — ICti Erford. apud Schorch, Nr. 202, 57. — Hert decis. 623, N. 1. — Boehmer l. c. T. II, P. I, resp. 545, Nr. 8. — Leyser sp. 664, m. 34, dieser jedoch nur in Beziehung auf den sächs. Adel. — Dagegen: Lauterbach in der angef. D. th. 34. — Mauritius, de nobilitate imprimis Germ., §. 34. — Conr. Wilh. Strecker, de beneficio competentiae nobilibus non competente. Erf. 1738. — Esbach ad Carpzov. l. c. — Pufendorf, proc. civ., P. II, cap. V, §. 5. — Strube, rechtl. Bed., B. I, Bed. V; und B. IV, Bed. LXIX. — Covarruvias, var. resol., II, cap. 1, Nr. 4. — Manzius, patrocin. pauperum, dec. 3, qu. 1, N. 87. — Brunnemann in L. 16 D. de re jud. — Cannegiesser, decis. summ. prov. sen. appell. trib. Hess. Cass., T. I, dec. 153, Nr. 10; decis. 154, Nr. 1.

8) Strube a. a. O. — Cannegiesser l. c. T. I, dec. 154, No. 7.

9) A. L.R. I, 18, §§. 350—357.

9a) Präjud. des Obertribunals v. 30. Dezbr. 1833 (Simon u. v. Strampff, Rechtsspr., B. IV, S. 107).

gehoben worden ist und folglich ein Lehnsherr, außer bei den aufrecht erhaltenen Thronlehnen und den feudis extra curtem, nicht mehr giebt. Die ehemaligen Lehngüter sind seitdem in die Kategorie der Familiengüter getreten, und sowenig der Besitzer eines Familien-Fideikommißguts ein Recht auf eine Kompetenz aus den Einkünften gegen seine Gläubiger hat, gleichwenig kann folgerecht dem Besitzer eines ehemaligen Lehnguts eine solche Kompetenz zukommen. Hier trifft man jedoch auf eine positive Bestimmung zur Aufrechthaltung der Kompetenz, welche den Boden verloren hat. Die Konkursordnung v. 8. Mai 1855 schreibt im §. 438 vor: „In Ansehung der Kompetenz, welche dem Besitzer eines Lehns aus den Einkünften desselben gebührt, kommen die darüber bestehenden besonderen Bestimmungen zur Anwendung." Also bleibt es bei der Lehnskompetenz bei Gütern, welche aufgehört haben Lehen zu sein.

3) Geistliche. Die gemeine Meinung war darüber getheilt; der Gerichtsgebrauch hatte sich aber dafür entschieden[10]). Die Praxis bewilligte auch den niedern Kirchenbedienten eine Kompetenz[11]), und dieses muß auch nach dem Preußischen Rechte angenommen werden, da jeder, welcher in einer geistlichen Bedienung steht, das Beneficium genießen soll[11a]).

4) Civilbediente, sowohl mittelbare als unmittel-

---

10) Boehmer, exercitt. ad D. T. III, exerc. 45, c. IV, §§. 9—12 und jus ecclesiast. Protest., Tom. II, lib. 3, tit. 23, §. 20 seq. Man wollte den Beweis aus c. 3 X. de solut. (III, 23) führen. — Covarruvias, variar. resol. L. II, c. 1. — Carpzov, dec. 260 und jurispr. for., P. I, const. 32, def. 32 i. f.

11) Hommel, rhaps., obs. 136.

11a) Anh. z. A. G.O. §. 161. Bloße Präbenden-Inhaber werden nicht als geistliche Beamte angesehen. R. v. 16. Juli 1829.

bare[12]). Die Quelle dieses Rechtssatzes ist ebenfalls die gemeine Praxis[13]). Diesen gleichstellen wollte man die Doktoren[14]), namentlich: die Doktoren der Rechte, und die Advokaten[15]), die Theologen und Mathematiker[16]), die Magister der Philosophie[17]). Diese Gleichstellung der Doktoren mit den Civilbedienten, welche von Andern auch bestritten ist[18]), läßt das Preußische Recht nicht gelten, nur die Rechtsanwälte und Notare genießen so wie nach Gemeinem Rechte die Advokaten dasselbe Recht[19]); dagegen dehnte es das Beneficium aus auf

5) alle diejenigen, welche eine Präbende, oder gewisse jährliche Hebungen und Einkünfte, die an deren Lebenszeit gebunden sind, zu genießen haben. Auch einer Wittwe, welche aus ihrer Ehestiftung Leibgedinge, Witthum oder Alimente zu fordern hat, muß von ihren eigenen Gläubigern eine Kompetenz gelassen werden[20]). In dieser Allgemeinheit, bei welcher der Schuldner es in seiner Macht hatte, durch willkührliche Verwandlung seines Vermögens in Renten den Gläubigern eine Kompetenz abzunöthigen, besteht die Rechtswohlthat nicht mehr; das neue Recht schränkt sie ein auf fortlaufende Einkünfte,

12) A. G.O. a. a. O. §. 27 und Anh. §. 161; Konkursordn. §. 439.

13) Strube, rechtl. Bed., B. I, Bed. 7.

14) Carpzov, decis. 260.

15) Berlich, concl. pract., P. I, c. 80, n. 53. — A. Kaestner, de beneficio competentiae advocatis competente. Lips. 1736.

16) Carpzov, jurispr. for., P. 1, const. 32, def. 18. — Philippi, consideratt. jurid. in ordinat. process. jud., L. IV., 60, n. 14. — Richter, decis., P. I, dec. 24, n. 4.

17) JCti Hall., T. I, Lib. II, cons. 24.

18) Lauterbach l. c. §. 34. — Pufendorf, obs. jur. un., T. III, obs. 51. — Donell. ad L. 18 de re judicata.

19) Anhang zur A. G.O. §. 161.

20) A. G.O. a. a. O. §. 80 und Tit. 24, §. 109.

welche ein Schuldner nicht durch lästigen Vertrag erworben hat, sondern aus Stiftungen oder sonst durch die Fürsorge und Freigebigkeit eines Dritten bezieht. Davon muß dem Schuldner der nothdürftige Unterhalt für sich, seine Ehefrau und seine noch unversorgten, d. h. in seiner Erziehung und Pflege befindlichen Kinder gelassen werden[21]).

Die Kompetenz beträgt bei den Beamten das ganze Gehalt bis 400 Thlr., und von dem Ueberschuß noch die Hälfte; bei Pensionärs die ganze Pension bis 200 Thlr., und von dem Ueberschuß noch die Hälfte; die den Subalternoffizieren zu machenden Abzüge sind auf 2 Thlr. bei einem Fähnrich und Secondelieutenant, und 3 Thlr. bei einem Premierlieutenant von der Infanterie; auf 3 und 4 Thlr. bei denselben Graden von der Kavallerie, bei einem Hauptmanne dritter Klasse von der Infanterie auf 4 Thlr. und bei einem Rittmeister resp. Hauptmann dritter Klasse von der Kavallerie, der Artillerie und dem Ingenieurcorps auf 5 Thlr. monatlich festgesetzt[21a]). Bei allen übrigen Kompetenzberechtigten wird der Betrag der Kompetenz von dem Richter nach billigem Ermessen festgesetzt[22]). Man hat dabei in Beziehung auf diese allgemeine Art der Kompetenz dreierlei Besonderheiten zu finden gemeint. Erstens soll hier nur ein nothdürftiger Unterhalt zugestanden werden, wogegen in den relativen Kompetenzfällen ein standesmäßiger ausgesetzt werden müsse, weil es im §. 27 der A. G.O. a. a. O. heiße: „und sie also auch für seinen nothdürftigen Unter-

21) Konk.-Ordn. §. 434. Kinder, welche auf Kosten eines Andern erzogen oder erhalten werden, kommen nicht in Betracht.

21a) Anh. zur A. G.O., §§. 160, 162, 165. — Kab.-Ordre vom 24. Februar 1853 (G.S. S. 76).

22) A. G.O. §§. 18, 19, 33 dieses Titels; Konkurs-Ordnung §. 436.

halt sorgen müssen," — ein bestimmender Ausdruck, welcher auch in der neuen Konkursordnung §. 434 gebraucht wird —, während der §. 18 der A. G.O. a. a. O. in Beziehung auf die andere Art bestimmt, daß das Quantum „mit billiger Rücksicht auf den Stand" ꝛc. ermessen werden sollte. Zweitens soll bei jener ersten Art der allgemeinen Kompetenz der Betrag zum nothdürftigen Unterhalte nur für die Person des Schuldners abgemessen, nicht aber auf seine Familie Rücksicht genommen werden, weil diese Kompetenz nur in dem eigenen Interesse des Gläubigers bewilligt werde, damit der Schuldner so lange wie möglich am Leben erhalten werde. Beides ist unrichtig. Der Grund, aus welchem die Rechtswohlthat zusteht, hat auf den Betrag keinen Einfluß. Es fehlt nicht bloß dazu an einem innern Grunde, sondern auch das Gesetz macht keinen solchen Unterschied, im Gegentheil, es bestimmt vielmehr ausdrücklich, daß in den Fällen der zweiten Art der Betrag nach denselben Grundsätzen, wie in den Fällen der ersten Art, ausgemessen werden soll. In dem §. 33 a. a. O. heißt es nämlich: „Wenn Streit entsteht, wieviel dem Gemeinschuldner an Kompetenz auszusetzen sei; so muß zuvörderst der Betrag von den Einkünften — ausgemittelt, und sodann nach obiger Vorschrift §. 18 — verfahren werden." Dort aber ist bestimmt, daß das Quantum, mit billiger Rücksicht auf den Stand, das Alter und die Familie des Schuldners — ermessen werden muß, eine Bestimmung, welche mit ihrer Quelle, der gemeinrechtlichen Praxis, völlig übereinstimmt[22a]). Es ist also zwischen beiden Arten der

22a) Cramer, obs., Tom. III, obs. 896, wird unter Berufung auf eine große Anzahl Schriftsteller, in einem Falle der allgemeinen Kompetenz (ein Vasall war der Schuldner), bezeugt, daß man in determinanda competentia nach einhelliger Meinung der DD. auf des Schuldners und der Seinigen Alimentation zu sehen hat und daß

Kompetenz in dieser Beziehung gar kein Unterschied[23]). Drittens hat man gemeint, daß den Gläubigern in jedem Falle von den Einkünften abgegeben werden müßte, wenn solche auch kaum zur Nothdurft des Schuldners zureichten, weil es in dem §. 27 a. a. O. heißt: Die Gläubiger könnten sich nicht entbrechen, dem Gemeinschuldner „davon" eine Kompetenz auszusetzen; und weil sie, wenn sie nichts erhielten, kein Interesse dabei hätten, daß der Schuldner erhalten würde. Weder der eine, aus der grammatischen Auslegung des Wortes „davon" hergenommene, noch der andere Grund ist juristisch. Zum Begriff der Kompetenz gehört die Freilassung des nothdürftigen Unterhalts. Wenn die Einkünfte keinen Ueberschuß gewähren, so ist kein Exekutionsgegenstand vorhanden. Könnte in diesem Falle dennoch etwas genommen werden, so würde der Schuldner die Rechtswohlthat nicht vollständig genießen. Es ist aber nirgend bestimmt und es folgt auch aus keinem anerkannten Rechtsgrundsatz, daß der Schuldner in solchem Falle nur die halbe oder viertel Kompetenz erhalten solle. Der völlig willkührlichen und unjuristischen Theorie fehlt es auch an jeder Grenzbestimmung. So gut wie Hälfte weniger als die Nothdurft erfordert gelassen werden kann, ist auch die Wegnahme aller Einkünfte bis auf eine lächerliche Kleinigkeit zu rechtfertigen. Das neue Gesetz ist auf eine besondere Bestimmung hierüber nicht eingegangen, es läßt dem billigen Ermessen des Richters Freiheit und schreibt nur vor, daß dem Schuldner „davon" (von

1) unter den Seinigen bloß diejenigen verstanden werden, welche auf andere Weise ihre Sustentation nicht finden können, als die Frau und unerzogene Kinder; 2) daß die Alimente allemal bloß auf necessaria gehen, die necessaria aber nach dem Stande und Herkommen differiren.

23) Nach der neuern Gesetzgebung kann darüber noch viel weniger ein Zweifel aufkommen, da die Bestimmung des §. 436 der Konk.-O. über die Festsetzung des Betrages sich auf beide Kompetenzarten bezieht.

den Einkünften) der nothdürftige Unterhalt für sich, seine Ehefrau und seine noch unversorgten Kinder belassen werden muß. Uebersteigen die Einkünfte diesen Unterhalt nicht, so muß ihm Alles belassen werden.

Das ergangene rechtskräftige Erkenntniß, durch welches einem Schuldner eine Kompetenz mit Rücksicht auf sein Bedürfniß zugesprochen worden ist, hat nicht die Wirkung, daß es einen, vom Schuldner späterhin auf Grund veränderter Umstände und eines vermehrten Bedürfnisses erhobenen neuen Anspruch, auf Erhöhung der durch das frühere Judikat festgesetzten Kompetenz, unbedingt ausschließt[24]). Denn die Kompetenz hat die Natur der Alimente und jedes Erkenntniß, durch welches Alimente zuerkannt werden, ist nur in dem Theile, welcher über den Grund der Alimente entscheidet, ein unabänderlicher Rechtsspruch (Präjudizium); der Theil aber, welcher den Betrag nach Maßgabe der zur Zeit vorhandenen Umstände festsetzt, hat die Natur eines bloßen Dekrets, welches nach Veränderung der Umstände abänderlich ist.

II. Beziehungsweise steht die Rechtswohlthat entweder gegen gewisse Personen wegen des bestehenden persönlichen Verhältnisses, oder aus gewissen Rechtsverhältnissen zu.

1) Wegen bestimmter persönlicher Verhältnisse haben eine Kompetenz zu bewilligen:

a) Verwandte in aufsteigender und absteigender Linie untereinander[25]). Das R. R.[26]) spricht nur von Eltern und Kindern; der gemeine Gerichtsgebrauch hatte es aber allgemein auf Ascendenten und Descendenten aus-

24) Pr. des Obertribunals 1273, vom 12. Dezember 1842.

25) A. G.O. a. a. O. §. 16, Nr. 1; Konk.-O. §. 435, Nr. 1.

26) §. 38 Inst. de action. (IV, 6). — L. 1, §. 1 D. de obseq. parent. et patronis praestandis (XXXVII, 15). — L. 16 —19 D. de re judicata (XLII, 1).

gedehnt[27]). Stiefeltern und Stiefkindern ist das Privilegium nach der preußischen Gesetzgebung ebenso wie nach dem Gemeinen Recht versagt[28]). Der gemeine Gerichtsgebrauch dehnte es auch auf den, wegen Alimentation belangten, unehelichen Vater aus[29]), welche Ausdehnung das Preußische Recht, nach welchem ein uneheliches Kind juristisch gar keinen Verwandten väterlicher Seits hat, nicht kennt.

b) Voll= und halbbürtige Geschwister untereinander[30]). Das R. R. kennt diesen Fall nicht; der gemeine Gerichtsgebrauch aber hat das Beneficium auch auf die Geschwister bezogen, weil es in der L. 63 pr. D. pro socio, wo davon unter den Gesellschaftern die Rede ist, heißt: cum societas jus quodammodo fraternitatis in se habet[31]). Doch war der Satz bestritten[32]). Die preußische Gesetzgebung hat sich der gemeinen Meinung angeschlossen.

c) Ehegatten gegenseitig, während der Ehe. So ist es nach heutigem Rechte[33]). Nach älterem Rechte machte es keinen Unterschied: ob die Ehe noch bestand oder getrennt war, nur mußte die Schuld vor oder während der

27) Rivinus, de benefic. compet.; in Opusc. a filio edit., p. 64 seq. — Höpfner, Commentar, §. 1138. — Meier, colleg. Argent., Tit. de re judicata, th. 34.

28) A. G.O. I, 49, §. 16, Nr. 1; Konk.=Ordn. §. 435, Nr. 1; Voet, pand., Lib. XLII, tit. 1, Nr. 46.

29) Richter, decis., P. II, dec. 88, n. 35.

30) A. G.O. a. a. O. §. 16, Nr. 3; Konk.=Ordn. §. 435, Nr. 2.

31) Meier, colleg. Argent. l. c., th. 34, n. 1. — Ludovici in Doctr. D. XLII, 3, §. 7. — Hertius, dec. 620, n. 1. — Georg Frid. Krause, disput. de fundamento beneficii competentiae ad L. 63 D. pro socio. Vit. 1750. — Thibaut, über die logische Auslegung des Römischen Rechts, §. 23.

32) Lauterbach l. c. th. 32.

33) Konkursordn. §. 435, Nr. 3.

Ehe entstanden sein[34]). Darin stimmte das ältere Recht mit dem R. R. überein, welches nach richtiger Auffassung das beneficium hauptsächlich nach der Ehetrennung wirksam sein läßt; denn da es ursprünglich zuerst gegen die Dotalklage der Ehefrau dem Manne gegeben war (auf andere Schuldverhältnisse hat es erst Pius ausgedehnt), so würde es ein ganz unnöthiges beneficium gewesen sein, wenn es nur während der Ehe zugestanden hätte: zu dieser Zeit hatte der Mann ein solches beneficium nicht nöthig, weil die Frau, so lange die Ehe bestand, ihre Dos nicht zurückfordern konnte[35]). Auf die Ehefrau ist das beneficium erst später durch die Juristen aus Billigkeit übertragen worden. Eine Ausnahme machte die actio rerum amotarum[36]). — Aus der den Ehegatten gegenseitig zustehenden Rechtswohlthat folgt selbstverständlich, daß ein Ehemann wegen der seiner Ehefrau schuldigen Alimente nicht zum Personalarrest gebracht werden darf, was man gleichwohl zweifelhaft gefunden hat[37]). — Auf putative Ehegatten wird die Rechtswohlthat weder von dem gemeinen Gerichtsgebrauch[38]), noch in dem Preußischen Rechte[39]) ausgedehnt.

Dieß sind diejenigen Fälle, in welchen der Bürge

---

34) A. G.O. a. a. O. §. 16, Nr. 4.

35) Die entscheidenden Stellen setzen alle unverkennbar die Auflösung der Ehe voraus. Man vergl. §. 37 Inst. de act. (IV, 6); L. 20 D. de re jud. (XLII, 1). L. 12, 13, 19, 21, 27, 32 D. sol. matrim. (XXIV, 3). Ganz ausdrücklich sagt es L. 8 C. sol. matrim. (VIII, 18).

36) L. 21, §. 6 D. de act. rer. amotar. (XXV, 2); L. 52 D. de re jud. (XLII, 1). Auch hier wird die Ehetrennung vorausgesetzt, indem das eheliche Zusammenleben als vergangen bezeichnet ist.

37) Rescr. v. 20. August 1806 (Mathis, Bd. III, S. 415).

38) Hert., de matrimonio putativo; in Opusc. Vol I, P. 1, p. 393.

39) A. L.R. II, 1, §. 952 u. f.

für den Ausfall, den der Gläubiger wegen der auszusetzenden Kompetenz erleidet, in der Regel nicht zu haften braucht (§. 42, Nr. VII).

Nach älterem Rechte stand die Rechtswohlthat wegen persönlicher Verbindungen noch zweierlei Personen zu:

a) den Schwiegereltern gegen Schwiegerkinder in Ansehung der versprochenen Mitgabe[40]);

b) den Handlungsgenossen untereinander, insofern die Forderung des Gläubigers aus der bestandenen Societät entsprungen war[41]).

2) Die Fälle der Rechtswohlthat der anderen Art sind in dem neuen Gesetze übergangen. Daraus ist jedoch nicht ohne Weiteres auf die Abschaffung zu schließen; man muß dieselben näher betrachten.

a) Die Rechtswohlthat des Schenkers, welche demselben gegen die Forderung des Geschenknehmers aus dem Schenkungsversprechen nach altem Rechte zusteht[42]), ist ein wahrer Kompetenzfall. Da dieser anderswo nicht als im Tit. 49 der Proz. O. aufgenommen war, dieser Titel aber aufgehoben worden ist[43]); so ist dem Schenkungsschuldner die Rechtswohlthat entzogen. Das dem Geschenkgeber in den §§. 1123 — 1128, Th. I, Tit. 11 des A. L.R. beigelegte Recht, von dem Geschenknehmer

40) A. G.O. a. a. O. §. 16, Nr. 2, aufgenommen aus L. 21, 22 D. de re jud. (XLII, 1); L. 15, §. 2; L. 17 pr. D. sol. matrim. (XXV, 3) und aus der Praxis, welche das beneficium auch auf die Schwiegermutter übertragen hatte.

41) A. G.O. a. a. O. §. 16, Nr. 5, entnommen aus L. 63 D. pro socio (XVII, 2); §. 38 Inst. de act. (IV, 6). Vergl. Boehmer, decis. et cons., Tom. II, P. 1, resp. 325, n. 18, 27; Joh. Bernh. Frisii progr. de beneficio competentiae et sociis universal. et particul. competente. Jenae 1713.

42) A. G.O. a. a. O. §. 16, Nr. 6. Vergl. L. 19, §. 1; L. 30 D. de re jud. (XLII, 1); L. 28 D. de reg. jur. (L, 17).

43) Einf.-Ges. vom 8. Mai 1855, Art. II.

sechs Prozent des wirklich Gegebenen jährlich zu fordern, wenn er verarmt ist, ist ein selbstständiges Forderungsrecht und gehört deshalb nicht hierher. Ebenso die Alimentenforderung des verarmten Patrons an den Kirchenschatz[44]), und die des Verschollenen an den Besitzer seines Vermögens, wenn er nach der Todeserklärung wieder zum Vorschein kommt[44a]).

b) Der Steuerschuldner und der Gerichtskostenschuldner des Fiskus hat die Rechtswohlthat der Kompetenz gegen die Steuer- und Kostenforderungen[45]). Dieser Fall ist unberührt geblieben.

c) Die Wahn- und Blödsinnigen, und Kinder, wenn sie wegen Beschädigungen in Anspruch genommen werden, „haften nur soweit, als dadurch dem Beschädiger der nöthige Unterhalt nicht entzogen wird[46]).“ Dieß ist ein wahrer wenngleich neuer Kompetenzfall. Er ist nicht mit aufgehoben, weil die Bestimmung der neuen Konkursordnung nicht entgegensteht[47]). Die Nichtaufhebung hat auch in der Absicht des Verfassers der K.O. gelegen, nur ist die Absicht nicht zum gehörigen Ausdruck gekommen. Nach seiner Meinung soll sich die Nichtaufhebung von selbst verstehen, weil „der Beschädigte in seinem Forde-

---

44) A. L.R. II, 11, §§. 595—597.

44a) Ebend. Tit. 18, §. 852.

45) Kab.-Ordre vom 30. November 1825; R. vom 27. Dezember 1825 (Jahrb. Bd. XXVI, S. 382).

46) A. L.R. I, 6, §. 43. Der Fall ist neu eingeführt, um dadurch die Abweichung von der Rechtsregel, daß Verstandeslose und Kinder sich nicht verbindlich machen können, zu mildern.

47) Aufgehoben sind, außer den ausdrücklich genannten Stellen, worunter sich §. 43, Tit. 6 nicht befindet: „alle der Konkursordnung entgegenstehende Bestimmungen, sie mögen in allgemeinen Landesgesetzen und Verordnungen, oder in besonderen Gesetzen enthalten sein.“ Einf.-Ges. v. 8. Mai 1855, Art. II. Die Bestimmung des §. 43, Tit. 6 ist praeter, nicht contra die Konkursordnung.

rungsrecht selbst beschränkt," nicht bloß in der Vollstreckung desselben, wie der Entwurf voraussetzt[48]). Er meint also, wegen der Fassung der Bestimmung, dieser Fall sei kein Kompetenzfall. Diese Auffassung findet keinen Boden in der Rechtswissenschaft; das beneficium competentiae beschränkt allemal das Forderungsrecht, wie schon an dem technischen Ausdruck: condemnari in id quod facere potest, gelernt werden kann. Die Rechtswohlthat der Kompetenz ist nicht eine neue Erfindung der preußischen Gesetzverfasser, sie ist aus dem R. R., ohne Begriffsveränderung, aufgenommen[49]).

d) Der redliche Besitzer einer Erbschaft, wenn er dieselbe gegen Entgeld veräußert und verbraucht hat, soll gegen den wahren, Ersatz fordernden, Erben, wenn er durch diesen Ersatz zur Dürftigkeit gebracht würde, die Rechtswohlthat der Kompetenz in Anspruch nehmen können[50]). Mit diesem Falle verhält es sich auf gleiche Weise[51]) wie mit dem Falle c, der §. 499, Tit. 9 wird durch die allgemeine Aufhebung der der Konkursordnung entgegenstehenden Bestimmungen auch nicht getroffen; er müßte mithin neben der Konkursordnung fernerhin Geltung haben. Gleichwohl soll es nach der Absicht des Ver-

48) Gedr. Motive S. 149.

49) Die begriffwidrige Auffassung ist durch die Art, wie das beneficium im gemeinrechtlichen und im preußischen Rechtsverfahren gewöhnlich, d. h. in den meisten Fällen, zur praktischen Geltung gebracht wird, veranlaßt; dasselbe wird meistens als Exception noch in der Exekutionsinstanz geltend gemacht, wodurch viele ältere gemeinrechtliche Rechtslehrer dazu gekommen sind, das beneficium zu den s. g. privilegirten Einreden zu rechnen. Die prozessualische Form verändert jedoch niemals den Rechtsbegriff.

50) A. L.R. I, 9, §. 499.

51) Die Fassung des §. 499 giebt keinen andern juristischen Sinn als der §. 43, Tit. 6; die Ersatzforderung des Erben ist auch beschränkt durch den „Anspruch" des Erbschaftsbesitzers. Zwischen beiden Fällen ist keine wesentliche Verschiedenheit.

fassers dieses Gesetzes hier anders sein; denn „es ist kein ausreichender Grund vorhanden, in einem solchen, ohnehin seltenen, Falle die allgemeinen Grundsätze über die Verbindlichkeiten des redlichen Besitzers (vergl. A. L.R. Th. I, Tit. 15, §§. 28 ff.) zu modifiziren[52]).“ Dagegen ist nichts zu sagen, die Bestimmung mag als unpassend aufgehoben werden; aber sie ist nicht aufgehoben worden und kann neben der Konkursordnung, welche keinen Anspruch auf Vollständigkeit und ausschließliche Geltung in der Materie von der Kompetenz macht, sehr wohl bestehen, da sie derselben nicht entgegensteht. Es ist abzuwarten, welchen Einfluß die im Gesetze nicht ausgedrückte Absicht des Verf. auf die Praxis haben wird[53]).

e) Das Beneficium des Schuldners, welcher bonis cedirt hat, ist mit der Abschaffung des beneficii cessionis zugleich weggefallen.

Andere im R. R. noch vorkommenden Fälle, namentlich die Rechtswohlthat der Patrone und Freigelassenen untereinander, des Sohnes in väterlicher Gewalt rücksichtlich des peculii militaris, sowie wegen der unter väterlicher Gewalt kontrahirten Schulden, wenn sie enterbt oder emancipirt worden, haben im Preußischen Rechte wegen der veränderten Zustände keine Aufnahme finden können.

V. Nebenbestimmungen des Objekts einer Obligation.

§. 44.

1. Zeit der Erfüllung.

A. L.R. I, 5, §§. 230—246.

Die Zeit der Erfüllung einer Verbindlichkeit ist ent-

52) Gedr. Motive zu §. 434, S. 149.

53) Das ist freilich unabsehbar. So lange das A. L.R. gilt, mag wohl ein solcher Fall noch nicht vorgekommen sein.

weder ganz unbestimmt gelassen, oder durch Hinzufügung eines Termins (dies) festgesetzt, oder in die Willkühr des Schuldners, oder in die des Gläubigers gestellt.

I. Wenn kein dies bestimmt ist, so ist der Schuldner, nach Römischem Rechte, sogleich zur Zahlung verpflichtet[1]), wenn nicht die Natur der Leistung eine Zeit erfordert, in welchem Falle solche boni viri arbitrio bestimmt wird[2]). Dieß soll nach einer neuen Ansicht[3]) mehr eine theoretisch hingestellte als praktisch geltende Norm, und daher soll es auch ein unbestrittener gemeinrechtlicher Grundsatz sein, daß in Ermangelung einer gesetzlichen oder kontraktlichen Bestimmung die Zeit der Erfüllung arbitrio judicis festzustellen. Unbestritten ist dieser Grundsatz insofern, als er gemeinrechtlich so wenig wie im Römischen Rechte vorkommt; vielmehr sind alle gemeinrechtlichen Juristen darin einig, daß, wenn kein Tag verabredet ist, und zur Erfüllung keine besondern Anstalten getroffen werden müssen, die Erfüllung gleich, presenti die, erfolgen muß. Davon muß man den Fall unterscheiden, wo der Schuldner die geforderte Erfüllung unter dem Vorwande verzögert, daß er damit wegen Kürze der Zeit nicht zu Stande kommen könne. Alsdann muß freilich das Urtheil des Richters eintreten, aber nicht behufs der Bestimmung der Zeit der Erfüllung, sondern darüber: ob die Ausrede gegründet, und also der Schuldner in Verzug gekommen ist, oder nicht, oder mit andern Worten: ob der Gläubiger eine pluspetitio tempore begeht; denn dieß ist der Punkt, auf den es dabei praktisch ankommt.

Das Landrecht spricht den römischen Rechtssatz nicht

1) L. 14 et 186 D. de reg. juris (L, 17). — L. 41, §. 1 u. 137, §. 3 D. de verb. obl. (XLV, 1). Vergl. oben §. 32, Nr. II.

2) L. 137, §§. 2—4 D. eod. tit.

3) Bornemann, Civilrecht II, S. 552, §. 185.

allgemein aus, sondern macht nur spezielle Anwendung davon [4]). Der vorhandene allgemeine Satz ist anders ausgedrückt, das praktische Resultat ist aber, richtig betrachtet, dasselbe. Es heißt nämlich I, 5:

§. 230. „Ist die Zeit der Erfüllung in dem Vertrage nicht bestimmt, so tritt, bei entstehendem Zweifel, die richterliche Bestimmung ein.“

§. 231. „Dabei muß der Richter auf die wahrscheinliche Absicht der Parteien bei dem Geschäft; auf den Zweck, wozu der, dem etwas geleistet werden soll, sich solches vorbedungen hat; und auf die übrigen bei Schließung des Vertrags vorgewalteten Umstände Rücksicht nehmen.“

Die Sache ist hierdurch nicht so gestellt, daß der Gläubiger erst darauf klagen soll, daß der Richter eine Zeit zur Erfüllung bestimme, welches die Folge hätte, daß diese Zeit erst in dem Urtel ausgesprochen würde, wiewohl schon während des Prozesses und vorher mehr denn zuviel Zeit dazu vorübergegangen sein könnte; sondern die Sache steht so, daß der Gläubiger interpellirt, und der Schuldner unter dem Vorwande, daß er zur Erfüllung eine Zeit brauche, nicht erfüllt. Der Gläubiger wird ihm eine Frist bewilligen, oder nicht. Bewilligt er ihm keine, oder erfüllt der Schuldner auch mit Ablauf der bewilligten Frist nicht, so wird der Gläubiger klagen; und bei diesem Prozesse kommt es zur Sprache: ob der Gläubiger zu früh klagt, oder nicht. Das Letztere ist der Fall, wenn der Richter findet, daß der Schuldner gar keine, oder nicht mehr Zeit, als bewilligt worden, nöthig gehabt; das Erstere, wenn das Geschäft von der Art befunden wird, daß die seit der Interpellation vergangene Zeit nicht hinlänglich gewesen. Ist auch die Dauer des Pro-

4) A. L.R. I, 11, §§. 92, 215, 221, 934, 1000—1004.

zesses bis zum Urtel, nach dem Ermessen des Richters, noch nicht zureichend, so wird er wahrscheinlich in dem Urtel noch eine Frist bestimmen, innerhalb welcher die Erfüllung geschehen soll, und den Kläger in die Kosten verurtheilen, weil zu früh geklagt ist; im entgegengesetzten Falle aber wird er vermuthlich den Beklagten pure verurtheilen, und sich in den Gründen darüber auslassen, daß der Beklagte zur Erfüllung Zeit genug gehabt habe.

Von dieser, im Resultate mit dem Römischen Rechte so ziemlich übereinkommenden, Regel finden zwei Ausnahmen statt:

a) bei einem bloß wohlthätigen Vertrage hängt die unbestimmt gebliebene Zeit der Erfüllung von dem Verpflichteten ab, d. h. sie kann bis zum Tode desselben verschoben werden, soweit nur durch den Verzug das dem Andern eingeräumte Recht nicht wieder vereitelt wird [5]);

b) bei Darlehnsverträgen muß eine dreimonatliche, und wenn das Darlehn nicht mehr als 50 Thlr. beträgt, eine vierwöchentliche Aufkündigung vorhergehen [6]).

II. Ist ein Termin bestimmt, so soll im Zweifel angenommen werden, daß der ganze Tag zur Erfüllung dient, und erst nach dessen völligem Ablaufe geklagt werden kann [7]). Unbestimmte Ausdrücke in Beziehung auf die Zeitbestimmung werden nach den Umständen interpretirt. Ist eine nahe Zeit durch unbestimmte Ausdrücke, z. B. durch „ehestens", „nächstens", „in diesen Tagen" angedeutet worden, so kann die Erfüllung zu jeder Zeit gefordert werden [8]). Wird die Zeit der Erfüllung nach wie-

5) A. L.R. I, 5, §. 233.

6) Ebend. I, 11, §§. 761, 762.

7) Ebend. I, 5, §. 211 und Tit. 3, §. 47. — L. 42 D. de verb. obl. (XLV, 1). — §. 2 Inst. de verb. obl. (III, 16). — §. 26 Inst. de inutilibus stipul. (III, 20).

8) A. L.R. I, 5, §. 235. Vergl. Berger, oec. juris, L. III, Tit. 1, th. VIII, nota 1 et 2.

verkehrenden Zeitabschnitten, z. B. Tagen, Wochen, bestimmt, so wird die nächstfolgende darunter verstanden; und wenn „einige" oder „etliche" Zeitabschnitte ausgemacht sind, so versteht man darunter zwei [9]). Nach Römischem Rechte ist der dies bloß zu Gunsten des Debitors beigefügt, d. h. der dies bedeutet soviel wie eine ihm bewilligte Frist, und daher kann der Debitor auch früher gültig zahlen [10]); indessen kann ausnahmsweise auch die Absicht dahin gehen, daß gerade an dem bestimmten Tage gezahlt werde [11]).

Das Landrecht hat den römischen Grundsatz nur bei Legaten beibehalten [12]), sonst aber legt es dem Termine nicht die Bedeutung der Fristbewilligung bei, sondern hält dafür, daß die Verabredung zum Vortheile beider Kontrahenten geschehen, weil der Berechtigte darnach seine Einrichtungen getroffen habe, und daher wünsche, daß er vor Ablauf der Frist zur Annahme des Versprochenen nicht genöthigt werde, weshalb vor dem Termine die Erfüllung weder geleistet, noch angenommen zu werden braucht [12a]). Gegen diese Bestimmung waren Monita gemacht und es war vorgeschlagen worden, was auf Grund einer Meinung der Praktiker schon andere Gesetzgebungen

9) L. 41 pr. et L. 13 D. de verb. obl. (XLV, 1). — L. 17, §. 3 D. de manumissis testamento (XL, 4). — L. 217, §. 1 D. de verb. signif. (L, 16). — Vergl. Berger l. c. nota 1.

10) L. 70 D. de solut. (XLVI, 3). — L. 38, §. 16; L. 41, §. 1 D. de verb. obl. (XLV, 1). — L. 17 D. de reg. juris (L, 17). — Bucher a. a. O. S. 147 meint, vor Ablauf der Frist wäre die obligatio eine naturalis obligatio!

11) L. 15 D. de annuis legatis (XXXIII, 1). — L. 122 D. de verb. obl. (XLV, 1).

12) A. L.R. I, 12, §. 330.

12a) Ebend. I, 5, §. 241. Dieß wurde schon von einigen gemeinen Rechtsgelehrten behauptet. Bayer, ad Tit. D. de solut., nr. 25. — Schultz, de oblat. et obsignat., Cap. IV, Nr. 24.

angenommen hatten [13]), daß, wenn der Schuldner das Interusurium zu entrichten erbötig, oder wenn von einer zinsfreien Schuld die Rede sei, der Kreditor die Zahlung auch vor dem Termine anzunehmen schuldig sein möge. Dieses Monitum beseitigte Suarez mit der Bemerkung: daß die Monenten an das periculum des Geldes nicht gedacht hätten, welches der Kreditor citra obligationem zu übernehmen nicht verpflichtet worden, und wobei er oft ein wichtiges Interesse haben könne, z. B. in einer belagerten Stadt, auf der See bei einem Sturme, u. s. w.[14]). Das Nämliche läßt sich jedoch bei jeder Fristbewilligung sagen; es war indeß diese Ansicht schon in der gemeinen Praxis in Gebrauch gewesen [15]). Wer vor der Zeit, ehe der Andere die Erfüllung anzunehmen braucht, ohne dessen Genehmigung erfüllt, haftet bis zum Ablaufe des Termins für alle bis dahin die Sache betreffenden Zufälle, und ebenso als wenn er nicht erfüllt hätte; und eine zu früh geleistete Handlung muß zur bestimmten Zeit wiederholt, oder wenn dieß nicht geschehen kann, der Berechtigte schadlos gehalten werden; wobei es sich von selbst versteht, daß die Vortheile, zu welchen der Berechtigte durch die zu früh geleistete Handlung gekommen ist, dem Verpflichteten zu Gute gerechnet werden [16]). Für eine stillschweigende Genehmigung der zu frühen Erfüllung wird es angesehen, wenn der Berechtigte die Leistung ohne Vorbehalt annimmt [17]). Daher ist das von Bornemann [18]) angeführte Beispiel, daß, wenn A. dem B.

13) Z. B. das Preuß. Landrecht von 1721, Buch IV, Tit. 1, Art. 3, §. 6.

14) Bornemann a. a. O. S. 556.

15) Berger, cons., cons. 1056, arg. 1.

16) A. L.R. I, 5, §§. 242—244.

17) Ebend. §. 245. Der Vorbehalt muß vor der Annahme ausgesprochen werden, hinterdrein geschieht es wirkungslos.

18) Civilrecht a. a. O. S. 557.

nach zurückgelegtem zwanzigsten Jahre 1000 Thlr. zahlen solle, er solche aber dem Vormunde des B. früher zahle, und der Vormund das Geld durchbringe, A. noch einmal zahlen müsse, nicht richtig. Denn wenn der Vormund die Zahlung ohne Vorbehalt annimmt, so genehmigt er sie auch, folglich ist die Erfüllung mit seiner Zustimmung ganz gültig geschehen; vorausgesetzt, daß der Vormund überhaupt autorisirt ist, Zahlungen zu erheben. Hat derselbe eine solche Autorisation nicht, so muß der Schuldner auf jeden Fall noch einmal zahlen, die Zahlung mag zu früh, oder zu spät, oder zur rechten Zeit geschehen sein. Die freiwillig zu früh geschehene Zahlung kann unter dem Vorwande, daß sie irrthümlich zu früh geleistet worden, nicht widerrufen werden [19]).

III. Ist die Erfüllung der Willkühr des Schuldners überlassen, so tritt die Verbindlichkeit dazu erst mit dessen Tode für die Erben des Verpflichteten ein, wenn alsdann, nach der Natur des Gegenstandes, die Erfüllung noch möglich ist; es darf indeß der Verpflichtete nichts vornehmen, was darauf abzielt, die Erfüllung unmöglich zu machen [20]).

Es kann zweifelhaft sein, was die Kontrahenten in dieser Beziehung haben verabreden wollen. Solche unbestimmten Ausdrücke, wodurch die Erfüllung nach Möglichkeit oder nach Gelegenheit versprochen worden, sollen so interpretirt werden, daß, wenn die Verbindlichkeit erst aus diesem Vertrage entsteht, die Erfüllung als

---

19) A. L.R. a. a. O. §. 246. Nur muß die Zeitbestimmung nicht eine Bedingung enthalten. Tit. 4, §. 163 und Tit. 16, §§. 168, 169.

20) A. L.R. I, 5, §§. 238, 239, 240. — L. 11, §. 6; L. 41, §. 13 D. de legat. III (XXXII). — L. 9 D. qui sine manumissione (XL, 8). — L. 46, §. 2 D. de verb. obl. (XLV, 1). — L. 4 D. locati (XIX, 2). — Wernher, sel. obs., Tom I, P. III, Nr. 113.

der Willkühr des Verpflichteten überlassen angesehen werden soll; wenn aber die Verbindlichkeit schon vor dem Vertrage rechtlich begründet war, z. B. wenn über den Ersatz eines durch Beschädigung zugefügten Schadens ein Vergleich geschlossen wurde, es so angesehen wird, als wenn gar keine Zeit bestimmt wäre[21]).

IV. Ist die Erfüllung zu fordern lediglich in die Willkühr des Gläubigers gestellt, so kann er, so lange er lebt, von seinem Rechte Gebrauch machen, wann er will, ohne daß dasselbe verjährt[22]).

§. 45.

2. Ort der Erfüllung.

A. L.R. I, 5, §§. 247—252.

Zacharias Prueschenk a Lindenhoven, de eo quod certo die et loco dari oportet. Jenae 1642. — Jo. Strauch, de cond. de eo quod certo loco. Jenae 1674. — Donelli commentarii ad T. D. de eo quod certo loco (XV, 13). — Jo. Matth. Magnus, ration. et different. juris civil., L. I, cap. 14—20; in Meermann, thesaur., III, p. 280 sq. — J. F. de Retes, praelect. ad D. de verb. obl., P. 2, tract. 4; in Meermann, thes., VII, p. 445 sq. — J. S. Stryck, de loco solutionis. Halae 1705. — Diese Schriften dienen besonders zur Erkennung, wie das R.R. zur Zeit der Abfassung des A. L.R. aufgefaßt wurde. Von den Neuern s. m. Gans, Obligationenrecht, S. 71 ff.; Glück, Commentar, XIII, S. 341; v. Bethmann-Hollweg, Versuche, Nr. 1, S. 1 ff.; Albrecht, Programm über das Motiv des forum contractus. Würzburg 1845; besonders v. Savigny, Obligationenrecht, Bd. VIII, S. 205 ff.

I. Wo der Gläubiger den Schuldner zur Leistung zwingen kann, da hat auch der Schuldner das Recht zu

21) A. L.R. a. a. O. §§. 236, 237. Wurde schon nach Gemeinem Rechte angenommen. Gmelin, von Aufsätzen über Verträge, §. 31, S. 55. Vergl. Berger, oec. jur., L. III, tit. 1, th. VIII nota 1 i. f.

22) L. 48 D. de verbor. obl. (XLV, 1).

erfüllen. Ist dieser Ort bestimmt, so ist kein Zweifel: der Gläubiger braucht an keinem andern Orte die Leistung anzunehmen, kann sie aber auch nicht anderswo fordern [1]). Um in diesem Falle bei negotiis stricti juris dem Dolus des Schuldners, der sich vielleicht an dem verabredeten Orte nicht antreffen ließ, zu entgehen, gab der Prätor dem Gläubiger die actio de eo quod certo loco, bei welcher sogar das indirekte Interesse wegen des veränderten Ortes berechnet wurde [2]). Diese actio arbitraria fand bloß bei negotiis stricti juris statt; denn bei negotiis bonae fidei bedurfte es derselben nicht, weil die eigenthümlichen Klagen selbst schon arbiträr waren [3]). Nach dieser Einrichtung konnte der Gläubiger bei jeder Art von Geschäften klagen wo er wollte, jedoch so, daß der mit der actio de eo quod certo loco in Anspruch genommene Schuldner von dieser Klage entbunden wurde, wenn er dafür, daß er an dem gehörigen Orte erfüllen wolle, Kaution bestellte, weil sonst der Gläubiger aus Chikane unnöthigerweise hätte an einem andern Orte klagen können; wogegen, wenn es wirklich zur Kondemnation kam, auch das indirekte Interesse geschätzt wurde, weil dann immer Dolus auf der Seite des Beklagten vorhanden ist [4]). Wenn aber der Ort unbestimmt ist, so gelten nach Römischem Rechte in subsidium folgende Regeln:

1) Sind mehrere Orte conjunctim genannt, und die Leistung läßt sich theilen, so kann an jedem dieser Orte zum Theil erfüllt werden [5]).

---

1) L. 3, 9, 10 D. de eo quod certo loco (XIII, 4). — §. 33 Inst. de act. (IV, 6).

2) L. 1, 7, §. 1; L. 8, 5 et 6 D. eod. — §. 33 Inst. eod.

3) L. 7 pr. D. eod.; L. 16, §. 1 D. de pec. const. (XIII, 5).

4) L. 4, §. 1; L. 3 et 2 pr., §. 8 D. de eo quod certo loco (XIII, 4).

5) L. 2, §. 4 D. eodem.

2) Sind mehrere Orte alternativ genannt, so geht es nach einem ähnlichen Grundsatze wie bei einer alternativen Obligation, d. h. der Schuldner hat die Wahl, jedoch nur bis zur Klage; diese kann dann der Gläubiger anstellen an jedem Orte, wo er mit dem Schuldner zusammen trifft; und wo geklagt wird, muß erfüllt werden, mit der einen, zum Besten des Schuldners zugelassenen Ausnahme, daß eine nicht fungible Sache da geleistet werden kann, wo sie sich befindet, sie müßte denn dolo malo fortgebracht worden sein[6]). Diese begünstigende Ausnahme gilt bloß bei arbiträren Klagen; bei actionibus stricti juris bleibt es bei der Regel, daß an dem Orte der Kondemnation erfüllt werden muß[7]). Dieß kommt jedoch nach dem neuesten Römischen Rechte wenig, nach Gemeinem Rechte gar nicht in Betracht; und der praktisch gültige Grundsatz ist einfach der:

> wenn Jemand etwas geben oder thun soll, so ist es der Willkühr des Kreditors überlassen, wo er den Debitor dazu zwingen will und kann; und diese Regel hat nur die eine Ausnahme, daß, wenn eine nicht fungible Sache zu geben ist, dieselbe dort übergeben wird, wo sie sich ohne Dolus des Beklagten befindet.

Eine Ausnahme will man mit den Obligationen auf ein Thun machen, weil L. 21 D. de operis libertorum (XXXVIII, 1) bestimmt, daß die operae libertorum an dem Aufenthaltsorte des Patronus, auf dessen Kosten geleistet werden müßten. Wenn aber der Gläubiger die Kosten des Transports bezahlt, so ist ja der Schuldner

---

6) L. 38 D. de judiciis (V, 1). — L. 47, §. 1 D. de legatis I (XXX). — L. 22 D. de rebus creditis (XII, 1). — L. 12, §. 1 D. depositi (XVI, 3). — L. 11, §. 1 D. ad exhibendum (X, 4). — L. 3, §. 4 D. de act. emti (XIX, 1).

7) L. 137, §. 4 D. de verb. obl. (XLV, 1). — §. 33 Inst. de act. (IV, 6).

nicht verbunden, dahin abzuliefern; denn um den Kostenpunkt und die Gefahr handelt es sich gerade; weiß man, wer diese trägt, so hat die Frage kein Interesse. Diese Stelle begründet also keine Ausnahme für Obligationen auf ein Thun. Aus dieser nichts entscheidenden Stelle haben Einige [8]) sogar eine allgemeine Regel für den Ort der Erfüllung abstrahiren wollen.

II. Das Landrecht hat diesen geschichtlichen Boden verlassen, und etwas ganz Neues bestimmt. Die ursprünglich [9]) vorgeschlagenen, auch schon neuen, Sätze sind nachher nicht angenommen worden und gewähren, da sie auch zur Aufklärung der spätern im Landrechte aufgestellten, ganz abweichenden Sätze gar nichts beitragen können, kein Interesse. Nach dem Allg. Landrechte ist die Sache diese:

Regel ist: die Obligation soll an dem gegenwärtigen Aufenthaltsorte des Schuldners erfüllt werden [10]).

Diese Regel ist jedoch bloß bei wohlthätigen Verträgen angewendet [11]). Bei allen übrigen Obligationen findet sich gar keine Anwendung davon, sondern bei onerosen Geschäften sind, ohne Rücksicht auf jene allgemeine Regel, andere Sätze aufgestellt:

1) Ein Geben soll geschehen an dem Wohnorte des Gläubigers zur Zeit des abgeschlossenen Vertrages [12]).

---

8) Leyser sp. 528, m. 10. — Stryck l. c. — Struve, exercitt. XLVII, §. 75. — Hellfeld, jurispr., §. 1929.

9) Bornemann a. a. O. S. 580—582.

10) A. L.R. I, 16, §. 27.

11) Ebend. I, 5, §. 249.

12) Ebend. §. 248. Bei unbeweglichen Sachen kann von Anwendung dieser Regel selbstverständlich nicht die Rede sein; sie kommt aber auch in dem bei weitem am häufigsten vorkommenden Fall der Uebergabe einer beweglichen Sache nicht zur Anwendung. Vergl. ebend. I, 11, §§. 128—133.

2) Ein Thun soll geschehen an dem Wohnorte des Schuldners zur Zeit des geschlossenen Vertrages[13]). „Denn," sagt Bornemann[14]), „nur zu der bestimmten Handlung hat sich der Verpflichtete verbindlich gemacht. Wenn daher aus dem Vertrage nicht erhellet, daß die Handlung an einem andern Orte geleistet werden soll, so kann kein anderer als der damalige Wohnort des Verpflichteten gemeint worden sein. Nur an diesem braucht daher z. B. ein Maler das Portrait, welches bei ihm bestellt worden, anzufertigen." Nach dieser Entscheidung hätte also jene Dame zu Memel, welche ein zu Berlin wohnender, auf seiner Kunstreise durch Memel kommender, Maler zu malen sich verpflichtet hatte, ohne daß der Ort aus dem Vertrage erhellte, mit dem Maler nach Berlin reisen müssen, um sich dort von ihm malen zu lassen. Das fällt auf, und ist bei näherer Beleuchtung auch wirklich unrichtig. Der Grund davon liegt darin, daß diese Obligation keinesweges, wie Bornemann meint, in einer Handlung, in einem Thun, sondern in einem Geben besteht. Die Handlung würde in dem Malen bestehen. Was hat der, welcher sein Portrait verlangt, davon, daß er gemalt wird? Es kommt ihm darauf an, daß er sein Portrait erhält. Mit einem solchen Vertrage verhält es sich nicht anders, als wenn Jemand sich verpflichtet, die Originalzeichnung von einer Landschaft oder von einem Werke der Baukunst u. dgl. zu liefern. Auf welche Weise er sich dazu in den Stand der Möglichkeit setzt, ist dem Gläubiger gleichgültig; dieser erwartet die Uebergabe des bedungenen Werks. Der Debitor wird sich also in jenem Falle, wo er die Memeler Dame

13) A. L.R. I, 5, §. 250. Dieser Grundsatz bezieht sich auf Handlungen, welche nicht mit einer bestimmten Oertlichkeit zusammenhängen, z. B. die Bestellung eines Ackerstücks, die Pflege einer Baumschule.

14) Civilrecht II, S. 583.

malen sollte, ebenso zu ihr nach Memel begeben müssen, wie er genöthigt ist, in die bestimmte Landschaft zu reisen, um davon die versprochene Zeichnung zu nehmen. Ganz anders ist es bei Obligationen, welche wirklich in einem Thun bestehen, wie z. B. mit dem Lehrkontrakte. Wer sich ein Handwerk, eine Kunst von Jemand lehren lassen will, der muß sich natürlich in die Werkstatt des Meisters verfügen. Es versteht sich von selbst, daß es für Handlungen, welche mit einer bestimmten Oertlichkeit zusammenhängen, keiner Bestimmung des Erfüllungsortes bedarf, weil sie schon in dem Versprechen einer solchen Handlung enthalten ist ([13]); die Regel ist nur für solche Handlungen, welche ihrer Natur nach überall geleistet werden, auf den Fall gegeben, daß in der Obligation eine Bestimmung des Erfüllungsortes fehlt [14a]).

3) Die Erfüllung einer Obligation, welche nicht durch Vertrag entstanden ist (ex lege), soll an dem Wohnorte des Schuldners geschehen [15]). Ob an dem zur Zeit der Entstehung, wie ad 1 u. 2, oder, wie nach der allgemeinen Regel, an demjenigen zur Zeit der Zahlung, ist nicht bestimmt, deshalb muß es aber bei der Regel bleiben.

Hiernach bleibt für die eigentliche Regel keine Anwendung mehr übrig, man muß daher annehmen, der §. 27, Tit. 16, Th. I, welcher jene Regel: daß in Ermangelung einer besondern Bestimmung des Ortes die Erfüllung da, wo der Verpflichtete sich aufhält, geleistet und angenommen werden soll, festsetzt, habe keine praktische Gültigkeit, und die Regel dahin bestimmen:

14a) M. s. darüber besonders v. Savigny, Obligationenrecht, Bd. VIII, S. 214.

15) A. L.R. I, 16, §. 52. Auch hier versteht sich, daß Leistungen vorausgesetzt werden, welche an sich überall vorkommen können. Hätte aber z. B. Jemand außer seinem Wohnorte sich einer fremden Geschäftsführung unterzogen, so muß er dieselbe auch da zu Ende bringen.

die Erfüllung geschieht an dem Orte, wo der Schuldner zur Zeit der Entstehung der Verbindlichkeit seinen Wohnsitz hatte.

Davon gelten zwei Ausnahmen, nämlich:

1) Wenn etwas gegeben werden soll, gleichviel ob ein genus oder eine species, so muß es an dem Orte, wo der Gläubiger zur Zeit der Entstehung der Obligation wohnte, gegeben werden, nur werden Immobilien hiervon eine sich von selbst verstehende Ausnahme machen.

2) Die Erfüllung eines bloß wohlthätigen Vertrages, und einer Obligation ex lege, braucht nur da zu geschehen, wo der Verpflichtete sich gerade aufhält, wenn diese Ausnahme nicht wieder eine Ausnahme leidet ([15]).

Bei Darlehnen ist diese Regel, oder vielmehr die erste Ausnahme von der Regel, konsequent angewendet[16]). Bei dem Kaufe ist es aber sonderbar gefaßt. Zuerst werden die allgemeinen Regeln von Zeit und Ort der Erfüllung anerkannt; denn es heißt I, 11, §. 94:

„Uebrigens finden wegen des Orts und der Zeit die allgemeinen im Titel von Verträgen enthaltenen Bestimmungen auch hier Anwendung."

Dann aber werden dieselben durch eine andere Regel entkräftet, welche im §. 93 l. c. so lautet:

„Uebergabe der Sache und Zahlung des Kaufpreises muß, wenn nicht ein anderes verabredet worden, an demselben Orte geschehen."

Welcher Ort ist nun gemeint? Der, wo die Sache sich befindet, so daß der Käufer die Transportationskosten und die Gefahr tragen muß[17]). Es ist aber der Ort entscheidend, wo nach den vorher gedachten Grundsätzen die Uebergabe geschehen soll, und durch den §. 93 ist nur das bestimmt, daß an dem nämlichen Orte auch die Zah=

16) Ebend. I, 11, §§. 769 — 777.

17) Ebend. §. 128 — 133. Vergl. oben §. 20.

lung des Kaufpreises zu leisten, wenn darüber nicht eine besondere Verabredung getroffen ist.

Diese Regeln gelten, wie sich versteht, nur in subsidium, wenn über den Ort nichts bestimmt worden ist. Die Bestimmung braucht aber nicht immer ausdrücklich zu geschehen; es kommt bloß darauf an, was die Kontrahenten gewollt haben. In dieser Beziehung weiset das Landrecht den Richter an: die unklare oder mangelnde Bestimmung nach der Natur des Geschäfts, oder der deutlich erhellenden Absicht der Kontrahenten zu ergänzen [18]), d. h. die stillschweigende Willenserklärung aus den Umständen zu erkennen. Sind mehrere Orte alternativ bestimmt, so ist die landrechtliche Bestimmung der römischen ähnlich: es soll nämlich im zweifelhaften Falle der Schuldner die Wahl haben [19]); diese Wahl ist aber nicht, wie nach Römischem Rechte, durch Anstellung der Klage beschränkt; es muß daher bei der Exekutionsvollstreckung durch den Richter derjenige Ort gewählt werden, welcher nach dessen Ermessen dem Schuldner am vortheilhaftesten ist. Ebenso fehlt es an einer Bestimmung für den Fall, wenn mehrere Orte conjunctim genannt sind; man wird also dann den bis dahin gültig gewesenen Grundsatz noch ferner anerkennen müssen, daß eine theilbare Erfüllung theilweise an jedem Orte geschehen muß, wobei, nach dem Grundsatze des Landrechts, der Schuldner die Größe dieser Theile zu bestimmen hat. Bei nicht theilbaren Leistungen können die conjunctim bestimmten Orte nur eine alternative Bedeutung haben. Es kann auch kommen, daß die Erfüllung an dem bestimmten Orte unmöglich ist. Ist die Unmöglichkeit rein zufällig, so kommen die Regeln vom Zufalle in Anwendung, d. h. der Vertrag

18) A. L.R. I, 5, §. 247. Diese Interpretationsregel entspricht dem R. R.

19) Ebend. §. 251 a. a. O.

ist aufgehoben; ist durch Schuld des einen oder des andern Theils die Unmöglichkeit herbeigeführt, so geht es nach den Regeln von der Culpa[20]).

VI. Konkurs.

Hypotheken- und Konkursordnung v. 4. Februar 1722 (C. C. M. I, 2, S. 111 ff.). — Corpus juris Fridericianum, Th. IV, Tit. 12. — A. G.O. Th. I, Tit. 50. — Konkursordnung v. 8. Mai 1855 (G.S. S. 317).

Franc. Salgado de Somoza, labyrinthus creditorum concurrentium ad litem, per debitorem communem inter illos causatum. Antw. 1653. Gen. 1660. Francof. ad Moen. 1663. 4 T. fol. Lugd. 1665. 1672. 2 T. fol. Venetiis 1701. 2 T. fol. Lugd. 1757. fol. Die Hauptautorität für den gemeinrechtlichen Konkurs. — Amati Rodriguez, tractatus de concursu et privilegiis creditorum in bonis debitorum et de eorum praelationibus. Madriti 1616. fol. Venetiis 1644. fol. cura Ant. Mariae Bertoli. Genevae 1665. fol. — David Mevii theatrum concursus creditorum. Gryphisw. 1637. 4. Dessen discussio levaminum inopium debitorum. Strals. 1652. 4. und mehrere decisiones desselben. — Antonii a Mara (Pseudonymi, sive veri autoris Eliae Schneegas) tractatus de concursu creditorum in foro civili formando. Brunsvici 1689. 1718. 4. — Jo. Brunnemann, praelectiones publicae de processu concursus creditorum. Frf. ad Viadr. 1692. 1697. cum notis et accessionibus Sam. Stryckii. Ibid. 1707. 1719. 4. Colbergae 1732. 4. Frcf. 1742. Gehört zu den bessern Schriften. — Jac. Friedr. Ludovici, Einleitung zum Konkursprozeß, zuerst Halle 1710, dann öfter; zuletzt mit Anmerkk. v. Schlitte 1749. 4. — Christ. Gmelin, Lehre von dem materiellen Konkurs der Gläubiger, in ihrem Zusammenhange aus den echten Grundsätzen vorgetragen. Er-

20) Ebend. §. 369 ff. Vergl. oben §§. 20, 22, 23. Die Bestimmungen hierüber sind dunkel. Ursprünglich beabsichtigte man besondere Bestimmungen für den Fall, wenn die Erfüllung nicht an dem bestimmten Ort geleistet werden könnte. Die entworfenen Bestimmungen sind durchstrichen und an deren Stelle sind die in den §§. 369—376 enthaltenen Bestimmungen über die unmöglich gewordene Erfüllungsart getreten. Darunter rechnete man auch die Erfüllung an dem bestimmten Orte. Ges.Rev. zu §. 339 des Entwurfs, S. 135.

langen 1775. 8. — Ad. Sebast. Kraft, praktische Anmerkungen über den Konkursprozeß, sowohl überhaupt als besonders in Franken. Erlangen 1786. — Christian Christoph Dabelow, ausführliche Entwickelung der Lehre vom Konkurse der Gläubiger. Halle 1792—95. 2. Ausg. Halle 1801. Eine seichte Arbeit. — Ludw. Heinr. v. Almendingen gen. Harscher, über den materiellen und formellen Konkurs der Gläubiger; gegen Ch. Ch. Dabelow zu Halle u. Gieß. 1797. 8. — Just. Claproth, Einleitung in die summarischen Prozesse. Gött. 1777. 1793 und 1808. Abschn. 4. Für die Praxis eine gute Arbeit. — Joh. Carl Kornemann, theoretisch-praktische Abhandlung vom Konkurs-Prozeß. Marb. 1796. 8. — Joh. Chph. Schmid, Grundsätze vom Konkurs-Prozesse nach Gemeinen und Nürnbergischen Rechten. Nürnberg 1794. 4. — J. M. Schmidt, Konkurs-Ordnung. Würzburg 1796. 8. — Georg Conr. Happel, Erörterung der beim Konkurs-Prozesse vorkommenden wichtigsten Gegenstände. Gieß. 1793. 8. — Jac. Friedr. Weishaar, über Konkurs und Präkurs. Heilbronn und Rotenburg 1802. 8. — Aug. Siegm. Kori, System des Konkursprozesses nach Gemeinem und Sächsischem Rechte. Lpz. 1807 u. 1828. — Alb. Schweppe, System des Konkurses der Gläubiger. Kiel 1812. 1824 und zuletzt 1829. — Carl Friedr. Reinhardt, Lehre vom Gant und Gantverfahren, nach Römischem, Gemeinem und Würtembergischem Rechte. Stuttg. 1819. — J. B. Welsch, Handbuch des baierschen Universal-Konkurs-Prozesses. Erlangen 1819. — Scholz, über das Konkursrecht. Schleswig 1822. — B. Roth, der Konk.-Prozeß nach den im Großherzogthum Baden geltenden Gesetzen. Karlsruhe 1826. — W. H. Puchta, über den Konkurs-Prozeß. Erlangen 1827. — Von den allgemeinen Werken über Prozeß besonders: Martin, Lehrbuch des gemeinen Civilprozesses. — Gönner, Handbuch des gemeinen deutschen Prozesses, B. IV, Abtheil. 82. Eine historische Entwickelung ist darin nicht zu suchen. — Mittermaier, der gemeine deutsche bürgerliche Prozeß, dritter Beitrag, S. 170—220. — Hieronymus v. Bayer, Theorie des Konkurs-Prozesses nach Gemeinem Rechte. München 1836, IV u. 228 S. 8. Das Beste. (S. Gött. G. Anz. 1837, S. 1310.) Zweiter unveränderter Abdruck, ebd. 1842. — Günther, Konkurs; in Weiske's Rechtslexikon, Bd. II, S. 776 ff.; und besonders unter dem Titel: der Konkurs der Gläubiger nach deutschem gemeinen Rechte, 2. Aufl. Leipzig 1852.

Ueber Preuß. Recht: Anleitung zur Behandlung und Entscheidung der Liquidations- und Konkurssachen; in Hymmen, B. III, S. 127—149. Sehr dürftig. — M. C. F. W. Grävell, Commentar zu den Kreditgesetzen des preußischen Staats praktischen Theils in ihrer Vollständigkeit und ihrem Zusammenhange. Zweiter Band, enthaltend die Lehre vom Konkurs und den Liquidationsprozessen. Berlin 1815. 8. Diese Schrift besteht in einem Abdruck der Gesetze und Verordnungen mit einigen Noten. — Schueck, die preußische Konkursordnung in ihrer neusten Gestalt, mit besonderer Berücksichtigung des Gesetzes vom 28. Dezember 1840. Berlin 1847. 8. — Aus dieser gesammten Literatur ist für den heutigen preußischen Konkurs wenig Belehrung zu schöpfen; sie gehört jetzt der Rechtsgeschichte an. Denn die Gesetzgebung hat in der neuen Konkursordnung vom 8. Mai 1855 das deutsche System verlassen und sich halbwegs dem französischen angeschlossen, halbwegs deshalb, weil in einzelnen Stücken eine Verbesserung bezweckt worden ist. Von dieser Konkursordnung sind mehrere besondere Ausgaben erschienen, z. B. eine Ausgabe nebst Einführungs- und Anfechtungsgesetz, sowie Verordnungen, betreffend die im Konkurse und erbschaftlichen Liquidationsprozesse zu erhebenden Gerichtskosten, Berlin bei Möser, 1855. kl. 8.; eine andere Ausgabe in deutscher und eine gleichzeitige in polnischer Sprache, mit Sachregister, bei Decker, Berlin 1855. gr. 8.; ein dritter Abdruck ist besorgt v. A. Wentzel und C. Klose, unter dem Titel: die preußische Konkursordnung, die Gesetze v. 8. u. 9. Mai 1855, betreffend die Einführung derselben, und die Befugniß der Gläubiger zur Anfechtung der Rechtshandlungen zahlungsunfähiger Schuldner außerhalb des Konkurses, und die Verordnung v. 4. Juni 1855, mit den Materialien zusammengestellt und für die Anwendung erläutert. Berlin 1855. gr. 8. Eine geistlose Zusammentragung der Motive und Kammer-Kommissionsberichte, woraus ein theueres weil recht voluminöses Buch geworden ist. — Eine eingehende Arbeit ist: (Goltdammer) Commentar und vollständige Materialien zur Konkursordnung v. 8. Mai 1855 und zu dem Gesetze, betreffend die Befugniß der Gläubiger zur Anfechtung der Rechtshandlungen zahlungsunfähiger Schuldner außerhalb des Konkurses, v. 9. Mai 1855. Berlin 1855. gr. 8. — Ferner: meine Ausgabe mit Commentar, in der 3. Ausg. der Prozeßordnung, Berlin 1855, Tit. 50, und besonders abgedruckt. Berlin 1855. gr. 8.

A. Begriff und allgemeine Grundsätze des Konkurses.

§. 46.

1) Nach Römischem Rechte.

Wenn alle nebeneinanderstehende Obligationen eines Debitors nicht vollständig können erfüllt werden, so wird die eine oder die andere auf ein Geldgeben reduzirt, und dadurch ausgeglichen. Dieß läßt sich jedoch nur da denken, wo Geld im Vermögen des Schuldners vorhanden ist, oder aus andern Gegenständen geschafft werden kann. Ist aber Insolvenz, d. i. das Verhältniß, wo die Summe der Schulden die Summe des Vermögens übersteigt, vorhanden, welches man auch materiellen oder imminenten Konkurs*) nennt, so reicht keine Rechtsregel und kein Recht aus. Hat ein solcher Schuldner nur Einen Gläubiger, oder sucht nur Einer der mehrern Gläubiger seine Befriedigung, so tritt ein gewöhnliches Exekutionsverfahren ein. Sind aber mehrere Gläubiger vorhanden, so entsteht Konkurs. Die Lehre, wie diese mehrern Gläubiger untereinander zu beurtheilen, und in welchem Verhältnisse sie zu einander stehen, wird gewöhnlich, wie auch in der preußischen Gesetzgebung, in dem Prozesse abgehandelt; dieß ist aber ebenso wenig passend, als wenn die Lehre von der Erwerbung des Eigenthums als Anhang zur Prinzipalintervention abgehandelt würde. Der materielle Konkurs oder das s. g. Konkursrecht gehört hierher, wenngleich zu dessen Verständlichkeit auch Manches von dem Verfahren hineingezogen werden muß.

Die Aufgabe des Konkurses ist: wie mehrere Kredi-

*) Der Ausdruck kommt in den römischen Quellen nicht vor; er ist von Neuern dem concurrere utrumque creditorem (L. 7 D. qui potiores in pignore, XX, 4) nachgebildet.

toren das unzureichende Aktivvermögen unter sich vertheilen sollen.

Das Erste, was geschehen muß, ist die Grenzbestimmung dieses Aktivvermögens, und die Ausscheidung alles Fremdartigen, d. h. die Konstituirung der Aktivmasse. Hierher gehört auch die Beurtheilung der Vindikationsansprüche; denn die Vindikanten sind nicht Kreditoren, sondern Separatisten, und gehören nicht in den Konkurs[1]). Auch das Pfandrecht, insofern es ein dingliches Recht ist, gehört zu den Vindikationsansprüchen; denn dessen Gegenstände sind auch nicht mehr im Vermögen des Schuldners enthalten. Der Pfandgläubiger ist zugleich aber auch Kreditor, was der Vindikant nicht ist; daher hat sein Recht eine doppelte Natur; und wegen dieser zweideutigen Natur seines Verhältnisses gehört er mit in den Konkurs, hat dabei aber ein besonderes Vorrecht. Außer den Vindikanten und Hypothekarien giebt es noch einige besondere Separatisten, wovon nachher die Rede sein wird.

Ist die Aktivmasse konstituirt, so ist zu bestimmen: was geschehen soll, damit die Befriedigung der Gläubiger vor sich gehe. Hier kann ein gütlicher Aufschub stattfinden, oder ein Akkord, und dieser unter verschiedenen Modifikationen; oder endlich eine Vereinigung unter den Gläubigern[2]). Dieß sind dann nicht Gegenstände des eigentlichen Rechtsverfahrens. Wenn eine solche außergewöhnliche Ausgleichung nicht eintritt, so erfolgt die Vertheilung durch den Richter, und es fragt sich: nach welchen Regeln diese geschehen soll. Hierauf bezieht sich die Lehre von der Rangordnung oder Priorität der Gläubiger. Diese Rangordnung der Gläubiger gehört nicht

1) L. 24, §. 2 D. de rebus auct. jud. (XLII, 5).

2) War auch in das preußische Recht aufgenommen. A. G.O. §§. 583—629 e. a. O. Vergl. Tit. 49, §§. 1—13.

zu den Wirkungen des Konkurses, sondern geht dem Konkurse schon voraus, und hängt von der Beschaffenheit der Rechte und Forderungen ab, welche in den Konkurs mitgebracht werden müssen. Im Konkurse äußert die Qualität einer Forderung oder eines Rechts nur ihre Wirkung in Bezug auf die faktische Gültigkeit; was aber sonst aus der Natur und Beschaffenheit rechtlich folgt, das folgt daraus ohne die Existenz eines Konkurses, wie schon bei einer andern Gelegenheit zur Widerlegung der Meinung, als wenn die auf die Priorität bezüglichen Eigenschaften einer Forderung oder eines Verhältnisses nur im Falle eines formellen Konkurses Realität hätten, gezeigt worden ist[3]).

Das römische Prinzip ist einfach:

die Pfandgläubiger gehen den simpeln Gläubigern vor.

Hiernach werden zwei Hauptklassen gemacht. In der ersten stehen die Pfandgläubiger, in der zweiten die übrigen. Von den Pfandgläubigern werden die privilegirten zuerst, und dann die übrigen befriedigt, wodurch aus der ersten Hauptklasse zwei entstehen. Die Gläubiger der zweiten Hauptklasse werden ohne alle Priorität befriedigt, und es kommen nur einige völlig positive, auf keinem Prinzipe beruhende Ausnahmen vor, welche sich weiter nicht erklären lassen, als daß sie sich auf positive Gesetze gründen. Von diesen ausgezeichneten Gläubigern werden einige **vor** den Pfandgläubigern, und einige **nach** den Pfandgläubigern befriedigt, so daß die zweite Hauptklasse in drei zerfällt, von welchen die eine die erste, die andere die vierte, die dritte die fünfte und letzte bildet.

---

3) Abhandlung über die Frage: Ist die Hypothek nach Preußischem Rechte ein accessorisches oder ein selbstständiges dingliches Recht ꝛc., S. 21. Marienwerder 1831. Vergl. **Simon** und **von Strampff**, Rechtssprüche, B. II, S. 364.

Hieraus erklären sich die im Römischen Rechte vorhandenen fünf Klassen. Diese sind:

I. Die absolut privilegirten Gläubiger. Hierher gehören nach Römischem Rechte bloß die Leichenkosten[4]). Einige[5]) wollen hier auch die Konkurskosten, über deren Platz gestritten ist, ansetzen. Eine andere Meinung geht dahin, daß die Kosten gar keinen Platz im Konkurse haben, sondern jedem Gläubiger pro rata abgezogen werden sollen. Das Resultat hiervon ist ganz anders als wenn die Ansetzung in der ersten Klasse geschieht; denn in diesem Falle muß eigentlich der Letzte die Kosten ganz allein tragen. Die zweite Meinung, wonach die Kosten pro rata abgezogen werden, ist gemeinrechtlich recipirt[6]), und auch die richtige; denn Keiner kann zur Hebung kommen, ohne daß das vorgeschriebene Verfahren beobachtet wird, wodurch nothwendig die Kosten entstehen. Die Kosten sind also die conditio sine qua non, ohne welche jener Zweck nicht zu erreichen; dieselben haben also kein Privilegium, sondern werden Jedem vorweg als Geschäftskosten abgerechnet, wie bei jedem andern Geschäfte[7]).

II. Die privilegirten Pfandgläubiger.

Diese sind:

---

4) L. 45 D. de religiosis (XI, 7).

5) Möser: Also sollten die Kosten eines Konkursprozesses billig nicht auf sämmtliche Gläubiger vertheilt werden. Patriotische Phantasien, Th. III, Nr. 57. — Leyser, med. de sumtibus concursus, sp. 481, m. 4 et 5.

6) D. Nettelblatt, de sumtibus concursus creditorum. Halae 1754. — Pufendorf, obs. jur. univ., T. IV, obs. 249, welcher früher der entgegengesetzten Meinung zugethan gewesen. T. II, obs. 181. — Leyser, sp. 481, m. 4, 5. Der Referent beim V. Pensum der Gesetzrevision S. 209 hält, nach Dabelow, die erstere Art, die Konkurskosten zu bezahlen, für die gemeinrechtliche.

7) L. 8 D. depos. (XVI, 3). — L. 72 D. ad leg. Falc. (XXXV, 2).

1) Fiskus wegen der öffentlichen Abgaben,
2) wer zum Ankauf einer Militia Geld leiht,
3) die Ehefrau wegen der Dos,
4) Pupillen an der mit ihrem Gelde erkauften Sache,
5) wer ad restitutionem aedium baares Geld leihet oder Baumaterial liefert,
6) der Verkäufer einer unbeweglichen Sache wegen des kreditirten Kaufgeldes.

III. Die nicht privilegirten Pfandgläubiger.

IV. Die privilegirten persönlichen Gläubiger pro rata, mit Ausnahme des Fiskus, welcher Allen vorgeht. Einige dieser Gläubiger haben später ein gesetzliches oder stillschweigendes Pfand erhalten; diesen ist daher das privilegium exigendi überflüssig. Hierher gehört:

1) der Fiskus wegen aller seiner Forderungen mit Ausnahme der Geldstrafen, welche ganz zuletzt kommen,
2) derjenige, welcher Geld zur Erbauung eines Hauses hergiebt [8]),
3) die Ehefrau wegen ihrer Dos,
4) Pupillen und Kuranden mit der actio tutelae wegen aller und jeder Forderungen gegen den Vormund [9]).

Diese scheiden hier aus, und kommen, je nachdem sie ein privilegirtes, oder nur ein simples gesetzliches Pfandrecht erlangt haben, in die zweite oder dritte Klasse.

Es bleiben nur noch übrig:

1) der Regent und dessen Gemahlin [10]);
2) städtische Gemeinden, wegen aller ihrer Forderungen, was man auch auf Kirchen und milde Stiftungen ausgedehnt hat [11]);

---

8) L. 24, §. 1 D. de bonis auct. jud. (XLII, 5). — L. 1 D. de cess. bonor. (XLII, 3). — L. 35 D. de rebus creditis (XII, 1).

9) L. 19, §. 1; L. 24 pr. D. de reb. auct. jud (XLII, 5).

10) L. 6, §. 1 D. de jure fisci (XLIX, 14).

11) L. 38, §. 1 D. de reb. auct. jud. (XLII, 5). — c. 1, 2,

3) die Braut mit der condictio sine causa[12]);

4) die unter Kuratel stehenden Personen, welchen nicht, wie den Pupillen und Minderjährigen, ein Pfandrecht zusteht[13]);

5) der, welcher zur Erbauung oder Ausbesserung eines Schiffes Geld kreditirt, ohne sich eine Hypothek auszubedingen[14]);

6) der, welcher bei einem Argentarius Geld unverzinslich deponirt, was jetzt auf alle unverzinsliche Deposita ausgedehnt wird[15]).

V. Die übrigen Gläubiger, für deren Vorzug sich nichts sagen läßt, und welche man gewöhnlich Chirographarii nennt. Von diesen hat keiner vor dem andern einen Vorzug. Ein Vorzug der Zeit nach kann nämlich seinen Grund nur in einem dinglichen Rechte haben. Diese Chirographarien haben nun zwar auch ein Pfandrecht durch die Konkurseröffnung erworben; aber das haben sie eben gleichzeitig erhalten[16]).

2) Nach Preußischem Rechte.

§. 47.

a) Einleitung.

Die erste gesetzliche Bestimmung ist die Konkurs- und Hypothekenordnung vom 4. Febr. 1722[1]).

3, 7 X. de in integrum restitut. (I, 41). — Clem. un. de in integrum rest.

12) L. 17, §. 1; L. 18 D. de rebus auctor. jud. (XLII, 5).

13) L. 19—23 D. eod. tit.

14) L. 26, 34 D. eod.

15) L. 24, §. 2 D. eod. — L. 7, §. 2 u. 3; L. 8 D. depos. (XVI, 3).

16) L. 6 C. de bonis auctorit. jud. (VII, 72). — L. 6, §. 7 D. quae in fraudem (XLII, 7).

1) Corp. Const. March, T. II, Abth. II, S. 103; Rabe Samml., Bd. XIII, S. 26 ff.

Die vorhergehende kurze Darstellung des Römischen Rechts war nöthig, um zu zeigen, daß die frühere preußische Gesetzgebung, so verwickelt sie auch zu sein scheint, dennoch mit dem Gemeinen Rechte zusammenhing, und daß selbst die sieben Klassen mit dem ante omnes und dem post omnes auf die römischen fünf Klassen zurückzuführen sind. Wir haben es zuvörderst mit den Separatisten, und dann mit den Gläubigern in sieben Klassen und post omnes zu thun. Nur denjenigen Forderungen, welchen ein Vorrecht ausdrücklich beigelegt wird, kommt solches zu Statten, und es ist besonders untersagt, die Vorrechte auf andere bloß ähnliche Forderungen anzuwenden [2]).

Zu den Separatisten kamen außer den römischen noch einige bloß dem Preußischen Rechte eigenthümliche, wogegen einige römische wieder als Konkursgläubiger behandelt, dabei aber doch wieder mit ihrer Befriedigung nach der Beendigung des Konkurses nicht aufgehalten wurden.

Die 1ste Klasse enthielt solche Interessenten, welche nach Römischem Rechte als Separatisten behandelt werden;

die 2te Klasse solche, welche in die erste Klasse kommen;

die 3te Klasse von Gläubigern war durch das preußische Hypothekenwesen erst geschaffen, und kam im Gemeinen Rechte gar nicht vor, war aber schon durch die V. v. 28. Dez. 1840 ausgeschieden;

die 4te Klasse korrespondirte der zweiten Klasse des Gemeinen Rechts;

die 5te Klasse entsprach der dritten Klasse;

die 6te Klasse entsprach der vierten, und

die 7te der fünften.

Dieß hat sich durch die Konkursordnung v. 8. Mai

---

2) A. G.O. a. a. O. §. 488. Privilegien und Ausnahmen können niemals analoge Anwendung finden.

1855 zum Theil geändert. Dieses Gesetz schließt sich dem französischen System an, doch hauptsächlich nur hinsichtlich des Verfahrens. Das materielle Konkursrecht ist im Ganzen unverändert geblieben; denn der Wechsel einzelner Prinzipien ist kein Systemwechsel. In erster Linie steht der deutschrechtliche Grundsatz, daß im Interesse auswärtiger Gläubiger über das Vermögen eines jeden insolventen Schuldners ein allgemeiner Konkurs mit Ediktalcitation eröffnet werden kann. Davon weiß das Französische Recht nichts, es kennt ein dem deutschen Konkursprozesse ähnliches Verfahren nur gegen den insolventen Kaufmann; gegen den zahlungsunfähigen Nichtkaufmann, der nicht wie ein Kaufmann, en faillite sondern en déconfiture fällt, tritt immer nur das gewöhnliche Exekutionsverfahren ein, welchem sich jeder später auftretende Gläubiger anschließen kann, so daß die Vereinigung mehrerer Gläubiger zu einem gemeinschaftlichen Exekutionsverfahren immer nur eine freiwillige ist, deren Mitglieder ihre Beschlüsse einstimmig fassen müssen, weil die Majorität der Minorität keine Verbindlichkeit auflegen kann. Die neue preußische Gesetzgebung ist bei dem alten Rechtsgrundsatz, daß über das Vermögen eines jeden insolventen Schuldners der förmliche Konkurs eröffnet werden kann, verblieben; nur beim Verfahren finden sich einige Verschiedenheiten, je nachdem der Gemeinschuldner ein Kaufmann, oder ein Nichtkaufmann ist. (Kaufmännischer Konkurs — gemeiner Konkurs.) Das Französische Recht kennt ferner nicht eine eigentliche Rangordnung im deutschen Rechtssinne, weil es die vielen stillschweigenden Pfandrechte und Privilegien nicht hat. Das eigentliche Konkursverfahren hat nur das Mobiliarvermögen zum Gegenstande. Die Vertheilung des Erlöses aus den Immobilien ist ein besonderes Verfahren, ordre genannt[3]);

3) Code de procedure, art. 749.

die Vertheilung des Erlöses aus dem Mobiliarvermögen geschieht nach Verhältniß der Forderungen, distribution par contribution genannt[4]); nur einige wenige Privilegirte, z. B. die Kosten, die Beerdigungs- und Medicinalkosten, das Gesindelohn, gewisse Rückstände für Lebensbedürfnisse, werden voraus befriedigt[5]). Von Separatisten und Massegläubigern ist weiter nicht Rede; die Vindikationen machen sich von selbst geltend, die Hypothekarien und Pfandgläubiger haben ihren besonderen Befriedigungsgegenstand, und Massegläubiger treten nicht auf, da die Kosten in der Reihe der Konkursgläubiger stehen. Die neue Konkursordnung hat in dem bisherigen Rechte in Betreff der verschiedenen Arten von Separatisten nichts geändert, dasselbe vielmehr weiter entwickelt; sie hat auch den Unterschied zwischen Massegläubigern und Konkursgläubigern beibehalten und daneben eine Rangordnung von VIII Klassen. Außerdem schließt sie mehrere Posten und beziehungsweise Gläubiger von der Theilnahme am Konkurse ganz aus, eine Anordnung, welche dem post omnes der alten Konkursordnung entspricht.

§. 48.

b) Von den Separatisten überhaupt.

Alle Separatisten haben miteinander das gemein, daß sie irgend ein besonderes Recht an einzelnen in der Masse befindlichen Gegenständen verfolgen. Dieses Recht kann sein ein Eigenthumsrecht, oder ein auf Gemeinschaft beruhendes Miteigenthum, oder ein Unterpfandsrecht, wenn auch nur eine Art von allgemeinem Pfandrechte. Darnach unterscheidet die gemeinrechtliche Praxis Separati-

4) Code de procedure, art. 656.

5) Code civil, art. 2101. Die Pfandrechte an Mobilien werden durch das Vertheilungsverfahren unter den gleichberechtigten Gläubigern nicht berührt. Art. 2102 l. c.

sten ex jure dominii und Separatisten ex jure crediti. Das Alleineigenthum hat eine Sache zum Gegenstande, welche der Konkursmasse fremd ist und sich nur im Besitze oder in der Gewahrsam des Gemeinschuldners befunden hat und mit der Beschlagnahme des ganzen Vermögens desselben mit in die Masse gekommen ist. Dergleichen Gegenstände kann der Berechtigte mit der ihm zuständigen Klage ebenso aus der Masse abfordern, wie er sie von dem Gemeinschuldner würde haben abfordern können. Diese Klasse von Anspruchsberechtigten heißen Vindikanten. Sie haben mit den Konkursgläubigern gar nichts gemein; sie wollen nicht Befriedigung durch Geldzahlung suchen, sie wollen nur ihre Sache ausgeliefert haben. Gleichwohl wurden dieselben von der alten Konkursordnung zu den Konkursgläubigern gezogen; sie mußten sich in dem allgemeinen Liquidationstermin melden, sich präkludiren lassen, ihre Ansetzung in dem allgemeinen Klassifikationsurtel erwarten, indem sie ihre Stelle in der I. Klasse finden sollten, und, was praktisch eine Hauptsache war, die Liquidationskosten tragen. Das hat durch die neue Konkursordnung angemessene Abänderung gefunden. — Die s. g. Separatisten ex jure crediti sind wahre Konkursgläubiger, aber solche, welche aus irgend einem Rechte die Aussonderung einer bestimmten einzelnen Sache, oder eines gewissen Inbegriffs, aus der Konkursmasse zu ihrer Befriedigung verlangen können, aber nicht müssen; sie dürfen es vorziehen, den Gegenstand fahren zu lassen und ihre Befriedigung aus der allgemeinen Masse zu erwarten. Gewissermaßen in der Mitte zwischen den Vindikanten und den Separatisten ex jure crediti stehen diejenigen, welche Gemeinschafter des Gemeinschuldners waren. Diese sind Miteigenthümer der gemeinschaftlichen Sache; da es sich aber um einen Anspruch gegen den Genossen aus der Gemeinschaft handelt, so führt sie ihre partielle Eigenthumsklage nicht zum Ziele, vielmehr müssen sie die ihnen aus dem stattgefundenen Rechtsverhältnisse zustehende persönliche Klage anwenden. Deshalb gehören sie nicht zu den Vindikanten, sondern zu den Massegläubigern. Die Darstellung wird sich nun zunächst mit den Vindikanten, darauf mit den Separatisten, und hiernächst mit den Massegläubigern beschäftigen.

§. 49.

c) Insonderheit.

aa) Von den Vindikanten.

Diese sind nicht Gläubiger, denn ihr Anspruch auf eine spezielle Sache entspringt nicht aus einem obligatorischen Verhältnisse. Die Bedingungen eines Vindikationsanspruchs sind ein dingliches Recht, und das Vorhandensein der Sache in der Masse.

1) Das dingliche Recht muß ein selbstständiges sein. Der gewöhnlichste Fall ist Eigenthum, und dieses wird mit der Reivindikation, oder mit der Publicianischen Klage verfolgt[1]). Das Gleiche tritt ein bei andern selbstständigen dinglichen Rechten, z. B. bei den in der Provinz Preußen häufig vorkommenden Zeitemphyteusen, oder bei dem Nießbrauchsrechte. Hierbei versteht sich, daß das Eigenthum der Sache, nach Abzug des dinglichen Rechts, in der Masse bleibt. Das Pfand- und Hypothekenrecht gehört nicht dahin, weil es nicht selbstständig ist und der Berechtigte Konkursgläubiger ist. Doch ist die Selbstständigkeit der Hypothek nach Preußischem

1) A. L.R. I, 15, §§. 1, 2; I, 7, §. 161; Konkursordnung §. 22. — Aelteres R.: A. G.O. I, 50, §§. 292, 295—344, wo sich eine Aufzählung einzelner Fälle, oder Angabe der Kategorien findet, welche bei Abfassung der neuen Konkursordnung mit Vorbedacht vermieden worden ist. Motive S. 37. — Vergl. L. 24, §. 2 D. de reb. auct. jud. poss. (XLII, 5); L. 5, §. 18 D. de trib. act. (XIV, 4); L. 3 C. qui bonis cedere (VII, 71); L. 1 C. de privil. fisci (VII, 73).

Rechte ernstlich behauptet worden[2]); indeß kann diese Meinung heutzutage als verschollen betrachtet werden. — Auch eine Erbschaft als solche kann mit der hereditatis petitio aus einer Konkursmasse abgefordert werden[3]). Die Erbschaftsklage hat jedoch nur die Wirkung einer Präjudizialklage; ob also der obsiegende Prätendent in Folge derselben einen faktischen Erfolg mit der nun anzuwendenden Vindikationsklage erwirken kann, hängt davon ab, daß die eingegebenen Erbschaftsstücke noch unterscheidbar vorhanden sind. Insoweit dieß nicht der Fall, muß der Erbe als Konkursgläubiger auftreten und Ersatz liquidiren (Nr. 2). — Folgende zweifelhaft gewesene Verhältnisse sind zur Sicherheit des Handelsverkehrs durch Spezialbestimmungen regulirt:

a) Wechsel, Handelspapiere und andere Urkunden über Forderungen, welche dem Gemeinschuldner nur behufs der Realisirung oder mit der ausdrücklichen Bestimmung übermacht worden sind, daß sie zur Deckung gewisser, bei der Uebermachung bezeichneter künftiger Zahlungen dienen sollen, können zurückgefordert werden, wenn sie zur Zeit der Konkurseröffnung noch unbezahlt sind[4]). In diesen Fällen sind die Papiere dem Gemeinschuldner unter einer Bedingung anvertraut, welche fehlgeschlagen

---

2) v. Kamptz in einem Min.-R. v. 24. März u. 13. Mai 1831, abgedruckt in meiner Gegenschrift: Ist die Hypothek nach Preußischem Rechte ein accessorisches, oder ein selbstständiges dingliches Recht? Marienwerder 1831. Nach ihm Fr. Th. Boele, die Hypothek nach Preußischem Rechte, als ein selbstständiges dingliches, nicht accessorisches Recht, betrachtet mit Rücksicht auf das Rekognitionssystem; im neuen Archiv für Preuß. Recht und Verfahren, 2. Jahrg. 1. Heft, Nr. 6; Bornemann, über den §. 52 des Anh. z. A. L.R. ꝛc.; in der juristischen Wochenschrift, I. Jahrg., Nr. 5 u. flg.

3) A. L.R. I, 9, §§. 458, 459, 494 ff. Vergl. I, 15, §§. 3—5.

4) Konkursordn. §. 24, entnommen aus dem Art. 583 des Code de commerce und Art. 574 des franz. Fallissementsgesetzes v. 1838.

ist; denn es wird vorausgesetzt, daß nach der Konkurseröffnung, vermöge der dadurch eingetretenen Veränderungen in der Person des Gemeinschuldners, die Bedingung nicht mehr in Erfüllung gehen könne. Es wird also als entschieden angenommen, daß die Papiere ihren Eigenthümer nicht verändert haben. Wie aber, wenn mit der Erfüllung der Bedingung bereits der Anfang gemacht worden ist? Jemand hat dem Gemeinschuldner einen Auftrag zum Waareneinkauf gemacht und zur Deckung für das Kaufgeld ein Wechselaccept gegeben; ein Theil der Waaren ist bereits angeschafft. Hier kommt die Rechtsregel zur Anwendung: theilweise Erfüllung der Bedingung gilt für Nichterfüllung. Dieß entscheidet für die Zulässigkeit der Abforderung des Wechselaccepts. Dabei kommt die theilweise Anschaffung in Form der Gegenforderung von Verwendungen zum Austrage, wie es die Lage der Sache mit sich bringt[4a]).

b) Waaren und andere Gegenstände, welche dem Gemeinschuldner zum Verkauf oder zur weiteren Spedition in Kommission gegeben sind, können zurückgefordert werden[5]).

c) Waaren und andere Gegenstände, welche der Gemeinschuldner im Auftrage eines Andern für ihn angekauft hat, ohne Unterschied: ob er den Handel unmittelbar für den Auftraggeber und in dessen Namen, oder in seinem eigenen Namen abgeschlossen hat; denn in dem letzteren Falle müssen die Gläubiger das noch nicht ganz vollendete Geschäft durch die noch erforderliche Eigenthumsübertragung vollenden[6]). Das Weitere darüber unten §. 50, Nr. 8.

4a) Konkursordn. §. 29. Vergl. Code de commerce, art. 579.

5) Konkursordn. §§. 25 u. 33, Nr. 8. Vergl. A. G.O. I, 50, §. 300; Code de commerce, art. 581; Fallissementsgesetz, Art. 575; Holländisches Handelsgesetzb., Art. 240.

6) Konkursordn. §. 33, Nr. 8. Vergl. A. G.O. I, 50, §. 302;

d) Verkaufte und abgesendete Waaren kann der Verkäufer zurückfordern, wenn sie nicht schon vor der Konkurseröffnung in ein zur Verfügung des Gemeinschuldners stehendes Behältniß abgeliefert sind, ausgenommen wenn der Kaufpreis vor der Konkurseröffnung bereits vollständig berichtigt ist; oder wenn die Gläubigerschaft in das Kaufgeschäft eintritt und vollständig gegenleistet, oder wenn ein Dritter die Waaren vor der Konkurseröffnung auf Grund des Frachtbriefes oder Konnossements in gutem Glauben gekauft hat. Die unter gleichen Umständen geschehene Verpfändung hindert die Rückforderung nicht, nur muß der Rückforderer die Pfandschuld bezahlen [7]). — Das ältere Recht [8]) gestattete die Rückforderung auch dann, wenn die Waaren bereits vor der Konkurseröffnung, doch nicht früher als drei Tage vorher, an den Gemeinschuldner abgeliefert worden waren. Die Abänderung dieser Bestimmung sichert den kaufmännischen Verkehr etwas besser, doch paßt auch die neue Vorschrift nicht zu den Grundsätzen über die Erwerbung des Eigenthums [9]) durch Uebergabe unter Abwesenden; sie bleibt nach wie vor eine zu Gunsten des Handelsverkehrs beliebte Singularität. Die rechtliche Möglichkeit der Abforderung solcher bereits in das Eigenthum des Gemeinschuldners übergegangenen Sachen wird durch einen dem Verkäufer positiv zugestandenen einseitigen Widerruf vermittelt.

e) Das Eigenthum der Ehefrau [10]). Den Gläubigern

Pl.-Beschl. (Pr. 2052) des Obertrib. vom 2. Oktbr. 1848 (Entsch. Bd. XVII, S. 19).

7) Konkursordn. §§. 26, 27, entnommen aus dem Code de commerce, art. 576 ff. und dem Holl. Handelsgesetzb., Art. 237.

8) A. G.O. I, 50, §§. 305, 309b.

9) A. L.R. I, 11, §§. 128 ff.

10) Ueber die Entstehungsgeschichte dieser neu gestalteten Lehre: m. Anm. 1 zu §. 88.

gegenüber kann die Ehefrau als ihr Eigenthum nur in Anspruch nehmen:

aa) diejenigen beweglichen und unbeweglichen Sachen, ausstehenden Forderungen und auf den Inhaber lautenden Papiere, welche sie schon vor Eingehung der Ehe eigenthümlich besaß, oder während der Ehe durch Schenkung, Erbschaft oder Glücksfälle, oder mit ihrem vorbehaltenen Vermögen erworben hat;

bb) diejenigen Gegenstände, welche an die Stelle der vorhin bezeichneten (aa) durch Eintausch oder Ankauf mit Geldern, die aus der Veräußerung oder Einziehung derselben herrühren, unter Mitwirkung der Frau[10a]), getreten sind;

cc) die der Ehefrau von dem Gemeinschuldner während der Ehe zugewendeten, zu ihrem persönlichen Gebrauch bestimmten Betten, Kleidungsstücke und Leibwäsche[10b]).

Immobilien, welche im Hypothekenbuche auf den Namen des Gemeinschuldners eingetragen sind, und Forderungen, welche auf dessen Namen ausstehen, können, wenngleich nachgewiesen werden könnte, daß sie zu einer der Kategorien aa und bb gehörten, doch nicht als Eigenthum der Ehefrau in Anspruch genommen werden; die Ehefrau kann nur wegen Erstattung des Werths als Konkursgläubigerin auftreten[10c]). — Der Umstand, daß Sachen, welche sich in der Vermögensmasse des Gemeinschuldners befinden, auf den Namen der Ehefrau erwor-

10a) Diesen Sinn haben die Worte „von der Ehefrau", welche von der Kommission der II. Kammer in den Entwurf der Bestimmung des §. 88, Nr. 2 hineingebracht worden sind. Sonst ist das Einschiebsel bedeutungslos. Unter der Mitwirkung der Frau bei dieser Anschaffung für ihre Mittel wird auch nachfolgende Genehmigung zu rechnen sein.

10b) Konkursordn. §. 88.

10c) Ebend. §§. 89, 91.

ben oder auf den Namen derselben geschrieben worden sind, oder daß Forderungen auf den Namen derselben ausgeliehen oder geschrieben worden sind, beweiset nichts für das Eigenthum der Frau; die Sachen und Forderungen werden als zur Konkursmasse gehörig behandelt und die Ehefrau muß einen anderen, den Erfordernissen aa und bb entsprechenden Eigenthumsbeweis führen [10d]).

Das dem Nutzungsrechte des Gemeinschuldners unterworfene Vermögen seiner Ehefrau wird, so lange der Nießbrauch des Gemeinschuldners während des Konkurses dauert, für Rechnung der Konkursmasse verwaltet und die Nutzungen werden zur Masse eingezogen, soweit sie nicht zum standesmäßigen Unterhalte der Frau und ihrer Kinder, sowie zur Erziehung der Letzteren erforderlich sind [10e]). Es gilt aber den Gläubigern gegenüber alles nicht gesetzlich vorbehaltene Vermögen für solches, welches dem ehemännlichen Nießbrauche unterworfen ist, soweit die Eigenschaft des vorbehaltenen nicht durch solche Verträge nachgewiesen werden kann, welche entweder vor Eingehung der Ehe oder, bei später erworbenen Stücken, innerhalb eines Jahres nach deren Erwerbung, geschlossen worden sind [10f]).

Will die Ehefrau wegen Zahlungen, welche sie während der Ehe für den Gemeinschuldner geleistet haben will, einen Anspruch erheben, so muß sie beweisen, daß die Zahlungen aus ihrem Vermögen, welches sie unter den Voraussetzungen aa und bb würde zurückfordern können, geleistet worden sind [10g]).

10d) Ebend. §. 90. Ueber die Fassungsgeschichte und den Sinn des 1. Satzes dieses Paragraphen s. m. meine Anm. 5 dazu.

10e) Konkursordn. §. 93; A. L.R. II, 1, §§. 261—265.

10f) Konkursordn. §. 89, Satz 2.

10g) Ebend. §. 92, entnommen aus dem Art. 550 des Code de commerce.

f) Amtsschriften und Geräthschaften. Wenn nämlich der Gemeinschuldner öffentlicher Beamter gewesen ist, so sind der vorgesetzten Dienstbehörde von Amts wegen alle bei der Inventur vorgefundenen dienstlichen Schriften, sowie alle Bücher, Siegel und anderen Gegenstände zu verabfolgen, welche dem Gemeinschuldner zu seiner Amtsverwaltung anvertraut worden sind, oder welche er auf eigene Kosten zum dienstlichen Gebrauch angeschafft hat, sofern die Gegenstände ohne Nachtheil des Dienstes nicht veräußert werden können. In diesem Falle muß der Konkursmasse der Taxwerth der Gegenstände vergütet werden. Der Dienstbehörde steht aber auch frei, solche Gegenstände in einen für den öffentlichen Dienst unbrauchbaren Zustand zu versetzen und der Konkursmasse zu überlassen. Zur Ermittelung dieser Gegenstände hat die Behörde die Befugniß, das Interesse des Dienstes durch einen Beamten bei der Inventur wahrnehmen zu lassen, zu welchem Zwecke sie von dem Tage der Inventur vorher in Kenntniß zu setzen ist[10h]). Nicht in der Ordnung ist es, wenn die Dienstbehörden eigenmächtig einen Beamten abschicken und ohne Zuziehung des Gerichts die Sachen, welche der Beamte für dienstliche hält, abholen läßt, bevor noch das Gericht Zeit gehabt hat, seine Hand auf die Masse zu legen[10i])

2) Die Gegenstände müssen in Natur vorhanden sein, gleichviel, ob in den eigenen Behältnissen des Gemeinschuldners, oder in den eines Dritten, welcher den Auftrag hat, sie zur Verfügung des Gemeinschuldners zu halten[10k]). Wird der Werth für eine nicht mehr vor-

10h) Konkursordn. §. 154, entnommen aus der A. G.O. Th. I, Tit. 50, §§. 295, 215.

10i) Dieß ereignet sich oft bei Todesfällen von Militärpersonen und Geistlichen.

10k) Konkursordn. §§. 22, 26.

handene Sache gefordert, so ist dieß eine gewöhnliche Konkursforderung. Hiervon gelten folgende Ausnahmen:

a) Sind fremde Sachen vor der Konkurseröffnung durch den Gemeinschuldner verkauft worden, so soll die Regel: pretium succedit in locum rei, Anwendung finden, insoweit nämlich die Kaufgelder noch unbezahlt sind; der Eigenthümer kann, unbeschadet seines Vindikationsrechts gegen den Besitzer, Uebereignung der ausstehenden Kaufgelderforderung verlangen[11]). Hat der Gemeinschuldner das Kaufgeld eingezogen und der Eigenthümer evincirt die Sache, so hängt die Entscheidung der Frage: ob der Käufer seine Eviktionsforderung als Konkursgläubiger liquidiren könne, davon ab: ob diese Forderung zur Zeit der Konkurseröffnung bereits zur Entstehung gekommen war. Hat die Gläubigerschaft das Kaufgeld eingezogen, so muß es, soweit dasselbe wirklich zur Masse geflossen ist, von derselben herausgegeben werden[12]).

b) Ist die Einziehung der dem Gemeinschuldner nur bedingungsweise (1 a) übermachten Wechsel, Handelspapiere und anderer Urkunden über Forderungen erst nach der Konkurseröffnung realisirt worden, so muß dem Rückforderungsberechtigten der Erlös insoweit, als derselbe zur Konkursmasse eingezogen worden ist, vollständig herausgegeben, die Außenstände müssen ihm zur eigenen Einziehung übereignet werden[13]).

c) Sind Waaren und andere Gegenstände, welche dem Gemeinschuldner zum Verkauf in Kommission gegeben waren, von dem Gemeinschuldner bereits veräußert worden, so kann an deren Stelle nicht wie sonst das bezahlte

---

11) Konkursordn. §. 23. Dieser Fall war in der älteren Konkursordn. nicht besonders vorgesehen. Der §. 300 betraf nur die Verkaufskommission und der §. 354 den Verkauf durch die Gläubigerschaft.

12) Konkursordn. §. 44, Abs. 2.

13) Ebend. Satz 1.

Kaufgeld, wenngleich dasselbe bei ihm besonders bezeichnet und verwahrt vorgefunden wird, aus der Masse abgefordert, sondern es kann nur die Uebereignung des noch unberichtigt ausstehenden Kaufpreises verlangt werden [14]). Ist aber die Veräußerung erst nach Eröffnung des Konkurses geschehen und der Kaufpreis zur Masse eingezogen worden, so muß er vollständig herausgegeben, die Außenstände aber müssen gleichfalls übereignet werden [15]).

Das Rück- oder Abforderungsrecht wird in allen Fällen unabhängig von dem Konkursverfahren mit einer besonderen Klage gegen den Verwalter der Masse geltend gemacht und der Kostenpunkt wird nach den allgemeinen Grundsätzen über Tragung und Erstattung der Prozeßkosten entschieden [16]).

§. 50.

bb) Von den Separatisten*).

Separatisten oder Separanten (separantes ex jure crediti) sind zwar eigentliche Konkursgläubiger, aber solche,

---

14) Ebend. §. 25, Satz 2. Der §. 300 der alten Konkursordn., welcher auch die Abforderung der besonders aufbewahrten und bezeichneten Kaufgelder gestattete, ist hierin aus Nützlichkeitsgründen abgeändert; diese Bestimmung soll für den gewöhnlichen Verkehr unpraktisch (?) und ein Mittel für den unredlichen Gemeinschuldner zu betrüglichen Begünstigungen Einzelner gewesen sein. Motive z. gedr. Entw. S. 38.

15) Konkursordn. §. 28 u. §. 44.

16) Konkursordn. §§. 30, 236. Nach älterem Rechte fielen die Vindikationskosten gleichfalls den Vindikanten zur Last. A. G.O. I, 50, §§. 153, 296 ff.

*) Lauterbach, de separationibus bonorum. Tub. 1655. — Jo. Volkmar Bechmann, de beneficio separationis. Jenae 1674, 1675. 4. — Joh. Tob. Carrach, de differentiis juris Romani et Germanici in beneficio separationis. Halae 1740. — Leyser, de beneficio separationis; in med. ad Pand., sp. 489. — Schweppe, das System vom Konkurse der Gläubiger, S. 255. — Fritz im Archiv für civilistische Praxis, Bd. XII, S. 328 ff. — Heim-

welche das Recht haben, einzelne Gegenstände oder Begriffsganze aus der allgemeinen Masse herauszuziehen und daraus ihre abgesonderte Befriedigung zu verlangen. Steht ihnen ein persönlicher Anspruch gegen den Gemeinschuldner zu, so können sie nach heutigem Rechte auch aus der gemeinen Masse, sei es aufs Ganze, sei es wegen des Ausfalls, welchen sie bei dem Sonderverfahren leiden, Befriedigung suchen; was etwa von dem abgesonderten Gegenstande übrig bleibt, fließt zur gemeinschaftlichen Masse [1]). Diese Grundsätze und die meisten Separationsfälle fanden sich schon in der Konkursordnung der Allg. Gerichtsordnung, nur war die Behandlung der Separatisten in das allgemeine Konkursverfahren hineingezogen, wodurch die vollständige Geltung des besonderen Rechts rechtlich, und auch thatsächlich durch die oft vorgekommene Vermischung des Erlöses aus der besonders behafteten Sache mit der gemeinen Masse, verhindert wurde. Nach neuerem Rechte sind die Absonderungsberechtigten durch die Partikularkonkurse, welche über die abgesonderten Gegenstände verhandelt werden, gegen solche Beeinträchtigungen gesichert. Dergleichen Gegenstände sind folgende:

I. Immobilien, Berg- und Hütteneigenthum, Seeschiffe und solche andere Schiffsgefäße, welche zur Frachtschifffahrt bestimmt sind. Diese Gegenstände dienen zur abgesonderten Befriedigung der Gläubiger, welchen ein dingliches Sicherheitsrecht daran zusteht [2]). Die Versicherungsgelder für solche Gegenstände fließen nicht zur Spezialmasse; sie gehören, insoweit nicht etwa einzelne Gläubiger durch ihren Beitritt zum Versicherungsvertrage

---

bach, beneficium separationis; in Weiske's Rechtslexikon, Bd. I, S. 917 ff.

1) Konkursordn. §. 38, 39. Vergl. V. vom 28. Dezbr. 1840, §§. 12, 15; A. G.O. I, 50, §§. 277, 278, 679, 680, 688, 689.

2) Konkursordn. §. 31.

ein besonderes Recht auf die Versicherungsgelder erworben haben, zur gemeinen Konkursmasse[3]). Das Verfahren gehört vor den Realrichter[4]).

II. Pfandstücke. Die Pfandgläubiger können sich aus der Pfandlosung a) wegen ihrer Kosten, b) wegen der laufenden Zinsen, c) wegen der sämmtlichen rückständigen noch nicht verjährten Zinsen, d) wegen des Kapitals bezahlt machen[5]). Sie machen ihre Forderung durch die ihnen zuständige Klage gegen den Verwalter der Konkursmasse geltend, ohne daß sie dieselbe bei dem Konkursverfahren anzumelden haben; und die Befriedigung erfolgt im gewöhnlichen Exekutionsverfahren, wenn der Massenverwalter die Pfandstücke nicht durch vollständige Befriedigung des Gläubigers wegen der Pfandforderung einlöst[6]). Mit den Faustpfandgläubigern haben in Beziehung auf gewisse bestimmte Sachen gleiche Rechte folgende Gläubiger:

---

3) Die Frage ist Gegenstand einer Kontroverse gewesen und der Verf. des Entwurfs hatte die Versicherungsgelder zur Spezialmasse ziehen wollen. Der Pl.-Beschl. des Obertrib. v. 5. Dezbr. 1853 hatte jedoch den Rechtssatz festgestellt: „Hypothekengläubiger sind nach allgemeinen Rechtsgrundsätzen nicht berechtigt, vermöge ihres dinglichen Hypothekenrechts und lediglich als Folge dieses Rechts die Feuerversicherungsgelder behufs ihrer Befriedigung in Anspruch zu nehmen. Diejenigen Rechte, welche die Hypothekengläubiger aus speziellen Rechtstiteln ableiten (womit auf den Beitritt zur Versicherung gezielt ist), und diejenigen Rechte, welche sie aus den besonderen Feuer-Societätsreglements ableiten können, bleiben bei diesem Grundsatze unberührt." (Entsch. Bd. XXVII, S. 1.) Wahrscheinlich mit Rücksicht hierauf und weil die Konkursordnung sich den allgemeinen Grundsätzen anzuschließen hat, ist der Satz von den Kammern gestrichen worden.

4) Konkursordn. §. 266 ff.

5) Ebend. §. 32, Satz 2.

6) Ebend. §§. 263, 264. Die Privilegien der konzessionirten Pfandleiher, betreffs der eigenmächtigen Befriedigung, bleiben unverändert. §. 265.

1) Der Fiskus und die Gemeinden wegen Zölle und Steuern in Ansehung der zurückgehaltenen oder mit Beschag belegten zoll= und steuerpflichtigen Gegenstände, soweit nicht etwa das Eigenthum derselben durch Konfiskation an den Fiskus oder die Gemeinden übergegangen ist. Treffen Fiskus und Gemeinden zusammen, so hat der Fiskus den Vorzug [7]).

2) Der Fiskus wegen Vorschüsse, welche zur Ausrüstung einer Militärperson in der gesetzlich vorgeschriebenen Form gegeben worden sind, in Ansehung sämmtlicher Ausrüstungsgegenstände. So lautet wörtlich die neue Bestimmung [8]). Die Post und deren Vorrecht ist eigenthümlich und singulär. Es ist dieselbe Post, welche früher unter die Massegläubiger (ante omnes) als „Darlehne, welche einem Offizier unter Beobachtung der gesetzlichen Vorschriften aus den Regiments= und Bataillonskassen zur Anschaffung der Equipage gegeben worden sind," gestellt war [9]). Diese gar zu bodenlose Stellung ist durch die neue Konkursordnung in ein Pfandrecht des Fiskus in den Ausrüstungsgegenständen verwandelt worden. Dabei bleiben jedoch einige Zweifel stehen, z. B.:

a) Wer ist hier unter dem Fiskus zu verstehen? Die Quelle weiset auf den Kleiderfond des Offiziercorps hin; dieser aber wird durch Gehaltsabzüge der Offiziere gebildet. Als es 1810 auf Vermehrung der Offiziere in der Armee für den Befreiungszweck ankam, da verordnete der König, daß, um unbemittelten jungen Leuten, bei ihrem Avancement zu Offizieren, die Anschaffung der Equipage möglich zu machen, ihnen zu diesem Behuf, wie es ehemals geschah, Vorschüsse geleistet würden, und zwar aus den Offiziermontirungs= und Schärpengeldern, als

7) Ebend. §. 33, Nr. 1 u. §. 34.

8) Ebend. §. 33, Nr. 2.

9) Anh. z. A. G.O. (I, 50, §. 268) §. 353.

dem einzigen in den Regiments- und Bataillonskassen jetzt dazu vorhandenen Fond [10]). Die Vorschußgeber waren hiernach die Kameraden des neuen Offiziers. Von diesen Offiziermontirungs- und Schärpengeldern weiß jetzt Niemand mehr etwas. Gegenwärtig giebt es bei jedem Regiment einen „Offizier-Unterstützungsfonds" zu dem Zwecke, unbemittelten Offizieren, vom Lieutenant bis zum Hauptmann oder Rittmeister zweiter Klasse, in gewissen Fällen mit Unterstützung oder mit einem Vorschusse beizustehen. Dieser Fonds fließt aus der Generalmilitärkasse und beträgt bei einem Infanterieregiment 880 Thlr., bei einem Kavallerieregiment 440 Thlr. Unter den Fällen, in welchen Bewilligungen aus diesem Fonds gestattet sind, findet sich zuletzt auch „Erste Equipirung bei der Beförderung zum Offizier" [10a]). Unter dem Fiskus sind hier also noch jetzt die Regiments- und beziehungsweise Bataillonskassen zu verstehen.

b) Welche gesetzliche Vorschriften sind es, welche beobachtet worden sein sollen? Das ist nicht bekannt. Die gedachte königliche Verordnung ([10]) schreibt vor:

aa) Die Bedürftigkeit desjenigen, der den Vorschuß nachsucht, und sein gänzliches Unvermögen, die Kosten der Equipage aus eigenen Mitteln, oder durch Unterstützung von Seiten seiner Angehörigen, zu bestreiten, muß gehörig und gründlich nachgewiesen werden.

bb) Die Würdigkeit des durch Vorschuß zu unterstützenden Subjekts muß nicht allein von dem Regimentskommandeur, sondern auch von der Majorität des

---

10) K.O. v. 20. August 1810 (Mathis, Bd. IX, S. 318).

10a) Dieser Fonds ist gegründet durch eine an den Kriegsminister ergangene K.O. v. 11. Oktober 1821, wozu eine ergänzende K.O. v. 9. Oktbr. 1832, und ein Verwaltungsregl. des Kriegsministeriums v. J. 1845 getreten ist.

Offiziercorps anerkannt werden, und demzufolge die Verabreichung des Vorschusses mit Zustimmung und nach dem Wunsche des größeren Theils, geschehen.

cc) Das Maximum des zu verabreichenden Vorschusses darf nicht überschritten werden. Dieses beträgt: für einen Kuirassieroffizier 370 Thlr.; für einen Dragoneroffizier 360 Thlr.; für einen Husarenoffizier 370 Thlr.; für einen Uhlanenoffizier 340 Thlr.; für einen Offizier von der reitenden Artillerie 350 Thlr.; von der Fuß-Artillerie und Infanterie 150 Thlr. Heutzutage werden diese Summen wohl nicht hinlangen.

dd) Der Vorschuß muß zu dem beabsichtigten Zweck wirklich verwendet worden sein, wofür der Regimentskommandeur verantwortlich ist.

Diese Bestimmungen sind jedoch, wie es scheint, sämmtlich erloschen, man weiß davon in der Praxis nichts mehr. Es beruht jetzt auf bloßen Dienstinstruktionen, daß bei Beförderung unbemittelter Portepeefähnriche oder Kadetten zu Offizieren denselben ein Vorschuß bis zum Betrage von 100 Thlrn. gegen mäßige Gehaltsabzüge bewilligt und davon den Empfängern eine Beihülfe von 30 — 50 Thlrn. belassen werden kann. Die Bewilligung geschieht nach den Beschlüssen der Verwaltungskommission, welche aus dem Regimentskommandeur als Präses, 1 Stabsoffizier, 1 Hauptmann, 2 Premier- und 2 Secondelieutenants zusammengesetzt ist. Die Anträge sind an die zunächst vorgesetzte Dienstbehörde zu richten. Wird mehr verlangt, als nach dem Urtheile der Kommission und der Norm gerechtfertigt erscheint, so ist unter Beifügung des motivirten Beschlusses der Kommission an das Kriegsministerium zu berichten. Die Zahlung verfügt der Präses der Kommission.

Die neue Bestimmung (8) spricht von „der gesetzlich vorgeschriebenen Form", in welcher die Vorschüsse gegeben worden sein müssen. Eine Form für die Gebung derartiger Vorschüsse ist in keinem Gesetze vorgeschrieben, kein Mensch kennt eine bestimmte gesetzliche Form.

c) Welche Ausrüstungsgegenstände sind gemeint? die für den Vorschuß angeschafften? oder die zur Zeit der Konkurseröffnung oder des Prioritätsverfahrens vorhandenen? Man kann es nicht wissen, weil hier kein Rechtsprinzip regiert. Sollten die angeschafften gemeint sein, so könnte es kommen, daß zur Zeit der Ausübung des Quasipfandrechts kein Gegenstand desselben mehr vorhanden wäre; sollten die später angeschafften Montirungsstücke gemeint sein, so fehlt jeder Rechtszusammenhang, oder man müßte die Militärgarderobe für eine universitas rerum, etwa wie eine Schafheerde, ansehen, was wenigstens etwas ganz Neues wäre. Wenn ich entscheiden sollte, so würde ich, um doch sicher einen Gegenstand zu treffen, dasjenige nehmen lassen, was zu der Zeit vorhanden wäre.

3) Diejenigen, welchen eine Kaution bestellt worden ist, hinsichtlich des Gegenstandes der Kaution, wegen der Ansprüche, für welche die Kaution haftet[11]). Die Gleichstellung der Kautionsinhaber mit den Faustpfandgläubigern ist eine Schwächung des Kautionsrechts; der Kautionsinhaber bedarf einer solchen Gleichstellung nicht, denn er ist selbst entweder wahrer Pfandbesitzer oder Hypothekarius, je nachdem ihm die Kaution durch Pfandbestellung oder durch Eintragung geleistet worden ist.

4) Vermiether und Verpächter wegen des Zinses und anderer Forderungen aus dem Miethß= oder Pachtverhältnisse, in Ansehung der von dem Miether oder Pächter

---

11) Konkursordn. §. 33, Nr. 3.

eingebrachten Sachen, welche ihm selbst gehören, oder welche er ohne Einwilligung des Eigenthümers zu verpfänden befugt ist, soweit der Vermiether oder Verpächter das ihm zustehende Zurückbehaltungsrecht an denselben ausübt; ingleichen in Ansehung der noch nicht abgesonderten Früchte der verpachteten Grundstücke[12]). Die Praxis hatte den Rechtssatz, daß das Pfandrecht des Verpächters sich auch auf die noch nicht abgesonderten Früchte erstrecke, durch Auslegung schon lange gewonnen[13]). Daß die bereits geernteten Früchte diesem Pfandrechte unterworfen sind, ist nie streitig gewesen und auch jetzt unstreitig, denn sie gehören zu den eingebrachten Sachen, und werden also von dem Wortlaute des Gesetzes mit getroffen[14]). Hieraus ist die Voraussetzung ersichtlich, daß die geernteten Früchte in das Pachtgrundstück eingefahren worden sein müssen, und daß mithin der Rechtssatz auf einzelne Ackerstücke, von welchen der Pächter die Früchte in seinen von dem Verpächter unabhängigen Wirthschaftshof eingebracht hat, nicht Anwendung finden kann[15]), weil der Verpächter nicht in der Lage ist, in einem ihm fremden Grundstück ein Zurückbehaltungsrecht auszuüben. Nun ist auch mit Sicherheit zu treffen, was der §. 33, Nr. 4 unter den „noch nicht abgesonderten Früchten" bei solchen einzelnen Ackerstücken versteht: es sind nicht die noch auf dem Halme stehenden, im Gegen-

12) Ebend. §. 33, Nr. 4. A. L.R. I, 21, §. 395; Dekl. v. 21. Juli 1846 (G.S. S. 326). Vergl. A. G.O. I, 50, §. 382a.

13) Pr. des Obertrib. 885 a, v. 18. April 1840 (Entsch. Bd. VI, S. 92). Dazu: meine Beurtheilung der ersten zehn Bde, S. 415.

14) Vergl. das all. Pr. des Obertrib. (vor. Anm. 13) und L. 7 D. in quibus causis pignus (XX, 2).

15) „Eben so versteht es sich von selbst, daß bei Pachtungen einzelner Grundstücke, wo der Pächter keine Sachen und Effekten in die verpachtete Sache eingebracht hat, auch der Verpächter kein Pfandrecht daran — ausüben kann." A. G.O. I, 50, §. 382a a. E.

satze zu den vom Boden getrennten Früchten gemeint, sondern die vom Pachtstücke noch nicht weggebrachten Früchte. Denn auf eigenem Grunde und Boden hat es eben der Verpächter in seiner Gewalt, ein Zurückbehaltungsrecht auszuüben; er kann daher alles, was er in dem entscheidenden Zeitpunkte auf seinem Eigenthume antrifft, zu seiner Sicherheit festhalten.

5) Gastwirthe wegen Forderungen für Wohnung und Bewirthung in Ansehung der eingebrachten und zurückbehaltenen Sachen des Gastes, welche diesem selbst gehören, oder welche er ohne Einwilligung des Eigenthümers zu verpfänden befugt ist. So lautet die neue Bestimmung wörtlich[16]). Das alte Recht weiß von der Beschränkung, daß der Reisende Eigenthümer der Sachen, oder doch zu deren Verpfändung befugt sein müsse, bei dem Rezeptum der Gastwirthe nichts[17]), und kann davon nichts wissen, weil dabei ganz andere Umstände und Verhältnisse walten als bei dem freiwilligen Miethskontrakte, wo der Vermiether sich seine Leute erst ansehen und sie nach Gutdünken abweisen kann. Außerdem wird ja bei dem Rezeptum der Gastwirthe wie der Schiffer für die Sachen, welche der Fremde mit sich führt, mit kontrahirt; die Gebührnisse des Gastwirths und Schiffers sind Verwendungen auf die Sachen, mögen diese gehören wem sie wollen. Wenn ein großer Schwindler mit geliehenen oder gar gestohlenen Equipagen in ein Hotel einzieht und dort eine Zeit lang vom Wirthe Verpflegung und Wohnung erhält, dann aber verschwindet; so kann kein Recht in der Welt den Gastwirth zwingen, die Equipagen frei verabfolgen zu lassen: die Sachen selbst haben

16) Konkursordn. §. 33, Nr. 5.

17) A. L.R. II, 8, §. 455; Anh. z. A. G.O. §. 351. Die vermeintliche Verbesserung ist dem neuen Gesetze erst in den Kammern widerfahren; sie steht in geradem Widerspiel mit dem Rechte.

logirt, die Verwendungen des Wirths sind impensae necessariae, Erhaltungskosten der Sache; er wird also unter allen Umständen seine Gebührnisse von dem Eigenthümer derselben gegen deren Herausgabe fordern können, wenngleich ihm gesetzgeberische Weisheit ein Pfandrecht abspricht und dadurch unversehens mit ihrer eigenen Satzung Nr. 10 in Widerspruch kommt.

6) Schiffer, Frachtfuhrleute, Post- und Eisenbahnanstalten wegen der Fracht- und Liegegelder, sowie der Zollgelder und anderer Auslagen, in Ansehung der beförderten Güter und Waaren, welche zurückbehalten, oder auf dem Packhofe oder Zollamte befindlich sind, oder seit deren Ablieferung noch nicht drei Tage verflossen sind, insofern in diesem letzteren Falle die Güter und Waaren noch bei dem Gemeinschuldner oder bei einem Dritten sich befinden, welcher sie für den Gemeinschuldner besitzt[18]). Daß das Pfandrecht noch nach der Ablieferung eine Zeit lang wirksam sein soll, galt außerhalb des Konkurses schon vorher[19]) und ist zu rechtfertigen, weil das Pfand unter der nicht eingetroffenen Voraussetzung, daß der Empfänger die Frachtgelder bezahlen werde, verabfolgt ist. Das Pfandrecht entsteht mit dem Empfange der Ladung und ist namentlich nicht dadurch bedingt, daß der Transport wirklich begonnen hat[20]). Gemeinrechtlich gebührt den Schiffern und Fuhrleuten nur ein Zurückhaltungsrecht[21]),

---

18) Konkursordn. §. 33, Nr. 6. — Vergl. A. G.O. I, 50, §. 383, und Code de commerce, art. 106.

19) A. L.R. II, 8, §§. 1724, 1725.

20) Darüber ist gestritten worden. Pr. des Obertrib. 1702, vom 13. Februar 1846.

21) Mittermaier, deutsches Privatrecht, §. 540, Nr. IX; Günther, de expeditoribus mercium (Lips. 1808), pag. 16. Es fehlt auch nicht an Stimmen, welche für die Fuhrleute eine stillschweigende Hypothek in Anspruch nahmen. — Glück, Commentar, Bd. XI, S. 216.

und darin stimmte auch das ältere Preußische Recht mit dem Gemeinen Rechte überein[22]).

7) Diejenigen, welche Beiträge der Schiffsladung zur großen Haverie zu fordern haben, wegen dieser Beiträge in Ansehung der Ladung, unter den bei Nr. 6 bestimmten Voraussetzungen und Maßgaben[23]). Da diejenigen, welche die Beiträge zu fordern haben, nicht in der Lage sind, die Gegenstände des Pfandrechts festzuhalten; so ist der Schiffer dafür haftbar, daß die Waaren nur gegen Bezahlung der Beiträge verabfolgt, oder bei verzögerter Zahlung, soweit nöthig, verkauft werden[24]).

8) Kaufmännische Kommissionäre und Spediteure in Ansehung der ihnen anvertrauten oder von ihnen angekauften oder besorgten Güter, Fonds und Effekten, wegen der auf dieselben verwendeten Kosten und gegebenen Vorschüsse oder Darlehne, ingleichen wegen aller Forderungen aus laufender Rechnung im Kommissionsgeschäft und Speditionsgeschäft, sofern der Kommissionär oder Spediteur die Güter, Fonds und Effekten noch in seiner Gewahrsam, oder die Konnossemente oder Lagerscheine darüber noch in Händen hat, oder sonst noch in der Lage ist, darüber verfügen zu können. So lautet die neue Bestimmung wörtlich[25]). Damit ist eine Rechtsumbildung zu Stande gebracht. Sonst hatten die Spediteure nur ein im Konkurse nicht wirksames Retentionsrecht nach den Grundsätzen über das civilrechtliche Mandat[26]). Mit den

22) Preuß. Seerecht v. J. 1727, Art. 20. Das Corp. jur. Frid. IV, 12, §. 49 gab ein Pfandrecht.

23) Konkursordn. §. 33, Nr. 7. — A. L.R. II, 8, §§. 1894—1896.

24) A. L.R. a. a. O. §. 1895.

25) Konkursordn. §. 33, Nr. 8, entnommen aus dem Art. 93 des Code de commerce.

26) A. L.R. I, 13, §. 83. Auch nach G. R. Günther, de expeditoribus mercium (von Spediteuren) pag. 16.

Einkaufskommissionären stand es etwas anders. Der Gesichtspunkt, welcher hier im §. 33, Nr. 8 genommen worden ist, ist der, daß der Gemeinschuldner als Auftraggeber erscheint. Will die Gläubigerschaft die eingekauften Waaren haben, so müssen sie den Kommissionär bezahlen, sonst behält er die Waaren und liquidirt, soweit er dadurch für seine Ausgaben und Mühwaltung nicht gedeckt ist, als Konkursgläubiger seine Entschädigung[27]). Der wichtigere Fall ist der, wenn der Gemeinschuldner Einkaufskommissionär gewesen ist, und zufolge des Auftrags Sachen bereits angekauft hat. Die Bestimmungen darüber hat man aus der alten Konkursordnung[28]) dort, wohin sie gehören, nämlich in das Kapitel von den Vindikanten, „als der Natur des Verhältnisses nicht entsprechend", nicht wieder aufgenommen, sondern unter die Fälle des gesetzlichen Pfandrechts verwiesen[29]). Dahin gehört aber dieser Fall gar nicht. Wäre die Voraussetzung, daß die von dem Kommissionär eingekauften Gegenstände Eigenthum des Kommittenten geworden wären, richtig, so würde die Sache freilich einfach sein: die Waaren wären fremde Sachen und könnten von dem Kommittenten gegen Bezahlung der darauf gemachten Verwendungen vindicirt werden. So ist es aber nur in dem einzigen Falle, wenn der Kommissionär den Handel ausdrücklich im Namen des Kommittenten abgeschlossen hat. Dann genügen freilich die allgemeinen Vorschriften über die Vindikation. Dieß ist aber der seltenere Fall, meistens schließen die Kommissionäre im eigenen Namen ab und alsdann werden sie selbst Eigenthümer[30]). Dieser Fall muß nun nach den

27) Konkursordn. §§. 15, 16, 21.

28) A. G.O. I, 50, §§. 302—304.

29) Motive zum gedr. Entwurfe, S. 38.

30) Pl.-Beschl. (Pr. 2052) des Obertrib. vom 2. Oktober 1848 (Entsch. Bd. XVII, S. 19).

allgemeinen Grundsätzen, welche die neue Konkursordnung über die Wirkung der Konkurseröffnung auf die vor derselben von dem Gemeinschuldner eingegangenen Rechtsgeschäfte vorgeschrieben hat[30a]), behandelt werden. Dabei ist die widersprechend beantwortete Frage: ob der Kommittent unter gewissen Umständen, und unter was für Umständen, die Herausgabe der Waaren aus der Konkursmasse zu fordern berechtigt sei, wieder eine offene. Dabei kommt alles darauf an: ob angenommen werden könne, daß der Kommissionär den Besitz auf den Kommittenten übertragen habe. Die Meinung, daß, sobald dargethan werden kann, daß der Kommissionär die Waaren für den Kommittenten kaufte, auch das Eigenthum der Waaren durch die an den Kommissionär geschehene Tradition auf den Kommittenten übergehe[30b]), ist viel zu allgemein, um praktisch brauchbar zu sein; sie setzt auch, da von der Uebertragung des Eigenthums durch Tradition die Rede ist, voraus, daß der Tradirende über die Person des Kommittenten unterrichtet gewesen sei, weil ja die Absicht des Tradirenden auf die Uebertragung des Eigenthums an eine bestimmte abwesende Person gerichtet sein muß. Dieser Fall macht keine Schwierigkeit: wir sprechen von dem Falle, wenn der Kommissionär bei der Erwerbung der Waaren den Kommittenten verschwiegen hat. Hinterdrein kann der Kommissionär, vermittelst des constitutum possessorium, den Kommittenten allerdings zum Eigenthümer machen, und es kommt, wenn dieses behauptet wird, darauf an: ob eine zur Herstellung des constitutum possessorium genügende Handlung des Kommissionärs vorgefallen ist. Im Jahre 1788 hatte ein Kaufmann auf Bestellung eines auswärtigen Hand-

30a) Mittermaier, deutsches Privatrecht, §. 551, Nr. XVI.

30b) Entsch. v. 25. Oktober 1788 (Klein, Annal., Bd. III, S. 303 ff.).

lungshauses eine Quantität Leinwand gekauft, den Handel aber auf seinen eigenen Namen, ohne den Kommittenten zu nennen, abgeschlossen und sodann aus dem gesammten Waarenvorrath die Leinwand nach den bestimmten Preisen ausgesetzt, auf die Bleiche gegeben und mit der Bemerkung in seinem Bleichbuche eingetragen: „zur Bleiche gegeben für Rechnung des N. N. zu N. N." Ein Gläubiger des Kommissionärs nahm die Leinwand zu seiner Befriedigung in Beschlag, und der Kommittent intervenirte. Die Breslauer Oberamtsregierung war der Meinung, daß in diesem Falle das Eigenthum der Waare auf den Kommittenten noch nicht übergegangen sei. Die Gesetzkommission gab eine entgegengesetzte Entscheidung [31]), und diese Entscheidung war später in die Allgemeine Gerichtsordnung I, 50, §. 302 aufgenommen worden. Durch die formelle Aufhebung des Tit. 50 und die Verweisung auf die allgemeinen Grundsätze über Vindikation ist eine materielle Rechtsänderung nicht eingetreten.

9) Werkmeister, Handwerker und Arbeiter wegen ihrer Forderungen für Arbeit und Auslagen, in Ansehung der von ihnen gefertigten oder ausgebesserten und noch in ihrer Gewahrsam befindlichen Sachen [32]).

10) Diejenigen, welchen das Zurückbehaltungsrecht an einer körperlichen beweglichen Sache auf Grund einer zum Nutzen der Sache geschehenen Verwendung zusteht, soweit der Vortheil derselben noch wirklich vorhanden ist, in Ansehung der zurückbehaltenen Sache [33]).

31) Konkursordn. §§. 15 ff.

32) Ebend. §. 33, Nr. 9. Dieß ist das bisherige Retentionsrecht des Werkmeisters aus dem A. L.R. I, 11, §. 974, welches ausnahmsweise auch im Konkurse wirksam sein sollte.

33) Konkursordn. §. 33, Nr. 10. Durch diese Bestimmung hat dem Retentionsrechte wegen nützlicher Verwendung, welches bereits nach dem A. L.R. I, 20, §§. 547 ff. eine Art dinglicher Wirkung hatte, nur die entsprechende Benennung gegeben werden sollen. Motive S. 38.

Bei einer eintretenden Konkurrenz mehrerer Pfandgläubiger hinsichtlich des nämlichen Gegenstandes hat das Recht des Fiskus vor allen, dann das der Gemeinden vor den übrigen den Vorzug; die übrigen Pfandgläubiger haben gleiche Rechte [34]). Bei der Nr. 3 ist ein Zusammentreffen mehrerer Gläubiger nicht denkbar, weil dieser Fall ein wirkliches Pfandrecht, nicht bloß ein gesetzliches oder stillschweigendes ist, welches allerdings Mehreren zustehen kann, weil es nicht wesentlich durch den Besitz bedingt ist.

III. Das Gesellschaftsvermögen einer unter gemeinschaftlicher Firma bestehenden Handelsgesellschaft, deren Gläubiger für berechtigt erklärt worden, aus dem gemeinschaftlichen Vermögen der Gesellschafter ihre abgesonderte Befriedigung zu suchen [35]). Dieß ist zum Theil neu. Sonst erhielten die Gesellschaftsgläubiger zwar auch ihre abgesonderte Befriedigung aus dem Handlungsvermögen, aber nur mittelbar und im Interesse der anderen Gesellschafter. Das Separationsrecht war nämlich nur den Handlungsgenossen des Gemeinschuldners zugedacht: diese sollten, wenn die Kreditmasse den dem Gemeinschuldner gebührenden Antheil aus der Societät forderte, berechtigt sein, die Passivschulden der Societät verhältnißmäßig in Abzug zu bringen, damit sie nicht nöthig hätten, sich dieserhalb, da sie nämlich den Gläubigern auf das Ganze haften müssen, in den Konkurs einzulassen [36]). Dieß ist nicht römischen Ursprungs; es ist durch die deutsche Gerichtspraxis eingeführt. Nach Römischem Rechte war ein solcher Behelf entbehrlich, weil mehrere Gesellschafter den Gläubigern nur pro parte hafteten, ausgenommen, wenn der einzelne Gesellschafter Institor war und kontrahirt

34) Konkursordn. §. 34. Auf das Alter kommt nichts an.

35) Ebend. §. 35 u. §. 288.

36) A. G.O. I, 50, §§. 289—291; A. L.R. II, 8, §. 667.

hatte, in welchem Falle alle in solidum hafteten. Die Privatgläubiger des einen Socius haben gegen die übrigen Socien zwar, wie sich von selbst versteht, keinen Anspruch; allein diese halten sich nach römischen Rechtsgrundsätzen an ihren Schuldner und dessen Vermögen, ohne Rücksicht darauf: ob dasselbe in oder außer der Societät ist; sie verlangen insofern mit den Societätsgläubigern gleiches Recht. Die deutsche Gerichtspraxis hat bei der Handlungssocietät ein anderes Verhältniß eingeführt. Die dabei zu Grunde liegende Ansicht ist die, daß die Handlungsgesellschaft eine Art juristischer Person oder etwas Aehnliches sei [37]). Daraus erklärt sich das Haften

37) Die Vorstellung hat sich noch nicht abgeklärt. Hassenpflug (ob dieß der später in Hessen bekannt gewordene Hassenpflug ist, weiß ich nicht; er nennt sich Hans Ludwig Hassenpflug) in Elvers, Themis, Bd. I, H. 1, Nr. 3, behauptet und sucht zu begründen: Eine unter einer Firma betriebene Handlung ist als das Rechtssubjekt hinsichtlich aller aus Handlungsgeschäften entstehenden Rechten und Verbindlichkeiten anzusehen. Ungefähr dieselbe Richtung verfolgt eine Abhandl. von Dr. A. Tabor: Beitrag zur rechtlichen Erörterung der Verbindlichkeiten, welche aus dem Eintritt in eine bestehende Handlungsfirma entspringen; besonders hinsichtlich der schon vor dem Eintritt auf derselben gelastet habenden Schulden. Frankfurt 1826. — Dagegen aber die gediegene Abhandlung: Einige Bemerkungen über den Aufsatz Nr. III im 1. Heft des I. Bandes dieser Zeitschrift (Elvers, Themis, 3. Heft des I. Bandes, Nr. 18, S. 498 ff.). (Gegen Hassenpflug.) Die Idee von der juristischen Persönlichkeit einer Handelsgesellschaft liegt schon den Bestimmungen des A. L.R. I, 17, §§. 300 ff. zum Grunde; denn Suarez geht davon aus, daß den Handelsgläubigern der Handelsfonds besonders verhaftet sei, und „es offenbar eine Verletzung der wohlerworbenen Rechte eines Societätsgläubigers enthalten würde, wenn ihm durch das stillschweigende Ausscheiden eines Socii nicht nur ein ihm wirklich schon verhafteter Debitor, sondern auch ein Theil des Fonds, aus welchem er seine Befriedigung zu fordern hat, ohne sein Wissen und Willen entzogen werden könnte. Ueberdem ist die Praxis, besonders bei Handlungsgeschäften, diesen Vorschriften schon jetzt gemäß.“ (Jahrb. Bd. XLI, S. 57.) Dabei schwebte ihm wahrscheinlich der

in solidum zunächst und vorzüglich aus den Fonds der Handlung, und daher hat die gemeinrechtliche Praxis ein-

---

Ausspruch des römischen Juristen (L. 5, §. 15 D. de trib. act. XIV, 4) vor: unusquisque eorum merci magis quam ipsi (nämlich dem der Taberne vorgesetzten Sklaven) credidit, weil der Sklave eben nur einen durch das Geschäft beschränkten und bedingten Kreditbrief hatte. Das paßt jedoch nicht auf Kaufleute sui juris. Die landrechtliche Gesetzgebung hat dieß auch nicht verkannt; sie hat keine unpassende Verfügung getroffen. Auch die neue Gesetzgebung hat bei der Konkursordnung das Richtige getroffen. Ganz roh ist die Auffassung des Berichtserstatters der Kommission der II. Kammer. Der Seltsamkeit wegen möge das hierüber von ihm laut Gewordene hier eine Stelle finden. Er sagt in seinem Berichte (S. 127) geradezu, es wäre eigentlich konsequent, den Gesellschaftsgläubigern gar kein Recht an das Privatvermögen der einzelnen Mitglieder der Gesellschaft zu gewähren, denn eben die Person des einzelnen Gesellschafters stehe demjenigen nicht als Debitor gegenüber, dessen Debitor die juristische (?) Person sei. Der Entwurf weiche aber von dieser Idee vollständig ab, indem er im Alinea 2 (§. 288) bestimme, daß die Gesellschaftsgläubiger zugleich in den Konkursen über das Privatvermögen der persönlich haftenden Gesellschafter als Gläubiger für den ganzen Betrag ihrer Forderung auftreten dürften. Es sei dieß offenbar (?) ein Zurückgehen auf die Grundsätze des Allg. Landrechts, die diesen Satz unzweifelhaft rechtfertigten, der jedoch jetzt eine ganz andere Bedeutung bekomme, als er im A. L.R. habe, wo eben der Gesellschaftsgläubiger gar keinen anderen Schuldner gegenüber gehabt hätte, als die einzelnen Gesellschafter (?). Man könne ihn also insofern als eine Inkonsequenz von den aufgestellten allgemeinen Grundsätzen betrachten, gleichsam als eine Konzession, die man den Grundsätzen des A. L.R. gemacht habe. — Die Kammern haben sich hierdurch glücklicherweise nicht beirren lassen. Es ist nicht richtig, daß das Alinea 2 des §. 288, gegen welches die Diatribe gerichtet ist, eine Inkonsequenz von den aufgestellten allgemeinen Grundsätzen ist. Die Handelsgesellschaft ist nach der Idee, welche dem §. 35 zu Grunde liegt, keineswegs als eine wahre juristische Person, völlig verschieden von den Gesellschaftern, gedacht, vielmehr ist nur auf das Formale des üblichen Geschäftsverkehrs eingegangen, wonach der Kaufmann allein oder in Verbindung mit Andern seine Geschäfte völlig getrennt von seinen übrigen Angelegenheiten, selbst unter einem anderen Namen (Firma), treibt. Aber darum bleibt die Person doch immer dieselbe physische Person. Aus dieser völlig getrennten Geschäftsver-

geführt [38]), daß die Societätsgenossen die Absonderung des Societätsvermögens von dem Privatvermögen eines jeden einzelnen Gesellschafters verlangen können, um aus dem gemeinschaftlichen Gesellschaftsvermögen die Gläubiger, welche der Gesellschaft als solcher getraut hatten, zu befriedigen und sich dadurch gegen Solidaransprüche zu sichern. Nach seiner Entstehung und seinem Zwecke ist daher dieses dem R. R. ganz unbekannte Separationsrecht ein beneficium für die Gesellschafter, nicht für die Gesellschaftsgläubiger.

So war dieser Separationsfall auch von der preußischen Gesetzgebung aufgefaßt und aufgenommen worden [39]). Wenn über das Vermögen eines Handelsgesellschafters Konkurs ausbrach, sollte eine, vom Konkurse völlig getrennte, Auseinandersetzung stattfinden, als eine Handlung, welche zur Ausmittelung und Feststellung der Aktivmasse gehörte. Dabei wurden die Passivschulden der Gesellschaft vorweg in Abzug gebracht, und die übri-

---

waltung ist die Idee von Handelsschulden als solchen Schulden entstanden, welche gleichsam auf dem Geschäfte ruhen: es ist derselbe Grundgedanke, welcher u. A. den Berggläubigern das Recht auf abgesonderte Befriedigung aus dem Bergeigenthum zuschreibt, ohne daß daran gedacht wird, der oder die Bergeigenthümer (Gewerkschaft) sei eine juristische Person und die physische Person nicht Schuldner der Bergleute. Die Verfasser des Entwurfs der Konkursordn. haben nichts weiter gewollt und gethan, als es ausgesprochen, daß die Handelsgläubiger, wenn eine Gesellschaft ihr Schuldner ist, in die Reihe jener verschiedenen Gläubiger treten; und es ist daher folgerichtig auch nichts weiter geschehen, als daß den Handlungsgläubigern ein Absonderungsrecht gegeben ist (§. 35), was sie faktisch schon seit der Geltung des A. L.R. genossen haben. Woher nun die persönliche Haftbarkeit des schuldnerischen Kaufmanns jetzt eine ganz andere Bedeutung bekomme, als sie im A. L.R. habe, — das ist etwas unfindbares.

38) Carpzov, decis., nr. 54. — A. M. Leyser, med. ad P., sp. 489, m. 11. Die Meinungen waren sehr getheilt.

39) A. G.O. I, 50, §. 289; A. L.R. II, 8, §. 667.

gen Handlungsgenossen waren nicht schuldig, sich dieserhalb in den Konkurs einzulassen. Erst der Ueberschuß wurde zwischen der Konkursmasse und den Gesellschaftern getheilt. Insoweit die Gläubiger unbefriedigt blieben, konnten sie sich an jeden der gewesenen Gesellschafter, also auch an die Konkursmasse des Gemeinschuldners halten, wobei sie ihre Stellung unter den Konkursgläubigern als Liquidanten einzunehmen hatten, ohne als gewesene Societätsgläubiger irgend welchen Vorzug zu haben, den ihnen manche gemeinrechtliche Praktiker vindiciren wollten. Die neue Konkursordnung hat, sich den herrschenden Rechtsansichten im Verkehr anschließend, diesen Separationsfall in ein beneficium für den Handelsgläubiger verwandelt, das beneficium der Gesellschafter aber dadurch gewahrt, daß sie wegen dessen, was sie aus dem Gesellschaftsverhältnisse zu fordern haben, noch jetzt im Wege der Auseinandersetzung abgesonderte Befriedigung, soweit der Antheil des Gemeinschuldners reicht, zu verlangen berechtigt sind[40]. Eigentlich sind also aus Einem beneficium separationis deren zweie geworden.

Die Separation mehrerer an verschiedenen Orten eingerichteter Handelsläden des Gemeinschuldners ist schon nach Gemeinem Rechte streitig. Die meisten Neuern sind der Meinung, daß den Gläubigern, welche in Ansehung der verschiedenen Waarenläger kreditirt haben, die Absonderung dieses Waarenlagers und eine ausschließliche Befriedigung aus demselben zustehe. Das ältere Preußische Recht hatte sich dieser Meinung angeschlossen und die Absonderung der in verschiedenen Provinzen befindlichen „besonderen Handlungen" des Gemeinschuldners vorgeschrieben[40a]. Dieser Quasiseparationsfall gründet sich auf die Ausdehnung einer Bestimmung in Betreff der actio

40) Konkursordn. §§. 35, 36.

40a) Cod. Frederician. March., Th. IV, Tit. 9, §. 15.

tributoria [41]) auf die Schuldverhältnisse eines freien Kaufmanns. Das neue Preußische Recht gestattet über eine Handelskommandite nur in dem einen Falle einen Partikularkonkurs, wenn der Gemeinschuldner ein Ausländer ist, der hier im Inlande eine Handelsniederlassung hat. Zu diesem Partikularkonkurs wird dann auch das sämmtliche übrige Vermögen des Gemeinschuldners, welches sich hier im Inlande befindet, gezogen und an die auswärtige Konkursmasse wird nur der nach Befriedigung der hiesigen Gläubiger verbleibende Ueberschuß ausgeliefert [42]). Besitzt ein Ausländer, über dessen Vermögen im Auslande der Konkurs eröffnet worden ist, im Inlande keine Handelsniederlassung, jedoch anderweitiges Vermögen; so wird hier kein Partikularkonkurs darüber eröffnet, sondern das gewöhnliche Exekutionsverfahren auf Antrag einheimischer Gläubiger eingeleitet, und die Auslieferung an das auswärtige Gericht vorläufig abgelehnt. Vielmehr macht zuvörderst das hiesige Gericht, welches um die Ablieferung angegangen ist, dieses öffentlich bekannt. Nach Verlauf von sechs Wochen nach Erlaß der öffentlichen Bekanntmachung wird das inländische Vermögen nur insoweit, als es bis dahin nicht von den inländischen Gläubigern behufs ihrer Befriedigung in Anspruch genommen worden ist, und erst alsdann, wenn die Minister der auswärtigen Angelegenheiten und der Justiz, an welche dieserhalb zu berichten ist, dazu ihre Genehmigung ertheilt haben, ausgeliefert, vorausgesetzt, daß nicht Staatsverträge darüber etwas bestimmen [43]). Aus der bedingten Zulassung der Auslieferung folgt, daß der Kurator der

---

41) L. 5, §§. 15, 16 D. de tributoria actione (XIV, 4).

42) Konkursordn. §. 1 u. §§. 292, 294. — Vergl. A. G.O. I, 50, §§. 25 ff., 647 ff.

43) Konkursordn. §§. 294 — 296. Vergl. A. G.O. I, 50, §§. 663 ff.; Anh. §§. 378, 379.

ausländischen Konkursmasse einen diesseitigen Schuldner des Gemeinschuldners nicht mit Erfolg belangen kann, damit dieser die Schuld ohne Weiteres direkt an die ausländische Masse abtrage und solchergestalt den diesseitigen Gläubigern ihre Befriedigungsmittel entziehe. Wenn der auswärtige Konkurskurator hier klagen will, so muß er mit dem Antrage auf Zahlung ad depositum klagen und abwarten, ob dann etwas zur Auslieferung gelangen wird. So war es nach richtiger Auffassung und Auslegung schon zufolge der älteren Gesetzgebung ([43]). Bei dem Obertribunal hatte dieselbe jedoch eine üble Anwendung gefunden. Nach ihm sollten die Bestimmungen die Sätze enthalten: I. „Unter Umständen, wo die Eröffnung eines Spezialkonkurses über das inländische Vermögen eines ausländischen Kridars hätte beantragt werden können, aber nicht beantragt und also auch nicht erfolgt ist, darf der von ausländischen Konkurskuratoren vor inländischen Gerichten in Anspruch genommene Inländer diese seine Eigenschaft bei der Kompensationsfrage nicht geltend machen. II. Für die Frage über die Zulässigkeit der Kompensation gegen den Anspruch einer Fallitmasse mit einer nach eröffnetem Konkurse durch Cession erworbenen Forderung, ist es außer Einfluß, sowohl, ob der Konkurs im Auslande eröffnet ist, als auch, ob der Beanspruchte von der Eröffnung des Konkurses zur Zeit der Erwerbung Kenntniß hatte" ([44]). Beide Sätze waren unrichtig. Der Rechtsfall war der: Ueber die Handlung Geymüller in Wien war am 10. Juli 1841 Konkurs eröffnet worden. Die Breslauer Kaufleute G. und S. waren an Geymüller 806 fl. schuldig und die Handlung K. zu Breslau hatte von ihm 763 fl. zu fordern. G. bezahlte an K. gegen jura cessa am 13. Juli 1841

---

44) Pr. 1312, v. 3. Juni 1843 (Entsch. Bd. IX, S. 477).

(3 Tage nach der Konkurseröffnung). Der Wiener Konkurskurator klagte gegen G. auf Zahlung der 806 fl. zur Konkursmasse nach Wien. G. machte den Einwand der Kompensation durch die von K. cedirt erhaltenen 763 fl. Das Gericht I. Instanz verwarf den Einwand und verurtheilte den Beklagten zur Zahlung nach dem Antrage; das Breslauer Obergericht fand den Einwand zulässig und begründet, und wies insoweit die Klage zurück. Das Obertribunal aber vernichtete dieses Erkenntniß und stellte das erste Urtel wieder her, wobei es denn die vorhin mitgetheilten Sätze als Rechtssätze gewonnen zu haben vermeinte. Die Grundlosigkeit dieser Entscheidung und die Unhaltbarkeit der vermeintlichen Rechtssätze habe ich schon vor mehreren Jahren dargelegt[45]). Vielleicht wird die Fassung der neuen Konkursordnung diese Jurisprudenz umstoßen, wenngleich jene eigentlich nichts Neues enthielt; denn das Verbot der Auslieferung des diesseitigen Vermögens an die ausländische Konkursmasse ohne Ministerialgenehmigung enthielt schon die Allgemeine Gerichtsordnung ([43]), es war also die Verurtheilung eines Inländers zur Leistung einer Zahlung an die ausländische Konkursmasse schon damals eine Machtüberschreitung.

IV. Gemeinschaftliches Eigenthum, behufs der Auseinandersetzung des Gemeinschuldners mit den Theilnehmern[46]). Der Gegenstand kann eine einzelne Sache, wie z. B. ein Haus, ein Schiff[47]), ein Inbegriff von Sachen (universitas rerum), wie z. B. eine Schafheerde, oder eine universitas juris, namentlich eine Erbschaft sein.

Wegen einer Schafheerde kommt eine solche Ausein-

45) Beurtheilung der ersten zehn Bände der Entscheidungen des Obertribunals (Berlin 1847), S. 468 ff.

46) Konkursordn. §. 36.

47) A. L.R. II, 8, §. 1434.

andersetzung öfter mit dem Schäfer vor, wenn er ein s. g. Antheilsschäfer ist, der statt des Lohnes einen Antheil an der Heerde hat, den er bei Antritt seines Dienstes durch ein Einkaufsgeld, das er entweder an den Schäfereiherrn oder an seinen Vorgänger zahlt, erworben hat. Ob er Miteigenthümer der Heerde sei, ist selbstverständlich eine Thatfrage, welche zunächst durch den Dienstkontrakt entschieden werden muß. Die Fassung dieser Verträge ist jedoch nicht immer zweifellos und es muß zur Auslegung derselben meistens auf die über das Verhältniß sprechenden Provinzialgesetze zurückgegangen werden, welche nicht durchaus gleichlautend sind und ungleichförmige Entscheidungen zur Folge gehabt haben[48]).

---

48) Für Schlesien bestimmt das Edikt vom 16. August 1797 wegen Abschaffung des Schaf-Vorviehes: „Um auch den Schäfern und ihrem Gesinde das in dem (in die Heerde eingeworfenen) Vorvieh — gehabte Kapital zu sichern, befehlen Wir Allerhöchst, daß die Brotherren eine zinsfreie Obligation ausstellen müssen, welche vor allen übrigen Anforderungen, sie mögen entstehen woher sie wollen, und ohne, selbst wenn ein Konkurs entstehet, je eines Kostenbeitrags unterlegen zu sein, den Vorzug haben solle.“ *Zinsfrei* muß die Obligation darum sein, weil die Schäfer eine pars quota an der Nutzung der ganzen Schäferei haben; und ein bestimmtes unveränderliches Kapital kann in der Obligation auch nicht verschrieben werden, weil sich die Heerde qualitativ und quantitativ vermindern oder vermehren kann, so daß dadurch auch das Kapital des Schäfers steigt und fällt. Die auszustellende Obligation ist bloß das Instrument über die Erwerbung eines gewissen Antheils an der Heerde. Dieses Edikt, welches *Rabe* nach seiner Anzeige in der Sammlung Preuß. Ges., B. XIII, S. 328, nicht hat auffinden können, ist abgedruckt: Neue Sammlung schlesischer Verordnungen B. V, Nr. CCLXXVI, S. 568. Auf Grund dieses Edikts hat das Breslauer Obergericht in zwei Fällen von 1836 u. 1837, von welchen der eine im Wege der Nichtigkeitsbeschwerde, die durch das Erk. v. 16. September 1837 zurückgewiesen wurde, auch an das Obertribunal gekommen war, — dem Antheilsschäfer ein Miteigenthum an der Heerde zuerkannt. Schles. Archiv, Bd. I, S. 575 ff. — Dagegen hat das Obertribunal auf Grund des Gesetzes wegen der Löhnung und

Bei Erbtheilungen gilt nichts Besonderes. Ist der Gemeinschuldner oder die Gläubigerschaft im Besitz einer noch ungetheilten Erbschaft; so muß dieselbe abgesondert werden und der Massenverwalter hat sich mit den Miterben auseinanderzusetzen. Diese Handlung gehört zur Ausmittelung und Feststellung der Aktivmasse[49]).

V. Lehn- und Fideikommißgüter. Befinden sich in dem Vermögen des Gemeinschuldners Lehn- und Familienfideikommißgüter, und ist der Gemeinschuldner verstorben, so findet zwischen den Nachfolgern in solche Güter und der Gläubigerschaft eine besondere Auseinandersetzung und Berechnung nach den darüber bestehenden besonderen Vorschriften statt[50]). Ist aber der Gemeinschuldner noch am Leben, so muß die Verwaltung der ausgesonderten Güter dieser Art, während der Dauer des Konkurses, für Rechnung der Konkursmasse geschehen, und die Nutzungen müssen, soweit sie nicht zur Erhaltung des Gemeinschuldners erforderlich sind, zur Masse gezogen werden[51]). Wie es mit solchen Verwaltungen und

---

des Umzugs der Schäfer rc. in Neuvorpommern und Rügen, und Großherzogthum Posen (G.S. S. 109), welches durch das G. v. 13. Mai 1822 (G.S. S. 147) auch auf die Provinz Sachsen und Westphalen ausgedehnt ist, den Satz festgestellt: „Die an Lohnes Statt zugelassene Ueberlassung einer Quote an der einem Schäfer anvertrauten Heerde schließt in der Regel, wenn auch der Schäfer ein s. g. Einkaufsgeld gezahlt hat, welches ihm bei seinem künftigen Abzuge in gleichem Betrage oder nach andern Bestimmungen zurückzuerstatten ist, nur die Ueberlassung einer Quote an den Nutzungen, nicht auch am Eigenthume der Heerde, in sich. Letzteres muß besonders dargethan werden." Pr. 2026, v. 29. Mai 1848 (Entsch. Bd. XVII, S. 434).

49) Konkursordn. §. 36 u. §. 262, vergl. §. 37. Daß der Verwalter der Masse zur Entsagung einer nach der Konkurseröffnung anfallenden Erbschaft einer Genehmigung bedürfe, ist nicht vorgeschrieben.

50) Konkursordn. §. 36, Abs. 2; A. L.R. I, 18, §§. 508 ff.; II, 4, §§. 206 ff.; A. G.O. I, 50, §§. 330, 331.

51) Nach Analogie des §. 93 der Konkursordnung.

Revenüen bei Beendigung des Konkurses gehalten werden soll, bestimmt die Konkursordnung nicht. Nach früherem Rechte mußte die Verwaltung und die Revenüenvertheilung so lange fortgesetzt werden, bis ein Fall eintrat, wo das Recht der Gläubiger, sich an die Revenüen des Grundstücks zu halten, gänzlich aufhörte[52]). Nach neuem Rechte nimmt das Konkursverfahren mit der Vollziehung der Schlußvertheilung durch einen förmlichen Beschluß des Gerichts sein Ende und die ausfallenden Gläubiger müssen sich nun im gewöhnlichen Exekutionsverfahren an die Revenüen der unveräußerlichen Grundstücke halten[53]).

VI. Pachtgüter, behufs der Auseinandersetzung hinsichtlich der Ansprüche des Verpächters oder des Pächters wegen des dem Letzteren übergebenen Inventars und wegen der auszugleichenden Meliorationen und Deteriorationen, sowie Schadloshaltungen, nach den darüber bestehenden besonderen Vorschriften[54]).

VII. Eine dem Gemeinschuldner angefallene Erbschaft[55]). Die Absonderung einer Erbschaft, welche der Gemeinschuldner vor der Eröffnung des Konkurses über-

52) A. G.O. I, 50, §§. 332, 579.

53) Konkursordn. §§. 277, 280.

54) Konkursordn. §. 36, Satz 2; A. L.R. I, 21, §§. 283—286; §§. 601 ff. — Vergl. A. G.O. I, 50, §§. 255 — 258.

55) A. L.R. I, 16, §§. 500 — 512. — A. G.O. I, 50, §§. 272 — 286. — Konkursordn. §. 37 u. §§. 256 — 262. — Dig. tit. de separationibus (XLII, 6). — Cod. tit. de bonis auct. jud. poss. seu venund. et de separationibus bonorum (VII, 72). — Leyser, de beneficio separationis; in med. ad Pand., sp. 489. — Otto Maur. Stuebel, de jure separationis L. 1, §. 1 D. de separationibus definito quaestiones tres. Lips. 1822. — Dyckmeester, diss. de separatione bonorum sec. principia juris Rom. Lugd. Bat. 1823. — L. Hidinga, de Praetore auxilium separationis creditoribus praestante. Groning. 1823. — Fritz im Archiv für civilistische Praxis, Bd. XII, S. 226 ff.

nommen hat, wird in folgenden Fällen gestattet: 1) Wenn die Gläubiger eines Verstorbenen durch den Antritt der Erbschaft von Seiten des insolventen Erben, und durch ihre Vermischung mit den eigenen Gläubigern dieses Erben zu verlieren fürchten, so können sie darauf antragen, daß zu ihrem Besten der Nachlaß von dem eigenthümlichen Vermögen des Erben abgesondert, und zu ihrer Befriedigung vorzüglich verwendet werde[56]). Dieses Recht hat ein jeder Gläubiger des Erblassers, wenn ihm auch nur ex die oder sub conditione geschuldet wird[57]), auch machen die Pfandgläubiger keine Ausnahme[58]). 2) Ein gleiches Recht haben auch die Legatare und Fideikommissare des Erblassers[59]). 3) Der Erbe selbst hat diese Rechtswohlthat nicht, weil er, wenn er die Erbschaft unbedingt antritt, persönlich in solidum haftet, weshalb auch der Konkurs auf seinen Namen ausbricht. Nur einem cum libertate eingesetzten heres necessarius, wenn der Nachlaß des Patrons unzulänglich war, kam der Prätor mit dem beneficium separationis zu Hülfe[60]), welches jedoch seine praktische Wichigkeit durch die

56) Konkursordn. §. 37; A. L.R. I, 16, §. 500; A. G.O. I, 50, §. 273. Vergl. L. 1, §. 1 D. h. t.; L. 2 C. eodem.

57) L. 4 pr. D. eodem.

58) Manche neuere Praktiker wollten diese ausgenommen wissen, z. B. Brunnemann ad L. 1 D. de separationibus Nr. 2, und im tractatus de concursu creditorum §. 12; v. Cramer, wetzlarsche Nebenstunden, Th. 94, Nr. 11; Huber, prael. juris civilis, tit. de separat. §. 1. Dagegen: Alb. Phil. Frick, de debitoris demortui creditoribus hypothecariis ad separationis beneficium admittendis. Helmst. 1785. Zur Erhaltung des Pfandrechts bedürfen sie zwar der Absonderung nicht (A. L.R. I, 16, §. 506); aber wegen des Ausfalls ist sie wichtig.

59) Einf.-G. v. 8. Mai 1855, Art. IX; Konkursordn. §§. 37, 256 ff. — Vergl. A. G.O. I, 50, §. 277; L. 6 pr. D. de separat.

60) L. 1, §. 18 D. de separat. — Vergl. §. 1 Inst. de hered. qualitate (II, 19); Gajus, II, §§. 152—155.

Einführung des beneficii inventarii verlor. Den Gläubigern des Erben stand nach Römischem Rechte nicht zu, auf Separation der unzulänglichen Erbschaft anzutragen[61], weil einem Schuldner nicht verwehrt ist, nach Gefallen neue Schulden zu machen, welches durch die unbedingte Antretung einer Erbschaft ebenso gut geschieht wie durch Bürgschaft oder Expromission. Das Preußische Recht hat in dieser Hinsicht andere Bestimmungen, welche durch Verallgemeinung zweier im R. R. vorkommender einzelner Fälle entstanden sind. Der eine Fall ist der, wenn der Erbe aus Bosheit (in fraudem creditorum) die überschuldete Erbschaft angetreten hatte: gegen solche Arglist kam der Prätor extraordinarie zu Hülfe[62]. Der andere Fall war, wenn ein Fiduziarerbe die überschuldete Erbschaft, um sie dem Fideikommissarius zu restituiren, anzutreten obrigkeitlich gezwungen wurde, hierauf aber der Fideikommissarerbe wegfiel. Die Folge wäre hier gewesen, daß er die Erbschaft hätte behalten und die Schulden aus seinem Vermögen bezahlen müssen. Um ihn hiergegen zu schützen, konnte er auf Absonderung der Erbschaft von seinem Vermögen antragen und es zum Konkurs über die Erbschaft kommen lassen, wodurch er für seine Person von allem Nexus befreit wurde, als wenn er die Erbschaft nicht angetreten hätte[63]. Diese Rechtswohlthat wurde später auch auf die Gläubiger des Fiduziars erstreckt, so daß, wenn er selbst die Sonderung nicht verlangt hatte, dieses zu thun seinen Gläubigern freistand (63). Hiervon kommt die ganz allgemeine Bestimmung des Preußischen Rechts, daß, wenn Jemand eine verschuldete Erbschaft übernommen, und sich dadurch außer Stand gesetzt hat, seinen eigenen und den Erbschafts=

61) L. 1, §. 2 D. de separat. (XLII, 6).

62) L. 1, §. 5 D. eodem.

63) L. 1, §. 6 D. eodem.

gläubigern zugleich ein Genüge zu leisten, die eigenen Gläubiger, deren Forderungen älter als der Erbanfall sind, und innerhalb Jahresfrist nach der Antretung der Erbschaft ausgeklagt, auch bis zum eröffneten Konkurse durch Exekution beizutreiben versucht worden sind, auf die Absonderung des eigenen Vermögens des Gemeinschuldners von der Erbschaft antragen können[64]). In diesem Falle wird ein besonderer Konkurs über den Nachlaß, also auf den Namen des Erblassers, im Gerichtsstande der Erbschaft verhandelt[65]).

Der Antrag auf Absonderung, zu welchem jeder einzelne Gläubiger und Legatar befugt ist, muß bei dem Konkursgerichte[66]), und zwar innerhalb der Fristen angebracht werden, welche das Gericht in dem Konkursverfahren zur Anmeldung der Ansprüche der Konkursgläubiger bestimmt hat[67]). Die Bewilligung der Absonderung (Ertheilung der Rechtswohlthat) erfordert eine causae cognitio[68]). Der Verwalter der Konkursmasse ist nur mit Genehmigung des Kommissars ermächtigt, das Recht auf Absonderung anzuerkennen[69]). Im Falle des Widerspruchs des Einen oder des Andern muß die Frage vor das Gericht gebracht werden, welches in der öffentlichen

64) A. L.R. I, 16, §§. 507—511. — Konkursordn. §. 37, Satz 2, §. 260. — Vergl. A. G.O. I, 50, §. 285 a.

65) Konkursordn. §. 261. — Vergl. L. 1, §. 1; L. 5 D. de separat.

66) Gemeinrechtlich ist es nicht ausgemacht, bei welchem Richter der Antrag anzubringen ist, wenn verschiedene Gerichte konkurriren, ob nämlich bei dem Erbschaftsrichter, oder bei dem persönlichen Richter des Gemeinschuldners. Vergl. Dabelow, Lehre vom Konkurse, S. 340.

67) Konkursordn. §. 256.

68) L. 2 C. de auct. jud. poss. (VII, 72). Vergl. L. 1, §. 14 D. de separat.

69) Konkursordn. §. 256, Satz 2.

Sitzung im abgekürzten Verfahren über den Antrag zu erkennen hat.

Ueber die auf Antrag der Erbschaftsgläubiger abgesonderte Erbschaft wird ein Partikularkonkurs auf den Namen des Erben (Gemeinschuldners) eröffnet; denn der Erblasser ist nicht Kridarius; die Verwaltung und Realisirung des abgesonderten Nachlasses erfolgt daher auch durch das für die Konkursmasse bestellte Verwaltungspersonal, unter Leitung des Konkursgerichts nach den Bestimmungen, welche in dem Konkursverfahren zur Anwendung kommen[70]).

Die Wirkung der Separation ist: a) Die Vereinigung und Vermischung des Aktivvermögens des Erblassers und des Erben, auch wenn Letzterer von der Rechtswohlthat des Inventariums keinen Gebrauch gemacht hätte, wird zum Besten der Absonderungsberechtigten verhindert[71]). b) Die Erbschaftsstücke, welche mit dem Vermögen des Erben schon vermengt sind, müssen, soweit es angeht, wieder abgesondert werden[72]). c) Die redlichen Verfügungen des Erben über einzelne Erbschaftsstücke haben in Beziehung auf die Absonderungsberechtigten rechtliche Geltung[73]); was er mit aus der Erbschaft genommenen Mitteln erwirbt, gehört zu derselben[74]). Die

---

70) Ebend. §. 257. — Vergl. L. 3 pr. D. de separat.; A. G.O. I, 50, §. 278.

71) A. L.R. I, 16, §. 502.

72) A. G.O. I, 50, §§. 274, 275; L. 1, §. 12 D. de separat.

73) V. v. 28. März 1840 (G.S. S. 103). Vergl. L. 2 D. de separat.

74) Das Prinzip ist aus der L. 6 D. de separat. in das Preuß. R. aufgenommen. A. L.R. I, 9, §. 498; II, 1, §. 660; II, 18, §. 847. Vergl. I, 2, §. 36. Der §. 276, Tit. 50, Th. I der A. G.O. machte eine Anwendung davon auf den Ankauf von Grundstücken aus den Mitteln der Erbschaft. Diese Stelle hat zwar mit der formellen Aufhebung des ganzen Titels gleichfalls seine formelle Geltung verloren,

Unterpfandsbestellungen, welche der Erbe mit einer zum Nachlasse gehörigen Sache einem Erbschaftsgläubiger oder einem eigenen Gläubiger, oder umgekehrt mit einer zu seinem eigenen Vermögen gehörigen Sache einem Erbschaftsgläubiger gemacht hat, bleiben dergestalt gültig, daß die Absonderungsberechtigten solchen Pfandgläubigern nicht vorgehen[75]). d) Die abgesonderte Erbschaft wird ausschließlich für die Erbschaftsgläubiger und die Legatarien versilbert und zu deren vollständiger Befriedigung an Kapital, Zinsen und Kosten verwendet; zur Konkursmasse des Gemeinschuldners fließt nur der reine Ueberschuß; reicht die Erbschaft zur Befriedigung der absonderungsberechtigten Erbschaftsgläubiger und Legatare nicht aus, so erfolgt die Feststellung der Forderungen derselben und die Vertheilung der Erbmasse unter ihnen in dem Partikularkonkurse nach den Grundsätzen, welche für das Konkursverfahren vorgeschrieben sind[76]). Ob in diesem Falle der Ausfall der Erbschaftsgläubiger und Legatare aus der Hauptkonkursmasse gefordert werden kann, ist zu erwägen. Nach den Aussprüchen des Römischen Rechts steht ihnen in der Regel kein Rückgriff auf das eigene Vermögen des Erben zu[77]); eine Ausnahme gilt: wenn die Erbschaftsgläubiger bei der Auswirkung der Separation über den Vermögenszustand in Unwissenheit waren und ihre Unwissenheit mit sehr gewichtigen Gründen entschuldigen können[78]). Ueber eine zweite Ausnahme, wenn

damit ist jedoch nicht das noch in andern Stellen anerkannte Prinzip abgeschafft.

75) A. L.R. I, 16, §§. 506, 512. Anders nach L. 1, §. 3 D. de separat. Der Grund zu dieser Verschiedenheit liegt in dem eigenthümlichen Pfand- und Hypothekensystem des Preuß. Rechts.

76) Konkursordn. §§. 38, 258, 259; A. L.R. I, 16, §. 501. Vergl. L. 3, 5 D. de separat.

77) L. 1, §. 17; L. 3, §. 2 D. eodem.

78) L. 1, §. 17 i. f. D. eodem.

nämlich nach vollständiger Befriedigung der eigenen Gläubiger des Gemeinschuldners noch etwas übrig bleibt [79]), sowie über die Regel, die auf dem nämlichen Grunde beruhete, aus welchem die Erbschaftsgläubiger die Separation zu fordern berechtigt waren, nämlich weil sie den wider ihren Willen erhaltenen neuen Debitor für ihren Schuldner nicht annehmen wollten, war unter den römischen Juristen eine Meinungsverschiedenheit gewesen, indem einige dafür hielten, daß wenigstens dasjenige, was nach Befriedigung der eigenen Gläubiger des Erben von dessen Vermögen übrig bleiben möchte, an die Erbschaftsgläubiger gelangen sollte. Allein Paulus verwarf auch dieses: cum enim separationem petierunt, recesserunt a persona heredis et bona secuti sunt, et quasi [80]) defuncti bona vendiderunt, quae augmenta non possunt recipere [81]), d. h. sie haben den Erben nicht für ihren Schuldner annehmen mögen, sondern den Verstorbenen für ihren Gemeinschuldner angesehen, als wenn er keinen Erben hätte; mit andern Worten: sie wollen den Fall so behandeln, als wenn ihr Schuldner ohne einen Erben verstorben

79) L. 3, §. 2 D. eodem. Ein dritter Fall ist keine Ausnahme; es ist der, wenn sowohl der Erblasser als der Erbe persönliche Schuldner eines Separatisten aus der ursprünglichen Obligation waren. L. 3. §. 1 D. eodem.

80) Quasi, weil es an einem Erben nicht fehlte, auf dessen Namen die venditio bonorum, durch welche der Gemeinschuldner infam, und, wenn er schon verstorben war, sein Andenken beschimpft wurde, geschehen konnte. Um eine solche ignominia noch nach dem Tode abzuwenden, diente im Nothfalle eben der heres necessarius, der statt des Verstorbenen seinen Namen für die bonorum venditio und die damit verbundene Infamie hergeben mußte. Gajus, II, §. 154. Haben die Gläubiger solche Vorsorge durch Auswirkung der Separation vereitelt; so mögen sie, sagt Ulpian, die üblen Folgen für sie ihrer Leichtfertigkeit zuschreiben. L. 1, §. 17 D. de separat.

81) L. 5 D. eodem. Manche halten dieß für eine wahre Antinomie.

wäre; in diesem Falle aber ist ein Vermögenszuwachs nicht mehr möglich. — Von den neueren Gesetzgebungen schließt sich die österreichische dem Römischen Rechte an: die Erbschaftsgläubiger können, wenn sie die Absonderung ausgewirkt haben, wegen ihres Ausfalles nicht auf den Erben und dessen Vermögen zurückgehen[82]). Der französische Code civil bestimmt darüber nichts; die Praxis (jurisprudence) spricht jedoch den abgesonderten Erbschaftsgläubigern das Recht zu, sich wegen des Ausfalles an den Erben zu halten[83]). Das ist auch der Grundsatz des Preußischen Rechts, soweit nicht das beneficium inventarii entgegensteht; doch können die auf die Konkursmasse des Erben zurückgehenden Erbschaftsgläubiger die Vorrechte, welche in persönlichen Verhältnissen zu ihrem ursprünglichen Schuldner, dem Erblasser, ihren Grund haben, in dem Konkurse des Erben nicht geltend machen[84]).

Das beneficium separationis geht verloren:

1) wenn der Erbe als Schuldner angenommen wird. Nach Römischem Rechte geschah dieß schon, si personam vel nomen heredis secuti sint, d. h. wenn sich die Gläubiger irgendwie freiwillig mit dem Erben eingelassen hatten[85]). Nach Preußischem Rechte geschieht dieß jedoch nur durch eine Novation[86]).

2) Soweit die Scheidung der Erbschaft von dem eigenen Vermögen nicht mehr möglich ist[87]). Ist das in

82) B. G. B. §. 812.

83) Merlin, m. separation, §. V, n. 6; Chabot ad art 878, n. 10 u. A.

84) A. G.O. I, 50, §§. 278, 283; Konkursordn. §. 39, §. 231, Satz 3.

85) L. 1, §§. 10, 11, 15, 16 u. L. 7 D. de separat.

86) A. L.R. I, 16, §. 504.

87) L. 1, §. 12 D. eod. — A. G.O. I, 50, §. 275.

der Erbschaft vorgefundene, oder daraus gelösete Geld zum Ankaufe eines Grundstücks verwendet, welches zur Zeit der Konkurseröffnung in dem eigenen Vermögen des Gemeinschuldners noch vorhanden ist, so sollte schon nach früherem Rechte das verwendete Geld aus der Losung für das Grundstück nicht zurückerstattet, sondern die Erbschaftsgläubiger sollten auf das, was nach Bezahlung der eingetragenen Hypotheken übrig blieb, in der vierten Klasse angesetzt werden[88]). Auch dieses privilegium exigendi in Beziehung auf die, mit den, aus der Erbschaft genommenen, Geldern erkaufte, Sache fällt jetzt weg.

3) Durch Verjährung. Nach Römischem Rechte sollte die Separation nur innerhalb der ersten fünf Jahre von Antretung der Erbschaft an gerechnet, verlangt werden können[89]). Dieß wurde jedoch schon von der gemeinen Praxis nicht mehr genau beobachtet. Nach Preußischem Rechte dauert die Zeit nur Ein Jahr, und zwar vom Tage des Absterbens des Erblassers. Man bemerke, daß hierin eine Verschiedenheit ist zwischen dem Fall, wenn die Erbschaftsgläubiger die Separation verlangen, und dem Falle, wenn die eigenen Gläubiger des Erben darauf antragen. In diesem letztern Falle nänlich soll die Jahresfrist erst von dem Tage der Uebernahme, d. h. der Antretung der Erbschaft[90]) gerechnet werden. Man findet auch hier keinen innern Grund zu dieser Verschiedenheit, da der Umstand, daß vor der Antretung (Uebernahme) es ungewiß ist, ob der Erbe die Erbschaft annehmen werde, in dem einen Falle so gut wie in dem andern vorhanden ist. Die Verjährung wird unterbrochen und mithin das beneficium erhalten, wenn vor Ab-

---

88) A. G.O. §§. 276, 421 a. a. O.
89) L. 1, §. 13 D. eodem.
90) A. L.R. I, 16, §. 508.

lauf dieses Jahres die Befriedigung von dem Erben im Wege der Klage gefordert, und die Exekution wider ihn bis zum eröffneten Konkurse fortgesetzt worden ist[91]), welches den Sinn hat, daß es nicht an dem Willen oder an der Nachlässigkeit des Gläubigers liegen muß, wenn er bis zur Konkurseröffnung noch nicht befriedigt worden ist, d. h. er muß keine Nachsicht geben, und das gerichtliche Verfahren immer im Gange erhalten haben. Ungenau ist dieß aber immer noch; denn man kann fragen: wie lange kann der Gläubiger, ohne sich zu schaden, mit neuen Anträgen warten, wenn es wegen Mißlingens des ersten Exekutionsgesuchs neuer Anträge bedarf? So lange, als gewartet werden kann, um das Recht, Exekution nachzusuchen, nicht verjähren zu lassen; denn so lange dieses Recht dauert, schwebt die Sache in der Exekutionsinstanz, folglich ist die Exekution bis zum eröffneten Konkurse, wenn die Eröffnung in diese Zeit fällt, fortgesetzt. Das Absonderungsrecht wird jedoch noch nach eröffnetem Konkurse versäumt, wenn es nicht innerhalb der Fristen geltend gemacht wird, welche das Gericht zur Anmeldung der Ansprüche der Konkursgläubiger bestimmt hat[92]).

Hiernach kann es kommen, daß einige Gläubiger das Recht der Separation verloren haben, während es andern noch zusteht. Alsdann werden die Letztern, mit Ausschließung der Erstern, aus der Erbschaft befriedigt, mithin müssen ihnen die Letzteren als nunmehrige Gläubiger des Erben nachstehen, wenngleich sie sonst, hätten sie das Absonderungsrecht nicht eingebüßt, nach der Qualität ihrer Forderungen, einen Vorzug gehabt haben würden[93]).

---

91) Ebend. §. 503. — A. G.O. a. a. O. §§. 280, 281.

92) Konkursordn. §. 256.

93) L. 1, §. 16 D. eodem. — A. L.R. a. a. O. §. 505.

d) Von den Konkursgläubigern.

§. 51.

aa) Begriff im Allgemeinen.

I. Im allgemeinsten Sinne ist ein Konkursgläubiger Jeder, welcher aus einem vermögensrechtlichen Grunde, im Gegensatze zu den standesrechtlichen oder öffentlichen Rechtsverhältnissen, eine auf Geld oder Geldeswerth gerichtete Forderung an den Gemeinschuldner oder an dessen in Beschlag genommene Vermögensmasse hat. Diesen Begriff bestimmte sehr zutreffend die alte Konkursordnung im §. 61, Tit. 50, Th. I der A. G.O. negativ dahin, daß Verbindlichkeiten, welche nur der Person des Gemeinschuldners, ohne Beziehung auf sein Vermögen, ankleben, zu erfüllen, oder ein Interesse deshalb zu leisten, die Konkursmasse nicht gehalten. Im Entwurf der neuen Konkursordnung §. 8 waren die Konkursforderungen als „vermögensrechtliche Ansprüche" bezeichnet. Dieß ist zwar nicht genau richtig, indem eine Konkursforderung nicht ein vermögensrechtlicher Anspruch überhaupt, sondern ein Geldanspruch aus einem vermögensrechtlichen Grunde ist, so daß z. B. laufende[1]) Alimente, die doch hinsichtlich des Gegenstandes ein vermögensrechtlicher Anspruch sind, d. h. an das Vermögen gemacht werden, auf Grund der Statusverhältnisse aus der Konkursmasse nicht gefordert werden können[2]). Indeß drückt die Fassung den richtigen Sinn doch hinlänglich verständlich aus. Dage-

---

1) Rückständige Alimente sind nicht mehr Alimente, denn der Alimentarius ist schon verpflegt. Aus diesem Geschäfte ist eine Geldforderung aus einem weiteren vermögensrechtlichen Grunde für den Pfleger entstanden.

2) Dieß wird durch den Grundsatz ausgedrückt: concursus infantes non alit.

gen ist die schließliche Fassung, welche die Bestimmung in den Kammern auf den Vorschlag des schon oben[3]) erwähnten Berichterstatters der II. Kammer[4]) erfahren hat, mißlungen. Den Ausdruck „vermögensrechtliche Ansprüche" fand nämlich dieser Berichterstatter deshalb „nicht ganz richtig", weil gewisse Theile des Vermögens des Gemeinschuldners, nach §. 1 der Konk.-O., nicht berührt würden[5]). Damit sind nämlich solche Stücke gemeint, welche nicht abgepfändet werden dürfen. Augenscheinlich hat jedoch der Umstand, daß der Rock, welchen der Gemeinschuldner auf dem Leibe hat, von dem Konkurse nicht berührt wird, gar keinen Einfluß auf den rechtlichen Begriff der rückständigen Lohnforderung des Schneiders. Aber wegen dieses Umstandes wurden den Worten „vermögensrechtliche Ansprüche" die Worte substituirt: „Ansprüche, welche sich auf das zur Konkursmasse gehörende Vermögen beziehen." Daß diese Fassung einen der Bestimmung ganz fremden Sinn giebt, zeigt schon jene Schneiderrechnung, welche sich auf ein nicht zur Konkursmasse gehörendes Vermögensstück bezieht, deswegen aber doch eine wahre Konkursforderung ist.

II. Zur Gültigkeit einer Konkursforderung in dem oben gedachten allgemeinsten Sinne wird nur verlangt, daß sie de jure gelte; ob auch de facto? das soll eben erst ausgemacht werden. Diese Gläubiger zerfallen in zwei Klassen: in eigentliche Konkursgläubiger (Liquidanten), und in uneigentliche.

3) Anm. 37 zu §. 50.

4) Er ist sonst ein versuchter Fassungskundiger. Bekanntlich war er eine Zeit lang als Gehülfe von dem vormaligen Gesetzgebungs-Minister vor 1848 herangezogen worden. Nach dem Zeugnisse meines sel. Freundes Bischof hat er anfangs einige vortreffliche Entwürfe im Umsehen geliefert, die der Minister hat als „schätzbares Material" zu den Akten nehmen lassen.

5) Gedr. Bericht, S. 13.

1) Eigentliche Konkursgläubiger sind diejenigen, welche in dem Zeitpunkte der Konkurseröffnung eine bereits entstandene Forderung an das Vermögen des Gemeinschuldners haben [6]). Regel ist, daß die Forderung vollständig gültig, d. h. klagbar sein muß. Von dieser Regel werden zwei Ausnahmen zugelassen: a) hinsichtlich der obligatio sub conditione, und b) hinsichtlich des debitum in diem oder ex die [7]). Nach Römischem Rechte konnte auch der Gläubiger aus einer obligatio sub conditione auf missio in possessionem antragen [8]). Die anscheinend widersprechenden Stellen [9]) haben den Sinn, daß ein Gläubiger sub conditione oder in diem bei eintretender Insolvenz zwar auf missio in possessionem, aber noch nicht auf bonorum venditio antragen könne. Wenn jedoch andere Gläubiger mit fälligen Forderungen darauf dringen, werden die Forderungen sub conditione oder in diem nach Abzug des Interusuriums, beziehungsweise gegen Kautionsleistung mit berichtigt. Nach heutigem Gemeinen Rechte ist es ebenfalls so, weil der Konkurs zuerst nur eine Administration zur Sicherheit der Gläubiger ist und Zahlung noch nicht sobald eintritt. Kommt es zur Auszahlung, so erhalten die Gläubiger ex die ihre Befriedigung nach Abzug des Interusuriums; die Gläubiger sub conditione werden zwar locirt, wenn jedoch bei der Distribution die Bedingung noch nicht erfüllt ist, so erhalten die nachgesetzten Gläubiger ihre Befriedigung

6) Konkursordn. §. 2. — Die alte Konkursordn. sprach dieß nicht ausdrücklich aus; sie setzte es voraus. A. G.O. I, 50, §. 33, §. 267 vergl. mit §. 269. In der Jurisprudenz war darüber kein Zweifel.

7) Konkursordn. §§. 231, 249, 250. — Vergl. A. G.O. I, 50, §§. 151, 159, 555, 556.

8) L. 6 pr., L. 7, §. 14 D. quibus ex causis in possessionem (XLII, 4).

9) L. 4 pr. D. de separat. (XLII, 6). — L. 14, §. 2 D. quibus ex causis in poss. (XLII, 4). — L. 50 pr. D. de peculio (XV, 1).

sub conditione restituendi. Das Preußische Recht hat einen noch sicherern Weg vorgeschrieben: eine unter einer aufschiebenden Bedingung zustehende Forderung wird bis zum Eintritt oder Wegfall der Bedingung als Spezialmasse zurückbehalten und die Zinsen fließen zur Konkursmasse[10]); eine Forderung unter einer auflösenden Bedingung wird gegen genügende Sicherheitsleistung sofort bezahlt, in Ermangelung solcher Sicherheitsleistung deponirt und die davon aufkommenden Zinsen werden dem Gläubiger bezahlt[11]). Von einer unverzinslichen oder unter dem landüblichen Zinssatz verzinslichen Forderung in diem wird das Interusurium abgezogen[12]).

2) Die uneigentlichen Konkursgläubiger sind diejenigen, welche aus einem erst nach der Konkurseröffnung entstandenen Rechtsgrunde einen Anspruch an die Konkursmasse erworben haben. Sie gehören nicht zur Gläubigerschaft; sie stehen vielmehr derselben in dem Verhältnisse eines Gläubigers zu seinem Schuldner gegenüber und müssen aus den bereiten Mitteln der Masse, soweit diese reicht, vollständig befriedigt werden. Man nennt sie deshalb auch Massegläubiger.

§. 52.

bb) Von den Massegläubigern.

Der Rechtsgrund, aus welchem Jemand erst nach der Konkurseröffnung einen Anspruch an die Konkursmasse erwirbt, liegt entweder in einem zwischen ihm einerseits und der Gläubigerschaft oder dem Massenverwalter

---

10) A. G.O. I, 50, §. 555; Konkursordn. §. 250, Nr. 1.

11) A. G.O. a. a.O. §. 556; Konkursordn. §. 250, Nr. 2.

12) Konkursordn. §. 249, entnommen aus dem Code de commerce Art. 448. Dadurch ist das frühere Recht (A. G.O. a. a. O. §. 555), wonach das Geld bis zur Fälligkeit der Forderung deponirt bleiben sollte, abgeändert.

in Vertretung der Gläubigerschaft andererseits vorgefallenen Rechtsgeschäfte oder einer einseitigen verpflichtenden Handlung, oder darin, daß die Gläubigerschaft in gewisse noch nicht völlig erledigte Rechtsverhältnisse als passive Repräsentanten des Gemeinschuldners eintreten und mit den Mitteln der Masse — denn über die Kräfte derselben haftet sie in keinem Falle — einstehen muß. Dadurch fallen die Massegläubiger in zwei Klassen.

I. Zur ersten Klasse gehören folgende Posten:

1) Die Konkurskosten. Unter den gemeinrechtlichen Rechtsgelehrten ist über den Platz und die Art der Erhebung der Kosten Streit. (§. 46, Nr. I.) Die preußische Gesetzgebung hatte den Grundsatz aufgenommen, daß sämmtliche Kommunkosten von sämmtlichen zur Hebung gelangenden Gläubigern pro rata percepti getragen und Jedem an dem auf ihn fallenden Betrag gekürzt werden sollten [1]). In Ansehung der Immobiliarmasse aber war der entgegengesetzte Grundsatz vorgeschrieben, daß sämmtliche Kosten dem letzten in der Hebung stehenden Gläubiger entgehen sollten, ja daß dieser sogar den bei der gemeinen Masse ausgefallenen Theil der Kommunkosten verlieren sollte [2]) Die neue Gesetzgebung hat diesen Grundsatz, daß sämmtliche Kommunkosten von der Masse vorweg in Abzug zu bringen sind, und also dem letzten Gläubiger oder den in der Hebung stehenden letzten Gläubigern gekürzt werden, auch für die gemeine Konkursmasse vorgeschrieben, so daß nun sowohl die in Ansehung der gemeinschaftlichen Konkursmasse wie die in Beziehung auf die abgesonderten Massen entstandenen Kommunkosten nach einerlei Grundsatz behandelt werden [3]).

1) A. G.O. I, 50, §§. 163, 529.

2) Ebend. §§. 496, 498, 511, 535. Für die Vertheilung von Immobiliarmassen ist das Prinzip das allein richtige, wie Möser (s. die folg. Note 3) schlagend zeigt.

3) Konkursordn. §. 40. Aus dem französischen Code civil

Zu den Kommunkosten gehören nicht allein die eigentlichen Konkursprozeßkosten, sondern auch die Verwaltungskosten (sumtus oeconomici). Was für Posten zu der einen und der andern Kategorie gehören, ist gemeinrechtlich nicht ausgemacht, aber auch praktisch unerheblich. Die Konkursordnung stellt im §. 41 unter zwei Ziffern verschiedene Kosten zusammen, welche augenscheinlich den gedachten beiden Kategorien entsprechen sollen. Unter Nr. 1 zählt sie auf: alle Kosten, welche behufs der Eröffnung des Konkurses, sowie behufs der Ermittelung, Sicherstellung, Einziehung, Zahlbarmachung und Vertheilung der Masse, ingleichen behufs der Ermittelung und Feststellung der Anrechte der Gläubiger erwachsen, soweit sie nicht von den einzelnen Gläubigern getragen werden müssen. Diese Aufzählung erschöpft die Kostenpositionen, welche von den Rechtsgelehrten zu den Konkursprozeßkosten gerechnet werden, enthält aber noch mehr. Man unterscheidet nämlich eigentliche Konkurskosten und Separatkosten. Unter den letzteren versteht man Kosten, welche die einzelnen Betheiligten zur Verfolgung

Art. 2101, N. 1; Code de commerce Art. 558. Bei Konkurssystemen, wo die Privilegirten selten sind und die große Menge der Gläubiger gleiche Rechte hat, verdient dieses Prinzip den Vorzug; wo aber eine große Anzahl von Privilegien gelten und für die nicht bevorzugten Gläubiger gewöhnlich wenig oder gar nichts übrig bleibt, wird es ungerecht. Denn der gewöhnliche Beweisgrund für den ersten Platz der Kosten, daß nämlich die Kosten zur Erhaltung der Gerechtsame aller Gläubiger verwendet würden, beweiset keineswegs, daß der Letzte oder die Letzten Alles bezahlen müßten und darüber von ihren Gerechtsamen Alles verlieren; er beweist vielmehr, daß die Kosten, ohne welche Keiner etwas erhielte, von Allen mit gleichen Schultern getragen werden müssen. Vergl. besonders Möser: Also sollten die Kosten eines Konkursprozesses billig nicht auf sämmtliche Gläubiger vertheilt werden; in dessen patriotischen Phantasien, Th. III, Nr. LVII, wo namentlich der Passus „Nur dann", S. 153 nicht zu übersehen, wo er gleichfalls diese Meinung vertritt.

oder Behauptung ihrer Rechte und Interessen verwenden, und welche im Französischen Rechte dépens, im Gegensatze von frais de justice (Gerichtskosten), heißen[4]). Die dépens, außergerichtliche Kosten in der deutschen Rechtssprache genannt, machen den Gegenstand einer besonderen Forderung aus. Diese muß, insofern der Massenverwalter nicht in deren Erstattung verurtheilt wird, wie es den obsiegenden Massegläubigern und Vindikanten gegenüber geschieht[5]), ein Jeder, dem sie verursacht werden, selbst tragen[6]). In den Fällen, wo sie erstattet werden müssen, gehören sie, wie der §. 41 a. E. bestimmt, zu den Kommunkosten. Zu den eigentlichen Konkurskosten, im Gegensatze zu den Separatkosten, rechnet man gemeinrechtlich: die Kosten der Konkurseröffnung, der Ediktalcitation, die Kosten des Liquidationsverfahrens, der Distribution und die Gebühren des curator litis. Diejenigen Kosten, welche der §. 41 unter Ziffer 1 mehr aufzählt, nämlich die Kosten der Ermittelung, Sicherstellung, Einziehung und Zahlbarmachung der Masse, rechnet man als Verwaltungskosten zur zweiten Kategorie. — Unter Ziffer 2 werden im Allgemeinen alle Ausgaben, welche bei der Verwaltung der Masse entstehen, als Kommunkosten bezeichnet. Ueber das Prinzip ist auch keine Meinungsverschiedenheit, aber über die Unterordnung der verschiedenen Kostenposten ist man nicht einig. Mehrere Kosten wirft der §. 41 unter die erste Kategorie, die, wie so eben vorhin erwähnt worden, von den Rechtsgelehrten des Gemeinen Rechts, und zwar logischer und sachgemäßer, für sumtus oeconomici gehalten werden. Insbesondere zählt der §. 41, in Folge des an

4) Ferrière, Dictionaire de pratique, v. Frais de justice. Vergl. Code de civil Art. 2101, Nr. 1; Code de comm. Art. 558.

5) Konkursordn. §. 236.

6) Ebend. §. 84, Nr. 2. Vergl. A. G.O. I, 50, §. 477 a.

die Spitze der Ziffer 2 gestellten allgemeinen Grundsatzes, auf: a) alle Ausgaben zur Bestreitung der aus der Grundstücksmasse zu entrichtenden laufenden öffentlichen und gemeinen Abgaben und Leistungen. Also z. B. alle auf den Grundstücken ruhenden Staatslasten, alle dergleichen Kommunallasten, namentlich Brücken- und Wegebauten, die auf dem Gute ruhenden Beiträge zu Kirchen- und Pfarrbauten, die aus dem Schulverbande und aus dem Ortsarmenverbande fließenden Abgaben und Leistungen, die Lasten der Polizeiverwaltung [7]), die Deichlasten. Sind zur Zeit der Konkurseröffnung Kirchen-, Schul- und andere öffentliche Bauten, zu welchen der Gemeinschuldner als Besitzer eines Guts beizutragen verpflichtet ist, noch unvollendet, so müssen die auf ihn fallenden Beiträge wie kurrente öffentliche Lasten als Masseschulden abgetragen werden. Ob dergleichen Abgaben als kurrente anzusehen sind, entscheidet sich nach der Zeit der Ausschreibung, nicht nach der Zeit der Entstehung des Bedürfnisses [8]). — Die Zinsen eines, zur Ablösung von Domänenabgaben aufgenommenen, und an Stelle derselben in der II. Rubrik des Hypothekenbuchs eingetragenen Kapitals haben die Rechte der abgelösten Abgaben, an deren Stelle das Kapital getreten ist [9]). — Vorausgesetzt ist hierbei, daß der Grund zu solchen Lasten und Abgaben älter ist als die eingetragenen Hypotheken. Wären also z. B. die Kirchenbaulasten erst in neuerer Zeit übernommen, so würden die laufenden Bei-

7) Diese haben als ein Rest der früheren Jurisdiktionslasten gleichfalls die Natur der öffentlichen Lasten und Abgaben. Vergl. R. v. 30. Juni 1828 (Jahrb. Bd. XXXI, S. 290).

8) R. v. 14. Septbr. 1827 (Jahrb. Bd. XXX, S. 135); R. v. 2. April 1832 (Jahrb. Bd. XXXIX, S. 401).

9) Verordnung v. 16. März 1811, §. 6 (G. S. S. 162). Eigentlich gehört der Fall nicht hierher.

träge zu Kirchen- und Pfarrbauten, den älteren Hypotheken gegenüber, nicht vorweg aus der Masse genommen werden können, wenn ihnen dadurch etwas abginge. b) Verwaltungs- und Wirthschaftskosten, also z. B. der Gehalt des Verwalters[9a]), das Gesindelohn, die Arbeitslöhne der Tagelöhner[9b]), die Kosten für Dungmittel, die Kosten für nöthig gewordene Zugthiere und zur Instandhaltung der Geräthschaften, für anzuschaffendes Saatkorn und Futter; Versicherungskosten; die Kosten der zur Vertheidigung des Besitzthums zu führenden Prozesse, der Grenzregulirungen, Ablösungen und Auseinandersetzungen. Dazu gehören auch die vor der Konkurseröffnung rücksichtlich eines zur Masse gehörigen Guts aufgelaufenen Kosten der Auseinandersetzung insofern, als diese Kosten nach der Eröffnung des Konkurses festgesetzt sind, vorausgesetzt, daß die Auseinandersetzung vor der Eröffnung des Konkurses durch Bestätigung des Rezesses noch nicht geschlossen ist[10]). Das Grundstück ist

---

9a) Konkursordn. §. 134.

9b) Vergl. A. G.O. I, 50, §§. 243, 245 ff.; Anh. §. 339.

10) V. v. 30. Juni 1834, §. 66 (G. S. S. 117). Das Obertrib. hat angenommen, daß diese Vorschrift nicht für eine Deklaration des §. 269, Tit. 50, Th. I der A. G.O. (wo wesentlich dieselben Grundsätze festgestellt sind, welche der §. 41 der K. O. wiedergiebt) zu erachten, sondern eine neue Festsetzung sei, welcher eine rückwirkende Kraft nicht beizulegen sei. Pr. 446, v. 17. März 1838. Das halte ich für unrichtig; die Vorschrift ist nichts als eine Konsequenz des Grundsatzes, daß die laufenden Lasten nach der Zeit der Ausschreibung als rückständige oder laufende, je nachdem die Ausschreibung vor oder nach der Konkurseröffnung geschehen, anzusehen. Wird denn das Obertribunal die Kosten eines um das Eigenthum eines, in der Masse befindlichen Grundstücks, geführten Prozesses, der von dem Massenverwalter übernommen und erst nach der Konkurseröffnung entschieden wird, als eine Konkursforderung und nicht als eine Forderung an die Masse ansehen? Schwerlich; doch läßt sich das freilich auch nach feststehenden Grundsätzen bei dem Schwanken in den Rechtsanwendungen nicht vor-

hier gleichsam als das noch in der Handlung begriffene Rechtssubjekt anzusehen, welche Handlung erst durch seinen neuen Vertreter zum Abschluß gebracht wird. Es versteht sich, daß alle diese Kosten aus der Spezialmasse des Grundstücks zu entrichten sind. c) Alle Ausgaben zur Erhaltung und „nöthigen Verbesserung"[11]) der in Beschlag genommenen Sachen[12]); und — das muß hinzugefügt werden — zur etwa erforderlichen Demolirung; denn es kommt vor, daß Sachen schon im Verderben begriffen sind und deshalb vernichtet werden müssen[13]). d) Die Erstattung der deshalb etwa geleisteten Vorschüsse. Wenn es vorkommt, daß schon vor Erfüllung des formellen Konkurses einzelne Sachen in Beschlag genommen worden sind, die dann zur Konkursmasse gezogen werden, und wenn darauf Kosten haben verwen-

---

ausberechnen; aber wenn es geschähe, wäre das gewiß eine Nichtigkeit durch Verletzung eines Rechtsgrundsatzes.

11) Der Titel: „nöthige Verbesserung" ist sehr dehnbar und widerspricht sich. Verbesserung ist Verbesserung (Melioration), wozu doch die kurze Verwaltung schwerlich wird ermächtigt sein sollen; und was nöthig ist, ist keine Verbesserung im Rechtssinne. Oder soll z. B. die Drainirung eines Ackergewendes von beiläufig 50 Morgen, welche circa 1000 Thlr. kostet, und die der Gutsverwalter von seinem Standpunkte als Ackerwirth für sehr nöthig hält, obwohl es bisher seit Erschaffung der Welt auch ohne sie gegangen ist, für eine solche „nöthige Verbesserung" gelten, deren Ausführung sich die Gläubiger gefallen lassen müssen? Die bald vorübergehende Verwaltung hat keine andere Aufgabe als die Sachen in ihrem dermaligen Zustande bis zur Verwerthung zu erhalten, auf speculative Meliorationen darf sie sich nicht einlassen.

12) Dahin gehört z. B. die nöthige Erneuerung der Bedachung der Gebäude; die erforderliche fleißige Bearbeitung der Getreidevorräthe auf den Schüttböden; Räumung oder Erneuerung der Entwässerungs- und Ableitungsgräben und dergl.

13) Ein praktischer Fall war der, daß auf einem Gute ein altes, schon lange nicht mehr gebrauchtes Braugebäude, welches einstürzen wollte, abgetragen werden mußte. Die Kosten betrugen über 200 Thlr. mehr als aus den alten Materialien gewonnen wurde.

det werden müssen, welche nun nicht mehr dem Gemeinschuldner, sondern der Gläubigerschaft zu Gute kommen; so gehören auch diese Kosten zu den Masseschulden. Der Rechtsgrund davon ist der, daß diejenigen Gläubiger, welche jene Beschlagnahme ausgewirkt haben, durch die Konkurseröffnung der Gläubigerschaft einverleibt werden und die in ihrem prätorischen Pfandbesitz bereits befindlichen Sachen, mit Nutzungen und Belastungen, gleichsam inferiren. Die Konkursmasse darf nicht die aus der Verwerthung der Sachen einkommenden Vortheile nehmen und die darauf verwendeten Kosten Anderen aufbürden wollen [14]). Giebt zur Erhaltung der Sachen Niemand Vorschüsse her und der Verwalter der Masse nimmt zur Bestreitung der nothwendigen Kosten ein Darlehn auf; so gehört dieses gleichfalls hierher [15]).

2) Die Unterstützung, welche dem Gemeinschuldner auf dessen Antrag zu seinem Unterhalt und zum Unterhalte seiner Familie gewährt wird [16]). Die Fassung der Vorschrift ist von der Art, daß es ungewiß ist: ob eine Unterstützung in allen Fällen gewährt werden muß, oder ob dieß fakultativ ist. Der §. 162 der Konk.=O., welcher sich auf die vorläufige Benutzung der Konkursmasse bezieht, sagt „muß", aber nur mit Bezug auf das Vermögen, welches der Gemeinschuldner erst nach der Konkurseröffnung erwirbt; in Beziehung auf die übrige Masse sagt er „kann". Der §. 224, welcher zu den Bestim=

14) Vergl. Simon und v. Strampff, Rechtssprüche, Bd. I, S. 235 und 267. M. s. auch Motive der Gesetzrevis., Pensum III, S. 23.

15) Die A. G.O. I, 50, §. 271 und Anh. §. 338 hatte diesen Fall ausdrücklich vorgesehen. Die Konkursord. v. 8. Mai 1855 gedenkt seiner nicht besonders, er wird jedoch durch die Bestimmung des §. 41, Nr. 2 mit getroffen.

16) Konkursordn. §§. 162 u. 224. Vergl. Code de commerce, Art. 530 u. 558, woher die Vorschrift kommt.

mungen über die Maßregeln nach der Anstellung des definitiven Verwaltungspersonals gehört, sagt „kann", ohne Unterscheidung der Fonds. Gewiß ist nur, daß die Gläubiger keine entscheidende Stimme haben, welche ihnen die Quelle (Anm. 16) beilegt; im Falle des §. 162 wird nur der einstweilige Verwalter, und im Falle des §. 224 werden die Gläubiger über den Antrag gehört, aber das Gericht beschließt wie es gutfindet ohne Appellation. Dabei macht das Gesetz auch keinen Unterschied zwischen einem unglücklichen Gemeinschuldner und einem Bankeruttirer, wie es doch sein Vorbild thut. Die beiden Stellen (§§. 162 und 224) sind so zu vereinigen: In dem Stadium der interimistischen Verwaltung muß das Gericht dem Gemeinschuldner auf dessen Antrag aussetzen und auf das ihm nach der Konkurseröffnung angefallene Vermögen, soweit dieses ausreicht, anweisen; den Ausfall kann es auf die übrige Masse legen. Nach Einrichtung der definitiven Verwaltung müssen die Gläubiger über den Antrag gehört werden, und alsdann kann das Gericht auf gutachtliche Aeußerung des definitiven Verwalters beschließen wie es will; doch darf die Dauer der Unterstützung nicht ein Jahr, und in keinem Falle nicht die Dauer des Konkurses übersteigen.

3) Die Forderungen derjenigen, welche sich nach eröffnetem Konkurse mit dem Gemeinschuldner in nichtige Rechtsgeschäfte eingelassen haben, in Folge welcher etwas aus ihrem Vermögen zur Masse geflossen ist, insoweit dieselbe dadurch reicher geworden[16a]). Befindet sich bereits ein Dritter im redlichen Besitze dessen, was der Gemeinschuldner auf ein solches Geschäft gegeben hat, so muß der Dritte, wenn ihm die Sache abgefordert wird, wegen seiner ihm auf Grund des redlichen Besitzes zu-

16a) Konkursordn. §. 43. Entnommen aus der A. G.O. I, 50 §§. 36 und 294.

stehenden Gegenansprüche aus der Masse vollständig befriedigt werden[16b]). Da der Gemeinschuldner in Ansehung der Erwerbungen, welche er nach der Eröffnung des Konkurses macht, Geschäftsführer der Konkursmasse ist, indem er für die Masse erwirbt, so muß die Masse auch die darauf gemachten Verwendungen erstatten, wenn sie sich den erworbenen Gegenstand zueignet.

4) Alle Ansprüche gegen die Masse, welche aus rechtsverbindlichen Geschäften oder Handlungen des Verwalters derselben entstanden sind[17]). Dahin gehören z. B. a) die Ansprüche aus Mieth- und Dienstkontrakten, welche der Verwalter behufs Verwaltung der Masse fortsetzt[18]) oder neu schließt; b) die Ansprüche, welche aus der Fortführung des Geschäfts des Gemeinschuldners für Rechnung der Masse entstehen[19]); c) die Ansprüche der Vindikanten, deren Sachen vor oder nach der Konkurseröffnung verkauft worden sind, insoweit das Kaufgeld zur Masse eingezogen ist. (Oben §. 49, Nr. 2.) d) Der Anspruch desjenigen, dessen Forderung an einen Dritten der Verwalter zur Kreditmasse eingezogen hat[20]), unbeschadet des Rechts des Gläubigers, sich auch an seinen durch die Zahlung an einen unlegitimirten Empfänger nicht freigewordenen Schuldner zu halten. e) Der Anspruch desjenigen, dessen Sache der Verwalter der Masse für die Konkursmasse ohne rechtlichen Grund in Besitz genommen hat und deren Rückgabe verweigert wird, wegen der Sache nicht allein, sondern auch wegen des nach

---

16b) Konkursordn. §. 43, Satz 2. Vergl. §. 106.

17) Konkursordn. §. 42, Nr. 1.

18) Vergl. Konkursordn. §. 152, Nr. 2.

19) §. 144 a. a. O.; Instr. des Min. Simons v. 6. August 1855, §. 16. Vergl. Anh. z. A. G.O. §§. 334 — 339.

20) Pr. des Obertrib. 224a, v. 11. März 1837.

Maßgabe des Grades der Verschuldung zu ersetzenden Schadens[21]).

5) Der Anspruch auf Erstattung der Gegenleistung für dasjenige, was Jemand durch eine anfechtbare Rechtshandlung von dem Gemeinschuldner aus dessen Vermögen erworben hat und ihm seitens der Gläubigerschaft wieder abgefordert wird. War der Erwerber in gutem Glauben, so muß ihm die Gegenleistung vollständig erstattet werden; kannte er aber die böse Absicht des Gemeinschuldners, die Gläubiger zu bevortheilen, so kann er die Gegenleistung aus der Masse nur insoweit zurückfordern, als letztere dadurch reicher geworden ist[22]). Wegen des Uebrigen kann er auch nicht als Liquidant auftreten, weil ihm wegen seiner wissentlichen Mitwirkung zur betrüglichen Bevortheilung der Gläubiger aus dieser turpis causa ein Gewährleistungsanspruch an den Gemeinschuldner, folglich auch an dessen Konkursmasse, nicht zusteht[23]): unter mehreren vorsätzlichen Beschädigern findet kein Regreß statt[24]).

II. Zur zweiten Klasse gehören:

1) Die Theilungsklagen. Mit denjenigen, welche mit dem Gemeinschuldner im gemeinschaftlichen Besitz und Eigenthume, sei es in Folge einer Gesellschaft oder einer anderen Gemeinschaft, sind und mit der Theilungsklage auftreten können, muß sich die Gläubigerschaft auseinandersetzen[25]).

2) Alle Ansprüche aus den zur Zeit der Konkurser-

21) Pr. des Obertrib. 2223, v. 5. Juli 1850 (Entsch. Bd. XIX, S. 488).

22) Konkursordn. §. 107; A. G.O. I, 50, §. 294.

23) Vergl. die Glosse p zu L. 7 D. quae in fraudem creditor. (XLII, 8).

24) A. L.R. I, 6, §. 34.

25) Konkursordn. §. 36; A. G.O. I, 50, §§. 289, 294. — Vergl. Brunnemann, proc. conc. cred., Cap. V, §. 9.

öffnung noch nicht erfüllten Rechtsgeschäften des Gemeinschuldners, in welche die Gläubigerschaft an Stelle desselben eingetreten ist[26]). Es sind hier solche Rechtsgeschäfte vorausgesetzt, welche durch einmalige Erfüllung erledigt werden, und in welche einzutreten die Gläubigerschaft freien Willen hat. (Unten §. 59.) Tritt die Gläubigerschaft in ein auf wechselseitige Leistung gerichtetes Rechtsgeschäft ein, welches von beiden Theilen noch überhaupt nicht oder noch nicht vollständig erfüllt ist, so muß dasselbe von beiden Theilen vollständig erfüllt werden, vorausgesetzt, daß die von Seiten des Gemeinschuldners versprochene Leistung eine dergestalt fungible ist, daß dabei auf die Person des Leistenden nicht gerechnet ist, mithin die Gläubigerschaft im Stande ist, ebenso gut wie der Gemeinschuldner selbst zu erfüllen[27]). Tritt die Gläubigerschaft nicht ein, was ihr freisteht wegen der veränderten Umstände und weil sie die Verbindlichkeiten des Schuldners nicht zu erfüllen hat, vielmehr ein Jeder, der wegen Nichterfüllung Entschädigung von dem Gemeinschuldner zu fordern hat, als Liquidant bei dessen Konkursmasse auftreten muß; — so hat der andere Kontrahent, aus dem so eben gesagten Grunde, seine Schadloshaltung wegen des etwa bereits Geleisteten und wegen seiner Schäden als Konkursgläubiger zu liquidiren. So bringt es das Rechtsverhältniß der Gläubiger zu einander mit sich, und so war es von den Verfassern des Entwurfs der Konk.-Ordnung §. 16 auch vorgeschlagen worden. Hier ist nun aber in den Kammern die nicht passende Bestimmung eingefallen, daß den anderen Kontrahenten das von ihm Geleistete, soweit es in der Konkursmasse noch vorhanden ist — es ist nicht einmal gesagt: soweit es unterscheidbar vorhanden ist — zurückgegeben wer-

26) Konkursordn. §. 42, Nr. 2.

27) Konkursordn. §. 16. Dazu meine Anm. 30.

de[28]). „Im Uebrigen“ — heißt es — „steht ihm nur ein Anspruch auf Entschädigung zu.“ Damit wirft die in den geschlossenen Bau des Entwurfs eingefallene, innerlich zusammenhangslose Bestimmung zweierlei einander ausschließende juristische Dinge zusammen. Zuerst soll eine Restitution stattfinden, weil „die Sache möglichst in die Lage gebracht werden muß, in der sich das Rechtsgeschäft überhaupt vor der begonnenen Erfüllung befand.“ Der Vertrag muß also, um mit der Rechtswissenschaft und der juristischen Logik in Frieden zu bleiben, als aufgehoben betrachtet werden; außerdem ist eine Zurückforderung des auf den Vertrag Geleisteten juristisch nicht zu erklären. Es giebt dazu kein Rechtsmittel, wenn es nicht

28) Konkursordn. §. 16, Abs. 3. Die Bestimmung ist eine Anomalie, zu welcher man in der Meinung gekommen ist, man befinde sich mit allgemeinen Rechtsgrundsätzen im Einklange. Dieselbe fließt aus dem Kopfe des schon vorhin erwähnten gelehrten Berichterstatters der II. Kammer. Er hatte nach den Motiven S. 31 den Glauben, daß die Verpflichtung zur gegenseitigen Rückgabe des bereits Geleisteten sich nach den allgemeinen Regeln, welche er in den §§. 360 ff., Tit. 5, Th. I des A. L.R. zu finden meinte, richte. Dieser Glaube war ein Irrglaube, denn es wird im §. 360 a. a. O. ausdrücklich gesagt, nicht, daß der Vertrag als nicht vorhanden angesehen werden und folglich Rückgabe des Geleisteten eintreten soll, sondern im Gegentheil, daß der Kontrahent, welcher seinerseits geleistet hat, bei eintretender Unmöglichkeit der Gegenleistung, sein Interesse zu fordern berechtigt sein soll. Das Interesse kann man aber nur mit der Kontraktsklage, nicht mit einer Kondiktion, fordern. Man ist also auf einem Irrwege zu dem im Kommissionsberichte a. a. O. ausgesprochenen Satz gekommen, daß, „wenn die Gläubigerschaft nicht eintritt, die Sache möglichst in die Lage gebracht werden muß, in der sich das Rechtsgeschäft überhaupt vor der begonnenen Erfüllung befand.“ Das ist gerade so wahr, wie die Behauptung wahr sein würde, daß, wenn auf Antrag eines Exekutionssuchers dem Exequenden eine ihm gehörige, d. h. gekaufte und übergebene Sache abgepfändet worden ist, dieselbe dem Verkäufer, weil er noch Kaufgeld zu fordern hat, welches der Schuldner zur Zeit nicht bezahlen kann, zurückgegeben werden müßte.

die condictio ob causam ist, welche eben die Beseitigung des „Rechtsgeschäfts" voraussetzt und in die Stelle des Klagerechts tritt, welches durch den Vertrag, wenn man daran festhielte, begründet sein würde; die Kontraktsklage geht nicht auf Rückforderung des vertragsmäßig Geleisteten. Nun wird aber mit demselben Federzuge auch bestimmt, daß „im Uebrigen ein Anspruch auf Entschädigung" zustehe. Das ist die aus dem Vertrage entspringende Klage. Man hat hier mithin, ohne sich dessen bewußt gewesen zu sein, Widersprechendes zusammengeworfen: eine Restitutions- oder Rückforderungsklage, welche den Zurücktritt vom Vertrage voraussetzt, und gleichzeitig eine Vertragsklage auf Entschädigung, welche durch die Festhaltung an den Vertrag bedingt ist. Die Bestimmung tritt auch in Widerspruch mit dem Grundsatze des §. 26, wonach Waaren, welche an den Gemeinschuldner verkauft und abgesendet doch noch nicht bezahlt sind, nicht zurückgefordert werden können, wenn sie vor der Konkurseröffnung in den Besitz des Gemeinschuldners gelangt sind.

Eine willkührliche Bestimmung enthält weiter der §. 17. Hier heißt es: „wenn von dem Gemeinschuldner Kauf- oder Lieferungsgeschäfte über fungible Sachen, welche einen marktgängigen Preis haben, oder über geldwerthe Papiere dergestalt geschlossen worden sind, daß sie erst nach der Konkurseröffnung zur Erfüllung kommen sollen, so kann weder von der Gläubigerschaft, noch von dem Mitkontrahenten [29]) des Gemeinschuldners Erfüllung ge-

29) Darunter versteht die Konkursordnung immer den anderen Kontrahenten. Der Ausdruck ist übel gewählt; man denkt dabei an einen Genossen oder Gesellschafter des Gemeinschuldners. Wenn Mehrere gemeinschaftlich einerseits mit einem Anderen gegenseits abschließen, so ist Jeder von diesen Kontrahenten auf der einen Seite der Mitkontrahent der Uebrigen auf derselben Seite. Der Andere (Stipulator oder Promissor) ist der Gegenkontrahent.

fordert werden, sondern es findet aus dem Geschäft nur ein Anspruch auf Entschädigung statt." Es ist aber weder ein Rechtsgrund noch ein Nützlichkeitsgrund findbar, aus welchem die Gläubigerschaft nicht soll auf die Ablieferung bestehen dürfen, wenn sie sogleich bezahlen will; sie kann durch diesen Eingriff in ihre grundsätzlichen Rechte zu erheblichem Schaden kommen [30]).

3) Alle Ansprüche aus den zur Zeit der Konkurseröffnung noch nicht beendigten Rechtsverhältnissen des Gemeinschuldners, welche für die Gläubigerschaft über den Zeitpunkt der Konkurseröffnung hinaus verbindlich sind, für die Zeit nach der Konkurseröffnung, namentlich aus Pacht-, Mieths- und Dienstverhältnissen [31]).

§. 53.

cc) Rangordnung der Massegläubiger.

Jeder Massegläubiger wird aus der bereiten baaren Masse befriedigt, sobald sein Anspruch festgestellt und fällig ist [1]). Wenn aber Mehrere gleichzeitig Befriedigung fordern und die Masse für sie Alle nicht ausreicht [2]), so

---

30) Man denke z. B. an den Fall, wenn eine zur Masse gehörige Oelfabrik fortgesetzt wird, und der Ablieferungstermin von Oelfrüchten, Feuerungsmaterial, Schwefelsäure u. dergl., worauf bei dem Betriebe gerechnet ist, in die Zeit nach der Eröffnung des Konkurses trifft. Nun soll die Ablieferung nicht gefordert werden können; der Betriebsdirigent muß also, zur Abwendung eines durch plötzliche Einstellung des Betriebes entstehenden großen Schadens, neue Verträge schließen, wodurch der Gläubigerschaft größere Nachtheile entstehen, als die Entschädigung, die auf die Preisdifferenz am Lieferungstage beschränkt worden ist (a. E. des §. 17), beträgt. Warum soll die Gläubigerschaft diesen Rechtsnachtheil erleiden?

31) Konkursordn. §. 42, Nr. 3 und §§. 18 — 20. Vergl. unten §. 59.

1) Konkursordn. §. 45, Abs. 2.

2) Es ist vorgekommen, daß die Masse nicht auf sämmtliche Kosten hinlangte, und daß der Kurator mit der Gerichtskasse über den

muß doch auch unter den Massegläubigern eine Rangordnung eintreten, an welche man bei Abfassung der neuen Konkursordnung nicht gedacht zu haben scheint. Regel ist hierbei, daß die Kosten immer vorgehen, und zwar zuerst die Gerichtskosten wegen des fiskalischen Privilegiums, und hinterdrein alle übrigen Kosten, namentlich die Gebühren des Verwalters der Masse; dann die baaren Vorschüsse. Diese allgemeine Regel gilt sowohl bei den Spezialmassen, insbesondere bei den Gegenständen der Theilungsklagen, wie bei den Angelegenheiten der gemeinen Masse, und dabei ist zu beachten, daß die eine Masse nicht für die andere aufzukommen schuldig ist, weil es dazu an einem Verpflichtungsgrunde fehlt. Wenn also z. B. der Gegenstand einer Theilung nicht soviel abwerfen sollte, daß die Kosten gedeckt würden, so ist die gemeine Masse nicht schuldig, den Ausfall herzugeben. Alle übrigen Massegläubiger, deren Ansprüche nicht auf einen besonderen Gegenstand gerichtet sind, sondern welche auf die gemeine Masse gleichzeitig zusammentreffen, müssen, mit Ausschluß des Gemeinschuldners wegen der ihm bewilligten Unterstützung, nach Verhältniß ihrer Forderungen (in tributum) befriedigt werden, insofern nicht dem Einen oder dem Andern bei Eingehung des Rechtsgeschäfts ein Pfandrecht bestellt worden ist, was bei Darlehnen, welche der Verwalter der Masse aufzunehmen genöthigt ist, oder bei Miethsverträgen, welche derselbe zur Unterbringung der zur Masse gehörigen Sachen eingehen muß, vorkommen kann. Solchen besonders gesicherten Massegläubigern gehen auch die Kommunkosten nicht vor; diese werden dann niedergeschlagen, d. h. sie bleiben unberich-

---

Vorzug in Streit gerieth, indem der Kurator für seine Gebühren ein gleiches Theilnahmerecht mit der fiskalischen Gerichtskasse in Anspruch nahm. Er mußte wegen des fiskalischen Vorrechts zurückstehen und erhielt nichts.

tigt, den Ausfall hat der Gerichtsherr zu tragen. Die Unterstützung des Gemeinschuldners kann als bloße Freigebigkeit erst zuletzt gezahlt werden. Diese Massegläubiger haben keinen persönlichen Schuldner, ihre Forderungen sind zunächst obligationes rei, denn die einzelnen Gläubiger werden durch die Rechtsgeschäfte, welche die Gläubigerschaft eingeht, gar nicht verbindlich gemacht, wie dieß bei andern universitatibus in der Art geschieht, daß zuletzt die Mitglieder durch Steuerbeiträge die Schuld decken müssen. Der Schuldner ist auch hier der Gemeinschuldner, insofern er der Prinzipal der Verwaltung bleibt, welche durch die Gläubigerschaft für seine Rechnung geführt wird. Tritt der seltene Fall ein, daß die Massegläubiger nicht bezahlt werden können, so macht die Konkursmasse Bankerutt und es entsteht ein Konkurs im Konkurse.

§. 54.

dd) Rangordnung der Konkursgläubiger.

Chr. Ludw. Runde, de historia, indole ac vi remediorum securitatis, quibus jure Romano prospectum est creditoribus per privilegia personalia, hypothecas tacitas et privilegia hypothecarum. Gott. 1794. — Christian Gottlieb Gmelin, die Ordnung der Gläubiger im Gantprozesse. 5. Aufl. Ulm 1813. — Heinrich Reinhard, die Ordnung der Gläubiger im Konkurse. Dresd. 1826. — Uebersicht und Prüfung der Gesetze über die Ordnung der Gläubiger bei dem Gantprozesse, nach Römischen, Deutschen, besonders Würtembergischen und Französischen Rechten. Stuttgart 1821, gr. 8. — Nur für das Studium des älteren Rechts brauchbar.

Tabellarische Uebersicht der Lehre von der Klassifikation der Gläubiger im Konkurse, nach den Vorschriften der Allg. Gerichtsordnung, Allg. Landrechts und der neuern Gesetze. 3. Aufl. Berlin 1828. Hat nur noch historischen Werth.

Bei der Umformung des preußischen Konkurssystems ist man sich bewußt gewesen, daß an und für sich kein

Grund vorhanden ist, das eine Forderungsrecht vor dem andern zu bevorzugen; daß vielmehr allen die gleiche rechtliche Wirkung inwohne, das, worauf sie gerichtet sind, ungeschmälert von dem Schuldner zu verlangen, daß sie mithin vom rein privatrechtlichen Standpunkt aus sämmtlich gleiche Stärke haben und demgemäß, bei eintretender Unzulänglichkeit der Befriedigungsmittel im Falle der Konkurrenz, je nach Verhältniß der Forderungsbeträge gleichmäßig berichtigt werden müssen [1]). Dennoch soll dieser Satz nicht durchzuführen sein „aus überwiegenden Gründen", aus Rücksicht für das „öffentliche Wohl" [2]). Daher haben wir denn eine ziemliche Anzahl von Privilegien beibehalten, welche in folgende Rangordnung gebracht worden sind:

I. Der inländische Fiskus mit einem zweijährigen Rückstande von direkten und indirekten Staatssteuern und anderen denselben gleichstehenden Abgaben [3]), aus den beiden letzten Jahren von dem Tage der Konkurseröffnung, oder, wenn der Gemeinschuldner schon vor der Konkurseröffnung verstorben ist, von dem Todestage des Gemeinschuldners zurückgerechnet [4]). Der Steuererheber tritt, wenn er die Steuerrückstände vorschußweise zur Kasse entrichtet hat, in die Stelle des Fiskus [5]). Aeltere

---

1) Gedruckte Motive S. 57.

2) Ueber die Unhaltbarkeit dieser vermeintlich überwiegenden Gründe s. m. meine Anm. 34 zu §. 72.

3) Z. B. Stempelgefälle.

4) Konkursordn. §. 73, aufgenommen aus dem §. 356 der A. G.O. a. a. O. Für das Privilegium der Staatssteuern stimmen alle gemeinrechtlichen Schriftsteller, nur sind sie nicht über die erste Stelle einverstanden, manche wollen den Begräbnißkosten und dem Leutelohn den Vorzug geben. Vergl. Wiebel, de jure praelationis creditorum, §. 8, p. 27 seq.; Klügel, de loco vectigalibus in concursu creditorum attribuendo, §. 9; Huber, Praelect. XX, 4, §. 7.

5) Konkursordn. §. 73, Abs. 2. — S. über die Klassen- und

Rückstände, soweit sie nicht verjährt sind, treten in die Klasse der nicht bevorzugten Forderungen (Nr. IX) und werden nach Verhältniß des Betrages berichtigt. Gemeinrechtliche Juristen halten schon einen zweijährigen Rückstand für eine den Kreditoren durch die Nachlässigkeit der Steuerbeamten in Beitreibung der Abgaben aufgebürdete zu große Verkürzung, für deren Einschränkung sich haben Stimmen vernehmen lassen [6]).

II. Hier treffen wegen eines gleichen Rückstandes (I) von Abgaben und Leistungen, welche aus den bezüglichen Verbänden entspringen, oder welche nach Gesetz oder Verfassung zu entrichten sind, folgende inländische Gläubiger zusammen [7]): 1) Gemeindekassen; 2) Kreis-Kommunalkassen; 3) Provinzialverbandskassen, wie z. B. die schlesische Provinzial-Darlehnskasse [8]); die Irrenheilanstalt; das Correctionshaus; das Provinzial-Armenhaus; 4) Kirchen-, Pfarr-oder Schulverbände; 5) Kirchen, Pfarren und Schulen; 6) Kirchen- und Schulbediente; 7) Feuersocietätskassen; 8) Schornsteinfeger in Zwangskehrbezirken; 9) Viehassekuranzgesellschaften und andere unter der Autorität des preußischen Staats bestehende gemeinnützige Anstalten, an welche nach Gesetz oder Verfassung [9]) Ab-

---

klassifizirte Einkommensteuer v. 1. Mai 1851 §. 13, lit. e (G.S. S. 198). Der Grundsatz, daß der für einen Andern gemachte Vorschuß an Steuern als Kaufpreis für verkaufte Außenstände anzusehen und daher dem Zahler ebendasselbe Recht, welches der Steuerberechtigte selbst hatte, zuständig sei, ist sehr alt; er findet sich schon als althergebrachtes Recht in der L. 5 pr. D. de censibus (L. 15) anerkannt. Vergl. K.O. v. 5. März 1808 (Mathis, Bd. VI, S. 1).

6) Gmelin a. a. O., Kap. II, §. 9; — Hert, respons. 353, Nr 11.

7) Konkursordn. §. 74. Vergl. A. G.O. a. a. O. §§. 357, 359; Dekl. v. 3. April 1838 (G.S. S. 254).

8) Stat. v. 5. Dezbr. 1854 (G.S. S. 609).

9) Abgaben und Leistungen aus einem besonderen privatrechtlichen

gaben und Leistungen zu entrichten sind. Deichlasten sind Reallasten und gehören deshalb nicht hierher[10]).

Die in dieser Klasse zusammentreffenden Gläubiger werden, wenn die Masse zu ihrer vollständigen Befriedigung nicht hinlangt, nach Verhältniß des Betrages ihrer Forderungen befriedigt[11]).

Der bei Nr. I geltende Grundsatz, daß der Steuererheber wegen der von ihm bereits vorschußweise zur Staatskasse abgeführten Abgaben in die Stelle der Staatskasse tritt, gilt hier nicht allgemein; er ist eingeschränkt auf die Erheber der an öffentliche Kassen zu entrichtenden Abgaben, wogegen die Einsammler von Abgaben an Privatpersonen, z. B. Beauftragte des Pfarrers oder Schullehrers oder Schornsteinfegers, wegen ihrer Vorschüsse nicht in die Stelle der Berechtigten treten sollen[12]).

III. Die Kosten für das Begräbniß des Gemeinschuldners. Nach R. R. haben dieselben die erste Stelle[13]). Das Preußische bürdet sie den Kommunen (Armenverbänden) auf, um zuerst die rückständigen Steuern und Abgaben bezahlen zu lassen, wenn der Nachlaß nicht weiter reicht; denn begraben werden muß der Leichnam.

Titel gehören nicht hierher. Sie sind entweder auf ein Grundstück, oder nicht. Im ersten Falle gehören sie zu den aufgelegten Reallasten (Konkursordn. §. 51); in dem anderen Falle treten sie zu den nicht bevorzugten Forderungen Nr. IX.

10) Konkursordn. §. 47. Auch die von Andern zur Bestreitung derselben hergegebenen Vorschüsse. K.O. v. 15. August 1814 (G.S. S. 73).

11) Konkursordn. §§. 61, 85.

12) Konkursordn. §. 74, Satz 2. Bericht der Kommission der II. Kammer, S. 41. Konsequenz ist in dieser Bestimmung nicht; nach den Grundsätzen vom jure subintrandi giebt es kein Ansehn der Person hierbei.

13) L. 14, §. 1; L. 45 D. de religiosis (XI, 7). — Paulus, rec. sent. I, 21, §. 15.

Gemeinrechtlich soll nach der Meinung Einiger[14]) das Begräbniß den Gläubigern als eine Masseschuld zur Last fallen, wenn der Gemeinschuldner auch erst nach Eröffnung des Konkurses gestorben ist. Das Röm. Recht, auf welches man sich beruft[15]), bestimmt dieß nicht. Die preußische Gesetzgebung hat jene Meinung ausdrücklich verworfen[16]). Die Bestimmung hingegen, daß die Begräbnißkosten für andere Personen, deren Beerdigung dem Gemeinschuldner zur Last fällt[17]), kein Vorrecht haben, ist eine wirkliche Beschränkung des Römischen Rechts der Leichenkosten[18]). Dergleichen Kosten gehören, insoweit der Gemeinschuldner dafür aufzukommen verpflichtet ist, in die letzte Klasse.

Was für Verwendungen als Leichenkosten mit dem Privilegium derselben zuzugestehen sind, hat das richterliche Ermessen nach dem örtlichen Bedürfnisse mit Rücksicht auf den Stand, die Würde und das Vermögen des Verstorbenen, zu bestimmen. Unter Leichenkosten, sagt das Römische Recht, sind bloß diejenigen Kosten zu verstehen, welche zu dem Zwecke aufgewendet werden, um die Leiche zu bestatten, und ohne welche die Bestattung nicht geschehen kann; der Betrag wird nach der Billigkeit ermessen und zwar mit Rücksicht auf die Würde des Verstorbenen,

---

14) Gmelin, Ordnung der Gläubiger, Kap. II, §. 3; Kori, System des Konkurses, Bd. II, §. 8; u. A. Dagegen: Stryck, us. mod., XI, 7, §. 55; Mevius, decis., P. II, dec. 222; Leyser, med., sp. 484, cor. 1; u. A.

15) L. 14, §. 1; L. 16, 26, 45 D. de relig. (XI, 7).

16) A. G.O. I, 50, §. 366. Die Konkursordn. v. 8. Mai 1855 bestätigt dieß dadurch, daß es diese Begräbnißkosten nicht unter den Masseschulden aufführt; das Begräbniß fällt subsidiarisch dem Ortsarmenfond zur Last, wie die Beerdigung eines jeden andern Armen. Vergl. Carpzov, jurisprud. eccl., Lib. II, def. 374.

17) A. G.O. a. a. O. §. 366; Konkursordn. §. 75.

18) L. 17 pr. D. de religiosis (XI, 7).

aus den Umständen (ex causa), aus der Zeit und aus dem guten Glauben (ex bona fide) des Handelnden [19]). Nach der Feststellung dieses Grundsatzes werden beispielsweise aufgezählt: die Kosten für die Fortschaffung des Leichnams, für die Anschaffung der Grabstätte, für die Bewachung oder einstweilige Beisetzung (commendandum) der Leiche, für den Sarg, für Sterbekleider, für Salben, Zölle; nicht aber werden Schmucksachen und Anderes von der Art, was thörichte Leute den Leichen mitzugeben pflegen, dazu gerechnet werden [20]). Zweifelhaft war es: ob die Kosten des Grabmals als zu den das Bedürfniß nicht übersteigenden Leichenkosten gerechnet werden könnten. Hadrian entschied: Ja, soweit das Monument bloß den Zweck habe, das Grab zu sichern (muniendi causa), aber nicht, wenn etwas Weiteres errichtet wird [21]). Das Alles ist noch für heute lehrreich. — In Deutschland war zu einer Zeit ein großer Aufwand bei Leichenbegängnissen eingerissen: man bekleidete nicht allein die leidtragenden Familienglieder, sondern auch das Haus- und Hofgesinde mit Trauerkleidern [22]), veranstaltete große Trauermahle [23]) Kirchenparaden und Parentatio-

19) L. 12, §. 5; L. 14, §§. 3, 6 D. de religiosis (XI, 7).

20) L. 14, §§. 3—5; L. 37, §. 1 D. eodem.

21) L. 37, §. 1 D. eodem.

22) Leyser, med., sp. 484, m. 1; ICti Erford. bei Schorch Nr. CCII, 46; Pufendorf, animad. jur. un., Tom. I, Nr. CVI.

23) Darüber s. m. Jenichen, historische und rechtliche Abhandlung von Begräbnißmahlzeiten und die auf solche verwendeten Unkosten. Leipzig 1747. Darüber waren die Meinungen sehr verschieden. Während Einige ein ganz vollständiges und anständiges Gastmahl forderten (Carpzov, Def. 41, N. 3 u. 4; Stryck ad Brunnemann., prael. de proc. conc. cred., Cap. V, §. 14; Ehrlich, de jure sepult., Vit. 1730; Mueller ad Struv. exerc. XV, th. 88, Not. a; Richter, de jure et priv. cred., Cap. II, membr. IV, §. 3; u. A.), verlangten Andere nur eine ganz mäßige Mahlzeit nach der Ortsgewohnheit (Cramer, obs. jur. un., Tom. IV, obs. 1011);

nen[24]), prächtige Leichenconducte, und brachte die Kosten dafür den Gläubigern in Abzug, so daß die Gesetzgebungen dagegen einzuschreiten sich veranlaßt fanden. Die Allgem. Gerichtsordnung setzte fest, daß unter die nothwendigen Beerdigungskosten die für Leichenpredigten, Parentationen, Leichensteine, Trauergastmahle und ähnlichen überflüssigen Aufwand[24 a]) so wenig, als die Trauerkleider der Angehörigen des Gemeinschuldners zu rechnen; und fügte, um aller Verschwendung vorzubeugen, bei, daß überhaupt, wenn der Gemeinschuldner von Adel, oder ein charakterisirter königlicher Beamter gewesen, 50 Thlr.; wenn derselbe ein geringerer königlicher Offiziant, Banquier, oder angesehener Kaufmann gewesen, 30 Thlr.; sonst aber nur 10 Thlr. an Begräbnißkosten in dieser, die übrigen aber erst hinter der letzten Klasse (post omnes) angesetzt werden sollten[25]). — Die neue Gesetzgebung hat sich hier einer besonderen Kürze befleißigt. Es heißt:

---

wieder Andere gestatteten gar nichts für Rechnung der Gläubiger (Schilter, exercit. XXI, §. 30; Berger, oec. jur., Lib II, Tit. IV, th. XLV, Not. 10; Brunnemann, ad L. 14, §. 6 D. de religiosis: in Comment. ad Pand., p. 538; u. v. A.); noch Andere wollten zwischen Adeligen und Nichtadeligen unterscheiden (Jenichen a. a. O.).

24) Wildvogel, d. de eo quod justum est circa conciones, Cap. II, §. 4.

24a) Z. B. Vertheilung von Almosen, Ausgabe für Trauerbriefe und Todesanzeigen, u. dgl. Leyser erzählt in seinen Med., spec. 484, m. 2, daß die Wittwe eines adeligen Geheimen Raths, der tief verschuldet starb, nicht allein, statt die Leiche begraben zu lassen, dieselbe in einer Kirche für eine große Summe hatte beisetzen, sondern auch ihre Pferde, ihren Wagen und ihre Gemächer mit schwarzem Tuche hatte behangen und ausschlagen lassen, wofür sie die Kosten von dem Gläubiger aus der insolventen Masse forderte.

25) Th. I, Tit. 50, §§. 362, 363, 478. Schon entnommen aus dem alten preußischen Landrecht P. I, Buch 1, Tit. 49, §. V, aus welchem es in den Cod. Frid. March. Th. IV, Tit. 9, §. 53 übergegangen war.

„Die auf das Begräbniß des Gemeinschuldners verwendeten Kosten, insoweit sie das nach den Lebensverhältnissen des Verstorbenen zu beurtheilende Bedürfniß nicht übersteigen."[26]) Das ist ungefähr der Inhalt des Römischen Rechtsgrundsatzes, wenn man den Vermögensfaktor, den die römischen Juristen für so erheblich halten, daß sie ihn mehrmals hervorheben, wegwirft. Und doch zeigt sich auch hierin der praktische Verstand der Römer der heutigen Weisheit überlegen. Diese Letztere geht davon aus, daß ein Gemeinschuldner nie etwas Positives habe. Das wußten die Römer auch, denn sie behandeln ja die Frage mit Beziehung auf die actio funeraria, um festzustellen: inwiefern die Begräbnißkosten bei vorhandener Vermögensunzulänglichkeit den übrigen Schulden vorzuziehen seien. Aber sie wußten auch, daß in Beziehung auf die letzten Ehrenerweisungen ein großer Unterschied sei, ob der Verstorbene Millionen hinterlassen hat und dessen Nachlaß nur wegen eingetretener Zahlungsunfähigkeit in Crida fällt, die zuletzt noch einen erheblichen Ueberschuß ergiebt, oder ob er ein großartiger Schwindler gewesen ist, der bloß von den täglichen Erträgnissen seiner Industrie auf einem mit jenem Millionär gleich hohen Fuß (also in ausgezeichneten Lebensverhältnissen!) gelebt und zuletzt nicht soviel nachgelassen hat, um einen Sterbekittel für ihn zu bezahlen. Auch die bona fides ist kein gleichgültiger Umstand; denn es ist, wie die Römer zutreffend sagten, ein Unterschied, ob der Handelnde in der Meinung ist, daß er nach dem Umfange des Vermögens des Verstorbenen nicht zuviel thue, oder ob er weiß, daß der Verstorbene bankerutt ist. — Die Festsetzung eines bestimmten Maximum hat dem Verfasser der neuen Konkursordnung nach den gegenwärtigen Verhältnissen nicht

26) Konkursordn. §. 75.

angemessen geschienen; was als nothwendiger Aufwand zu betrachten, werde das richterliche Ermessen nach den individuellen und lokalen Umständen und Observanzen bestimmen[27]). Die Beseitigung eines höchsten Satzes ist verständig[28]); aber die Observanzen haben mit der Nothdurft nichts zu thun und führen zu weit. Es hängt Alles von dem verständigen Ermessen des Richters ab, welcher darauf sehen wird, daß auf der einen Seite die Kosten zu einem nach der Lebensstellung des Verstorbenen anständigen Begräbniß des Verstorbenen bewilligt werden, auf der andern Seite aber, daß der dieses Maß übersteigende Aufwand nicht den Gläubigern zur Last falle. Ueberdieß ist eine erhebliche, die Gläubiger verkürzende Rechtsänderung darin eingetreten, daß die übermäßigen Ausgaben nicht mehr wie sonst post omnes verwiesen werden, sondern mit den Gläubigern in der letzten Klasse konkurriren.

Die Begräbnißkostenklage (actio funeraria), d. h. das Vorrecht der Begräbnißkosten im Ganzen, kann eigentlich nur von Einer Person, oder von Mehreren gemeinschaftlich, geltend gemacht werden. Dieß setzt voraus, daß Einer oder Mehrere zusammen das Begräbniß besorgt und die Bedürfnisse dazu bestellt haben. Diese müssen dann diejenigen, welche auf ihre Bestellung Sachen dazu geliefert, oder Arbeiten dabei geleistet haben, für ihre Personen befriedigen, und den ganzen Betrag durch eine gehörig belegte Rechnung nachweisen und für sich aus der Masse fordern[29]). Dadurch allein wird bei

---

27) Gedr. Motive, S. 60.

28) Die A. G.O. §. 364 ließ gleichfalls eine Ueberschreitung zu, wenn die nach der Verfassung eines Ortes, ohne Rücksicht auf den Stand des Gemeinschuldners ganz unvermeidlich gewesenen Begräbnißkosten sich höher belaufen sollten.

29) Vergl. A. G.O. a. a. O. §. 365.

einem großen Begräbnisse die prozessualische Behandlung leidlich ermöglicht und der Richter in den Stand gesetzt, die Sache zu übersehen und den Aufwand zu ermessen. Aber in der preußischen Gerichtspraxis geht es damit in den allermeisten Fällen unregelmäßig zu. Da kommen der Schreiner mit seiner Rechnung für den Sarg, der Todtengräber mit seiner Rechnung für die Herstellung des Grabes, die Todtenwäscherin mit ihrer Forderung für Reinigung und Bekleidung der Leiche, der Ellenwaaren-händler mit der Rechnung für die Leichenbekleidung, der Fuhrmann mit der Rechnung für den Leichenwagen, die Leichenträger mit ihrer Forderung, der Kirchendiener mit der Rechnung für die Grabstätte, das Geläute und die Geistlichkeit, und wer sonst noch bei dem Begräbniß etwas geleistet oder davon eine Taxe zu fordern hat, Alle einzeln und ohne Angabe ihres Bestellers. Sie sollten a limine zurück- und an ihren Besteller gewiesen werden. Werden sie einzeln angesetzt und die Masse ist unzureichend, so erhalten sie ihre Befriedigung verhältnißmäßig. Ist der Gemeinschuldner Mitglied eines Sterbevereins gewesen, so müssen die aus dessen Kasse gezahlten Begräbnißgelder der Konkursmasse insoweit zu Gute kommen, daß nur das, was das Bedürfniß mehr erfordert hat, aus der Masse verlangt werden kann, wogegen die Masse auf die Ersparnisse keinen Anspruch hat [30]). Es ist in Frage gekommen: ob die hinterbliebene Wittwe, und zur Alimentation verpflichtete Verwandte, wenn diese das Begräbniß besorgt haben, ebenfalls die Erstattung der Kosten fordern können, da sie in subsidium selbst verpflichtet sind, sie zu tragen. Die gemeine Praxis hat sich für die Affirmative entschieden, aus dem richtigen Grunde,

30) Stengel's Beiträge, Bd. VI, S. 82. Vergl. Konkursordn. §. 1, Worte: „der Exekution unterliegende Vermögen". Dazu gehören dergleichen Sterbekassengelder nicht.

daß es des Subsidii nie bedürfe, wenn der Verstorbene etwas hinterlasse[31]). Hiernach ist die Frage auch im Preuß. Recht zu entscheiden; denn der Nachlaß haftet principaliter für die Begräbnißkosten, und der hinterbliebene Ehegatte kann sich dieselben daraus erstatten lassen[32]). Eine nothwendige Voraussetzung der actio fu-

31) Leyser, sp. 484, m. 3.

32) A. L.R. II, I, §. 435. „Können die Begräbnißkosten aus dem Nachlaß nicht bestritten werden; so ist der überlebende Ehegatte zu der Bezahlung, soweit sein Vermögen hinreicht, verbunden.“ Gegen diese Bestimmung war Bedenken hergenommen aus der Vorschrift des §. 365 der A. G.O. Tit. 50, daß, wenn die Verwandten oder sonst ein Dritter das Begräbniß bestellt haben, alsdann dieselben das in dieser Klasse auszusetzende Quantum erhalten und dagegen denjenigen, welche auf ihre Bestellung Sachen dazu geliefert oder Arbeiten dazu geleistet haben, für ihre Personen gerecht werden müssen. Weil nur die Verwandten oder sonst ein Dritter, nicht aber der Ehegatte als zur Forderung berechtigt genannt werden, so meinte man (Merkel, Commentar zu diesem §. 365), daß aus dieser Bestimmung doch hervorzugehen scheine, daß bei nachher entstandenem Konkurse der hinterbliebene Ehegatte den gemachten Vorschuß in der 2. Klasse nicht zurückfordern könne. Bloße Verwandte oder Dritte hätten auf die Erstattung in dieser Klasse Anspruch. Wenigstens werde eine Stelle (Note 31) durch die andere (der oben angef. §. 365 h. t.) einigermaßen dunkel. Diese Bemerkung beruht auf einer unrichtigen Fassung der Frage, welche durch die letztere Stelle entschieden werden soll. Es ist nämlich nicht zweifelhaft: ob überhaupt die Begräbnißkosten aus der Masse bezahlt oder erstattet werden sollen. Dieß wird als feststehend vorausgesetzt. Die Frage ist vielmehr die: ob die Personen, welche zum Begräbniß etwas geliefert oder geleistet haben, sich unmittelbar an die Masse einzeln sollen halten können, wenn sie noch nicht bezahlt sind. Dieß wird verneint, aus dem Grunde, weil die Einzelnen sich nur an ihren Kontrahenten halten könnten, im Falle ein solcher, d. h. Jemand, der das ganze Begräbniß besorgt hat, vorhanden ist. Ein solcher ist allemal ein Dritter, wenn der Kurator der Masse nicht selbst durch die Einzelnen das Begräbniß besorgt hat; denn der Gemeinschuldner und dessen Kreditoren sind die beiden Parteien, und jeder andere ist ein Dritter, sein persönliches Verhältniß zu dem verstorbenen Kridarius mag sein welches es will. Weil aber gewöhnlich

neraria als einer Species der negotiorum gestorum actio ist aber, daß die Begräbnißkosten nicht donandi, sondern repetendi animo hergegeben worden sein müssen[33]. — Das Vorrecht der Begräbnißkosten ist ein privilegium causae, welches nicht allein durch Cession, sondern auch durch die Hergabe der Mittel, vermittelst des juris subintrandi, übergeht, und daher auch von demjenigen, welcher zur Bestreitung des Begräbnisses Geldvorschüsse ge-

---

die Verwandten sich des Begräbnisses anzunehmen pflegen, so heißt es in der angeführten Stelle: „Haben Verwandte oder sonst ein Dritter das Begräbniß bestellt u. s. w." Die Verwandten sind auch Dritte, und ebenso gehört der hinterbliebene Ehegatte zu den dritten Personen. Dadurch also, daß er nicht namentlich genannt ist, wird er nicht ausgeschlossen; wie es denn auch der Erwähnung der Verwandten gar nicht bedurft hätte. Die Bestimmung also ist die, daß, wenn ein Dritter, mag er sein wer er will, das Begräbniß bestellt hat, so sollen sich die Lieferanten und Arbeiter, welche auf dessen Bestellung mitgewirkt haben, nicht unmittelbar an die Masse, sondern an den Besteller halten, und nur dieser soll berechtigt sein, die Kosten und Auslagen zu liquidiren. Diese Vorschrift hat einen prozessualischen Grund. Im Corp. juris Frid. findet sie sich noch nicht, vielmehr ist dort Th. IV, Tit. 12, §. 38 verordnet: „Wenn mehrere zulässige das Begräbniß betreffende Forderungen konkurriren, so müssen die oberwähnten Summen unter diese pro rata vertheilt werden." Dieser Satz ist bei der neuen Redaktion, nämlich bei Abfassung der Allg. Gerichtsordnung weggeblieben und an dessen Stelle ist der §. 365 getreten. Daraus erhellet, daß es gar nicht beabsichtigt war, eine Bestimmung über das Recht, Erstattung der Begräbnißkosten zu fordern, zu treffen, sondern vielmehr nur eine Vorschrift über die Legitimation zur Klage (zur Liquidation) für den Fall zu geben, wenn nicht Mehrere einzeln, ohne Zusammenhang etwas zum oder beim Begräbniß geleistet, sondern vielmehr Jemand der Leichenbestattung sich angenommen und die Bedürfnisse dazu bestellt hätte. Der §. 365 ist zwar mit dem ganzen Titel 50 formell aufgehoben, darum aber besteht der darin enthaltene Rechtsgrundsatz doch noch.

33) L. 14, §. 7 D. de religiosis (XI, 7). — Hymmen, Beiträge, Samml. II, S. 123, Nr. 5 u. 6. — S. unten §. 206.

macht hat, welche erweislich dazu verwendet worden sind, geltend gemacht werden kann [34]).

IV. Medizinalkosten. Das Römische Recht kennt einen Vorzug solcher Kosten nicht. Die Stellen, auf welche man sich zur Begründung dieses Vorzugsrecht berufen hat, enthalten davon nichts; sie beziehen sich auf die Erstattungsforderung desjenigen, welcher Auslagen für die Kur eines Verstorbenen gemacht hat, gegen dessen Erben [35]). Allein der gemeine Gerichtsgebrauch hat den Kosten der Krankheit, an welcher der Gemeinschuldner verstorben, als einem Theil der Leichenkosten [36]), ein Vorzugsrecht überall zugestanden [37]). Dieses Juristenrecht ist durch einzelne Partikulargesetzgebungen bestätigt worden [38]). Am weitesten ist darin die preußische Gesetzgebung gegangen. Sie hat selbst die gemeinrechtliche Theorie von dem Theile der Begräbnißkosten verlassen

34) Diese Frage behandelt Boetticher in seiner D. de sumtibus pietatis (Helmst. 1676), cap. XVII, n. 18; Mevius, decis., P. II, dec. 223.

35) L. 4 C. de petitione hereditatis (III, 31); L. 3 C. de religiosis (III, 44). — Henr. Bodinus, de non praeferendis sumtibus ultimi morbi. Halae 1703.

36) Weil es in der L. 37 pr. D. de religiosis heißt: „Funeris sumtus accipitur, quidquid corporis causa, veluti unguentorum, erogatum est.“ Dort ist von dem Leichnam Rede, man bezog es aber auch auf den Körper des noch Lebenden. Folgerichtig versagte man daher auch das Vorrecht den Kosten für eine frühere Kur. Schröter, in den vermischten Abhandlungen, Th. I, S. 90; Carpzov, jurispr. for., P. II, const. 28, def. 45; Gmelin a. a. O. Kap. II, §. 4.

37) Walch, de privilegio medicorum, creditorum in concursu, Jenae 1774, §§. 14, 18. — Cocceji, jus controversum, lib. XLII, tit. V, de privil. cred. qu. 3. — Leyser, sp. 484, m. 1; Gmelin a. a. O. Kap. II, §. 4; Ludovici, Einl. zum Konkurs-Proz., Kap. X, §. 13; u. v. A.

38) Z. B. die Sächsische Alte Prozeßordn. Tit. 42, §§. 6 u. 4. — Auch Code civil art. 2101, Nr. 3.

und allen Gesundheitsbeamten und Heildienern ein Personalprivilegium für alle ihre Gebührnisse, welche aus einem gewissen Zeitraume vor Eröffnung des Konkurses rückständig geblieben sind, gegeben. Die Allgemeine Gerichtsordnung [39]) bestimmte, daß nicht bloß im Falle des erfolgten Todes für die letzte Krankheit, sondern sämmtliche in dem letzten Jahre vor eröffnetem Konkurse aufgelaufene Medizinalkosten, und zwar ohne Unterschied, ob dieselben durch Krankheit des Gemeinschuldners, oder der Familie desselben veranlaßt worden, an dieser Stelle gefordert werden könnten; daß das dem Arzt, statt der zu liquidirenden Gebühren, in Pausch und Bogen versprochene Honorarium, sofern dasselbe auf einer ausdrücklichen Verabredung beruhe, für das letzte Jahr vor dem Konkurse, dasselbe Vorrecht habe; ferner, daß selbst noch ältere Rückstände hier gefordert werden könnten, wenn sie sechs Wochen vor Ablauf des Jahres, in welchem sie entstanden waren, gerichtlich eingeklagt und der Prozeß oder die Exekution bis zum Ausbruche des Konkurses ununterbrochen fortgesetzt worden; endlich, daß selbst die Gebühren der Hebamme und des Geburtshelfers für die Entbindung der Ehefrau des Gemeinschuldners mit den Medizinalkosten gleiche Rechte haben sollten. Engherzig aber war diese über das bisherige Recht weit hinausgehende Bestimmung doch darin, daß sie das Vorrecht auf den L o h n des Arztes, Wundarztes, Geburtshelfers und der Hebamme, und auf die Kosten der von einem appro-

39) Th. I, Tit. 50, §§. 367 — 369, 371, Nr. 2. Diese dem Preuß. Rechte eigenthümlichen Bestimmungen befinden sich schon im Corp. jur. Frid. Th. IV, Tit. 12, §§. 40 u. 41, wo auch ein Maximum, wie bei den Begräbnißkosten, v. 10 — 30 Thlr. festgesetzt ist. Aber das war eine Rechtsänderung. Die Vorgänger (das Preußische Landrecht und der Cod. Frid. March. IV, 9, §. 54) hatten Gemeines Recht.

dirten Arzte verschriebenen Medikamente einschränkte; dagegen den Lohn der Krankenwärter [40]), ohne welche doch der Aufwand für den Arzt und Apotheker völlig nutzlos ist, sowie das Fuhrlohn für Herbeiholung des Arztes, wenn der Arzt nicht selbst die Fuhre besorgte, die kreditirte vom Arzt verordnete Krankenkost, und andere dergleichen zur Krankenpflege nothwendige Kosten von dem Vorrechte ausschloß [41]). Die neue Konkursordnung geht in einigen Stücken noch weiter. Die Erweiterung besteht erstens in der Ausdehnung des Zeitraums, aus welchem die Kosten herrühren können. Es heißt: die rückständigen Medizinalkosten seit dem Beginn des der Konkurseröffnung, oder dem Ableben des Gemeinschuldners zunächst vorhergehenden Kalenderjahres [42]). Diese Zeitbestimmung ist aus Rücksicht für die Sitte getroffen, erst beim Beginn des neuen Kalenderjahres die Rechnungen zu schicken; und weil man beabsichtigte, alle diejenigen Rückstände zu privilegiren, welche

---

40) Es ist zwar in der Praxis vorgekommen, daß Gerichte das Krankenwärterlohn an dieser Stelle angesetzt haben, weil die durch die Wartung eines Kranken entstandenen Kosten mit zu den der Krankheit und deshalb ohne Zweifel (? das „ohne Zweifel", und „unbedenklich" ist immer eine Anzeige, daß es an einer Begründung der aufgestellten Behauptung fehlt!) zu denjenigen zu rechnen, welchen die Pr.O. Tit. 50, §§. 367 — 369 das Vorrecht beilege. Ein solches Erkenntniß ist im Centralblatt für 1837, Spalte 494, mitgetheilt. Allein ein solcher Ausspruch ist doch eine Ueberschreitung der Berufsgrenzen des Richters, der die Gesetze nicht zu ergänzen hat. Die §§. 367 — 369 zählen ganz bestimmt die Posten auf, welche das Vorrecht genießen sollen; analoge Anwendungen sind ausdrücklich ausgeschlossen. §. 488 a. a. O.

41) Der gemeine Gerichtsgebrauch war hierin logischer; er ließ alle diese Nebenkosten passiren. Der Cod. Frid. IV, 9, §. 54 schloß aber doch aus alles, „was während der Krankheit an Gewürz und Delikatessen aufgewendet" worden.

42) §. 76 Absatz. Die Eröffnung v. 2. Januar und die v. 31. Dezember des nämlichen Jahres geben einen gleichen Anfangspunkt des privilegirten Zeitraums.

ohne Schuld des Gläubigers noch eingezogen sind, so konnte Vernachlässigung des Einziehungsgeschäfts nach der Meinung der Verf. füglich erst dann angenommen werden, wenn am Schlusse eines Jahres noch Forderungen aus dem vorigen Jahre rückständig sind, die im Laufe des neuen Kalenderjahres hätten beigetrieben werden können[43]). Die zweite Erweiterung besteht in der Aufnahme der Krankenwärter unter die Privilegirten. Nach neuestem Rechte haben nun folgende Gesundheitsbeamten und Heildiener hinsichtlich ihrer gegen den Gemeinschuldner zustehenden, durch Krankheiten seiner Person oder seiner Familie veranlaßten Forderungen wegen ihrer Gebührnisse Vorrecht: 1) Aerzte, 2) Wundärzte, 3) Apotheker, 4) Hebeammen, 5) Krankenpfleger[44]). Diese Alle werden verhältnißmäßig befriedigt, wenn die Masse unzulänglich ist[45]). Die Kosten für Krankenkost passiren hier nicht.

Die „Forderungen wegen ihrer Gebührnisse" umfassen auch die zu den Dienstleistungen nothwendigen baaren Auslagen. Hat also ein Homöopath die Befugniß zum Dispensiren, so setzt er auch die Taxe für die verabreichten Medikamente an; muß ein Arzt rc. reisen, so kann er auch die Reisekosten an dieser Stelle fordern. Hier trifft man auf einen logischen Widerspruch. Hat der Arzt die Reiseunkosten verauslagt, so kann er sie hier liquidiren; hat ein Lohnkutscher aus Auftrag des Gemeinschuldners die An- und Abfuhr auf Kredit geleistet, so erhält er nichts, d. h. er kommt in die IX. Klasse. — Die Forderungen müssen prozeßmäßig klar gemacht wer-

---

43) Motive zum gedr. Entwurf S. 61.

44) Konkursordn. §. 76, Absatz 2.

45) Ebend. §§. 61, 85. Die Medizinalkosten machen nach der Vorstellung, wie die Begräbnißkosten, Eine Post aus, an welcher Mehrere Theil haben.

den. Dazu wird verlangt, daß sie mit Angabe und Berechnung der einzelnen Dienstleistungen nach den zulässigen Sätzen zusammengestellt werden[46]). Es werden also concessionirte Gesundheitsbeamte vorausgesetzt, welchen eine Taxe obrigkeitlich vorgeschrieben ist. Hinsichtlich der Krankenpfleger entscheidet in Ermangelung einer Taxe die Ortsüblichkeit. Prozessualische Spezialvorschriften sind nicht gegeben, weil sie entbehrlich, da die allgemeinen Prozeßgesetze ausreichen[47]). Das Honorar, welches mit dem Gemeinschuldner in Pausch und Bogen verabredet war, genießt das Vorrecht der Gebührnisse nur insoweit, als es den Betrag derselben nicht übersteigt, es müssen daher die Dienstleistungen immer nach der bestehenden Taxordnung einzeln liquidirt und nachgewiesen werden; der Mehrbetrag des Honorars tritt in die IX. Klasse[48]).

Das Vorrecht dieser Personen ist ein privilegium personarum und kann daher weder durch Cession noch durch Zahlungsintervention (jus subintrandi) auf Andere übergehen. Das ist bei der Abfassung der Konkursordnung erwogen worden, doch ist man um den Ausdruck verlegen gewesen, solches besonders zu äußern; man hat beabsichtigt, dieß durch die Fassung erkennbar zu machen, indem man in der Meinung gestanden hat, daß, wie einerseits die Fassung, daß allen Medizinalkosten, welche gegen den Gemeinschuldner zustehen, das Privilegium zustehe, alle diejenigen Kosten, welche der Gemein-

46) Konkursordn. §. 76, Abs. 3.

47) Die alte Konkursordn. §. 367 schrieb besonders vor, daß sämmtliche Rechnungen von dem Collegio medico der Provinz geprüft und festgesetzt sein sollten; eine Ausnahme ließ der §. 358 des Anh. nur bei unbeträchtlichen Forderungen passiren, wenn sie von dem Kontradiktor unbedingt eingeräumt wurden. Von solchen Spezialvorschriften hat man Abstand genommen. Motive zum gedr. Entwurfe S. 61.

48) Konkursordn. §. 76, Absatz 3. Hierdurch soll das Vorrecht auf das gehörige Maß zurückgeführt werden.

schuldner überhaupt schuldig, also auch jene für solche Personen, für welche er zu sorgen hat (Frau, Kinder, Gesinde), umfasse, andererseits auch die Fassung mit den Worten: „Forderungen wegen ihrer Gebührnisse", die Forderungen Dritter ausschließe, welche sich wegen bezahlter Medizinalkosten an den Schuldner bloß regressiren wollen [49]). Darin hat man sich getäuscht; aus der Fassung ist nicht zu entnehmen, daß auch ein Cessionar zu dem Vorrecht nicht berechtigt sein solle, da dieser doch, wie ein Bevollmächtigter, nur das Forderungsrecht seines Machtgebers geltend macht; und man würde, wenn man durch die Auslegung der Worte „ihrer Gebührnisse" auf die Zurückweisung eines Cessionars kommen wollte, weil er nicht seine Gebührnisse fordere, aus demselben Grunde auch einen Mandatar zurückweisen können. Wenn man aber weiß, daß das in Rede stehende Vorrecht nur ein privilegium personarum ist, so kann kein Zweifel aufkommen.

V. Das Leutelohn (Liedlohn). Das Röm. Recht weiß nichts von diesem Vorrechte, weil bei den Römern der freie Gesindedienst nicht vorkam. Ein übereinstimmender Gerichtsgebrauch hat dem Gesindelohn ein Vorrecht beigelegt [50]) und durch Partikulargesetze ist es fast überall bestätigt [51]) und näher bestimmt. Es ist in der neuen Konkursordnung [52]) beibehalten zu dem Zweck, dem

---

49) Motive zum gedr. Entwurfe, S. 61.

50) Man berief sich dabei theils auf Moses V, 24, 13—15, theils auf den Sachs. Sp. B. I, Artt. 22, 24.

51) Auch der Code civil art. 2101, Nr. 4. Die französischen Schriftsteller beriefen sich zur Begründung des Privilegiums auf die Menschlichkeit. Auzanet, über das Gewohnheitsrecht von Paris, n. 176; Henris u. Bretonnier, Tom. I, liv. 4, qu. 20; Louet u. Brodeau, lett. C, n. 29.

52) §. 77, aufgenommen aus der A. G.O. I, 50, §§. 370 ff.

Bediensteten durch ein Vorrecht den nöthigen Schutz zu gewähren, weil ihm nicht zuzumuthen, sogleich nach der Fälligkeit gegen den Dienstherrn zu klagen[53]). Das Vorrecht steht nur solchen Personen wegen ihres Lohnes zu, welche in einem festen Dienstverhältnisse auf eine gewisse Zeit oder auf Kündigung zu dem Gemeinschuldner dergestalt stehen, daß sie ihren ganzen Lebensunterhalt für diese Zeit von dem Gemeinschuldner ziehen, mag der Bedienstete für den Haushalt, die Wirthschaft oder das Gewerbe[54]) des Gemeinschuldners angenommen worden sein. Es ist nicht immer zweifellos, ob in dem Fragefalle eine bestimmte Person zu den Bediensteten in dem hier gemeinten Sinne, zu zählen sei. Das Charakteristische ist, daß dergleichen Personen als Mitglieder des Hausstandes müssen angesehen werden können, welche der hausherrlichen Gewalt unterworfen sind. Folgende Kategorien werden insbesondere, also nur beispielsweise, genannt: Erzieher, Hausoffizianten, Handlungsgehülfen, Handwerksgesellen und Dienstboten[55]). Bloße Tagelöhner und andere dergleichen Personen, welche bloß einzelne Leistungen gegen Bezahlung thun, genießen das

53) Motive zum gedr. Entwurfe, S. 61.

54) Den Gewerbsgehülfen hatte man das Vorrecht streitig gemacht; das Obertrib. hatte deshalb den Rechtssatz festgestellt: „Das Privilegium der zweiten Klasse für die Liedlöhner beschränkt sich nicht auf solche Personen, welche in dem gesetzlichen Sinne für Hausoffizianten oder Gesinde zu erachten sind, sondern muß auch für Bedienstete anderer Art — Handlungsgehülfen, Handwerksgesellen, Wirthschaftsbeamte — anerkannt werden." Pr. 1421 b. vom 1. März 1844 (Entsch. Bd. IX, S. 454).

55) Konkursordn. §. 77. – Vergl. A. G.O. I, 50, §§. 370 — 373. Ein ausführliches alphabetisches Verzeichniß dienender Personen hat Winkler in seinem Progr. de famulorum mercenariorum locatione, Lipsiae 1788; et in illius adversariorum rei judiciariae adnotationibus, zusammengestellt, welches vermehrt sich in Mueller, promptuarium, Vol. II, p. 176 sqq. befindet.

Vorrecht nicht, wenngleich sie Kost erhalten und, was von auswärts Gekommenen öfter geschieht, zeitweise auf dem Arbeitshofe übernachten; denn sie stehen nicht in einer herrlichen Botmäßigkeit, leben nicht bloß von dem Arbeitgeber und kommen und gehen wenn sie wollen. Verwalter, nämlich Wirthschaftsverwalter von großen Gütern (s. g. Wirthschaftsdirektoren) und Verwalter großer Forsten (s. g. Oberförster), welche in der ihnen übertragenen Verwaltung ganz selbstständig sind und nicht unter der unmittelbaren Leitung und Botmäßigkeit des Herrn stehen, gehören gleichfalls nicht zu der dienenden Klasse in dem hier gemeinten Sinne; sie sind nicht Hausoffizianten [56]. Uebrigens aber kommt darauf nichts an: ob der Bedienstete im Hause des Herrn wohnt und am Tische des Herrn ißt, oder ob er für Wohnung und Kost durch das darauf mit berechnete Einkommen abgefunden wird [57]. Auch ist es gleichgültig, daß der Bedienstete ein Handwerker, z. B. ein Schmied oder Stellmacher ist, welcher seine Dienste nur zu Verrichtungen seines Handwerks vermiethet hat [58].

Das Vorrecht steht zu wegen aller Forderungen aus dem Dienstverhältnisse, also nicht bloß an versprochenem baaren Honorar oder Lohn und Kostgeld, sondern auch an Emolumenten, z. B. Deputat, Livree, Tantieme, Messegeld, Stamm- und Schießgeld, Nutzungen von Ackerstücken, Reisediäten, Marktgeldern und wie derglei-

56) Auf sie finden die Vorschriften des zweiten Abschnitts, Tit. 14, Th. I des A. L.R. Anwendung.

57) Vergl. Strube, rechtl. Bedenken, Th. III, Bed. 107; Gmelin a. a. O. Kap. II, §. 7.

58) Dergl. Bedienstete kommen sehr häufig auf Wirthschaftshöfen vor. Vergl. Strube und Gmelin a. a. O., und Ge. Ludw. Boehmer, de jure mercedis opificum in concursu cred. §. 15; in Electa juris civilis, Tom. I, p. 399.

chen Nebeneinkünfte genannt sein mögen[59]), insofern solche nach der Gesindeordnung gefordert werden können[60]). Es ist gleichgültig, ob bei Eingehung des Dienstverhältnisses etwas Bestimmtes über Lohn und Emolumente abgemacht worden ist, oder nicht; im letzteren Falle bestimmt die Polizeibehörde, was einem Gesinde derselben Klasse an dem Orte zur Zeit der Vermiethung der Regel nach gegeben wurde; dieses muß geleistet werden[61]).

Bedingung des Vorrechts ist, daß der Dienstbote zur Zeit der Konkurseröffnung oder des Ablebens des Gemeinschuldners noch in dessen Dienst gestanden hat[62]). Eine Ausnahme gilt in Ansehung derjenigen Hausoffizianten

---

59) Konkursordn. §. 77. — Allg. G.O. I, 50, §. 370.

60) Weihnachts-, Neujahrs- und andere dergleichen Geschenke können nicht gefordert werden, wenn sie auch versprochen sind. Gesindeordnung v. 8. November 1810, §§. 34, 35 (G.S. S. 101).

61) Ebend. §. 33.

62) Unter den gemeinrechtlichen Juristen war dieß streitig. Daß es darauf nicht ankomme, wird u. A. behauptet von Berger, oec. jur., Lib. IV, tit. 31, th. 2, Nota 3; u. el. disc. for. tit. XLII, obs. V, Nr. 1; Wiesand, opusc. p. 40, Nr. III; und von den Praktikern Cramer, obs. jur. un., Tom IV, obs. 1011; Wernher, obs., Tom. III, P. III, obs. 49; Hoffmann, deutsche Rechtspraxis, P. II, §. 1271. Dagegen forderten diese Bedingung u. A. Richter, de jure et privil. cred., Cap. II, membr. III, Nr. 11; Brunnemann, proc. conc., Cap. V, §. 16; Carpzov, jurispr. for., P. I, const. 28, def. 25. Diese stützten sich auf die deutsche Glosse zum Sächs. Sp. B. I, Art. 22, welche sub Nr. IV deutlich sagt: „Zum andern müssen sie zu der Zeit noch am Dienst und unter dem Gesinde sein." Diese Meinung ist es, welche die preußische Gesetzgebung zum Rechtsgrundsatz erhoben hat. Die A. G.O. a. a. O. §. 370 sagte mit ausdrücklichen Worten: „Diejenigen, welche zur Zeit des eröffneten Konkurses bei dem Gemeinschuldner — in Diensten stehen." Die neue Konkursordnung hat diesen Grundsatz im §. 77 durch den Gebrauch des Präsens: „im Dienstverhältnisse zu demselben stehenden Personen", beibehalten.

oder Dienstboten, welche zu der gedachten Zeit bereits des Gemeinschuldners Dienste verlassen haben, alsdann, wenn sie vor dem Ausbruche des Konkurses wegen des rückständigen Lohnes gerichtlich Klage erhoben und den Prozeß oder die Exekution ununterbrochen fortgesetzt haben: in diesem Falle werden sie denjenigen Dienstboten gleich geachtet, welche in des Gemeinschuldners Diensten geblieben sind [63]).

Das Vorrecht gebührt nur den Rückständen aus dem letzten Jahre vor der Konkurseröffnung oder vor dem Ableben des Gemeinschuldners, oder vor Anstellung der Klage [64]); findet also auf das Lohn aus der Zeit nachher nicht Anwendung. Wird der Dienst zum Besten der Massenverwaltung fortgesetzt, so ist der Lohn für diese Zeit eine Masseschuld; bleibt der Dienstbote bei dem Gemeinschuldner, so kann, weil der nun verdiente Lohn eine neue Schuld ist, gar kein Anspruch an die Masse dieserhalb gemacht werden.

Das Vorrecht ist mit dem Gesinde-Miethskontrakt verbunden, mithin ein privilegium causae, und geht daher auf den Cessionar wie auf die Erben über [65]).

VI. In dieser Klasse treffen folgende Gläubiger zusammen:

1) Fiskus nur noch wegen einiger Forderungen, welche nach folgender Geschichte des fiskalischen Privilegiums näher angegeben werden sollen.

63) Konkursordn. §. 77 a. E., vergl. mit §. 373 der A. G.O. a. a. O.

64) Konkursord. §. 77. Die A. G.O. a. a. O. §. 370 hatte einem zweijährigen Rückstande das Vorrecht beigelegt. Gemeinrechtlich sollte eine Zeitbeschränkung gar nicht gelten, nur wurde verlangt, daß der Lohnrückstand dem Dienstherrn nicht gegen Verzinsung gestundet worden sei.

65) Gemeinrechtlich wird das Gegentheil behauptet Harprecht, de juribus domestic., th. 32; Gmelin a. a. O. Kap. II, §. 7.

Das Röm. Recht legt dem Fiskus fast wegen aller Forderungen desselben ein allgemeines Pfandrecht in dem Vermögen des Schuldners bei [66]). In wie fern sich dasselbe aber auch auf die erst nach der Entstehung der fiskalischen Forderung erworbenen Güter erstrecke, und vor andern Pfandgläubigern privilegirt sei, war unter den gemeinrechtlichen Juristen streitig [67]). Die ältere Gesetzgebung bestätigte aber nicht bloß die gemeine Meinung, und legte dem Fiskus ein allgemeines Pfandrecht sowohl in Ansehung des beweglichen als unbeweglichen Vermögens bei, sondern dehnte das ihm zugeschriebene Vorzugsrecht vor allen übrigen Hypotheken- und Pfandgläubigern auch

66) L. 5 C. vectigalia nova institui non posse (IV, 62); L. 1, 2, 4 C. in quibus causis pignus (VIII, 15). Hinsichtlich der wenigen Forderungen, wegen welcher ihm kein Pfandrecht zugeschrieben war, hatte er ein privilegium exigendi. L. 10 pr. D. de pactis (II, 14); L. 6 pr. D. de jure fisci (XLIX, 14).

67) Westphal, vom Pfandrechte, §. 164 bestritt die gemeine Meinung, wonach dem Fiskus eine privilegirte Hypothek zugeschrieben wurde. Dagegen vertheidigten die gemeine Meinung: Hellfeld, de hypotheca fisci tacita in bonis post contractum quaesitis, Ienae 1771 (in Opusc. n. X, p. 242), Cap. I, §. 13; Schott, de vera causa praerogativae hypothecae fisci in bonis a debitore post contractum adquisitis, Lips. 1772; Eichmann, Abhandlung von dem Pfandrecht des Fiskus an den Gütern desjenigen, mit welchem er einen Vertrag eingegangen hat, Jena 1773; und Schott, unparteiische Kritik, Stück 52, S. 166 f. Darauf: Eichmann, Erläuterung der Abhandlung vom Pfandrechte des Fiskus ꝛc. Leipzig 1774, welche Drei über den Grund der fiskalischen Prärogativen uneinig waren. Gegen diese wieder: Westphal, rechtliche Bestärkung der Meinung: daß herrschaftliche Forderungen aus einem Vertrage zwar mit einer stillschweigenden, doch nicht privilegirten Hypothek versehen sind, Halle 1778. Das Vorzugsrecht in bonis administratorum vertheidigt Huber, prael., Lib. XX, tit. 4, §. 8. Dagegen: Mevius, dec., P. IV, dec. 253; Berger, oec. jur., L. II, T. V, §. 3, n. 5; Cocceji, jur. controv. de privil. cred., qu. IX. Die neueren Forschungen haben für das Verständniß der landrechtlichen Gesetzgebung weniger Interesse.

auf alle fiskalische Forderungen aus, mit einziger Ausnahme der Geldstrafen, welche zwar auch ein Pfandrecht hatten, jedoch den eingetragenen Gläubigern nachstehen sollten, wenn nicht etwa das ganze Vermögen konfiscirt war [68]). Dieses fiskalische Privilegium erhielt die erste Einschränkung durch das Edikt vom 19. Aug. 1749 [69]), welches im §. 35 bestimmte, daß der Fiskus in dem Konkurse seiner Pächter, wegen der Forderungen aus dem Pachtkontrakte, nicht den älteren, sondern nur den jüngern Hypothekarien vorgehen solle. Das Edikt v. 3. Aug. 1769 [70]) erweiterte diese Einschränkung auf alle Forderungen des Fiskus aus Kontrakten in der Art, daß alle eingetragenen Hypotheken vorgehen sollten. Das Corp. jur. Frid. ging noch weiter und schränkte das Privilegium des Fiskus wegen der Abgaben auf einen zweijährigen Rückstand ein, verwies die ältern Rückstände hinter die eingetragenen Gläubiger, mit Vorbehalt des Vorzugs in dem Mobiliarvermögen, ließ es in Beziehung auf die Kassenbedienten bei den bestehenden Gesetzen, wonach die eingetragenen Gläubiger nachstehen mußten, und verwies alle kontraktlichen Forderungen, auch die aus Pachtkontrakten, hinter die eingetragenen Gläubiger zur vierten Klasse. Das darauf folgende Edikt v. 8. Januar 1785 [71]) schränkte auf der einen Seite das fiskalische Recht noch weiter dahin ein, daß auch in dem Vermögen der Kassenbedienten die eingetragenen ältern Gläubiger vorgehen, die jüngern aber, wie bisher, nachstehen sollten, stellte je-

---

68) Churm. Landt.-Absch. v. 26. Juli 1653, §. 27; R. v. 2. Januar und 30. März 1653 (Mylius Th. II, Abth. 2, S. 15). — Ed. v. 24. Juli 1707 (Mylius a. a. O. S. 43). — Ed. vom 4. November 1713 (Mylius S. 47). — Hyp.- und Konkursordn. v. 4. Febr. 1722, §§. 135, 181.

69) C. C. M. Cont. IV, S. 163.

70) N. C. C. Tom. IV, S. 6197.

71) N. C. C. Tom. VII, S. 2995.

doch auf der andern Seite das alte Privilegium wegen der Forderungen aus Pachtkontrakten, nicht wegen anderer kontraktlicher Forderungen, wieder her. Die Allgem. Gerichtsordnung hatte die Bestimmungen des Corp. jur. Frid. wieder hergestellt, und die spätere Gesetzgebung hatte dazu das privilegirte Realrecht in dem Vermögen der Kassenbedienten gänzlich aufgehoben, und die Forderungen aus der Kassenverwaltung hinter sämmtliche Realgläubiger zur 4. Klasse verwiesen. Hiernach gehörten also folgende fiskalische, bloß mit einem privilegio exigendi und einem Titel zum Pfandrechte versehene Forderungen [72]) in die damalige IV. Klasse: 1) die ältern als zweijährigen Rückstände der landesherrlichen Abgaben, ohne weitere Einschränkung auf eine Zeit; 2) dasjenige, was der Kridarius dem Fiskus aus einer Bürgschaft, wofür durch Pfand oder Eintragung keine besondere Sicherheit bestellt ist, schuldig geworden; 3) die einem königl. Offizianten, der kein eigentlicher Kassenbedienter ist, anvertrauten Gelder, z. B. vergriffene, für das Depositum bestimmte Gelder (nicht wirkliche Deposital-Defekte, welche von den Depositarien bei königlichen Gerichten gemacht waren; als welche zur zweiten Klasse gehörten); Auktionsgelder, wenn der Zeitpunkt, wo sie hätten abgeliefert werden sollen, nicht früher als vier Wochen vor eröffnetem Konkurse eingetreten war; 4) dasjenige, was der Fiskus aus einem Pachtkontrakte zu fordern hatte; 5) überhaupt alle Forderungen, die dem Fiskus aus einem Kontrakt oder einem andern Grunde zustanden, und kein besseres oder geringeres Vorrecht hatten; 6) der Werth der zu konfiscirenden Sachen, wo derselbe nach besondern Gesetzen an die Stelle der Sachen selbst trat [73]).

---

72) Corp. jur. Frid. P. IV, tit. 12, §§. 33, 36, 55. — A. G.O. a. a. O. §§. 395—400.

73) A. L.R. II, 14, §. 71.

Dieses fiskalische Vorrecht wurde auch für den Landesherrn wegen seiner Privatforderungen in Anspruch genommen[74]; und außerdem hatten es noch die mit fiskalischen Rechten versehenen öffentlichen Institute (§. 401), namentlich: 1) die Bank, welche jedoch darauf in favorem publici, und um ihren Kredit besonders auf auswärtigen Plätzen zu behaupten, Verzicht gethan, und sich dieselben nur gegen ihre Offizianten vorbehalten hatte; 2) die Seehandlungs-Societät, welche sich indeß gleichfalls desselben gegen Kaufleute, in Ansehung ihres kaufmännischen Verkehrs gänzlich begeben; und beim Kreditiren von Seesalz an einen Kaufmann nur auf Einen Monat, vom Tage der Verabfolgung des Salzes an den Käufer vorbehalten hatte, so daß, wenn der Kredit auf längere Zeit gegeben, oder nach Ablauf der einmonatlichen Frist die Klage nicht binnen drei Tagen beim Gericht angemeldet, oder nachher nicht gehörig fortgesetzt worden, die Societät nur wie ein anderer Privatverkäufer zu behandeln war. Gegen ihre Offizianten und gegen Nichtkaufleute hatte die Societät das Vorrecht behalten. 3) Die Allgemeine Wittwen-Verpflegungsanstalt, sowohl gegen ihr Offizianten, als gegen ihre Schuldner[75]. 4) Die Offizier-Wittwenkasse[76]. 5) Die prinzliche Gesammtkammer[77]. 6) Solche gerichtliche Salarienkassen, deren

74) Hinschius, in der juristischen Wochenschrift, Jahrg. 1836, S. 24 u. f.

75) A. G.O. h. t. §. 361. — Regl. für die allgemeine Wittwen- und Verpflegungsanstalt v. 28. Dezbr. 1775 §. 41. (N. C. C. Tom. V, Nr. 63, S. 403.) — Simon und v. Strampff, Rechtsspr. I, S. 71.

76) Kab.O. v. 27. Mai 1796. (Stengel, B. II, S. 222, u. N. C. C. Tom. X, S. 419, Nr. 63.)

77) A. G.O. a. a. O. §. 402. — Ueber die Errichtung der prinzl. Gesammtkammer s. m. K.O. v. 23. Oktober 1737 (N. C. C. Tom. III, S. 1239, Nr. XXIX), und über deren Einrichtung:

Ausfälle aus unmittelbaren Staatskassen gedeckt wurden, wozu auch die Salarienkassen der Oberbergämter gehörten. Die Salarienkassen standen übrigens allen Gläubigern dieser Klasse nach, und wegen Untersuchungskosten und Strafgelder kamen sie erst post omnes [78]). Diese Privilegien sind durch die Konkursordnung vom 8. Mai 1855, bis auf das wegen der zweijährigen Abgabenrückstände unter I, und wegen der hier folgenden Forderungen abgeschafft:

a) Die Forderungen des Fiskus wegen der dem Gemeinschuldner zur Last fallenden Defekte aus einer von demselben geführten Kassenverwaltung oder sonstigen Vermögensverwaltung [79]), wie z. B. die Proviantverwaltungen. Wegen der Unterschlagungen und Diebereien solcher Beamten, welche bloß zur untergeordneten Dienstleistung bei solchen Verwaltungen angestellt sind, z. B. Exekutoren und Diener, ist das Privilegium nicht beibehalten [79a]).

b) Die Forderungen des inländischen Fiskus aus den mit dem Gemeinschuldner geschlossenen Lieferungsverträgen; das Privilegium wegen der Forderungen aus Pachtkontrakten und anderen Verträgen fällt weg [80]).

K.O. v. 4. März und 23. Febr. 1743 (N. C. C. l. c. Nr. XXX, auch in Rabe, Samml., Band I, Abth. 2, S. 114 u. 186). Diese Verwaltungsbehörde ist eingegangen.

78) A. G.O. a. a. O. §§. 402, 403. — Anh. z. A. G.O. §§. 362, 368.

79) Konkursordn. §. 78, Nr. 1. Man hat dieses Privilegium beibehalten, weil es nicht möglich sei, von diesen Beamten eine so hohe Kaution zu erlangen, daß dieselbe für alle Fälle ausreichen würde. Motive zum gedruckten Entwurfe S. 61. Das ist jedoch kein ausreichender Grund, die Gläubiger des Gemeinschuldners darunter leiden zu lassen. Andere Gesetzgebungen, und auch das sonst zum Muster genommene Franz. Recht wissen davon nichts.

79a) Vergl. A. G.O. I, 50, §. 360.

80) Konkursordn. §. 78, Nr. 2. Den Forderungen aus Liefe-

2) Die Forderungen der gerichtlichen Depositorien wegen der dem Gemeinschuldner zur Last fallenden Defekte aus der ihm anvertrauten Depositalverwaltung [81]). Zu den Depositalverwaltern gehören auch die s. g. Depositalkuratoren. Das Asservatorium, welches eine Art von vorläufigem Depositorium ist, hat das Privilegium nicht.

3) Die Forderungen der Hofkammer der königlichen Familiengüter wegen der dem Gemeinschuldner zur Last fallenden Defekte aus einer ihm anvertrauten Kassen- oder sonstigen Vermögensverwaltung [82]).

4) Die inländischen Gerichts- und Auseinandersetzungsbehörden wegen ihrer Forderungen von Gebühren und Auslagen, ohne Unterschied, ob es Untersuchungskosten [82a]) oder andere Gebühren sind [83]). Die Beibehaltung dieses Privilegiums gründet sich auf die Analogie der Gerichtsgebühren mit den Steuern [84]), welcher Grund erst seit Aufhebung der Patrimonialgerichtsbarkeit zutrifft. Gemeinrechtlich wurde den Gerichtssporteln die Natur des Salariums und der Alimente beigelegt und aus diesem Grunde ein Vorrecht für sie in Anspruch genommen.

VII. In diese Klasse bringt die neue Konkursordnung zusammen die Ansprüche: 1) der Kommunal-, 2) der

---

rungsverträgen hat man unter den Rechtsgeschäften des Fiskus das Privilegium deshalb bewahrt, weil die Lieferungsverträge eine Ausnahme davon machen sollen, die Staatskasse im Voraus gegen Verluste zu decken, wie das bei anderen privatrechtlichen Geschäften möglich sei. Motive zum Entw. S. 62.

81) Konkursordn. §. 78, Nr. 1,

82) Ebenda. Die in der A. G.O. §. 402 erwähnte ehemalige prinzliche Gesammtkammer kommt nicht wieder vor.

82a) Die Untersuchungskosten standen sonst post omnes. Ueber der Stelle herrscht nach Gemeinem Rechte eine große Meinungsverschiedenheit. Darüber s. m. I. Ausgabe S. 606.

83) Konkursordn. §. 78, Nr. 3.

84) Motive zum gedr. Entwurf S. 62.

Kreis-, 3) der Provinzialverbände, 4) der landschaftlichen Kreditverbände, 5) der Domkapitel, 6) der Kollegiatstifter, 7) der Klöster, 8) der Kirchen, 9) der Schulen, 10) der milden Stiftungen, wegen der dem Gemeinschuldner zur Last fallenden Defekte aus einer von demselben geführten Verwaltung ihrer Kassen oder ihres sonstigen Vermögens [85]). Diese Klasse der Gläubigerschaft ist zahlreicher geworden, als sie es in dem privilegienreichen früheren Konkursrechte war [86]); und doch hätte sich bei dem gegen die Privilegien genommenen Anlauf kein Privilegium besser zur Abschaffung geeignet als gerade dieses, welches nach seiner Herkunft eben so unecht als nach seiner Begründung hinfällig ist.

Ursprünglich ist es das für die Städte von gemeinrechtlichen Juristen in Anspruch genommene Vorrecht, welches eine so große Ausdehnung erfahren hat, in welcher man es jetzt findet. Das Röm. Recht sprach aber den Städten das stillschweigende Pfandrecht (ein privilegium exigendi hatten sie auch nicht) ausdrücklich ab [87]).

---

85) Konkursordn. §. 79.

86) Vergl. §. 405 der A. G.O. a. a. O., wo z. B. nur den Kämmereikassen, d. h. den Städten, das Privilegium beigelegt war, während es in der neuen Konkursordnung ganz allgemein den Kommunalverbänden gegeben wird.

87) L. 2 C. de jure rei publicae (XI, 29). Auf die Anfrage: ob einem gewissen städtischen Gemeinwesen, dessen Forderung ein Dritter berichtigt hatte, ein Pfandrecht zustehe, reskribirte Antonin: Diese Frage müßte der gehörige Richter untersuchen und entscheiden: „si enim neque beneficio sibi concesso id jus nacta est, neque specialiter in obligatione pignoris sibi prospexit, causa ejus non separatur a ceteris creditoribus, qui habent personalem actionem." Einzelne Städte hatten nämlich entweder durch kaiserliche Verleihung oder nach eigenem Stadtrechte ein allgemeines Pfandrecht wie der Staat, z. B. Antiochien in Cölesyrien. L. 37 D. de rebus auct. jud. poss. (XLII, 5); Plinius, in Epist. ad Trajanum Imperat. Lib. V, c. 23.

Ein Reskript Konstantin's hat bei einem großen Theil der neueren Rechtsgelehrten und Praktiker die Meinung veranlaßt, daß durch dasselbe den Städten ein allgemeines Pfandrecht wegen aller ihrer Forderungen beigelegt worden sei. Davon enthält die Stelle nichts. Konstantin schreibt seinem Statthalter Verin, die Kapitalien aus städtischen Kassen möchten solchen Schuldnern, welche sich im Besitze ihres vollen Vermögens befänden, und die Zinsen prompt bezahlten, belassen werden, da es dem städtischen Gemeinwesen ersprießlich sei, gute Schuldner zu behalten. Darauf folgt eine Verhaltungsregel in Beziehung auf solche Schuldner, welche nach Eingehung des Schuldverhältnisses ihr Vermögen durch Veräußerungen vermindert hätten. „Und weil es Unrecht ist" — sagt der Kaiser —, „die Städte durch Veräußerung von Gegenständen, welche ihnen verpfändet sind (obnoxiis corporibus alienatis), zu beeinträchtigen, so ist angenommen worden, daß, wenn ein Schuldner einer Stadt irgend einen Gegenstand von dem Vermögen, was er zur Zeit, wo er das Geld von der Stadt aufnahm, besaß, an einen Andern übertragen hat, von dem Erwerber ein verhältnißmäßiger Theil der Schuld eingefordert werden solle [88])." Der Kaiser setzt also eine Pfandbestellung voraus, sei es durch ausdrückliche Konvention, oder vermöge besonderen Stadtrechts [89]). Manche haben nicht gewußt, was sie aus dieser Stelle machen sollen, weil ein Pfandrecht untheilbar sei und daher die Theilung der Schuld nicht Folge eines solchen sein könnte, vielmehr die actio hypothecaria in solidum auf Herrausgabe der Sache hätte zustehen müssen, weshalb sie

---

88) L. 2 C. de debitoribus civitatum (XI, 32).

89) So hat schon die Glosse diese Stelle sub lit. o aufgefaßt: obnoxiis, i. e. obligatis expressa conventione, vel ex privilegio tacite non alias: ut supra de jure reipublicae, l. 2 (oben Note 87).

hier eine condictio ex lege gesehen haben[90]). Andere haben aus dieser Vorschrift eine stillschweigende Hypothek eigenthümlicher Art, nämlich mit der Eigenheit, daß die Forderung nicht in solidum sondern nur auf einen verhältnißmäßigen Theil geltend gemacht werden könne, gemacht[91]). Noch Andere haben darin ein den Municipien gegebenes besonderes Vorrecht gesehen, was nicht näher charakterisirt wird[92]). Das Wahre an der Sache ist, daß der Kaiser bloß von einer in Beziehung auf die Municipien angenommenen Verwaltungsmaxime spricht, ohne den Rechtspunkt bei stattgefundener Pfandbestellung zu berühren, einer Maxime, welche bei Aufrechthaltung der bestellten Sicherheit des Gemeinwesens die Schonung des Erwerbers der verpfändeten Sache bezweckte und schwerlich Widerspruch bei diesem finden mochte, da er sich gewiß nicht darüber beklagen konnte, wenn ihm nur ein Theil der Schuld nach Verhältniß des Werths der erworbenen Sache zum ganzen Vermögen des Schuldners abgefordert wurde, während man ihm die ganze Sache hätte wegnehmen können. Soviel erhellet mit Gewißheit, daß diese Stelle mit der L. 2 C. de jure reipublicae (Note 87), wo den Municipien ein stillschweigendes Pfandrecht nach Gemeinem Rechte abgesprochen wird, nicht in Widerspruch steht,

---

90) Darin folgen sie der Gl. a. a. O. in ihrer weiteren Betrachtung: „vel verius dic nec expresse, nec tacite erant obligati, sed dicuntur obnoxii eo quod ipse debitor est obnoxius, et secundum hoc agitur condictione ex lege; si enim esset hypothecaria individua, insolidum esset.“

91) Westphal, Pfandrecht, §. 74, Note 97 a. E.

92) Meißner, stillschweigende Pfandrechte, Th. II, §. 190. — Balduin, comment. de pignor., cap. VII, nennt es „jus aliquod veluti medium inter jus pignoris et privilegium exigendi, propius tamen accedens ad jus pignoris, et exigendi privilegio majus.“ In der Ausg. der Tractat. de pignoribus von Negusantius, Donellus et Balduin, Lugd. 1562, p. 674.

oder als eine Abänderung derselben angesehen werden kann. Gleichwohl nehmen viele Rechtsgelehrten der vorlandrechtlichen Zeit für die Städte ein stillschweigendes Pfandrecht in Anspruch. Aber wegen welcher Forderungen ihnen das Pfandrecht zuzuschreiben sei, darüber gingen die Meinungen dieser Rechtsgelehrten wieder auseinander. Viele von ihnen sahen ein, daß dem Reskripte des Kaisers Konstantin, welches allein von Forderungen im Allgemeinen sprach, doch nicht die Bedeutung beizulegen sei, daß dadurch ein allgemeines Pfandrecht wegen Forderungen aus irgend welchem Rechtsverhältnisse als bestehend und hergebracht bezeugt oder als neu begründet zu betrachten sei. Diese fußten auf eine Analogie. In einem Reskript des Severus[93]) heißt es: „Rempublicam ut pupillum extra ordinem juvari moris est;" und ein Reskript der Kaiser Diokletian und Maximian[94]) sagt: „Respublica minorum jure uti solet, ideoque auxilium restitutionis implorare potest." Man sieht, daß hier nur von der Restitution Rede ist. Aber man bezog diese Aussprüche auf alle Vorrechte der Bevormundeten und bewies damit, daß den Städten auch das stillschweigende Pfandrecht der Pfleglinge in den Gütern ihrer Verwalter gebühre; von einem Pfandrechte wegen Forderungen aus andern Rechtsverhältnissen an den Gütern ihrer Schuldner wollten sie nichts wissen[95]). Diese Gelehrten machten einen Anachronismus und einen Fehlschluß. Wenn nämlich auch durch die gedachten Reskripte (Note 93, 94) den Städten alle Rechte der Pflegebefohlenen hätten beigelegt

---

93) L. 3 C. de jure reipublicae (XI, 29).

94) L. 4 C. quibus ex causis (II, 54).

95) Negusantius de Fano, Tract. de pignoribus, P. II, membr. 4, n. 119; Voet, Pand. L. XX, tit. 2, Nr. 25, 26; Leyser, meditat. ad Pand., sp. 227, m. 1; Zoesii Comment. in D. XX, 2, §. 7, Nr. VII; u. A.

werden sollen; so konnte sich doch darunter das stillschweigende Pfandrecht nicht befinden; denn dieses haben die Pflegebefohlenen selbst erst sehr viel später durch eine Verordnung von Konstantin erhalten [96]); und selbst wenn den Städten das den Pflegebefohlenen beigelegte stillschweigende Pfandrecht zugefallen wäre, so würde daraus nicht folgen, daß die Städte ein solches Pfandrecht an den Gütern aller ihrer Verwalter haben könnten, weil dasselbe den Pflegebefohlenen selbst niemals gegeben worden ist und auch noch heute nicht zusteht: sie haben es nur in den Gütern ihrer Vormünder und Kuratoren. Eine andere große Anzahl von Schriftstellern [97]) blieb jedoch bei jener Instruktion Konstantin's stehen und schrieb den Städten nicht allein an den Gütern ihrer Verwalter, sondern, wie dem Fiskus, an dem Vermögen aller ihrer Schuldner aus Verträgen ein stillschweigendes Pfandrecht zu. Diese Meinung fand zwar vielfachen Widerspruch [98]), wurde jedoch in der Praxis angenommen. Dabei war man nicht stehen geblieben; man legte auch den Kirchen und frommen Stiftungen, ad exemplum civitatum — ad exemplum pupillorum —, ein allgemeines stillschweigendes Pfandrecht bei, welches nach Einigen [99]) bloß am Ver-

96) L. 20 C. de administratione tutorum (V, 37).

97) J. B. Huber, prael. ad Pand., L. XX, tit. 2, §. 5; Carpzov, jurispr. for., P. I, const. 28, def. 115; Stryck, usus mod., Lib. XX, tit. 2, §. 16; u. A.

98) Balduin l. c. (s. Anm. 92); Lauterbach, colleg. theor. pract., L. XX, tit. 2, §. 13; Menke, syst. jur. civ., sec. Pand. Lib. XX, tit. 2. §. 4; Berger, oec. jur., Lib. II, tit. V, th. 1, Nr. II, Nota 3; u. v. A., welche sich bei Martini, proc., tit. 45, §. 3, n. 3 verzeichnet finden.

99) Negusantius, l. c. Nr. 120; Claius (pr. J. H. Boehmer), d. de administratoribus bonorum ecclesiasticorum, cap. III, §. 6 (Halae, 1702, 1742, im vol. I der Böhmer'schen Disputationes Halenses); Huber, prael. l. c. §. 5; Stryck, usus mod., l. c. §. 14; Voet l. c. Nr. 25; Leyser, med. ad Pand., sp. 229, m. 1 et 2; u. A.

mögen der Verwalter, nach Andern [100]) aber auch wegen aller Forderungen aus Verträgen auf das Vermögen der Kontraktsschuldner zustehen sollte. Dieses Vorrecht bewies man für die Kirchen aus einigen Stellen des can. Rechts [1]), wo die Wiedereinsetzung in den vorigen Stand bewilligt worden, weil die Kirchen die Rechte der Minderjährigen genießen; und hinsichtlich der milden Stiftungen auf ein Dekret Clemens' VI [2]), wonach die Vorsteher und Verwalter dieser Anstalten gleich den Vormündern und Kuratoren einen Eid leisten sollten.

Die Territorialgesetzgebungen haben sich der am allerweitesten gehenden Meinung angeschlossen [3]). Das

100) Tiraquell, de privilegiis piae causae, n. 140 et 143; Beuther, de jure praelationis inter concurrentes creditores (deutsch unter dem Titel: Ausführliche Fundamenta und Erklärungen von den Prälations- oder Vorzugsrechten) P. VIII, c. 5; Pistoris obs. et quaestiones, qu. 120, n. 6; Christ. Gottl. Richter, de jure et privilegiis creditorum, cap. II, m. 5; Schultes seu Scultei additiones in Pistoris quaestiones, P. III, qu. 129; Engel, de privilegiis monast., priv. 29; Horn, consultat., respons. et sentent., Class. II, resp. 30; u. A. Dagegen: Harprecht, in trut. XX pign. tacit. spur. §. 3; Mevius, decis., P. VII, dec. 299, n. 4; J. H. Boehmer, jus eccles. prot., Lib. III, tit. 16, §. 25; u. D. de nominibus eccles., cap. I, §§. 16 seq.; in exercit. ad Pand. Tom. III, exerc. 44; Pufendorf, obs. jur. un., Tom. I, obs. 158; u. A., welche bei Harprecht l. c. angegeben sind.

1) Cap. 1, 2, 3, 7 X de in integrum restit. (I, 41); Clem. un. de in integrum restitut. (I, 11). Daß diese Stellen für das behauptete Vorrecht gar nichts beweisen, hat Boehmer im jure eccl. prot. Lib. III, tit. 16, §. 25 klar dargelegt. Huber l. c. beruft sich gar auf L. 11 u. 23 C. de sacrosanctis eccl. (I, 2) zum direkten Beweise des den Kirchen als solchen zustehenden allgemeinen Pfandrechts. Davon kommt dort kein Wort vor; die L. 23 spricht von dem den Legaten gebührenden Pfandrechte, welches auch die Kirchen, wenn sie mit einem Legat bedacht werden, ausüben könnten.

2) Clem. 2 de religiosis domibus (III, 11).

3) Die Magdeburger Pr.-Ordnung verordnet z. B. c. 49, class. 3,

hat auch die preußische allgemeine Gesetzgebung gethan. Der Vorläufer war der Codex Fridericianus Marchicus. Dieser hatte die Bestimmung der Magdeburger Pr.O. (1652) aufgenommen, nur mit der Aenderung, daß die Forderungen aus Kontrakten erst hinter den Forderungen aus der Verwaltung rangiren sollten. Es heißt: „Ferner und 6. stehet sothane Hypothek denen Kirchen, Schulen, Stipendiaten, Hospitalien, Städten und Gemeinen, in den Gütern ihrer Vorsteher und Administratoren zu. — Und erstrecket sich auch 7. diese stillschweigende Hypothek auf aller derer Güter, welche denen Kirchen, Schulen, Stipendiaten und Hospitalien, auch Städten und Gemeinen ex contractu schuldig seyn [4])." In dieser Weise sind die Privilegien durch das Corpus jur. Frid. in die Allg. Gerichtsordnung im Wesentlichen übergegangen, nur sind die Anstalten etwas anders bezeichnet. Ueber das Privilegium in bonis administratorum, welches in die IV. Klasse gesetzt ist, lautet es: „Die landschaftlichen, Kreis= oder Kämmereikassen, ingleichen Domkapitel, Kollegiatstifter, Klöster, Kirchen, Schulen und andere milde Stiftungen, wenn dem Gemeinschuldner die Administration oder Aufbewahrung ihrer Gelder, oder anderer Vermögensstücke überlassen worden, und hiernächst Defekte entstanden sind."

---

§. 55: „Ferner haben die Kirchen, Schulen, Stipendiaten und Hospitalien, Städte und Gemeinen, nicht nur auf ihre Vorsteher und Administratoren, sondern auch auf aller derer Güter, welche den Kirchen, Schulen, Stipendiaten, Hospitalien, auch Städten und Gemeinen, etwas ex contractu schuldig seyn, ebenmäßig ein stillschweigendes Unterpfand von Zeit der aufgetragenen Administration." Die gleichen Rechtsbestimmungen hat das Sächs. Recht in der Proz.O. Tit. 45, §. So seynd auch; §. Weil wir; und O. P. tit. 49 pr. part. 1, const. 28, §. Ferner. Ebenso giebt das Württemberg'sche Landrecht Th. 2, Tit. 8, §. ult. allen den genannten Anstalten, auch den Klöstern, das in Rede stehende Pfandrecht.

4) Th. IV, Tit. 9, §§. 107, 108. Vergl. die vor. Anm. 3.

Und in Beziehung auf die in die V. Klasse gewiesenen Kontraktsforderungen heißt es: „Domkapitel, Kirchen, Schulen, Hospitäler, und andere milde Stiftungen, ingleichen Kreiskassen und Kämmereien, wenn sie mit dem Gemeinschuldner kontrahirt haben, in Ansehung der gegebenen Vorschüsse, oder der aus dem Kontrakte fließenden Verbindlichkeiten [5]).“ Die Landgemeinden hatten hierdurch das Privilegium verloren. Zu bemerken ist hierbei, daß nicht mehr von einer stillschweigenden Hypothek Rede ist, vielmehr das Vorrecht nur als ein privilegium exigendi auftritt, was mit der vollkommnern Entwickelung des preußischen Hypothekenwesens ganz folgerichtig zusammenhängt; die Zurückstellung des Vorrechts der Forderungen aus Kontrakten hat überhaupt keinen geschichtlichen und auch keinen inneren Grund. Die neue Konkursordnung §. 79 hat dieses Vorrecht ganz abgeschafft und nur das Privilegium in bonis administratorum der in Rede stehenden Kommunen und Anstalten wegen der dem Gemeinschuldner zur Last fallenden Defekte aufrecht erhalten. Die Bezeichnungen haben sich wieder geändert.

Das Rechtsverhältniß, in welchem der Gemeinschuldner gestanden haben muß, ist ganz allgemein das der Verwaltung, sei es Kassenverwaltung oder sonstige Vermögensverwaltung. Es ist also nicht erforderlich, daß der Gemeinschuldner in dem Verhältnisse eines Vorstehers (die gemeinrechtlichen Schriftsteller reden immer nur von Stadtvorstehern, Prälaten, Kirchenvorstehern, Hospital- und Waisenhaus-Vorstehern u. dergl., quia scilicet ipsi aequiparantur tutoribus) [6]), oder eines Beamten im eigentlichen Sinne zu der Kommune oder der Anstalt gestanden habe, vielmehr sind auch bloße Gutsverwalter, Wirth-

---

5) Th. I, Tit. 50, §§. 405, 444. Vergl. Corp. jur. Frid. Th. IV, Tit. 12, §§. 60, 87.

6) U. A. Negusantius l. c. Nr. 120—123.

schaftsdirektoren, Forstadministratoren, Fabrikenverwalter und dergleichen Personen, welche nicht zur Kategorie der Hausoffizianten gehören, darunter begriffen. Das Privilegium ist mithin weit über die Intention der Erfinder ausgedehnt. Die Privilegirten sind:

1) Die Kommunalverbände ohne Unterschied. Die Landgemeinden haben also das Privilegium wieder erhalten.

2) Die Kreisverbände. Dabei liegt gleichfalls der Begriff einer Kommune zu Grunde, d. h. eines mit den Rechten einer juristischen Person versehenen bestimmt abgegrenzten Bezirks des Staats, welcher Bezirk aus den darin liegenden städtischen und ländlichen Kommunen und Dominialhöfen besteht, und seine besondere Verwaltung hat [7]).

3) Die Provinzialverbände. Solche bestehen aus den Kreiskommunen einer Provinz und sind erst seit dem Jahre 1823 [8]) vorhanden; als Subjekte von Privatrechten haben sie wenig Bedeutung; sie sind wesentlich politische Körperschaften, nämlich die Organe der verschiedenen Stände der Einwohner der Provinz [9]) und beziehen ihre Geschäftsmittel durch die Kreiskommunalkassen.

---

7) Die Kreiseintheilung des Staats ist zwar alt, aber ursprünglich nur eine willkührliche Abgrenzung der Verwaltungsbezirke. Durch die V. v. 30. Juli 1812; v. 30. April 1815 und durch die Kreisordnungen v. 1825 und 1827 sind jedoch die in den Kreisgrenzen liegenden Gemeinden zu einer politischen Kreiskorporation verbunden, welche ein Gemeindevermögen (die durch Steuern gebildete Kreiskommunalkasse), Kreischausseen, sonst keine nutzbaren Gemeindegrundstücke, besitzt und solche Gemeindelasten, welche den Bereich oder die Kräfte einer einzelnen Kommun übersteigen, als Kreiskommunallasten trägt.

8) G. v. 5. Juni 1823 (G.S. S. 130) und die Gesetze wegen Anordnung der verschiedenen Provinzialstände.

9) Dabei ist natürlich die alte deutsche Ständevertretung vorausgesetzt, welche zu der 1849 eingeführten Landesvertretung nicht paßt. Denn diese ist keine Vertretung nach den alten Ständen, sondern in dem Abgeordnetenhause eine aus allgemeiner Wahl hervorgegangene

Die bestehenden Leih- und Sparkassen sind Anstalten einer Stadt- oder einer Kreiskommune und nehmen daher an deren Rechten Theil.

Die Zünfte und Innungen haben dieses Vorrecht nach heutigem Rechte nicht. Nach älterem Rechte war es zweifelhaft. Das A. L.R. [10]) schrieb ihnen den „in der Konkursordnung näher bestimmten Vorzug in der fünften Klasse" zu; in der Konkursordnung waren sie aber übergangen.

4) Die landschaftlichen Kreditverbände. Dergleichen bestehen nur in einigen Provinzen, namentlich: in Preußen, Posen, Pommern mit Ausnahme von Neuvorpommern, Brandenburg und Schlesien. Das nun geschlossene Schlesische Kreditinstitut ist kein landschaftliches und nicht besonders bedacht; es ist eine Staatseinrichtung und muß deshalb das fiskalische Vorrecht in dem Vermögen seiner Verwalter haben [11]). Die 1855 errichtete Schlesische Darlehnsanstalt ist ein ständisches Provinzialinstitut [12]) und hat mithin das Vorrecht der Provinzialverbände. Die Provinzial-Rentenbanken sind gleichfalls fiskalische Anstalten und rangiren daher in der vorigen Klasse (VI.) Die Staatseisenbahnen gleichfalls; die Privateisenbahn-Gesellschaften haben kein Vorrecht.

Volksvertretung. Das Herrenhaus ist auf andere Weise zusammengesetzt.

10) Th. I, Tit. 8, §. 219. Dieß ist nun aufgehoben. Nach Gemeinem Rechte stritt man darüber. Weisser, Recht der Handwerker, Abschn. III, §. 28, S. 55; Gmelin a. a. O. Kap. IV, §. 19.

11) Darüber enthielt die V. v. 3. Juni 1835 (G.S. S. 101) nichts; wohl aber war dem Institute im §. 43 das Vorrecht der IV. Kl., wegen der Ausfälle an Kapital, Zinsen und Kosten, in dem Vermögen seiner Darlehnsschuldner beigelegt. Dieses Vorrecht des Fiskus und der öffentlichen Institute ist aber durch die neue Konkursordnung aufgehoben.

12) Statuten v. 5. Dezbr. 1854 (G.S. S. 610).

5) Die Domkapitel. Davon ist zu unterscheiden das Nutzungseigenthum des Bischofs: dieser hat kein Vorrecht in dem Vermögen der Verwalter seiner Tafelgüter und seiner Kassen, er steht darin mit den Pfarrern, welche ihre Pfründe verwalten lassen, auf gleicher Stufe.

6) Die Kollegiatstifter.

7) Die Klöster. Sie werden zuerst im Corp. jur. Frid. (Note 5) genannt, sind aber immer unter den frommen Stiftungen (piis corporibus), welchen man allgemein die Rechte der Kirche einräumte, mit begriffen worden [13]).

8) Die Kirchen. Darunter sind die Pfarreien nicht begriffen, wenngleich die Pfarrgüter im Allgemeinen zu den Kirchengütern gehören. Der Grund ist, weil die Pfarrgüter nicht zur Bestreitung der sehr verschiedenartigen Kirchenlasten überhaupt, sondern zum Unterhalt des Geistlichen insbesondere in der Art bestimmt sind, daß er den ausschließlichen Nießbrauch davon hat, so daß eine kirchliche Verwaltung dabei nicht vorkommt. Daraus folgt jedoch, daß, wenn während der Vakanz eine Pfarradministration für Rechnung der Kirche eingesetzt wird, die Kirche ihr Vorrecht auch in dem Vermögen des Pfarradministrators ausüben kann.

9) Die Schulen, worunter auch die Universitäten, Akademien, Seminarien und öffentlichen Lehranstalten aller Art verstanden werden.

10) Die milden Stiftungen. Unter dieser Kollektivbezeichnung werden alle unter der Autorität des Staats getroffene Einrichtungen, Anlagen, Anstalten und gefestigte immerwährende Einkünfte verstanden, welche einen mildthätigen oder frommen Zweck zum allgemeinen Besten

---

13) M. s. Westphäl. Frieden, Art. V, §§. 14 u. 25; L. 23 C. de sacrosanctis ecclesiis (I, 2). — J. A. Boehmer, de nominibus ecclesiasticis, cap. I, §. 6; in Exercit. ad Pand. Tom. III, p. 6.

oder im öffentlichen Interesse haben. Daher ist z. B. die Gründung eines Fonds zur Errichtung und Instandhaltung eines Privatgrabmals keine Stiftung, welcher das Privilegium gebührte. Zu den mildthätigen Stiftungen zum Besten des gemeinen Wesens gehören z. B. Hospitäler, Armenhäuser, Findelhäuser, Waisenhäuser, Krankenhäuser, Blinden- und Taubstummenanstalten, Irrenhäuser, Rettungshäuser, Korrektionshäuser (Besserungsanstalten), Arbeitshäuser, Kinderbewahranstalten, solche Begräbnißgesellschaften, welche aus eigenen Mitteln Arme unentgeltlich beerdigen, Leichenhäuser mit eigenthümlichen Mitteln und dergleichen. Fromme Stiftungen im öffentlichen Interesse sind Anstalten und Fundationen zum Zwecke des äußeren Gottesdienstes, z. B. Errichtung und Dotirung von Altären und Kapellen, des Unterhalts von Geistlichen und Kirchendienern u. dergl.

Treffen von den genannten Gläubigern dieser Klasse mehrere zusammen, so werden sie nicht, wie sonst, nach der Zeit der Uebernahme des Amtes oder der Verwaltung geordnet, sondern sie werden im Falle der Unzulänglichkeit der Masse nach Verhältniß des Betrages ihrer Forderungen gleichzeitig befriedigt [14]).

VIII. Dieß ist die Klasse der Kinder, der Pflegebefohlenen und der Ehefrau des Gemeinschuldners. Das Vorrecht einer jeden Art dieser Gläubiger hat seine eigene Geschichte.

1) Die Kinder des Gemeinschuldners mit den Ansprüchen wegen ihres in dessen Händen befindlichen Vermögens, soweit dasselbe nicht vindicirt werden kann, oder nicht durch Unterpfand besonders sichergestellt ist. Dazu gehört auch der bei Ehescheidungen von dem schuldigen Theile den Kindern auszusetzende Pflichttheil [15]). Nach

14) Konkursordn. §§. 61, 62 u. 85.
15) A. L.R. II, 2, §. 464.

Gem. R. haben die Kinder nur wegen der bona materna oder materni generis (was von der Mutter oder von mütterlichen Ascendenten, ex materna linea herkommt) bloß ein simples Pfandrecht, und auch dieses ist unter den Juristen nicht unbestritten [16]). Diejenigen, welche den Kindern, wegen des mütterlichen Dotalguts, auch außer dem Falle der Konkurrenz mit der Stiefmutter, das Privilegium beilegen, weisen ihnen wegen dieses Theiles ihres Peculii diese Klasse an. Das ältere Preuß. Recht gab ihnen unbedingt das Vorrecht der vierten Klasse wegen alles dessen, was sie von einem Dritten, außer dem Vater, erhalten haben und in den Händen des Vaters geblieben ist. Es hat aber nicht Alles, was der Vater seinen Kindern schuldig ist, das Vorrecht der vierten Klasse. Dieß läßt sich aus der Geschichte der Peculien [17]) genau bestimmen. Ursprünglich konnten Kinder unter väterlicher Gewalt gar kein Eigenthum haben, alles, was sie erwarben, gehörte dem paterfamilias. Nachher machte man mit dem s. g. peculium castrense [18]) und quasi castrense [19]) eine

16) Es wird aus L. 6, §. 4 C. de bonis quae liberis (VI, 61) hergenommen. Leyser, sp. 164, m. 8; sp. 166, m. 2; sp. 226, m. 4. — Strube, rechtl. Bed., B. III, Nr. 53. — Hellfeld, de diverso pignoris jure liberis in bonis parentum competente; in opusc. p. 116. — Meißner, Lehre v. stillschw. Pfandrecht, §. 132. — Glück, Th. XIX, S. 134. — Pfeiffer, prakt. Ausführungen I, S. 34. — Bestritten ist es von Löhr im Archiv für civil. Praxis B. IX, S. 71. Dagegen: Mayer in der Tüb. krit. Zeitschrift II, S. 110, und Puchta in Schunk's Jahrb. V, S. 280. Auch Franke, Erläut. einzelner Rechtsmaterien, S. 108. Hiergegen wieder: Löhr im Archiv B. X, S. 386.

17) C. Rau, historia juris civil. de peculiis. Lips. 1770.

18) Paulus, sent. rec. III, 4, §. 3. — L. 1 C. de castrensi peculio (XII, 37). — Haubold Nota 1 zu Heineccii antiq. II, 9, §. 2.

19) L. 1, §. 15 D. de collat. (XXXVII, 6); L. 3, §. 5 D. de bonor. poss. (XXXVII, 1). — Heineccii antiq. rom. L. II, tit. 9, §. 2, Nota a.

Ausnahme, indem man hieran den Haussöhnen ausschließlich das Eigenthum und die Verwaltung zugestand. So lange das Eigenthum mit der Verwaltung nach diesen Arten der Peculien zwischen Vater und Sohn gänzlich getrennt war, bedurfte es keiner Sicherheitsmittel für den Einen oder den Andern. Als aber später an den sonstigen Peculien das Eigenthum den Kindern beigelegt, und den Vätern Nießbrauch und Verwaltung in der Regel (eine Ausnahme machte das s. g. peculium adventitium irregulare, wie Neuere dasjenige Vermögen nennen, welches den Kindern sub modo, daß ihnen davon auch der Nießbrauch zustehen solle, von mütterlichen Verwandten zugewendet worden) gelassen wurde (peculium adventitium regulare)[20]), da zeigte sich das Bedürfniß, den Kindern das in den Händen des Vaters bleibende Eigenthum derselben zu sichern. Die erste Theilung des Eigenthums und Nießbrauchs zwischen Vater und Kindern geschah an dem Vermögen, welches die Kinder von der Mutter erbten, durch eine Verordnung Konstantin's des Gr.[21]). Später wurde dieß auf Alles, was von den mütterlichen Ascendenten, den Ehegatten oder Verlobten der Kinder an sie kam, ausgedehnt[22]), und Justinian erweiterte die Bestimmung auf Alles, was den Kindern außer dem Vater auf irgend eine andere Art zufiel[23]). Bis auf Justinian hatten indeß die Kinder noch keine Hypothek an dem Vermögen des Vaters, wegen ihres in dessen Nieß=

20) L. 5 D. de jure dot. (XXIII, 3). — L. 50 D. ad S. C. Treb. (XXXVI, 1). — L. 52 D. de acquir. vel omitt. hered. (XXIX, 2). Vergl. §. 1 Inst. per quas person. (II, 9); L. 6 C. de bon. quae lib. (VI, 61). — Rau l. c. §. 9.

21) L. 1 C. de bonis maternis (VI, 60). — L. 1—3 C. Theod. eodem.

22) L. 2, 3 C. Justin. u. L. 4, 6, 7, 9 C. Theod. eod. — L. 1—5 C. de bon. quae lib. (VI. 61). — L. 1 C. Theod. eod.

23) L. 6 C. eodem.

brauch und Verwaltung befindlichen Vermögens; erst dieser legte ein solches den maternis, celerisque donationibus, quas servare necesse est, bei, um dieses in der väterlichen Gewalt befindliche Vermögen sicher zu stellen [24]). Wegen des nicht unter der väterlichen Verwaltung stehenden Vermögens blieb alles beim Alten. Es waren selbst die bona extrinsecus acquisita, von welchen den Kindern das Eigenthum zugeschrieben, und den Vätern der Nießbrauch gelassen wurde, ausgenommen (Note 24), die Praxis hat jedoch, wegen der Gleichheit des Grundes, auch auf diese die Hypothek ausgedehnt [25]). Allein darüber waren die Meinungen, in Uebereinstimmung mit dem Justin. Rechte, einförmig, daß wegen desjenigen Vermögens der Kinder, welches nicht vermöge der väterlichen Verwaltung, sondern unter einem andern Titel in dessen Hände gekommen war, den Kindern keine Hypothek zustehe. Man stritt nur darüber, ob auch wegen desjenigen Vermögens, wovon dem Vater ausnahmsweise auch der Nießbrauch nicht zustand (peculium adventitium irregulare), im Falle der Verwaltung durch ihn das Pfandrecht gelte. Von Einigen wird dieses behauptet [26]); Andere leugnen es unbedingt [27]), weil die Hypothek nur für den Fall eingeführt sei, wenn dem Vater der Nießbrauch und die Verwaltung vermöge seiner väterlichen Gewalt zustehe [28]), nicht aber für die Fälle, wo der Vater gar kein Recht zur Admini-

24) L. 8, §. 4, 5 C. de secund. nupt. (V, 9). Nur wegen der lucrorum nuptialium hatten ihnen schon früher die Kaiser Leo und Anthemius ein stillschweigendes Pfandrecht an dem Vermögen der Mutter beigelegt. L. 6, §. 2 C. eodem.

25) Carpzov, jurispr. forens. P. I, const. 28, def. 113. — Negusantius, de pign. et hyp. P. II, membr. 4, N. 113 sq.

26) Hellfeld, de diverso pign. etc. §. 31.

27) Lauterbach, colleg. theor. pract., L. XX, tit. 2, §. 58. — Meißner a. a. O. §. 133.

28) L. 8, §. 5 C. de sec. nupt. (V, 9).

stration habe, und wo ein besonderer Kurator bestellt werden müsse [29]). Hiernach wird die Hypothek versagt, wenn Kinder, welche nicht mehr unter väterlicher Gewalt stehen, von ihrem mütterlicher Seits erworbenen Vermögen, dem Vater etwas zur Verwaltung überlassen, oder wenn der Vater solches Vermögen seiner, noch in väterlicher Gewalt befindlichen Kinder, in Verwaltung nimmt, wovon ihm die Administration rechtlich nicht zusteht [30]). Das ältere Preuß. Recht gab den Kindern in dem Vermögen des Vaters das Vorrecht der vierten Klasse wegen des ererbten, von ihren Pathen [31]), oder von andern als dem Vater [32]) geschenkten oder sonst eigenthümlich erworbenen Vermögens, welches der Vater an sich genommen hatte, desgleichen wegen Alles, was die Kinder an Gelde oder Geldeswerth von einem Dritten, außer dem Vater, geschenkt erhalten, oder sonst erworben hatten, und in den Händen des Vaters geblieben war [33]). Vergleicht man diese Bestimmung mit ihrer Quelle, dem Gemeinen Rechte, so ist klar, daß nur dasjenige Vermögen gemeint ist, welches der Vater vermöge seiner väterlichen Gewalt an sich genommen hat, oder was vermöge derselben in seinen

29) Nov. 117, c. 1 in f.

30) Meißner a. a. O. §§. 134, 136, 138.

31) Ueber die Pathengeschenke war ein alter Streit unter den Rechtsgelehrten. Einige hielten sie für ein Eigenthum der Kinder, Andere für ein Eigenthum des Vaters, dem sie als eine Unterstützung, oder als eine Vergeltung für die Bewirthung der Pathen, zugewendet würden. M. s. u. A. Thomasius, de hyp. tac. propter pecuniam lustricam, Hal. 1717. — Wernher, obs., P. I, obs. 19. — Hellfeld l. c. §. 33. — Leyser sp. 166, m. 2. — Carpzov, jur. for. P. II, const. 24, def. 18. Das Pr. R. hat die erstere Meinung angenommen. Cod. Frid. March. IV, 9, §. 106; A. G.O. a. a. O. §. 327; A. L.R. II, 2, §. 157.

32) Nur der bei Ehescheidungen ausgesetzte Pflichttheil aus dem Vermögen des Vaters macht eine Ausnahme. A. L.R. II, 2, §. 464.

33) A. G.O. a. a. O. §§. 327, 417, 418. — A. L.R. II, 2, §. 157.

Händen geblieben ist[34]), und daß mithin dasjenige, was ihm die nicht mehr in seiner Gewalt befindlichen Kinder überlassen[35]), oder was ihm von der Verwaltungskuratel aus demjenigen Vermögen, wovon ihm zufolge gesetzlicher Anordnung die Verwaltung von Anfang nicht zusteht, oder nachher entzogen ist, gegeben worden, das Vorzugsrecht dieser Klasse nicht hatte. Der Fall, wo er die ihm rechtlich nicht zustehende Verwaltung faktisch übernommen hatte, welches öfter geschieht, wenn das Vormundschaftsgericht keine Anzeige von dem Dasein des Falles einer einzuleitenden Kuratel erhält, hat nach älterem Pr. Rechte keinen Einfluß auf die Rechte der Kinder. Denn in diesem Falle ist der Vater ein solcher, welcher sich pro curatore gerirt; und in dem Vermögen der Pro-Tutoren und Kuratoren haben die Kuranden eben dasselbe Vorrecht, wie in dem Vermögen der wirklichen Tutoren und Kuratoren; nach der alten Konk.-O. kamen aber Pupillen und Minderjährige mit der actio tutelae ebenfalls in die IV. Klasse. — Nach dieser geschichtlichen Darlegung kommen wir auf die Fassung der Bestimmung der neuern Gesetzgebung über diesen Gegenstand. Es heißt zum VIII: „Die Ansprüche der Kinder des Gemeinschuldners wegen ihres gesetzlich in

34) Das war streitig geworden. In den Gerichten, und auch bei dem Obertribunal hatte sich die Meinung Geltung zu verschaffen gesucht, daß der Grund, aus welchem Vermögensstücke der Kinder in den Händen des Vaters sich befinden, keinen Unterschied in Ansehung des Vorrechts mache. Diese Meinung wurde von dem Plenum des Obertribunals verworfen, indem der Plenarbeschluß (Pr. 1129) v. 9. Mai 1842 als Rechtsgrundsatz feststellte: „Der §. 418, Tit. 50, Th. I der A. G.O., lautend: Eben dahin gehört auch Alles, was die Kinder an Gelde, oder Geldeswerth, von einem Dritten, außer dem Vater, ererbt, geschenkt erhalten, oder sonst erworben haben, und in den Händen des Vaters geblieben ist, — findet auf eine Schuldforderung an den Gemeinschuldner, welche durch Erbgangsrecht Eigenthum seiner Kinder geworden ist, keine Anwendung." (Entsch. Bd. VIII, S. 209).

35) Vergl. Meißner a. a. O. §. 136 u. die vorst. Anm. 34.

die Verwaltung und Nutznießung, oder nur in die Verwaltung des Gemeinschuldners gekommenen Vermögens[36]). Darnach soll das Vermögen in die Verwaltung des Gemeinschuldners 1) gekommen sein. Das alte „geblieben" ist ausgemerzt. Dieß paßt nicht auf Vermögen der Kinder, welches aus dem Vermögen des Vaters auf sie übergegangen und in den Händen des Vaters geblieben ist, namentlich wird damit nicht der Pflichttheil, welchen der Vater als schuldiger Theil bei seiner Scheidung von der Mutter seiner Kinder diesen hat aussetzen müssen[37]), getroffen. Gleichwohl hat der Verfasser geglaubt, dieser Pflichttheil sei in der Fassung begriffen und darnach zu beurtheilen[38]). Das Letztere meine ich zwar auch, auf Grund des nicht abgeschafften §. 464, Tit. 2, Th. II des A. L.R.; aber die Konkursordnung sagt es nicht. Denn wenn man bei der Auslegung den Nachdruck auch auf „die Verwaltung", in welche das Vermögen gekommen, legen sollte, so würde damit nichts gewonnen sein, weil ja der Theil, welchen der Vater von seinem Vermögen an seine Kinder künftig abgeben soll, mit seinem gesammten Vermögen schon in seiner Verwaltung befindlich ist und bleibt, nicht aber jetzt erst kommt. — Das Vermögen soll ferner 2) auch gesetzlich in die Verwaltung des Gemeinschuldners gekommen sein. Damit ist gemeint, daß die Verwaltung dem Gemeinschuldner kraft des zwischen ihm und den Kindern bestehenden väterlichen Rechtsverhältnisses gebühren müsse, und daß er vermöge seiner väterlichen Gewalt das Vermögen in seine Verwaltung genommen habe. Damit ist das Vorrecht den Kindern wegen desjenigen Vermögens, an welchem dem Vater aus einem besondern Grunde die Verwaltung

36) Konkursordn. §. 80.
37) A. L.R. II, 2, §. 461—464.
38) Motive zum gedr. Entwurf, S. 63.

rechtlich nicht zusteht, die er sich jedoch angemaßt hat, anstatt daß eine Verwaltungskuratel hätte bestellt werden müssen und bestellt worden sein würde, wenn der Vermögensanfall der Vormundschaftsbehörde angezeigt worden wäre, — genommen. Daß die Fassung diese Tragweite haben würde, hat man nicht bedacht; man hat durch das „gesetzlich" das freiwillig in Verwaltung gegebene Vermögen von dem Vorrechte ausschließen wollen.

Eine Frage ist: ob die Kinder ein gleiches Vorrecht auch in dem Vermögen der Mutter wegen desjenigen, was ihnen dieselbe schuldig ist, haben. Der Grund dazu ist hier nicht vorhanden. Das R. R. kennt ein Pfandrecht in dem Vermögen der Mutter nur wegen der lucrorum nuptialium[39]), welche den Kindern bei Einschreitung der zweiten Ehe zufielen, aber dem Parens zur Nutznießung und Verwaltung blieben. Dieser Fall ist dem Pr. R. fremd, dagegen ist ein neuer durch den in gewissen Fällen bei der Ehescheidung den Kindern auszusetzenden Pflichttheil eingeführt[40]). Außerdem ist dem Preußischen Rechte ein Vorrecht der Kinder in dem Vermögen der Mutter als solcher unbekannt.

Das Vorrecht geht nicht auf die Cessionarien und Erben über, wie unter der folgenden Ziffer näher gezeigt ist, und erlischt, wenn die Forderungen nicht binnen zwei Jahren nach Beendigung, oder nach der hinsichtlich minderjähriger Kinder bei der Vormundschaftsbehörde angezeigten Beendigung der gesetzlichen Vermögensverwaltung des Gemeinschuldners durch Klage geltend gemacht und bis zur Konkurseröffnung ununterbrochen verfolgt worden sind[41]).

---

39) L. 6, §. 2 C. de secundis nuptiis (V, 9).

40) A. L.R. II, 2, §§. 461, 462, 464.

41) Konkursordn. §. 81. Die Frist für die Dauer des Vorrechts ist neu eingeführt, um dasselbe nur auf so lange zuzugestehen, als einer-

2) Die Pflegebefohlenen des Gemeinschuldners. Nach Röm. Recht hatten dieselben anfangs nur ein privilegium exigendi [42]), welches auch gegen diejenigen, welche sich unberufen die vormundschaftliche Verwaltung angemaßt hatten (Protutoren), ausgedehnt war [43]), und nicht weniger Allen, welche aus anderen Ursachen als wegen Unmündigkeit unter Pflegschaft gestellt waren, z. B. den Wahnsinnigen, Blödsinnigen, Tauben und Stummen, von den klassischen Juristen zugestanden, wogegen es gegen bloße Güterpfleger, z. B. Abwesenheitskuratoren, Massenverwalter, abgesprochen wurde [44]). Von einem Pfandrechte, wegen der Ansprüche solcher Personen aus der Vormundschaft, an allen Gütern ihres Vormundes ist erst unter Konstantin die Rede, wobei ausdrücklich auch nur Pupillen, Minderjährige und Wahnsinnige genannt werden [45]), weshalb die Neueren darüber stritten: ob es auch anderen Pflegebefohlenen, namentlich den Verschwendern, den Abwesenden, Taubstummen u. dergl. zustehe. Wegen Forderungen, welche der Pflegebefohlene aus einem anderen Rechtsgrunde als aus der Vormundschaftsverwaltung, an den Pfleger, während der Pflegschaft erworben hatte, also wegen solcher Ansprüche, welche nicht mit der actio tutelae directa vel utilis geltend gemacht werden konnten, stand weder das persönliche Pri-

seits es das Bedürfniß erfordert und andererseits die Kinder nicht getrieben werden, ihre Ansprüche mit Zurücksetzung der kindlichen Ehrfurcht ohne Zeitverlust gerichtlich geltend zu machen. Motive zum gedr. Entwurf, S. 63.

42) L. 42 D. de administr. et peric. tutor. (XXVI, 7).

43) L. 19, §. 1; L. 33 D. de rebus auct. jud. poss. (XLII, 4).

44) L. 19 — 22 D. eodem.

45) L. 20 C. de administr. tut. (V, 37); L. 7, §. 5, 6 C. de curat. furios. (V, 70); L. un. §. 1 C. de rei uxor. actione

vilegium noch das Pfandrecht zu[46]). Dem Privilegium wie dem Pfandrechte waren auch alle Personen unterworfen, gegen welche die tutelae und utilis curationis causa actio gebraucht werden konnte, also auch die tutores honorarii et notitiae causa dati[47]), wie die zur Vormünderin ihrer Kinder bestellte Mutter[48]), nicht aber obrigkeitliche Personen (Vormundschaftsbehörden)[49]), da sie nicht mit jener Klage belangt werden können.

Das Preußische Recht kann ein stillschweigendes Pfandrecht, wegen seines eigenthümlichen Pfand- und Hypotheken-systems, nicht anerkennen, es hat seit Einrichtung der öffentlichen Grundbücher, den Pflegebefohlenen nur ein persönliches Privilegium eingeräumt. Das vorige Konkursrecht macht als privilegirte Personen namhaft Unmündige, Minderjährige, Blödsinnige, Verschwender und Abwesende, und legt ihnen das Privilegium wegen ihrer Ansprüche aus der Verwaltung nicht allein in dem Vermögen ihrer Vormünder oder Kuratoren, sondern auch derjenigen, welche sich der Verwaltung ihres Vermögens angemaßt haben (Protutoren), bei[50]); wogegen es sich nicht auf das Vermögen bloßer Ehrenvormünder, insofern sie sich nicht einer wirklichen Verwaltung unterzogen haben, erstreckt[51]). Auch Kreditmassen, nicht aber Nachlaßmassen, haben ein, doch in die nächstfolgende V. Klasse zurückgesetztes, Vorrecht in dem Vermögen der für dieselben bestellten Kuratoren, wegen der von diesen gemachten Defekte[52]). — Das neue

46) L. 1 i. f., L. 2 D. de tutelae et ration. distrah. (XXVII, 3).

47) L. 1 C. de periculo tutorum (V, 38).

48) Nov. 22, c. 40 i. f.

49) L. 1, §. 14 D. de magistratibus conveniendis (XXVII, 8): „privilegium in bonis magistratus pupillus non habet —“.

50) A. G.O. I, 50, §. 421; A. L.R. II, 18, §§. 295, 297.

51) A. L.R. a. a. O. §. 298.

52) A. G.O. a. a. O. §. 442. Gemeinrechtlich ist dieß Vor-

Recht giebt das Vorrecht nur den „Ansprüchen der Pflegebefohlenen des Gemeinschuldners wegen ihres gesetzlich in die Verwaltung des Gemeinschuldners gekommenen Vermögens"[53]). Durch diese Fassung wird die Zahl sowohl der bevorrechteten als der belasteten Personen vermindert. a) Aus der Zahl der Berechtigten scheiden unzweifelhaft aus die Kreditmassen. Der Titel zum Pfandrecht, d. i. der Rest des alten stillschweigenden Pfandrechts, ist ihnen zwar erhalten[54]), dieser giebt jedoch kein Vorrecht im Konkurse. Zweifelhaft kann es sein, ob die Abwesenden das Privilegium behalten haben. Denn es soll nur Pflegebefohlenen, d. h. physischen Personen, welche für ihre Person mit ihrer Habe unter Pflegschaft stehen, gebühren, und die Abwesenheitskuratel ist wesentlich eine Güterpflegschaft, die sich überdieß auf die Güter beschränkt, welche der Abwesende hier zurückgelassen hat; mit der Person des Abwesenden sowie mit dessen vielleicht sehr bedeutendem Vermögen, hat die hiesige Vermögenskuratel gar nichts zu schaffen[55]). Gleichwohl halte ich dafür, daß nach der herrschenden Anschauung von der Bedeutung

---

recht, welches als eine Ausdehnung des stillschweigenden Pfandrechts der Pflegebefohlenen erscheint, streitig. Einer der älteren Vertheidiger ist Negusantius P. II, m. 4, n. 9. Die Meisten bestreiten es, z. B. Harpprecht, trutina pignorum XX tacitorum, vel in dubio spuriorum vel summa dubiorum (Tub. 1705), deutsch: von Pfändungen (Zelle, 1718), §§. 10, 11. Im Preuß. R. tritt dieses Vorrecht zuerst auf im Corp. jur. Frid., Th. IV, Tit. 12, §. 86. Der Codex Frid. March. und die codifizirten Provinzialrechte, z. B. das Preuß. Landrecht, die Magdeburger Pol.- und ProzeßO., kennen es noch nicht.

53) Konkursordn. §. 80.

54) Einf.-Ges. v. 8. Mai 1855, Art. LXI, Nr. 4.

55) A. L.R. II, 18, §. 19. Die heutige Vorstellung über die Abwesenheitskuratel hat sich noch nicht abgeklärt. M. vergl. Schles. Arch. Bd. I, S. 383 ff.; Entsch. des Obertrib. Bd. VIII, S. 320; Bd. XVII, S. 87 ff; Glück, Commentar, Bd. XXXIII, S. 292.

und den Befugnissen eines Abwesenheitsvormundes[56]) der Abwesende von dem Privilegium nicht ausgeschlossen sein soll. b) Das Vorrecht soll nur in dem Vermögen eines solchen Gemeinschuldners zustehen, in dessen Verwaltung die Güter des Pflegebefohlenen gesetzlich gekommen sind. Damit ist das Vorrecht in dem Vermögen derjenigen Personen, welche sich der Verwaltung eigenmächtig angemaßt haben (Protutor, falscher Vormund), aufgehoben. Dieß ist jedoch ohne praktische Bedeutung, da nach der preußischen Einrichtung ein Fall solcher Verwaltung kaum vorkommen kann. Hinsichtlich der Vormünderin Mutter hat sich nichts geändert.

Das Vorrecht geht nicht auf die Erben und Rechtsnachfolger über. Das ehemalige stillschweigende Pfandrecht war zwar mit der causa verbunden[57]) und ging daher, als ein dingliches Recht, nach der richtigen Meinung[58]), mit der Sache selbst über. Das ältere privilegium exigendi aber war ein persönliches, welches sowohl den Cessionarien wie den Erben des Pupillen ausdrücklich abgesprochen wurde[59]). Das neue Preußi-

56) Darüber s. m. Entsch. des Obertrib. Bd. XVII, S. 90.

57) L. 20 C. de administrat. tutor. (V, 37); L. un. §. 1 C. de rei uxoriae act. (V, 13); Nov. 118, c. 5.

58) Dainlein, d. de transitu hypothecae tac. in bonis tutorum ad haeredes pupilli, Altorf. 1742; Bauer, de pignore pupilli, §§. 25 — 30; Bergius, electa disc. for., tit. 45, obs. 1, n. 2; et resol. legum obst., Lib. XX, tit. 2, qu. 1; Mevius, dec., P. VIII, dec. 393; Brunnemann, comment. ad L. 20 C. de administr. tutor. (V, 37); Gmelin a. a. O. Kap. 4, §. 19; u. v. A. Bestritten wurde es von Richter, de jure et. priv. cred., diss. 8, p. 220; Struve, synt. jur. civ., ex. 26, th. 20; Berlich, concl., P. I, concl. 67, n. 32; Menken ad Pand. L. XX, tit. 2, §. 1; u. A.

59) L. 42 D. de administr. tutor. (XXVI, 7): „in rem suam procurator datus privilegium pupilli non habebit, quod nec heredi pupilli datur: non enim causae, sed personae succurritur, qua

sche Konkursrecht hat nur dieses persönliche Privilegium beibehalten und deutet durch die vorhin angegebene Fassung an, daß dasselbe den Pflegebefohlenen des Gemeinschuldners für ihre Person zustehen soll.

Das Vorrecht erlischt, wenn die Forderungen nicht binnen zwei Jahren nach Beendigung der gesetzlichen Vermögensverwaltung des Gemeinschuldners im Wege der Klage geltend gemacht und bis zur Konkurseröffnung ununterbrochen verfolgt worden sind [60]). Wird nach Beendigung der Verwaltung die daraus dem gewesenen Pflegebefohlenen zustehende Forderung umgewandelt und dagegen der bisherige Vormund oder Kurator förmlich quittirt und dechargirt; so ist dadurch das Vorrecht mit der Forderung, wegen welcher dasselbe eben zustand, erloschen [61]), es kann also die neue Forderung, wenngleich dieselbe binnen zwei Jahren nach Beendigung der Verwaltung klagend geltend gemacht und bis zum Ausbruche des Konkurses ununterbrochen verfolgt worden ist, im Konkurse nicht geltend gemacht werden. Ein Vergleich über die Ansprüche des gewesenen Pflegebefohlenen ändert jedoch hinsichtlich des Vorrechts nichts [62]). Ist es zweifelhaft, ob durch die vorgefallene Rechtshandlung die Forderung aus der Vermögensverwaltung, und damit das Vorrecht erloschen sei; so entscheidet der Umstand: ob dem gewesenen Vormunde oder Kurator wegen seiner Verwal-

---

meruit praecipuum favorem." — L. 19, §. 1 D. de rebus auct. jud. poss. (XLII, 5): „— ipse autem pupillus habet privilegium, sed ejus successores non habent." Die irrige Uebertragung dieser Bestimmungen auf das später eingeführte stillschweigende Pfandrecht seitens einiger Rechtsgelehrten hat diese veranlaßt, den Uebergang desselben zu bestreiten. M. s. die vor. Anm. 58.

60) Konkursordn. §. 81.

61) A. L.R. II, 18, §§. 888, 892.

62) L. 10 D. in quibus causis pignus (XX, 2).

tung Quittung und Decharge ertheilt worden ist, oder nicht.

3) Die Ehefrau des Gemeinschuldners wegen ihres in den Händen desselben befindlichen Vermögens. Die Geschichte dieses Vorrechts ist etwas verworren. Um eine Einsicht zu gewinnen, muß unterschieden werden das Römische Recht, das aus dessen Anwendung gebildete Gemeine Recht, und das Preußische Recht, sowie die verschiedenen Arten von Vermögen, welches eine Ehefrau nach dem einen und dem andern haben konnte.

A. Römisches Recht. Darnach kommt vor: die Dos, das Paraphernum und die donatio propter nuptias.

a) Die Dos. Nach dem Pandektenrechte hatte die Ehefrau, wegen der Rückforderung ihrer Dos, insoweit sie dazu berechtigt war und die Gegenstände nicht mehr in Natur zurückgegeben werden konnten, nur ein privilegium exigendi[63]), welches, gleich allen persönlichen Privilegien, an die Person der Frau gebunden war, d. h. auf einen Andern nicht übergehen konnte[64]), wovon später Justinian in Ansehung der Kinder und der weiteren Nachkömmlinge der ersten Frau nur in dem einzigen Falle, wenn sie mit der zweiten Ehefrau ihres Vaters zusammentrafen, eine positive Ausnahme machte[65]). Justinian änderte das Dotalrecht durch mehrere Verord-

63) L. 74 D. de jure dotium (XXIII, 3), wiederholt in der L. 17, §. 1 D. de rebus auct. jud. poss. (XLII, 5); L. 19 pr. D. eodem.

64) L. un. C. de privilegiis dotis (VIII, 74); §. 29 Inst. de action. (IV, 6); Nov. 61 c. 1 i. f.

65) L. 12, §. 1 C. qui potiores in pignore (VIII, 18); Nov. 91, c. 1. Viele dehnen den Uebergang auf die Kinder 2c. auch auf Kollisionsfälle mit anderen Gläubigern aus; auf diese Meinungsverschiedenheit kommt jedoch hier nichts weiter an. Darüber ausführlich: K. A. v. Kamptz, Revision der Lehre vom Uebergang des Brautschatzprivilegiums auf die Descendenten der Ehefrau. Berlin 1811. 8.

nungen ganz um. Zuerst[66]) schrieb er im J. 529 zur Beseitigung der Schwierigkeiten, welche die Gläubiger dem Privilegium dadurch machten, daß sie wegen des dem Gemeinschuldner zustehenden Eigenthums an der Dos ihr Pfandrecht daran geltend machten, vor, daß die Ehefrau alle noch in Natur vorhandene Gegenstände, ohne Unterschied, ob sie dem Manne nach einem gewissen Preise überliefert worden seien, oder nicht, solle vindiciren können, weil sie im natürlichen Eigenthume der Ehefrau verblieben seien, und daß dieselbe zugleich auch eine hypothekarische Klage, mit einem Vorzugsrechte vor Allen, haben solle, damit ihr für beide Fälle, möge man diese Gegenstände für das natürliche Eigenthum der Frau ansehen, oder für einen Theil des Vermögens des Mannes erachten, vollständig geholfen werde[66a]). Dann folgte im nächsten Jahre 530 eine Verordnung, durch welche, neben einem wunderlichen Gemisch über die Klagen in Betreff der Dos, den Ehefrauen wegen derselben ein allgemeines stillschweigendes Pfandrecht an dem Vermögen des Ehemannes beigelegt wurde[67]), und bald darauf (531) wurde damit noch ein Privilegium verbunden, vermöge

---

66) L. 30 C. de jure dotium (V, 12).

66a) L. 30 C. de jure dotium (V, 12). Die Widersinnigkeit, daß an der nämlichen Sache dem vindikationsberechtigten Eigenthümer zugleich auch ein Pfandrecht wegen des Werths derselben zustehen solle, was sich gegenseitig aufhebt (L. 45 D. de reg juris), hat eine Reihe von Auslegungen verursacht, von welchen keine befriedigt. Die Stelle ist nicht durch Auslegung klar zu machen, weil der ausgesprochene Gedanke widersinnig ist, und kein Mensch wissen kann, ob der konfuse Erklärende dabei einen anderen Gedanken, und welchen anderen juristischen Gedanken, gehabt hat. Am passendsten ist es, der Frau ein elektives Wahlrecht zuzuschreiben, wenn ihr das Eigenthum streitig gemacht wird.

67) L. un. C. de rei uxoriae act. (V, 13).

dessen die Dos den Vorzug vor allen anderen älteren Hypotheken haben sollte[68]).

b) Das Paraphernum, d. i. dasjenige Vermögen, welches die Frau, ohne ausdrückliche Bestellung zur Dos, dem Manne zugebracht und anvertraut hatte, war bis auf Justinian ohne alles Vorrecht. Dieser gab den Frauen, zur Sicherheit ihrer Ansprüche wegen dieses Vermögens, soweit es nicht in Natur zurückgenommen werden konnte, ein allgemeines Pfandrecht an dem Vermögen des Mannes, aber kein Privilegium[69]). Nach dem Wortlaute der Stelle ist zwar dieses Pfandrecht nur wegen der Gelder, welche der Ehemann durch Einziehung eingebrachter Forderungen erhoben, und auch dieß nur unter der Voraussetzung, daß in den Ehepakten nicht eine konventionelle Hypothek dafür bestellt worden ist, gegeben; doch findet die gemeine Meinung darin die Beilegung eines stillschweigenden Pfandrechts wegen des sämmtlichen Paraphernalvermögens[70]).

c) Die donatio propter nuptias ist weder nach dem Pandektenrechte mit einem privilegium exigendi, noch in dem Justinian'schen Rechte mit einem stillschweigenden Pfandrechte ausdrücklich gesichert. In mehreren Codexstellen ist zwar von einem Pfandrechte für diese Dos Rede, doch ist in keiner derselben ein stillschweigendes Pfandrecht beigelegt. Die älteste Stelle ist die L. 29 C. de jure dotium v. J. 528, worin es a. E. heißt, daß

68) L. 12 C. qui potiores in pignore (VIII, 18); Nov. 97, c. 3.

69) L. 11 C. de pactis conventis (V, 14); L. 12, §. 2 C. qui potiores in pignore (VIII, 18).

70) Ein Unterstützungsgrund dafür findet sich auch in den Basiliken, Tom. IV, p. 539, wo schon auf Grund der L. 29 C. de jure dotium, welche freilich eine ausdrückliche Hypothekbestellung voraussetzt, der Frau eine Hypothek wegen des ganzen Paraphernalvermögens zugeschrieben wird.

nach[71]) Auflösung der Ehe hinsichtlich der Dos und der donatio ante nuptias nach Maßgabe des Inhalts des Ehekontrakts die Rechte vollständig ausgeübt werden könnten. Daß hier eine ausdrückliche Pfandbestellung vorausgesetzt sei, ist unstreitig, zumal die Einführung eines stillschweigenden Pfandrechts für das Heirathsgut jünger ist. Die andere Stelle ist die L. 12 C. qui potiores in pignore v. J. 531. Hier wird der Hypothek für die Dos ein Privilegium beigelegt und im §. 2 beigefügt: Doch wird dieß bloß in Betreff der Dos und nicht der donatio ante nuptias, welche der Ordnung nach an die Zeit der Entstehung gebunden bleiben und unter den Gläubigern ihrer Zeit nach gestellt werden soll, bestimmt. Von einer stillschweigenden Hypothek kommt nichts vor. Eine dritte Stelle findet sich in der Nov. 97, Kap. 3, wo Justinian a. E. mit Bezug auf das dem Privilegium wegen der Dos so eben beigelegte Vorrecht sagt: Wir gestatten nicht, daß sie (die Ehefrauen) rücksichtlich der Dos Schaden leiden, da es schon genug ist, daß sie ihren Gewinn verlieren, wenn Pfandrechte vorhanden sind, welche älter als die donatio propter nuptias sind. Das heißt auch weiter nichts, als daß das Pfandrecht wegen dieser donatio, wenn ein solches bestellt worden ist, nach dem Alter rangiren soll. Die Hauptstelle ist die Nov. 109, Kap. 1. Hier heißt es: „*dedimus* privilegium mulieribus dotium in donationibus autem propter nuptias secundum tempora, per quae fiunt, hypothecas habere," und weiter: „quia et hoc privilegium, et tacitas hypothecas, et omnia alia, quae mulieribus omnibus in diversis privilegiis *a nostris legibus data sunt*, illis damus solis etc." Dieß ist ein Zeugniß Justinian's, daß er den Weibern auch wegen der donatio propter nuptias

71) Hauptsächlich verhält sich die Stelle über die Rechte der Frau während der Ehe im Falle der Verarmung des Mannes.

eine stillschweigende Hypothek durch ein Gesetz gegeben habe; aber die Verordnung selbst, durch welche solches geschehen, fehlt. Doch genügt dieses Zeugniß des Gesetzgebers selbst vollkommen, um den Rechtsgrundsatz, daß die donatio propter nuptias mit einer stillschweigenden Hypothek versehen ist, als feststehend anzusehen[72]) und den dagegen von einigen Rechtsgelehrten erhobenen Widerspruch für unbegründet zu erachten.

Streitig ist: ob die Vorrechte der Ehefrau auch der vermeintlichen Ehefrau, d. i. einer solchen, welche ohne es zu wissen in einer nichtigen Ehe lebt (putativen Ehefrau), zustehen. Gewiß ist nur, daß ihr nach dem Pandektenrechte das privilegium exigendi wegen der Dos zuerkannt wird, aber doch nur als ein Quasiprivilegium[73]). Bei der späteren Einführung des stillschweigenden Pfandrechts geschieht dieses Verhältnisses keine Erwähnung. Wollte man der putativen Ehefrau auch das Pfandrecht einräumen, so würde dieß eine ausgedehnte Anwendung und die Einführung einer Quasihypothek sein, wovon das ganze Römische Recht nichts weiß. Diejenigen also, welche in solcher Weise den deutlichen Inhalt

---

72) Unter den zahlreichen älteren Schriftstellern, welche dafür einstehen, sind besonders zu erwähnen: J. G. Heineccius, diss. uxor Romana per propter nuptias donationem de alimentis secura tantum, Halae 1740; Cujac., paratit. I ad Cod. Lib. V, tit. 14. — Chr. Ludw. Runde, comment. de historia, indole ac vi remediorum securitatis, quibus jure romano prospectum est creditoribus debitoris obaerati per privilegia personalia, hypothecas tacitas et privilegia hypothecarum (Gott. 1794), §. 42.

73) L. 22, §. 13 D. soluto matrim. (XXIV, 3): „Si mulier in conditione mariti erraverit, putaveritque esse liberum, cum servus esset: concedi oportet quasi privilegium in bonis viri mulieri: videlicet ut — haec praeferatur circa de peculio actionem." Vergl. L. 17, §. 1; L. 19 pr. D. de reb. auct. jud. poss. (XLII, 5); L. 74 D. de jure dot. (XXIII, 3).

der geschriebenen Rechtsquellen vermehren, überschreiten die Regeln der Auslegung und übernehmen den Beruf des Gesetzgebers.

B. Gemeines Recht. Das gemeine deutsche eheliche Güterrecht ist, abgesehen von der in mannigfacher Gestalt vorkommenden Gütergemeinschaft, ein buntes Gemisch von römischen und deutschen Rechtsgrundsätzen ohne innern Zusammenhang und nicht in allen Territorien dasselbe. An weiblichen Vermögensarten kommen vor: Dotalgüter, Paraphernalgüter, Receptitien (bona receptitia), Aussteuer, Gegensteuer (Widerlage, Gegenvermächtniß), Morgengabe, Leibgeding, Wittum, Hochzeitgeschenke.

a) Wegen des Dotalgutes (Heirathsguts), welches, wenn es nicht in liegenden Gründen bestehet, auch Ehegeld, Ehesteuer genannt wird, finden unbestritten die römischen Rechtsgrundsätze in Beziehung auf die Vorrechte der Ehefrau Anwendung; man räumt ihr daher auch das stillschweigende privilegirte Pfandrecht ein.

b) Die Paraphernalgüter, worunter man dasjenige bewegliche und unbewegliche Vermögen der Frau versteht, welches sie, ohne daß darüber eine Verabredung getroffen worden, in die Ehe mitgebracht hat, kommen in manchen Gegenden, vermöge des sich dort erhaltenen Restes des deutschen Mundiums des Ehemannes über die Frau, von Rechts wegen in die Verwaltung und den Nießbrauch des Mannes. Hier ist in dieser Hinsicht kein praktischer Unterschied zwischen der Dos und dem Paraphernum[74]) und es ist folgerecht, die Vorrechte, wel-

74) So ist es z. B. in Preußen, wo seit dem A. L.R. dem Manne die Rechte des Nießbrauchers an dem eingebrachten sämmtlichen Vermögen, ohne Unterscheidung von Dos und Paraphernum, zustehen (A. L.R. II, 1, §. 231 ff.), und auch in Sachsen seit dem Gesetz v. 4. Juni 1829 (G.S. 1829, S. 103).

che wegen der Dos zustehen, gleichfalls einzuräumen. Wo hingegen das Mundium und der daraus fließende Nießbrauch des Mannes nicht vorkommt, gelten die römischen Rechtsgrundsätze über Bestellung der Dos und über die Paraphernalgüter[75]).

c) Die Receptitien, wozu auch die s. g. Spiel- oder Trüffelgelder gehören, sind dasjenige Vermögen, welches sich die Frau bei Eingehung der Ehe zur freien Verfügung vorbehalten hat. Daran hat der Mann gar kein Recht, weshalb man auch der Ehefrau wegen Forderungen, welche ihr aus diesem Vermögen an den Mann entstanden sind, kein Pfandrecht und kein Vorrecht einräumt[76]).

d) Die Aussteuer, Ausstattung (apparatus et instructus muliebris) ist ein Inbegriff beweglicher Sachen, welcher zur Einrichtung des ehelichen Hausstandes dem Ehemann von der Frau noch neben dem Heirathsgute, oft aber auch als das einzige Vermögen der Frau, zugebracht wird. In beiden Fällen wird ihr nach der gemeinen Meinung die rechtliche Natur und damit auch das Vorrecht der Dos beigelegt[77]).

e) Die Widerlage (Gegenvermächtniß, donatio pro-

---

75) Pufendorf, obs., Tom. IV, obs. 71; Glück, Commentar, Bd. XXV, S. 268; Paulsen, holsteinisches Privatrecht, S. 234; Mittermaier, deutsches Privatrecht, §. 392. — J. C. Spener, cogitationes in jus Romanum et Germanicum de usufructu maritali in bonis uxoris. Viteb. 1726. 8.

76) Lauterbach im Comp. juris p. 406; und im Colleg. th. pract. L. XX, tit. 2, §. 35; Cocceji, jus controv., L. XX, tit. 2, qu. 10; Carpzov, jurispr. for., P. II, const. 24, def. 4; Berger, oec. jur., L. II, tit. 5, th. 4, Nota 4; u. A. Einige waren anderer Meinung, z. B. Struve, L. II, tit. 35, §. 14, h.

77) J. G. Estor, de adparatu et instructu muliebri (Marb. 1774), §§. 2, 53, 64; Pufendorf, obs. jur. univ., Tom. I, obs. 206, §. 14; Strube, rechtl. Bed., Th. 1, Nr. 53, S. 133 ff. Manche behaupten auch hier das Gegentheil, z. B. Gmelin a. a. O. S. 159.

pter nuptias, contrados) kommt da vor, wo die Frau dem Manne, außer der Aussteuer, ein Heirathsgut in der Bedeutung der römischen Dos zubringt. Ist sie wirklich als Gegengabe, in der Bedeutung der römischen donatio propter nuptias, bestellt [78]), und nicht etwa unter dieser Benennung nach der Absicht der Vertragenden eine andere deutsche Vermögensart, z. B. Wittum, Leibgeding, Morgengabe, verschrieben; so räumt ihr die gemeine Meinung auch das Vorrecht ein, welches der römischen donatio propter nuptias zusteht [79]).

f) Die Morgengabe ist, wenn sie nicht in der Ehestiftung ausdrücklich zugesagt ist, ein freiwilliges Geschenk, welches der Ehemann seiner Neuvermählten am ersten Morgen nach der Hochzeit an Gelde oder Kleinodien macht, oder in einer während der Ehe verzinslichen Geldsumme verspricht oder auch wohl in gewissen Nutznießungen während der Ehe erweiset. Nur in den beiden letzten Fällen hat die Frage nach einem Vorrechte im Konkurse ein praktisches Interesse. Nach Gemeinem Rechte steht diesem Vermögenstheile unbestritten kein Vorrecht zu [80]).

78) Hoffmann, different. juris romani et germanici in donatione propter nuptias. Francof. 1727. — Pufendorf, obs. jur. univ., Tom. II, Nr. 39; Tom. III, Nr. 121. — Koehler, de contradote jur. german. Kil. 1837.

79) Richter, de privil. creditor., Cap. 3, sect. 1, §. 2; Brunnemann, de proc. conc. cred., Cap. 5, §. 34; et Stryck in der Note dazu, verb.: hypothecam; Wernher, obs., Vol. VI, P. VIII, obs. 334. Wie sich denken läßt, finden sich auch hiergegen von mehreren Seiten Widersprüche, die jedoch meistens darauf beruhen, daß nicht unterschieden wird, was für ein Recht nach der Absicht der Paciscenten hat festgesetzt werden sollen. Darüber s. m. Tob. Jac. Reinhardt, de uxore in donatione propter nuptias neque dominium neque hypothecam habente. Erf. 1729. — Selchow, elem. juris german. priv., §. 324 (445).

80) Harpprecht, trutina, §. 6; Gmelin a. a. O.

g) Das Leibgeding, auch Dotalitium genannt, ist, wenn die Paciscenten unter dieser Benennung nicht ein Gegenvermächtniß gemeint haben, was durch Willensauslegung festgestellt werden muß, der Preis für das Heirathsgut, welches der Mann behalten soll[81]), und eine Art der Wittwenversorgung. Es ist gleichsam eine für das Heirathsgut erkaufte Leibrente, die auch in einem Nießbrauche bestehen kann, und welche mit dem Tode des Ehemannes in Wirksamkeit treten soll. Die Meinung, daß dieser Vermögensart dasselbe Vorrecht im Konkurse des Mannes gebühre, welches dem Heirathsgute selbst zusteht, ist so allgemein, daß ein Rechtsgelehrter, welcher eine widersprechende Meinung hat, eine Seltenheit ist[82]).

h) Das Wittum (vidualitium) ist eine der Frau von dem Manne ohne Rücksicht auf das ihm eingebrachte Heirathsgut verschriebene Wittwenversorgung. Da neben

---

Kap. III, §. 5; Selchow, elem. jur. Germ. priv., §. 327 (448), Not. 2; v. Bülow und Hagemann, praktische Erörterungen, Bd. II, Nr. 45, S. 317. Manche Territorialgesetzgebungen haben jedoch ein stillschweigendes Pfandrecht beigelegt, z. B. das Baiersche Landrecht, S. 41.

81) Einige nennen es das sächsische Leibgeding — dotalitium saxonicum — im Gegensatze zum Wittum, welches keine Beziehung zum Heirathsgut hat.

82) Bestritten wird das privilegirte Pfandrecht von Nettelbladt, de dotalitio, §. 56 und den dort angeführten Juristen, sowie von Meißner, Lehre vom stillschweigenden Pfandrechte, §. 176, Nr. 3. Die gemeine Meinung gründet sich auf die petitio principii, daß das Leibgeding ein Surrogat der Dos sei. Wo man die Sache selbst haben oder behalten kann, aber freiwillig für etwas Anderes hingiebt, da kann von einem Surrogat nicht Rede sein. Die Dos hat hier die Bedeutung eines Kaufgeldes für eine Leibrente; darum hat die andere Meinung besseren Grund. Doch kommt es darauf nicht mehr an, weil die gemeine Meinung einmal herrscht und von den meisten Territorialgesetzgebungen angenommen ist.

derselben das Heirathsgut, wenn ein solches gegeben worden ist, zurückgefordert werden kann, so ist die Meinung, daß mit dieser Vermögensart der Frau kein Vorrecht verbunden, ebenso allgemein, wie die umgekehrte Meinung in Betreff des Leibgedings (g); doch kommen auch hier einzelne abweichende Meinungen vor[83]).

i) Die Hochzeitgeschenke, welche die Neuvermählten von andern Personen erhalten, gehören, soweit sie der Ehefrau gebühren, zum Paraphernalvermögen und haben daher ebendasselbe Vorrecht. Das Gleiche gilt von Brautgeschenken.

C. Preußisches Recht. AA. Aelteres. Das ältere Recht schließt sich an das Gemeine Recht, mit einigen Modifikationen an:

a) Das Dotalvermögen, Heirathsgut, Ehegeld, sowie

b) das Paraphernalvermögen, welches alles unter der Benennung des „Eingebrachten" zusammengefaßt wird, hat ohne Unterschied des Namens, welchen es führt, ein privilegirtes stillschweigendes Pfandrecht, d. h. einen Titel zum Pfandrechte mit einem Vorzugsrechte, und erhält daher nach der früheren Rangordnung seinen Platz in der IV. Klasse[84]).

c) Die Receptitien, welchen nach Gemeinem Rechte keinerlei Vorrecht zugestanden wird (B, c), haben eine stillschweigende einfache Hypothek und sind deshalb, nach der alten Rangordnung in die V. Klasse gesetzt. Nach

83) Hofacker, principia juris, §. 488. Vergl. Dabelow, vom Konkurse der Gläubiger, S. 527; Schweppe, Konkurs, S. 83; Kori, Konkursprozeß, S. 281.

84) Codex Frid. March. Th. IV, Tit. 9, §. 77; Corpus jur. Frid. Th. IV, Tit. 12, §. 61; A. G.O. Th. I, Tit. 50, §. 406. Vergl. Preuß. Landrecht Th. I, B. I, Tit. 49, §. 18, §. 10, Nr. 4. Die Paraphernalien haben nach 21 kein Privilegium, sondern nur ein einfaches stillschweigendes Pfandrecht.

dem ältesten allgemeinen Konkursrechte, dem Codex Frid. March., ist es sogar zweifelhaft, ob sie nicht ein privilegirtes stillschweigendes Pfandrecht haben sollen. Denn im §. 77, Th. IV, Tit. 9, wo das eingebrachte Ehegeld wegen seines stillschweigenden Pfandes nebst einem privilegium personale in der IV. Klasse unter Nr. II angesetzt ist, wird den Receptitien die gleiche Stelle angewiesen und im §. 119 ist wiederholt, daß die Receptitiengelder wegen ihrer mit einem privilegio personali verknüpften stillschweigenden Hypothek zur IV. Klasse gehören; weiterhin aber heißt es in der V. Klasse §. 105: „Die Frauen haben 4. wegen ihrer Receptitien, — gleichfalls hypothecam tacitam, und zwar nach der Zeit, da der Mann solche administriret." Dieser Widerspruch findet sich in den späteren Redaktionen gehoben, wo den Receptitien, welche dem Manne zur Verwaltung überlassen, nicht etwa zum Darlehn gegeben worden sind, bestimmt nur die V. Klasse, als die Klasse der Inhaber einer stillschweigenden Hypothek ohne Privilegium, angewiesen wird[85]).

d) Die Aussteuer, Ausstattung, kommt in der Rangordnung nicht besonders vor, weil sie zum Eingebrachten gehört, soweit sie nicht zum persönlichen Gebrauche der Frau bestimmt, mithin vorbehaltenes Vermögen ist[86]).

e) Die Widerlage oder das Gegenvermächtniß hat sowie nach Gemeinem Recht (B, e und A, c) ein einfaches stillschweigendes Pfandrecht und ist folglich in die dafür bestimmte V. Klasse gesetzt[87]).

85) Corp. jur. Frid. Th. IV, Tit. 12, §§. 64 u. 84; A. G.O. I, 50, §§. 409, 433.

86) A. L.R. II, 1, §§. 247, 248, 206.

87) Cod. Frid. Th. IV, Tit. 9, §. 105; Cod. jur. Frid. Th. IV, Tit. 12, §. 85; A. G.O. I, 50, §. 434.

f) Der verschriebenen Morgengabe war anfangs, gegen die gemeine Meinung (B, f), ein einfaches stillschweigendes Pfandrecht beigelegt und damit die V. Klasse angewiesen [88]); bei den neuen Redaktionen der Prioritätsordnung wurde diese Vermögensart sogar als eine privilegirte in die IV. Klasse gesetzt [89]).

g) Das Leibgeding hat die privilegirte stillschweigende Hypothek, welche ihm gemeinrechtlich beigelegt wird (B, g), behalten und steht deshalb in der IV. Klasse [90]).

h) Das Wittum, welches nach der herrschenden Meinung gemeinrechtlich gar kein Vorrecht hat (B, h), ist mit einer einfachen stillschweigenden Hypothek versehen und in die V. Klasse gesetzt [91]).

i) Die Hochzeits- und Brautgeschenke werden sowie nach Gemeinem Rechte (B, i) zum Paraphernalvermögen gerechnet, und haben daher mit diesem ein gleiches Vorrecht, welches nach Preußischem Rechte, abweichend von Gemeinem Rechte, eine privilegirte stillschweigende Hypothek (IV. Klasse) ist [92]).

BB. Heutiges Recht. A. Das neue Recht hat das eheweibliche Vorrechtswesen sehr vereinfacht. Der Entwurf der jüngsten Konkursordnung wollte die Vorrechte der Ehefrauen wegen ihrer verschiedenen Ansprüche, soweit dieselben nicht mittelst ihres Vindikations- oder

88) Cod. Frid. Th. IV, Tit. 9, §. 105. Das Preuß. Landrecht kennt ein Vorrecht für sie nicht.

89) Corp. jur. Frid. Th. IV, Tit. 12, §. 61; A. G.O. Th. I, Tit. 50, §. 406.

90) Cod. Frid. March. §. 78; Corp. jur. Frid. Th. IV, Tit. 12, §. 63; A. G.O. a. a. O. §. 408.

91) Corp. jur. Frid. a. a. O. §§. 64, 85; A. G.O. a. a. O. §§. 409, 434. Der Codex Frid. und das Preußische Landrecht wissen davon noch nichts.

92) Corp. jur. Frid. a. a. O. §§. 61 u. 23; A. G.O. a. a. O. §. 406 c. E. u. §§. 312, 313.

ausdrücklich bestellten Unterpfandsrechts befriedigt werden, alle ohne Ausnahme unterdrücken, wobei auch die Kammerkommissionen nichts zu erinnern gefunden hatten Aber durch ein Amendement wurde in den Kammern folgender Satz eingeschaltet: „Der Ehefrau des Gemeinschuldners, mit Ausnahme der Ehefrauen von Handelsleuten, Schiffsrhedern und Fabrikbesitzern, gebührt wegen ihres gesetzlich in die Verwaltung und Nutznießung des Ehemannes gekommenen Vermögens, soweit sie nicht vermöge ihres Rückforderungs- oder Pfandrechts befriedigt wird, ein gleiches Vorrecht mit demjenigen der Kinder und Pflegebefohlenen [93]).“ Der heutige Rechtsstand ist folgender:

a) Das Dotalvermögen
und
b) das Paraphernalvermögen } welches unter der Benennung des Eingebrachten zusammengefaßt ist,

hat in dem Vermögen des Gemeinschuldners, wenn er nicht Handelsmann, Schiffsrheder oder Fabrikbesitzer ist, das Vorrecht dieser Klasse VIII.

Hinsichtlich der Beweisführung über die Einbringung wurde von jeher, schon von gemeinrechtlichen Rechtsgelehrten, dem bloßen Anerkenntnisse des Ehemannes die Beweiskraft gegen die Gläubiger abgesprochen [94]); man

---

93) Konkursordn. v. 8. Mai 1855, §. 80, Alinea 2.

94) Gail, obs., II, obs. 81, n. 2 sagt: „Nec sufficit sola confessio et cautio mariti de solutione dotis: quia talis confessio ipsi marito et ejus heredibus bene praejudicat, sed non tertio, — non probat talis confessio in praejudicium creditorum anteriorum.“ Ebenso heißt es bei Lauterbach, coll. th. pr., Lib. XX, Tit. 2, §. 28: „Sola confessio mariti — ad dotis numerationem probandam, in praejudicium creditorum, non sufficit, quia non tam est confessio, quam potius testimonium, in ejus favorem; creditorum vero praejudicium,“ welchen Satz die Meisten wiederholen. Vergl. Carpzov, jurispr. for., P. I, c. 28, def. 72; Leyser, spec. 320, m. 8 sqq.; Mueller ad Struv., exerc.

verlangte vielmehr zum Beweise des Einbringens Zeugen, oder gerichtliche Auszahlungsprotokolle, oder wenigstens außer dem Bekenntnisse des Mannes noch den Nachweis solcher Umstände, aus welchen Anzeigen für das Einbringen hervorgehen, um in diesem Falle der Frau den Erfüllungseid anzuvertrauen[95]). Nach diesem Vorgange verordnete die preußische Gesetzgebung[96]): „Solcher Beweis aber wird nicht allezeit mit des Mannes bloßer Quittung geführet, sondern nur auf den Fall, wenn zugleich die Quittung des Mannes von zweien unverwerflichen Zeugen mit unterschrieben ist; wenn aber die Illation nur semiplene erwiesen, alsdann wird die Frau mit dem juramento suppletorio billig zugelassen, nämlich: wann sie durch eines unverwerflichen Zeugen Aussage, daß sie das angegebene Ehegeld wirklich inferirt, beigebracht hätte; desgleichen wann der Mann von einem Andern als der Frauen oder deren Eltern das Ehegeld empfangen und darüber quittirt hätte[97]), oder wenn andere Umstände und Anzeigen sich ereigneten, worauf die Vermuthung zu nehmen, daß das Geld eingebracht, z. E. wenn die Frau mit Erbrezessen erwiesen, oder andere Do-

XXX, th. 55, lit. γ.; Voet., comment. ad Pand., L. XXIII, 3, Nr. 17; J. H. Boehmer, consil., Vol. I, T. II, resp. 576, n. 5 u. resp. 601, n. 11; Strube, rechtl. Bed., Th. IV, Nr. 107, und die bei Lauterbach l. c. genannten Rechtsgelehrten. Ludowici hat eine besondere Abhandlung darüber geschrieben, unter dem Titel: de probatione illationis dotis. Halae 1711. Der Lehrsatz gründet sich auf L. 9 pr C. de bonis proscriptorum (IX, 49): „Dos etiam, non quae aliquoties inaniter dotalium instrumentorum tenore conscribitur, sed quam se corporaliter tradidisse docuerit, repraesentetur."

95) Leyser l. c. m. 8, 9, 10; Carpzov l. c. def. 80.

96) Preuß. Landrecht, Th. I, Buch I, Tit. 49, §. 18.

97) Diesen Fall hält z. B. Berger, oec. jur., Lib. II, Tit. 5, th. 4 i. f. für einen ausreichenden Beweis.

kumente beibrächte, daß sie vermögend gewesen, hingegen der Mann, zur Zeit der Vollziehung der Ehe, Schulden gehabt, welche kurz nach der Heirath abgeführet, ohne daß man wußte, daß des Mannes Vermögen sich in der Zeit so verbessern können, daß es daraus zu nehmen gewesen und auf alle vorstehende Fälle sind auch der Ehefrauen Kinder zu solchem Erfüllungseide de credulitate zugelassen." Und in dem späteren Codex Frid. March. [98]) heißt es: „Jedoch lieget der Ehefrauen — ob, erweislich beizubringen, daß sie das gesetzte Ehegeld ihrem Manne wirklich und wahrhaftig eingebracht. Die wirkliche Verwendung in des Mannes Güter und Nutzen soll sie zu erweisen nicht gehalten sein [99]). — Damit aber wegen des Beweises nicht Weitläufigkeit entstehen möge, so ordnen und wollen wir, daß künftig weder auf des Mannes bloße Quittung, noch auf der Frauen jusjurandum suppletorium gesehen werden solle, sondern es muß alles dasjenige, was eine Ehefrau ihrem Manne einbringet, allemal in dem ordentlichen Gerichte des Ehemannes oder der Ehefrau ausgezahlet, deshalb von dem Ehemann gerichtlich quittiret, auch dabei deutlich gesetzet werden, was er an Ehegeld, Paraphernal- und Receptitien empfangen. — Desgleichen, wann durch Erbrezesse, Schenkungen, und sonst, den Frauen noch etwas zufällt, müssen solche ordentlich in denen Gerichten vorgetragen, und derjenige, so das Geld ausgezahlet, von der Frau nebst dem Ehemann quittiret werden, auch ob solches der Mann als ein Eingebrachtes erhalten, oberwähntermaßen mit registriret

---

98) Th. IV, Tit. 9, §§. 78, 79, 80. Weiterhin wird sich zeigen, daß diese hier vorgeführten Bestimmungen der älteren einheimischen Gesetzgebung noch heutzutage belehrend, wenngleich von selbst verstanden nicht mehr formell geltende Vorschriften sind.

99) Darüber wurde nämlich unter den gemeinrechtlichen Juristen gestritten.

werden." Klar erhellet hieraus Dreierlei: 1) daß des Mannes bloße Quittung nichts beweist; 2) daß folglich der Eid der Frau, bloß auf Grund der Quittung des Mannes, ein unzulässiges Beweismittel ist; 3) daß das wirkliche Einbringen durch andere Beweismittel entweder vollständig bewiesen oder soweit wahrscheinlich gemacht werden muß, daß der Frau der Erfüllungseid anvertraut werden kann. In diesen älteren Gesetzen ist also nicht allein der negative Satz ausgesprochen, daß die Quittung des Mannes allein die Illation nicht beweise, sondern es ist auch zugleich der positive Gegensatz ausgedrückt: was zum Beweise erforderlich sei. Daran leidet die jetzt formell geltende Gesetzgebung Mangel. In den zunächst folgenden zwei Redaktionen der Rangordnung der Gläubiger ist die Beweisfrage übergangen; sie hat ihren Sitz in dem gleichzeitig verfaßten materiellen Gesetzbuche[100]) genommen. Hier heißt es: „Zum Beweise der geschehenen Einbringung ist, gegen die Gläubiger des Mannes, die Quittung desselben allein nicht hinreichend." Soweit stimmt das heutige Recht mit dem bisherigen völlig überein; aber damit ist die Bestimmung zu Ende, über den positiven Gegensatz, womit die älteren Gesetze sich ausführlich beschäftigen, wird hinweggegangen. Deshalb ist die Kenntniß der früheren Gedanken ebendesselben Gesetzgebers wichtig; daß eine Aenderung eingetreten sei, erhellet nicht, es ist vielmehr das Gegentheil ersichtlich. Der §. 88 der Konkursordnung lautete nämlich im Entwurfe: „Die Ehefrau kann ꝛc. in Anspruch nehmen: die Immobilien und Forderungen, hinsichtlich welcher sie beweist ꝛc." Diese Fassung änderte man in den Kommissionen der Kammern dahin: „Die Ehefrau des Gemeinschuldners kann, der Gläubigerschaft gegenüber, als ihr

100) A. L.R. II, 1, §. 260.

Eigenthum nur in Anspruch nehmen" u. s. w. Die Aenderung geschah in der Absicht, zu verhüten, daß in den Worten: „hinsichtlich welcher sie beweist", eine von der Regel abweichende Vorschrift über die Beweisführung gefunden würde, obgleich man daran nichts ändern wollte [1]). Nun enthalten aber die mitgetheilten älteren Vorschriften nichts weiter als eine ins Einzelne eingehende Anweisung zur Anwendung des prozeßrechtlichen Grundsatzes über die Beweisführung durch Urkunden [2]), wie auch die vorhin erwähnten Lehren der Rechtsgelehrten (Note 94) ausdrücklich sich auf diese allgemeine Beweisregel gründen und durchaus nicht eine Singularität behaupten wollen [3]).

c) Die Receptitien haben ihr Vorrecht verloren, wenn sie auch in die Verwaltung des Mannes gegeben oder gekommen sind, weil solche Verwaltung nicht auf eine Rechtsregel, sondern auf Privatwillkühr beruht.

d) Hinsichtlich der Aussteuer oder Ausstattung (AA, d) hat sich nichts geändert; sie gehört entweder zum Eingebrachten, oder zum Vorbehaltenen.

e) Die Widerlage oder das Gegenvermächtniß kann im Konkurse gar nicht gefordert werden [4]).

f) Die verschriebene Morgengabe kann im Konkurse überhaupt nicht gefordert werden [5]). Die gegebene Morgengabe gehört zu den Receptitien [6]) und theilt deren Schicksal (lit. c).

---

1) Gedr. Bericht der Kommission der II. Kammer, S. 55.

2) A. G.O. I, 10, §§. 138, 140.

3) Nach dieser Darlegung ist es nicht gerechtfertigt, lediglich auf Grund der Quittung des Gemeinschuldners der Ehefrau desselben gegen dessen Gläubiger einen nothwendigen Eid anzuvertrauen, weil dann doch die Vorschrift des §. 260, II, 1 des A. L.R., daß die Quittung des Mannes allein nicht hinreichend, beobachtet sei.

4) Konkursordn. §. 84, Nr. 3.

5) Konkursordn. §. 84, Nr. 3.

6) Vergl. A. L.R. II, 1, §. 207.

g) Das Leibgeding selbst kann im Konkurse nicht gefordert werden. Dagegen kann das Eingebrachte, welches nach dem geschlossenen Vertrage dem Mann für die Gewährung des Leibgedings verbleiben sollte, in dieser Klasse soweit zurückgefordert werden, als es den Betrag des Leibgedings nicht übersteigt[7]).

h) Das Wittum hat nicht allein sein aus der ihm sonst zugestandeneu stillschweigenden Hypothek folgendes Vorrecht (AA, h) verloren, sondern kann überhaupt nicht im Konkurse gefordert werden[8]).

i) Die Brautgeschenke gehören zum vorbehaltenen Vermögen und haben, wenn sie in das Vermögen des Mannes gekommen sind und nicht vindicirt werden können, kein Vorrecht (lit. c). Die Hochzeitsgeschenke, welche nach ihrer Bestimmung nicht zum Vorbehalt zu rechnen sind, haben die Natur des Eingebrachten und können, soweit sie nicht zu vindiciren sind, in dieser Klasse liquidirt werden (lit. AA, i).

B. Zu erörtern ist noch, wie es nach neuem Rechte mit dem Verluste des Vorrechts; mit der Frist zur Geltendmachung des Vorrechts; mit der putativen Ehefrau; und mit der Uebertragung oder Vererbung des Privilegiums steht.

a) Verlust des Vorrechts.

aa) Durch üble Wirthschaft. Ein durch die Juristen und den Gerichtsgebrauch mit seltener Einstimmigkeit eingeführter Rechtssatz ist, daß eine Ehefrau, welche den Vermögensverfall ihres Ehemannes durch Verschwendung oder üble Wirthschaft veranlaßt oder auch nur mit verursacht hat, nicht allein ihr Vorrecht verloren habe, sondern auch im Konkurse des Mannes allen Gläubigern

7) Konkursordn. §. 84, Nr. 4. Vergl. A. G.O. a. a. O. §. 439.

8) Konkursordn. §. 84, Nr. 3 u. 4.

nachstehe[9]). Dieser Rechtssatz hat schon früh, auch in der vaterländischen Rechtspflege Anerkennung und Anwendung gefunden[10]). In den ersten allgemeineren Gesetzcodifikationen[11]) hat solches praktisch geltende Recht folgenden Ausdruck erhalten: „Hat eine Ehefrau die Güter ihres Mannes in dessen Abwesenheit eine geraume Zeit übel verwaltet, oder durch ihr böses Haushalten, da sie dem Manne ungebührlich das Vermögen verschwendet und verprasset, dem Mann zu seinem gefährlichen Aufborgen und Verderben mit geholfen, oder auch wohl gar denselben zum unnöthigen Dispensiren instigiret, oder vor sich übermäßigen Pracht getrieben, oder sonst ein Mehreres, als die Interessen von ihren Illatis betragen, oder hauswirthlich entbehret werden können, verthan, und dergleichen von denen Kreditoren mit Grunde auf sie gebracht werden würde; so soll dieselbe der verstatteten

9) Mevius, ad jus Lub., P. III, Tit. 9, Nr. 53 sagt: „Sunt casus, quibus mulier ista praerogativa ante ceteros creditores non potitur, quos jure communi consentaneos, nostro non abrogatos — adduco. Primus est, quando maritus vergit ad inopiam culpa mulieris luxuriosae, aut parve rem familiarem curantis, quae indigna est isto privilegio, cujus rationi non satisfacit, legemque non meretur, dum contra legem peccat.“ Dabei ist allegirt: L. 37 i. f. D. de minoribus u. L. 45 (soll heißen: 145) D. de reg. juris. Man vergl. noch u. A. Strube, rechtl. Bed., Bd. V, Bed. 77; Engau, dec., P. II, dec. 17, n. 2; Mueller ad Struv., exerc. XLIV, th. 49, lit. φ; Carpzov, jurispr. for., P. I, c. 28, def. 85; Quistorp, Beiträge (2. A.), S. 197.

10) Scheplitz, consuetudines electoratus et Marchiae Brandenburgensis, Lib. I, P. 3, Tit. 2, §. 24, qu. 1, n. 5 et 6 (p. 184), wo auch auf die Reichskammer-Gerichtspraxis Bezug genommen ist.

11) Preuß. Landrecht Th. I, Buch 1, Tit. 49, §. 18, Abs. 7; Cod. Frid. March. Th. IV, Tit. 9, §. 84; Konkursordn. v. 4. Febr. 1722, §. 163; Entsch. der Gesetzkommission v. 23. Mai 1786 (Klein, Annal., Bd. I, S. 173).

Rechtswohlthat und Vorzugsrecht unwürdig, mit dem ihr sonst zustehenden Vorrecht zurückgesetzet, und alsdann erst, wenn nach Befriedigung aller Krditoren noch etwas übrig ist, lociret werden." Der darauf folgende Codex [11a]) drückt dieses so aus: „Wenn ausgemittelt werden kann, daß die Ehefrau in ihres Ehemannes Abwesenheit, dessen Vermögen eine geraume Zeit hindurch übel verwaltet, oder den Ehemann zu beträchtlichen unnöthigen Ausgaben verleitet hat, so soll eine solche Ehefrau mit allen sonst in dieser Klasse anzusetzenden Gebührnissen, es haben solche Namen wie sie wollen, allen creditoribus nachstehen müssen. — Ein Gleiches soll alsdann stattfinden, wenn von dem Gemeinschuldner und dessen Ehefrau ein größerer Aufwand, als ihr Stand erforderte, gemacht worden, insofern die Ehefrau nicht überzeugend nachweisen kann, daß sie, obwohl vergeblich, alle Mühe angewendet habe, ihren Ehemann davon abzuhalten." In der zweiten Redaktion dieses allgemeinen Gesetzbuchs [12]) wird auf das A. L.R. mit folgenden Worten verwiesen: „Inwiefern die Frau, wegen geführter übler Wirthschaft oder Verschwendung, ihr Vorzugsrecht verliere, ist in den Gesetzen bestimmt (A. L.R. Th. II, Tit. 1, §§. 274, 275; Tit. 20, §§. 1485—1487), und findet diese Vorschrift auch auf die unten (§. 434) vorkommenden Gebührnisse, sowie selbst in dem Falle Anwendung, wenn die Forderungen der Ehefrau eingetragen sind, und im Hypothekenbuche noch auf ihrem Namen stehen." Das A. L.R. giebt an der zuerst bezeichneten Stelle das bisherige Recht kurz wieder wie folgt: „Dagegen verliert die Frau ihr Vorrecht, und steht allen andern Gläubigern des Mannes nach [13]), wenn sie in dessen Abwesenheit sein Vermögen

11a) Corp. jur. Frid. Th. IV, Tit. 12, §. 67.

12) A. G.O. I, 50, §. 412.

13) Dieses Nachstehen nach allen anderen Gläubigern findet sich

übel verwaltet, und dadurch zu seinem Verfalle Anlaß gegeben hat. — Ingleichen, wenn der Mann durch sie zu einer verschwenderischen Lebensart verleitet worden." Wie dieses zu verstehen, erhält aus den vorhergehenden Fassungen seine Erklärung [14]). Diese Rechtsbestimmungen sind von der neuen Konkursordnung unberührt geblieben, sie haben mithin volle Geltung.

bb) Durch Uebernahme der Schulden des Ehemannes, wohin besonders die Eingehung der ehelichen Gütergemeinschaft gehört [15]).

cc) Durch Entsagung [16]).

b) Nach bisherigem Rechte mußte eine geschiedene Ehefrau, wenn sie ihr Vorrecht bewahren wollte, unverzüglich nach Trennung der Ehe, ihr Eingebrachtes zurückfordern und ununterbrochen durch gehörig fortgesetzte Exekution bis zum Ausbruche des Konkurses zu erlangen suchen [17]). Darüber schweigt die neue Konkursordnung. Da dieselbe nach dem Entwurfe das Vorrecht der Ehefrau ganz beseitigen wollte, und der Absatz 2 des §. 80 erst in der Kammer hineingefallen ist; so ist es wahrscheinlich, daß die Frist zur Geltendmachung des Privilegiums gar nicht bedacht worden ist. Aus der Fassung: „Der Ehefrau — — gebührt ein gleiches Vorrecht mit

---

in der A. G.O. a. a. O. erst in dem §. 479, welcher also eine Ergänzung des §. 412 ist. Vergl. §. 437.

14) Die zweite Stelle des A. L.R. ist mit dem ganzen Titel 20 aufgehoben und gehört auch nicht hierher; denn sie betraf den Fall der Theilnahme der Frau an dem strafbaren Bankerott des Ehemannes.

15) Konkursordn. §. 94. Vergl. A. G.O. I, 50, §. 410; Anh. §. 363; Gmelin a. a. O. Kap. III, §. 5.

16) A. L.R. II, 1, §§. 272, 273. Vergl. L. 11, L. 21 C. ad SC. Vellej. (IV, 29); Wibel, de prael. creditor., §. 15.

17) Corp. jur. Frid. Th. IV, Tit. 12, §. 70; A. G.O. I, 50, §. 415. Das stillschweigende Pfandrecht (die V. Kl.) behielt sie. Corp. jur. Frid. a. a. O. §. 83; A. G.O. a. a. O. §. 432.

demjenigen der Kinder und Pflegebefohlenen", ist zu folgern, daß die geschiedene Ehefrau binnen zwei Jahrer nach Trennung der Ehe ihre Forderungen im Wege der Klage geltend machen und bis zur Konkursordnung ununterbrochen verfolgen muß, wenn sie ihr Vorrecht nicht verlieren will[18]).

c) Die Meinung derjenigen, welche nach Römischem Recht der vermeintlichen (putativen) Ehefrau alle vermögensrechtliche Vorrechte beilegen, welche der wahren Ehefrau gebühren (oben lit. A a. E.), ist von der preußischen Gesetzgebung als Rechtsgrundsatz festgestellt[19]), welcher unverändert fortbesteht.

d) Uebertragung und Vererbung des Vorrechts[20]). Weil das mit dem Pfandrechte verbundene Privilegium rein persönlich ist[21]), so konnte, bei dem Uebergange der Dotalforderung, zwar wohl die damit verbundene Hypothek[22]), nicht aber das Privilegium[23]), nach Römischem Recht mit übergehen. Nur auf die Descendenten sollte, nach dem gemeinen Gerichtsgebrauche, zufolge einer Stelle, welche in dem einzigen Falle einer Konkurrenz der Kinder der verstorbenen Ehefrau mit der Stief-

18) Konkursordn. §. 81.

19) A. L.R. II, 1, §. 958. Die älteren Gesetzbücher schweigen darüber.

20) Zoller, d. de quaestione: an liberis intuitu bonorum maternorum, existente concursu, in substantia patris cum hypotheca tacita et jus praelationis competat? Lips. 1776.

21) L. 42 D. de administr. et peric. tutor. (XXVII, 7); L. 19, §. 1 D. de rebus auctor. jud. poss. (XLII, 5).

22) L. un. §. 1 C. de rei uxor. (V, 13). — L. 68 D. de reg. jur. — Brunnemann, proc. conc. cred., Cap. V, §. 35; Gmelin a. a. O. Kap. III, §. 5; u. A.

23) §. 29 Inst. de act. (IV, 6). — L. 12, §. 1 D. qui potior. in pign. (VIII, 18). — Nov. 91, praef. — Stryck, de jur. uxor. in bonis mariti, Cap. II, §. 49; u. A. Vergl. die Stellen Note 21.

mutter den Erstern den Vorzug giebt[24]), dieses Privilegium übergehen[25]). Das ältere Preußische Recht unterschied ebenfalls noch das persönliche Privilegium von dem an der Sache haftenden stillschweigenden Pfandrechte, nunmehrigen bloßen Titel zum Pfandrechte, und hatte die gemeine Meinung, wonach dasselbe auf die Descendenten übergehen sollte, angenommen[25a]). Eine dabei vorkommende Kontroverse war unentschieden geblieben. Es fragt sich nämlich: ob, wenn ein Descendent nur mittelbar die Dotalforderung erbt, ihm dann ebenfalls das Privilegium gebührt, z. B. wenn von zwei nach der Mutter hinterbliebenen Kindern das eine stirbt, und das andere dessen Antheil an der mütterlichen Dos erbt. Unter den gemeinrechtlichen Juristen wird dafür[26]) und dawider[27]) gestritten, und die Praxis hat sich bald nach der einen, bald nach der andern Meinung gerichtet. Es ist indeß die erstere Meinung für die richtige zu halten, weil einestheils

---

24) §. 29 in f. Inst. de act. (IV, 6). — L. 12, §. 1 u. Auth. Si quid ex reb. C. qui potior. in pign. (VIII, 18). — Nov. 61, Cap. 1. — Nov. 91, praef. — N. Juristische Literatur, Jahrg. 1776, S. 808 u. ff. — Löhr, im Archiv für civ. Praxis, Bd. V. S. 290. — Meißner, Darstellung der Lehre vom stillschweigenden Pfandrecht (Leipzig 1803—1804), §. 171.

25) Zoller in der Note 20 angeführten Schrift. — Pufendorf, obs. jur. un., T. IV, obs. 66. — Gmelin a. a. O. Kap. III, §. 5. — v. Kamptz, Revision der Lehre vom Uebergang des Brautschatz-Privil. auf die Descendenten der Ehefrau. Berlin 1811. — Glück, Th. 27, S. 170 ff. — A. de Buchholz, qui potiores sunt in pignore, Regiom. 1829, p. 16—27.

25a) Cod. Frid. March. Th. IV, Tit. 9, §§. 85, 86; Corp. jur. Frid. Th. IV, Tit. 12, §§. 68, 83; A. G. O. I, 50, §§. 413, 432.

26) a Mara, de conc. cred., II, 3, Nr. 97 sq. — Gmelin, a. a. O. Kap. III, §. 5. — Thomasii addit. ad Huber., praelect., XX, 4, Nr. 11.

27) Carpzov, jurispr. for., P. I, const. 28, def. 98, Nr. 6, 7. — Mevius, ad jus Lubec., III, 1, Art. 9, Nr. 9. — Leyser, sp. 319, m. 5.

Descendenten ohne Unterschied, wie sie die Dos ihrer Mutter erworben haben, in deren Stelle treten sollen, und weil andererseits der Descendent, welcher sein Geschwister beerbt, für seine Person dasselbe Vorrecht genießt, was der Verstorbene selbst hatte, so daß er dessen Ererbung nicht bedarf. Die vorher getheilt gewesene Dos kommt jetzt bloß in einer Hand, die das an sich untheilbare Privilegium schon hat, wieder zusammen. Der Umstand, daß ein Anderer an der Dos, nach dem Tode der Frau, den Nießbrauch gehabt und erst nach der Erlöschung des Nießbrauchs die Dos an die Descendenten gekommen ist, kann auf das Privilegium gar keinen Einfluß haben[28]). Das Preußische Recht ging übrigens aber noch etwas weiter, und ließ den Uebergang auch auf andere Erben alsdann geschehen, wenn die Ehefrau erst nach der Konkurseröffnung gestorben war; sonst verwies es dieselben ganz konsequent in die folgende Klasse[28a]). Eine andere Frage ist es noch: ob das persönliche Vorrecht cedirt werden kann. Nach dem R. R. sollte es anzunehmen sein, weil der Cessionar bloß Prokurator des eigentlichen Gläubigers ist; doch wird der Uebergang an den procurator in rem suam nicht zugestanden (Anm. 21). Die gemeinrechtlichen Praktiker wollten daher dem Cessionar die Ausübung des Privilegii nicht gestatten; sie machten nur eine Ausnahme, wenn die Ehefrau dabei Inter-

---

28) Ueber diese Frage wird ein Präjudikat in Simon's und v. Strampff's Rechtssp. III, 375 mitgetheilt. Dieselbe ist nicht zweifelhaft, da die Descendenten die Dos nicht von dem Nießbraucher, sondern von der Mutter erben, mithin von Anfang an Gläubiger der Dos sind, deren Einziehung für sie, durch den Nießbrauch des Schuldners, nur suspendirt ist.

28a) Der Satz ist erst durch das Corp. jur. Frid. Th. IV, Tit. 12, §. 68 neu eingeführt und von da in die A. G. O. I, 50, §. 413. Der Codex Frid. Th. IV, Tit. 9, §. 85 gestattet ohne Unterschied der Fälle keine Vererbung an Andere als Descendenten.

esse hatte, daß das Privilegium gelte, und wenn ein Prokurator klagte [29]). Einige behaupteten, daß die Cession utiliter, wie beim Usufruktus, ratione effectuum, so lange die Frau lebe, geschehen könne [30]), welche Ansicht auch in der so eben erwähnten Bestimmung der vorigen Konkursordnung (Anm. 28 [a]) Aufnahme gefunden hatte; die Meinungen der älteren gemeinrechtlichen Rechtsgelehrten waren hierüber sehr verschieden [31]). Die Kontroversengeschichte interessirt jedoch hier nicht weiter; denn nach heutigem Rechte geht das Privilegium der Ehefrau weder auf deren Kinder, noch auf den Cessionar über; dasselbe steht der Ehefrau nur für ihre Person zu [32]). Aber wenn die Frau erst nach der Liquidation stirbt, geht die rechtshängige Sache unverändert auf die Erben über [32a]).

Die Gläubiger dieser Klasse haben gleichfalls unter sich keinen Vorrang; sie werden, wenn die Masse für alle nicht zureicht, verhältnißmäßig befriedigt [33]) Damit ist auch die Frage über den Vorzug der ersten Ehefrau vor der zweiten beseitigt.

IX. Alle übrigen, zur Theilnahme am Konkurse zugelassenen, Ansprüche zu gleichen Rechten [34]).

Wenn eine privilegirte Forderung mit einer Hypothek versehen ist und deshalb bei dem Separatverfahren geltend gemacht wird, später aber wegen ihres Ausfalles

29) Gmelin a. a. O. Kap. III, §. 5.

30) Cocceji, jus controv., L. XVIII, Tit. 4, qu. 21. — Pufendorf, obs. jur., Tom. I, obs. 224.

31) Berlich, concl. LXV, de praelat. dotis, Nr. 94 sq.

32) Konkursordn. v. 8. Mai 1855, §. 80, Abs. 2.

32 a) A. G.O. I, 50, §. 413 a. E., vergl. mit A. L.R. I, 9, §. 366.

33) Ebend. §§. 85, 61, 62.

34) Ebend. §. 82.

bei der gemeinen Konkursmasse liquidirt wird; so kann auch jetzt noch von dem der Forderung gesetzlich zustehenden Vorrechte, soweit die Masse noch nicht ausgeschüttet ist, Gebrauch gemacht werden; denn durch die Bestellung einer besonderen Sicherheit für eine privilegirte Forderung geht das Privilegium nicht verloren, mithin tritt der Ausfall, welchen eine solche Forderung in dem Partikularkonkurse leidet, nicht in diese letzte Klasse[35]).

An der Stelle des Kapitals kommen zugleich und zwar in allen Klassen zum Ansatz:

1) Die Kosten, welche dem Gläubiger bereits vor der Konkurseröffnung erwachsen und dem Gemeinschuldner zur Last gelegt sind;

---

35) So sehr sich dieß von selbst zu verstehen scheint, so wenig ist es als vonselbstverständlich angesehen worden. Das Obertrib. hat unter der Nr. 549, den 20. Oktober 1838 folgendes Präjudiz in sein Präjudizienbuch eintragen und durch den Druck veröffentlichen lassen: „Eine nach §. 405 zur Ansetzung in die vierte Klasse geeignete, aber zugleich eingetragene Forderung ist, wenn sie in der dritten Klasse ausfällt, nach §. 452 in der sechsten Klasse zu lociren." Gedr. Präj.-S. Bd. I, S. 263. Dieß ist ein Fehlgriff. Der §. 452 schreibt zwar wirklich vor: „Zur sechsten Klasse gehören: I. alle im Hyp.-Buche eingetragene Forderungen, insofern der Inhaber seine Befriedigung in der III. Klasse ganz oder zum Theil nicht hat erhalten können; folglich in Ansehung des ganzen in dieser III. Klasse erlittenen Ausfalls." Allein dabei ist vorausgesetzt, daß die Forderung sonst nichts für sich hat, als das gerichtliche Instrument. Das sagt ebendieselbe Konkursordnung an einer anderen Stelle vorher, nämlich im §. 392, wo es heißt: „Wenn das Kaufgeld eines Grundstücks zur Befriedigung der darauf eingetragenen Forderungen nicht zureicht, so können die Inhaber der ausfallenden Kapitalien — aus dem Mobiliarvermögen in dieser (dritten) Klasse ihre Befriedigung nicht verlangen; sondern sie werden, wenn ihnen nach der Qualität ihrer Forderungen nicht ein anderweitiges Vorzugsrecht gebührt, nach den unten folgenden näheren Bestimmungen, in der sechsten Klasse angesetzt." Das ist wohl deutlich genug. Vergl. Konkursordn. §. 39, Abs. 2.

2) die Konventionalstrafe, ingleichen die sämmtlichen rückständigen noch nicht verjährten Zinsen bis zum Tage der Konkurseröffnung; die nach der Konkurseröffnung laufenden Zinsen können aus der Konkursmasse in keinem Falle gefordert werden[36]). Die alte Beschränkung der rückständigen Zinsen auf einen anfangs dreijährigen, später zweijährigen Rückstand, vom Tage der Konkurseröffnung zurückgerechnet[37]), ist somit aufgehoben;

---

36) Konkursordn. §§. 83, 12. Vergl. A. G.O. a. a. O. §§. 151, 152; A. L.R. I, 9, §. 366. Nach R. R. können sämmtliche Zinsen an der Stelle des Kapitals im Konkurse gefordert werden. L. 3, §. 1; L. 12, §. 6; L. 18 D. qui potior. in pignor. (XX, 4). — Balthasar, de usuris jure Lubecensi in concursu creditorum in eadem classe cum sorte collocandis; in Gesterdingii Thesauro juris, T. I, p. 137 sq. — Leyser, de collocatione usurarum in concursu creditorum; in Medit. sp. 488. — Hoepfner, diss. de collocatione usurarum in concursu creditorum. Giess. 1754. — Glück, B. XIX, §. 1821. — Cramer, obs. jur. univ., T. IV, obs. 1202. Das erste Gesetzbuch des Königreichs Preußen schließt sich hier an: Th. I, Buch I, Tit. 48, §. 21.

37) Schon unter den gemeinrechtlichen Praktikern haben sich Stimmen erhoben, welche aus Billigkeitsgründen die Zinsen erst nach Befriedigung sämmtlicher Gläubiger wegen der Kapitalien angesetzt wissen wollen. Hertius, decis. XXII, Nr. 8; Richter, de privileg. creditor., disp. XII, p. 349. Die mit der Zeit herrschend gewordene Meinung, daß wenigstens der Lauf der Zinsen während des Konkurses zu Gunsten der Konkursmasse zu hemmen sei (Leyser l. c. m. 2; Schnaderbach, de petendis ex concursu creditorum usuris, Halae 1726; Jos. Casp. Heimbach, disq. quaestionis: an is, qui jure praelationis quoad sortem in concursu creditorum est munitus, eodem jure quoad usuras quoque gaudeat? Jenae 1730, 4; Kori, System des Konkursprozesses, S. 315), hat schon früh auch in die preußische Gesetzgebung Eingang gefunden. Die Hemmung des Zinsenlaufs verordnet zuerst der Brandenburgische Landtagsrezeß v. 26. Juli 1653 §. 33 (C. C. M., Tom. VI, Abth. 1, S. 425). Dieß ist dann in jedem neuen Gesetze über diese Materie, zuerst in der Deklar. v. 13. Juni 1654 (ebd., Abschn. 2, S. 19), bis in die neueste Zeit, wiederholt worden. Darauf erfolgte die Beschrä

es ist aber auch die Verjährungsfrist für Konventionalzinsen im neuen Rechte auf vier Jahre abgekürzt, womit das praktische Bedürfniß, durch welches jene Beschränkung veranlaßt worden, weggefallen ist. Sind Zinsen und Kapital einer Forderung in verschiedenen Händen, wie z. B. bei dem Nießbrauche, so werden die Zinsen zuerst bezahlt[38]).

§. 55.

ee) Post omnes.

I. Die Konkursordnungen vor der jüngsten des Jahres 1855 zeichneten mehrere Forderungen dadurch aus, daß sie solche hinter alle klassifizirte Forderungen wiesen und erst zur Hebung gelangen ließen, wenn nach Befriedigung der Klassengläubiger noch etwas übrig geblieben war. Die jüngste Konkursordnung hat gleichfalls ein solches post omnes, aber in einer anderen Bedeutung: sie schließt alle diejenigen Forderungen, welche sie post omnes verweist, von der Theilnahme am Konkurse ganz und gar aus, wenn auch nach Befriedigung der klassifizirten Gläubiger ein Ueberschuß vorhanden ist; diesen erhält der Gemeinschuldner, und den zurückgesetzten Gläubigern bleibt überlassen, sich an denselben im gewöhnlichen Exekutions-

---

kung des Zinsenrückstandes. Die erste Konkursordnung v. 4. Februar 1722 gestattete nur einen dreijährigen Rückstand an der Stelle des Kapitals. Das Gleiche war schon einige Jahre früher für Schlesien durch die kaiserliche Sanktion v. 4. Septbr. 1709 verordnet worden. (Brachvogel, Schlesf. Privil. u. Statut., S. 358). Der Codex Frid. Th. IV, Tit. 9, §. 28 wiederholt diesen Satz und verweiset die älteren Zinsen post omnes; und das Corp. jur. Frid. Th. II, Tit. 26, §. 115, sowie nach ihm die A. G.O. I, 50, §§. 150—152, 477b hat den Rückstand noch mehr, nämlich auf zwei Jahre eingeschränkt. Dieß fällt nun ganz weg.

38) Konkursordn. §. 54. — Pl. Beschl. (Pr. 733) des Obertrib. v. 14. Oktober 1839 (Entsch. Bd. V, S. 79).

verfahren zu halten[1]). Die aus dem Konkurse ausgewiesenen Forderungen sind folgende:

1) Die von dem Gemeinschuldner zu entrichtenden Geldstrafen[2]). In diesem Punkte ist mithin das bisherige neuere Recht unverändert geblieben. Nach älterem Rechte war es anders. Das Römische Recht verweiset überal die Geldstrafen hinter alle Gläubiger[3]) und der gemeine Gerichtsgebrauch hatte sich hiernach gebildet[4]). Allein es gab doch Mehrere, welche dem Fiskus, wegen der auferlegten Geldstrafen, von dem Tage des eröffneten Erkenntnisses, wenn nicht gar das Vorrecht der Steuern[5]), doch ein stillschweigendes Pfandrecht beilegten[6]), und diese Lehre hatte auch in manche Territorialgesetzgebungen[7]) Eingang gefunden. Dazu gehörte auch die ältere einhei-

---

1) Konkursordn. §. 84, Eingang. — Bericht der Kommission der II. Kammer, S. 44.

2) Konkursordn. §. 84, Nr. 1, eine wörtliche Wiederholung des §. 476, Tit. 50, Th. I der A. G. O.

3) L. 17 D. de jure fisci (XLIX, 14): „in summa sciendum est, omnium fiscalium poenarum petitionem creditoribus postponi." — Die L. 37 D. eodem enthält älteres Recht. — L. un. C. poenis fiscalibus creditores praeferri (X, 7). Vergl. P. G.O. Art. 157.

4) Brunnemann, ad L. 37 D. de jure fisci (XLIX, 14); Franzke, Pand. tit. de pignore, n. 33; Koeppen, dec. 80 n. 21; Claproth, Einleitung in sämmtliche summarische Prozesse, S. 164; Quistorp, Beiträge zur Erläuterung unentschiedener Rechtsmaterien (2. A.) S. 505; u. v. A.

5) Ludovici, de hypotheca fisci propter debita ex delicto, §. 29; Oelze, de creditore sibi vigilante, §. 28, u. w.

6) Richter, de jure et privilegiis creditorum; Carpzov, jurispr. for., P. I, const. 28, def. 104; Brunnemann, ad L. 2 C. in quibus causis pignus (VIII, 15); Horn, consult. et resp., Cl. V, n. 23; Hellfeld, d. de jure fisci, §. 9; Gmelin a. a. O. Kap. II, §. 10.

7) Z. B. Chursächs. Prozeßordnung Tit. 43, §. 5; Gothaische Gerichtsordn. Th. I, Kap. 18, §. 8.

mische, nach welcher „unser Fiskus eine hypothecam tacitam wegen verwirkter und wider den Schuldner erkannter Geldstrafen von Zeit der Erkenntniß hat"[8]). Das Corpus juris Frid. kehrt wieder zum Gemeinen Rechte zurück und verweiset die fiskalischen Geldstrafen hinter Alle und dieser Rechtsgrundsatz ist durch alle späteren Gesetzgebungen aufrecht erhalten[9]). Eine Ausnahme hiervon gilt in Ansehung einer solchen Schuld, welche bloß zur Vereitelung der Strafe gemacht worden und dieses dem Gläubiger bekannt gewesen ist: in diesem Falle muß derselbe dem Fiskus weichen[10]). Irrig ist die wohl nur vereinzelte Meinung[11]), daß der Fiskus mit derjenigen Geldsumme, welche der Gemeinschuldner als Subalternoffizier ohne Konsens seines Chefs angeliehen hat, und zufolge des §. 684, Tit. 11, Th. I des A. L.R. an den Fiskus, statt an den Darlehnsgeber, zurückzahlen muß, gleichfalls post omnes komme, weil sie eine Strafe sei. Denn für den Gemeinschuldner ist sie keine Strafe, dieser bezahlt bloß das, was er aus dem Darlehn schuldig ist; nur für den Darlehnsgeber ist der Verlust der Forde-

8) Cod. Frid. March. Th. IV, Tit. 9, §. 110. Das Preuß. Landrecht kennt dieses stillschweigende Pfandrecht nicht; dort sind die fiskalischen Strafen post omnes verwiesen. Th. I, Buch I, Tit. 49, §. 30.

9) Corp. juris Frid. Th. IV, Tit. 12, §. 106; A. G.O. I, 50, §. 476; Anh. dazu, §. 367, entnommen aus der K. O. v. 18. Mai 1804 (N. C. C. Tom. IX, S. 2197), wodurch auch das den Accise- und Zollstrafen durch das Accisereglement v. 1772 beigelegte stillschweigende Pfandrecht aufgehoben ist; u. A. L.R. Th. II, Tit. 14, §. 67.

10) A. L.R. a. a. O. §. 68. Ein solcher Gläubiger wird, um nicht Andere durch die Zurückstellung gewinnen zu lassen, nach der Qualität seiner Forderung locirt; aber was auf ihn bei der Vertheilung fällt, erhält der Fiskus zur Berichtigung der Strafe.

11) Merkel, Commentar zu §. 476, Tit. 50, Th I der A. G.O.

rung an den Fiskus eine Strafe. Das Darlehn ist eigentlich gültig, nur tritt der Fiskus ipso jure an die Stelle des Gläubigers, so daß der Fiskus die Forderung geltend machen kann.

2) Die Kosten, welche den Gläubigern durch ihre Theilnahme an dem Konkursverfahren erwachsen (Liquidationskosten)[12].

3) Die Forderungen, welche aus der Freigebigkeit des Gemeinschuldners entspringen[13]. Gemeinrechtlich ist diese Zurücksetzung nicht ausgemacht. Mehrere halten die Verbindlichkeit aus einem unanfechtbaren Schenkungsversprechen für ebenso berechtigt wie jede andere nicht bevorzugte Forderung[14]. Andere wollen die Befriedigung des Beschenkten erst hinter Allen zugestehen[15]. Diesen Zweifel hat die preußische Gesetzgebung für die zweite Meinung entschieden.

4) Die Forderungen, welche Zuwendungen auf den Todesfall zum Gegenstande haben, sie mögen in Eheverträgen, Erbverträgen oder anderen letztwilligen Verfügungen des Gemeinschuldners enthalten sein[16]. Was Rech-

---

12) Konkursordn. §. 84, Nr. 2, entnommen aus §. 153 a. E. der A. G.O. a. a. O. — Gmelin a. a. O. Kap II, §. 1; Hofmann, deutsche Reichspraxis, Th. I, §. 1298.

13) Konkursordn. §. 84, Nr. 3, entnommen aus §. 479 der A. G.O. a. a. O.

14) Gmelin a. a. O. Kap. VI, §. 3; Günther, Konkurs, in Weiske's Rechtslexikon, Bd. II, S. 840. — Zoller, de eo quod justum est circa donationem a debitore ante motum concursum factum. Lips. 1775.

15) Harpprecht, consil. Tub., 18, n. 244, 248 sqq.; Leyser, med., sp. 494, m. 6, 7.

16) Konkursordn. §. 84, Nr. 4, entnommen aus §. 481 der A. G.O. a. a. O. Darüber ist gemeinrechtlich kein Streit; die Legalstellen sind übereinstimmend. Vergl. L. 114, §. 14 D. de leg. I; L. 15 C. de legatis (VI, 37); L. 1 C. debit. vend. pign. impe-

tens, wenn für eine solche Zuwendung der Gemeinschuldner eine Gegenleistung erhalten hat, ist bereits gesagt [17]).

5) Die während des Konkurses, wegen gestundeten Zinsenlaufs, ausgefallenen Zinsen [18]).

6) Die Gebührnisse der Ehefrau, wegen welcher sie aus übel geführter Wirthschaft, Verschwendung oder Verleitung des Mannes zur Verschwendung, allen Gläubigern des Mannes nachstehen muß. (Oben §. 54, Schlußabschnitt B, lit. a, aa.)

II. Wenn diese von der Theilnahme am Konkurse ausgeschlossenen Gläubiger den nach Berichtigung aller vorher klassifizirten Posten verbleibenden Ueberschuß im Wege der gewöhnlichen Exekution gegen den Gemeinschuldner in Beschlag nehmen lassen, so entsteht daraus ein besonderes Prioritätsverfahren. In welcher Ordnung soll in demselben die Befriedigung erfolgen? Die vorige Konkursordnung [19]) hatte vorsorglich die Rangordnung dieser zurückgesetzten Gläubiger vorgeschrieben [20]); die neue Konkursordnung hat dieß unterlassen; und doch versteht sich die Ordnung nicht von selbst, auch wird Bedürfniß einer solchen besonders bei kaufmännischen Konkursen, deren Eröffnung nur durch Zahlungseinstellung ohne das Erforderniß der Insolvenz bedingt ist, vielleicht öfter eintreten, als man gedacht hat. Man könnte denken, die Befriedigung solle in der aufgeführten Reihe erfolgen. Das würde jedoch eine den bisherigen Rechtsansichten so

---

dire non posse (VIII, 29); L. 22, §. 5 C. de jure deliberandi (VI, 30).

17) Oben, §. 54, Nr. VIII, lit. C, BB, A, g u. Note 7 dazu.

18) Konkursordn. §§. 12, 311, 318, Abs. 3. Vergl. A. G.O. §. 477b.

19) Dieß ist die Idee des Gesetzgebers. Bericht der Kommission der II. Kammer, S. 44.

20) A. G.O. I, 50, §. 482.

widersprechende Rechtsänderung sein, daß sie nicht ohne die allerbestimmteste Gesetzesvorschrift annehmbar wäre. Denn es würden dann die Legate vor den Schulden Nr. 5 und 6 zu berichtigen sein. Derselbe Grund steht auch einer gleichzeitigen Berichtigung nach Verhältniß des Betrages der Posten entgegen. Die für die Konkursgläubiger vorgeschriebene Rangordnung (§. 54) ist gleichfalls nicht anwendbar, weil darin für mehrere zurückgesetzte Posten keine Analogie zu finden ist; nur für die Liquidationskosten und Zinsen würde daraus ein Anhalt zu finden sein. Man ist daher auf die alte nicht abgeänderte Ordnung verwiesen. Darnach kommen die Posten in folgender Reihenfolge zur Hebung:

1) die Geldstrafen;
2) die Liquidationskosten in der Ordnung, wie die Kapitalien angesetzt sind;
3) die ausgefallenen Zinsen in derselben Ordnung;
4) die Forderungen, welche aus der Freigebigkeit des Gemeinschuldners entspringen;
5) die zurückgesetzten Gebührnisse der Ehefrau. Man kann darüber verschiedener Meinung sein, ob nicht diese Post vor der vorhergenannten den Vorzug haben müsse. In Erwägung jedoch, daß einerseits Forderungen aus einer Freigebigkeit civilrechtlich vollständig wirksam sind, und andererseits die verschwenderische Ehefrau durch ihre Verprassung sich zum Mitschuldner der Gläubiger gemacht hat und aus diesem Grunde hinter alle Gläubiger gesetzlich zurückgestellt ist, ist auch den in Rede stehenden Forderungen vor der Frau der Vorzug einzuräumen.
6) Die Vermächtnisse und Schenkungen von Todes wegen.

Die etwa konkurrirenden neuen Gläubiger gehen in diesem Prioritätsverfahren vor.

§. 56.

ff) Jus subintrandi.

Gustav Bernh. Becmann (resp. Petr. Manecke), D. de successione creditoris in alterius et suum ipsius locum. Gott. 1781.

I. Unter der Benennung eines jus subintrandi faßt das neue Preußische Recht die Fälle zusammen[1]), wo Jemand sein Geld zur Befriedigung eines Pfand- oder privilegirten Gläubigers hergiebt und dafür ipso jure in die Rechte des bezahlten Gläubigers eintritt. Dergleichen Fälle kennt auch das Römische Recht; sie sind mit dem jus offerendi et succedendi der Pfandgläubiger verwandt, und wirken wahre Cessionsrechte, lassen sich aber nicht unter einen Hauptgesichtspunkt bringen. Solche sind folgende drei:

1) Wer zur Befriedigung eines persönlich privilegirten Gläubigers Geld hergiebt, tritt, wenn dieses Geld zu diesem Zwecke wirklich verwendet wird, in die Stelle des abgefundenen Gläubigers ohne ausdrückliche Cession, und ohne Unterschied, ob das Geld unmittelbar von dem Darleiher an den Gläubiger abgeführt worden, oder ob es durch die Hände des Gemeinschuldners gegangen ist[2]).

---

1) Marginale zu §. 161, Tit. 50, Th. I der A. G.O., und Anh. §. 331.

2) L. 2 D. de cessione bonorum (XLII, 3): „In personalibus actionibus, qui postea quidem contraxerunt, verum ut pecunia eorum ad priores creditores perveniat, in locum eorum succedunt." — L. 24, §. 3 D. de reb. auct. jud. poss. (XLII, 5): „Eorum ratio prior est creditorum, quorum pecunia ad creditores privilegiarios pervenit. Pervenisse autem quemadmodum accipimus? utrum si statim profecta est ab inferioribus ad privilegiarios? an vero etsi per debitoris personam? hoc est si ante ei numerata sit, et sic debitoris facta, creditori privilegiario numerata est? Quod quidem potest benigne dici, si modo non post aliquod intervallum id factum sit."

2) Ein gleicher Eintritt findet auch in die Rechte eines Pfandgläubigers statt, wenn er mit dem Gelde eines Dritten befriedigt worden ist und der Schuldner diesem Dritten die Stelle des Abgefundenen ausdrücklich eingeräumt hat [3]). Durch diese nothwendige Mitwirkung des Schuldners, dem in diesem Falle wider die Regel die Verrichtung (Cession) des Gläubigers eingeräumt ist, unterscheidet sich dieser Fall von dem ersten.

3) Der Käufer eines mit Hypotheken belasteten Grundstücks tritt in das Hypothekenrecht derjenigen Gläubiger, welche aus dem Kaufgelde befriedigt worden sind [4]).

Die Fälle des Bürgen, des Mitbürgen und des Mitschuldners gehören nicht hierher; diese müssen sich, wenn sie den Gläubiger befriedigen, dessen Rechte ausdrücklich cediren lassen [5]).

Davon, daß die Abfindung erst nach Eröffnung und während des Konkurses geschehen sein müsse, wenn sie wie eine Cession wirken soll, weiß das Römische Recht nichts, auch ist dieß kein Lehrsatz der Neuern [6]), der überhaupt ohne praktischen Werth sein würde, da weder der Gemeinschuldner als Darlehnsnehmer und Mittelsperson auftreten könnte, noch leicht Dritte Lust haben möchten, sich zu Konkursgläubigern durch Auszahlung anderer Konkursgläubiger zu machen.

---

3) L. 3 D. quae res pignori (XX, 3); L. 12, §. 8 D. qui potiores in pignore (XX, 4); L. 1 C. de his qui in prioris creditoris locum succ. (VIII, 19).

4) L. 17 D. qui potiores in pignore (XX, 4); L. 3 C. de his qui in prioris creditoris locum succ. (VIII, 19). — Haubold, de jure offerendi, ex quo in prior. cred. locum succeditur, c. III, §. 4, p. 31.

5) L. 39 D. de fidejussor. (XLVI, 1); L. 11 C. eodem (VIII, 41).

6) Gmelin a. a. O. Kap. V, §. 9 spricht davon; Andere schweigen darüber.

II. In der preußischen Territorialgesetzgebung kommt vor der allgemeinen Gesetzcodifikation über den Gegenstand keine Bestimmung vor. Das Erste davon bringt der Codex Frid. Marchicus sehr unvollständig und mit einer Nachhülfe des Gemeinen Rechts. Es heißt: „Diejenige, so einem Gläubiger seine Forderung bezahlet, auch die Bürgen, so dergleichen für ihren Prinzipalschuldner gethan, treten in der bezahlten Kreditoren Recht; — jedoch dergestalt, daß die Bürgen keine cessionem jurium vonnöthen haben —"[7]). Hier ist nur der Fall Nr. I, 1 ohne die näheren Bestimmungen aufgenommen, und der Fall der Bürgen ist dazu gezogen, womit die cessio actionum für überflüssig erklärt ist. Ausführlicher ist das Corp. juris Frid., welches gewissermaßen das Gemeine Recht näher bestimmt[8]). Die zweite Redaktion, die Allg. Gerichtsordnung, enthält nichts weiter als eine wörtliche Wiederholung der Bestimmung[9]). Diese verordnet:

1) Wenn Jemand einen Gläubiger unmittelbar bezahlt, oder dem Gemeinschuldner Geld unter der ausdrücklichen Bedingung geliehen hat, daß ein anderer Kreditor damit bezahlt werden solle, und die Bezahlung desselben wirklich erfolgt ist; so tritt derselbe ohne aus-

7) Th. IV, Tit. 9, §. 30.

8) Th. II, Tit. 26, §. 122. Die Stelle lautet: „Wenn Jemand entweder einen Gläubiger unmittelbar bezahlt, oder dem Gemeinschuldner Geld unter der ausdrücklichen Bedingung geliehen hat, daß ein anderer Kreditor damit bezahlt werden solle, und die Bezahlung desselben wirklich erfolgt ist; oder wenn der Bürge für den Hauptschuldner einem Kreditori Zahlung geleistet hat; oder wenn der Eigenthümer eines unbeweglichen Gutes, welches für eine Schuld des Kommundebitors verpfändet gewesen, dem Pfandgläubiger Zahlung gethan hat; so tritt derselbe an die Stelle derodurch ihn bezahlten Kreditoris, und muß in der Klassifikatoria daselbst angesetzt werden, wenn er sich auch seine Rechte von ihm nicht ausdrücklich cediren lassen."

9) Th. I, Tit. 50, §. 161.

drückliche Cession an dessen Stelle. Daß dabei eine bevorrechtete Stelle, wie im R. R. ausgedrückt ist, vorausgesetzt wird, versteht sich von selbst, weil sonst der Zahler das Eintrittsrecht nicht nöthig um ein unbevorzugtes Forderungsrecht gegen den Schuldner zu erwerben. Dieß ist der vorhin gedachte erste römische Fall und die Fassung ist auch der römischen (Note 2) dergestalt nachgebildet, daß die Verfügungsfähigkeit des Gemeinschuldners vorausgesetzt und die Vollziehung des Geschäfts zu einer Zeit, wo der förmliche Konkurs noch nicht eröffnet war, gedacht ist.

2) Wenn der Bürge für den Hauptschuldner einem Kreditor Zahlung geleistet hat; so tritt er ohne Cession an dessen Stelle. Dieser Fall ist erst durch die schon im Cod. Frid. geschehene Einführung der actio utilis (Note 7) in die Reihe der hierher gehörigen Fälle gekommen; nach R. R. gehörte er nicht dazu. (Oben I.) Der Bürge wird hier nur als Repräsentant aller derjenigen, welche eine Schuld aus einem Rechtsgrunde bezahlen müssen, die gar nicht oder nur zum Theil die ihrige ist, genannt, vorausgesetzt, daß dem Zahler einer solchen Schuld in dem einzelnen Falle nicht etwa das Recht des Rückgriffs besonders entzogen ist[10]). Daher haben in der Regel die Mitschuldner und die Mitbürgen, ohne Unterschied des besonderen Entstehungsgrundes ihrer Verbindlichkeit[11]), das gleiche Recht.

---

10) Wie z. B. den sociis delicti. A. L.R. I, 6, §. 34. Vergl. L. 53 D. pro socio (XVII, 2); L. 1, §. 14 D. de tutelae et rat. distrah. act. (XXVII, 3). Auch dem Verzichtleistenden steht die Regel: ad renunciata non datur regressus, entgegen.

11) Vergl. L. 27, §. 5; L. 28 D. mandati (XVII, 1); L. 17; L. 41, §. 1 D. de fidejussor. (XLVI, 1); L. 39 D. eodem, bei welcher zu beachten, daß nur eine actio utilis versagt ist und die cessio actionum gefordert wird. Ferner: L. 95, §. 10 D. de solutionibus (XLVI, 3); L. 14 C. de fidejussor. (VIII, 41); L. 47 D.

3) Wenn der Eigenthümer eines unbeweglichen Gutes, welches für eine Schuld des Gemeinschuldners verpfändet ist, dem Pfand- oder Hypothekengläubiger für Rechnung des Gemeinschuldners Zahlung geleistet hat; so tritt derselbe ohne Cession an die Stelle des bezahlten Gläubigers. Dieser Fall ist dem dritten römischen Falle (I, 3) ähnlich, eigentlich nur eine Anwendung des jus offerendi [12]). In diesem Falle, sowie überhaupt wenn ein Dritter einen Hypothekengläubiger in der Absicht, an dessen Stelle zu treten (Nr. 4), abfindet, kann die Absicht jedoch nur erreicht werden, wenn der Pfandbesitz übertragen oder wenn die Post zur Zeit des Konkurses, noch unverändert auf den Namen des ausgezahlten Gläubigers steht und nicht einem Andern, mit Aushändigung des Hypothekeninstruments cedirt worden ist. Ist die Post gelöscht worden, so kann der Zahler nur an den Platz treten, welcher der bezahlten Forderung im Konkurse zugestanden hätte, wenn sie nicht eingetragen gewesen wäre [13]). Besteht aber die Forderung noch, und ist sie zweimal gezahlt worden; so sind zwei mögliche Fälle zu unterscheiden. Der eine Fall ist der, wo der zweite Zahler die Forderung unter Empfang des Instruments durch Cession in gutem Glauben an sich bringt. Dann ist er der rechtmäßige Gläubiger der Forderung und der erste bloße Zahler kann ein jus subintrandi nicht ausüben, weil ein Platz nicht offen ist, in den er eintreten könnte; er hat außer dem Falle eines Auftrags überhaupt gar keine

---

locati cond. (XIX, 2); L. 2 C. de divid. tutela (V, 52). In einem solchen Falle ist sogar eine actio utilis durch kaiserliches Reskript gegeben, also schon eine Ausnahme von der Nothwendigkeit der Cession gemacht. L. 1, §. 13 D. de tut. et rat. distrah. (XXVII, 3).

12) A. L.R. I, 20, §§. 36, 37.

13) Corp. jur. Frid. Th. II, Tit. 26, §. 122 a. E.; A. G.O. u. a. O. §. 161 a. E.

Forderung an den Schuldner und später an dessen Konkursmasse, da diesem durch jene unvorsichtige Zahlung durchaus kein Vortheil oder Nutzen verschafft worden ist. Der andere Fall ist der, wo der erste Zahler sich sein Recht gesichert hat und ein Anderer den gewesenen Gläubiger zum zweiten Male aus Irrthum auszahlt. Hierdurch wird die condictio indebiti gegen den Empfänger begründet. Wem dieselbe zustehe, hängt von der Veranlassung ab, aus welcher zum zweiten Male gezahlt worden ist. Hat der Zahler aus eigenem Antriebe gezahlt, so steht ihm die condictio indebiti zu, weil der Schuldner ganz anspruchsfrei, folglich bei der Sache nicht betheiligt ist. Dagegen verschafft die Zahlung aus Auftrag dem Zahler, wenn ihm nicht ein verantwortlichmachendes Versehen dabei zur Last fällt [14]), eine Forderung ex mandato gegen den Auftraggeber und dem Auftraggeber die condictio indebiti; doch kann der Zahler diese auch selbst anwenden, da er zunächst dazu legitimirt ist [15]); er befreit durch die erfolgreiche Zurückforderung des Gezahlten den Auftraggeber von der Erstattung der dazu verwendeten Vorschüsse.

---

14) Das könnte z. B. wegen versäumter Abforderung des Schulddokuments der Fall sein.

15) Vergl. L. 29, §. 3 D. mandati (XVII, 1). Der Fall dort ist zwar ein anderer, nämlich der, wo der Schuldner dem Gläubiger, nachdem dieser schon von dem Bürgen befriedigt worden, aus Irrthum nochmals Zahlung leistet: hier soll der Bürge von dem Hauptschuldner Abtretung der condictio indebiti verlangen können. Aber der Grund: „ne duplum creditor consequatur", ist auch in unserem Falle zutreffend, überhaupt aber ist hier der Mandatarius selbst der Erwerber der Kondiktion und nur verpflichtet, dieselbe nach völliger Erledigung der Angelegenheiten dem Mandanten abzutreten, was nur gegen Erstattung der Auslagen zu geschehen braucht. Nun befindet sich aber die Angelegenheit nicht in einer Lage, daß sie als gehörig geordnet anzusehen ist, und es kann wohl kein Gegenstand des Zweifels sein, den Mandatarius zur Herstellung des geordneten Zustandes für legitimirt zu erachten.

Unter diesen dritten Grundsatz ist auch der Fall zu bringen, wenn aus einem erbschaftlichen Grundstück ein eigener Gläubiger des Benefizialerben, den der Erbe darauf hat eintragen lassen, bezahlt werden muß. Es wird dann so angesehen, als hätten die separirten Erbschaftsgläubiger die Zahlung aus ihren Mitteln geleistet, daher sie an die Stelle des bezahlten Gläubigers treten, welche derselbe in dem Konkurse des Gemeinschuldners ohne Rücksicht auf die Eintragung nach der Qualiät seiner Forderung erhalten haben würde [16]).

4) Der vorhin erwähnte zweite römische Fall (I, 2) ist nicht besonders erwähnt, unterliegt jedoch unter den dort gemachten Bedingungen, zumal nach heutigem Hypothekenrechte, nach welchem dem Schuldner freie Verfügung über die bezahlte Hypothekenpost zusteht, gar keinem Bedenken [17]), vorausgesetzt, daß die Einräumung der Stelle seitens des Schuldners in gehöriger Form geschehen, oder dem Zahler wenigstens das Hypothekendokument unter mündlicher Einräumung der Hypothek ausgehändigt worden ist, wo die hinzugekommene Realleistung (die Zahlung) seitens des Anderen die schriftliche Form der Einräumung ersetzen würde. Fehlte es aber an der förmlichen Einräumung und wäre auch das Dokument über die ausgezahlte Forderung im Besitze des Schuldners bis zum Ausbruch des Konkurses geblieben; so könnte dem Zahler der Eintritt wohl mit Erfolg streitig gemacht werden.

III. So lange diese Bestimmungen neben dem Gemeinen Rechte bestanden, machte ihre Anwendung keine Schwierigkeiten. Neben der Allgemeinen Gerichtsordnung erschien jedoch zugleich das ausschließlich an die Stelle des

16) Th. I, Tit. 16, §§. 43—48.

17) Die Praxis hat diesen Fall schon unter Nr. 1 mit begriffen gefunden. Entscheidungen des Obertrib., Bd. XXX, S. 437 ff.

Römischen und Gemeinen Rechts tretende Allgem. Landrecht, und dessen Bestimmungen [17a]) stimmten nicht zu jenen und auch nicht unter sich. Als Regel wird der dem Römischen und Gemeinen Rechte unbekannte allgemeine Satz hingestellt: „Ueberhaupt tritt in der Regel der Zahlende gegen den Schuldner, auch ohne ausdrückliche Cession, in die Rechte des bezahlten Gläubigers." Dieser Rechtsgrundsatz führt zu falschen Ergebnissen, weil er viel zu allgemein ist; er mußte daher durch Limitationen die erforderlich scheinende Begrenzung erhalten. Dergleichen sind zwei beigefügt. Die eine, lautend: „Wer die Schuld eines Anderen mit oder ohne Auftrag bezahlt, befreit denselben von seiner Verbindlichkeit", ist wieder so unbedingt, daß sie den Hauptgrundsatz völlig aufhebt; sie muß deshalb, um von der Hauptregel noch etwas Brauchbares stehen zu lassen, auf den Fall bezogen und also unter der Bedingung verstanden werden, wenn die Zahlung in der Absicht geleistet wird, um die Schuld zu tilgen (solvendi animo). Dann hat die Hauptregel ihren entsprechenden Wirkungskreis, denn sie ist von denjenigen Zahlungen zu verstehen, welche durch einen Dritten entweder aus einer rechtlichen Nothwendigkeit, oder freiwillig in der Absicht, die Forderung zu erwerben (animo emendi), geleistet werden, und der allgemeine Rechtsgrundsatz ist nun der, daß in allen diesen Fällen die actio utilis gebraucht werden kann. In der Bedeutung, welche hier der Kunstausdruck hat (er hat bekanntlich noch andere Bedeutungen) [17b]), ist es eben dieselbe Klage, welche dem abgefundenen Gläubiger aus dem Rechtsverhältnisse zusteht und vermöge einer rechtlichen Fiktion als eine wirklich cedirte behandelt wird. Wenn

17a) Th. I, Tit. 16, §§. 43—48.

17b) Darüber vor Allen: Mühlenbruch, Cession der Forderungsrechte, §. 15 (3. A. S. 151).

die Cession fingirt wird, so hat der Zahler, folgerecht, dieselben Rechte, welche ein wirklicher Cessionarius ausüben kann, er kann also auch alle accessorischen Rechte, deren Ausübung durch Cession übertragen werden kann, geltend machen. Das hat den Verfassern des Allgemeinen Landrechts nicht sachgemäß geschienen, und dieß ist es, worauf sich die zweite Beschränkung der Regel bezieht. Es heißt: §. 47. „Insofern aber der bezahlten Forderung nach ihrer Qualität gewisse Vorrechte beiwohnen, kann der Zahlende sich dieser Vorrechte gegen einen Dritten [17 c]), ohne ausdrückliche Cession in der Regel, und wenn nicht besondere Gesetze ein Anderes vorschreiben, nicht bedienen." §. 48. „Ebenso erlangt der Zahlende, auf eine für die Forderung durch Bürgen oder Pfand bestellte Sicherheit, die Rechte des Gläubigers in der Regel nur durch die ausdrückliche Cession desselben [17 d])." Nach diesem neuen Rechte konnte also im Konkurse kein jus subintrandi ausgeübt werden, außer wenn in besonderen Gesetzen ein Anderes vorgeschrieben war. Die verschiedenen Bestimmungen der beiden Gesetzbücher hätten sich recht gut vereinigen lassen, wenn man den §. 161 der Allg. G.O. als ein besonderes Gesetz über das jus subin-

---

17 c) Gegen Dritte ist die einzige Gelegenheit, wo Vorrechte nützlich sind; gegen den Schuldner sind sie nicht erfunden, gegen ihn sind alle Gläubiger gleich berechtigt.

17 d) Veranlaßt ist diese Bestimmung durch den Gesichtspunkt des älteren Röm. Rechts, welches das Forderungsrecht und die accessorischen Sicherheitsrechte als verschiedene Forderungsrechte behandelte und außer dem Uebergange des ersteren noch eine besondere Cession des Pfandrechts und des Anspruchs an den Bürgen forderte. L. 73 pr. D. ad SCt. Trebell. (XXXVI, 1); L. 23 D. de hered. vel act. vend. (XVIII, 4). Später wurden auch actiones auf Verfolgung des Pfandrechts (der obligatio rei, im Gegensatz zur obligatio personae) gegeben. L. 6, 7 C. de oblig. et act. (IV, 10); L. 14 C. de fidejussoribus (VIII, 41).

trandi angesehen und die dort bezeichneten drei Fälle (II) als Ausnahmen von der Regel betrachtet hätte. Allein der Hauptfall (II, 1) hatte zufällig nicht ausdrücklich wiewohl vonselbstverständlich bevorzugte Forderungen zum Gegenstande, und dieses veranlaßte Zweifel und abweichende Meinungen. Diese Rechtsunsicherheit wurde aus speziellem Anlaß gehoben. Es waren Fälle vorgekommen, wo Staatsbehörden wegen öffentlicher und gemeiner Lasten und Abgaben von Anderen statt des zahlungsunfähigen Schuldners im Kriege befriedigt worden waren, und als es hinterdrein zum Konkurs kam, wurde den Zahlenden das Vorrecht des Fiskus wegen dieser Abgaben streitig gemacht. Dieß veranlaßte eine königl. Deklaration v. 5. März 1808, daß der §. 161 der A. G.O. dem §. 47 des A. L.R. nicht entgegen stehe, und also in Konkursen über das Vermögen des Schuldners das jus subintrandi auch in Absicht solcher Forderungen stattfinde, denen nach ihrer Qualität gewisse Vorrechte beiwohnen [18]). Diese Deklaration setzt zugleich außer Zweifel, daß der erste Fall des §. 161 der A. G.O. (II, 1) sich in der That auf bevorrechtete Forderungen bezieht und sich in Uebereinstimmung mit dem Röm. Rechte (I, 1) befindet. Nun war entschieden, daß der Zahlende in die bevorrechtete Forderung getreten sei, d. h. daß er die Forderung mit dem ihr beiwohnenden Vorrechte erworben habe und an Stelle des ausbezahlten ursprünglichen Gläubigers geltend machen könne. Es wurde aber ein neuer Unterschied aufgebracht: das Vorrecht sollte nur gelten im formellen Konkurse, nicht aber bei einer Konkurrenz mit an-

---

18) N. C. C. Tom. XII, b, S. 319; Rabe, Sammlung, Bd. XIII, S. 765. — Publikandum v. 16. März 1808 (Mathis, Bd. VI, S. 1; Rabe, Bd. IX, S. 170). Diese Bestimmung ist als §. 331 in den Anh. z. A. G.O. (I, 50, §. 161) aufgenommen worden.

deren Gläubigern außer dem Falle des formellen Universalkonkurses[19]). Diese Unterscheidung war unjuristisch. Ein Vorrecht kann nicht in seiner rechtlichen Wirksamkeit von der Eröffnung des Konkurses abhängig sein, es wird nicht erst durch die Konkurseröffnung erworben, vielmehr in den Konkurs mitgebracht.

IV. Die jüngste Gesetzgebung versetzt das jus subintrandi in ein neues Stadium. Die Bestimmung lautet: „Wenn Jemand nach der Konkurseröffnung die Forderung eines Gläubigers ganz oder zum Theil befriedigt, so tritt er insoweit von Rechts wegen an dessen Stelle; er erlangt auch ohne Cession das mit der Forderung verbundene Vorrecht, Pfandrecht oder Hypothekenrecht. — Ist die Befriedigung des Gläubigers vor der Konkurseröffnung erfolgt, so bestimmt sich das Eintrittsrecht nach den allgemeinen gesetzlichen Vorschriften[20]).“ Hierdurch und in Verbindung mit der Aufhebung des ganzen Titels 50, Th. I der A. G.O. sind die bisherigen Bestimmungen über das jus subintrandi beseitigt und damit sind die besonderen Fälle, in welchen eben wegen ihrer Besonderheit der Eintritt des Zahlenden in die Rechte des Gläubigers von Rechts wegen stattfand, unterdrückt. Nach der neuen Bestimmung kommen nur noch folgende Fälle des Eintritts von Rechts wegen vor:

1) wenn der Steuererheber Steuerrückstände für den Schuldner vorschußweise zur Kasse entrichtet hat, so tritt er dadurch in die Rechte der fiskalischen oder anderen öffentlichen Kasse[21]);

---

19) Eine auf diese Unterscheidung gestützte absprechende Entscheidung eines Appellationsgerichts v. 16. September 1854 kann man, außer vielen anderen, im XXX. Bande der Entsch. des Obertribunals S. 439, lesen; sie ist zwar kassirt worden, sie beweiset aber den Meinungszwiespalt. Das Gericht I. Instanz hatte richtig geurtheilt.

20) Konkursordn. v. 8. Mai 1855, §. 11.

21) Konkursordn. §. 73, Abs. 2, §. 74, Abs. 2. — Ges.

2) wenn der Bürge oder ein Mitschuldner den Gläubiger statt des Hauptschuldners bezahlt, so tritt er dadurch in die etwaigen Vorrechte desselben, der Mitschuldner nur auf den nach Abzug seines eigenen Antheils der Schuld verbleibenden Betrag [22]). Das Gleiche gilt, wenn einer von mehreren Mitbürgen allein den Gläubiger befriedigt hat, in Ansehung dessen, was ihm die übrigen Mitbürgen, für die er mitbezahlt hat, zu erstatten gehalten sind, im Falle sie in Konkurs kommen.

3) Wenn die separirten Erbschaftsgläubiger einen eigenen auf ein Erbschaftsgrundstück eingetragenen Gläubiger des Gemeinschuldners aus der Separatmasse befriedigt haben, so treten sie bei der gemeinschaftlichen Konkursmasse in diejenige bevorrechtete Stelle, welche der Gläubiger selbst gehabt haben würde, wenn er jene Hypothek nicht erhalten und deshalb seine Befriedigung aus der Konkursmasse seines persönlichen Schuldners gesucht hätte [23]).

Damit schließt die Reihe der einzelnen Fälle; der allgemeine Satz:

4) wenn Jemand nach der Konkurseröffnung die Forderung eines Gläubigers befriedigt, so tritt er an dessen Stelle und erlangt auch ohne Cession das mit der For-

---

über die Klassen- und klassifizirte Einkommensteuer v. 1. Mai 1851, §. 13, lit. e (G.S. S. 198). — Verg. L. 5 pr. D. de censibus (L, 15).

22) A. L.R. I, 14, §. 338; Konkursordn. §. 86. Vergl. gedr. Motive, S. 73.

23) Die Bestimmungen, welche diesen Fall betreffen, nämlich die §§. 282 und 161, Tit. 50, Th. I der A. G.O., sind zwar formell aufgehoben, der Fall steht jedoch unter der neuen Generalregel des §. 11 der Konkursordnung: Wenn Jemand nach der Konkurseröffnung die Forderung eines Gläubigers — bezahlt.

derung[24]) verbundene Vorrecht, Pfandrecht oder Hypothekenrecht, — hat gar kein praktisches Interesse[25]).

V. Ob nach dem heutigen Rechtsstande das jus subintrandi auch außer dem Falle des formellen Universalkonkurses, namentlich in dem im Wege der Exekution eingeleiteten Prioritäts-, Subhastations- und Kaufgelderbelegungsverfahren gelte, das ist bei dem Schweigen der neuen Konkursordnung darüber die Frage. Nach dem vorigen Rechte stritt man darüber auf Grund des §. 161, Tit. 50; §. 331 des Anh. und der §§. 33 — 36, Tit. 51, Th. I der A. G.O. Die Praxis des höchsten Gerichts hatte sich für die Bejahung entschieden[26]). Der erste Grund bestand in der Vorschrift der angeführten §§. 34 — 36, Tit. 51, daß in dem Kaufgelder-Liquidationsverfahren die Grundsätze des Konkursrechts zur Anwendung

---

24) Der Ausdruck bezeichnet nur die privilegia causae; doch sind gewiß auch die persönlichen Vorrechte des abgefundenen Gläubigers gemeint.

25) Wer wird sich doch damit befassen, eine Konkursforderung auszuzahlen und dafür die Ungewißheit hinzunehmen, ob etwas darauf entfallen wird? es müßte denn in Masse aus Spekulation geschehen, auf Gewinn und Verlust, etwa nach der Art, wie im alten R. R. die bonorum venditio erfolgte. Bisher ist ein Aufkauf solcher Forderung nicht in den Verkehr gekommen, und im Voraus für den möglichen Fall, daß ein solcher Verkehrszweig aufkommen könnte, ein Gesetz zu geben, hält man sonst nicht für ein Bedürfniß. Vor der Konkurseröffnung hat die Zahlung eines Dritten den menschenfreundlichen Zweck, dem augenblicklich zahlungsunfähigen Schuldner zu Hülfe zu kommen. Dergleichen Fälle kommen oft vor.

26) Pr. des Obertrib. 119 c, v. J. 1836: „Auf den Grund der §§. 34 — 36, I, 51 der A. G.O. greift das jus subintrandi, von welchem der §. 161, I, 50 der A. G.O. und der dazu gehörige Anhang §. 331 spricht, nicht bloß im Konkurse, sondern auch in dem über eine insuffiziente Gutskaufgeldermasse eröffneten Liquidationsprozeß, Platz." Gedr. Präjudizienbuch I, S. 110. Dieser Satz ist auch in einer jüngeren Entscheidung des Obertrib. v. 5. Juni 1855 ausgeführt. Entsch. Bd. XXX, S. 437.

kommen sollten. Diese Vorschriften sind zwar später formell aufgehoben[27]), es ist aber darauf ein besonderes Verfahren wegen Befriedigung der Pfand- und Hypothekengläubiger außerhalb des Konkurses eingeführt worden[28]); und nun ist die Erwägung entscheidend, daß eine Beschränkung des jus subintrandi auf den eigentlichen Konkurs eine Aufhebung desselben in Betreff der Realberechtigten zur Folge haben würde, was — in Ermangelung alles Grundes und Anhalts für eine solche, der ganzen nur die Erleichterung der Befriedigung der Realberechtigten bezweckenden Verordnung v. 28. Dezember 1840 widersprechende Tendenz — der Absicht des Gesetzgebers nicht entspricht[29]). Das Gleiche muß auch nach den Grundsätzen der neuen Konkursordnung anerkannt werden, wenn auch darin die schon vorher aufgehobene Vorschrift der §§. 34 ff., Tit. 51 der Prozeßordn. nicht wieder aufgenommen worden ist. Denn es ist ohne ausdrückliche Bestimmung nicht anzunehmen, daß das jus subintrandi in Betreff aller Separatisten, welche an dem Universalkonkurse nicht Theil nehmen, habe aufgehoben sein sollen, was doch der Fall sein müßte, wenn es bloß im formellen Universalkonkurse Anerkennung finden sollte; und überdieß erklärt die Konkursordnung auch die Separat-Vertheilungsverfahren für Konkurse, nämlich für Partikularkonkurse[30]), folglich kommen, insoweit nicht

---

27) V. II, v. 4. März 1834, §. 22 (G.S. S. 45).

28) V. v. 28. Dezember 1840 (G.S. 1841, S. 4).

29) Entscheidungen des Obertrib. Bd. XXX, S. 440. Der dort mitgetheilte Fall würde nach neuem Rechte freilich anders zu entscheiden sein. Jemand hatte dem Schuldner zur Berichtigung einer Hypothekenpost Geld geliehen und dieses Geld war zu dem verabredeten Zwecke wirklich verwendet worden. (Fall III, 4.) Auf diese Art kann nach neuem Rechte der Eintritt in die bezahlte Forderung und die dafür bestellten Sicherheitsrechte nicht mehr vermittelt werden.

30) §. 1 und Anm. 2a) dazu.

besondere Vorschriften für den einen oder den anderen Partikularkonkurs gegeben sind, dabei die für den Universalkonkurs gegebenen Bestimmungen zur Anwendung. Außerdem würde die Ungereimtheit eintreten, daß der §. 11 der Konkursordnung zum Theil gegenstandslos wäre; denn es ist darin ja eben von dem Uebergange der Pfand- und Hypothekenrechte die Rede, und diese Rechte schließen gerade von dem Universalkonkurse aus; sie bedingen die Befriedigung der Berechtigten außerhalb des eigentlichen Konkurses. Deshalb ist es für die Geltung des jus subintrandi einerlei, ob neben dem besonderen Vertheilungsverfahren zugleich auch der Universal-Konkursprozeß verhandelt wird, oder nicht. Nur ist zu beachten, daß, wenn der Partikularkonkurs über Kaufgelder, ohne daß zugleich der Universalkonkurs eröffnet worden, eingetreten ist, der Tag der Einleitung des Verfahrens als der Tag der Konkurseröffnung im Sinne des §. 11 der Konkursordnung angesehen werden muß[31]).

B. Wirkungen des Konkurses.

§. 57.

AA. In Ansehung der Gläubiger.

a) Im Allgemeinen.

Durch die Konkurseröffnung werden diejenigen eigentlichen Konkursgläubiger (§. 51, II, 1), welche an dem Verfahren Theil nehmen wollen, in einer Personengesammtheit (corpus creditorum, Gläubigerschaft) vereinigt, welche nach Außen durch einen von ihnen gewählten Repräsentanten (Verwalter der Masse) vertreten wird[1]). Die Zahl der Mitglieder dieser Genossenschaft wird nicht mehr wie sonst durch einen formellen Akt (Präklusion) ge-

31) Konkursordn. §. 368.

1) Konkursordn. §§. 131, 215.

schlossen, vielmehr ist der Beitritt während der ganzen Dauer des Konkursverfahrens zulässig, nur muß der erst im Laufe des Verfahrens Beitretende Alles was bereits geschehen ist gelten lassen[2]). Durch die in Folge der Konkurseröffnung eintretende Beschlagnahme des Vermögens des Gemeinschuldners entsteht unter den Mitgliedern der Gesammtheit eine Gemeinschaft in Ansehung aller zur Masse gezogenen Gegenstände. Dieses Verhältniß hat drei verschiedene Beziehungen: 1) sind die Gläubiger gemeinschaftliche Inhaber der Vermögensmasse, welche ihnen zur Verwaltung und Veräußerung behufs der Vertheilung unter sich übergeben ist; 2) sind sie Gläubiger des Gemeinschuldners und machen ihre Ansprüche gegen denselben geltend, in welcher Beziehung sie als Liquidanten einzeln Jeder für sich, der Gesammtheit und dem Gemeinschuldner gegenüber, stehen; 3) stehen sie zu einander in Konkurrenz, indem Jeder in der Ausübung seines Rechts durch das Recht des Anderen beschränkt ist, woraus das Prioritätsverfahren entsteht, in welchem ein Jeder einzeln für sich als Partei gegen alle diejenigen, welche seinen behaupteten Vorzug oder seine Gleichberechtigung nicht einräumen, auftritt; der Gemeinschuldner ist dabei rechtlich nicht betheiligt, weil ihm gegenüber ein jeder Gläubiger in der Verfolgung seines Anspruchs gleichberechtigt ist. Nur von dem ersten Verhältnisse[3]) soll hier die Rede sein; die beiden anderen gehören in das Verfahren.

2) Ebend. §. 254, entnommen aus dem Code de commerce, Art. 513.

3) Nur in diesem Verhältnisse handeln die Gläubiger als Gesammtheit.

§. 58.

b) Verhältniß der Gläubiger als Inhaber der Masse.

aa) Aeußere Verhältnisse.

I. Der Titel, unter welchem die Gläubigerschaft in den Besitz des gemeinschuldnerischen Vermögens tritt, und also auch die Natur des Rechts, welches die Gläubigerschaft daran erwirbt, ist von Alters vielfach streitig. Die Kontroversengeschichte ist zu lang, als daß sie hier dargestellt werden könnte, wir müssen uns auf die Angabe der Hauptmeinungen beschränken. Aus dem Röm. Rechte ist für unser heutiges Recht in dieser Beziehung wenig zu gebrauchen; der heutige Konkurs ist ein Gebilde der neueren Juristen und Praxis. Aeltere gemeinrechtliche Schriftsteller haben hier eine successio per universitatem zu finden geglaubt [1]), nach Analogie des bonorum emtor des alten Röm. Rechts [2]), der allerdings in den Vermögensinbegriff des Gemeinschuldners als Universalsuccessor eintrat, der jedoch seit der Einführung der distractio bonorum, also im Justinian'schen Rechte nicht mehr vorkommt. — Mehrere Neuere halten die Gläubigerschaft für den Singularsuccessor des Schuldners in das Eigenthum eines jeden einzelnen Vermögensstücks oder des Gesammtvermögens [3]), und stützen diese Meinung

1) Leyser, med. ad Pand., sp. 173, m. 4; sp. 220, m. 6; Mevius an mehreren Stellen seiner Decisiones; u. m. A. Die Frage ist mehrmals besonders behandelt worden von Chr. Wolhard Stein, commentatio disquirens quaestionem: num creditores moto concursu in omnia jura et omnes obligationes debitoris obaerati succedant, et hinc successores debitoris universales habendi sint? Rost. 1781. Dessav. 1782.

2) Mevius, dec., P. III, dec. 329; Leyser, med., sp. 220, m. 6. — Hommel, rhaps., obs. 193 meint, der heutige curator bonorum vertrete die Stelle des alten emtor bonorum.

3) Kori, System des Konkurses, I, 1, §. 49. — Gensler, im Archiv für civilistische Praxis, Bd. II, S. 348. — Krug, über

auf die cessio bonorum oder, in deren Ermangelung, auf die missio in possessionem, wodurch die Gläubiger nach R. R. in die rechtliche Lage versetzt wurden, über das Vermögen des Schuldners zu verfügen; und weil zur wirklichen Veräußerung ein zweites Dekret des Prätors nöthig war, so unterschied man eine missio ex primo decreto, welche Besitz geben, und eine missio ex secundo decreto, welche Eigenthum übertragen sollte [4]), wie dieses bei der cautio damni infecti vorkommt [5]). — Andere [6]) gründen das Verfügungsrecht der Gläubigerschaft

die Lehre von der Kompensation (Leipzig 1833), §§. 68 ff., betrachtet die Konkursgläubiger durchaus als Cessionare des Gemeinschuldners.

4) Hommel, rhaps., obs. 193; Puettmann, adversar., L. 1, Cap. XIII, p. 206; — Dabelow, ausführliche Entwickelung der Lehre vom Konkurs der Gläubiger, S. 478; — Kori, System, Bd. I, §§. 7, 10; — Glück, Commentar, B. XVIII, S. 37, 256.

5) L. 15, §§. 15 — 17 D. de damno infecto (XXXIX, 2); L. 1 pr. D. de fundo dotali (XXIII, 5). Daß nach dem neueren Rechte den Gläubigern kein Eigenthumsrecht zustehe, ist unstreitig und wird auch in den Stellen deutlich gesagt. L. 4 C. qui bonis cedere (VII, 71); L. 6, 8 C. de bonis auctoritate jud. poss. (VII, 72). Vergl. L. 3, §. 23 D. de acquir. vel omitt. poss. (XLI, 2). Aber die Ansicht, daß die Gläubiger als Eigenthümer in die Totalität des schuldnerischen Vermögens eintreten, soll das Grundprinzip heutigen Konkurses sein und im Geiste desselben liegen: Günther, Konkurs; in Weiske's Rechtslexikon, Bd. II, S. 811. Schon Schweppe, System des Konkurses, §. 8, S. 16, nennt diese Berufung eine etwas leere; und in der That ist der angetretene Beweis, der durch die Darlegung, daß einzig oder doch am füglichsten, unter Voraussetzung jener Grundansicht, die einzelnen Bestimmungen als ein in sich zusammenhängendes Ganze erscheinen, geführt werden soll, als mißlungen anzusehen. M. s. den Text zu Note 9.

6) Georg Ludw. Boehmer, electa juris civilis, Tom. I, Exercit. XI, §. 4; Kind, quaestiones forenses, Tom. II, Cap. 5; und viele andere dort namhaft gemachte Rechtsgelehrten. Diese Ansicht kann als die herrschende angesehen werden und von ihr allein läßt sich behaupten und nachweisen, daß sich aus ihr, wenn man sie als Grundansicht des deutschen Konkurses voraussetzt, die einzelnen Bestimmungen erklären und als ein zusammenhängendes Ganze ansehen lassen.

auf ein prätorisches Pfandrecht; noch Andere[7]) bestreiten sowohl ein Pfandrecht wie ein Eigenthumsrecht und nehmen ein unbeschränktes Verfügungsrecht der Gläubiger an, ohne den Titel desselben näher anzugeben[8]). Die Anhänger der Eigenthumstheorie beweisen deren Richtigkeit dadurch, daß sich die einzelnen Folgen der Konkurseröffnung nur aus der Voraussetzung, daß die Gläubigerschaft Eigenthümerin geworden, sollen erklären lassen[9]), namentlich: 1) daß heutzutage die Veräußerungen, welche der Gemeinschuldner nach der Konkurseröffnung unternimmt, nicht mehr, wie nach R. R., mit der actio Pauliana brauchen rescindirt zu werden, sondern ipso jure nichtig sind und sogar bestraft werden. Aber dieß Alles ist auch bei einem bloßen Arrestschlage der Fall, und doch wird es Niemand daraus erklären wollen, daß auf den Arrestanten das Eigenthum des Gegenstandes übergegangen sei. Der Erkärungsgrund ist der, daß dem Schuldner jede Verfügung über den Gegenstand durch den Richter untersagt worden ist, und daß eine solche Untersagung oder vielmehr gänzliche Entziehung der Dispositionsbefugniß in dem publizirten Dekret über die Eröffnung des Konkurses enthalten ist. 2) Derjenige, welcher an den Gemeinschuldner nach der Konkurseröffnung noch etwas zahlt, werde, wenn er diese Zahlung auch

---

7) Schweppe, System des Konkurses, §. 59; Bayer, Theorie des Konkursprozesses, §. 29; Mühlenbruch, Cession der Forderungsrechte, §. 18, Nr. 4 (3. A. S. 231); Schenk, über den Uebergang des Vermögens des Gemeinschuldners ꝛc.; in Linde's ꝛc. Zeitschrift für Civilrecht und Prozeß, Bd. XIII, S. 67 ff.

8) Nur Schweppe a. a. O. bezeichnet es näher als eine Repräsentation des Gemeinschuldners zu der Gläubiger eigenem Vortheil und zum Zwecke ihrer Befriedigung. Damit ist nichts erklärt; die Frage nach dem Titel der Repräsentation bleibt unbeantwortet.

9) Günther, Konkurs; in Weiske's Rechtslexikon, Bd. II, S. 812.

bona fide leiste und kein Gedanke an einen Dolus da sei, dennoch nicht liberirt, sondern zur nochmaligen Zahlung genöthigt. — Dieß ist jedoch so unbedingt nicht richtig; es ist nur dann richtig, wenn der Zahler weiß oder wissen muß, daß der Konkurs eröffnet worden ist. Er muß es aber wissen und seine Wissenschaft wird fingirt, nachdem die Konkurseröffnung vorschriftsmäßig veröffentlicht worden ist. 3) Eine Erklärung des Gemeinschuldners, daß er einem seiner Schuldner etwas erlassen wolle, bedarf immer, wenn sie auch erst nach der Konkurseröffnung geschehen, der Rescission; heutzutage ist ein solcher Erlaß nichtig. — Dieß erklärt sich wie Nr. 1. 4) Das Gleiche gilt von einer, seitens des Gemeinschuldners an einen seiner Gläubiger geleisteten Zahlung. — Was sich aber aus der Ansicht eines Eigenthumsrechts nicht erklären läßt, ist, daß der Ueberschuß der Masse, sobald der Konkurs beendet ist, als das freie Eigenthum des Gemeinschuldners angesehen wird, ohne daß irgend eine Erwerbung erforderlich. — Gegen die Annahme eines allgemeinen Pfandrechts wird von dieser Seite gesagt, der Satz passe dazu nicht, daß auch diejenigen Gläubiger, die schon ein Pfand oder eine Hypothek haben, an dem Konkurse Theil nehmen und den Gegenstand ihres Pfandrechts einliefern müssen, dieses vielmehr weit eher aus der Ansicht eines Eigenthumsrechts sich erklären lasse. Auch das ist nicht anzuerkennen. Das Pfandrecht hindert nicht, den Gegenstand auch noch Anderen zu verpfänden. Wird also allen Konkursgläubigern ein allgemeines Pfandrecht beigelegt, so steht ihnen dasselbe auch an jenen Pfandstücken zu, und daraus läßt sich ihre Konkurrenz bei der Verwendung der Pfandstücke zur Befriedigung der Konkursgläubiger erklären; dieserhalb also ist es nicht nöthig, ihnen ein Eigenthum zuzuschreiben, was ohnehin nicht das Recht der Abforderung geben könnte. Ueberhaupt bietet das heutige gemeinrechtliche Konkursverfahren keine Erscheinung, welche nicht aus dem römischen Gesichtspunkte einer allgemeinen Exekution in die Güter des Gemeinschuldners zu erklären wäre.

Die preußische Gesetzgebung hatte diesen römischen Gesichtspunkt genommen, sich der Theorie eines aus dem allgemeinen Exekutionsverfahren entstandenen Pfandrechts angeschlossen und den Satz festgestellt: „Durch die Konkurseröffnung erlangen die Gläubiger zusammengenommen ein allgemeines Pfandrecht auf den ganzen Inbegriff des Vermögens, welches der Gemeinschuldner alsdann besitzt [10]." Die jüngste Konkursordnung hat diesen theoretischen Satz fallen lassen und festgesetzt: „Mit dem Zeitpunkte der Konkurseröffnung verliert der Gemeinschuldner von Rechts wegen die Befugniß, sein zur Konkursmasse gehörendes Vermögen zu verwalten und über dasselbe zu verfügen. — Das Verwaltungs- und Verfügungsrecht wird durch die Gesammtheit der Konkursgläubiger (Gläubigerschaft) an Stelle des Gemeinschuldners ausgeübt [11]." Sehr passend für ein Gesetz ist hierdurch nur der praktische Rechtssatz festgestellt, aber er ist doch nur der Folgesatz irgend eines Rechtsgrundsatzes, und es ist wieder der Wissenschaft anheimgegeben, den Titel des Verwaltungs- und Veräußerungsrechts aufzufinden. Zu

---

10) A. G.O. I, 50, §. 31. In dem Vorgänger, dem Corp. jur. Frid. Th. II, Tit. 26, §. 24 hieß es: „Durch die Eröffnung des Konkurses verliert der Gemeinschuldner alle Befugniß, über sein gegenwärtiges Vermögen ferner zu disponiren; und seine sämmtlichen Gläubiger in corpore erlangen daran die Rechte eines Pfandinhabers, jedoch unbeschadet der unter den einzelnen Gläubigern gegen einander obwaltenden Priorität."

11) §. 4 der Konkursordnung. Die Verfasser haben sich also der Schweppe'schen Ansicht angeschlossen. Sie thun sich auf die getroffene Bestimmung etwas zu gute in der Meinung, etwas ganz Neues gebracht zu haben. Gedr. Motive, S. 18.

Hülfe kommt dabei die Bestimmung dadurch, daß sie die Ansicht eines Eigenthumsrechts beseitigt, indem sie das zur Konkursmasse gehörende Vermögen als sein, des Gemeinschuldners, Vermögen bezeichnet, in Beziehung auf welches die Gläubigerschaft, an Stelle des Gemeinschuldners, die Verwaltung und Verfügung auszuüben hat. Es bleibt also als Titel desselben doch nur das s. g. prätorische Pfandrecht, oder wie man das Recht, welches der Gläubiger durch die Auspfändung an den in Beschlag genommenen Sachen erlangt, sonst nennen mag, übrig; denn der Konkurs ist ein allgemeines Exekutionsverfahren. In der That ist mithin im Rechtsprinzip nichts geändert [12]). Die Gläubiger sind also nach wie vor bloße Stellvertreter des Schuldners, aber Stellvertreter aus eigenem Rechte in Folge ihres Exekutionsrechts, so daß sie die Stelle des Schuldners zu ihrem eigenen Besten, als Prokuratoren in rem suam vertreten, deshalb aber auch das Aktivvermögen in der Lage nehmen müssen, wie sie es bei der Beschlagnahme finden; denn sie haben nur die Rechte ihres Schuldners auszuüben. Daraus folgen die Regeln: 1) die Repräsentation des Schuldners in Beziehung auf das Ganze ist nicht passiv, sondern nur aktiv [13]); 2) bei Ausübung der einzelnen Klagerechte repräsentiren sie den Schuldner aktiv und passiv, d. h. sie haben das aktive Klagerecht nur in derselben Beschaffenheit und unter denselben Voraussetzungen, unter welchen der Gemeinschuldner selbst dasselbe mit rechtlichem Erfolge würde haben geltend machen können, auszuüben, ebenso wie der Pfandinhaber eines Forderungsrechts; sie müssen sich folglich auch die Einreden, wodurch dieses Recht modifizirt oder unwirksam gemacht wird, entgegen setzen las=

12) Etwas ausführlicher darüber ist meine Anm. 10 zu §. 4 der K. O.

13) L. 5 D. de curatore bonis dando (XLII, 7).

sen [14]). Ausnahmen von diesen Regeln müssen durch positive Bestimmungen gemacht worden sein und kommen auch vor.

II. Diese Befugnisse stehen nur der Gläubigerschaft als Genossenschaft, nicht den Einzelnen zu, und deshalb kommt auch das besondere Verhältniß der Einzelnen zu dem in Anspruch genommenen Massenschuldner nicht in Betracht, namentlich sind Einreden aus der Person einzelner Gläubiger, z. B. der Einwand der Kompensation, oder die exceptio doli aus der Person eines einzelnen Gläubigers nicht zuläßig. Diese Genossenschaft ist nicht eine juristische Person in der eigentlichen Bedeutung, sie ist eine Genossenschaft eigenthümlicher Art [15]), in welcher eigentlich die universitas juris, nämlich der in Hinsicht der Verwaltung und Verfügung von der Person des Eigenthümers abgelösete Vermögensinbegriff verkörpert ist; sie ist daher auch ein einziges Prozeßsubjekt und wird nicht nach den Regeln über Litiskonsorten oder Gemeinschaftern nach Außen behandelt. Sie hat einen gesetzlich anerkannten Repräsentanten, der alle ihre Rechtsangelegenheiten und Rechtsgeschäfte verhandelt und abschließt. Dieß ist der Massenverwalter [16]), sonst curator bonorum, Konkurskurator, genannt, der nur verpflichtet ist, seine Instruktion in gewissen Fällen von der Genossenschaft oder vom Gericht einzuholen.

III. Gegenstand des Verwaltungs- und Verfügungsrechts der Gläubigerschaft ist nach neuem Rechte

---

14) L. 2, §§. 1, 2 D. eodem; L. 14 pr. D. de bonis auct. judicis poss. (XLII, 5). — Vergl. Merkel, Commentar zu §. 53 der Pr.O., Tit. 50.

15) Sie hat Aehnlichkeit mit den Gewerkschaften, aber nach ihrem Zwecke eine vorübergehende Dauer in viel höherem Grade.

16) Konkursordn. §. 4: „Zu diesem Behuf erfolgt die Bestellung eines Verwalters der Konkursmasse.“

nicht bloß, wie sonst, dasjenige Vermögen, welches der Gemeinschuldner zur Zeit der Beschlagnahme besitzt, sondern auch dasjenige, welches er während der Dauer des Konkurses erwirbt, insofern es der Exekution unterliegt [17]).

IV. Aus dem Rechtsverhältnisse, in welchem die Gläubigerschaft in Beziehung zur Vermögensmasse steht, folgt, daß sie durch die behufs Verwaltung und Benutzung derselben geschlossenen Verträge, z. B. durch Miethsund Pachtverträge [18]), nicht sich selbst, sondern die Masse (letztendlich den Gemeinschuldner) verbindlich macht; es folgt ferner, daß bei den endlichen Verkäufen nicht sie für die Eviktionsleistung einzustehen hat. Nach R. R. wurden die Gläubiger in dieser Hinsicht so angesehen, als hätten sie das an sich genommene Kaufgeld wirklich für den Schuldner verwendet und wären dadurch von dem ganzen Geschäft liberirt, so daß sie für nichts weiter Rede zu stehen hatten [19]). Das Pr. Recht hat die Grundansicht beibehalten, aber nach einer der differenten Meinungen der Praktiker angenommen, daß zwar die verkaufenden Gläubiger als Repräsentanten des Schuldners anzusehen und folglich nicht für ihre Person die Gewähr zu leisten hätten, daß sie aber auch in ebenderselben Eigenschaft auf die Klage wegen Eviktionsleistung zu antworten [20]),

17) Konkursordn. §. 1. Die Ausdehnung ist für das Deutsche und Preußische Recht neu und unter keinen rechtlichen Gesichtspunkt zu bringen, sie beruht auf Zweckmäßigkeitsgründen. M. s. darüber meine Anm. 2 zu §. 1 der Konkursordnung.

18) L. 8, §§. 1 — 3 D. de rebus auctoritate jud. poss. (XLII, 5)

19) L. 10 D. de distract. pign. (XX, 5), L. 38, L. 74, §. 1 D. de evict. (XXI, 2); L. 13 C. eodem (VIII, 45).

20) Dieser Grund erlischt mit dem Aufhören der Repräsentation, d. i. mit der Beendigung des Verkaufsgeschäfts, trifft mithin nicht zu, wenn die Gläubiger nicht mehr Repräsentanten sind.

und pro rata percepti Eviktion zu leisten verpflichtet seien[21]).

V. In Ansehung der Obligationen repräsentirt die Gläubigerschaft in allen Aktivforderungen den Gemeinschuldner und kann an dessen Stelle, durch ihr Organ, Zahlungen empfangen, gültig liberiren und Vergleiche schließen[22]); in passiver Hinsicht repräsentirt sie nicht, wenn nicht die Verbindlichkeit des Gemeinschuldners Bedingung des Forderungsrechts ist; vielmehr muß der Gläubiger sich als Liquidant bei der Masse melden, wobei der Verwalter die Funktion des sonstigen Kontradiktors zu versehen hat[23]), und jeder am Konkurse theilnehmende Gläubiger als Gegner des Liquidanten auftreten kann[24]); mehrere als Streitgenossen auftretende

---

21) Mueller, resolut., res. 120, Nr. 11; Konkurs- und Hyp.-Ordn. v. 4. Februar 1722, §. 66 und Formular dazu, litt. O (C. C. M. Tom. II, p. 207); Cod. Frid. March. v. 1748, Th. III, Tit. 51, §. 48; Corp. juris Frid. Th. II, Tit. 28, §. 9; A. G.O. Th. I, Tit. 52, §. 12 a. E., verb. mit dem A. L.R. Th. I, Tit. 11, §. 344. Ueber die Zulässigkeit der Vindikation eines subhastirten Grundstücks sind die Meinungen in Streit. Die Zulässigkeit habe ich in einer Abhandlung: Kann ein sub hasta publica adjudizirtes Grundstück vindizirt werden? (Jur. Zeit. v. 1832, Spalte 157 u. f.) nachgewiesen. Die Gegengründe sind zusammengestellt in einem Appellationsurtel v. 26. Juli 1838 (Schles. Arch. Bd. IV, S. 440 ff.) und in einem anderen, vom 23. September 1854 (Entsch. des Obertrib. Bd. XXX, S. 70 ff.). Die Praxis des Obertribunals älterer und neuerer Zeit hat stets die Zulässigkeit angenommen (Entscheidung vom 12. März 1855 und die in den Gründen angeführten älteren Entscheidungen, Entsch. Bd. XXX, S. 75), und das Obertrib. hat dieselbe durch das Pr. v. 12. März 1855, Nr. 2614, als einen Rechtsgrundsatz festgestellt. (Entsch. Bd. XXX, S. 69.)

22) Konkursordn. §. 152, Nr. 4; §. 158, Nr. 4; §. 161, Nr. 1; §§. 221, 222, Nr. 1. Vergl. A. G.O. §§. 204 ff., 233, 240.

23) Konkursordn. §§. 131, 215, 172.

24) Ebend. §§. 171, 172, 227. Die Kosten werden, wenn ein

Gläubiger müssen jedoch, zur Vermeidung unnöthiger Kosten, einen gemeinschaftlichen Bevollmächtigten zur Prozeßführung bestellen; wer sich besonders vertreten läßt, thut dieß lediglich auf seine Kosten[25]).

VI. Bei Ausübung der Klagrechte hingegen repräsentiren die Gläubiger den Gemeinschuldner aktiv und passiv, weil dieß Bedingung des Klagrechts ist, ohne welche es nicht geltend gemacht werden kann; denn dasselbe hat nur soviel Geltung, wie nach Abzug dessen, was durch Einwendungen unwirksam gemacht werden kann, übrig ist. Sie müssen die aktiven Prozesse und Klagrechte, wenn sie dieselben fortsetzen, beziehungsweise ausüben wollen, in der Lage übernehmen, in welcher sich solche zur Zeit der Konkurseröffnung befinden[26]), und folglich müssen sie nicht allein sich auch alle Einreden, welche gegen den Gemeinschuldner stattfinden, gefallen, sondern auch die Folgen der Versäumniß, sowie bereits geschehene Prozeßhandlungen, namentlich Geständnisse, Eideszuschiebungen und Zurückschiebungen bestehen lassen[27]). Uebernimmt die Gläubigerschaft den Prozeß und dessen Fortsetzung nicht, was ganz in ihrer Willkühr steht[28]),

Anspruch auf Betreiben eines Gläubigers abgewiesen wird, und die Masse davon Vortheil hat, aus der Masse erstattet. §. 237, Abs. 2 a. a. O.

25) Ebend. §. 238. Vergl. A. G.O. a. a. O. §. 187.

26) Konkursordn. §. 8, Abs. 2. — A. G.O. a. a. O. §§. 233 —237. — Vergl. L. 14 pr. D. de reb. auct. jud. poss. (XLII, 5). — J. A. van der Burgh, d. de jure creditorum exercendi jura et actiones suorum debitorum. Lugd. Bat. 1826.

27) Darüber sind in Beziehung auf die passiven Prozesse nach Gemeinem Rechte die Meinungen verschieden.

28) Sie ist ebenso befugt, in einen schwebenden Prozeß nicht einzutreten, wie sie es unterlassen kann, ausstehende Forderungen gegen zahlungsunfähige Schuldner einzuklagen. Konkursordn. §. 152, Nr. 4. Vergl. §§. 273, 276. Solche Ansprüche verbleiben dem Gemeinschuldner.

so kann der Beklagte die ihm bereits verursachten Kosten als eine Forderung an den Gemeinschuldner im Konkurse liquidiren; führt sie den Prozeß zu Ende, so sind die Kosten, zu deren Erstattung sie dem Gegner verurtheilt wird, eine Masseschuld.

Zwei Einwendungen sind besonders zu betrachten:

1) Der Einwand der Kompensation. Die Frage: inwieweit im Konkurse Kompensation stattfinde, ist nach Gemeinem Rechte nicht ausgemacht; die Meinungen divergiren nach verschiedenen Richtungen [29]). Doch ist man in neuerer Zeit einverstanden, daß der Konkurs an sich in der Kompensation nichts ändere. Folgende Fälle sind durch die preußische Gesetzgebung entschieden:

a) Wenn Jemand nach der Konkurseröffnung Gläubiger und Schuldner der Masse geworden ist, so findet Kompensation statt [30]). Dieser Fall war unstreitig.

b) Wenn Jemand dem Gemeinschuldner vor der Konkurseröffnung etwas schuldig war und nachher ein Gläubiger der Masse geworden ist; so findet Kompensation

---

29) Bastineller, progr. de requisitis compensationis in concursu creditorum, Viteb. 1748. — Mayohl, tract. jurid. de compensatione ejusque valida oppositione in concursu creditorum, Rost. et Vism. 1752; Dorn, disp. de compensatione in concursu creditorum, Kilon. 1754; Walch, diss. de compensatione in concursu, Jenae 1770; et in introd. in contr. juris civil., Sect. III, Cap. 8, §. 5; — Kanne, de compensatione et retentione in concursu locum habente, Lips. 1779; Linde, d. de compensatione in concursu creditorum, Giss. 1782; Car. Gottfr. de Winkler, progr. de compensatione in concursu creditorum, Lips. 1786; et in ej. Adversar. jur. jud., adnot. 9. Es fehlt auch nicht an Stimmen, welche die Zulässigkeit der Kompensation im Konkurse überhaupt bestreiten, weil den älteren privilegirten Gläubigern ihr Privilegium nicht vereitelt werden dürfe. Brokes, select. observ. for., obs. 155; Reinhard, ob im Konkurse die Kompensation statt habe; in dessen Samml. kl. Schriften II, 2, St. 95.

30) A. L.R. I, 16, §. 318; Konkursordn. §. 96, Nr. 1.

statt[31]). Dieser Fall hat nichts Bedenkliches, da die Gläubigerschaft die Masseschuld ebensogut vollständig zu bezahlen gehalten, wie sie die Forderung vollständig einzuziehen berechtigt und eine Verschiedenheit der Subjekte in keiner Beziehung vorhanden ist.

c) Wenn gegenseitige Forderungen zwischen dem Gemeinschuldner und dem Gläubiger desselben schon vor der Konkurseröffnung bestanden haben, so findet die Kompensation immer statt[32]). Unstreitig war in diesem Falle die Kompensation nur unter Voraussetzung der Fälligkeit beiderseitiger Forderungen vor der Konkurseröffnung[33]); streitig war sie dann, wenn die eine der gegenseitigen Forderungen erst nach Eröffnung des Konkurses fällig geworden war. Diejenigen, welche die Kompensation in diesem Falle für unstatthaft halten, stützen sich auf das Erforderniß der Fälligkeit beiderseitiger Forderungen[34]). Allein im Konkurse ist der Grundsatz angenommen, daß auch betagte und bedingte Forderungen liquidirt werden dürfen; deshalb kommt nach der Bestimmung des Preußischen Rechts jenes Erforderniß hier nicht weiter in Be-

31) A. L.R. a. a. O. §. 319; Konkursordn. §. 96, Nr. 2.

32) A. L.R. a. a. O. §. 317; Konkursordn. §. 96, Nr. 3.

33) Cramer, obs. jur. univers., Tom. III, obs. 977. — Quistorp, Beiträge über verschiedene Rechtsmaterien, (2. Aufl.) S. 148. — Nur soll die Forderung des Gemeinschuldners nicht etwa verpfändet sein. Vergl. den Rechtsfall bei Leyser, med. ad Pand., sp. 174, m. 5. Doch wird auch in diesem Falle die Verpfändung von den Meisten für unwirksam erklärt, wenn sie jünger als die Gegenforderung ist; und dieß ist das Richtige, weil der Schuldner die Kompensation aus der Person des Cedenten auch dem Cessionar entgegensetzen kann, was freilich auch nicht unbestritten ist. Vergl. Reinhard, Samml. juristischer Aufsätze, Stück II, Nr. 6.

34) Boehmer, dec. et cons., Vol. II, P. 1, resp. 302; de Winkler, adversaria jur. jurid., annot. 9; in den Opusc. min., Vol. II, P. 2, pag. 72, verbis: „haec si." — Krug, die Lehre von der Kompensation, §. 65, S. 168 ff.; u. v. A.

tracht, als die Feststellung des Betrags der noch nicht fälligen Forderung bei der Auszahlung davon abhängt. Ist die Gegenforderung des Konkursschuldners noch nicht fällig und unverzinslich, so muß er zur Ausgleichung das Interusurium an die Masse erstatten; steht es umgekehrt, so werden die gegenseitigen Forderungen schlechthin nach dem Nennwerthe aufgehoben[35]). Anders ist es in Ansehung bedingter Forderungen: diese sind zur Kompensation auch im Konkurse ungeeignet.

d) Wenn Jemand vor oder nach der Konkurseröffnung eine Forderung an den Gemeinschuldner erlangt hat und erst nach der Konkurseröffnung dem Gemeinschuldner oder der Masse etwas schuldig geworden ist; so ist die Kompensation nicht zulässig[36]). Die Ausdehnung dieses Rechtssatzes auf die erst nach der Konkurseröffnung mit dem Gemeinschuldner kontrahirten Schuldverhältnisse ist neu und hängt zusammen mit der Erweiterung des Inbegriffs der Konkursmasse auf dasjenige Vermögen, welches der Gemeinschuldner während der Dauer des Konkurses „erlangt"[37]). Die Bestimmung in Beziehung auf diese Ausdehnung ist rein positiv, d. h. sie läßt sich aus keinem allgemeineren Rechtsgrundsatze herleiten. Folgerecht mußte gerade umgekehrt die Kompensation unbedingt zulässig sein, da nur das als Vermögen anzusehen

35) A. L.R. I, 16, §§. 353 — 355; Konkursordn. §. 96, Nr. 3; A. G.O. I, 50, §. 158. — Vergl. Hymmen, Beiträge, Samml. VII, S. 99, Nr. 48; Haubold, sächs. Recht, §. 382 und die dort angeführten Schriftsteller, welche in Betreff des Falles, wenn die Forderung des Gemeinschuldners eine Forderung in diem ist, die Kompensation in den Willen des mit einer unbedingten Forderung versehenen Konkursgläubigers stellen. In dem anderen Falle verlangen die Meisten, daß der Konkursgläubiger seine betagte Forderung liquidire und seine fällige Schuld zur Masse zahle.

36) A. L.R. a. a. O. §. 321; Konkursordn. §. 97, Nr. 1.

37) Konkursordn. §. 1. Vergl. m. Anm. 3 dazu.

ist, was nach Abzug der in dieser neuen Erwerbung entstandenen Schulden übrig bleibt. Auch ist der Gemeinschuldner hinsichtlich dieser neuen Erwerbungen, wenn das Verhältniß juristisch bezeichnet werden soll, ein allgemeiner Verwalter der Gläubigerschaft. Abgesehen von dieser positiven Ausdehnung ist der festgestellte Rechtssatz gemeinrechtlich nicht unbestritten. Man begegnet der Meinung, daß auch der Gläubiger, welcher aus der Konkursmasse Sachen ersteht und wahrscheinlich zur Hebung seiner Forderung kommen wird, seine Kaufgelderschuld mit seiner Forderung kompensiren könne [38]; doch hat dieselbe hinlängliche Widerlegung gefunden [39]: sie ist auch unpraktisch, da sich nach der bloßen Wahrscheinlichkeit nicht feststellen läßt, wieviel auf die privilegirte Forderung künftig fallen wird.

e) Wenn Jemand dem Gemeinschuldner vor der Konkurseröffnung etwas schuldig war und erst nach der Konkurseröffnung eine Forderung an denselben erlangt, es sei aus einem neuen Geschäft oder [39a]) durch den Erwerb einer vor der Konkurseröffnung entstandenen Forderung eines anderen Gläubigers, so ist die Kompensation nicht zulässig [40]). Es ist ohne Einfluß, ob der Erwer-

38) Stryck ad Brunnemanni concursum credit., Cap. 7, §. 10; Berger, P. 2 Supplem. ad electa discept. for., pag. 348; Leyser, med. ad Pand., sp. 173, m. 4, wo er auch eine Entscheidung der Helmstädter Juristenfakultät in diesem Sinne beibringt. Auch soll die Wittenberger Fakultät so gesprochen haben nach Berger, oec. jur., L. III, Tit. 15, th. 4.

39) Philippi, de subhast., Cap. 3, comm. 12, n. 55 seq.; Wernher, lect. comm. ad D. Lib. XVI, Tit. 2, §. 3; Hommel, rhaps., obs. 378; Quistorp, Beiträge über verschiedene Rechtsmaterien, (2. Aufl.) S. 149, Note g; Mueller ad Leyserum, Tom. II, fasc. 1, pag. 240.

39a) Dieß ist rein positiv.

40) A. L.R. I, 16, §. 320; Konkursordn. §. 97, Nr. 2.

der von der Konkurseröffnung zur Zeit der Erwerbung Kenntniß hatte, oder nicht[41]). Bei einem rückläufigen Wechsel tritt der Erwerb erst durch die wirkliche Befriedigung des Regreßnehmers ein, wonach sich die Frage: ob er mit einer älteren Schuld an den Gemeinschuldner, über dessen Vermögen vorher Konkurs eröffnet worden, kompensiren könne, entscheidet[42]). Der Rechtssatz ist auch nach Gemeinem Rechte nicht streitig[43]).

f) Wenn Jemand dem Gemeinschuldner vor der Konkurseröffnung etwas schuldig war und zwar vor der Konkurseröffnung eine Forderung an denselben, sei es durch ein neues Geschäft, oder durch Cession, oder durch Befriedigung eines Gläubigers (jus subintrandi) erwarb, so ist die Kompensation doch nicht zulässig, wenn er zur Zeit der Erwerbung seiner Forderung wußte, daß der Gemeinschuldner, bezüglich auf den kaufmännischen Konkurs, seine Zahlungen eingestellt hatte, oder daß, bezüglich auf den gemeinen Konkurs, bereits von dem Gemeinschuldner die Unzulänglichkeit seines Vermögens bei dem Gerichte angezeigt, oder von einem Gläubiger desselben die Konkurseröffnung beantragt war[44]). Nach Gemeinem Rechte genügt die bloße Kenntniß des materiellen Konkurses nicht, vielmehr müssen die Bedingungen der actio Pauliana vorhanden sein[45]). Diese Rechtsneuerung be-

---

41) Pr. des Obertrib. 1312, v. 3. Juni 1843. (Entsch. Bd. IX, S. 477.)

42) Pr. des Obertrib. 2054, v. 22. September 1848; und Pr. v. 21. Februar 1857 (Entsch. Bd. XXXV, S. 204).

43) Leyser, spec. 174, m. 5; Winkler a. a. O. (s. Note 34) S. 71, verb.: „quid vero"; Funke, Beiträge zur Erörterung praktischer Rechtsmaterien (Chemnitz 1830), S. 78 ff.

44) Konkursordn. §. 97, Nr. 3.

45) v. Schröter, in der Zeitschrift für Civilrecht und Prozeß von Linde rc., Bd. VI, S. 131 ff. — Franke, im Archiv für ci-

ruhet auf der Erwägung, daß schon zur Zeit des materiellen Konkurses hinsichtlich der Werthsverringerung der Forderungen gleiche Verhältnisse, wie beim formellen Konkurse, vorhanden, indem die Zwischenzeit bis zur Konkurseröffnung häufig zum wohlfeilen Erwerbe von Forderungen an den Gemeinschuldner, die alsdann bereits zu geringen Preisen zu haben, benutzt würde, um damit gegen die Masse zu deren Nachtheil zu kompensiren[46]).

g) Wenn der Gemeinschuldner die Befugniß zur Kompensation einer gegenwärtigen Forderung, womit er dem Gläubiger verhaftet ist, auf eine künftige Schuld, womit dieser ihm verhaftet werden wird, dem künftigen Schuldner, obgleich schon vor eröffnetem Konkurse, ausdrücklich eingeräumt hat; so ist die Kompensation mit Forderungen, welche der Konkursmasse erst nach der Konkurseröffnung erwachsen oder zugefallen sind, nach neuem Recht dennoch nicht zulässig[47]).

Nicht ausdrücklich entschieden ist

h) die Frage: ob der Pächter eines Grundstücks, welcher dem verpachtenden Gemeinschuldner für seine Verbindlichkeiten aus dem Pachtkontrakte eine baar gezahlte Kaution gestellt hat und Pachtgeld rückständig ist, befugt sei, seine Kaution auf die Pachtgelderrückstände zu kompensiren. Darüber sind die Meinungen nach Gemeinem Rechte abweichend[48]). Das Preußische Recht hatte sonst

vilistische Praxis, Bd. XVI, S. 125 ff. — Bayer, Theorie des Konkurses, §. 24.

46) Motive zum gedr. Entwurf, S. 80.

47) Das A. L.R. I, 16, §. 322 hatte das Gegentheil festgesetzt. Man hat diesen Fall bei Abfassung der neuen Konkursordnung in der Absicht übergangen, um dadurch die landrechtliche Bestimmung aufzuheben. Motive zum gedr. Entwurf, S. 80.

48) Karsten, über die Verhältnisse eines Pachtinteressenten zu den Konkursgläubigern des anderen Mitkontrahenten, Hamburg 1809.

die Bestimmung: Wenn in einem vor eröffnetem Konkurse geschlossenen Pachtkontrakte festgesetzt worden, daß der Pächter die baar bezahlte Kaution auf die letzten Pachttermine soll abrechnen können; so ist der Pächter zu dieser Kompensation befugt, wenngleich die letzten Termine schon in die Zeiten nach eröffnetem Konkurse treffen [49]). Diese Vorschrift ist in Folge der neuen Konkursordnung, in welcher der Fall übergangen ist, weggefallen [50]). Nach allgemeinen Rechtsgrundsätzen ist die Frage zu verneinen, weil die Forderung auf Zurückgabe der Kaution eine bedingte ist. Ob darauf etwas und wieviel zurückzugeben sein wird, soll erst die künftige Rückgewähr nach Beendigung des Pachtverhältnisses, in welches die Gläubigerschaft eintreten muß [51]), ergeben; der Pächter ist daher gehalten, sowohl die zur Zeit der Konkurseröffnung rückständigen, wie die nachher fällig werdenden Pachtgelder zur Masse zu zahlen. Dadurch entgeht dem Pächter nichts. Denn da die Gläubigerschaft in den Pachtkontrakt eintritt, so muß sie auch gegen richtige Rückgewähr und Erfüllung der Verbindlichkeiten des Pächters ihm das leisten, was der Gemeinschuldner selbst zu leisten schuldig gewesen sein würde.

2) Das Zurückbehaltungsrecht. Dasselbe ist nichts weiter als eine Anwendung der exceptio doli generalis [52]), es sollte daher auch gegen die Gläubigerschaft,

---

(Jen. Lit. Zeit. 1809, IV, 431.) Die Gegenschrift von Benckard, über das Verhältniß des Pächters zu den Gläubigern des insolventen Verpächters, Rostock 1813, geht von einem unrichtigen Grundsatze aus.

49) A. L.R. I, 16, §. 323. Der §. 324 sicherte das Recht der Hypothekengläubiger durch einen Vorbehalt.

50) Die Uebergehung ist in der Absicht geschehen, die §§. 322—324 zu beseitigen. Oben Note 47.

51) Konkursordn. §. 18, Abs. 4. — A. G.O. a. a. O. §§. 252, 254. Vergl. L. 8, §. 1 D. de rebus auct. jud. possidendis (XLII, 5).

52) v. Savigny, das Recht des Besitzes, §. 3 a. E. (6. Aufl. S. 19).

auf welche nicht größere Vermögensrechte zur Verwaltung und Verwerthung haben übergehen können, als der Gemeinschuldner selbst hatte, geltend gemacht werden können. Allein hierüber herrscht unter den gemeinrechtlichen Rechtsgelehrten eine besondere Meinungsverschiedenheit, als Folge der völligen Unklarheit und Verworrenheit über den Begriff und die Natur des Retentionsrechts [53]). Um dasjenige Recht, welches hier unter dem Retentionsrechte gemeint ist, im Allgemeinen anzudeuten, muß von derjenigen unter den mehreren falschen Eintheilungen ausgegangen werden, nach welcher es ein qualifizirtes und ein einfaches Retentionsrecht (jus retentionis qualificatum, j. r. simplex) geben soll. Das qualifizirte Retentionsrecht soll dasjenige sein, welches mit einem, dem Inhaber des Gegenstandes an demselben bereits zustehenden, dinglichen Rechte verbunden, z. B. das mit dem Pfandrechte verbundene Recht, das Pfandstück so lange zurückzuhalten, bis die Forderung, für welche das Pfand bestellt, getilgt worden; oder das Recht des Verkäufers, seine verkaufte Sache so lange vorzuenthalten, bis ihm die ausbedungene Zahlung des Kaufgeldes geleistet worden [54]); wo eine solche Verbindung mit einem dinglichen Rechte nicht vorkommt, soll das Retentionsrecht ein einfaches sein. Es erhellet, daß hier die bloße Ausübung

53) Bei der großen Anzahl von Schriften und Abhandlungen über das Retentionsrecht muß auf das Verzeichniß bei Schenk, die Lehre von dem Retentionsrechte, (Jena 1837), §. 3, S. 16 ff. verwiesen werden. Die neuesten Schriften darüber sind diese Schenk'sche, der Artikel „Retentionsrecht" von Gustav Lenz, in Weiske's Rechtslexikon, Bd. IX, S. 377 ff.; und Oetker, Beiträge zur Lehre vom Konkurse. Kassel 1847.

54) Darüber s. m. von den älteren Schriftstellern u. A. G. L. Boehmer, de jure retentionis ejusque effectu, §. 17, Gott. 1773 und in Elect. juris civilis, Tom. II, p. 618 seq.; und Schenk a. a. O. §. 52, S. 166 u. f., wo diese Eintheilung bekämpft wird.

des dinglichen Rechts zu einem selbstständigen Rechte gemacht ist, folglich diese Eintheilung gegenstandslos ist. Dasjenige nun, was man sich unter dem qualifizirten Retentionsrechte vorstellte, sollte, nach der Meinung der Meisten, unbedingt oder doch unter gewissen Voraussetzungen oder Modalitäten, im Konkurse aufrecht erhalten werden. Dagegen sollte das einfache Retentionsrecht, nach der Meinung der Mehrzahl der Schriftsteller und der Praktiker, durch die Konkurseröffnung erlöschen. Diesen entgegengesetzten Richtungen sind auch einzelne Territorialgesetzgebungen gefolgt[54a]). Das Preußische Recht, welches von dem s. g. qualifizirten Retentionsrecht nichts weiß, hat die Meinung der Meisten angenommen und als Rechtsgrundsatz festgestellt: Ist aber Konkurs über das Vermögen des Schuldners entstanden; so hört das Zurückbehaltungsrecht auf, und der, welchem selbiges beigewohnt hat, erlangt dadurch vor anderen Gläubigern keinen Vorzug[55]). Dieser Grundsatz paßt wohl zu demjenigen Retentionsrecht, welches nach R. R. dem Pfandinhaber an dem Pfande, nach Bezahlung der Pfandschuld, auch wegen anderer Forderungen an den Pfandschuldner zustehen soll[56]), aber er paßt nicht auf dasjenige Recht, welches unter der Benennung des Retentionsrechts in dem A. L.R. beibehalten und durchaus kein selbstständiges Recht ist. Dieses s. g. Retentionsrecht kann nur in Rechtsverhältnissen vorkommen, aus welchen wechselseitige Rechte und Verbindlichkeiten ent-

54a) Z. B. die Sächs. Prozeßordnung Tit. 41, §. 41 läßt das Retentionsrecht erlöschen; die Hamburger Falliten-Ordnung v. 31. Aug. 1753, Art. 34 läßt es auch im Konkurse wirksam sein.

55) A. L.R. I, 20, §. 566. Der Rechtssatz war schon in der älteren Praxis des Obertrib. zur Anwendung gekommen, nach einem in Hymmen's Beiträgen, Samml. VII, S. 76 angegebenen Erk. v. 3. April 1776.

56) L. un. C. etiam ob chirographariam pecuniam (VIII, 27).

springen[57]), deren Erfüllung von beiden Seiten gleichzeitig geschehen muß und von welchen jede durch die gegenseitige Erfüllung bedingt ist. Der Einwand des s. g. Retentionsrechts ist also wesentlich nichts anderes als der Einwand des Mangels der Erfüllung von der anderen Seite. Die ganze Verwirrung ist dadurch entstanden, daß man diese Fälle mit jenem Retentionsrechte des Pfandinhabers zusammengeworfen und nach einerlei Grundsätzen behandelt hat, während sie doch ungleichartig sind. Nach Preußischem Rechte fällt diese Vermengung, nach Abschaffung des Retentionsrechts des Pfandinhabers, weg und es steht nichts im Wege, die übrigen Fälle des s. g. Retentionsrechts ganz ihrer rechtlichen Natur entsprechend aufzufassen und zu behandeln. Danach muß dasselbe seine Wirksamkeit auch nach ausgebrochenem Konkurse behalten, ebensogut, wie das Recht eines Verkäufers, die Uebergabe zu verweigern, bis ihm die ausbedungene Bezahlung des Kaufgeldes angeboten wird; und wir werden sogleich sehen, daß sich das praktische Preußische Recht, ungeachtet jenes allgemeinen Grundsatzes, in der That also ausgebildet hat, nachdem ich zuvor die Richtigkeit des Grundes gezeigt habe, auf welchen diejenigen fußen, die dem Retentionsrechte seine Geltung im Konkurse absprechen. Diese stellen selbst den Satz hin, daß die Gläubigerschaft den Gemeinschuldner auch passiv vertreten muß, wenn dessen Verbindlichkeit Bedingung der Forderung an den Anderen ist, weil die Gläubigerschaft eben nur das so bedingte Recht zur Ausübung überkommen habe. Folgerecht müßten sie also auch das Retentionsrecht gelten lassen. Nun wechseln sie aber springend den Rechtsboden, indem sie sagen: „Bekanntlich verliert das Retentionsrecht dritter Personen in der Regel schon außer dem Kon-

---

57) A. L.R. I, 20, §. 536 verbunden mit §. 543.

kurse seine Wirkung, wenn ein Anderer ein stärkeres Recht, als der Retinent hatte, an der Sache bekommt, also namentlich, wenn der Schuldner dieselbe, während sie retinirt wird, an einen Dritten verpfändet, oder wenn das Eigenthum derselben auf einen Anderen übertragen ist. Gerade unter denselben Bedingungen — besteht oder erlischt dasselbe, wenn des Schuldners Vermögen und mit ihm die zu retinirende Sache, sei es titulo pignoris praetorii, sei es jure dominii, — je nachdem man die Ansicht nehmen will — durch den Konkurs an die Gläubiger kommt. — Die Gläubiger sind den Exceptionen aus der Person des Gemeinschuldners nicht unbedingt, sondern nur soweit unterworfen, als sie sich der successor singularis überhaupt gefallen zu lassen braucht[58])." Diese Begründung hat die Ansicht zur Grundlage, daß die Gläubigerschaft ein Singularsuccessor des Gemeinschuldners sei; dieß kann jedoch auf sich beruhen, da auf das Prinzip, welches man dem Verhältnisse der Gläubigerschaft zu dem Vermögen des Gemeinschuldners zur rechtlichen Grundlage geben will, bei unserer Frage nichts ankommt: diese ist von allen möglichen Standpunkten, welche sich nehmen lassen, mit der gleichen Antwort zu erledigen. Die Unterstellung nämlich, daß der Schuldner eine Sache, während sie retinirt wird, einem Dritten verpfänden, oder zum Eigenthume übertragen könne, ist unmöglich. Die Bestellung eines Pfandes kann nur durch die Uebergabe der Sache geschehen und selbst zur Herstellung des pignoris praetorii ist die Wegnahme des Ge-

58) Günther, Konkurs, in Weiske's Rechtslexikon, Bd. II, S. 828. Vergl. Lenz, Retentionsrecht, ebd. Bd. IX, S. 400. Dieß ist die jüngste Ausdrucksweise des Rechtsgedankens, welchen alle älteren und neueren Vorgänger dieser Fraktion haben. M. s. noch Luden, Retentionsrecht (Leipzig 1839), Abschnitt III, §. 30 ff., S. 193 ff.

genstandes ein wesentliches Erforderniß; die Uebertragung des Eigenthums wird gleichfalls durch Uebergabe der Sache vollzogen. Wie steht es denn mit der Uebergabe, während die Sache von einem Dritten im eigenen Rechte retinirt wird? Darüber schlüpft jene Beweisführung hinweg. Der Schuldner ist gar nicht in der rechtlichen Lage, ein dingliches Recht, zu dessen Bestellung die Uebergabe erforderlich ist, an der retinirten Sache einem Dritten einzuräumen, sowenig, wie er selbst sein eigenes dingliches Recht, das Eigenthum, gegen den Retinenten geltend und die Sache von demselben vindiziren kann; er ist auf dasjenige persönliche Klagerecht verwiesen, welches aus dem zwischen ihm und dem Retinenten bestehenden Rechtsverhältnisse, kraft dessen die Sache sich bei dem Retinenten befindet, entspringt; und die Anstellung der Reivindikation mit Unterdrückung dieses persönlichen Rechtsverhältnisses würde ein ganz vergebliches doloses Unternehmen sein. Verkauft er die Sache an einen Dritten, so kann er, wenn er nicht selbst dieselbe behufs der Uebergabe von dem Retinenten in geeigneter Weise wieder an sich bringen will, dem Käufer weiter nichts leisten, als die Cession seines eigenen Klagerechts. Nach dieser Ausfüllung der Lücke in jener Beweisführung läßt sich wieder einstimmen und mit ihr sagen: „Gerade unter denselben Bedingungen — besteht oder erlischt das Retentionsrecht, wenn des Schuldners Vermögen und mit ihm die zu retinirende Sache, sei es titulo pignoris praetorii, sei es jure dominii durch den Konkurs an die Gläubiger kommt:" in unserem Falle überkommen die Gläubiger ein dingliches Recht zur Ausübung gegen den Retinenten so wenig, wie der Gemeinschuldner selbst in der rechtlichen Lage war, sein Eigenthum gegen ihn auszuüben und auf den dritten Käufer zu übertragen: die Gläubigerschaft hat zur Ausübung nur das persönliche Klagerecht, welches dem Gemeinschuldner selbst zu Gebote stand, überkommen.

Nach dieser Abweichung komme ich auf den vorhin angegebenen allgemeinen Grundsatz des Landrechts zurück. Die Anwendung dieses Grundsatzes, der nur auf das abgeschaffte allgemeine Retentionsrecht des Pfandinhabers paßt, würde in den besonderen Rechtsverhältnissen, welche ein Retentionsrecht mit sich bringen, nach der so eben beendeten Darlegung zum offenbaren Unrecht führen. Dem ist großentheils vorgebeugt durch folgende besondere Bestimmungen, welche in Beziehung auf die einzelnen, ein Retentionsrecht mit sich bringenden, Rechtsverhältnisse getroffen worden sind:

a) Der redliche Vindikationsbeklagte, welcher das Kaufgeld und die nothwendigen und nützlichen Verwendungen gegen Zurückgabe der Sache, Zug um Zug fordern, und so lange, bis ihm diese Gegenforderungen angeboten werden, die Sache zurückhalten kann[59]), müßte nach jenem Grundsatze, im Konkurse, die Sache ohne Gegenleistung zurückgeben und abwarten: ob in der IX. Klasse etwas auf ihn kommen würde. So soll es aber nicht sein, vielmehr sind einem solchen seine Rechte ausdrücklich vorbehalten[60]).

b) Der Pächter eines, zur Masse gehörigen Grundstücks, welcher wegen seiner Entschädigungs- und Meliorationsforderungen das Retentionsrecht an der gepachteten Sache hat, müßte das Grundstück ohne Weiteres re-

59) A. L.R. I, 15, §§. 26 flg., und Tit. 20, §. 537.

60) A. G.O. I, 50, §. 56. Die neue Konkursordnung hat zwar den Inhalt des §. 56 nicht aufgenommen, deshalb ist jedoch der Rechtsgrundsatz nicht abgeschafft; er wird durch die Fassung des §. 26, Tit. 15, Th. I des A. L.R. gehalten, so daß die Gläubigerschaft, wenn sie an Stelle des Gemeinschuldners eine Sache vindiziren will, die dem Vindikanten aufgelegten Bedingungen erfüllen muß.

tradiren und seine Forderungen aus dem Pachtkontrakt zur Ansetzung in der IX. Klasse liquidiren. So ist es jedoch nicht, vielmehr soll ihm seine Schadloshaltung bei Zurückgabe der Sache werden[61]).

c) Der Bevollmächtigte, welcher im Auftrage des Gemeinschuldners für ihn Sachen gekauft und ihn dadurch zum Eigenthümer gemacht hat, würde, wenn er in Ermangelung der Anweisung von Fonds die Sachen vorschußweise mit seinem Gelde bezahlt hätte, die Sachen an die Konkursmasse herausgeben müssen, und wegen des darauf verwendeten Vorschusses in der IX. Klasse das leere Nachsehen haben. Diesem unrichtigen Resultate ist bereits die Praxis entgegen getreten[62]). Die neue Konkursordnung hat hierin nachgeholfen, indem sie das Retentionsrecht des Beauftragten wegen seiner Vorschüsse[63]) in ein gesetzliches Pfandrecht verwandelt hat, aber nur zum Theil, nämlich nur zum Besten der kaufmännischen Kommissionäre und Spediteure[64]), so daß dieser Fall nach zweierlei Grundsätzen behandelt wird, je nachdem der Beauftragte ein solcher Kommissionär oder Spediteur ist, oder nicht. Das diesen gewerblichen Kommissionären beigelegte Pfandrecht ändert jedoch die bisherige Praxis in

61) A. L.R. I, 21, §. 396, verb. mit dem Marginale zu §. 395, und A. G.O. I, 50, §. 258. In der neuen Konkursordnung ist das Recht des Pächters dadurch gesichert, daß die Gläubigerschaft an Stelle des Gemeinschuldners in den Pachtkontrakt treten muß. §. 18, Abs. 3.

62) In dem, in Simon's und v. Strampff's Rechtsspr., Bd. I, S. 207 mitgetheilten Erk. v. 15. November 1821 sagt das Obertribunal S. 208: „Aber sie (die beiden ersten Richter, welche eine solche Sentenz gefällt hatten) vergessen, daß die Tücher mit dem Gelde des Liquidanten angeschafft sind, und daß, wenn die Masse die Tücher haben will, sie solche auch bezahlen muß."

63) A. L.R. I, 13, §. 83.

64) §. 33, Nr. 8, ein Nachgebilde des Art. 93 des Code de commerce.

Beziehung auf die Wirksamkeit des bloßen Retentionsrechts eines Beauftragten[65]) nicht; dieses Pfandrecht für Beauftragte einer bestimmten Art, und der durch die Praxis gewonnene Rechtssatz in Betreff des Retentionsrechts der Beauftragten überhaupt, können nebeneinander bestehen.

d) Der Werkmeister, welcher auf Bestellung des Gemeinschuldners, aus ihm gelieferten Materialien ein Werk gemacht hat, würde dasselbe an die Masse abliefern, und seine Forderung für Auslagen und Arbeit im Konkurse zur IX. Klasse liquidiren müssen. Hier ist jedoch zum Bewußtsein gekommen, daß das Retentionsrecht nichts anderes sei als die exceptio doli auf Grund des §. 271, Tit. 5, Th. I des A. L.R., und man hat bestimmt, daß, wenn vor der Uebergabe Konkurs über das Vermögen des Bestellers entsteht, der Werkmeister sich des Zurückbehaltungsrechts auf das sich noch in seiner Gewahrsam befindliche Werk bedienen kann[66]). Also im Konkurse; daß auch außer dem Konkurse dem Werkmeister das Zurückbehaltungsrecht gebührt, versteht sich von selbst.

e) Demjenigen, welcher eine nützliche Verwendung auf eine fremde Sache gemacht hat, steht an derselben wegen seiner Forderung aus der Verwendung ein Zurückbehaltungsrecht zu; er würde also nach jenem allgemeinen Satze die Sache an die Konkursmasse herausgeben und seine Forderung zur IX. Klasse zu liquidiren haben. Dieser Folge tritt wieder die Spezialbestimmung entgegen:

---

65) In jenem Rechtsfalle (N. 62) war der Beauftragte kein kaufmännischer Kommissionär oder Spediteur, sondern ein Tuchfabrikant.

66) A. L.R. I, 11, §. 974. Die Konkursordnung §. 33, Nr. 9 giebt noch den Werkmeistern, Handwerkern und Arbeitern ein gesetzliches Pfandrecht auf die in ihrer Gewahrsam befindlichen Sachen, wegen ihrer Forderungen für Arbeit und Auslagen daran.

„Entspringt die Forderung des Inhabers aus einer zum Nutzen der Sache geschehenen Verwendung, so steht das Zurückbehaltungsrecht dem Inhaber gegen einen Jeden zu, der mit dem Besitze der Sache zugleich den Vortheil aus dieser Verwendung überkommen würde[67]).“ Dadurch ist auch in diesem Falle die Wirksamkeit des Retentionsrechts im Konkurse gesichert.

Hiermit wird die Zahl der Fälle, in welchen der Rechtseinwand, der dem Inhaber einer Sache, auf welche ein Anderer einen Anspruch hat, zum Schutz wegen seiner Gegenforderungen zusteht, Zurückbehaltungsrecht genannt wird, erschöpft. Für jenen allgemeinen Grundsatz bleibt daher kein Gegenstand der Anwendung übrig und es ist wahr, was schon von mehreren Anderen ausgesprochen ist, daß das Retentionsrecht kein geeigneter Gegenstand eines Gesetzes im Allgemeinen und einer besonderen Abhandlung sei[68]).

VII. Als Beklagte, also passiv, ist die Gläubigerschaft in zwei Beziehungen einzutreten befugt und verpflichtet: 1) für den Gemeinschuldner bei Gegenständen, welche nicht zu dessen Vermögensmasse gehören, namentlich gegen Vindikanten und Separatisten; 2) bei Einziehungen von Forderungen, welche durch eine Gegenverbindlichkeit des Gemeinschuldners bedingt sind (VI); 3) für sich selbst als Verwalter gegen die Massegläubiger.

VIII. In die noch nicht vollständig erfüllten, auf gegenseitige Leistungen gerichteten Verträge oder noch

---

67) A. L.R. I, 20, §. 547. Die Konkursordnung §. 33, Nr. 10 giebt auch hier ein Pfandrecht an der Sache, vorausgesetzt, daß sie eine körperliche und eine bewegliche ist. An einer unbeweglichen Sache konnte es nicht gegeben werden, weil an solchen Sachen ein gesetzliches Pfandrecht nicht möglich ist.

68) Daher ist der ganze zweite Abschnitt des Tit. 20, Th. I des A. L.R., „vom Zurückbehaltungsrechte“, unpraktisch.

nicht beendeten Rechtsverhältnisse des Gemeinschuldners ist die Gläubigerschaft aktiv einzutreten befugt; doch kann alsdann der Gegner seine Gegenforderungen durch die exceptio doli vel nondum impleti contractus geltend machen.

1) Ist das Geschäft von der einen Seite, und zwar von dem Gemeinschuldner vollständig erfüllt, so ist die Gegenleistung eine unbedingte Forderung der Gläubigerschaft; ist umgekehrt von der anderen Seite vollständig erfüllt, so hat der Andere eine bloße Konkursforderung auf Zahlung der versprochenen Geldsumme oder auf Entschädigung, wenn die Gegenleistung in etwas Anderem besteht[69]). Daher ist die Gläubigerschaft z. B. nicht gehalten: a) die nach der Konkurseröffnung, zufolge des vorher ergangenen Auftrags des Gemeinschuldners, präsentirten Wechsel nicht mehr anzunehmen; b) die einem Gläubiger auf einen Schuldner des Kridarius gegebene Anweisung, wenn dieselbe vor der Konkurseröffnung noch nicht bezahlt oder wenn damit keine Novation verbunden ist, nicht gelten zu lassen, wobei auch die bereits vom Gemeinschuldner erfolgte Acceptation nichts ändert, weil diese keine Novation des Geschäfts enthält[70]); c) einen Kontrakt, wodurch der Gemeinschuldner dem Anderen verspricht, ihm beim Verkauf einer gewissen Sache dieselbe für einen bestimmten Preis zu überlassen, außer dem Falle des dinglichen Verkaufsrechts, nicht zu erfüllen[71]); d) ebensowenig ein pactum de cedendo, auf welches der Gemeinschuldner bereits Valuta erhalten hat[72]); e) ei=

---

69) Konkursordn. §. 15. Ist altes Recht.

70) A. G.O. I, 50, §. 40; Konkursordn. §. 15, Abs. 2.

71) Vergl. G. Ludw. Böhmer, auserlesene Rechtsfälle, Bd. I, Abth. 2, S. 584.

72) Erk. des Obertrib. v. 23. Mai 1827 (Simon und von Strampff, Rechtssprüche, Bd. II, S. 71).

nen Kontrakt, wonach der Kridar Früchte verkauft, das Kaufgeld bezahlt erhalten, die Früchte aber, obgleich abgesondert, doch noch nicht übergeben hat, zu erfüllen. Die Frage: ob s. g. fructus civiles im Voraus veräußert, insbesondere: ob künftig fällig werdende Pachtgelder, soweit nicht die Hypothekengläubiger die Abtretung anzufechten berechtigt sind, cedirt werden können, ist unbedingt zu bejahen; juristische Zweifelsgründe gegen die Zulässigkeit der Abtretung einer bedingten und betagten Forderung sind unfindbar[73]); nur versteht sich von selbst, daß die actio Pauliana, wenn deren Bedingungen vorhanden sind, auch auf ein solches Geschäft angewendet werden kann.

2) Ist das Geschäft oder Rechtsverhältniß noch von keiner Seite überhaupt oder vollständig erfüllt oder beendigt; so steht es der Gläubigerschaft in der Regel frei, in dasselbe einzutreten oder nicht einzutreten. Tritt sie ein, so muß sie auch ihrerseits vollständig erfüllen[74]); tritt sie nicht ein, so würde der Andere, wegen des von seiner Seite bereits Geleisteten, ein Konkursgläubiger sein, geradezu wie in dem Falle, wenn der Vertrag von der anderen Seite vollständig erfüllt, von Seiten des Gemeinschuldners aber noch nichts geleistet worden ist (Nr. 1). So war auch die Bestimmung in dem Entwurfe der Konkursordnung richtig gefaßt. In letzter Instanz hat jedoch

---

73) Mir ist nur die widersprechende Meinung von Grävell (Kommentar zu den Kreditgesetzen, Bd. I, S. 26, Note *) bekannt. Seine Gründe sind nicht einleuchtend. Es soll darauf ankommen: ob dem Cessionar ein Pfandrecht eingeräumt worden ist, welches er dann geltend machen könne. Man sieht aber nicht, was demjenigen ein Pfandrecht soll, der die Sache oder die Forderung selbst schon hat, noch wofür ihm das Pfandrecht bestellt werden soll. Bei solchen Veräußerungen wäre eine Pfandbestellung nur für die Eviktionsforderung denkbar.

74) Konkursordn. §. 16, Abs. 1 u. 2.

dieselbe Schiffbruch gelitten, indem in den Kammern für diesen Fall die grundsatzwidrige Bestimmung getroffen worden ist, daß dem anderen Kontrahenten das von ihm Geleistete, soweit es in der Konkursmasse noch vorhanden ist, zurückgegeben werden, also ein Massegläubiger sein, und nur im Uebrigen in die Reihe der Liquidanten treten soll[75]). Wir haben hier also die sonderbare Verordnung: Wenn der andere Kontrahent das Ganze geleistet hat, so ist er unbedingt ein Konkursgläubiger wegen des Anspruchs auf Erstattung des Geleisteten; hat er etwas weniger geleistet, so ist er ein Vindikant hinsichtlich des Geleisteten.

Von der Regel, daß die Gläubigerschaft freie Wahl habe: ob sie eintreten oder nicht eintreten wolle, finden Ausnahmen nach entgegengesetzten Richtungen statt.

a) Verpflichtet ist die Gläubigerschaft zum Eintritt in bestehende Mieth- und Pachtkontrakte des Gemeinschuldners. Bei Miethungen ist sie jedoch berechtigt sofort zu kündigen, wobei die kontraktliche Kündigungsfrist nur dann, wenn sie kürzer als die gesetzliche, sonst aber die gesetzliche zu beobachten ist[76]). Eine Pachtung muß bis zum Ablaufe des Wirthschaftsjahres fortgesetzt werden; dann ist von jeder Seite die Aufkündigung unter Beobachtung der gesetzlichen Aufkündigungsfrist zulässig[77]). Vermiethungen und Verpachtungen muß die Gläubigerschaft aushalten, mit Vorbehalt der nach allgemeinen gesetzlichen Bestimmungen zulässigen Aufkündigung des Kontrakts, in welcher Hinsicht der Verkauf aus freier Hand einer nothwendigen Subhastation der vermietheten oder verpachteten Sache gleichgestellt ist[78]).

---

75) Ebend. §. 16, Abs. 3. S. m. Anm. 31 dazu.

76) Konkursordn. §. 18, Abs. 1; §. 152, Nr. 2. — S. m. Anm. 33, zu §. 18.

77) Konkursordn. §. 18, Abs. 2. — M. Anm. 34 dazu.

78) Konkursordn. §. 18, Abs. 3. — A. G.O. I, 50, §§. 252,

b) Nicht befugt zum Eintritt ist die Gläubigerschaft:

aa) in Kauf- oder Lieferungsgeschäfte, welche von dem Gemeinschuldner über fungible Sachen, welche einen Marktpreis haben, oder über courshabende Geldpapiere dergestalt geschlossen worden sind, daß sie erst nach der Konkurseröffnung zur Erfüllung kommen sollen; es kann nur die Preis- oder Coursdifferenz vom Erfüllungstage gefordert und beziehungsweise liquidirt werden [79]);

bb) in die Handelssocietät, von welcher der Gemeinschuldner Mitglied war [80]);

cc) in das Gesinde-Dienstverhältniß; das abgehende Gesinde hat nur Lohn und Kost bis zur nächsten gesetzlichen Ziehzeit, und überdieß, wenn der Konkurs erst nach der Kündigungszeit eröffnet wird, das Lohn ohne Kostgeld für das nächste Quartal zu erhalten und im Konkurse zu liquidiren, also nicht als Massegläubiger zu fordern [81]);

dd) in den Trödelkontrakt des Gemeinschuldners; der vorige Inhaber kann seine Sache nur vindiziren, oder wenn sie nicht mehr vorhanden ist, deren Werth zur IX. Klasse vindiziren [82]);

ee) in das pactum de mutuo dando [83]);

254, 255; A. L.R. I, 21, §§. 350 ff. — Vergl. L. 8, §. 1 D. de rebus auct. jud. possidendis (XLII, 5). — Pr. des Obertrib. 618, v. 13. April 1839.

79) Konkursordn. §. 17. Vergl. Pr. des Obertrib. v. 27. Oktober 1847 (Entsch. Bd. XV, S. 460). Die Bestimmung ist eine positive.

80) A. L.R. II, 8, §. 667; A. G.O. I, 50, §. 291. — Vergl. L. 65, §. 1 D. pro socio (XVII, 2).

81) Gesindeordnung v. 8. Nov. 1810, §§. 107, 108.

82) A. L.R. I, 11, §§. 520, 521; Konkursordn. §. 20.

83) A. L.R. I, 11, §. 657; Motive zum gedr. Entwurf der Konkursordn. S. 35.

ff) in den Vertrag über ein verdungenes Werk, wenn der Gemeinschuldner der Werkmeister war und das Werk noch nicht vollendet ist; ist das vollendete Werk in der Masse, so kommt die Regel zur Anwendung[84]);

gg) in das Mandatsverhältniß des Gemeinschuldners[85]);

hh) in das Bürgschaftsverhältniß des Gemeinschuldners[86]), wenngleich er für seine Bürgschaft eine wiederkehrende Prämie erhält; denn außerdem wäre das Rechtsgeschäft nicht auf wechselseitige Leistungen gerichtet und gehörte gar nicht hierher;

ii) in die eheliche Gütergemeinschaft des Gemeinschuldners[87]);

kk) in das väterliche Verwaltungs- und Nießbrauchsrecht des Gemeinschuldners hinsichtlich des Vermögens seiner Kinder[88]);

ll) in die von dem Gemeinschuldner als Versicherer geschlossenen Assekuranzen[89]).

Dagegen fällt die ehemännliche Verwaltung und Nutznießung des Gemeinschuldners an dem Vermögen seiner Ehefrau **nicht** unter die Ausnahmen. Nach Gemeinem Recht sind die Meinungen darüber widersprechend. Daß der Ueberschuß aus dem Nießbrauche zu des Mannes Vermögen gehöre und deshalb zu dessen Konkursmasse gezogen werden könne, ist nicht streitig; man streitet nur darüber: ob die Gläubigerschaft an Stelle des Gemeinschuldners in die Verwaltung und den Nießbrauch des ehefraulichen Vermögens einzutreten befugt ist. Für die Beja-

---

84) A. L.R. I, 11, §§. 975—980; Konkursordn. §. 20.
85) A. L.R. I, 13, §§. 197—200.
86) Ebend. Tit. 14, §§. 248, 300—305, 395.
87) A. L.R. II, 1, §. 421.
88) Ebend. II, 2, §§. 206 ff.; 268.
89) Ebend. II, 8, §§. 2012—2015.

hung wird gesagt: durch den Konkurs werde die Ehe, sowie die Vogtschaft und als Folge derselben die Verwaltung und der Nießbrauch des Mannes nicht aufgehoben; der Nießbrauch bleibe also ein Bestandtheil des Vermögens des Mannes, und wenngleich der Nießbrauch seiner Natur nach nicht einem Dritten cedirt werden könne, so dürfe doch die Ausübung desselben übertragen, folglich auch zur Konkursmasse gezogen werden; das Vindikationsrecht der Frau im Konkurse sei salvo usufructu zu verstehen, und ihre wie ihrer Kinder Ansprüche wegen des Unterhalts, wodurch der Nießbrauch des Mannes bedingt ist, könnten, wenn ihm auch die Verwaltung entzogen werde, durch vorzubehaltende standesmäßige Alimente gesichert werden [90]). Man könnte beifügen, daß die Gläubigerschaft für die ihr zukommenden Ueberschüsse, deren Betrag wesentlich von einer geordneten Verwaltung und Vermeidung unnöthiger Ausgaben abhängt, keine Sicherheit habe, wenn sie nicht die Verwaltung in die Hand nehmen dürfe; der Gemeinschuldner habe durch den Bankerutt seine schlechte Wirthschaft bewiesen und die Ehefrau, wenn man die Verwaltung auf sie übergehen lasse, stehe unter dem Einflusse ihres Mannes. Dagegen wird von der anderen Seite hervorgehoben: man beachte bei jener Ansicht das Familienverhältniß und den Zweck des dem Manne als versorgendem Haupte und Vertreter der Familie gegebenen Nießbrauchs- und Verwaltungsrechts nicht, welcher Zweck nicht bloß auf den nöthigen Unterhalt, sondern auf die Beförderung des ganzen zeitlichen Wohls der Familie gerichtet sei, worin das, was die Frau von dem sich gewählten Manne erwarten mochte, wenn sie sich darin auch getäuscht sehe, doch sicher nicht mittelst Stellvertretung des Mannes durch die Gläubiger zu erreichen

90) Kind, quaest. for., Tom. IV, Cap. 30; Gründler, Polemik des germanischen Rechts, Th. III, §. 521.

stehe. Sei gleich der Mann befugt, den Ueberschuß zur Bezahlung seiner Schulden zu verwenden, so folge daraus doch nicht, daß er auch auf den künftigen Ertrag der Frauengüter Schulden machen, diesen Ertrag während der Ehe im Voraus veräußern dürfe, noch daß die Frau gezwungen sei, solche Veräußerungen anzuerkennen und bei Eintritt des Falles, wo der Mann die Bedingung des Nießbrauchs nicht mehr erfüllen könne, sich den Nießbrauch entziehen zu lassen. Vielmehr sei es der Natur der Sache gemäß, daß der, welcher einen Genuß zur Erreichung eines gewissen Zwecks erhielt, solchen verliere, wenn er diesen Zweck zu erfüllen außer Stande, daß folglich auch die Ausübung solches Genusses nicht auf seine Konkursgläubiger übergehen könne[91]). Diesen Grundsatz hat in der That das Römische Recht: die Frau ist, wenn der Mann verarmt, berechtigt, ihre Dos, Schenkung vor der Hochzeit, und Paraphernum, noch während der Ehe zur eigenen Verwaltung und Nutznießung zurückzufordern, um davon sich, ihren Mann und ihre Kinder zu erhalten[92]); und er wurde von Vielen auf die gemeinrechtlichen Illaten im Falle des Konkurses angewendet[93]). Diesen hatte sich die landrechtliche Gesetzgebung durch die Bestimmung angeschlossen, daß die Verwaltung und Nutzung des aus dem Konkurse geretteten Eingebrachten an die Frau zurückfalle, doch aus den Einkünften desselben der nöthige Unterhalt des Mannes, nebst der Verpflegung

---

91) Chr. Ludw. Runde, deutsches eheliches Güterrecht (Oldenburg 1841), S. 117.

92) L. 24 pr. D. soluto matrim. (XXIV, 3); L. 29 C. de jure dotium (V, 12); Nov. 97 pr. et Cap. 6.

93) Puettmann, adversar. jur. univ., Lib. I, c. 13, n. 6; Wernher, obs. jur. for., Tom. II, P. 2, obs. 261; Tom III, P. 1, obs. 167; Schilter, praxis jur. Rom., Exerc. 36, §. 120; Runde a. a. O.

und Erziehung der mit ihm erzeugten Kinder, soweit diese Einkünfte dazu erforderlich und hinreichen, besorgt werden müsse[94]). Die neueste Gesetzgebung ist zu der entgegengesetzten Ansicht übergegangen, indem sie bestimmt: „Das dem Nießbrauch des Gemeinschuldners unterworfene Vermögen seiner Ehefrau wird, so lange das Nießbrauchsrecht des Gemeinschuldners während des Konkurses dauert, für Rechnung der Konkursmasse verwaltet; die Nutzungen fließen zur Konkursmasse, soweit sie nicht zum standesmäßigen Unterhalt der Frau und der Kinder, sowie zur Erziehung der letzteren verwendet werden müssen[95]).“ Hiernach gelangt die Frau, wenn die Ehe fortgesetzt wird und der standesmäßige Unterhalt gereicht wird, erst bei Beendigung des Konkurses zur Verwaltung und Nutznießung ihres Vermögens. Auf frühere Entziehung würde sie nur in dem Falle klagen können, wenn der ihr gereichte Unterhalt als ein standesmäßiger für sie und ihre Kinder unzureichend wäre[96]).

§. 59.

bb) Innere Verhältnisse.

1. Die Gläubiger zusammengenommen (in corpore) bilden in Beziehung auf die an sie übergegangene Verwaltung und Verwerthung des Vermögens des Gemeinschuldners eine Genossenschaft. Eine solche kann ihren Willen, welcher nach Außen in Wirksamkeit treten soll, nur durch Beschlüsse bestimmen. Diese Genossenschaft der

---

94) A. L.R. II, 1, §§. 261, 262.

95) Konkursordn. §. 93. Man wollte, indem man den §. 93 abfaßte, zwar bei den Bestimmungen des A. L.R. (vor. Note 94) stehen bleiben, aber sie sind durch den §. 93 hinsichtlich der Verwaltung und des dem Manne im §. 262 mit zugesicherten Unterhalts, wesentlich verändert.

96) A. L.R. II, 1, §§. 256, 258.

Konkursgläubiger hat aber das Eigenthümliche, daß sie zur Zeit der Konkurseröffnung nur in der Vorstellung besteht, indem diejenigen Personen, welche solche bilden sollen, noch nicht bekannt sind; denn auch sonst bekannte Gläubiger des Gemeinschuldners sind noch nicht als Mitglieder der Gläubigerschaft anzusehen, weil die Mitgliedschaft durch die künftige Meldung zur Theilnahme am Konkurse bedingt. Zum körperlichen Dasein kommt daher diese Genossenschaft erst mit dem Anmeldungs- oder Prüfungstermine. In diesem ersten Stadium des Konkurses liegt dem Gerichte von Rechts wegen ob, die Gläubigerschaft zu vertreten. Das Gericht bedient sich dazu eines von ihm erwählten und angestellten und unter seiner Aufsicht stehenden Verwalters, der einstweilen die Gläubigerschaft und die Masse vertritt, und dessen Aufgabe bloß die ist, die Masse, sowie die Ansprüche an dieselbe zu ermitteln und festzustellen und die Masse selbst sicher zu stellen [1]). Die Ernennung geschieht gleichzeitig mit der Konkurseröffnung; der Ernannte wird wie ein Offizialkurator verpflichtet und hat die Aufmerksamkeit und Sorgfalt anzuwenden, wie sie einem Bevollmächtigten und Verwalter fremder Sachen gesetzlich obliegt [2]); sein Amt endet mit der Bestellung des unter Mitwirkung der Gläubiger erwählten definitiven Verwalters [3]).

II. Mit dem ersten Prüfungstermine beginnt die Wirksamkeit der Genossenschaft selbst. Mitglieder derselben sind alle diejenigen Gläubiger, welche sich bis zum ersten Prüfungstermine mit ihrer Forderung zur Theilnahme am Konkurse gemeldet haben; die sich später meldenden Gläubiger werden zwar zugelassen, sie müssen

1) Konkursordn. §§. 131, 132.

2) Ebend. §§. 128, 130, 132. Dieß ist der Interimskurator des Konkurses nach der A. G.O. I, Tit. 50.

3) Konkursordn. §. 220.

sich aber alles gefallen lassen, was bisher ohne ihre Theilnahme gesetzlich verhandelt, beschlossen oder festgestellt worden ist[4]). In dem neuen Konkurse ist die unmittelbare Mitwirkung der Gläubigerschaft an der Verwaltung und Verwerthung der Masse durch Berathungen und Beschlüsse auf ein sehr bescheidenes Maß zurückgeführt: der definitive Verwalter vertritt als ausführendes Organ die Gläubigerschaft und die Masse, und neben demselben besteht eine andere bestimmende Vertretung der Gläubigerschaft, gleichsam eine gesetzgebende. Dazu kann ein sogenannter Verwaltungsrath von zwei oder drei Mitgliedern, welche aus der Zahl der Gläubiger zu nehmen sind, in Ermangelung geeigneter Personen aber auch fremde sein können, bestellt werden; ist dieß nicht geschehen, so versieht das Gericht die Funktionen, welche dem Verwaltungsrath, wäre ein solcher vorhanden, obgelegen haben würden. Die Gläubiger selbst haben weiter nichts zu thun, als im ersten Termine, oder in einem dazu besonders angesetzten Termine, für das Amt des definitiven Verwalters drei Personen, aus welchen das Gericht wählt, und die Mitglieder des Verwaltungsraths vorzuschlagen[5]). Das ist Alles. Das Uebrige besorgt das Gericht durch den definitiven Verwalter, unter Mitwirkung des Verwaltungsraths, wenn ein solcher vorhanden ist, sonst durch eigene Mitwirkung in den Fällen, wo der Verwaltungsrath hätte zugezogen werden müssen[6]).

III. Einzelne Gläubiger sind nicht befugt, sich in die Verwaltung und Verfügung zu mischen, auch nicht etwa unter dem Titel, ihre Antheilsrechte wahrzunehmen. Doch ist das Verfügungsrecht, welches die geordnete Stell-

4) Ebend. §. 178.
5) Ebend. §§. 213 u. folg.
6) Ebend. §§. 222, 223.

vertretung namens der Gläubigerschaft hat, nicht ohne Grenzen; es findet seine Beschränkung in dem Zwecke des Konkurses, jedem Gläubiger möglichst hohe Befriedigung zu verschaffen. Dieß zu fordern ist ein Singularrecht jedes Einzelnen; jeder Einzelne würde daher einer Verfügung, welche mit diesem Zwecke in Widerspruch stände, etwa einer Freigebigkeit, mit Erfolg widersprechen können. Bei andern Verfügungen von nicht so offenbar zweckwidriger Natur, z. B. bei Vergleichen, oder wenn ein Klagerecht nicht geltend gemacht werden soll, müßte denjenigen, welche darin eine Benachtheiligung der Masse sehen, freigestellt werden, selbst die Sache in die Hand zu nehmen, mit dem Beding, daß dadurch die Masse keinen Verlust erleide. Wenn also ein Prozeß, nach dem Befinden des Verwaltungspersonals, durch Vergleich beendigt werden soll, und Einzelne, welche meinen, daß durch die Fortsetzung des Prozesses mehr gewonnen werden würde, als der Vergleichsvorschlag der Masse bietet, widersprechen, und der Masse dasjenige, was sie durch den Vergleich gewinnen sollte, zahlen oder sichern; so wird ihnen freigestellt werden müssen, auf ihre Gefahr den Prozeß fortzusetzen [7]. Das Prinzip ist anerkannt in Anwendung auf das Recht der Gläubiger zur Anfechtung der vor der Konkurseröffnung vorgefallenen Rechtshandlungen: wenn die Gläubigerschaft, d. h. das Verwaltungspersonale, von dem Rechte der Anfechtung keinen Gebrauch machen will, so darf jeder einzelne Konkursgläubiger dieses Recht auf seine Kosten ausüben [8]. Da jedoch kein einzelner Gläubiger bei der Besorgung eines negotium commune seinen Privatvortheil suchen

---

7) Vergl. Günther, Konkurs, in Weiske's Rechtslexikon, Bd. II, S. 805.

8) Konkursordn. §. 112.

kann; vielmehr ein Jeder das, was er erlangt, zur gemeinsamen Masse abliefern muß [9]): so fließt auch dasjenige, was ein Gläubiger durch Ausübung jenes Anfechtungsrechts erstreitet, zur Konkursmasse; doch müssen ihm aus dem erstrittenen Betrage die ihm durch den Prozeß erwachsenen Kosten vorweg erstattet werden [10]).

§. 60.

BB. In Ansehung des Gemeinschuldners.

I. Der Gemeinschuldner kann eine juristische oder eine physische Person sein. Von den juristischen Personen können jedoch nur gewisse durch willkührlichen Zusammentritt entstandene Privatgesellschaften, welchen eine juristische Persönlichkeit beigelegt ist, die Aktiengesellschaften, in eigentlichen Konkurs verfallen; alle öffentlichen sind entweder selbstständige universitates, wie die politischen Stadt- und Landgemeinden, oder sie sind im Eigenthume einer solchen Universitas, wie öffentliche Anstalten, Stiftungen u. dergl.: und diese können nicht falliren; denn wenn das besondere Gemeindevermögen zur Bezahlung der Schulden nicht hinreicht, so muß das Fehlende durch Steuern nach und nach aufgebracht werden. Was jene konkursfähigen Gesammtheiten betrifft, so hat der Konkurs über ihr Vermögen die Wirkung, daß ihre juristische Persönlichkeit durch die Eröffnung des Konkurses erlischt [1]). In einem solchen Falle giebt es keinen Gemeinschuldner, wie wenn über das Vermögen eines Verstorbenen ohne Erben Konkurs entsteht; seine Verlassenschaft repräsen-

9) L. 6, §. 7; L. 10, §. 16 D. quae in fraudem creditorum (XLII, 8). — A. G.O. I, 50, §. 60.

10) Konkursordn. §. 112, Abs. 2. — L. 9, §. 4 D. de bonis auctoritate jud. possidendis (XLII, 5).

1) Gesetz über die Aktiengesellschaften v. 9. Nov. 1843, §. 28, Nr. 5 (G.S. S. 346).

tirt das Rechtssubjekt. Die untergegangene Gesellschaft wird durch ihre Vorsteher oder Liquidatoren vertreten [2]).

II. Der lebende Gemeinschuldner bleibt Eigenthümer seines Vermögens bis zur Veräußerung seiner Sachen und Einziehung der Forderungen, nur ist ihm die Verwaltung und Verfügung über Alles, was er zur Zeit der Konkurseröffnung bereits hat und während des Konkurses noch erwirbt, entzogen und auf die Gläubigerschaft übertragen [3]). Hieraus folgt, daß der Ueberschuß oder Gegenstände, welche nicht haben realisirt werden können, mit der Beendigung des Konkurses von Rechts wegen der freien Verfügung des Gemeinschuldners wieder überlassen sind [4]).

Ebenso „fällt das Vermögen seiner Verwaltung und Verfügung anheim", welches der Gemeinschuldner nach der förmlichen, d. h. durch Beschluß des Gerichts ausgesprochenen, Beendigung des Konkurses erwirbt; die nicht befriedigten alten Gläubiger und die neuen Gläubiger sind nicht befugt, sich an dasselbe „im gewöhnlichen Verfahren" zu halten [5]). Diese Verordnung ist so dunkel wie das Röm. Recht über das neuerworbene Vermögen eines Gemeinschuldners. Was heißt: „im gewöhnlichen Verfahren"? Können die alten und neuen Gläubiger sogleich wieder auf Konkurs antragen, oder nicht? Und wenn nicht, können sie später und wann? oder gar nicht mehr darauf antragen? Nach R. R. wird als Regel angenommen, daß nach einmal erlittener bonorum venditio

---

2) Konkursordn. §§. 282, 284.

3) Konkursordn. §. 4.

4) Ebend. §. 276, Abs. 2. Diejenigen, welche der Gläubigerschaft das Eigenthum beilegen, können dieses Vorkommniß, nämlich den Uebergang des Eigenthums dieser Gegenstände an den Gemeinschuldner ohne modus acquirendi, nicht erklären.

5) Konkursordn. §. 280.

nicht noch einmal, wenigstens nicht wegen alter unberichtigt gebliebener Schulden, auf Konkurs angetragen werden könne, ausgenommen wenn der Gemeinschuldner wieder etwas Bedeutendes erworben hatte, was dem Ermessen des Richters anheim gestellt war[6]). Es ist auch behauptet worden, daß dieser Grundsatz auch gegen neue Gläubiger Anwendung finde[7]); und gestritten wird darüber: ob derselbe nur im Falle der zugelassenen cessio bonorum, oder auch bei stattgehabter missio in bona gelte. Die Meinungen über diese Materie sind verschieden und die gemeinrechtliche Praxis schwankend. Die preußische Gesetzgebung hatte die Meinung angenommen, daß nur dem Gemeinschuldner, welcher bonis cedirt hatte, wegen der alten, nicht auch wegen neuer Schulden, Nachsicht, Terminalzahlungen, Befreiung von persönlicher Haft und die Kompetenz zu gewähren sei[8]). Im neuen Rechte ist die Güterabtretung abgeschafft, und dafür nur bestimmt, daß gegen den Gemeinschuldner, wenn er als entschuldbar anzusehen, was durch einen Beschluß des Gerichts bei Beendigung des Konkurses festgestellt wird, wegen älter Schulden kein Personalarrest stattfindet[9]). Was jene Fragen in Betreff eines neuen Konkurses betrifft, so muß nach den bestehenden Bestimmungen angenommen werden, daß derselbe allerdings stattfindet, wenn nach dem Er-

---

6) L. 6, 7 D. de cess. bonorum (XLII, 3); L. 3 C. de bonis auctoritate jud. poss. (VII, 72). Vergl. L. 25, §. 7 D. quae in fraudem creditorum (XLII, 8); L. 1 C. qui bonis cedere (VII. 71). Das galt auch gegen diejenigen, welche sich im Konkurse nicht gemeldet hatten. L. 4, §. 1 D. de cess. bonorum (XLII, 3).

7) Thibaut, civil. Abhandlungen, S. 349 flg.

8) A. G.O. I, 48, §§. 3, 32, 34—44, 49. Vergl. L. 1 C, qui bonis cedere possunt (VII, 71).

9) Konkursordn. §. 280, Abs. 2 u. 3.

messen des Gerichts das Vermögen von dem Belange ist, daß es den Kosten des Konkursverfahrens entspricht [10]).

Die Folgen des Konkurses in Betreff der Person des Gemeinschuldners sind schon an einem anderen Orte dargestellt [11]).

10) Ebend. §§. 306, 339.

11) Preuß. Civil-Prozeß §. 458 (2. A. S. 847).

Druck von Fr. Frommann in Jena.

Das Preuß. Civil-Prozeß-Recht in 2 Bänden:

I. Band. **Handbuch des Preuß. Civil-Prozesses.** Zweite vermehrte und verbesserte Ausgabe. 1854. 4 Thlr.

Dieses wissenschaftliche Werk wird für den gebildeten Juristen immer ein nothwendiges Handbuch bleiben. Der Preußische Prozeß ist darin wissenschaftlich aus seinen Quellen entwickelt und wieder mit dem Gemeinen Prozesse, als ein Zweig desselben, in Verbindung gebracht.

II. Band. **Prozeß-Ordnung.** Die vierte vermehrte und verbesserte Ausgabe wird Anfangs October d. J. erscheinen.

Die heutige Prozeß-Ordnung ist eine Redaction der Prozeß-Ordnung, worin, unter den Titeln des ersten Theils der Allgemeinen Gerichtsordnung und mit Beibehaltung der Paragraphenzahlen, nur die jetzt wirklich geltenden Rechtssätze vorkommen, mithin alle Sätze, soweit sie nicht mehr gelten, ganz oder theilweise weggelassen, dagegen alle neuen zur Zeit geltenden Rechtssätze, mit Angabe der Quellen, eingereihet, dabei auch in kurzen Noten die streitigen Auslegungen angedeutet worden sind. Jeder Theil kann auch als ein selbstständiges Werk betrachtet werden.

Beurtheilung der Entscheidungen der ersten zehn Bände des Königl. Ober-Tribunals. Mit einem Sachregister. 1847. 3 Thlr. 16 Sgr.

Das Werk ist für die Rechtsentwickelung wie für die Praxis von gleich großem Werthe und Nutzen. In ersterer Hinsicht liefert es einen bedeutenden Beitrag zur rechtswissenschaftlichen Begründung oder Widerlegung der in den Entscheidungen ausgesprochenen und angewendeten Rechtssätze, je nachdem sie in dem geltenden Rechte, nach der Ansicht des Verfassers, Grund haben oder nicht. In praktischer Hinsicht giebt es eine so vollständige Uebersicht aller in den zehn Bänden enthaltenen Entscheidungen, daß man, auch ohne diese zehn Bände zur Hand zu haben, den wesentlichen Inhalt ersehen kann.

Die Preuß. Konkurs-Ordnung, mit Kommentar, unter Benutzung der Materialien und Einschaltung der Ministerial-Instruktion an den betreffenden Stellen. 1855. 1 Thlr. 10 Sgr.

Allgemeine Hypotheken-Ordnung für die gesammten Königl. Staaten, sammt den dieselbe ergänzenden und abändernden Gesetzen, Verordnungen und Verfügungen, herausgegeben mit Glossen. 1856. 2 Thlr.

Allgemeines Landrecht für die Preußischen Staaten. Unter Andeutung der obsoleten oder aufgehobenen Vorschriften und Einschaltung der jüngeren noch geltenden Bestimmungen, herausgegeben mit Kommentar in Anmerkungen. 4 Bände mit Register. (I. Bd., dritte vermehrte Auflage. II. bis IV. Bd., zweite vermehrte Auflage.) 1856—57. 21 Thlr. 25 Sgr.

Budde, Karl, Kammergerichtsrath, **Die Grundsätze des heutigen preußischen Civilprozesses und ihre Anwendung.** 15 Sgr.

Fick, Dr. Alex. Heinr., **Der trassirt-eigene Wechsel.** 1853. 27 Sgr.

Temme, J. D. H., **Lehrbuch des Preußischen Strafrechts.** 1853. 4 Thlr. 20 Sgr.

Dieses Werk enthält eine wissenschaftliche Bearbeitung des gesammten, in dem Preußischen Staate gegenwärtig geltenden, materiellen Strafrechts, nicht nur wie es in dem neuen Strafgesetzbuche, sondern auch, wie es in den, neben diesem noch gültig gebliebenen, Gesetzen und Verordnungen enthalten ist. Indem diese Schrift zugleich den Zusammenhang der einzelnen Lehren des gegenwärtigen Preuß. Strafrechts mit denen des bisherigen, sowie mit denen des gemeinen Deutschen und Französischen Strafrechts, beziehungsweise das Verhältniß zu diesem nachweiset, dabei eine fortwährend vergleichende Uebersicht der neuern Deutschen Strafgesetzbücher giebt, endlich auch die bereits über das neue Strafgesetzbuch entstandenen Kontroversen und die nach demselben ergangenen bemerkenswerthen Entscheidungen der Gerichtshöfe in ihre Beurtheilung zieht, so wird sie nicht nur dem angehenden Juristen, sondern auch dem Praktiker als ein werthvolles Hülfsmittel empfohlen werden können.

FSC
www.fsc.org
MIX
Papier | Fördert
gute Waldnutzung
FSC® C083411

Kolibri 360 GmbH
Ferdinand-Jühlke-Straße 7
99095 Erfurt, Deutschland
produktsicherheit@kolibri360.de